Questões de Direito Civil Contemporâneo

Mauricio Mota

Questões de Direito Civil Contemporâneo

Data de fechamento: 1 de agosto de 2008

ELSEVIER

CAMPUS JURÍDICO

Editoração Eletrônica
SBNIGRI Artes e Textos Ltda.

Copidesque
Vania Coutinho Santiago

Revisão Gráfica
Irênio Silveira Chaves

Projeto Gráfico
Elsevier Editora Ltda.
A Qualidade da Informação
Rua Sete de Setembro, 111 — 16º andar
20050-006 — Rio de Janeiro — RJ — Brasil
Telefone: (21) 3970-9300 Fax (21) 2507-1991
E-mail: info@elsevier.com.br
Escritório São Paulo
Rua Quintana, 753 – 8º andar
04569-011 – Brooklin – São Paulo – SP
Telefone: (11) 5105-8555

ISBN: 978-85-352-3129-8

Central de Atendimento
Tel: 0800-265340
Rua Sete de Setembro, 111, 16º andar – Centro – Rio de Janeiro
E-mail: info@elsevier.com.br
Site: www.campus.com.br

CIP-Brasil. Catalogação-na-fonte.
Sindicato Nacional dos Editores de Livros, RJ

M871q Mota, Mauricio
Questões de direito civil contemporâneo / Mauricio Mota. – Rio de Janeiro: Elsevier, 2008.
616 p. – (Provas e concursos)

Inclui bibliografia
ISBN 978-85-352-3129-8

1. Direito civil – Brasil. I. Título.

08-2236. CDU: 347(81)

Dedicatória

À minha esposa Juliane, com amor.

O Autor

Mauricio Mota

Professor da Faculdade de Direito da Universidade do Estado do Rio de Janeiro – UERJ. Professor de Direito Ambiental do Doutorado – Direito da Cidade da Faculdade de Direito da UERJ. Doutor em Direito Civil pela UERJ. Procurador do Estado do Rio de Janeiro.

Apresentação

No já longínquo ano de 1945, o civilista Gaston Morin constatava já o fenômeno das transformações ocorridas no direito privado, no sentido de uma crescente publicização, com um título de sua publicação que se tornou célebre – a revolta dos fatos contra o Código – ressaltando cinqüenta anos de desarmonia entre os parâmetros civilísticos tradicionais e as necessidades de um mundo em permanente ebulição, provocando toda sorte de problemas que o Código jamais poderia ter vislumbrado.[1]

Nesse limiar do século XXI, o direito privado apresenta novamente a mesma perplexidade. Vivemos uma "época de incerteza" marcada pelo desenvolvimento de novas formas de instrumentação do domínio político e social, surgem os partidos políticos de massa e as empresas transnacionais, os processos produtivos se internacionalizam, a atividade econômica passa a se organizar em termos planetários.

Esse multifacetamento da sociedade produz profundos reflexos no campo jurídico. A idéia de Estado Democrático de Direito baseada na distinção entre sistema político e sociedade civil, institucionalizada por intermédio de um ordenamento jurídico-constitucional desenvolvido e consolidado em torno de um conceito de poder público em que se diferenciam a esfera pública e o setor privado, o sistema político-institucional e o sistema econômico, o plano político-partidário e plano político-administrativo, os interesses individuais e o interesse coletivo; toda essa engenhosa construção entra em crise irreversível.

Visando dar conta de seu novo papel, o Estado passa a modificar a função de seu próprio instrumento de regulação privilegiado, o direito. A lei não é entendida mais como aquele ato assecuratório da igualdade de todos, sendo, por natureza, geral e impessoal, fruto da vontade geral, mas sim, passa a ter caráter flexível (lei-medida, lei-providência, lei de efeitos concretos) levando à crescente privatização da regulação jurídica. Ao mesmo tempo, a mudança cada vez mais vertiginosa das relações sociais e dos processos produtivos acarreta a rápida

---

1. Morin, Gaston. *La révolte du droit contre le Code. La révision nécessaire des concepts juridiques (Contrat, responsabilité, propriété)*. Paris: Sirey, 1945.

obsolescência das regras fixas, a reger realidades que já se transmudaram e não se adequam mais à previsão legal.

O homem está solto no mundo, condenado e condicionado por sua existência. Não há que se falar em regras objetivas, em dever-ser, porque todas as regras pressupõem uma interpretação, e toda interpretação pressupõe uma pré-compreensão, um círculo hermenêutico no qual se consubstanciam as possibilidades de entendimento. O referencial da interpretação das regras é sempre humano, subjetivamente referenciado, e, como tal, implicam uma inserção cultural. Mas como as referências modernas são contraditórias, a hermenêutica também se faz plural. Como concluiu Sartre,[2] a existência precede a essência. Assim, o homem está sempre *em* situação, e esta muitas vezes é aparente, mas, não obstante, deve ser tutelada para a garantia da liberdade.

Para fazer frente às novas tarefas impostas pela hipercomplexidade da sociedade, o Direito Civil contemporâneo deve buscar uma redução dessa complexidade social através de mecanismos que possibilitem a pré-compreensão e o estabelecimento do círculo hermenêutico no qual se potencializam as possibilidades de entendimento dos diversos atores das relações privadas. Essa redução é obtida, hodiernamente, por meio de um novo paradigma: o da confiança institucional. A confiança institucional configura um paradigma do Direito Civil porque tem uma relação direta com a idéia de direito, atua como um *standard* juridicamente vinculante radicado na noção de justiça. A obrigação contemporânea só pode ser pensada dentro de um quadro de cooperação com vistas ao adimplemento e esta cooperação só se torna possível quando se procura manter, na medida do possível, as condições de dignidade e o próprio *sinalagma* institucional e contratual.

Também a confiança atua como redutor da complexidade interna do sistema de interação dos diversos atores da esfera privada. Isto se dá pela adoção de expectativas específicas sobre o comportamento futuro de outros pela seleção de possibilidades, em que as relações sociais são inteiramente perpassadas por interações de confiança que, sedimentadas por valores, possibilitam as trocas e os acordos.

Na obra ora apresentada, procuramos nos diversos contratos, situações e negócios jurídicos apresentar os contornos desses novos critérios hermenêuticos

---

2. Sobre as ponderações do filósofo existencialista acerca da relação entre os conceitos de essência e existência, ver especialmente: Jean-Paul Sartre, *O ser e o nada: ensaios de ontologia fenomenológica*. 12. ed. Petrópolis: Vozes, 2003, e, do mesmo autor, *Crítica da razão dialética*, Rio de Janeiro: DP&A, 2002.

do Direito Civil, centrados na consecução dos valores existenciais e primordiais da pessoa humana, que se desenvolvem nas relações informadas pela confiança.

Em textos que buscam esgotar os aspectos primordiais e inovadores da nova concepção do Direito Civil, são levantados problemas e apontadas soluções interpretativas para as relações de direito privado, sem descurar da interpretação crítica da prática dos Tribunais.

Sucessivamente são examinados a boa-fé objetiva no novo direito europeu dos contratos, a confiança nos negócios bancários, as condições gerais dos contratos standardizados, a função social dos bens, a expectativa de futuro nos contratos de licença de uso de *software*, a proteção contratual do devedor, a teoria da aparência jurídica nos contratos, a pós-eficácia das obrigações, a nova fiduciarização pública da responsabilidade civil do Estado, a objetividade do negócio jurídico no Código Civil, tudo a evidenciar o surgimento de uma nova forma de conceber as relações privadas, com fundamento na confiança e no *sinalagma* das avenças.

O novo Direito Civil contemporâneo caracteriza-se assim pela proteção da sinceridade nas relações sociais, que não precisarão pautar-se numa desmedida e descabida desconfiança recíproca. Assim, os contratantes e os utentes dos bens sociais poderão tratar livremente, confiantes não só nos negócios que celebram, mas também que o ordenamento assegurará que o direito seja não só uniforme, mas sobretudo, justo.

Mauricio Mota

Sumário

I

Teoria Geral do Direito Civil

1

A teoria da aparência jurídica

Sumário: Introdução. 1. A idéia de aparência de direito e suas origens. 2. Elementos da aparência de direito. 3. Eficácia dos atos praticados com aparência de titularidade. 4. Efeitos da eficácia da aparência. 5. O princípio da responsabilidade por situações de confiança e a tutela geral no âmbito da aparência de direito. 6. Conclusão. 7. Bibliografia.

(...) Pra se entender
Tem que se achar
Que a vida não é só isso que se vê
É um pouco mais
Que os olhos não conseguem perceber
E as mãos não ousam tocar
E os pés recusam pisar
Sei lá, não sei
Sei lá, não sei (...).[1]

Introdução

A aparência é o estado daquilo que parece exteriormente, do que se manifesta por signos exteriores. Podemos assim dizer, em geral, de uma qualidade, de um direito, que eles são aparentes quando parecem existir, quando se reencontram as características exteriores pelas quais se anuncia, de ordinário, a existência desse direito ou dessa qualidade.

---

1. Versos do samba Sei lá, Mangueira, composto em 1968 por Paulinho da Viola e Hermínio de Carvalho.

Ora, como admitir que, de uma situação ou fato inexistente, possa surgir algo tão digno como um direito? Como aceitar que se possa passar de um fato para um direito, do ser ao dever-ser? A resposta não é tão complexa quanto parece e a realidade também não se deixa apreender nos quadros aparentemente logicizantes da perspectiva kelseniana, a ontológica separação ser e dever-ser.

A vida contemporânea é marcada pela insegurança do homem no mundo. Descrente da ciência, sem respostas, sem compreender o frenesi da vida cotidiana, o homem se relaciona com seus semelhantes cada vez mais através de aparências. As oportunidades de conhecer a verdade das coisas são as mais ilusórias com o passar do tempo. O homem contemporâneo não consegue abarcar a complexidade do mundo, como o sábio na *polis* grega, e precisa crescentemente decidir centenas de coisas. Porém, como decidir? O ser das coisas ao revelar-se tende a se esconder na aparência (*Schein*). A aparência dissimula o ente e o faz aparecer tal como ele propriamente não é. A aparência, além disso, encobre a si mesma, como aparência, posto que se mostra como ser. Ora, se a aparência já engana a si, pode ela enganar o homem e, desta forma, levá-lo a uma ilusão. O iludir-se é, de certa forma, o modo em que o homem se move no tríplice mundo do ser, da revelação e da aparência.

O homem está solto no mundo, condenado e condicionado por sua existência. Não há que se falar em regras objetivas, em dever-ser, porque todas as regras pressupõem uma interpretação, e toda interpretação pressupõe uma pré-compreensão, um círculo hermenêutico no qual se consubstanciam as possibilidades de entendimento. O referencial da interpretação das regras é sempre humano, subjetivamente referenciado, e, como tal, implicam uma inserção cultural. Mas, como as referências modernas são contraditórias, a hermenêutica também se faz plural. Como concluiu Sartre,[2] a existência precede a essência. Assim, o homem está sempre *em* situação, e esta muitas vezes é aparente, mas, não obstante, deve ser tutelada para a garantia da liberdade.

Deste modo, ao Direito cabe regular as situações do homem nesse mundo sem certezas, tutelando tudo aquilo que, mesmo aparentemente enganoso,

2. Sobre as ponderações do filósofo existencialista acerca da relação entre os conceitos de essência e existência, ver especialmente: Sartre, Jean-Paul. *O ser e o nada: ensaios de ontologia fenomenológica*. 12. ed. Petrópolis: Vozes, 2003; do mesmo autor, *Crítica da razão dialética*. Rio de Janeiro: DP&A, 2002.

pode contribuir para a segurança da liberdade. Esta é, em suma, a razão da proteção da aparência jurídica na sociedade contemporânea.

1. A idéia de aparência de direito e suas origens

O Direito que emerge da era das grandes revoluções de fins do século XVIII e primórdios do século XIX é marcado por dois grandes vetores: a identidade entre o Direito e a lei e o seu corolário, a sistematicidade dos próprios textos legais codificados.

O primeiro vetor representa o fim de um período de pluralidade de ordenamentos na esfera estatal. As fontes do Direito são contidas dentro de uma visão estatista, o que antes não sucedia. O Direito passa a ser visto como um produto do Estado e identificado com a lei. Ao mesmo tempo, as normas jurídicas e a sua aplicação são deduzidas exclusivamente a partir do sistema, dos conceitos e dos princípios doutrinais da ciência jurídica, sem conceder a valores ou objetivos extrajurídicos (como os religiosos, sociais ou científicos) a possibilidade de confirmar ou infirmar soluções jurídicas. O Direito é certo e está contido na lei, e, assim, ao indivíduo cabe se acautelar e se comportar conforme prevê a lei. Deixando de fazê-lo, por exemplo, na não verificação de poderes da parte com a qual irá contratar, sujeita-se às conseqüências impostas por tal descuido, no caso a invalidade do contrato.

Essa dedução do Direito exclusivamente a partir do sistema tem como conseqüência o fato de que a ordem jurídica passará a ser entendida como constituindo um sistema fechado (*i.e.*, autônomo e coerente) de instituições e normas e, por isso, independente da realidade social, das relações da vida reguladas por essas instituições e normas. Seria assim possível, em princípio, decidir corretamente todas as situações jurídicas apenas por meio de uma operação lógica que subsuma a situação real à valoração hipotética contida num princípio geral de caráter dogmático (e implícito também nos conceitos científicos).

Esse sistema fechado exige, de acordo com suas próprias premissas, a plenitude. Embora possam existir lacunas na lei, o lugar dos conceitos na pirâmide conceitual e as conexões lógicas do sistema permitem imediatamente um preenchimento conseqüente dessas lacunas através de uma criação construtiva, devendo ser possível e suficiente a subsunção lógica em relação a um princípio ou a um conceito, em todos os casos cogitável. É nesse exato sentido a observação de Claus-Wilhelm Canaris:[3]

> As codificações, essencialmente redutoras e simplificadoras, provocam, num primeiro tempo, atitudes positivistas. Trata-se de uma conjunção facilmente demonstrada na França pós-1804, na Alemanha pós-1900 e em Portugal pós-1966. As fronteiras do positivismo vão, no entanto, bem mais longe do que o indiciado pelos exegetismos subseqüentes às codificações. Os positivismos jurídicos, seja qual for a sua feição, compartilham o postulado básico da recusa de quaisquer *"referências metafísicas"*. O universo das *"referências metafísicas"* – ou *"filosóficas"* – alarga-se com a intensidade do positivismo: são, sucessivamente, afastadas as considerações religiosas, filosóficas e políticas, num movimento que priva, depois a ciência do Direito de vários dos seus planos. No limite, cai-se na exegese literal dos textos, situação comum nos autores que consideram intocáveis as fórmulas codificadas.

Esse período histórico caracterizava-se, assim, por uma noção absoluta de segurança social e uma crença inabalável no desenvolvimento sempre crescente da civilização. Entretanto, todo esse mundo de certezas começa a desmoronar a partir da Primeira Guerra Mundial. Nas palavras de Hobsbawm:[4]

> [...] a Primeira Guerra Mundial foi seguida por um tipo de colapso verdadeiramente mundial, sentido pelo menos em todos os lugares em que homens e mulheres se envolviam ou faziam uso de transações impessoais de mercado. Na verdade, mesmo os orgulhosos EUA, longe de serem um porto seguro das convulsões de continentes menos afortunados, se tornaram o epicentro deste que foi o maior terremoto global medido na escala Richter dos historiadores econômicos – a Grande Depressão do Entreguerras. Em suma: entre as guerras, a economia mundial capitalista pareceu desmoronar.

Inicia-se, destarte, uma época de incerteza marcada pelo desenvolvimento de novas formas de instrumentação do domínio político e social, surgem os partidos políticos de massa e as empresas transnacionais, os processos produtivos se internacionalizam, a atividade econômica passa a se organizar em termos planetários.

---

3. Canaris, Claus-Wilhem. *Pensamento sistemático e conceito de sistema na ciência do Direito*. 2. ed. Lisboa: Calouste Gulbenkian, 1996, p. 5.

4. Hobsbawm, Eric. *A era dos extremos: o breve século XX*. São Paulo: Companhia das Letras, 1995, p. 89.

Esse multifacetamento da sociedade produz profundos reflexos no campo jurídico. A idéia de Estado Democrático de Direito baseada na distinção entre sistema político e sociedade civil, institucionalizada por intermédio de um ordenamento jurídico-constitucional desenvolvido e consolidado em torno de um conceito de Poder Público em que se diferenciam a esfera pública e o setor privado, o sistema político-institucional e o sistema econômico, os interesses individuais e o interesse coletivo; toda essa engenhosa construção entra em crise irreversível.

A mudança cada vez mais vertiginosa das relações sociais e dos processos produtivos acarreta a rápida obsolescência das regras fixas, a reger realidades que já se transmudaram e não se compatibilizam mais à previsão legal.

No campo dos contratos, a economia moderna tem na contratação em massa, valendo-se largamente neste particular de condições gerais dos negócios, o seu corolário natural. O desenvolvimento econômico acarreta uma acentuada materialização e desmaterialização de riqueza, alterando o perfil estático do esquema contratual anterior, de gozo e utilização imediata, quase física, dos bens, para o perfil dinâmico da atividade (de organização dos fatores produtivos a empregar em operações de produção e de troca no mercado). As exigências da produção e do consumo de massa, a necessidade de acelerar, simplificar e uniformizar a série infinita das relações entre a empresa e a massa de consumidores determina um processo de objetivação da troca, que tende a perder parte dos seus caracteres originais de voluntariedade. Atribuir grande relevo à vontade significaria, na verdade, personalizar a troca, individualizá-la, e, portanto, acabaria por atrapalhar o tráfego, cujas dimensões, agora massificadas, impõem que se desenvolva de modo mais estandardizado e impessoal.[5]

Assim, a exigência de tornar mais rápidas as várias formas de circulação jurídica dos bens, de estender o comércio e o tráfego de modo a intensificar o ritmo das relações econômicas, traz, nos tempos modernos, uma obrigação da tutela do terceiro, e, por contraponto, uma menor garantia dos direitos preexistentes e das situações jurídicas pré-constituídas. Com razão, José Luiz

5. Sobre esse processo, ver, por todos, Friedmann Wolfgang. *El derecho en una sociedad en transformación*. Cidade do México: Fondo de Cultura Económica, 1966.

de los Mozos[6] afirma que "o fato é que no Direito moderno se estendeu profusamente a utilização da aparência no interesse do tráfego jurídico, do rigor e da certeza dos direitos, o que confere ao ordenamento um dinamismo de que antes carecia".

É exatamente nesse contexto moderno, de certa forma disforme e confuso, que a proteção da aparência de direito assume relevo. A velocidade das transações e o evolver frenético das relações jurídicas contemporâneas não permite sempre distinguir a aparência da realidade. E também não seria factível impor, hoje, sempre tal encargo ao particular, como era a regra para os indivíduos no século XIX – época em que cada um devia acautelar-se *a priori* sobre todos os aspectos de suas relações jurídicas. Na sociedade contemporânea a aparência instala-se no mundo. A imagem ganha estatuto de real, ou, mais precisamente, passa a ter uma realidade própria, mais tangível que o objeto real do qual é cópia. Camadas indefinidas de realidades se interpõem na prática feérica dos negócios sem que os partícipes que os vivem possam averiguar o tempo todo qual delas é a verdadeira.

A quase esquizofrenia em que se vive, passeando por entre mundos concretos que, no entanto, podem ser enganadores, por entre relações jurídicas – suas e dos outros – que oferecem uma miríade de possibilidades, num mundo em que novos e diversos sentidos de real se inscrevem a cada momento, tudo isso traz para o direito uma nova responsabilidade. Dar a essa realidade fragmentada uma segurança passará, muitas vezes, por garantir efeitos jurídicos concretos a situações que só existiam em aparência, em tutela daqueles que confiaram verazmente na existência delas. É preciso se jogar no olho do furacão. Essa é a história da tutela legal da aparência jurídica.

O vocábulo aparência deriva do latim *apparentia* e, segundo o Dicionário Lello Universal,[7] significa "aquilo que se mostra à primeira vista, o aspecto exterior; probabilidade, exterioridade ilusória".

Aqui resulta uma primeira idéia acerca desse conceito: a da dualidade de coincidência ou incoincidência entre a manifestação exterior e a essência do

6. Mozos, José Luiz de los. *El principio de la buena fe. Sus aplicaciones prácticas en el derecho civil español*. Barcelona: Bosch, 1965, p. 263, trad. livre.

7. Grave, João (org.). Lello Universal. *Novo dicionário enciclopédico luso-brasileiro*. v. II. 2. ed. Porto: Lello e Irmão Editores, 1950, v. 1, p. 148.

objeto manifestado. A aparência implica, destarte, na existência de duas realidades: uma exterior e outra interior. Esta é a realidade demonstrada mediatamente pelo fenômeno manifestante,[8] enquanto aquela compreende a exteriorização de um fato, de uma realidade visível e imediatamente apreendida, que é o fenômeno manifestante ou aparente.

Várias são as relações possíveis de se estabelecerem entre o fenômeno manifestante e a realidade que por este é mediatamente manifestada. Pode, por exemplo, aparecer o irreal como real, o real como real, o irreal como irreal, ou ainda, um aparecer neutro, indiferente a toda realidade ou irrealidade.[9]

A aparência de direito somente se dá quando um fenômeno manifestante faz aparecer como real aquilo que é irreal, ou seja, quando há uma *incoincidência* absoluta entre o fenômeno manifestante e a realidade manifestada.

Como bem lembra Mariano D'Amélio, no mundo jurídico o estado de fato nem sempre corresponde ao estado de direito; mas o estado de fato, por si, tendo em vista considerações de ordem diversa, pode receber o mesmo respeito do estado de direito e, em determinadas condições e em resguardo de determinadas pessoas, gera conseqüências não diferentes daquelas que derivariam do correspondente estado de direito. Deste modo, a situação geral pela qual alguém tenha racionalmente confiado em uma dada manifestação jurídica e se comportado coerentemente a esta, lhe dá direito de contar com ela, ainda que tal manifestação não corresponda à realidade.[10]

A aparência de direito, como salientado, é um instituto jurídico precipuamente relevante na modernidade. O advento da Revolução Industrial, as acelerações do comércio e das necessidades sempre prementes da vida dos negócios provocaram um desabrochar da teoria da aparência em sua acepção clássica. O ordenamento jurídico, atendendo à conveniência de imprimir segurança e celeridade ao tráfego jurídico e à necessidade de dispensar proteção aos interesses legítimos, ampara, por vezes, a aparência antes da realidade, reconhecendo como válidos alguns atos aparentemente verdadeiros e dando a estes os efeitos

8. Malheiros, Álvaro. Aparência de direito. In: *Revista de Direito Civil, Imobiliário, Agrário e Empresarial*, n. 6. São Paulo, out.-dez. 1978, p. 45.

9. Falzea, Angelo. Apparenza. In: *Enciclopedia del diritto*, v. 2. Milão: Giuffrè, 1958, v. 2, p. 685.

10. D'Amélio, Mariano. Apparenza del diritto. In: *Novissimo Digesto Italiano*. Turim: Utet, 1958, v. 1, p. 714.

jurídicos que a lei atribui aos atos reais. Tudo isso visando tornar as relações jurídicas intrinsecamente justas e justificadas, a despeito das aparências.

A segurança das transações exige que uma aquisição em aparência regular não possa ser colocada em questão. Se o adquirente tomou todas as precauções, não deve se inquietar. A regra protege assim não só estes, mas também os proprietários verdadeiros porque, sem tal dispositivo, os adquirentes hesitariam em contratar, prejudicando a circulação econômica dos bens.[11]

A complexidade cada vez maior das relações jurídicas impõe-nos confiar na feição externa da realidade com a qual nos deparamos. A rapidez e a segurança do comércio, a quantidade de negócios travados diariamente, os compromissos que se avolumam constantemente, o condicionamento da vida a uma dependência de relações contratuais inevitáveis, entre outros fatores, justificam as razões que levam o homem a não dar tanta importância ao conteúdo dos atos que realiza, prendendo-o ao aspecto exterior dos eventos que se apresentam.[12]

Angelo Falzea[13] define a aparência de direito como "a situação de fato que manifesta como real uma situação jurídica não real. Este aparecer sem ser coloca em jogo interesses humanos relevantes que a lei não pode ignorar".
Álvaro Malheiros,[14] em complemento, assim conceitua a aparência de Direito:

> Nela, um fenômeno materialmente existente e imediatamente real manifesta um outro fenômeno – não existente materialmente nem imediatamente real – e o manifesta de modo objetivo, através de sinais, de signos aptos a serem apreendidos pelos que dele se acercarem; não através de símbolos, mas pelos próprios fatos e coisas, com base num comportamento prático, normal. Manifesta-o como real, conquanto não o seja, porque essa base de relações e de ações, abstratamente verificável na generalidade dos casos, vem a falhar no caso concreto.

---

11. Mazeaud, Henri. *Léon et Jean. Leçons de droit civil.* 5. ed. Paris: Éditions Montchrestien, 1975, t. II, p. 140.

12. Rizzardo, Arnaldo. Teoria da aparência. In: Ajuris: *Revista da Associação dos Juízes do Rio Grande do Sul*, n. 24, v. 9. Porto Alegre, mar. 1982, p. 222-231.

13. Falzea, Angelo. Apparenza. In: *Enciclopedia del diritto, op. cit.*, Milão: Giuffrè, 1958, p. 685, trad. livre.

14. Malheiros, Álvaro, *op. cit.*, p. 4.

Nessas definições resumem-se os aspectos mais importantes da idéia de aparência de direito. Primeiro o fato da predominância da justiça do direito: uma das razões fundamentais da importância atribuída ao fenômeno da aparência está no fato de que à realidade jurídica escapa normalmente a possibilidade de uma averiguação segura do direito que requer, comumente, indagações longas e complexas. Por isso o princípio é chamado a socorrer e disciplinar, justamente, aqueles casos em que essa averiguação apresente maiores dificuldades e mesmo impossibilidade.

São os casos de exteriorização material nos quais não existe a correspondência entre a atividade do indivíduo e a realidade dos atos que pratica. Por isso, terceiros de boa-fé podem ter em conta a exteriorização e ignorar a realidade oculta.

O segundo aspecto relevante da definição é a restrição dos casos de aparência de direito às situações de fato que manifestam como real uma situação jurídica não real, assim abstratamente considerada pelo ordenamento. Sempre que estivermos em presença de situações de aparência para as quais o direito já tenha assegurado tutela, como a posse ou a natureza cartular dos títulos de crédito, não se trata de situações regidas pelos cânones da aparência de direito, mas por princípios jurídicos outros que buscam sua realidade em outras formas jurídicas específicas.

Os antecedentes remotos da aparência de direito (com outras características porque esta, como afirmado acima, é um instituto jurídico da modernidade) podem ser encontrados no Direito romano. Este, todavia, não contém mais do que soluções esparsas no que se refere à aparência de direito. A maior parte dessas é concernente a escravos que, se passando por homens livres, tinham conseguido se fazer indicar pretor, se designar árbitro ou ser nomeado testemunha. No primeiro caso, está registrado no texto do D.1.14.3, *de officio praetorum*, que considerou que os atos praticados pelo escravo como pretor deveriam ser mantidos. No texto, citado do *Digesto*,[15] Ulpiano (comentários a Sabino, Livro XXXVIII), expõe:

> Barbário Filipe, quando era servo fugitivo, aspirou à pretura e foi designado como pretor. Mas Pompônio afirma que a servidão em nada lhe obstou, como se não

15. Justiniano. *Digesto de Justiniano*. 2. ed. São Paulo: Revista dos Tribunais e Centro Universitário FIEO, 2000, p. 113-114.

tivesse sido pretor; mas de qualquer modo é verdade que ele exerceu a pretura. E todavia vejamos: o que diremos se, sendo servo pelo tempo em que se escondeu, tenha feito exercício da dignidade pretória? As coisas que ele baixou por édito, que decretou, seriam de nenhuma importância? Ou acaso elas seriam da utilidade daqueles que perante ele agiram ou pela lei ou por algum outro direito? Eu verdadeiramente reputo que nada daquelas coisas sejam reprovadas, pois isto é mais humano; pois ainda, quando o povo romano pôde discernir, atribuindo ao servo esta *potestas*, tê-lo-ia tornado livre, mesmo se soubesse, porém, que era servo.

Outro texto romano, das *Institutas*,[16] 2.10.7, assim dispunha:

> 7. Quando, porém, alguma das testemunhas, ao tempo da confecção do testamento, era considerada livre, mas se verificou mais tarde que era escravo, tanto o imperador Adriano em reescrito a Catão Vero, como posteriormente os imperadores Severo e Antonino, decidiram que por sua liberalidade validavam o testamento, para que se considerasse perfeito desde o começo. E isso porque, ao tempo da confecção do testamento, a referida testemunha era reputada livre, *ninguém havendo que lhe contestasse o estado civil.* [grifos nossos]

É controversa na doutrina a questão de se o Direito romano admitia a validade dos atos do herdeiro aparente.[17]

Outro caso relevante da aparência de Direito no ordenamento romano é o dos mútuos aos filhos-famílias. Tais mútuos foram proibidos por um *senatus-consulto* macedoniano, da época de Vespasiano. Era ele sancionado por uma exceção *rei cohaerens*, a exceção *senatus consulti Macedoniani*, que o filho, o co-obrigado ou o *fideiussor* podia opor ao mutuante que exigisse a restituição do dinheiro emprestado.[18] Mas o *Digesto*, fragmento de Ulpiano, descreve que essa regra não era aplicada quando o filho-família tinha passado aos olhos de todos por *sui juris*. É o texto de D. 14.6.3[19] que dispunha:

> [...] se alguém creu que outrem era *pater familias*, enganado não por vã simplicidade, nem por ignorância de direito, senão porque publicamente parecia aos demais *pater familiæ*, e assim trabalhava, assim contratava e assim desempenhava cargos, deixará de ser aplicável o *senatus* consulto.

16. Justiniano. *Institutas do Imperador Justiniano*. São Paulo: Revista dos Tribunais, 2000, p. 124-25.

17. Calais-Auloy, Jean. *Essai sur la notion d'apparence en droit commercial*. Paris: LGDJ, 1961, p. 15.

18. Chamoun, *Ebert. Instituições de Direito romano*. 6. ed. Rio de Janeiro. [s.n.], 1977, p. 348.

19. Trad. livre de García del Corral, Ildefonso L. *Cuerpo del derecho civil romano*. Valladolid: Lex Nova, 1988, p. 780-81.

Entretanto, apesar desses dispositivos, não se encontra no Direito romano uma teoria geral da aparência. Isto porque as relações sancionadas pelo *ius civile* eram, em geral, dotadas de grande estabilidade, o que permitia aos contraentes averiguar minudencialmente o contrato celebrado e descobrir a realidade oculta sob as aparências enganosas. A realidade não deixava de gerar direitos senão naqueles casos onde sua procura se revelava impossível. De outro lado, o formalismo do Direito romano levou ao mesmo resultado que a teoria da aparência e, freqüentemente, tornou esta inútil. A estreita ligação entre a forma do ato e a necessária representação dos agentes assegurou a conformidade entre a aparência e a realidade, suprimindo assim o erro suscetível de dar lugar à aplicação das regras da aparência.

Dessa idéia não discrepa o jurista Vicente Ráo, que atribui ao princípio da eqüidade as soluções da aparência jurídica dadas no Direito romano. Para esse autor, quando muito se poderia falar de escusa do erro comum, no Direito romano, por força do princípio da eqüidade, mas não por força da aparência, que é, esta última, construção do Direito moderno.[20]

Na Idade Média, partindo dessas hipóteses do Direito romano e, sobretudo, do texto contido no *Digesto* 33, 10, 3, 5,[21] os juristas medievais, generalizando, irão compor a máxima *error comunis facit ius*, ou seja, a noção de que o erro comum cria direito, significando que a falsa impressão de um fato pela coletividade, quando genérica, atrairia a proteção do direito para o simples fato enganoso. Essa preocupação de sistematização do adágio *error communis facit ius* é encontrada em Accursio em diferentes lugares de suas glosas.[22] O erro cria o Direito quando ele é partilhado por todo mundo, quer dizer, quando ele é intransponível. Este rigor na apreciação do erro é de natureza a limitar a aplicação do adágio a alguns casos excepcionais.

---

20. Ráo, Vicente. *Ato jurídico*. 3. ed. São Paulo: Revista dos Tribunais, 1994, p. 202.

21. "§ 5º. Y no importa de que materia sean las cosas que se comprenden en el ajuar; pero no se comprende en el ajar la copa grande de plata, ni ningún vaso de plata, conforme a la severidad de los tiempos que no admitían todavía ajuar de plata. Hoy, a causa de uso de los imperitos, si el candelabro de plata ha sido comprendido en la plata, se considera que es de la plata, y el error hace derecho". García del Corral, Ildefonso L. *Cuerpo del derecho civil romano*. Valladolid: Lex Nova, 1988, t. II, 1ª Parte, p. 651.

22. Comentando a lei Barbarius Philippus (D. 1.14.3), Accursio explica a verdadeira razão que fez considerar o escravo como verdadeiro pretor: não é porque este recebia o salário, mas *hic autem est plus, scilicet communis error, qui facit jus*.

No século XV, se abriu caminho a uma aplicação original da aparência: os comerciantes descobriram o endosso da letra de câmbio. No início do desenvolvimento desse instituto jurídico, a letra de câmbio nada mais era que um instrumento do contrato de câmbio trajetício, reputando-se essencial para a sua legitimidade não só uma remessa de dinheiro da praça, mas ainda a indicação do valor, a fim de ficar patente o contrato de compra e venda de moedas. Dessa maneira ficava a letra sujeita às disposições do Direito romano relativas ao contrato de compra e venda (compra de dinheiro ausente por dinheiro presente) e livram-se da *labes usuraria* os interesses com ela obtidos, justificando-se esses interesses com a diversidade do câmbio nas praças sob as quais operava.

A partir de meados do século XV, a letra de câmbio passa a ser meio de pagamento (inclusive de mercadorias a crédito), vindo a Ordenação de Comércio Terrestre francesa de 1673, a consagrar, agora em lei e não mais com base na teoria da aparência, as principais características da cambial nessa época, a saber: o endosso sem restrições, a letra de câmbio representando valor fornecido em mercadoria, a letra ao portador, a inoponibilidade de execução ao terceiro de boa-fé, a exigência da provisão e a distinta *loci*.[23]

A doação da cláusula à ordem, a criação do endosso, a vulgarização do uso das letras entre os não-comerciantes, todas essas sucessivas transigências com o rigor recebido do primitivo conceito alteraram essencialmente a natureza da letra de câmbio. Esta, de mero título de um determinado contrato, passou a ser meio de liquidação de qualquer espécie de contrato, instrumento de contrato acessório, subsistindo distinta, embora independente, da causa que o gerara.

A aparência é o fundamento pelo qual se permite ao terceiro, portador, ignorar os vícios que não aparecem na simples leitura do título. O formalismo

---

23. "Assim o formalismo (segurança baseada na aparência) é fator preponderante para a existência válida dos títulos de crédito, eles só são eficazes na medida em que se subsumem (se conformam) na forma estereotipada da lei. Não haverá força para os principais básicos: autonomia das obrigações, literalidade e abstração (nos não causais ou para a doutrina alemã Kausalass), sem a observância daqueles traços mínimos (requisitos essenciais) que a forma plena da lei impõe. A lei, como que, fixa o modelo a ser seguido, para que o fluxo do devenir não provoque confusões que, em matéria de circulação de riquezas, seriam altamente danosas à economia moderna, cuja característica marcante é a extrema exigência de rapidez e segurança nos negócios." Amaral, Luiz. Forma e aparência nos títulos de crédito. In: *RT*, n. 602, ano 74. São Paulo, dez. 1985, p. 39-48.

impera, porém sua finalidade não é mais a de criar uma obrigação, mas sim a de tornar legítimo o erro cometido sobre a fé na cártula.

Outro instituto medieval que viria a regular as situações patrimoniais aparentes é a *Gewere* do Direito germânico. A *Gewere* consistia no estado de fato do poderio que uma pessoa tinha sobre uma coisa e era externada através do efetivo exercício das faculdades decorrentes desse estado de fato. Como bem expressa Fábio Maria de Mattia:[24]

> A grosso modo, poder-se-ia dizer que era a senhoria de fato sobre uma coisa, que correspondia a um direito real sobre essa mesma coisa, de forma que quem detivesse a Gewere era tido como dono da coisa.
>
> Aquele, a quem ele a alienasse, tornava-se dono da coisa, ainda que dele não fosse, mas lhe tivesse sido entregue, em confiança, por outrem.
>
> Ao princípio do direito romano *nemo plus iuris alium transferre protest, quam ipse haberet* opunham-se as máximas germânicas *trau, schaun, wen* e *hand wahre hand*, de sorte que quem havia de confiar alguma coisa a outrem, que olhasse a quem confiava, porque, se lhe fosse traída a confiança, se comprometia o seu direito sobre ela.
>
> O adquirente tornava-se verdadeiro dono, mercê da aparência de Direito de quem tivesse a coisa em seu poder e lha transferisse.

Raffaele Moschella divide a história do instituto em três fases distintas: a primeira, que deita raízes na escuridão do tempo, a segunda, medieval, nos séculos XIII e XIV e a terceira, moderna, a partir do século XIX.

No período antigo, quando se passa da propriedade do grupo para a propriedade individual, não se concebia que o gozo sobre a coisa da parte de sujeito diverso do seu proprietário. Concebia-se uma só senhoria jurídica, aquela plena e incondicionada, a propriedade, a qual correspondia uma só senhoria de fato, aquela do proprietário.[25]

Nesse ordenamento absolutamente primitivo e que acontece no quadro de uma vida tribal, o único caso no qual se colocava o problema de uma cisão entre o direito de propriedade e a posse era a detenção clandestina ou violenta da coisa.

24. Mattia, Fábio Maria de. *Aparência de representação*. São Paulo: Cit, 1999, p. VII.

25. Moschella, Raffaele. *Contributo alla teoria dell'apparenza giuridica*. Milão: Giuffrè, 1973, p. 10-11.

Com o progresso da civilização cogita-se de formas diversas de gozo sobre a coisa e, sobretudo, se concebe maior circulação dos bens imóveis. Consoante dispõe Pontes de Miranda, a *Gewere* passa a identificar a chamada posse-direito (conjunto dos direitos e deveres derivados do poder fático sobre a coisa): a diferença entre a concepção romana e a germânica já se caracteriza na composição do suporte fático; o que uma considerava indispensável a outra dispensava (o *animus*). Depois de entrar no mundo jurídico o suporte fático, que podia ou não ser suficiente para o Direito romano, a irradiação de efeitos do fato jurídico era normal. Daí falar-se em *Gewere* como conjunto de direitos, deveres, pretensões, obrigações, ações e exceções derivadas do poder fático sobre a coisa. O titular ficava investido no direito de reivindicar a coisa, bastando para tanto a simples afirmação de titularidade, cabendo à outra parte provar que tinha melhor título.[26]

Segundo Moschella, a *Gewere* era aparência de direito (*Rechtsschein*) enquanto fenômeno, modo de se manifestar no tráfego jurídico, vale dizer no confronto com terceiro, da senhoria jurídica sobre a coisa, forma de publicidade do direito subjetivo. A *Gewere* dava uma aparência de direito, isto é, uma situação jurídica real, mas não definitiva, destinada a ceder a uma outra mais forte. Nessa formulação, a teoria da *Gewere* é o ponto de partida da elaboração da aparência jurídica, na dupla direção fundamental de legitimação formal e de princípio da publicidade.[27]

Os princípios substanciais da *Gewere* se positivaram no Código Civil francês,[28] no qual ficou assentado que, em matéria de imóveis, a posse equivale a título. O Código Civil italiano de 1865 reproduziu sem maiores precisões a regra do art. 2.279 do Código Napoleão, acentuando a idéia de uma verdadeira aquisição da propriedade, com a possessão constituindo ela mesma o título de aquisição.[29] O mesmo ocorre com o Código Civil espanhol de 1889.[30] Assim, a

26. Pontes de Miranda; Francisco Cavalcanti. *Tratado de direito privado*, Borsoi, 1954, t. X.

27. Moschella, Raffaele. *Contributo alla teoria dell'apparenza giuridica*, *op. cit.*, p. 18.

28. *"Art. 2.279. En fait de meubles la possession vaut titre."*

29. *"Art. 770. Riguardo ai beni mobili per loro natura ed ai titoli al portatore, il possesso produce a favore dei terzi di buona fede l'effeto stesso del titulo."*

30. *"Art. 464. La posesión de los bienes muebles, adquirida de buena fe, equivale al título. Sin embargo, el que hubiese perdido una cosa mueble o hubiese sido privado de ella ilegalmente, podrá reivindicarla de quien la posea."*

posse acarreta para o adquirente de boa-fé o direito de propriedade, ou pelo menos um título que serve como prova desse direito. Deste modo tutela-se a crença do adquirente, ainda que a titularidade do direito seja apenas aparente.[31]

Essa construção refinada logo iria espraiar-se para a chamada posse de direitos. Considerava-se possuidor, no sentido da *Gewere*, todo aquele que tivesse de fato o exercício, pleno ou não, dos poderes inerentes ao domínio ou propriedade. Assim, o domínio significaria senhoria sobre as coisas corpóreas e a propriedade significaria titularidade de direitos incorpóreos, como a propriedade intelectual e artística, os direitos de crédito, a representação, entre outros. Também essas situações jurídicas subjetivas receberiam proteção em tutela da confiança daqueles que realizaram negócios na crença da legitimidade dos direitos transmitidos.

Paulatinamente os diversos ordenamentos foram incorporando regras de proteção aos adquirentes de boa-fé, em tutela de sua confiança. O Código Civil italiano de 1865 em seu art. 933 estabeleceu que são salvos os direitos adquiridos de terceiros por efeito de convenção a título oneroso com o herdeiro aparente desde que estes terceiros provem haver contratado de boa-fé. Também em seu art. 1.242 dispôs que era válido o pagamento efetuado pelo devedor, em boa-fé, àquela pessoa que possuísse um crédito, aparentando ser o credor.

O Código Comercial alemão (HGB) igualmente dispõe em seu § 56 que as pessoas empregadas em uma loja ou depósito de mercadorias têm poderes para vender e receber, dentro dos limites usuais.[32]

O antigo Direito Civil alemão dos Estados previa o predomínio da teoria da aparência no caso de atos praticados pelo procurador cujo poder já se extinguiu, desde que os terceiros que trataram com o procurador tivessem desconhe-

---

31. "É o caso de um adquirente que encarregou um de seus empregados de entregar sua aceitação e de concluir assim uma venda que lhe foi proposta. No momento da troca definitiva de consentimentos o vendedor está, por uma razão patológica qualquer, em puro estado de inconsciência. Ele dá uma aparência de consentimento e libera a coisa. O adquirente, que não testemunhou essas últimas negociações, crê a venda absolutamente válida; e este vendedor é, por outro lado, um mandatário ou um depositário infiel, que estava se fazendo passar por ser proprietário. O verdadeiro proprietário poderá reivindicar a coisa se apoiando sobre a nulidade do título de que se prevaleceu o possuidor? O direito francês não o permite." Salleilles, Raymond. De la possession des meubles. *Études de droit allemand et de droit français*. Paris: Librairie Générale de Droit et de Jurisprudence, 1907, p. 73 (tradução livre).

32. Mattia, Fábio Maria de. *Aparência de representação, op. cit.*, p. 67.

cimento objetivo dessa revogação, ou seja, o fato de que estes, obrando com a cautela usual despendida nos negócios, não pudessem conhecer a dita revogação. Isso estava previsto no Projeto de Codificação dos Estados de Hesse (art. 297), Baviera (art. 719) e Dresden (art. 715), além de no Código de Saxe (arts. 1.319 e 1.324).[33] Existiam também dispositivos análogos no Código Federal de Obrigações da Confederação Helvética de 1881 (art. 404).

O Código Civil alemão de 1900 (BGB) previu diversos casos de tutela da aparência em função da confiança suscitada em terceiros. Esse Código vincula a aparência ao princípio geral da publicidade. Ele admite a eficácia do ato entre terceiros e quem não é o verdadeiro titular do direito sempre que este, investido em um título formal, suscita naquele a convicção de que é o verdadeiro titular do direito. De acordo com esse entendimento, qualquer título formal, de fé pública ou mesmo particular, fundamentaria a proteção de terceiro, que agiu na confiança que esse título lhe inspirou. É o caso dos atos praticados pelo herdeiro aparente, consubstanciado no § 2.370 do BGB, em que se estabelece que tais atos praticados pelo herdeiro aparente são válidos desde que este, reputado herdeiro por declaração anterior do *de cujus*, não tenha obrado com má-fé e os terceiros que com ele trataram não tivessem conhecimento da inexatidão da declaração do *de cujus* ou de sua impugnação pelos verdadeiros herdeiros.

São igualmente reputados válidos, no Código Civil alemão (§ 407), os atos praticados pelo devedor em relação ao credor anterior sobre os créditos que este último na realidade já cedeu. Estabelece esse dispositivo legal que são oponíveis ao novo credor todas as prestações feitas pelo devedor ao credor anterior, após a cessão, a menos que o devedor tenha conhecimento da cessão no momento da prestação ou do ato jurídico.

Do mesmo modo esse Código reconhece, na esteira da tradição do antigo direito alemão, o predomínio da teoria da aparência no caso de atos praticados pelo procurador cujo poder já se extinguiu (§§ 674 e 169 do BGB). São ainda reputados como casos de aparência o dos atos praticados pelo testamenteiro cuja função já cessou (§ 2.218 do BGB) e outros dispositivos esparsos do Código Civil alemão (§§ 405, 409, 370 e 793).

A idéia da aparência como fonte de obrigações, em casos determinados, também já se encontrava plenamente prevista no *Esboço do Código Civil* de Au-

33. *Code Civil allemand et loi d'introduction* (trad. O. de Meulenaere). Paris: Librarie A. Marescq, 1897, p. 177.

gusto Teixeira de Freitas, de 1864. Assim, este autor considerava que o pagamento feito de boa-fé a herdeiro aparente extinguia a obrigação, ainda que posteriormente se provasse que a herança pertencia a outrem.[34]

Também no *Esboço*, no caso do casamento putativo, a existência de boa-fé por parte dos contraentes assegurava a validade de todos os seus efeitos até a sentença que o anula.[35]

No Esboço do Código Civil de Teixeira de Freitas em seus arts. 3.011 a 3.013 e 1.043 era prevista também a tutela jurídica do mandato aparente.[36]

Igualmente no *Esboço* se disciplinam os efeitos dos atos de sociedades de fins ou objeto ilícitos, ou irregulares. Nesses casos, Teixeira de Freitas reputava tais atos válidos perante terceiros de boa-fé, que com estas legitimamente contrataram, fundados na aparência de regularidade (arts. 3.076 e 3.078).[37]

---

34. "*Art. 1.042. O pagamento feito a quem não tinha direito de recebê-lo só extinguirá a obrigação: [...]*
3º. Se o pagamento for feito de boa-fé a um herdeiro ou herdeiros aparentes, que entraram na posse da herança; posto que se conheça ou se julgue depois, que a herança pertence a outro." Freitas, Augusto Teixeira de. Esboço do Código Civil. V. II. Brasília: UnB, 1983, v. 1, p. 249.

35. "*Art. 1.447. Se o casamento anulado for putativo, isto é, se foi contraído de boa-fé, produzirá os mesmos efeitos civis de um casamento válido dissolvido, observadas as distinções que abaixo se seguem.*
Art. 1.448. Se houve boa-fé da parte de ambos os cônjuges, o casamento putativo até o dia da sentença que o anular, produzirá todos os efeitos do casamento válido, não só em relação às pessoas e bens dos mesmos cônjuges, como em relação aos filhos." Ibidem, p. 304.

36. "*Art. 3.011. Será, porém, obrigatório para o mandante, seus herdeiros ou representantes, em relação ao mandatário, tudo o que este fizer ignorando sem culpa a cessação do mandato, embora tenha contratado com terceiros que dela sabiam, salvo o direito que lhes competir contra esses terceiros.*
Art. 3.012. Em relação a terceiros que, ignorando sem culpa a cessão do mandato, tenham contratado com o mandatário, o contrato será obrigatório para o mandante, seus herdeiros ou representantes, salvo seu direito contra o mandatário, se este sabia da cessação.
Art. 3.013. É livre a terceiros obrigar ou não ao mandante, seus herdeiros ou representantes pelos contratos que houverem feito com o mandatário na ignorância da cessação do mandato, mas o mandante, seus herdeiros ou representantes não poderão prevalecer-se dessa ignorância para obrigá-los pelo que foi feito depois da cessação do mandato.
Art. 1.043. O pagamento feito ao mandatário do credor, cujos poderes cessaram pelo falecimento deste, ou por terem sido revogados, extinguirá a obrigação, se o devedor ignorava o falecimento ou a obrigação." Freitas, Augusto Teixeira de, op. cit.

37. "*Art. 3.076. Quanto aos efeitos já produzidos [do contrato de sociedade], se a nulidade provier do fim ou objeto ilícito da sociedade: [...]*
3º. Terceiros de boa-fé poderão alegar contra os sócios a existência da sociedade, sem que os sócios lhes possam opor a nulidade.

De todo modo, não obstante, a aceitação de uma regra geral de eficácia da aparência de Direito em proteção à boa-fé e à confiança de terceiros era extremamente controversa por atentar contra o próprio sistema de determinação dos direitos subjetivos. François Laurent chega a afirmar em oposição à eficácia da aparência de Direito que: "o direito é a expressão da via eterna; como o erro poderia ser assimilado à verdade?"[38] Diversos autores clássicos comungavam dessa opinião como Zachariae, Crome e Barassi,[39] Giorgio Giorgi,[40] Fréderic Mourlon,[41] Manuel de Almeida e Souza de Lobão.[42] Muitos autores brasileiros modernos também se opõem ao seu reconhecimento sem severas mitigações, como Fábio Konder Comparato[43] e Ricardo Pereira Lira.[44] A jurisprudência só

4º. Terceiros de má-fé, isto é, que da sociedade ilícita tinham conhecimento, não poderão alegar contra os sócios a existência dela, e os sócios poderão opor-lhes a nulidade."

"Art. 3078. Mas se a nulidade provier da falta de instrumento social ou da nulidade deste: [...]

2º. Poderão outrossim alegar contra terceiros a existência da sociedade para demandá-los por obrigação que para com ela contraíssem, sem que esses terceiros lhes possam opor nulidade.

3º. Terceiros poderão alegar contra os sócios a existência da sociedade, sem que os sócios lhes possam opor nulidade; e também poderão alegar nulidade, sem que os sócios lhes possam opor a existência da sociedade." Freitas, Augusto Teixeira de, op. cit., p. 476.

38. Laurent, François. *Principes de droit civil français*. t. XIII. 3. ed. Bruxelas: Bruylong-Christophe, 1878, n. 281, trad. livre.

39. Crome *et al.*, *Manuale del diritto civile francese: di Zachariae von Lingentha Lingenthal*, Libraria, 1907, v. 2, § 395, p. 685-686.

40. Giorgi, Giorgio. *Teoria delle obligazioni nel diritto moderno italiano*. 3. ed. Firenze: Cammeli, 1891, v. 2, n. 272.

41. Mourlon, *Frédéric*. *Repetitions écrites sur le Code Civil*, 2. ed., Paris: Garnier Freres Libraires-èditeurs, 1880, t. II, p. 507.

42. Lobão, Manuel de Almeida e Sousa de. *Segundas linhas sobre o processo civil ou antes adicções as primeiras do bacharel Joaquim Jose Caetano Pereira e Sousa*. Lisboa: Imprensa Nacional, 1868, p. 33.

43. "A teoria da representação aparente constitui um verdadeiro contrabando ideológico no direito nacional. Um grupo de professores de direito e magistrados, fascinados pela novidade intelectual que nos vem do estrangeiro, demitiu-se do seu dever elementar de interpretar e analisar o direito pátrio em sua sistematicidade. O resultado foi nefasto." Comparato, Fábio Konder. Aparência de representação: a insustentabilidade de uma teoria. *Revista de Direito Mercantil, Industrial, Econômico e Financeiro*, n. 111, Revista dos Tribunais, 1998, p. 39.

44. "Inexiste no direito brasileiro uma teoria geral da aparência; a aparência, em princípio, não é fonte de obrigação; a obrigação existirá, em nome da proteção de terceiros de boa-fé, quando a lei o determine ou a tanto se possa chegar pelo recurso à analogia." Lira, Ricardo César Pereira. Considerações sobre a representação dos negócios jurídicos: a teoria da aparência e o princípio da publicidade na administração pública. In: *Revista da Faculdade de Direito da UERJ*, n. 1, UERJ, 1993, p. 301-21.

com muito cuidado vai concedendo tutela a estas situações de garantia da confiança.[45] Assim, o reconhecimento jurídico da aparência de direito, malgrado a discussão quase secular, ainda enfrenta acentuados percalços.[46]

2. Elementos da aparência de direito

Conforme visto acima, a aparência de direito pode ser definida como uma relação entre dois fenômenos, o primeiro uma situação de fato, imediatamente presente e real, que manifesta por ilação ou reenvio uma segunda situação jurídica, fazendo-a aparecer como real, quando na realidade não existe, ou existe com modalidade diversa daquela assinalada.

A proteção da aparência não se baseia na vontade privada. Trata-se, bem definida, de assegurar situações não consolidadas, fazendo com que se aperfeiçoem ou se consumem. Necessidade que é de ordem pública e se constitui mediante normas imperativas que fazem com que os benefícios que concedem sejam indisponíveis. Assim, não poderá quem, em virtude de possessão de estado, tiver acedido a algo determinado, renunciá-lo. Nem cabe a renúncia do

45. Rodolfo Sacco esclarece que na Itália a aparência foi a mais importante norma civilística criada de modo preterlegal. A Corte de Cassação passou a julgar segundo a regra de que aquele que é culpado de haver criado a aparência de uma situação não pode fazer valer o verdadeiro estado da coisa no confronto com o terceiro que havia confiado, sem culpabilidade, na aparência. Cf. Sacco, Rodolfo. Apparenza. In: *Digesto delle discipline privatistiche*. Seção Civil. 4. ed.. Editrice Torinese, 1998, Seção Civil, p. 357.

46. A discussão contemporânea da aparência de direito com eficácia abrangente de todas as relações jurídicas é extremamente acirrada como se pode verificar em: Angelici, Società apparente, In: *Enciclopedia Giuridica Treccani*, v. 29. Milão: Instituto dell´Enciclopedia italiana, 1993; Bessone-di Paolo, Apparenza. In: *Enciclopedia Giuridica Treccani*, v. 2. Milão: Instituto dell´Enciclopedia italiana, 1993; Ceccherini. Apparenza di rappresentanza e responsabilità del dominus, nota a Cass., seção I, 29/04/1999, n. 4.299, In: *Corriere Giuridico*, Milão: Ipsoa Editore, 1999, p. 1.501 *et seq.*; Colombatto, Creditore apparente, In: Digesto Civ., 1989, v. 5; D'Orsi, Sui limiti dell'apparenza del diritto, In: *Giustizia Civile*. Milão: Giuffrè, 1970, fasc. 9, p. 313; Falzea, Apparenza. *Enciclopedia del diritto*, op. cit., p. 682; Ferrero. Appunti in tema di apparenza giuridica, In: *Giurisprudenza Commerciale*, Milão: Giuffrè, 1965, v. 1, p. 189 *et seq.*; Manfredi Luongo. Brevi appunti in tema di apparenza del diritto. In: *Diritto e Giurisprudenza*. Napoli: Jovene, jun. 1971, fasc. 3, p. 368 *et seq.*; Mengoni. *Gli acquisti a non domino*, Milão: Giuffrè, 1975; Moschella. *Contributo alla teoria dell'apparenza giuridica*, Giuffrè, 1973; Sacco. Apparenza. *Digesto delle discipline privatistiche* – sezione civile. Torino: UTET I, 1987, p. 353; Stolfi, Note minime sull'apparenza del diritto. In: *Giurisprudenza Italiana*. Torino: UTET, 1976, v. 1, p. 797; Tranquillo. Fondamento, limiti e tendenze del principio di apparenza in materia di rappresentanza. In: *Giurisprudenza Italiana*. Torino: UTET, 1996, v. 4, p. 426.

cônjuge de boa-fé no matrimônio putativo aos efeitos favoráveis deste, que se produzem inexoravelmente.[47]

Importa agora analisar os elementos que configuram a chamada situação de aparência jurídica e que dão a esta a sua eficácia na tutela da confiança despertada em terceiro.

O art. 1.189 do Código Civil/italiano[48] que trata do pagamento feito ao credor aparente define o primeiro desses elementos: é necessário que a aparência tenha sido criada de acordo com *circunstâncias unívocas* capazes de gerar uma apreensão errônea da realidade.

Assim, a aparência, embora aproximada ao erro, com este não se confunde. O erro é um fenômeno individual e subjetivo. A aparência é um fenômeno social e objetivo. Consoante Falzea, é o erro coletivo possível, ou seja, no sentido de que se trata de uma *situação social* que, segundo o comum sentir social de pessoa de média diligência, em um dado momento, a interpreta com um dado significado, que não corresponde ao real. Coloca-se em relevo aqui, mais do que a percepção do sujeito, a causa idônea a produzir o erro, sendo esta evidentemente objetiva.[49] A essa causa, fatos objetivos externamente perceptíveis denominam-se circunstâncias unívocas, elemento da situação de aparência jurídica.

Quais são essas circunstâncias unívocas passíveis de gerar a aparência jurídica e como determiná-las? É preciso verificar cada caso e argüir se, de fato e em concreto, elas são capazes de acarretar objetivamente a aparência jurídica.

A Corte de Cassação italiana faz, por exemplo, uma interessante distinção entre circunstâncias unívocas na aparência pura e simples e na aparência culposa para estabelecer que, em certos casos, se considera que estas só estão presentes na aparência culposa, como são as hipóteses da representação aparente.[50]

---

47. Martinez, J. Ignácio Cano. *La exteriorización de los actos jurídicos*: su forma y la protección de su apariencia. Barcelona: Bosch, 1990, p. 59.

48. *"Art. 1.189. O devedor que realiza o pagamento a quem aparenta ter qualidade para recebê-lo de acordo com circunstâncias unívocas, fica liberado se provar ter estado de boa-fé."* (trad. livre)

49. Falzea, Angelo. In: *Enciclopedia del diritto, op. cit.*, p. 694.

50. *"La cosiddetta apparenza di diritto non costituisce una fattispecie giuridica autonoma, un istituto generale caratterizzato da connotazioni definite e precise, ma rappresenta un concetto operativo nell'ambito dei singoli atti e negozi giuridici secondo il grado di tolleranza dei medesimi in ordine alla prevalenza di uno schema apparente su quello reale in vista del riconoscimento di effetti pratici contrastanti o diversi da quelli derivabili dalla situazione reale (...). L'apparenza del diritto può presentarsi nelle forme di apparenza pura e semplice o*

Nas hipóteses de representação aparente considera a Corte de Cassação italiana que o terceiro tem o ônus legal de verificar os poderes do representante e se mesmo assim é induzido em erro é porque um comportamento culposo do aparente representado possibilitou tal aparência. Deste modo, nessas situações só seriam circunstâncias unívocas capazes de gerar, de modo eficiente, a falsa impressão quanto aos poderes do representante, aquelas decorrentes de atitudes culposas do aparente representado. Embora a solução da culpa do aparente representado não seja a melhor resposta para a imputabilidade como elemento da aparência, como veremos a seguir, os acórdãos da Corte de Cassação italiana ilustram bem a idéia do que seriam condições unívocas ensejadoras da aparência de direito.

As circunstâncias unívocas podem decorrer não só da valoração e sopesamento dos fatos externos naturais, mas também de fatos externos artificiais, como sistemas de publicidade de atos jurídicos. Quando a lei prescreve específicos meios de publicidade para se fixar a existência e o conteúdo de uma situação

---

colposa: entrambe postulano l'errore di chi abbia confidato nello schema apparente e la scusabilità dell'errore, non determinato da colpa o da inosservanza di oneri legali di conoscenza o di attività da parte del soggetto caduto in errore; in ordine però alla rappresentanza è irrilevante l'apparenza pura e semplice, ma è rilevante l'apparenza colposa qualora un malizioso o negligente comportamento del preteso rappresentato abbia fatto presumere la volontà di conferire poteri rappresentativi mentre gli mancava la reale volontà corrispondente." (Cass., 17/03/1975, nº 1.020. In: *Foro italiano.*, 1975, I, 2.267, nota de Di Lalla).

"Il principio dell'apparenza del diritto, riconducibile a quello più generale della tutela dell'affidamento incolpevole, può essere invocato in tema di rappresentanza, nei confronti dell'apparente rappresentato, dal terzo che abbia in buona fede contratto con persona sfornita di procura, allorché l'apparente rappresentato abbia tenuto un comportamento colposo, tale da giustificare nel terzo la ragionevole convinzione che il potere di rappresentanza sia stato effettivamente e validamente conferito al rappresentante apparente." (Cass., 29/04/1999, n. 4.299. In: *Mass. Giust. civ.*, 1999, 972)

"Il principio dell'apparenza del diritto, riconducibile a quello più generale della tutela dell'affidamento incolpevole, può essere invocato con riguardo alla rappresentanza, allorché, indipendentemente dalla richiesta di giustificazione dei poteri del rappresentante a norma dell'art. 1.393, non solo vi sia la buona fede del terzo che abbia concluso atti con il falso rappresentante, ma vi sia anche un comportamento colposo del rappresentato, tale da ingenerare nel terzo la ragionevole convinzione che il potere di rappresentanza sia stato effettivamente e validamente conferito al rappresentante apparente." (Cass., 18/02/1998, n. 1.720, ivi, 1998, 366)

"La rappresentanza apparente è un'ipotesi di c.d. apparenza di diritto colposa perché ne sono elementi non solo l'apparente esistenza, in un soggetto, del potere di rappresentare altro soggetto e l'assenza di colpa nel terzo al quale il potere di rappresentanza appare, ma anche un comportamento colposo del soggetto apparentemente rappresentato che determina l'insorgere dell'apparenza." (Cass., 19/01/1987, nº 423. In: *Nuova Giur. Civ. Comm.*, 1987, I, 486, nota de Ceccherini).

jurídica, se está diante de uma circunstância unívoca para a configuração da aparência de direito. Não cabe falar em presunção absoluta de veracidade do registro ao qual se dá publicidade, apta a excluir a aplicação da teoria da aparência. Isto porque, em tema de imóveis, por exemplo, nosso ordenamento não agasalhou o princípio da presunção absoluta (da fé pública registral), tal qual ocorre na Alemanha. E, como corolário dessa assertiva, pode-se dizer que a presunção de veracidade do registro é relativa, podendo ser destruída em determinadas hipóteses. Igualmente isso ocorre em outras situações nas quais a lei impõe a publicidade.

Vicente Ráo[51] sintetiza assim esses pressupostos para a caracterização da aparência de direito:

> São seus requisitos essenciais objetivos: a) uma situação de fato cercada de circunstâncias tais que manifestamente a apresentem como se fora uma situação de direito; b) situação de fato que assim possa ser considerada segundo a ordem geral e normal das coisas; c) e que, nas mesmas condições acima, apresente o titular aparente como se fora titular legítimo, ou o direito como se realmente existisse.

Outro elemento que integra a aparência jurídica é o erro no qual incide aquele que, pela aparência, considera verdadeiro o que não é. Erro é um vício do consentimento ocasionado por uma representação falsa da realidade, seja por carência de elementos, seja por má apreciação destes.

Para acarretar a anulabilidade do negócio jurídico, que é o que primordialmente nos interessa em termos de aparência de direito, as declarações de vontade devem emanar de um erro substancial: o será sempre que da própria declaração de vontade ou do próprio conteúdo do negócio resulte que este não teria se efetuado, se não fora o erro.

Da necessidade de substância para a configuração de erro apreciável em Direito resulta a noção de sua escusabilidade: se houver falta injustificável da parte de quem caiu no erro, o contrato subsiste. O Direito não protege o erro grosseiro, que poderia ser percebido por uma pessoa rústica, sem grandes conhecimentos ou cultura. Divergiam os autores acerca do grau de intensidade do erro escusável. Para Clóvis Beviláqua, não basta que o erro seja substancial, sendo necessário ser, ainda, escusável, isto é, baseado em uma razão plausí-

---

51. Ráo, Vicente. *Ato jurídico*. 3. ed. São Paulo: Revista dos Tribunais, 1994, p. 204.

vel, ou ser tal que uma pessoa de inteligência comum e atenção ordinária possa cometê-lo.[52]

Como determinar, porém, esse padrão? Seria o da efetividade do ato, segundo as condições pessoais da parte que o alega ou o do homem médio diligente em seus negócios. No Brasil, o Código Civil de 2002 veio espocar essas dúvidas definindo o erro escusável como aquele que poderia ser percebido por pessoa de diligência normal, em face das circunstâncias do negócio. Trata-se da adoção de um padrão médio objetivo do homem comum – o *vir medius* –, temperado pelas circunstâncias do negócio, para a aferição da escusabilidade.[53] A norma é assim a conduta do homem médio, porém considerando as circunstâncias do negócio. Desse modo, um profissional liberal, de elevado grau de escolaridade e padrão cultural, poderia obrar em erro quando, por exemplo, realizasse negócios agrícolas. A conduta do agente e as circunstâncias do negócio deverão em conjunto ser aferidas objetivamente para se determinar se se trata ou não de erro escusável.[54]

O erro capaz de fazer incidir a tutela da aparência é também aquele erro objetivo, escusável, erro que incidiria qualquer pessoa prudente[55] nas mesmas condições. Como expõe Angelo Falzea,[56] "a lei requer que o errôneo convencimento tenha sido causado por uma situação de fato tal que qualquer sujeito médio da coletividade teria incidido no mesmo erro".

52. Beviláqua, Clóvis. *Código Civil comentado*, 10. ed. Rio de Janeiro: Francisco Alves, 1953, p. 269. Em idêntico sentido, cf. Amaral, F. *Direito civil*: introdução. 2. ed. Rio de Janeiro: Renovar, 1998, p. 487; Santos, J. M. de Carvalho. Código Civil brasileiro interpretado. V. 3. 8. ed. Rio de Janeiro: Freitas Bastos, 1961, p. 297.

53. Alves, José Carlos Moreira. *A parte geral do projeto de Código Civil brasileiro*. São Paulo: Saraiva, 1986, p. 110.

54. "Enquanto que o erro escusável apóia-se, preferencialmente, no aspecto objetivo, à semelhança do ocorrido com a mudança havida no instituto da responsabilidade civil, que saiu do terreno subjetivo (noção de culpa) para o objetivo (risco do empreendimento)". Borghi, Hélio. Ausência e aparência de direito, erro e a simulação, RT 734/736, São Paulo: Revista dos Tribunais, dez. 1996.

55. "Concluindo, em todas as hipóteses importa se dê proteção aos terceiros, exigindo-se, somente, que seu erro provenha de circunstâncias aptas para enganar o indivíduo médio. A aparência substitui a realidade em favor do que agiu levado por bons princípios e honestamente." Rizzardo, Arnaldo. Teoria da aparência. In: *Ajuris, op. cit.*, p. 222-231.

56. Trad. livre de Falzea, Ângelo. Apparenza. In: *Enciclopedia del diritto, op. cit.*, p. 697.

Há que se diferenciar essa modalidade de erro daquela do erro *communis* ou ainda erro invencível de que falava a doutrina francesa como fundamento da aparência de direito no adágio *error communis facit ius*.

Segundo Henri Mazeaud, o princípio da máxima latina era o de que toda vez que um erro de fato ou de direito fosse invencível, isto é, não houvesse possibilidade de escapar-se de cometê-lo, e que esse entendimento errôneo fosse compartilhado por todos ou pela maioria das pessoas de conhecimento e compreensão normais, dever-se-ia aplicar o adágio. Isto é, como uma regra de ordem pública, protetora do interesse social, contra o princípio da autoridade da lei. Nesses casos, a aparência invencível é colocada no mesmo plano que a realidade.[57]

A origem do *error communis* deve-se aos glosadores, que pretendem descobri-lo no *Digesto*: ele estava em seu espírito, mas não em sua letra.[58] Abrigada na autoridade do direito romano, a referida máxima foi adotada sem discussão na jurisprudência dos Parlamentos franceses que invocavam o princípio da *Lex Barbarius Philippus* para cobrir as irregularidades. Tratava-se, portanto, de um princípio solidamente estabelecido que foi confirmado após a promulgação do Código Napoleão pelo aviso do Conselho de Estado de 02/06/1807, aviso interpretativo que tinha força de lei em virtude da Constituição do ano VIII.[59]

A máxima do *error communis facit ius* se destina primordialmente à proteção do interesse público, à confiança generalizada em dada situação aparente:

> Aqui, como nós indicamos, trata-se de proteger o interesse social. É o interesse público que está em jogo, e o interesse público não se absorve na contemplação de um só indivíduo. Esse interesse não é ameaçado senão, quando não apenas um indivíduo, mas um número muito grande de indivíduos incidiu ou pode incidir no erro; com isso está assim criada uma situação aparente na qual qualquer um pode legitimamente se fiar.[60]

57. Mazeaud, Henri. La maxime "error communis facit ius". t. XXIII. In: *Revue Trimestrielle de Droit Civil*. Paris: Librarie Recueil Sirey, 1924, p. 930-932.

58. *Ibidem*, p. 933.

59. Mazeaud, Henri. La maxime "error communis facit ius", *op. cit.*, p. 934. Acresça-se, todavia, que o obstáculo mais deciso para se admitir a vigência do error comunis facit ius é o de que em nenhum texto de lei é escrita uma regra de tal gênero, como lembra Villa, Vitório de. Error communis facit ius. In: *Nuovo Digesto Italiano*. Milão: Utet, 1938, p. 482.

60. Trad. livre de Mazeaud, Henri, *op. cit.*, p. 936.

O erro será comum quando, por um critério objetivo, o erro é compartilhado pela maior parte, senão por todos:

> Na procura da natureza jurídica do error communis, parece, se atentamos para o termo mesmo "comum", que devemos nos fixar em um critério puramente objetivo, retirado do nome daqueles que se enganam: o erro é comum quando ele é partilhado pela maior parte, senão por todos. Não poderíamos exigir, com efeito, que o erro seja universalmente partilhado, embora, bem freqüentemente, aquele mesmo que criou a aparência está de má-fé; ele conhece perfeitamente a verdade. É assim que o proprietário aparente freqüentemente se apropria fraudulentamente da coisa; que o mandatário aparente é aquele que age sem nenhum mandato; a jurisprudência não faz a aplicação da máxima senão quando a segurança social é ameaçada.[61]

Para que se aplique o adágio também é necessário que o erro seja inescusável, que não pudesse ser previsto, nem impedido. Para Mazeaud,[62] de acordo com a jurisprudência francesa, não basta portanto que o erro seja somente escusável, mas sim, obrigatório e necessário:

> A jurisprudência mostra-se mais rigorosa. É preciso, afirmam os acórdãos, que aquele que incidiu no erro não tenha podido nem prevê-lo, nem impedi-lo, que nenhuma prudência humana tenha podido preveni-lo. O erro deve ser tal que foi impossível garantir-se, e tal que os mais prudentes e mais precavidos – ou seja, o excelente *pater familiæ* – cometeram-no como aquele que reclama o benefício, e naquilo que lhe concerne a ele foi moralmente impossível de evitá-lo.
> O erro, para a jurisprudência, deve por conseguinte ser não somente escusável, mas obrigatório e necessário: ele deve ser "invencível"; a expressão traduzindo exatamente o espírito dos acórdãos.

Henri Mazeaud ressalta, contudo, que um erro pode se constituir em *error communis* mesmo quando ele não é admitido por um grande número de pessoas: basta que ele seja invencível. E será invencível quando se basear num ato emanado de uma autoridade (que tem presunção de veracidade) ou quando, de acordo com os usos correntes numa época determinada, forem insuperáveis. O critério de invencibilidade do erro deverá ser julgado objetivamente pelos magistrados, que, na avaliação da qualidade destes, são plenamente soberanos.[63]

---

61. *Ibidem*, p. 936.

62. *Ibidem*, p. 937-38.

63. Mazeaud, Henri. La maxime "error communis facit ius", *op. cit.*, p. 938-939.

Uma situação de fato contrária ao direito não pode ser mantida senão quando a segurança social a exige; ora, a aplicação estrita da lei não ameaça a segurança social, exceto no caso em que a violação da regra de direito é necessária e obrigatória.

Jean Calais-Auloy[64] esclarece que o erro fundamentador da aparência jurídica não pode ser o erro *communis* porque a máxima não permitiria explicar diversos casos de aparência de Direito, mormente no que se refere ao direito comercial:

> Mas o adágio *error communis facit ius* não pode servir de fundamento às aplicações que faz o Direito Comercial da teoria da aparência, porque, neste direito, o erro não é necessariamente invencível. Constataremos que, na maior parte das hipóteses, os terceiros beneficiários da aparência teriam podido, procedendo a certas investigações, conhecer a realidade. Não se pode falar de erro invencível quando este versa sobre a existência ou sobre a regularidade de uma sociedade cuja ficção ou irregularidade teria podido ser detectadas por um exame atento dos estatutos ou por investigações exaustivas sobre a pessoa dos associados. Não se pode falar de erro invencível a propósito do terceiro que contrata com um mandatário aparente, quando este teria podido se informar facilmente com o falso mandante sobre a realidade dos poderes do seu contratante. O erro não é invencível em matéria de efeitos de comércio, porque o portador pode sempre proceder às investigações externas para detectar a ausência das relações subjacentes. Como sobretudo falar de erro invencível no caso extremo onde a jurisprudência considera que os terceiros podem ignorar uma limitação de poderes que, no entanto, foi regularmente publicada?

Para este autor, devido à multiplicação das exteriorizações materiais e legais e à segurança dinâmica das relações jurídicas, que exige uma dispensa maior de investigações, deve-se procurar um fundamento da aparência que seja menos imperioso, compartilhado pela massa, não o erro invencível, mas erros capazes de ocorrer no cotidiano, no mundo apressado das relações civis e comerciais.

Calais-Auloy fundamenta a teoria da aparência na idéia do erro legítimo ou erro escusável. Argumenta ele que a pessoa que está na origem da situação aparente é obrigada porque ela corre risco participando da vida dos negócios. Ela não necessariamente simulou, nem necessariamente cometeu uma falta,

---

64. Trad. livre de Calais-Auloy, Jean. *Essai sur la notion d'apparence en droit comercial, op. cit.*, p. 28.

mas é, entretanto, engajada, porque correu risco, aquele de provocar por sua atividade uma aparência enganosa.

A existência de tal risco importa numa diminuição de certo tipo de segurança jurídica, pois a pessoa não está jamais certa de engajar-se no limite de sua vontade. Porém trata-se de uma segurança estática, própria do direito civil, dos direitos já adquiridos e consolidados, e não da segurança dinâmica mais afeita ao Direito Comercial, à fortuna em movimento. Assim, a idéia de risco aplicado à aparência é uma idéia de aparência criada. A pessoa é engajada porque sua atividade suscitou uma aparência enganosa; ela é engajada no limite dessa aparência, e não no limite dos danos eventualmente resultantes.[65]

Argumenta ainda esse autor que, se um risco é posto no encargo de certas pessoas é porque outras pessoas mereceram ser titulares de um direito correlativo. As necessidades de segurança dinâmica da sociedade moderna exigem a criação desse direito em proveito da pessoa que é enganada pela aparência. A explicação desse direito se encontra no erro legítimo cometido sob o engano das aparências.[66]

Lorenzo Mossa também encontra no risco o fundamento da aparência, ao tratar da declaração cambiária. Argumenta esse autor que não é sob o fundamento da vontade ou da culpa, sob um fato subjetivo, que se pode apoiar a proteção do interesse da generalidade das pessoas, mas sob o fato objetivo do risco e do dano. O risco deve recair no patrimônio daquele que é presentado; sem a subscrição da cambiária o risco não nasce, assim, é portanto no patrimônio do subscritor que o risco surge e se forma. Mossa não vê uma razão para transferir o risco do subscritor para a generalidade, uma vez que vê na espécie uma fecunda combinação do princípio do risco com aquele da proteção do interesse geral.[67]

Como bem aduz Angelo Falzea, na *fattispecie* da aparência a conseqüência jurídica do erro não é a anulabilidade, como no erro ordinário, mas sim permitir que o ato ou negócio produza os efeitos que lhe são próprios. No conflito que se estabelece entre o interesse do efetivo legitimado – interesse que só pode

---

65. Calais-Auloy, Jean. *Essai sur la notion d'apparence en droit comercial, op. cit.*, p. 24-25.

66. *Ibidem*, p. 32-4.

67. Mossa, Lorenzo. La dichiarazione cambiaria. In: *Rivista di Diritto Commerciale*, v. 28, 1ª Parte, Casa Editrice Dottor Francesco Vallardi, 1930, p. 310-311.

ser preservado através da ineficácia do ato – e o interesse do terceiro que por causa da aparência incidiu em erro objetivamente escusável – interesse que, ao contrário do anterior, não pode ser atendido senão através da eficácia – a lei dá primazia a este último. O erro objetivamente escusável na *fattispecie* da aparência encerra, portanto, uma *ação sanante* e se contrapõe à figura ordinária do erro que, ao revés, encerra uma ação viciante.[68]

Vareilles-Sommiéres, estudando o erro no Direito romano, pontificava que a razão de direito recusava em princípio o poder do erro, exorbitante de todos os parâmetros, de validar atos nulos. Não obstante, dispunha que existiam algumas exceções a este grande princípio tão necessário e tão racional. Em um pequeno número de casos, as condições em que se produziam o erro são tais que o legislador pode, sem perigo e mesmo com proveito para o interesse geral, conceder-lhe o efeito de validar no todo ou em parte atos juridicamente nulos. Esse privilégio só deveria ser dado com parcimônia. É preciso que o erro seja, em todos os casos, escusável e digno de interesse; é preciso que a nulidade radical seja ruinosa para a vítima do erro e sem grande vantagem para qualquer outra pessoa; mister ainda, sobretudo, que a ordem pública seja interessada na consolidação do ato, para que a lei se resigne a delegar essa força ao erro.[69]

No mesmo diapasão, Carvalho Santos assevera que, na aparência de direito, tem-se a presença do chamado erro sanante, confirmador ou legitimante, que não autoriza a anulação do ato, mas, ao contrário, sana o vício em que incorreu o agente, funcionando como confirmador do negócio, *in verbis*:[70] "Enquanto o erro essencial ou substancial permite que um ato válido seja anulado, o erro sanante, ao contrário, permite que um ato ineficaz se torne válido, mantendo-se os seus efeitos em favor da parte que errou. A explicação de tal fenômeno é dada pela Teoria da Aparência."

O terceiro dos elementos da aparência de direito é a boa-fé, que para fins de legitimidade da aparência é aquela referida à falta de ciência ou ignorância acerca das características de uma dada situação, ou seja, a boa-fé subjetiva. Exis-

---

68. Falzea, Angelo. Apparenza, In: *Enciclopedia del diritto, op. cit.*, p. 698-699.

69. Vareilles-Sommiéres, Gabriel de Labroüe. *Étude sur l'erreur en droit romain et en droit français*. Paris: Cottilon et fils Éditeurs, 1871, p. 90-1.

70. Santos, J. M. Carvalho. *Código Civil brasileiro interpretado* (atual. por Semy Glanz). v. 33, sup. 8 (arts. 1-145). Rio de Janeiro: Freitas Bastos, 1981, p. 266.

tem duas acepções de boa-fé, ou duas boas-fés, no sentido jurídico. A primeira é a boa-fé subjetiva que os alemães definem como *guter Glauben* (boa crença) e a segunda a boa-fé objetiva referida por *Treu und Glauben* (lealdade e crença).

A boa-fé subjetiva ou boa-fé crença, na definição de Fernando Noronha, diz respeito a dados internos, fundamentalmente psicológicos, atinentes ao sujeito. É o estado de ignorância acerca das características da situação jurídica que se apresenta, suscetíveis de conduzir à lesão de direitos de outrem. Na situação de boa-fé subjetiva, uma pessoa acredita ser titular de um direito, que na realidade não tem, porque só existe na aparência. A situação de aparência gera um estado de confiança subjetiva, relativa à estabilidade da situação jurídica, que permite ao titular alimentar expectativas, que ele crê legítimas.[71]

Discute-se na doutrina os elementos que caracterizam a boa-fé subjetiva: se basta a simples ignorância do interessado acerca da situação jurídica que carateriza a boa-fé psicológica ou se seria exigível um estado de ignorância desculpável no chamado entendimento ético da boa-fé.

A primeira concepção remonta ao art. 550 do Código Civil francês,[72] que não exige mais do que o simples desconhecimento do fato para a caracterização da boa-fé. Nessa concepção psicológica, boa-fé contrapõe-se à má-fé, ou seja, a pessoa ignora os fatos, desde que sem incorrer em erro crasso, e está de boa-fé, ou não ignora, e está de má-fé.

Na concepção ética da boa-fé, exige-se, para que se possa falar em boa-fé subjetiva, uma ignorância que seja desculpável da situação de lesão do direito alheio. A ignorância seria indesculpável quando a pessoa houvesse desrespeitado deveres de cuidado; ela estaria de má-fé mesmo quando se pudesse atribuir-lhe um desconhecimento meramente culposo.[73]

A concepção ética da boa-fé pode estar presente mesmo nos casos em que o título de legitimação não é existente e viciado, mas meramente putativo. Sérgio Stoglia exemplifica com o caso do herdeiro aparente em que o herdeiro se torna tal por um fato *ope legis* (ao contrário do matrimônio putativo no qual há

71. Noronha, Fernando. *O direito dos contratos e seus princípios fundamentais: autonomia privada, boa-fé, justiça contratual*. São Paulo: Saraiva, 1994, p. 132.

72. "*Art. 550. Le possesseur est de bonne foi quand il possède comme propiétaire, en vertu d'un titre translatif de propriété dont il ignore les vices. Il cesse d'être de bonne foi du moment où ces vices lui sont connus.*"

73. Noronha, Fernando, *op. cit.*, p. 134.

um título solene e normal). O título jurídico de chamada a suceder é proveniente de circunstâncias estranhas ao aparente herdeiro e pode mesmo ser originário de circunstâncias e fatos inexistentes, mas que se apresentam fornidos de uma exterior aparência de perfeição, o que cria no herdeiro a convicção de tratar-se da verdadeira realidade. Ele, assim, baseará a sua boa-fé sobre uma convicção de aparência, ou seja, sobre um título putativo, mas não obstante isso estará de boa-fé na sua dimensão ética porque escusável o erro.[74]

Alguns autores, como Emmanuel Levy, pressupunham que, para caracterizar a aparência de direito, bastaria a existência dessa boa-fé psicológica, sustentando que os direitos repousam sobre as crenças.[75] Cada indivíduo deveria ter uma confiança legítima na regularidade de seu direito e a cada qual incumbiria a obrigação de não a iludir, de sorte que se alguém por sua atividade ou inatividade violasse esta obrigação, deveria suportar as conseqüências de sua atitude: quando, pois, um terceiro acreditasse na operação realizada por um titular aparente, o titular verdadeiro não a poderia invalidar desrespeitando a confiança legítima que houvesse criado. Aqui, a crença errônea seria criadora de direito.

Calais-Auloy[76] critica essa teoria argumentando que, se a boa-fé do contratante é condição necessária para a configuração da aparência de direito, ela não é, contudo, suficiente para cobrir, em princípio, a inexistência jurídica ou a nulidade de uma situação ou de um ato:

> Em virtude da teoria da aparência, um direito é criado em proveito da pessoa que se enganou. Mas aquilo não quer dizer que de todo erro resultará um direito. É necessário ainda que este erro tire a sua legitimidade da existência de um elemento visível diferente da realidade oculta. É portanto a boa-fé que se torna eficaz por se apoiar sobre a aparência e não a aparência por se apoiar sobre a boa-fé.

Esclarece esse autor que, para se prevalecer da aparência, é necessário, primeiramente, que se tenha cometido um erro, acreditando-se que a situação

---

74. Stoglia, Sérgio. *Apparenza juridica e dichiarazioni alla generalità*. Roma: Sociedade Editrice del Foro Italiano, 1930, p. 28-9.

75. Levy, Emmanuel. Les droits sont des croyances. In: *Revue Trimestrielle de Droit Civil*. t. XXIII. Paris: Librarie Recueil Sirey, 1924, p. 59-61.

76. Trad. livre de Calais-Auloy, Jean. *Essai sur la notion d'apparence en droit comercial, op. cit.*, p. 30.

aparente era uma situação verdadeira. Esse erro confunde-se com a noção corrente de boa-fé crença.

Mas embora necessária essa boa-fé, não é suficiente para configurar o erro criador de direito. É preciso também a legitimidade dessa crença, ou seja, que a realidade esteja escondida sob um elemento visível diferente e que este conduza os terceiros a se enganarem, tomando a aparência por realidade.[77] Para Calais-Auloy, nas relações sociais modernas, particularmente no Direito Comercial, a segurança dinâmica é mais favorecida, pois o erro é protegido mesmo se ele não é invencível, basta somente que seja legítimo. Assim, são satisfeitas as necessidades de circulação (pois que nenhuma pessoa hesitará em tornar-se adquirente) e de rapidez (pois que nenhuma pessoa será submetida a proceder a longas investigações).[78]

Como bem esclarece Francisco Antônio Paes Landim Filho, ao tratar do credor aparente, modernamente a posse de crédito ou posse de título foi substituída pela aparência de credor que, ao lado da boa-fé, passou a compor a figura do credor putativo. É a aparência da situação de credor ou aparência fundada

---

77. "O negócio jurídico firmado por preposto sem poderes não se inscreve entre as atividades do giro normal da empresa, não pode ser invocada a teoria da aparência para emprestar-lhe eficácia. A chamada teoria da aparência encerra uma das múltiplas espécies de conflito entre os elementos volitivos e a declaração, espécie que requisitos ou elementos vários peculiarmente caracterizam, entre os quais o da existência de uma situação de fato cercadas de circunstâncias tais que, à sua vista e consideração, as pessoas de boa-fé incidem exclusivamente em erro, tomando-a como situação de direito. Apesar da vontade errônea de quem assim procede, o ordenamento, atendendo à conveniência de imprimir celeridade ao comércio jurídico e à necessidade de dispensar proteção aos interesses legítimos, reconhece como válidos os atos daquele modo praticados e efeitos jurídicos lhes atribui. O erro, dessarte, é eliminado por força da lei e a vontade de quem assim errou é preservada, não mediante a anulação do ato como sucede com os casos comuns de erro-vício, mas mediante o reconhecimento da eficácia das declarações que do mesmo ato formam o conteúdo. Para que a aparência produza os mesmos efeitos da realidade direito é necessário concorram determinados requisitos objetivos e subjetivos. São seus requisitos enunciais objetivos: a) uma situação de fato cercada de circunstâncias tais que manifestamente se apresentem como se fora uma segura situação de direito; b) situação de fato que assim passa ser considerada segundo a ordem geral e normal das coisas – *error communis fact jus* –; c) que, nas mesmas condições acima, apresente o titular aparente como se fora titular legítimo, ou direito como se realmente existisse. São requisitos subjetivos enunciais da aparência: a) a incidência em erro de quem, de boa-fé, a mencionada situação de fato como situação de direito considera; b) a escusabilidade desse erro apreciada segundo a situação pessoal de quem nele incorreu." (TJRJ, 1ª Câm. Cív., ApCív 1989.001.00586, Rel. Des. Renato Maneschy, j. 18/04/1989. In: ADV JUR, 1990, p. 136, v. 48.146).

78. Calais-Auloy, *op. cit.*, 1961, p. 32-4.

de credor ao lado da boa-fé que se configuram como elementos do tipo legal de credor putativo. Nesse delineamento, conclui, a boa-fé é aquela subjetivamente ética, apoiando-se no erro escusável do devedor.[79]

Outro elemento ainda da aparência de direito é a onerosidade do ato praticado em erro. Elucida Gustavo Birenbaum em acurado trabalho sobre o tema da titularidade aparente[80] que, se em matéria de legitimação aparente, a proteção da confiança do terceiro de boa-fé sempre importará, invariavelmente, em um prejuízo do verdadeiro titular da situação jurídica aparente, parece ser um imperativo da justiça comutativa somente admitir-se a solução extrema da validade do negócio realizado com um legitimado aparente quando aquele que errou de boa-fé tiver tomado parte em um ato a título oneroso. Faz-se necessário, pois, que a confiança a ser tutelada tenha derivado de um ato de disposição patrimonial.

Renzo Bolaffi preconiza a mesma solução ao tratar dos direitos adquiridos a título gratuito do herdeiro aparente. Nessa hipótese, no conflito de interesses entre o verdadeiro herdeiro, que resta prejudicado pela tutela acordada para a aparência, e o terceiro, que está de boa-fé, adquirente a título gratuito, o Código Civil italiano (de 1865) estabelece a preferência para o primeiro.[81]

Louis Crémieu, ao tratar dos direitos adquiridos a título gratuito do herdeiro aparente, esclarece que é um princípio tão lógico quanto eqüitativo, que no conflito que opõe um indivíduo que procura evitar um prejuízo (*qui certat damno vitando*) e um outro indivíduo que luta por realizar um benefício (*qui certat lucro captando*), deve-se dar preferência ao primeiro em detrimento do segundo. As considerações de proteção ao crédito que inspiram a jurisprudência desaparecem quando se trata de liberalidade. Se é útil, a fim de assegurar a boa circulação dos bens, proteger os adquirentes, não há razões para assegurar a mesma proteção aos donatários.[82]

79. Landim Filho, Francisco Antônio Paes. *O credor aparente*. São Paulo: Cid, 1996, p. 64-5.

80. Birenbaum, Gustavo Benjamin. A titularidade aparente: eficácia do negócio realizado com o aparente titular de direito por força da tutela da confiança legítima. Dissertação de mestrado apresentado ao Programa de Pós-Graduação *stricto sensu* em Direito Civil da Faculdade de Direito da UERJ, 2004, p. 74-5.

81. Bolaffi, Renzo. Le teorie sull'apparenza giuridica. In: *Rivista di Diritto Commerciale*, v. 32. Milão: Casa Editrice Dottor Francesco Vallardi, 1934, p. 136.

82. Crémieu, Louis. De la validité des actes accomplis par l'heritier apparent. t. IX. In: *Revue Trimestrielle de Droit Civil*, ano 19, 1910, p. 68.

É somente quando o ato criado pela aparência de direito causa um efetivo prejuízo àqueles que legitimamente confiaram que se pode falar em tutela da aparência jurídica. O art. 1.015 do Código Civil/2002 salienta bem o caráter oneroso do ato praticado pelo representante que excede culposamente os seus poderes ao explicitar em seu parágrafo único que o excesso poderá mesmo ser eficazmente oposto aos terceiros de boa-fé se tratar-se de operação estranha aos negócios da sociedade. Assim, interpretando-se a *contrario sensu*, sempre que estivermos diante não de negócios, mas de atos unilaterais como a doação, em que o prejuízo é todo da sociedade aparentemente representada, será possível a anulação.

Por fim, a aparência pode apresentar-se de forma pura e simples ou ainda como aparência culposa. Releva então considerar se a imputabilidade ao verdadeiro titular das conseqüências da situação aparente é um dos elementos da aparência jurídica.

Em determinadas hipóteses de aparência jurídica é quase de se pressupor a culpa do verdadeiro titular do direito, como na representação aparente.[83] É o entendimento da Corte de Cassação italiana que, em matéria de representação aparente, exige como elemento do tipo a culpa do aparente representado.[84]

---

83. Cf. STJ, Quarta Turma, REsp 205.275-PR, Rel. Min. Ruy Rosado de Aguiar, DJU 15/10/2001, e TJMG, Proc. 2.0000.00.494735-9/000, Rel. Des. Roberto Borges de Oliveira.

84. "*La cosiddetta apparenza di diritto non costituisce una fattispecie giuridica autonoma, un istituto generale caratterizzato da connotazioni definite e precise, ma rappresenta un concetto operativo nell'ambito dei singoli atti e negozi giuridici secondo il grado di tolleranza dei medesimi in ordine alla prevalenza di uno schema apparente su quello reale in vista del riconoscimento di effetti pratici contrastanti o diversi da quelli derivabili dalla situazione reale (...) L'apparenza del diritto può presentarsi nelle forme di apparenza pura e semplice o colposa: entrambe postulano l'errore di chi abbia confidato nello schema apparente e la scusabilità dell'errore, non determinato da colpa o da inosservanza di oneri legali di conoscenza o di attività da parte del soggetto caduto in errore; in ordine però alla rappresentanza è irrilevante l'apparenza pura e semplice,* ma è rilevante l'apparenza colposa qualora un malizioso o negligente comportamento del preteso rappresentato abbia fatto presumere la volontà di conferire poteri rappresentativi mentre gli mancava la reale volontà corrispondente." (Cass., 17/03/1975, nº 1.020, in: *Foro italiano*, 1975, I, 2.267, nota de Di Lalla)

"Il principio dell'apparenza del diritto, riconducibile a quello più generale della tutela dell'affidamento incolpevole, può essere invocato in tema di rappresentanza, nei confronti dell'apparente rappresentato, dal terzo che abbia in buona fede contratto con persona sfornita di procura, allorché l'apparente rappresentato abbia tenuto un comportamento colposo, tale da giustificare nel terzo la ragionevole convinzione che il potere di rappresentanza sia stato effettivamente e validamente conferito al rappresentante apparente." (Cass., 29/04/1999, nº 4.299, in Mass. Giust. Civ., 1999, p. 972).

Não obstante, mesmo nessas situações pode não existir qualquer culpa do aparente representado e, na prática vertiginosa dos negócios na sociedade, não há sentido em fazer-se depender a eficácia da aparência a uma perquirição da suposta conduta culposa deste, como bem fica patente na prática dos tribunais.[85]

Sobre esse entendimento ressalta Arnaldo Rizzardo[86] que o relevo na teoria da aparência deve ser dado à proteção do terceiro, exigindo-se que o erro provenha de circunstâncias aptas a enganar o indivíduo médio, sendo irrelevante a conduta do aparente representado para a aplicação do instituto:

> As relações sociais se baseiam na confiança legítima das pessoas e na regularidade do direito de cada um. A todos incumbe a obrigação de não iludir os outros, de sorte que, se por sua atividade ou inatividade violarem essa obrigação, deverão suportar as conseqüências de sua atitude. A presença da boa-fé é requisito indispensável nas relações estabelecidas pelas pessoas para revestir de segurança os compromissos assumidos. [...]
>
> Procura-se fazer reinar a justiça, impondo-se a existência de certo grau de credibilidade mútua nos relacionamentos sinalagmáticos, para tornar possível a vida social dentro de um padrão médio de honestidade e moralidade. A partir destas idéias, veremos o que é a aparência do direito.
>
> Uma pessoa é tida, não raras vezes, como titular de um direito, quando não o é, na verdade. Aparece portadora de um valor ou bem, agindo como se fosse proprietária, por sua própria conta e sob sua responsabilidade. Não está na posição de quem representa o verdadeiro titular, ou de quem se encontra gerindo os negócios alheios. [...]
>
> É o que se denomina teoria da aparência, pela qual uma pessoa, considerada por todos como titular de um direito, embora não o seja, leva a efeito um ato jurídico com terceiro de boa-fé. [...]
>
> Em síntese, na aparência apresenta-se como verdadeiro um fenômeno que não é real. O contratante ou o obrigado assente no adimplemento de um dever em relação à outra parte porque as circunstâncias causaram a convicção de ser ela a real titular de um direito. [...]
>
> O princípio da proteção aos terceiros de boa-fé e a necessidade de imprimir segurança às relações jurídicas justificam a aparência. Orlando Gomes aponta três razões principais, que servem igualmente, de fundamento: "1. para não criar

85. Cf. TJSP, Ap s/ Rev 768.979-00/6, 25ª Câm. Cív., Rel. Des. Vanderci Álvares, j. 10/05/2005.

86. Rizzardo, Arnaldo. Teoria da aparência. In: *Ajuris, op. cit.*, p. 222-231.

surpresas à boa-fé nas transações do comércio jurídico; 2. para não obrigar os terceiros a uma verificação preventiva da realidade o que evidencia a aparência; 3. para não tornar mais lenta, fatigante e custosa a atividade jurídica." [...] Concluindo, em todas as hipóteses, importa se dê proteção aos terceiros, exigindo-se, somente, que seu erro provenha de circunstâncias aptas para enganar o indivíduo médio. A aparência substitui a realidade em favor do que agiu levado por bons princípios e honestamente.

Fabio Maria de Mattia conclui bem essa caracterização da aparência jurídica gizando que, quando alguém é empregado ou trabalha como administrador de uma loja, justifica-se perfeitamente, pela atividade dessa pessoa, que possa realizar eficazmente para o seu empregador aqueles negócios que comumente competem a pessoas em tal posição. Ao lado desses, há ainda inúmeros outros que surgem no comércio jurídico diário, os quais devem ser tratados de forma análoga e nos quais, de modo geral, se conclui das circunstâncias externas por uma relação que autoriza o que age a representar o dono do negócio. Essa situação que aparece externamente gera a aparência de uma efetiva procuração e justifica a confiança na existência de uma procuração.[87]

Luiz Fabiano Corrêa esclarece que a regra de que os efeitos da aparência só se produzem quando a situação de fato externa é imputável ao sujeito passivo da correspondente relação jurídica não é, contudo, absoluta. Existem exceções em que prevalece o que a doutrina alemã denomina princípio puro da aparência de direito. Tais exceções referem-se aos casos em que a lei dispensa a imputabilidade da aparência de direito ao prejudicado pelos seus efeitos, em razão da necessidade de preservar a confiabilidade das instituições jurídicas por meio das quais se processa a circulação de determinados bens.[88]

Por tudo isso, sendo estranha à vida de relação, não há que se falar em imputabilidade culposa do verdadeiro titular do direito como elemento da aparência jurídica.[89]

---

87. Mattia, Fábio Maria de. *Aparência de representação, op. cit.*, p. 109.

88. Corrêa, Luiz Fabiano. *A proteção da boa-fé nas aquisições patrimoniais: esboço de uma teoria geral da proteção dispensada pelo direito privado brasileiro à confiança na aparência de direito, em matéria patrimonial.* Campinas: Interlex Informações Jurídicas, 2001, p. 408.

89. Contra esse entendimento veja-se a posição de Fábio Konder Comparato: "Se o suposto mandante não faltou ao seu dever de diligência para impedir as atividades do falsus procurator, a ele não podem, obviamente, ser imputados os efeitos dos atos praticados por este: não se está, aqui, diante de atos

3. Eficácia dos atos praticados com aparência de titularidade

Em tema de aparência, a primeira opinião que se destaca é aquela dos que negam à aparência, qualquer eficácia de direito. Aferram-se estes ao direito romano porque neste, em princípio, as conseqüências jurídicas previstas pelo ordenamento se aplicavam ainda quando com isso ocasionassem um prejuízo a uma pessoa que, de boa-fé, atuou movida por um erro escusável. Era a aplicação do princípio *nemo potest plus iuris in alium transferre*.

Não obstante, a rigidez desse princípio encontrou flexibilizações pontuais que, sem desvirtuá-lo de maneira geral, permitiram resolver de maneira mais justa situações nas quais a razoável confiança de terceiros merecia ser tutelada. Mediante a ação pretoriana e o labor dos juristas que gozavam do *ius respondendi* se efetuaram aplicações do que hoje se conhece como tutela da aparência jurídica.[90]

Também assim nos casos de casamento putativo, em que a putatividade era subordinada ao concurso de três requisitos: *bona fide*, *opinione justa* e *solemnitas* (boa-fé, erro escusável e celebração do casamento). Ocorrendo esses elementos, o matrimônio nulo produzia todos os efeitos do válido, em relação aos cônjuges de boa-fé. Era o que previa o livro segundo de Papiniano, no qual os imperadores Marco e Lúcio, por reescrito, deram por válido o casamento de Flávia Tertula com seu tio, por vontade de seu avô, julgando-o sempre seu marido, na ignorância do impedimento legal, de cuja união nasceram vários filhos.[91]

---

inválidos, mas sim ineficazes, relativamente ao suposto mandante. O mandatário fica pessoalmente obrigado perante o terceiro com quem tratou (Código Civil de 1916, art. 1.305)". Comparato, Fábio Konder. *Aparência de representação*: a insustentabilidade de uma teoria, *op. cit.*, p. 39-44.

90. D. 41, 10, 4. "O que o herdeiro entregou equivocadamente sem haver sido legado, se admite que possa usucapir o legatário que o possui como próprio". (trad. livre)
D. 41, 3, 36. "Pode ocorrer de muitas maneiras que alguém, induzido por um erro, venda uma coisa alheia como sua, e por ela possa usucapir um possuidor de boa-fé; por exemplo, se o herdeiro houvesse alienado uma coisa que havia sido deixada ao defunto em comodato, aluguel ou depósito, crendo aquele que pertencia à herança". (trad. livre)

91. D. 23, 2, 57, 1: "O Divino Marco e Lúcio, Imperadores, responderam por reescrito à Flavia Tertula por meio do liberto Mensor nesses termos: 'Nos inclinamos a teu favor, tanto pela larga duração do tempo que ignorando o direito permaneceste em matrimônio com seu tio materno, quanto porque fostes casada por teu avô e pelo número de vossos filhos; e por isso, concorrendo todas essas coisas em uma

Os juristas, a partir do século XVIII, não obstante essas exceções, rejeitam a aparência como instituto passível de engendrar situações de direito. São os casos já citados de François Laurent, Zacharie, Crome e Barassi, Giorgi Giorgio, Frédéric Mourlon e Manuel de Almeida e Souza de Lobão. Tais objeções foram, entretanto, rechaçadas pela doutrina e pela jurisprudência, compelidas pelo desenvolvimento crescente das relações jurídicas, que foi impondo o seu império. Das razões doutrinárias para o reconhecimento do valor jurídico da aparência destacam-se as que passamos a expor.

A primeira noção de tal eficácia foi buscada na tradicional teoria da culpa. Como já dito, é o que expõe de maneira arguta Emmanuel Levy, que sustenta que os direitos repousam sobre as crenças.[92] Cada indivíduo deve ter uma confiança legítima na regularidade de seu direito e a cada qual incumbe a obrigação de não a iludir, de sorte que se por sua atividade ou inatividade violar esta obrigação, deverá suportar as conseqüências de sua atitude. Quando, pois, um terceiro acreditou na operação realizada por um titular aparente, o titular verdadeiro não a poderá invalidar desrespeitando a confiança legítima que houver criado. Aqui, a crença errônea é criadora de direito. Essa teoria, no entanto, é criticável porque se a boa-fé do contratante é condição necessária para a configuração da aparência de direito, ela não é, contudo, em princípio suficiente para cobrir a inexistência jurídica ou a nulidade de uma situação ou de um ato:

> Em virtude da teoria da aparência, um direito é criado em proveito da pessoa que se enganou. Mas aquilo não quer dizer que de todo erro resultará um direito. É necessário ainda que este erro tire a sua legitimidade da existência de um elemento visível diferente da realidade oculta. É por tanto a boa-fé que se torna eficaz por se apoiar sobre aparência e não a aparência por se apoiar sobre a boa-fé.[93]

Ela não explica todos os casos de aparência, vez que não é possível se fundamentar uma teoria jurídica nas crenças sempre cambiantes das pessoas e,

só, confirmamos o estado de vossos filhos nascidos nesse matrimônio, que se contraiu faz 40 anos, o mesmo que se legitimamente houvessem sido concebidos." (trad. livre)

92. Levy, Emmanuel. *Les droits sont des croyances, op. cit.*, p. 59-61.

93. Trad. livre de Calais-Auloy, Jean. *Essai sur la notion d'apparence en droit commercial, op. cit.*, p. 30.

pelo contrário, faltaria se identificar os critérios lógicos e objetivos que suscitassem, estes sim, a confiança das pessoas.

Outra solução, proposta por Basile Ionesco, foi a da extensão analógica aos casos de aparência dos efeitos jurídicos da simulação. Considerava o mencionado autor que a justificativa da aparência fundamenta-se em torno do art. 1.321 do Código Civil francês.[94] Baseado em tal dispositivo se reconhece a eficácia do ato ostensivo nas simulações, sem consideração das ressalvas trocadas entre as partes do ato simulado. Ionesco depois de constatar que a aparência e a simulação produzem os mesmos efeitos, conclui que a sanção do art. 1.321 pode ser estendida a todas as hipóteses de aparência.[95] Os fundamentos propostos para esse artigo são variados:

> [...] uns argumentando que se trataria de uma aplicação particular das regras de responsabilidade civil, constituindo a simulação uma falta. Para outros, os efeitos da simulação corresponderiam a uma pena civil sancionando a intenção de enganar. Para outros ainda, o art. 1.321 se explicaria pelo adágio *res inter alios acta aliis neque nocere neque prodesse potest*.[96]

Entretanto, como bem ressalta Calais-Auloy, seja qual for o valor das explicações dadas para a fundamentação da validade dos atos simulados, é impossível generalizá-las para aplicá-las a todos os casos de aparência:

> Qualquer que seja o valor dessas explicações aplicadas à só simulação, este é impossível de se generalizar para se aplicar a todos os casos de aparência. Se falamos de uma falta ou uma pena, como explicar a responsabilidade da pessoa que, não tendo cometido nenhuma simulação, é engajada pela aparência, por exemplo, o associado membro de uma sociedade nula mas aparentemente regular? Se invocamos o efeito relativo das convenções, como justificar as conseqüências da aparência, quando a realidade não é escondida numa contra-declaração, mas em razão de uma dificuldade material de investigação, a propósito, por exemplo, das relações subjacentes às relações cambiárias?[97]

---

94. *"Art. 1.321. As reservas não poderão ter o seu efeito senão entre as partes contratatantes, elas não têm qualquer efeito contra os terceiros."* (trad. livre)

95. Ionesco. *Les effets juridiques de l'apparence en droit privé*. Estrasburgo: [s.n.], 1927, p. 120.

96. Trad. livre de Calais-Auloy, Jean. *Essai sur la notion d'apparence en droit commercial, op. cit.*, p. 20.

97. Calais-Auloy, Jean. *Essai sur la notion d'apparence en droit commercial, op. cit.*, p. 20. (trad. livre)

A conclusão do autor é a de que a validade dos atos ostensivos na simulação, longe de constituir um princípio geral, é, na verdade, uma aplicação particular feita pelo legislador das regras da aparência. Para Calais-Auloy, as regras ditadas pela aparência não dependem da origem desta aparência: seja a sociedade aparente por irregularidade de sua constituição,[98] seja por simulação, as conseqüências para os terceiros serão as mesmas, a validade dos atos ostensivos.[99]

Um terceiro fundamento para a eficácia dos atos praticados com um titular aparente seria o risco. É a posição de Calais-Auloy que argumenta que a pessoa que está na origem da situação aparente é obrigada porque ela corre risco participando da vida dos negócios. Ela não necessariamente simulou, nem necessariamente cometeu uma falta, mas é, entretanto, engajada porque correu risco, aquele de provocar por atividade sua uma aparência enganosa.[100]

A existência de tal risco importa numa diminuição de certo tipo de segurança jurídica, pois a pessoa não está jamais certa de engajar-se no limite de sua vontade. Porém, trata-se de uma segurança estática, própria do direito civil, dos direitos já adquiridos e consolidados, e não da segurança dinâmica mais afeita ao Direito Comercial, à fortuna em movimento. Assim, a idéia de risco aplicado à aparência é uma idéia de aparência criada. A pessoa é engajada – no limite dessa aparência e não no limite dos danos eventualmente resultantes[101] – porque sua atividade suscitou uma aparência enganosa.

Argumenta ainda o referido autor que se um risco é posto no encargo de certas pessoas, é porque outras pessoas mereceram ser titulares de um direito correlativo. As necessidades de segurança dinâmica da sociedade moderna exigem a criação desse direito em proveito da pessoa que é enganada pela aparência. A explicação desse direito se encontra no erro legítimo cometido sob o engano das aparências.

Para se prevalecer da aparência é necessário, para Calais-Auloy, que primeiramente tenha-se cometido um erro, acreditando-se que a situação aparente era verdadeira. Esse erro confunde-se com a noção corrente de boa-fé crença.

---

98. Sobre sociedades aparentes, veja-se, por todos: Salandra, Vittorio. Le società fittizie. In: *Rivista di Diritto Commerciale*, v. 30, Casa Editrice Dottor Francesco Vallardi, 1930, p. 290-314.

99. Calais-Auloy, Jean, *op. cit.*, p. 20-1.

100. Cf. TJMG, Proc. 2.0000.00.471802-7/000, Rel. Mota e Silva, j. 10/12/2004, DJ 16/02/2005.

101. Calais-Auloy, Jean. *Essai sur la notion d'apparence en droit commercial, op. cit.*, p. 24-5.

Mas, apesar de necessária, a boa-fé não é suficiente para configurar o erro criador de direito. Mister também a legitimidade dessa crença, ou seja, que a realidade esteja escondida sob um elemento visível diferente e que este conduza os terceiros a se enganarem, tomando a aparência por realidade. Para o autor, nas relações sociais modernas, particularmente no Direito Comercial, a segurança dinâmica é mais favorecida, pois o erro é protegido, mesmo se ele não é invencível, basta somente que seja legítimo. Assim, são satisfeitas as necessidades de circulação (pois que nenhuma pessoa hesitará em tornar-se adquirente) e de rapidez (pois que nenhuma pessoa será submetida a proceder a longas investigações).[102]

Embora mais abrangente, a fundamentação da eficácia da aparência pela teoria do risco não abarcaria igualmente a totalidade das situações tuteláveis pelo instituto, sendo muito mais uma fundamentação própria para o mundo dos negócios, como é o escopo do livro de Calais-Auloy. Situações nas quais inexiste atividade do verdadeiro titular restariam sem proteção, o que nos leva também a afastar esse fundamento.

A doutrina francesa, com mais afinco, procura amparar o fundamento da explicação da aparência no erro comum, consoante o *error communis facit ius*.

Este adágio tem um sentido preciso: o erro cria o direito na medida somente em que é comum. O critério é, em sua origem, objetivo, procurando-se auferir se o erro é partilhado pelo conjunto do público. Com o refinamento das idéias jurídicas se substituiu esse critério objetivo por um critério subjetivo, o da invencibilidade: é preciso que a pessoa induzida a erro não pudesse nem prevê-lo ou impedi-lo. Estes dois tipos de critérios se reportam a uma mesma idéia, a de que a realidade só deixa de fazer valer seus direitos nas hipóteses em que os terceiros não têm estritamente nenhum meio de conhecer esta realidade.

Como já referido anteriormente, essa doutrina é questionável tanto porque não abrange todos os casos possíveis de aparência de direito, como também porque, devido à multiplicação das exteriorizações materiais e legais e à segurança dinâmica das relações jurídicas, exige-se uma dispensa maior de investigações. Deve-se procurar um fundamento da aparência que seja menos imperioso, que não exija um erro absoluto, compartilhado pela massa, nem que seja invencível, mas erros capazes de ocorrer no cotidiano.

---

102. Calais-Auloy, Jean. *Essai sur la notion d'apparence en droit commercial, op. cit.*, p. 32-4.

Também é importante ressaltar, como o faz Mariano D'Amélio, que o erro comum é a opinião errônea que tem a coletividade, é a convicção generalizada por força da qual todos reputam que certa situação de fato corresponde a uma situação de direito; ora, acrescenta, enquanto a opinião pública cria o direito (ou, como seria melhor dizer-se, enquanto cria o que supõe ser o direito) e contra ela a opinião individual não pode reagir, na aparência de direito é a situação de cada um (e não a opinião geral) o elemento que assume a importância maior e deve, conseqüentemente, ser examinado – atendendo-se às peculiaridades de cada caso.[103]

Por fim cabe examinar aquele que é o efetivo fundamento para a eficácia do ato praticado pelo titular aparente: a confiança.

A confiança é definida em Luhmann como um mecanismo em que os atores sociais reduzem a complexidade interna do seu sistema de interação. Isto pode ocorrer pela adoção de expectativas específicas sobre o comportamento futuro de outros pela seleção de possibilidades, podendo basear-se em processos históricos, em características compartilhadas ou em mecanismos institucionais. Luhmann destaca três tipos de confiança: a processual, a baseada em características e a institucional.

A confiança processual está ligada ao passado ou a trocas realizadas anteriormente. É um processo cumulativo e incremental de construção da confiança por meio da acumulação gradual de conhecimento, direto ou indireto, sobre o outro, como a reputação, a marca e a garantia de qualidade. Pressupõe um grau de estabilidade e a existência de uma baixa troca de firmas e outras instituições de mercado, sendo esse tipo de confiança deliberadamente desenvolvido pelas empresas.

A confiança baseada em características surge da similaridade social e assume congruência social entre o que confia e o depositário da confiança, por pertencer ao mesmo grupo social ou à mesma comunidade. Compartilham uma mesma religião, *status* ético ou *background* familiar, que garante a construção de um mundo em comum. Tal confiança baseia-se na atribuição de valores e não pode ser deliberadamente criada.

A confiança institucional parte da consideração de que a confiança não pode ser somente gerada pela familiaridade interpessoal. Os atores organiza-

103. D'Amélio, Mariano. *Apparenza del diritto, op. cit.*, p. 716.

cionais podem não possuir características pessoais em comum ou uma história que garanta trocas futuras, mas mesmo assim deve haver uma forma impessoal de confiança. A confiança institucional é formada pela estrutura social formal, em que os mecanismos legais tendem a reduzir os riscos de confiança e tornam mais fácil sua existência, podendo ser deliberadamente produzida com a consideração de que seus mecanismos necessitam ser legitimados socialmente para serem efetivos.[104]

É essa confiança institucional a que interessa ao Direito e que recebe tutela jurídica. As relações sociais são inteiramente perpassadas por interações de confiança que, sedimentadas por valores, possibilitam as trocas e os acordos. Nesse aspecto, Alain Peyrefitte[105] desenvolve a tese de que a relação de confiança é o elemento primordial para explicar o desenvolvimento econômico e social das diversas nações:

> O elo social mais forte e mais fecundo [de uma sociedade] é aquele que tem por base a confiança recíproca – entre um homem e uma mulher, entre os pais e seus filhos, entre o chefe os homens que ele conduz, entre cidadãos de uma mesma pátria, entre o doente e seu médico, entre os alunos e o professor, entre um prestamista e um prestatário, entre o indivíduo empreendedor e seus comanditários – enquanto que, inversamente, a desconfiança esteriliza.
>
> Decerto é temerário propor uma chave para a interpretação de fenômenos tão universais e essenciais como o desenvolvimento e o subdesenvolvimento; e mais temerário ainda arriscar-se multiplicando as abordagens que as diversas disciplinas oferecem, forçando mesmo suas fronteiras.
>
> Foi o conhecimento do Terceiro Mundo que me convenceu de que o capital e o trabalho – considerados pelos teóricos do liberalismo tradicional, assim como pelos teóricos do socialismo, como os fatores do desenvolvimento econômico – eram na realidade fatores secundários; e que o fator principal, que com um sinal de mais ou com um sinal de menos afetava esses dois fatores clássicos, era um terceiro fator, que há vinte anos chamei de "terceiro fator imaterial", em outras palavras, o fator cultural. [...]
>
> Um terreno pareceu-me fecundo nesse sentido, o da história econômica do Ocidente no decorrer destes quatro últimos séculos. É um terreno firme, sobre o qual hoje dispomos de grande número de informações incontestáveis. Foi de fato

104. Luhmann, Niklas. *Confianza*. Barcelona: Antrophos, 2005.

105. Peyrefitte, Alain. *A sociedade de confiança*: ensaio sobre as origens e a natureza do desenvolvimento. Rio de Janeiro: Topbooks, 1999, p. 23-5.

nesse período, e em nenhum outro, em algumas sociedades da Europa, e não em outras, que nasceu o desenvolvimento.

Qual foi o fator de desencadeamento, o *primum movens*, que fez passarem – na Holanda, depois na Inglaterra, depois na Europa do Norte, depois em toda a Europa ocidental – sociedade tradicionais, sempre ameaçadas pelas epidemias, pela fome e por choques sangrentos, ao estado de sociedades desenvolvidas?

Quanto mais se estuda as origens da Revolução econômica, mais se duvida de que trata-se de uma ruptura brusca, resultante de uma causa única e que pode ser datada com precisão. E os historiadores estão sempre recuando o aparecimento do fenômeno. Sem dúvida é nos três ou quatro últimos séculos que é preciso procurar a prova de toda teorização do desenvolvimento.

Examinando a cristandade ocidental no século XVI, somos levados a concluir que havia uma quase-igualdade de chances, com um evidente avanço no sul. Nada poderia induzir a prever, na época, o impulso das nações que aderirão a uma das reformas protestantes, nem o declínio relativo, ou até absoluto, das nações que permanecerão romanas.

Ora, a partir do final do século XVI, a cristandade ocidental torna-se o teatro de uma distorção econômica. A Europa nórdica substitui a Europa latina como foco de inovação e de modernidade.

Contudo, é redutivo demais, para não dizer simplista demais, afirmar que a reforma protestante seria como uma galinha dos ovos de ouro, e que deteria em si mesma o segredo do desenvolvimento econômico, social, político e cultural. A divisão entre uma Europa romana, que entra em declínio econômico, e uma Europa das Reformas protestantes que toma impulso, reflete menos uma determinação do econômico pelo religioso – ou do religioso pelo econômico – do que a expressão de uma "afinidade eletiva" entre um comportamento socioeconômico espontâneo e uma escolha religiosa. Pelo menos é essa a minha conclusão.

A sociedade de desconfiança é uma sociedade temerosa, ganha-perde: uma sociedade na qual a vida em comum é um jogo cujo resultado é nulo, ou até negativo ("se tu ganhas eu perco"); sociedade propícia à luta de classes, ao mal-viver nacional e internacional, à inveja social, ao fechamento, à agressividade da vigilância mútua. A sociedade de confiança é uma sociedade em expansão, ganha-ganha ("se tu ganhas, eu ganho"); sociedade de solidariedade, de projeto comum, de abertura, de intercâmbio, de comunicação. Naturalmente, nenhuma sociedade é 100% de confiança ou de desconfiança. Do mesmo modo que uma mulher nunca é 100% feminina, nem um homem 100% masculino: este comporta sempre uma parte de feminilidade, aquela sempre um pouco de virilidade. O que dá o tom é o elemento dominante. [...]

Em todo caso, que essa "sociedade de confiança" possa um dia estender-se a todas as sociedades e lhes trazer, na diversidade das suas personificações, na unidade da sua inspiração, os benefícios morais e materiais por ela prodigados aos raríssimos povos que souberam realizar essa revolução cultural, a maior da história! Quando a estes, possam eles não se mostrarem nem filhos ingratos nem filhos pródigos, e compreender melhor o porquê do seu sucesso, não para reservar para si o privilégio, mas para dele guardar viva a força exemplar [...]."

A relação entre confiança e desenvolvimento é assim central[106] sendo que a atividade econômica representa uma parte crucial da vida social e se entrelaça com uma grande variedade de normas, regras, obrigações morais e outros hábitos que, juntos, moldam a sociedade. Uma das lições mais importantes que podemos extrair de uma observação da vida econômica é a de que bem-estar de uma nação, assim como a sua capacidade de competir, são condicionados por uma única e sutil característica cultural: o nível de confiança inerente à sociedade em causa.[107]

Anthony Giddens, em percuciente trabalho, explica como a confiança torna-se uma relação institucional nas sociedades pós-modernas, ressaltando que se percebem três grandes forças dinâmicas na sociedade contemporânea: 1) a separação do tempo e espaço; 2) a existência de relações sociais em contextos sociais locais, sem que necessariamente haja contato face a face, mediadas pela confiança em meios de intercâmbio como dinheiro ou conhecimento; e 3) a reflexividade institucional, que corresponde à entrada contínua de conhecimento afetando as ações dos indivíduos e grupos, desestabilizando certas formas básicas de relações de confiança e resultando na ampliação da sensação de instabilidade e incerteza.

---

106. Sobre as relações entre confiança e desenvolvimento econômico e social das sociedades ver, dentre outros, os seguintes livros: Alain Peyrefitte. *A sociedade de confiança*: ensaio sobre as origens e a natureza do desenvolvimento, *op. cit.*; Francis Fukuyama, *Confiança*: as virtudes sociais e a criação da prosperidade, Rocco, 1996; J. Coleman, *The foundations of social theory*, Harvard University Press, 1990; P. Evans. O Estado como problema e solução, In: *Lua Nova*: revista de cultura e política, n. 28-29. Cedec, 1993, p. 107-156; A. Giddens, *As conseqüências da modernidade*, Unesp, 1991, p. 177; R. D. Putnam. *Comunidade e democracia*: a experiência da Itália moderna, Rio de Janeiro: FGV, 1996; C. Lane. Introduction: theories and issues in the study of trust. In: C. Lane e R. Bachmann (ed.). *Trust within and between organizations*: conceptual issues and empirical applications, Oxford University Press, 1998.

107. Francis Fukuyama. *Confiança*: as virtudes sociais e a criação da prosperidade, *op. cit.*, p. 21.

A separação entre tempo e espaço tende a impedir a formação das bases tradicionais de confiança fundamentadas na família, na amizade e no parentesco. Ao mesmo tempo, os sistemas abstratos tendem a desempenhar papel semelhante ao transferir a confiança rosto no rosto para o sistema legal, o governo e os códigos de conduta, para citar alguns exemplos, fazendo surgir uma situação ambivalente. De um lado os indivíduos depositam confiança em instituições ou mecanismos técnicos avalizados pelo conhecimento científico ou pela tradição e, de outro, assumem uma atitude reservada, intimista, sem abertura para a interação com o outro em relações pessoais. A confiança é referenciada mais pelos sistemas abstratos ou peritos do que pelo especialista.

Já a reflexividade social é baseada na afirmação de que as condições em que vivemos hoje na sociedade são cada vez mais o resultado de nossas próprias ações e, inversamente, nossas ações vivem cada vez mais para administrar ou enfrentar os riscos e oportunidades que nós mesmos criamos. Então, a confiança não é dada apenas pela filiação a uma família ou comunidade, mas também é construída por meio de escolhas.

Assim, a separação entre tempo e espaço, os mecanismos de desencaixe e a reflexividade institucional desestimulam certas formas básicas de relações de confiança dos atributos de contextos locais. Embora a confiança seja propriedade de expectativa de comportamento bilateral, existente entre indivíduos, ela também pode ser estendida para troca entre organizações, uma vez que os relacionamentos interorganizacionais são gerenciados por indivíduos em cada organização. A confiança nas relações interorganizacionais inclui, assim, um conjunto de expectativas entre parceiros com relação ao comportamento dos diversos indivíduos e à satisfação de cada um.[108]

Questão complexa é aquela de saber se a frustração da confiança de outrem é suscetível de conduzir à obrigação de indenizar: existe o risco de excesso, perante o caráter aberto e extenso da proteção negativa da confiança. Há que se verificar, portanto, quais são os contornos da tutela jurídica daquilo que Luhmann define como a confiança institucional.

O regime próprio da responsabilidade pela frustração da confiança e sua articulação com as modalidades comuns de imputação de danos permanece incerto no Direito. Aqui, pode assistir-se a uma inflação não apropriada do con-

108. Giddens, Anthony. *As conseqüências da modernidade, op. cit.*, 1991.

ceito indenizatório: não há porventura nenhuma delimitação rigorosa nem da base normativa que a desencadeia, nem das respectivas conseqüências. Há que se balizar isso com precisão.

Na doutrina alemã, a proteção indenizatória da confiança apresenta-se-nos para os casos em que alguém deve responder pelos danos causados por uma declaração sua viciada ou inexata, ou então pela respectiva omissão, como ocorre, por exemplo, em situações de responsabilidade por informações incorretas. Corresponde-lhe uma responsabilidade por declarações (*Erklärungshaftung*): e a proteção indenizatória da confiança terá por função, antes de mais, tutelar posições jurídicas contra ataques lesivos (*Eingriffsschutz*) à pessoa ou ao patrimônio alheio, conduzindo à reparação dos danos daí resultantes. Eis, decisivo, o pensamento da confiança, porque este tipo de responsabilidade radica na circunstância de o lesado expor os seus bens, no âmbito do tráfico negocial, à intrusão da outra parte, e, nesse sentido, na atitude de confiar nela. A parte contrária apresentar-se-ia, enfim, onerada com deveres de proteção não subsumíveis à responsabilidade por declarações e responderia pelos danos causados pela sua violação.[109]

No entanto, como esclarece Carneiro da Frada, o problema está na ambigüidade do conceito de confiança, do qual tanto se pode exprimir um dado psicológico individual do sujeito como a posição daquele que beneficia, independentemente de um ato de consciência da tutela jurídica de um interesse. A confiança deixa por saber se aquele que, por exemplo, no âmbito de um contrato, sofre um dano no seu restante patrimônio é protegido *porque confiou de fato* na correção do comportamento da outra parte ou se é tutelado *porque devia poder confiar* (figurando-o ou não) em que o outro observaria a conduta exigível. No último caso, avulta que parece que o decisivo na qualificação do ato lesivo é o puro e simples desrespeito da conduta violada. A querela entre uma concepção psicológica e um entendimento normativo ou objetivo da confiança reflete o quanto nessa doutrina se mistura o fático e o normativo, deixando-se de distinguir claramente entre causa e efeito da proteção jurídica. Carneiro da Frada,[110] citando Bar, alerta que se corre o risco da argumentação circular: "É lícito confiar porque existe um fundamento para a pretensão, esta nasce, porém, quando se confia."

---

109. Frada, Manuel Antonio Carneiro da. *Contrato e deveres de protecção*. Coimbra: Coimbra, 1994, p. 251.

110. Frada, Manuel Antonio Carneiro da, *op. cit.*, p. 252-253.

Para superar essa aporia, no pensamento jurídico contemporâneo a mera referência à confiança como fundamento indenizatório surge, depois, substituída pelo conceito de relação de confiança (*fiduciary relationship*): singulariza, dentre as diversas situações de expectativas, aquelas que são de reconhecida relevância para efeito de responsabilidade.

Não obstante, orientações deste gênero prendem-se ainda assim ao pensamento da confiança, e podem mesmo chegar a suprimir a referência à tutela das expectativas. Emerge aqui uma neutral responsabilidade derivada da existência de ligações ou relações especiais (*special relationship*), base de deveres particulares de conduta capazes de conduzir à responsabilidade quando violados. Estes desenvolvimentos são, porém, uma compreensível tentativa de dar à confiança uma concepção objetivada: não importa o plano individual e psicológico, se o sujeito acreditou em determinada situação, mas averiguar racionalmente quando e até onde podia confiar. Destarte, o cerne da responsabilidade encontra-se nos fatores que decidem, e já não na confiança.

Para este entendimento contribuem evidentemente as dificuldades de prova de um estado de espírito concreto. Entra também em linha de conta, neste domínio, a ambigüidade da experiência dos sujeitos que misturam, passo a passo, confiança e desconfiança: as atitudes de confiança recortam-se antes de mais na conflitualidade; pelo lado inverso, é nos cenários de frustração das expectativas e da desconfiança que a tutela dos convencimentos mais é necessária.

Todos estes motivos implicam a construção da responsabilidade pela confiança em sede, sobretudo, da expectativa de cumprimento de determinados deveres de comportamento a que os sujeitos se teriam de vincular nos relacionamentos, pois os demais deveriam poder contar com a sua observância. Daqui a pergunta: não será mais exato fundamentar a obrigação de indenizar na violação das posições dos sujeitos protegidas por esses deveres, e como situação objetiva de responsabilidade? Não se tratará aqui de simples deveres de proteção direta dos interesses que realmente estão detrás de uma situação de expectativa?

Este ponto de vista forneceria uma interpretação desligada das ficções aditadas freqüentemente às relações de confiança, e que servem por vezes de refúgio à responsabilidade pela frustração de expectativas. Importaria, portanto, substituir a confiança por critérios dogmáticos que atendam às características objetivas da situação interpessoal e às condutas que nela impõe a ordem jurídica.

Contudo, deste modo a confiança deixa de integrar o modelo normativo da responsabilidade e de ser fundamento desta: a construção da obrigação de indenizar sobre fatores objetivos, independentes das representações dos sujeitos, lança a responsabilidade pela frustração de expectativas para a órbita da responsabilidade por fatos ilícitos, uma vez que em responsabilidade civil o princípio é o de a obrigação de indenizar pressupor a infração de uma regra de conduta, sem importar para o efeito que esses deveres decorram do contrato ou de negócio jurídico, que tenham sido imperativamente fixados na lei ou se fundamentem, em qualquer caso, nas determinações do direito objetivo.[111]

A verdade é que esta concepção obriga a enfrentar a questão da relação entre responsabilidade pela confiança e as modalidades tradicionais da responsabilidade civil: terá de ser averiguado especialmente em que medida as pretensões indenizatórias por frustração da confiança não estarão inseridas simplesmente na inobservância comum de normas de comportamento, inobservância geradora, consoante os casos, de uma responsabilidade delitual ou obrigacional (sem que a confiança desempenhe então qualquer papel na emergência da obrigação de ressarcir os prejuízos).

Será pertinente diferenciar no seio da responsabilidade civil a ordem de proteção fundada na doutrina da confiança? O problema exige, em particular, uma análise no campo da responsabilidade delitual: o âmbito do negócio e da responsabilidade contratual está longe de abranger muitas das situações para as quais é reclamada uma tutela das expectativas. O ato danoso e a lesão são freqüentemente produzidos porque o lesado confiou na adoção, por outrem, da conduta que lhe era exigida e acabou por sofrer prejuízos. Se a confiança então não surge como fator de responsabilidade, porventura nada distinguirá e legitimará uma responsabilidade especial pelas expectativas frustradas.

A tutela da confiança, como sustenta Carneiro da Frada, deve abarcar um espaço próprio entre as duas grandes modalidades clássicas da responsabilidade civil (contratual e aquiliana), constituindo um terceiro gênero, uma pista autô-

111. Sobre o papel da confiança na fundamentação de negócios jurídicos, ver, por todos: Grassetti, Cesare. Del negocio fiduciario e della sua admissibilittá nel nostro ordinamento giuridico. v. 34. In: *Rivista di Diritto Commerciale*. Roma: Casa Editrice Dottor Francesco Vallardi, 1936, p. 345-78; e do mesmo autor: Trust anglosassone, proprietá fiduciaria e negozio fiduciario. v. 34. In: *Rivista di Diritto Commerciale*. Roma: Casa Editrice Dottor Francesco Vallardi, 1936, p. 548-53.

noma de responsabilidade. A responsabilidade pela confiança se afirma aí onde a tutela das expectativas se deva considerar o elemento determinante do sistema de responsabilidade e não simples razão auxiliar para a obrigação de indenizar.[112]

Estamos assim diante do elemento chave para a responsabilização jurídica da chamada confiança institucional. A forma impessoal de confiança de que falava Luhmann, condição de desenvolvimento das sociedades pós-modernas, estará tutelada sempre que a confiança não se reduza a outros elementos como o cumprimento da norma (responsabilidade delitual) ou dos deveres laterais de conduta (impostos pela boa-fé), sendo razão auxiliar da obrigação de indenizar, mas sim sendo o elemento constitutivo-causal dos seus efeitos. Deste modo, integrando a confiança o *Tatbestand* de responsabilidade, a não verificação em concreto de expectativas – ou mesmo o *non liquet* acerca de sua ocorrência – tem como conseqüência inexorável a irresponsabilidade do sujeito. Nenhuma regra (de responsabilidade ou outra) se pode aplicar se não está demonstrada ou se reinam incertezas acerca da ocorrência da confiança. Pelo contrário, apresentando-se a confiança apenas como um *telos* de uma norma, a não verificação de expectativas determina (quando muito) a necessidade de uma redução teleológica.[113]

A obrigação de indenizar por frustração de expectativas alheias, com os contornos e a extensão acima descritos, não encontra, segundo Carneiro da Frada, no ordenamento civil português uma consagração geral. Não obstante, estabelece aquele ordenamento alguns dispositivos que prevêem a proteção da confiança.[114]

112. Frada, Manuel Antonio Carneiro da. *Teoria da confiança e responsabilidade civil*. Coimbra: Almedina, 2004, p. 350.

113. *Ibidem*, p. 355.

114. "*Art. 899. O vendedor é obrigado a indemnizar o comprador de boa-fé, ainda que tenha agido sem dolo nem culpa; mas, neste caso, a indemnização compreende apenas os danos emergentes que não resultem de despesas voluptuárias.*
Art. 909. Nos casos de anulação fundada em simples erro, o vendedor também é obrigado a indemnizar o comprador, ainda que não tenha havido culpa da sua parte, mas a indemnização abrange apenas os danos emergentes do contrato.
Art. 1.594. (...) 1. Se algum dos contraentes romper a promessa sem justo motivo ou, por culpa sua, der lugar a que outro se retracte, deve indemnizar o esposado inocente, bem como os pais deste ou terceiros que tenham agido em nome dos pais, quer das despesas feitas, quer das obrigações contraída na previsão do casamento."

Esclarece Carneiro da Frada a fundamentação autônoma do *dano de confiança*, distinto da responsabilidade delitual e dos deveres laterais de conduta decorrentes da boa-fé, através da promessa de casamento. Para o autor é inviável considerar que a promessa de casamento cria um vínculo de natureza contratual ou negocial – não faz sentido admitir-se um vínculo que (afinal!) não vincula. Na realidade, a reparação do dano decorrente do respectivo desrespeito deriva da consideração do compromisso como fato gerador da confiança: nesse aspecto é sempre o resultado de uma ponderação objetiva por parte do ordenamento, não efeito direto da autonomia negocial (ainda que ligado a um *Tatbestand* negocial). A responsabilidade pela confiança é também autônoma em relação à violação dos deveres laterais de conduta impostos pela boa-fé. Existe responsabilidade por frustração das expectativas, distinguindo-se esta da responsabilidade decorrente da negligência no não esclarecimento da falta de disponibilidade para a sua celebração ou de provocação dolosa da respectiva convicção: ambos os comportamentos contrariam sem dúvida exigências de correção e probidade de conduta que impendem sobre os nubentes e se intensificam naturalmente com a promessa de casamento, mas não se confundem com a responsabilidade por confiança.

Do mesmo modo, a ausência de motivo não transforma a retratação num ilícito, como a culpa do sujeito no rompimento da relação não chega para macular com a ilicitude o seu comportamento. O conceito de culpa (em rigor incompatível, ao pressupor uma ilicitude, com a manutenção da celebração do casamento) deve entender-se como um conceito não técnico. Ele equivale ao recesso injustificado ou ao injustificado provocar do recesso alheio para efeito de identificação do campo em que a responsabilidade pela confiança é chamada a operar.[115] Tudo conflui assim para interpretar a responsabilidade por frustração de uma promessa de casamento como afloramento da teoria da confiança.[116]

Mesmo não podendo admitir-se com caráter de generalidade a existência de um dever de corresponder à confiança alheia, importa concluir que a responsabilidade pela confiança se distingue na realidade daquela que emerge da vio-

115. Veja-se que não admitir a tutela do dano de confiança, nos casos em que inexiste violação aos deveres de conduta da boa-fé, significa deixar situações iníquas sem reparação, o que não parece admissível em uma concepção moral do Direito, como a das sociedades pós-modernas. Nesse sentido, cf. TJRS, 7ª Câm. Cív., ApCív 70.012.349.718, Rel. Des. Sérgio Fernando de Vasconcellos Chaves.

116. Frada, Manuel Antonio Carneiro da. *Teoria da confiança e responsabilidade civil*, *op. cit.*, p. 836-37.

lação de deveres de agir. Depuram requisitos de proteção como a razoabilidade e o investimento de confiança. Tais pressupostos são completamente estranhos a um simples responder por violação de normas de agir, mas são congruentes com um modelo de responsabilidade compensatória, segundo a primazia desejável da tutela negativa da confiança. Outrossim, a singularidade dogmática da responsabilidade pela confiança ancora na ligação genérica à razão prática e incorpora a dimensão prudencial que caracteriza especificamente a interação. Fica assim ultrapassado o paradigma da causalidade, inerente às formas de responsabilidade clássicas.

A doutrina da confiança em si mesma não se limita a formular um princípio jurídico, eleva-se a verdadeira teoria jurídica, organizada em torno daquele princípio. Envolve um conjunto articulado de enunciados através dos quais se procura: (i) explicitar o conteúdo de justiça material que lhes é subjacente; (ii) e se proporcionar um enquadramento de solução para outros casos.

Mas neste revestimento a teoria da confiança não propiciará, por si só, as soluções de casos concretos, enquanto requeira o complemento ou a especificação através de normas, logrando ainda assim preservar o seu valor, mesmo perante as restrições que tenha de admitir: a sobrevivência da teoria da confiança depende assim do seu cabal desempenho heurístico, atingindo o problema, especialmente a proteção negativa das expectativas.

A regulação legal fornece porventura apoio para essa responsabilidade. Entretanto, a sua construção jurídica geral ultrapassa, em muito, o mero preenchimento de lacunas que essa regulação eventualmente apresente. Com efeito, não é só assim: os afloramentos da responsabilidade pela confiança são demasiados dispersos para que possa tratar-se do mero completar da teia normativa de acordo com a sua própria lógica. Transcende esse nível. Decerto movimenta-se num espaço nesse sentido livre de normas, situado para além do seu horizonte,[117] mesmo quando se ampara em certas cláusulas gerais ou conceitos indeterminados como o abuso de direito e a boa-fé: a operação envolvida não se traduz na simples concretização de uma determinada regra, obedecendo para isso à pauta valorativa que ela contém; ler numa delas a responsabilidade pela confiança não é possível sem pontos de fixação exteriores a essa mesma norma.

117. Frada, Manuel Antonio Carneiro da. *Teoria da confiança e responsabilidade civil, op. cit.*, p. 889.

Este tipo de expansão do sistema jurídico só se compreende superando o dogma do positivismo normativista que o identifica com a lei, e contra o qual estão fatores vários, entre os quais, por exemplo, a proibição da denegação da justiça.

Acresce, além disso, que a consagração legislativa de cláusulas gerais ou conceitos indeterminados como o abuso do direito envolve uma autorização de ultrapassagem do limiar da lei por parte do ordenamento. Por conseguinte, tudo se resume a averiguar como justificar este desenvolvimento. E a proteção da confiança corresponde, depois, a um princípio ético-jurídico, indeclinável, saliente nas imposições que se sentem de modo particular quando não há alternativa prática que evite, para além da razoabilidade, a ameaça de ficar por satisfazer uma forte necessidade de tutela jurídica: quem induz outrem a confiar, deve responder caso frustre essa confiança, causando prejuízos.

O pensamento da confiança integra-se, pois, no sistema jurídico sem romper as suas estruturas e sua coerência. Numa época marcada pela pressão no sentido do incremento da interação humana e pela tendência da impessoalidade, correlato da urgência de uma maior e enérgica autonomia dos sujeitos, a proteção da confiança diminui os riscos da ação ligada à progressiva interdependência dos sujeitos. Aprofundar os dois pilares da liberdade e da responsabilidade, eis, para Frada, a via do direito.[118]

Nas primeiras décadas do século XX, Vittorio Salandra, ao tratar da extensão e fundamento jurídico da responsabilidade pelas obrigações de uma sociedade irregular, consoante o art. 98 do Código de Comércio italiano,[119] já salientava as peculiaridades da responsabilidade por confiança, que não podia enquadrar-se nos limites estreitos nem da culpa aquiliana nem da contratual:

> Voltamos agora à natureza jurídica da responsabilidade do art. 98. Esta não pode dizer-se derivada da culpa aquiliana, nem da culpa contratual. Na primeira categoria não me parece que possa enquadrar-se, porque não é vista culpa no operar em nome de uma sociedade que efetivamente existe e que a lei não proíbe. E

118. Frada, Manuel Antonio Carneiro da. *Teoria da confiança e responsabilidade civil, op. cit.*, p. 896-897.

119. *"Art. 98. Se o sócio, promotor, administrador ou todo aquele que opera uma sociedade não legalmente constituída contrae em nome dessa sociedade, é vinculado solidariamente e sem limitação pelas obrigações que esta assume."* (trad. livre)

nem mesmo se pode falar de responsabilidade objetiva. O terceiro de fato não age para remover um efeito danoso que havia sofrido em seu patrimônio em dependência da ação de que lhe fizeram crer na existência de uma sociedade. Ele age para obter o adimplemento de uma obrigação e não para ser ressarcido do efeito do inadimplemento. Por isso não é o caso nem mesmo de se falar em culpa contratual.[120]

Em conclusão, a responsabilidade pela confiança é parte integrante do Direito Civil vigente. Na sua essência, exprime a justiça comutativa, na forma específica de justiça corretiva e compensatória. Tem fundamento na diretiva jurídica pela qual deve responder pelos danos causados, aquele que origina a confiança e a frustra. E a sua intervenção autônoma, superadora do plano da lei, terá naturalmente de compatibilizar-se com as demais determinações, princípios e valores que informam a ordem jurídica. Tal qual qualquer outro princípio de caráter geral, a força expansiva que lhe é inerente conhece por isso limites e restrições no processo de concretização – aplicação.

Fixados esses pressupostos da responsabilidade por confiança, podemos ver que eles fundamentam de maneira integral a eficácia jurídica da aparência de titularidade.[121]

A sociedade pós-moderna em seu processo de desenvolvimento dinâmico, como ressalta Peyrefitte, exige que se dê à multiplicação das exteriorizações materiais e legais das relações jurídicas uma segurança dinâmica que possa alicerçar a vida social, o que implica em uma dispensa maior de investigações nas transações civis e comerciais.

Como contraponto da existência do risco nas frenéticas transações jurídicas deve corresponder uma diminuição de certo tipo de segurança jurídica, pois

120. Salandra, Vittorio. Extensione e fondamento giuridico della responsabilità personale per le obligazzioni delle società irregolari. In: *Rivista di Diritto Commerciale*. v. 26, 2ª Parte, Casa Editrice Dottor Francesco Vallardi, 1928, p. 10. (trad. livre)

121. Ressalte-se, não obstante, que Manuel Carneiro da Frada considera que, via de regra, a proteção da aparência não se enquadraria à perfeição na teoria da confiança porque nesta o legislador já teria individualizado as fattispecies relevantes e lhe determinou os efeitos, decorrendo, portanto, a proteção da confiança de disposições específicas. Não nos parece contudo que assim seja, pois no âmbito da generalização possível de uma responsabilidade geral pela aparência, além dos dispositivos legais, o problema aparece. Deste modo é, a nosso ver, inteiramente cabível sua discussão no âmbito da fundamentação pela confiança. Ver, no entanto, Frada, Manuel Antonio Carneiro da. *Teoria da confiança e responsabilidade civil, op. cit.*, p. 44 *et seq*.

a pessoa não está jamais certa de se engajar no limite de sua vontade. Assim, a idéia de risco aplicado à aparência é uma idéia de aparência criada. A pessoa é engajada porque sua atividade suscitou uma aparência enganosa e implicou a confiança da contraparte. Age com abuso de direito aquele que suscita a confiança, porque o dano de confiança não pode restar sem ser tutelado, sob pena de perpetuação de situações iníquas. Se um risco é posto no encargo de certas pessoas é porque outras mereceram ser titulares de um direito correlativo. As necessidades de segurança dinâmica da sociedade contemporânea exigem a criação desse direito em proveito da pessoa que é enganada pela aparência.

Este é o âmbito da justiça comutativa ou corretiva, a espécie da justiça particular que zela pela retidão das trocas, pela proporcionalidade aritmética em matéria de intercâmbio de bens. Nesse intercâmbio a relação de igualdade dá-se quando a coisa que há que dar é igual em quantidade e qualidade (ou valor) à que saiu da esfera do sujeito de atribuição. Na sanção em decorrência do intercâmbio de bens, o ofício do juiz é o de calcular uma restituição igual ao dano que foi suportado. A isonomia absoluta entre as coisas, na justiça comutativa, tem sua base na igualdade entre as pessoas, tal como se apresentam nessas relações de justiça. Com efeito, todas as pessoas se apresentam perante o outro em sua nuda condição, que é exatamente igual em todos. O campo de aplicação do justo é a totalidade, por isso há que se considerar a relação que seja moralmente válida para tutelar o interesse de todos, no caso, a confiança institucional.

O direito, assim pensado, não é rigorosamente individual, não supõe para o indivíduo somente um ativo, só vantagens. O direito, aquilo que deve ser dado, que se merece, não é subjetivo, não se refere somente a um indivíduo, implica necessariamente uma relação entre indivíduos. É o resultado de uma repartição. O direito apenas é um atributo da pessoa, não é exclusivamente dela na medida em que é primordialmente o bem de outrem.[122]

O direito, assim considerado, emerge de uma repartição concreta, é uma proporção (justa, um igual [*ison*] ou *analagon*, termo gramaticalmente neutro). Essa igualdade expressa uma cosmovisão integrada da totalidade, não a constatação de uma simples equivalência de fato entre quantidades, mas revela a harmonia, o valor do justo, certa ordem que se discerne no caso mesmo e que se

---

122. Aristóteles. *Ética a Nicômaco*. 4. ed. Brasília: UnB, 2001, p. 93.

acha em conexão, em última instância, com a natureza das coisas que é a matéria da justiça geral. O direito nesse contexto não é, senão, uma coisa exterior ao sujeito, uma certa igualdade que reside nas coisas, na realidade, *in re*, e que se extrai da observação das coisas. No caso o valor confiança é causa eficiente da solução jurídica para a tutela da aparência.

O direito não pode ser estimado senão do processo de interrogação das coisas, de tentar reencontrar a ordem que ela acolhe; ordem esta objetiva, e, portanto, jurídica. O fundamento da aparência assim caracterizada vem a ser, pois, a necessidade, de ordem social, de se conferir segurança às operações jurídicas, amparando-se, ao mesmo tempo, os interesses legítimos dos que corretamente procedem. Essa proteção se realiza de modo peculiar porque na aparência de Direito a vontade de quem erra (supondo que o direito existe, ou que o titular ostensivo seja o titular verdadeiro) prevalece, como se realidade jurídica houvesse, e não apenas aparência. Nos termos expostos, portanto, a aparência de direito produz os mesmos efeitos da realidade de direito, salvo particulares restrições legais.

4. Efeitos da eficácia da aparência

No que tange às relações entre o proprietário verdadeiro e terceiros a aparência é criadora de direitos. O terceiro adquirente, mesmo recebendo a coisa de uma pessoa que sobre ela não tem nenhum direito, converte-se em proprietário (ou converte-se em titular de um direito real). A propriedade (ou um outro direito real) não é transferida pela vontade do proprietário aparente, que não pode dispor de coisas sobre as quais não tem nenhum direito; ela é transferida por efeito da lei – é um caso de aquisição *ex lege*. Nenhum recurso pode ser exercido contra o adquirente nem pelo proprietário verdadeiro, nem pelo proprietário aparente.[123]

Como bem lembra Mariano D'Amélio, no mundo jurídico o estado de fato nem sempre corresponde ao estado de direito; mas o estado de fato, por si, tendo em vista considerações de ordem diversa, pode receber o mesmo respeito do estado de direito e, em determinadas condições e em resguardo de determinadas pessoas, gera conseqüências não diferentes daquelas que derivariam do correspondente estado de direito. Deste modo, a situação geral pela qual

123. Mazeaud, Henri Léon; Jean. *Leçons de droit civil, op. cit.*, p. 142-3.

alguém tenha racionalmente confiança sobre uma dada manifestação jurídica e se comportado em coerência com tal manifestação, lhe dá direito de contar com ela, ainda que tal manifestação não corresponda à realidade.[124] Isso é válido também para aqueles casos em que se manifesta a aparência em relação ao próprio mandato, ou seja, não existe o mandato e é falso o procurador.[125]

Naturalmente o terceiro deve estar de boa-fé, ou seja, atuar genuína e honestamente segundo as circunstâncias do caso, interpretando e executando o acordo coerentemente ao que as partes entenderam ou puderam entender obrando com cuidado e previsão. Os terceiros de boa-fé restam protegidos pela aparência de legitimidade precisamente porque atuam de boa-fé, tanto no sentido da boa-fé probidade quanto da boa-fé diligência. Isto é, devem estar presentes os dois aspectos da boa-fé para que os terceiros restem protegidos.

Assim, quando se tratar de negócio de grande monta fica o terceiro obrigado a diligenciar e a verificar os poderes daquele com quem contrata. É, portanto, por exemplo, ineficaz em relação à sociedade, o negócio celebrado por sócios sem direito ao uso da firma. Os atos registrados na Junta Comercial presumem-se conhecidos por todos, não tendo cabimento a invocação de aparência contrária ao que consta do registro, em face da natureza absoluta da presunção.

Na aparência, tem-se a presença do chamado *erro sanante* – ao qual ele também se refere como erro confirmador ou legitimante – que não autoriza a anulação do ato, mas, ao contrário, sana o vício em que incorreu o agente, funcionando como validador do negócio. Como aduz Carvalho Santos,[126] *in verbis*: "Enquanto o erro essencial ou substancial permite que um ato válido seja anulado, o erro sanante, ao contrário, permite que um ato ineficaz se torne válido, mantendo-se os seus efeitos em favor da parte que errou. A explicação de tal fenômeno é dada pela Teoria da Aparência."

---

124. D'Amélio, Mariano. *Apparenza del diritto*, *op. cit.*, p. 714.

125. "Indispensável [nessas hipóteses] que estejam de boa-fé os que trataram com o falso procurador. Não basta que cometam simples erro, mas é preciso que se enganem efetivamente, ignorando completamente a realidade, que não desconfiem, em suma, da inexistência, ou nulidade do mandato." Gomes, Orlando. *Transformações gerais do direito das obrigações*. 2. ed. São Paulo: Revista dos Tribunais, 1980, p. 120.

126. Santos, J. M. Carvalho. *Código Civil brasileiro interpretado*, 1981, v. 33, sup. 8 (arts. 1-145), p. 266.

Assim, a aparência de direito produz os mesmos efeitos da realidade de direito, substituindo a realidade em favor do que agiu levado por bons princípios e honestamente. Como bem explicita José Puig Brutau:[127]

> Los actos realizados por una persona engañada por una situación jurídica que es contraria a la realidad, pero que presenta exteriormente las características de una situación jurídica verdadera, son definitivos y oponibles, como lo serían los actos fundados en situaciones absolutamente regulares.

O verdadeiro titular fica, assim, obrigado diante do terceiro de boa-fé, constituindo-se a aparência em fonte de obrigação ou de sujeição, como no caso do credor aparente.

No que se refere às relações entre o verdadeiro titular e o titular aparente, o primeiro pode ajuizar contra o segundo ação de enriquecimento sem causa para obrigar o aparente titularizado a restituir-lhe o produto obtido com a transação efetuada com o terceiro de boa-fé, na forma do art. 884 do Código Civil/2002.

Se a intromissão do titular aparente na esfera jurídica do verdadeiro titular ocorreu de má-fé cumpre ao prejudicado a cobrança de perdas e danos (arts. 879 e 1.817 do Código Civil/2002), cumulando a ação de enriquecimento com a de indenização. Estas ações ainda podem ser cumuladas com pedido de restituição de todos os frutos, que, de má-fé, houverem sido colhidos ou percebidos pelo titular aparente, ou, se não for o caso, de responder por todos eles, nos termos do art. 1.216 do Código Civil/2002.[128]

O proprietário aparente nas relações com o *verus dominus*, quando de boa-fé, não responde pelos frutos percebidos (art. 1.216 do Código Civil/2002, *a contrario sensu*) nem por perdas e danos (art. 879 do Código Civil/2002).[129] Nestes casos a norma jurídica procura resguardar aquele que agiu de boa-fé contra exigências porventura indevidas do verdadeiro titular.

Outro efeito da aparência de direito é o de afastar para o terceiro de boa-fé o risco da evicção nos contratos onerosos de transferência de direitos reais. A

127. Brutau, José Puig. *Estudios de derecho comparado: la doctrina de los actos propios*. Barcelona: Ariel, 1951, p. 103.

128. Landim Filho, Francisco Antônio Paes. *A propriedade imóvel na teoria da aparência*. São Paulo: Cid, 2001, p. 318-19.

129. *Ibidem*, p. 319.

evicção é a garantia própria dos contratos comutativos que geram a obrigação de transferir o domínio de determinada coisa. Deriva do princípio segundo o qual o alienante tem o dever de garantir ao adquirente a posse justa da coisa transmitida, defendendo-a de pretensões de terceiros quanto ao seu domínio. É um fenômeno próprio da venda de coisa alheia.[130] Apenas não estará coberto do risco da evicção o terceiro que tiver agido de má-fé ou que não tiver procedido com o mínimo de diligência, porque, neste caso, não há que se falar em tutela da aparência.[131]

Um último efeito da eficácia da aparência de direito é o de afastar a anulabilidade do ato praticado pelo titular aparente. Sobre essa questão assim se expressa Luiz Fabiano Corrêa:[132]

> E não é raro que, com ostentação dessa legitimação ou titularidade – que de fato não existe, mas é tão-só aparente –, alguém transmita a um adquirente de boa-fé um direito que não pode transmitir. Entretanto, pelos princípios dos quais decorre a eficácia legitimadora da aparência de Direito, se presentes os necessários pressupostos, o direito em questão efetivamente se transmite a quem o adquire. A transmissão dá-se à revelia do verdadeiro titular. Não há da parte desse a declaração de vontade que normalmente seria indispensável à deslocação do seu direito para a esfera jurídica do adquirente. Com isso, o verdadeiro titular acaba por ver-se privado do direito em questão, sem que para esse fim tenha ele mesmo realizado negócio jurídico algum.

Como dito anteriormente, na aparência a conseqüência jurídica do erro não é a anulabilidade, como no erro ordinário, mas sim permitir que o ato ou negócio produza os efeitos que lhe são próprios. No conflito que se estabelece entre o interesse do efetivo legitimado (que só pode ser preservado através da ineficácia do ato) e o interesse do terceiro que por causa da aparência incidiu em erro objetivamente escusável (interesse que, ao contrário do anterior, não pode ser atendido senão através da eficácia), a lei dá primazia a este último. O erro objetivamente escusável na *fattispecie* da aparência encerra assim uma "ação sanante" e se contrapõe à figura ordinária do erro que, ao revés, encerra uma ação viciante. Na aparência de direito, tem-se a presença do chamado efeito sanante,

---

130. Gomes, Orlando. *Contratos*. 18. ed. Rio de Janeiro: Forense, 1999, p. 96.

131. Cf., neste sentido, TJRS, 3ª Câm. Cív., Ap 587.035.445, rel. Des. Galeno Lacerda, j. 17/05/1988, RT 661-150.

132. Corrêa, Luiz Fabiano. *A proteção da boa-fé nas aquisições patrimoniais*. Campinas: Interlex Informações Jurídicas, 2001, p. 318-319.

confirmador ou legitimante, que não autoriza a anulação do ato, mas, ao contrário, sana o vício em que incorreu o agente, funcionando como confirmador do negócio.[133]

5. O princípio da responsabilidade por situações de confiança e a tutela geral no âmbito da aparência de direito

Fixado o quadro conceitual da eficácia da aparência de direito, devemos partir para uma questão mais tormentosa, que é a de se saber se a aparência de direito pode ser considerada um princípio, visto que muitos autores defendem a idéia da existência de um princípio da eficácia da aparência.

No que se refere ao Direito italiano, Falzea, depois de aludir à corrente doutrinária (a que pertencem, na Itália, Stolfi, Verga, Coviello, Cariota, Ferrara e outros) que contesta a legitimidade do princípio da aparência, bem como à corrente oposta (representada por Mossa, Messineo e D'Amélio, por exemplo), que ao mesmo princípio atribui o mais vasto campo de aplicação, expressamente o admite, ressaltando especialmente o papel da jurisprudência na configuração das regras da aparência em princípio de direito:

> Não acreditamos que se possa contestar a legitimidade do princípio jurídico da aparência inferido das disposições inequívocas do nosso Direito Positivo. Não acreditamos, tampouco, que se lhe possa negar uma amplitude que excede o âmbito das figuras particulares disciplinadas legislativamente. Neste sentido, é convincente, sobretudo, o emprego amplo que desse princípio vem fazendo a jurisprudência, como índice não duvidoso das perspectivas que o princípio vem assumindo no direito vivo e que a ciência jurídica não pode desconhecer. Contudo, a legitimidade do princípio não pode autorizar a sua utilização incauta, particularmente em relação às espécies de fato que encontram, em nossa lei, uma disciplina integral.[134]

Mariano D'Amélio, analisando o caso do herdeiro aparente, esclarece que, a partir dele pode-se alçar a categoria desse *jus singulare* a de um princípio geral porque embora nascido de determinadas relações jurídicas, o princípio pode

133. Contra essa argumentação, considerando que a aparência não difere por força ou natureza de um outro fato jurídico qualquer não sendo apta portanto de legitimar, veja-se Monacciani, Luigi. *Azione e legittimazione*. Milão: Giufrè, 1951, p. 132-52.

134. Falzea, Angelo. Apparenza. *Enciclopedia del diritto, op. cit.*, p. 701. (trad. livre)

ser levado a participar do sistema geral, sendo invocado para regular situações jurídicas análogas. Tais situações jurídicas, sendo idênticas no fundo, é de se presumir que o legislador as teria regulado do mesmo modo se as tivesse considerado. Argumenta este doutrinador italiano que a localização da regra não é um argumento considerável, pois, a circunstância de se achar afirmada a propósito de um instituto determinado não é boa razão para se concluir que foi disposta somente para ele. Perquirida a razão especial que levou o legislador a tutelar os direitos dos que tratam com o herdeiro aparente, verifica-se que, em outras situações, existe a mesma *utilitas*. Seria, portanto, absurdo discipliná-las de modo diverso, uma vez que são análogas as condições de fato, diferenciando-se apenas em pontos secundários.

São, segundo D'Amélio,[135] exigências sociais que justificam a adoção do princípio nos amplos termos que lhe empresta a doutrina moderna. Deve-se, de acordo com esse autor, permitir que tomem a aparência como realidade por três razões principais: (i) para não criar surpresas à boa-fé nas transações do comércio jurídico; (ii) para não obrigar os terceiros a uma verificação preventiva da realidade do que evidencia a aparência; e (iii) para não tornar mais lenta, fatigante e custosa a atividade jurídica.

Igualmente, no Direito francês a aparência de direito há longo tempo foi guindada à categoria de princípio de direito, sendo fartamente aceita pela doutrina e pela jurisprudência. Henri Mazeaud[136] expressamente o admite, reportando-se à difusão do adágio *error communis facit ius* na jurisprudência:

> A jurisprudência não aplica o adágio somente à incapacidade das testemunhas instrumentais. Ela o invoca para validar os atos realizados por todos os incapazes que, na seqüência de um erro invencível, foram considerados como capazes. Ela faz notadamente aplicação da máxima à mulher casada não autorizada. Os acórdãos descobriram um novo meio para superar a incapacidade da mulher casada. A mulher casada que, com ou sem manobras dolosas, criou uma aparência invencível de capacidade, não pode invocar a nulidade dos atos que ela realizou. O marido que ajudou na criação dessa aparência, não poderá, também, se prevalecer da nulidade.

---

135. D'Amélio, Mariano. *Apparenza del diritto, op. cit.*, p. 716.

136. Trad. livre de Mazeaud, Henri. *La maxime "error communis facit ius", op. cit.*, p. 959.

> Essas são as espécies nas quais a jurisprudência tem tido, mais freqüentemente, a ocasião de assegurar a manutenção de uma situação de fato contrária ao direito, aplicando o adágio *error communis facit ius*.
> Esta enumeração não é simplesmente limitativa; será preciso especificar todos os casos nos quais a máxima possa ser invocada. Ela tem, com efeito, por campo de aplicação o direito inteiro. Ela constitui uma exceção de ordem geral à regra de direito.

Não obstante essas abalizadas opiniões, há que se verificar com acuidade essa questão, delimitando o que seja o alcance dos princípios jurídicos nas sociedades contemporâneas para então verificar se a aparência de direito poderia enquadrar-se entre estes.

A expansão dos princípios como fonte autônoma da obrigação pode ser associada à falência do conceitualismo (redução do sistema a conceitos, com recurso simples à lógica formal), ao fracasso do positivismo legalista exegético (solução de casos concretos com recurso à lei como texto), ou ainda aos óbices da subsunção na busca de soluções que a realidade impõe ao direito. O princípio tem natureza normogenética, constituindo fundamento de regras, isto é, norma que estão na base ou constitui a *ratio* de regras jurídicas. É norma, porém, qualitativamente distinta das regras jurídicas porque constitui norma de otimização, compatível com vários graus de concretização, consoante condicionamentos fáticos e jurídicos, carecendo deste modo de mediação concretizadora do juiz ou do legislador. Além disso, tem uma importância estruturante porque consagra valores fundamentadores da ordem jurídica e tem capacidade deontológica de justificação.[137]

Há que se ter presente a distinção entre as regras (*rules*) e os princípios. Existe uma dimensão lógica entre regras e princípios por que uma e outros obedecem a diferentes dimensões. Ambos os conjuntos de *standards* apontam a decisões particulares referentes à obrigação jurídica em determinadas circunstâncias, diferindo, contudo, no caráter da orientação que dão. As regras são aplicáveis à maneira das disjuntivas, enquanto que os princípios não estabelecem conseqüências jurídicas que se seguem automaticamente, quando satisfeitas as condições previstas.

---

137. Canotilho, José Joaquim Gomes. *Direito constitucional*. 6. ed. Coimbra: Almedina, 1993, p. 167.

Por essa razão, os princípios atuam numa dimensão estranha à das regras, que é a dimensão do peso ou da importância. O intérprete, ao aplicar a norma que consigna um princípio, deve ter em conta o seu peso, podendo um mesmo princípio ser ou não aplicado num determinado caso concreto, sem perder, contudo, a sua validade no sistema. Como bem expõe Ronald Dworkin:[138]

> A diferença entre princípios e regras legais é uma distinção lógica. Ambos estabelecem standards que apontam para decisões particulares sobre obrigações jurídicas em circunstâncias determinadas, mas distinguem-se quanto ao caráter de direção que estabelecem. Regras são aplicáveis à maneira do tudo ou nada. Se ocorrem os fatos estipulados pela regra, então ou a regra é válida, caso em que a reposta que fornece deve ser aceita, ou não é, caso em que em nada contribui para a decisão.
>
> Os princípios têm uma dimensão que regras não têm – a dimensão de peso ou importância. Quando princípios colidirem (a política de proteção aos consumidores de automóveis colidindo com os princípios da liberdade de contrato, por exemplo), o que tem que solucionar o conflito deve levar em conta o peso relativo do outro. Isto não pode ser, naturalmente, uma medida exata e o julgamento de que um princípio particular ou política é mais importante que outro será freqüentemente controvertido. Não obstante, isso é uma parte integrante do conceito de um princípio que tem esta dimensão, que faz sentido perguntar qual importância ou qual peso ele possui.

Os princípios são, assim, uma pauta orientadora da normação jurídica que, em virtude de sua própria força de convicção, pode justificar decisões jurídicas. Larenz define bem as características dos princípios ético-jurídicos e o processo de sua formação:

> Esses princípios possuem um conteúdo material de justiça; por esse motivo podem ser entendidos como manifestações e especificações especiais da idéia de Direito, tal como este se revela na "consciência jurídica geral", neste estádio da evolução histórica. Enquanto "princípios" não são regras imediatamente aplicáveis aos casos concretos mas idéias diretrizes, cuja transformação em regras que possibilitem uma resolução tem lugar em parte pela legislação, em parte pela jurisprudência, segundo o processo de concretização e aperfeiçoamento de princípios mais especiais mediante a formação de grupos de casos. Alguns deles têm o escalão de normas constitucionais; outros, como o princípio da "boa-fé",

138. Trad. livre de Dworkin, Ronald. *Taking rights seriously*. Cambridge: Harvard University Press, 1978, p. 24-6.

> estão expressos nas leis ou infere-se delas, recorrendo à *ratio legis*, o fundamento justificante de uma regulação legal. Enquanto critérios "teleológicos-objetivos" são coadjuvantes para a interpretação, bem como para a integração de lacunas; aqui constituem o fundamento para uma analogia global e, por vezes, também para uma redução teleológica.
>
> Trata-se de um desenvolvimento do direito superador da lei de acordo com um princípio ético-jurídico, quando um tal princípio, ou também um novo âmbito de aplicação de tal princípio, é conhecido pela primeira vez e expresso de modo convincente. O motivo para isso constitui-o, as mais das vezes, um caso, ou uma série de casos de igual teor, que não pode ser solucionado de um modo que satisfaça a sensibilidade jurídica com os meios de interpretação da lei e de um desenvolvimento do Direito imanente à lei.[139] (grifos nossos)

Para Canaris, os princípios corresponderiam a uma fase em que os valores passam a ostentar certa concretude, um momento de consubstanciação de valores a que o ordenamento oferece tutela:

> O princípio está já num grau de concretização maior do que o valor: ao contrário deste, ele já compreende a bipartição, característica da proposição de direito em previsão e conseqüência jurídica. Assim, por exemplo, detrás do princípio da autodeterminação negocial, está o valor da liberdade; mas enquanto este, só por si, ainda não compreende qualquer indicação sobre as conseqüências jurídicas daí derivadas, aquele já exprime algo de relativamente concreto, e designadamente que a protecção da liberdade é garantida através da legitimidade, conferida a cada um, para a regulação autónoma e privada das suas relações com os outros. O princípio ocupa pois, justamente, o ponto intermédio entre o valor, por um lado, e o conceito, por outro: ele excede aquele por estar já suficientemente determinado para compreender uma indicação sobre as conseqüências jurídicas e, com isso, para possuir uma configuração especificamente jurídica e ultrapassa este por ainda não estar suficientemente determinado para esconder a valoração.[140]

Princípios são, portanto, pautas diretivas de um determinado ramo ou fração do ordenamento. Estabelecem parâmetros, vetores, a partir dos quais as regras serão aplicadas. Os princípios são normas com grau de abstração relativamente elevado, enquanto as regras possuem abstração relativamente reduzida.

139. Larenz, Karl. *Metodologia da ciência do direito*. 2. ed. Lisboa: Calouste Gulbenkian, 1989, p. 511.

140. Canaris, Claus-Wilhem. *Pensamento sistemático e conceito de sistema na ciência do direito*, *op. cit.*, p. 86-87.

Os princípios, por serem vagos e indeterminados, carecem de mediações concretizadoras – do legislador ou do juiz, por exemplo – enquanto as regras são suscetíveis de aplicação direta. Princípios são normas jurídicas de otimização, compatíveis com vários graus de concretização, consoante condicionamentos fáticos e jurídicos; regras são normas que prescrevem imperativamente uma exigência. Princípios permitem um balanceamento de valores ou interesses. Já a regra não deixa espaço para qualquer outra solução, pois se uma regra incide em determinada hipótese, deve cumprir-se na exata medida de suas prescrições.

Princípios também têm importância estruturante dentro do sistema jurídico, revelando mesmo uma proximidade da idéia de direito – são *standards* juridicamente vinculantes radicados na idéia de justiça. Por sua vez, as regras podem ser normas vinculativas com um conteúdo meramente funcional.

Os princípios são, deste modo, fundamentos de regras, isto é, são normas que estão na base ou constituem a *ratio* de regras jurídicas, desempenhando, por isso, função normogenética fundamentante e dispõem de uma capacidade deontológica de justificação.

Fixadas essas noções do que sejam os princípios, vejamos se a aparência é passível de enquadramento nesse estuário.

A primeira questão diz respeito à generalidade da aparência. Como vimos, a confiança é um valor fundante do nosso sistema, sendo essencial mesmo para a explicação do desenvolvimento econômico.[141] Como corolário do valor confiança no campo do Direito, tutela-se este pelo chamado princípio da responsabilidade por situações de confiança. Sempre que estivermos diante de uma relação especial entre dois sujeitos na qual a criação-defraudação da confiança constitua o verdadeiro fundamento da obrigação de indenizar, o princípio se aplica. Como conclui Carneiro da Frada:[142]

> A responsabilidade por confiança é parte do Direito Civil vigente. Na sua essência, exprime a justiça comutativa, na forma específica da justiça correctiva (meramente) compensatória. O seu reconhecimento radica na indeclinável exigência do Direito segundo a qual aquele que origina a confiança de outrem e a frustra

141. Ver, por todos, Peyrefitte, Alain. *A sociedade de confiança: ensaio sobre as origens e a natureza do desenvolvimento, op. cit.*, e Fukuyama, Francis. *Confiança: as virtudes sociais e a criação da prosperidade, op. cit.*

142. Frada, Manuel Antonio Carneiro da. *Teoria da confiança e responsabilidade civil, op. cit.*, p. 901.

deve responder, ao menos em certas circunstâncias, pelos danos causados. O recurso a este pensamento torna-se imprescindível para a racionalização de certas soluções normativas, mas transcende por força os concretos afloramentos em que se plasma. A sua intervenção autônoma, superadora do plano da lei, terá naturalmente como correspondente à sua natureza de princípio jurídico fundamental, de compatibilizar-se com as demais determinações, princípios e valores que informam a ordem jurídica, que não pode subverter. Tal qual qualquer outro princípio de carácter geral, a força expansiva que lhe inere conhece por isso limites e restrições no processo de concretização-aplicação. É tarefa da ciência jurídica operacionalizá-lo em contextos específicos típicos. A sua subordinação a condições de relevância não prejudica a sua característica de princípio fundamentador de conseqüências jurídicas. Entre aquelas condições avulta usualmente a presença de uma relação especial entre sujeitos, cujo preenchimento se torna assim determinativo da responsabilidade pela confiança.

A aparência, por seu turno, é uma das formas da proteção da confiança assegurada pela ordem jurídica.[143] A proteção da confiança é o gênero e a proteção da aparência é a espécie, a qual, para tanto, obedece a condições peculiares.[144] No seu âmbito, as situações de confiança, de tutela das expectativas criadas, assumem, porém, caráter geral. Sempre que estivermos diante de uma situação de confiança institucional na qual condições unívocas, consoante as regras de cada ordenamento, demonstrem a necessidade da ordem social de se conferir segurança às operações jurídicas, amparando-se ao mesmo tempo os interesses legítimos dos que corretamente procedem, aplicar-se-á a tutela geral da aparência.

Portanto, a aparência jurídica aplica-se à generalidade das situações jurídicas comutativas de confiança que não sejam regidas por dispositivos próprios, tendo, desta maneira, a abrangência principiológica requerida por um sistema de direito, desde que consideremos que o âmbito de sua aplicação se restringe àquele em que estejam presentes os pressupostos da confiança. Existentes estes, a aparência tutela todas as situações de direito.

A aparência, deste modo, não se restringe a uma série delimitada de *fattispecies* previstas em lei, como o herdeiro aparente ou o mandatário aparente, mas abrange todas as situações jurídicas de confiança nas quais os interesses

143. Mattia, Fábio Maria de. *Aparência de representação, op. cit.*, p. VIII.

144. Landim, Francisco. *O credor aparente, op. cit.*, p. 92.

legítimos corretamente exercidos devem ser tutelados em consonância com a segurança das relações jurídicas. São as hipóteses, pois, por exemplo, do ato jurídico aparente, da aparência relativa ao objeto do ato jurídico, da representação aparente de pessoas humanas e pessoas jurídicas, da personalidade processual aparente, da cessão de créditos aparente, do credor ou devedor aparente, do sócio aparente, do nome aparente, do domicílio aparente, do consentimento aparente, das solenidades aparentes, da firma aparente, da propriedade aparente, da ausência aparente de gravames, do direito aparente sobre coisas móveis ou do direito aparente sobre coisas móveis sujeitas a regimes especiais, da aparência em títulos à ordem e ao portador, da aparência em direitos creditórios, do herdeiro aparente, da capacidade aparente, do regime conjugal aparente e do cônjuge aparente.

A confiança institucional de que nos falava Luhmann[145] pontifica que as crescentes exigências impostas pela extensão do tráfego comercial e a intensificação do ritmo das relações econômicas hão levado a ampliar a tutela de terceiros e, como contrapartida inexorável, a diminuir a que corresponde aos direitos subjetivos ou às situações jurídicas preexistentes.

Deste modo a teoria da aparência é hoje capaz de produzir aplicação em tudo. A verdade deve ceder à segurança. A necessidade da tutela da boa-fé ética nas relações sociais determinou essa ampliação do seu sentido originário, circunscrito a algumas hipóteses de tutelas específicas de situações de confiança.

A tutela geral da aparência em situações de confiança institucional constitui assim, nesse âmbito, exceção a outros princípios gerais, tal como aquele que dispõe que ninguém transmite a outro direito melhor ou mais extenso do que tem. Sempre que o interesse da sociedade o exija e os terceiros se achem na impossibilidade de conhecer uma situação jurídica qualquer, o que tem a seu favor a aparência de um direito, revestida das formas legais, é considerado pela lei como se o tivera na realidade, ao só objeto de proteger os terceiros que contratam com ele.[146]

A aparência pode ser conceituada como uma tutela geral nas situações de confiança também porque constitui uma pauta diretiva a partir da qual as

---

145. Luhmann, Niklas. *Confianza, op. cit.*

146. Córdoba, Marcos M. Efectos jurídicos de la fe en la apariencia. O herdeiro aparente. In: Marcos M. Córdoba (org.), *Tratado de la buena fe en el derecho*, La Ley, 2004, v. 1, p. 645.

regras serão criadas ou aplicadas. A doutrina e a jurisprudência, em uníssono, admitem desde o *Esboço* de Teixeira de Freitas, por exemplo, a validade do pagamento feito ao herdeiro aparente, os efeitos do casamento putativo e a tutela jurídica do mandato aparente.

Outros dispositivos são criados a partir daí como o reconhecimento nas sociedades simples da eficácia dos atos praticados pelos representantes aparentes quando estes não forem evidentemente estranhos aos negócios da sociedade (art. 1.015, parágrafo único), consolidando antiga e iterativa jurisprudência: o art. 47 do Código Civil/2002 definindo que obrigam a pessoa jurídica os atos dos administradores exercidos nos limites de seus poderes definidos no ato constitutivo não afasta a aplicação da teoria da aparência,[147] consoante o Enunciado nº 145 da III Jornada de Direito Civil[148] do Conselho da Justiça Federal; a aplicação da teoria da aparência para a tutela do nome aparente e notório da pessoa (arts. 56 e 58 da Lei de Registros Públicos);[149] e a função social do contrato dos arts. 421 e 422 do Código Civil/2002 também tutela a aparência quando em quebra de situações de confiança.[150] Tudo a evidenciar a criação e aplicação da tutela da aparência a situações novas, não previstas originalmente nas hipóteses legais até então estabelecidas.

A aparência se constitui em uma tutela geral nas situações de confiança porque ainda configura uma norma jurídica de otimização, compatível com vários graus de concretização, consoante condicionamentos fáticos e jurídicos. Desta maneira, a aparência informa o negócio concluído, mas é o juiz que irá, através de uma mediação concretizadora, definir quando está presente a boa-fé subjetiva ética, os limites do erro escusável, quando existe a confiança institucional que implica no dano de confiança, em que medida se tem a defraudação

147. Pela teoria da aparência, a sociedade será obrigada a responder, perante terceiros, pelos danos causados por seus produtos postos em circulação (art. 931 do Código Civil). Restará à sociedade, porém, o direito de agir regressivamente contra o administrador (que deu causa ao dano) para reaver as perdas e danos sofridos pela sociedade.

148. Aguiar Jr., Ruy Rosado de. *III Jornada de direito civil*. Brasília: Conselho da Justiça Federal, 2005, p. 92.

149. Cf., a esse respeito, TJRS, 7ª Câm. Cív., Proc. 70000585836, rel. Des. Sérgio Fernando de Vasconcellos Chaves, j. 31/05/2000.

150. Cf. TJRS, EI 591.083.357, rel. Juiz Adalberto Libório Barros, j. 01/11/1991, Jurisprudência TJRS, Cíveis, 1992, v. 2, t. 14, p. 1-22.

da confiança e qual o procedimento para restaurar a comutatividade da situação iníqua.

Em seguimento, a aparência configura uma tutela geral a situações de confiança porque tem uma relação direta com a idéia de direito, atua como um *standard* juridicamente vinculante radicado na noção de justiça. A obrigação contemporânea, como visto, só pode ser pensada dentro de um quadro de cooperação com vistas ao adimplemento, e tal cooperação só se torna possível quando se procura manter, na medida do possível, as condições de dignidade e o próprio sinalagma contratual com a parte que confia. O princípio da confiança, na qual se funda a aparência, surge como uma mediação entre a boa-fé e o caso concreto. Ele exige que as pessoas sejam protegidas quando, em termos justificados, tenham sido levadas a acreditar na manutenção de um certo estado de coisas. Várias razões depõem nesse sentido. Em termos antropológicos e sociológicos, a espécie humana organiza-se na base de relacionamentos estáveis, a respeitar. No campo ético, cada um deve ser coerente, não mudando arbitrariamente de condutas, com isso prejudicando o seu semelhante. Juridicamente, a tutela da confiança acaba por desaguar no grande oceano do princípio da igualdade e da necessidade de harmonia, daí resultante: tratar o igual de modo igual e o diferente de forma diferente, de acordo com a medida da diferença. Ora, a pessoa que confie, legitimamente, num certo estado de coisas, não pode ser tratada como se não tivesse confiado: seria tratar o diferente de modo igual.[151]

Em conclusão, a aparência constitui uma tutela geral ou um princípio específico ordenador em situações de confiança, porque configura uma pauta diretiva a partir da qual as regras serão criadas ou aplicadas no ordenamento, requer para sua aplicação uma mediação concretizadora do juiz ou do legislador, quando não positivada, funda-se na idéia de direito como o comprova o desenvolvimento histórico dos seus institutos, viabiliza a eficácia do tráfego jurídico, atenuando os rigores probatórios do *pacta sunt servanda*, e constitui, no âmago da confiança, a *ratio* e a justificação deontológica das regras protetivas do direito, aplicáveis à espécie.

---

151. Cordeiro, Antonio Menezes. Do abuso do direito: estado das questões e perspectivas. In: *Revista da Ordem dos Advogados de Portugal*, ano 65, v. 2. Lisboa, set. 2005. Disponível em: <http://www.oa.pt/Publicacoes/revista/default.aspx>. Acesso em: 8 abr. 2007.

6. Conclusão

A velocidade das transações e o evolver frenético das relações jurídicas contemporâneas não permite sempre distinguir a aparência da realidade. E também não seria factível impor sempre tal encargo ao homem moderno como era a regra para os indivíduos no século XIX. Na sociedade contemporânea a aparência instala-se no mundo. A imagem ganha estatuto de real, ou seja, passa a ter uma realidade própria, mais tangível que o objeto real do qual é cópia. A aparência de direito somente se dá quando um fenômeno manifestante faz aparecer como real aquilo que é irreal, ou seja, quando há uma incoincidência absoluta entre o fenômeno manifestante e a realidade manifestada.

O âmbito da aparência são os casos de exteriorização material nos quais não existe a correspondência entre a atividade do indivíduo e a realidade dos atos que pratica. Por isso terceiros de boa-fé podem ter em conta a exteriorização e ignorar a realidade oculta.

A aparência é um instituto jurídico da modernidade. Não se encontra no Direito romano uma teoria geral da aparência, que tampouco aparecerá no medievo – época em que os juristas, no máximo, partindo de algumas hipóteses do Direito romano, irão compor a máxima *error comunis facit ius*, ou seja, a noção de que o erro comum cria direito.

Paulatinamente, os diversos ordenamentos foram incorporando regras de proteção aos adquirentes de boa-fé, na tutela da confiança. Não obstante, muitos doutrinadores rejeitaram a eficácia da aparência de direito ou só a admitiram em casos muito individualizados. São elementos que configuram a chamada situação de aparência jurídica e que dão a esta a sua eficácia na tutela da confiança despertada em terceiro, as circunstâncias unívocas, o erro, a boa-fé, onerosidade do ato praticado em erro.

O fundamento da eficácia dos atos praticados com aparência de titularidade deve ser buscado na confiança, sendo de excluir as teorias que baseiam tal fundamento na culpa, na boa-fé subjetiva tão-somente, na simulação ou no risco.

A tutela da confiança deve abarcar um espaço próprio entre as duas grandes modalidades clássicas da responsabilidade civil, a contratual e a aquiliana, constituindo um terceiro gênero, uma pista autônoma de responsabilidade. A responsabilidade pela confiança se afirma aí onde a tutela das expectativas se deve considerar o elemento determinante do sistema de responsabilidade e não simples razão auxiliar para a obrigação de indenizar.

Acerca da complexa questão de se a frustração da confiança de outrem é suscetível de conduzir à obrigação de indenizar, assentou-se que existe o risco de excesso, perante o caráter aberto e extenso da proteção negativa da confiança. O problema está na ambigüidade do conceito de confiança. Tanto se pode exprimir através dele um dado psicológico individual do sujeito como a posição daquele que beneficia, independentemente de um ato de consciência da tutela jurídica de um interesse. A confiança deixa por saber se aquele que, por exemplo, no âmbito de um contrato, sofre um dano no seu patrimônio restante, é protegido porque confiou de fato na correção do comportamento da outra parte ou se é tutelado porque devia poder confiar (figurando-o ou não) em que o outro observaria a conduta exigível. No último caso avulta que parece que o decisivo na qualificação do ato lesivo é o puro e simples desrespeito da conduta violada. A querela entre uma concepção psicológica e um entendimento normativo ou objetivo da confiança reflete o quanto nessa doutrina se mistura o fático e o normativo, deixando-se de distinguir claramente entre causa e efeito da proteção jurídica.

Esclarece Carneiro da Frada a fundamentação autônoma do dano de confiança, distinto da responsabilidade delitual e dos deveres laterais de conduta decorrentes da boa-fé, através da promessa de casamento. Para o autor é inviável considerar que a promessa de casamento cria um vínculo de natureza contratual ou negocial; não faz sentido admitir-se um vínculo que (afinal!) não vincula. Na realidade, a reparação do dano decorrente do respectivo desrespeito deriva da consideração do compromisso como fato gerador da confiança: nesse aspecto é sempre o resultado de uma ponderação objetiva por parte do ordenamento, não efeito direto da autonomia negocial. A responsabilidade pela confiança é também autônoma em relação à violação dos deveres laterais de conduta impostos pela boa-fé. Existe responsabilidade por frustração das expectativas, distinguindo-se esta da responsabilidade decorrente da negligência no não esclarecimento da falta de disponibilidade para a sua celebração ou de causação dolosa da respectiva convicção: ambos os comportamentos contrariam sem dúvida exigências de correção e probidade de conduta que impendem sobre os nubentes e se intensificam naturalmente com a promessa de casamento, mas não se confundem com a responsabilidade por confiança.

Do mesmo modo, a ausência de motivo não transforma a retratação num ilícito, como a culpa do sujeito no rompimento da relaçãonão chega para macular com a ilicitude o seu comportamento. O conceito de culpa (em rigor incompatível, ao pressupor uma ilicitude, com a manutenção da celebração do casamento) deve entender-se como um conceito não técnico. Ele equivale ao recesso injustificado ou ao injustificado provocar do recesso alheio para efeito de identificação do campo em que a responsabilidade pela confiança é chamada a operar. Tudo conflui assim para interpretar a responsabilidade por frustração de uma promessa de casamento como afloramento da teoria da confiança.

Mesmo não podendo admitir-se com caráter de generalidade a existência de um dever de corresponder à confiança alheia, importa concluir que a responsabilidade pela confiança se distingue na realidade daquela que emerge da violação de deveres de agir. Depuram requisitos de proteção como a razoabilidade e o investimento de confiança: tais pressupostos são completamente estranhos a um simples responder por violação de normas de agir, mas são congruentes com um modelo de responsabilidade compensatória, segundo a primazia desejável da tutela negativa da confiança; a singularidade dogmática da responsabilidade pela confiança ancora na ligação genérica à razão prática e incorpora a dimensão prudencial que caracteriza especificamente a interação; fica ultrapassado o paradigma da causalidade, inerente às formas de responsabilidade clássicas.

O pensamento da confiança integra-se, pois, no sistema jurídico sem romper as suas estruturas e coerência: numa época marcada pela pressão no sentido do incremento da interação humana, e pela tendência da impessoalidade, correlato da urgência de uma maior e enérgica autonomia dos sujeitos, a proteção da confiança diminui os riscos da ação ligada à progressiva interdependência dos sujeitos.

A confiança institucional pontifica que as crescentes exigências impostas pela extensão do tráfego comercial e a intensificação do ritmo das relações econômicas hão levado a ampliar a tutela de terceiros e, como contrapartida inexorável, a diminuir a que corresponde aos direitos subjetivos ou às situações jurídicas preexistentes. Deste modo a teoria da aparência é hoje capaz de produzir aplicação em tudo. A verdade deve ceder à segurança. A necessidade da tutela da boa-fé ética nas relações sociais determinou essa ampliação do seu sentido originário, circunscrito a algumas hipóteses de tutelas específicas de situações de confiança.

A tutela geral da aparência em situações de confiança institucional constitui assim, nesse âmbito, exceção a outros princípios gerais. Sempre que o interesse da sociedade o exija e os terceiros se achem na impossibilidade de conhecer uma situação jurídica qualquer, o que tem a seu favor a aparência de um Direito, revestida das formas legais, é considerado pela lei como se o tivera na realidade, ao só objeto de proteger os terceiros que contratam com ele.

Em resumo, a aparência constitui uma tutela geral ou um princípio específico ordenador em situações de confiança porque configura uma pauta diretiva a partir da qual as regras serão criadas ou aplicadas no ordenamento. Requer para sua aplicação uma mediação concretizadora do juiz ou do legislador, quando não positivada.

Desse modo, nos é possível concluir, da mesma forma que Paulinho da Viola e Hermínio de Carvalho nos versos do samba *Sei lá, Mangueira* que epigrafam este trabalho, que a realidade é um pouco mais que os sentidos ou toda a cautela exigível são capazes de dar conta, e é exatamente para suprir toda essa deficiência estrutural, tão humana e tão moderna, é que nos socorre a teoria da aparência. Esta veio, como se expôs, para evitar o "sei lá, Mangueira!", esta surpresa que decorre do dar-se conta da desproporção entre a realidade e o que ela aparentava ser. Talvez seja ainda um pouco mais. Quem sabe um corolário na proteção da sinceridade nas relações sociais, que não precisarão pautar-se numa desmedida e descabida desconfiança recíproca? Possível. De todo modo, servirá certamente como um alento para as pessoas, que poderão tratar livremente, confiantes não só nos negócios que celebram, mas também que o ordenamento assegurará que o Direito não será torto, mas justo.

7. Bbibliografia

Aguiar Jr., Ruy Rosado de (org.). *III Jornada de direito civil*. Brasília: Conselho da Justiça Federal, 2005.

Alves, José Carlos Moreira. *A parte geral do projeto de Código Civil brasileiro*. São Paulo: Saraiva, 1986.

Amaral, Francisco. *Direito civil: introdução*. 2. ed. Rio de Janeiro: Renovar, 1998.

Amaral, Luiz. Forma e aparência nos títulos de crédito. *RT*, nº 602, ano 74. São Paulo: Revista dos Tribunais, dez. 1985.

Aristóteles. *Ética a Nicômaco*. 4. ed. Brasília: Universidade de Brasília, 2001.

Bessone-Di Paolo, Affarenza. *Enciclopedia Giuridica Treccani*, v. 2. Milão: Instituto dellá Enciclopedia italiana, 1993.

Beviláqua, Clóvis. *Código Civil comentado*. 10. ed. Rio de Janeiro: Francisco Alves, 1953.

Birenbaum, Gustavo Benjamin. A titularidade aparente: eficácia do negócio realizado com o aparente titular de direito por força da tutela da confiança legítima. Dissertação de mestrado apresentada ao Programa de Pós-Graduação stricto sensu em Direito Civil da UERJ. Rio de Janeiro, 2004.

Bolaffi, Renzo. Le teorie sull'apparenza giuridica. In: *Rivista di Diritto Commerciale*, v. 32, 1ª Parte. Milão: Casa Editrice Dottor Francesco Vallardi, 1934.

Borghi, Hélio. Ausência e aparência de direito, erro e a simulação. *RT*, nº 734, ano 85. São Paulo: Revista dos Tribunais, dez. 1996.

Brutau, José Puig. *Estudios de derecho comparado: la doctrina de los actos propios*. Barcelona: Ariel, 1951.

Calais-Auloy, Jean. *Essai sur la notion d'apparence en droit commercial*. Paris: LGDJ, 1961.

Canaris, Claus-Wilhem. *Pensamento sistemático e conceito de sistema na ciência do direito*. 2. ed. Lisboa: Calouste Gulbenkian, 1996.

Canotilho, José Joaquim Gomes. *Direito constitucional*. 6. ed. Coimbra: Almedina, 1993.

Cecherini, Affarenza di rappresentanza e responsabilitá del dominus nota a Cass, seção I, 29/04/1999, n. 4.299. Corribre Giuridico. Milão: Ipsoa, Editores, 1999.

Chamoun, Ebert. *Instituições de Direito romano*. 6. ed. Rio de Janeiro: [s.n.], 1977.

Coleman, J. *The foundations of social theory*. Cambridge: Harvard University Press, 1990.

Colombatto. Criditore apparente Digeto Civil, 1989, v. 5.

Comparato, Fábio Konder. Aparência de representação: a insustentabilidade de uma teoria. In: *Revista de Direito Mercantil, Industrial, Econômico e Financeiro*, n. 111, v. 36. São Paulo: Revista dos Tribunais, jul.-set. 1998.

Cordeiro, Antonio Menezes. Do abuso do direito: estado das questões e perspectivas. In: *Revista da Ordem dos Advogados de Portugal*, ano 65, v. 2. Lisboa, set. 2005. Disponível em: <http://www.oa.pt/Publicacoes/revista/default.aspx>. Acesso em: 08/04/2007.

Córdoba, Marcos M. Efectos jurídicos de la fe en la apariencia. O herdeiro aparente. In: ______. *Tratado de la buena fe en el derecho*. Buenos Aires: La Ley, 2004. v. 1.

Corrêa, Luiz Fabiano. *A proteção da boa-fé nas aquisições patrimoniais: esboço de uma teoria geral da proteção dispensada pelo direito privado brasileiro à confiança na aparência de direito, em matéria patrimonial*. Campinas: Interlex Informações Jurídicas, 2001.

Crémieu, Louis. De la validité des actes accomplis par l'heritier apparent. In: *Revue Trimestrielle de Droit Civil*, ano 19. Paris: Librarie Recueil Sirey, 1910, t. IX.

D'Amélio, Mariano. Apparenza del diritto. In: *Novissimo Digesto Italiano*. Turim: Utet, 1958, v. 1.

D'Osi. *Sui limiti dell'apparenza del diritto*. Giudtizia Civile. Milão: Giuffrè, 1970.

Dworkin, Ronald. *Taking rights seriously*. Cambridge: Harvard University Press, 1978.

Evans, P. O Estado como problema e solução. *Lua Nova: revista de cultura e política*, n. 28-29. São Paulo: Cedec, 1993.

Falzea, Angelo. Apparenza. In: *Enciclopedia del diritto*. Milão: Giuffrè, 1958. v. 2.

Ferrero. *Appurati in tema di apparenza giuridica. Giurisprudenza Commerciale*. Milão: Giuffrè, 1965, v. 1.

Frada, Manuel Antonio Carneiro da. *Contrato e deveres de protecção*. Coimbra: Coimbra Editora, 1994.

______. *Teoria da confiança e responsabilidade civil*. Coimbra: Almedina, 2004.

Freitas, Augusto Teixeira de. *Esboço do Código Civil*. v. 1. Brasília: Ministério da Justiça e UnB, 1983.

Friedmann, Wolfgang. *El derecho en una sociedad en transformación*. Cidade do México: Fondo de Cultura Económica, 1966.

Fukuyama, Francis. *Confiança: as virtudes sociais e a criação da prosperidade*. Rio de Janeiro: Rocco, 1996.

García del Corral, Ildefonso L. *Cuerpo del derecho civil romano*. 1ª parte. Valladolid: Editorial Lex Nova, 1988. t. II, 1ª Parte. Valladolid: Editorial Lex Nova, 1988.

Giddens, Anthony. *As conseqüências da modernidade*. São Paulo: Unesp, 1991.

Giorgi, Giorgio. *Teoria delle obligazione nel dirrito moderno italiano*. v. 2. 3. ed. Florença: Cammelli, 1891.

Gomes, Orlando. *Contratos*. 18. ed. Rio de Janeiro: Forense, 1999.

______. *Transformações gerais do direito das obrigações*. 2. ed. São Paulo: Revista dos Tribunais, 1980.

Grassetti, Cesare. Del negocio fiduciario e della sua admissibilittá nel nostro ordinamento giuridico. In: *Rivista di Diritto Commerciale*, v. 34, 1ª Parte. Milão: Casa Editrice Dottor Francesco Vallardi, 1936.

______. Trust anglosassone, proprietá fiduciaria e negozio fiduciario. In: *Rivista di Diritto Commerciale*, v. 34, 1ª Parte. Milão: Casa Editrice Dottor Francesco Vallardi, 1936.

Hobsbawm, Eric. *A era dos extremos*: o breve século XX. São Paulo: Companhia das Letras, 1995.

Ionesco. *Les effets juridiques de l'apparence en droit privé*. Estrasburgo: [s.n.], 1927.

Justiniano. *Digesto de Justiniano*. 2. ed. Trad. Hélcio Maciel França Madeira. São Paulo: Revista dos Tribunais e Centro Universitário FIEO, 2000.

______. *Institutas do Imperador Justiniano*. Trad. José Cretella Jr. e Agnes Cretella. São Paulo: Revista dos Tribunais, 2000.

Landim Filho, Francisco Antônio Paes. *A propriedade imóvel na teoria da aparência*. São Paulo: Cid, 2001.

______. *O credor aparente*. São Paulo: Cid, 1996.

Lane, C. Introduction: theories and issues in the study of trust. In: Bachmann, R. (ed.) *Trust within and between organizations: conceptual issues and empirical applications*. Oxford: Oxford University Press, 1998.

Larenz, Karl. *Metodologia da ciência do direito*. 2. ed. Lisboa: Calouste Gulbenkian, 1989.

Laurent, François. *Principes de droit civil français*. 3. ed. Bruxelas: Bruylong-Christophe, 1878, t. XIII.

Levy, Emmanuel. Les droits sont des croyances. In: *Revue Trimestrielle de Droit Civil*. t. XXIII. Paris: Librarie Recueil Sirey, 1924.

Lira, Ricardo César Pereira. Considerações sobre a representação dos negócios jurídicos: a teoria da aparência e o princípio da publicidade na administração pública. In: *Revista da Faculdade de Direito da UERJ*, n. 1. Rio de Janeiro: UERJ, 1993.

Lobão, Manuel de Almeida e Sousa de. *Segundas linhas sobre o processo civil ou antes addicções as primeiras do bacharel Joaquim Jose Caetano Pereira e Sousa*. Lisboa: Imprensa Nacional, 1868.

Luhmann, Niklas. *Confianza*. Barcelona: Antrophos Editorial, 2005.

Malheiros, Álvaro. Aparência de direito. In: *Revista de Direito Civil, Imobiliário, Agrário e Empresarial*, nº 6. São Paulo: Revista dos Tribunais, out.-dez. 1978.

Manfredi Luongo. *Brevi appunti in tema di apparenza di diritto*. Diritto e giurisprudenza. Nápoles: Jovene, jun. 1971.

Martinez, J. Ignácio Cano. *La exteriorización de los actos jurídicos*: su forma y la protección de su apariencia. Barcelona: Bosch, 1990.

Mattia, Fábio Maria de. *Aparência de representação*. São Paulo: Cid, 1999.

Mazeaud, Henri, Léon et Jean. *Leçons de droit civil*. t. II. 5. ed. Paris: Éditions Montchrestien, 1975.

______. La maxime "error communis facit ius". *Revue Trimestrielle de Droit Civil*. Paris: Librarie Recueil Sirey, 1924, t. XXIII.

Mengoli. *Gli acquisti a non domino*. Milão: Giuffrè, 1951.

Miranda, Francisco Cavalcanti Pontes de. *Tratado de direito privado*. t. X. Rio de Janeiro: Editor Borsoi, 1954.

Monacciani, Luigi. *Azione e legittimazione*. Milão: Giuffrè, 1951.

Moschella, Raffaele. *Contributo alla teoria dell'apparenza giuridica*. Milão: Giuffrè, 1973.

Mossa, Lorenzo. La dichiarazione cambiaria. *Rivista di Diritto Commerciale*, v. 28, 1ª Parte. Milão: Casa Editrice Dottor Francesco Vallardi, 1930.

Mourlon, Frédéric. *Repetitions écrites sur le Code Civil*. t. II. 2. ed. Paris: Garnier Freres Editeus, 1880.

Mozos, José Luis de los. *El principio de la buena fe*. Sus aplicaciones prácticas en el derecho civil español. Barcelona: Bosch, 1965.

Noronha, Fernando. *O direito dos contratos e seus princípios fundamentais*: autonomia privada, boa-fé, justiça contratual. São Paulo: Saraiva, 1994.

Peyrefitte, Alain. *A sociedade de confiança*: ensaio sobre as origens e a natureza do desenvolvimento. Rio de Janeiro: Topbooks, 1999.

Putnam, R.D. *Comunidade e democracia: a experiência da Itália moderna*. Rio de Janeiro: FGV, 1996.

Ráo, Vicente. *Ato jurídico*. 3. ed. São Paulo: Revista dos Tribunais, 1994.

Rizzardo, Arnaldo. Teoria da aparência. In: *Ajuris*: Revista da Associação dos Juízes do Rio Grande do Sul, nº 24, v. 9. Porto Alegre: Associação dos Juízes do Rio Grande do Sul, mar. 1982.

Sacco, Rodolfo. Apparenza. In: *Digesto delle discipline privatistiche*. Sectione civile. 4. ed. Turim: Editrice Torinese, 1998.

Salandra, Vittorio. Extensione e fondamento giuridico della responsabilità personale per le obligazzioni delle società irregolari. In: *Rivista di Diritto Commerciale*, v. 26, 2ª Parte. Milão: Casa Editrice Dottor Francesco Vallardi, 1928.

______. Le società fittizie. In: *Rivista di Diritto Commerciale*, v. 30, 1ª Parte. Milão: Casa Editrice Dottor Francesco Vallardi, 1930.

Salleilles, Raymond. *De la possession des meubles*. Études de droit allemand et de droit français. Paris: Librairie Générale de Droit et de Jurisprudence, 1907.

Santos, J. M. de Carvalho. *Código Civil brasileiro interpretado* (atual. por Semy Glanz). v. 33, sup. 8. Rio de Janeiro: Freitas Bastos, 1981.

______. ______. 8. ed. Rio de Janeiro: Freitas Bastos, 1961.

Sartre, Jean-Paul. *O ser e o nada: ensaios de ontologia fenomeno lógica*. 12. ed. Petrópolis: Vozes, 2003.

______. *Crítica da razão dialética*. Rio de Janeiro: DP&A, 2002.

Stoglia, Sérgio. *Apparenza juridica e dichiarazioni alla generalità*. Roma: Societade Editrice del Foro Italiano, 1930.

Stolfi. *Note minime sull'apparenza del diritto*. Giuriprudenza Italiana. Torino: Utet, 1976, v. 1

Tranquillo. *Fondamento, limiti e tendenza del principio di apparenza in matéria di rappresentanza*. Giurisprudenza Italiana. Turim, 1996, v. 4.

Vareilles-Sommiéres, Gabriel de Labroüe. *Étude sur l´erreur en droit romain et en droit français*. Paris: Cottilon et fils Éditeurs, Libraires du Conseil d'Etat, 1871.

Villa, Vitório de. "Error communis facit ius". *In: Nuovo Digesto Italiano*. v. 5. Milão: Utet, 1938.

Zachariae; Crome; Barassi. *Manuale del diritto civile francese*: di Zachariae von Lingenthal. v. 2. Milão: Libraria, 1907.

2

O negócio jurídico no Código Civil

Sumário: Introdução. 1. O negócio jurídico. 2. A manifestação de vontade no negócio jurídico. 3. A boa-fé objetiva no negócio jurídico. 4. Defeitos do negócio jurídico. 5. Nulidade do negócio jurídico. 6. Conservação do negócio jurídico. 7. Conclusão. 8. Bibliografia.

Introdução

O Livro III do Código Civil de 2002 introduz em nosso Direito uma inovação: a disciplina autônoma do negócio jurídico. Regulam-se ali os atos jurídicos especificando-os em negócios jurídicos (Título I) e atos jurídicos em sentido estrito, lícitos e ilícitos (Títulos II e III), aprimorando-se o rigor conceitual e a funcionalidade dos preceitos jurídicos, uma vez que as normas que se aplicam ao negócio jurídico nem sempre são utilizáveis para outros atos jurídicos lícitos.

O Código Civil segue a diretriz geral de não incluir em seu conteúdo princípios de caráter exclusivamente doutrinário,[1] por isso não define negócio jurídico. O negócio jurídico como categoria se expressa pela sua função, qual seja, a de meio para a realização da autonomia privada.[2]

O ordenamento jurídico constitucional assegura como fundamento do Estado Democrático de Direito, em seu art. 1º, IV, o valor social da livre iniciativa, em consonância com a dignidade da pessoa humana, a realização da cidadania e do valor social do trabalho. Da garantia à iniciativa econômica deflui como

1. Alves, José Carlos Moreira. *A parte geral do Projeto de Código Civil brasileiro*. São Paulo: Saraiva, 1986, p.102.

2. Larenz, Karl Larenz. *Derecho civil: parte general*. Madri: Revista del Derecho Privado, 1978, p. 422.

relação de instrumentalidade, no âmbito do Direito Civil, a autonomia privada. Esta pode ser conceituada como o poder complexo reconhecido aos particulares pelo ordenamento jurídico de auto-regular seus interesses e relações mútuas, dentro dos limites legais estabelecidos e em consonância com os princípios substanciais contidos na Constituição.

O negócio jurídico é, por excelência, o *ato* de autonomia privada, isto é, a atividade humana, simples ou complexa, correspondente à essência da autodeterminação dos interesses particulares, dirigida, por conseguinte a esse fim, disciplinando-os concretamente.[3]

É esse negócio jurídico autônomo, delimitado e revigorado, como preconizava Orlando Gomes, que vamos esmiuçar nesse trabalho.

1. O negócio jurídico

O negócio jurídico constitui-se em "um fato jurídico consistente em uma declaração de vontade, isto é, uma manifestação de vontade, cercada de certas circunstâncias negociais (que fazem com que ela seja vista socialmente como destinada a produzir efeitos jurídicos) e ao qual o ordenamento jurídico, respeitados certos pressupostos (de existência, validade e eficácia) atribui os efeitos jurídicos manifestados como queridos".[4]

A declaração de vontade ínsita ao negócio jurídico não é uma simples manifestação de vontade mas sim uma manifestação de vontade qualificada, destinada a produzir os efeitos jurídicos almejados pelas partes. Em uma relação negocial podem haver diversas vontades (internas) e diferentes manifestações (externas) das partes mas há um só ato jurídico e uma só declaração de vontade. Na declaração de vontade do negócio jurídico há duas vontades: a de declarar e a de obter com a declaração, determinado resultado. Para a perfeição desta requer-se, assim, a vontade da manifestação e a vontade do conteúdo.

Circunstâncias negociais são o "conjunto de circunstâncias que formam um padrão cultural e que entra a fazer parte do negócio, fazendo com que a declaração seja vista socialmente como dirigida à criação de efeitos jurídicos (isto

---

3. Gomes, Orlando. *Transformações gerais do direito das obrigações*. 2. ed. São Paulo: Revista dos Tribunais, 1980, p. 44.

4. Azevedo, Antônio Junqueira de. *Negócio Jurídico: existência, validade e eficácia*. 4. ed. São Paulo: Saraiva, 2002, p. 17 e 21.

é, como ato produtivo de relações jurídicas). Um ato de vontade realizado num palco, durante uma representação, ou numa sala de aula, durante uma preleção, ainda que tenha todos os outros elementos de existência e, até, os requistos de validade (proveniência de uma vontade séria, forma prescrita etc.), não é um negócio jurídico, falta-lhe as correspondentes circunstâncias negociais."[5]

Enquadram-se no âmbito do negócio jurídico os comportamentos de eficácia vinculante não consistentes, propriamente, em declarações de vontade. É o caso de utilização de um meio de transporte público, com tarifa autorizada oficialmente, no qual não se requeira a prévia aquisição de um bilhete. Não se configura uma declaração de vontade, senão uma conduta socialmente típica consistente em um ato de utilização. Nesses casos, considera-se que o ato jurídico valora-se segundo suas circunstâncias negociais como ato destinado à produção de efeitos jurídicos, como atuação de uma vontade latente de aceitação e, portanto, como atuação de vontade jurídico-negocial.

O negócio jurídico não se confunde com os atos não-negociais ou *atos jurídicos stricto sensu* que são ações humanas consubstanciadas em manifestações de vontade que não têm por fim imediato um resultado jurídico, mas um resultado de fato, e às quais o ordenamento jurídico determina previamente os efeitos jurídicos. Os atos jurídicos *stricto sensu* diferem do negócio jurídico quanto à estrutura, às funções e aos respectivos efeitos. Quanto à estrutura, enquanto no primeiro temos uma ação e uma vontade simples, não compreendida na autonomia privada do agente, no segundo, temos uma vontade qualificada, que é a de produzir um efeito jurídico determinado, uma vontade de resultado, cuja finalidade específica é a gênese, modificação ou extinção de direitos. Quanto à função que podem exercer, o negócio jurídico é o instrumento com que o particular dispõe de seus direitos, o que não se verifica com o ato jurídico *stricto sensu*. No que se refere aos efeitos, no ato jurídico *stricto sensu* é a própria lei a determiná-los, enquanto no negócio jurídico é a vontade dos particulares. A eficácia do primeiro está prevista, não importando a intenção do agente.[6]

Os negócios jurídicos classificam-se segundo vários critérios: 1) quanto ao número de partes componentes em *unilaterais, bilaterais* e *plurilaterais*. São negócios unilaterais os que se formam com uma só declaração de vontade, como

---

5. Azevedo, Antonio Junqueira de, *op. cit.*, p. 122.

6. Amaral, Francisco. *Direito civil: introdução.* 2. ed. Rio de Janeiro: Renovar, 1998, p. 352-3.

ocorre no testamento, na renúncia de direitos, na procuração, nos títulos de crédito, no endosso, no aval, na confissão de dívida, na remissão de dívida, na renúncia à herança etc. São negócios bilaterais os que resultam da manifestação de duas partes, produzindo efeitos para ambas, como nos contratos. Negócios plurilaterais são os que se formam com várias manifestações de vontade, em sentido paralelo, como nos acordos. 2) Quanto às vantagens decorrentes para as partes os negócios jurídicos bilaterais são *onerosos* ou *gratuitos*. Onerosos, quando geram vantagens e sacrifícios para ambas as partes, como acontece na compra e venda, na troca, na locação, no seguro etc. Gratuitos, quando uma das partes concede à outra vantagens sem contraprestação, como na doação, no mútuo, no comodato, no mandato, no depósito, na fiança. Os negócios jurídicos onerosos dividem-se em *comutativos* e *aleatórios*. Nos primeiros, existe uma relação de causa e efeito entre as respectivas atribuições patrimoniais. A vantagem corresponde à contraprestação. Nos segundos, inexiste a mesma relação de causa e efeito. 3) Quanto às formalidades a observar, os negócios jurídicos dizem-se "solenes" e "não-solenes". Os primeiros têm sua forma prescrita em lei, não valendo se não for observada, como no caso do testamento, na alienação de imóvel acima de certo valor, na constituição de hipoteca. A forma é requisito essencial para a sua validade, é da substância do ato. Os não-solenes são os que podem realizar-se de qualquer modo. 4) Quanto ao tempo em que se devem produzir os efeitos os negócios jurídicos dividem-se em *inter vivos*, se devem produzi-los em vida das partes, e *mortis causa*, se após a morte; neste caso, o testamento, única espécie em nosso Direito. A morte é pressuposto necessário de sua eficácia. 5) Quanto à causa da atribuição patrimonial que vai favorecer as partes, os negócios jurídicos dividem-se em *causais* e *abstratos*. A causa significa aqui o resultado jurídico que se pretende com o negócio realizado. Os negócios causais são, assim, aqueles em que existe causa da atribuição patrimonial, e negócios abstratos aqueles em que tal causa não se configura: ou melhor, é irrelevante, para o Direito. São exemplos de negócios abstratos a cessão de crédito, a letra de câmbio, o título de crédito ao portador, a renúncia. 6) Quanto à modificação que os negócios possam produzir no conteúdo dos direitos, distinguem-se os negócios de disposição, ou "dispositivos", dos negócios "obrigacionais" e dos negócios de "administração". São negócios de disposição ou dispositivos aqueles em que o agente atua com poder de disposição, isto é, poder de alienar, modificar ou extinguir direitos, como se verifica, por exemplo, no caso da remissão de dívida, constituição de usufruto, tradição de uma coisa etc. São negócios obrigacionais os que se destinam a criar obrigações, relações jurídicas em que uma das partes pode exigir de outra uma certa prestação. A espécie mais importante é a dos contratos. São negócios de administração os praticados no exercício de um poder de gestão patrimonial limitada, que não permite certas operações, capazes de prejudicar os bens administrados. Os atos de administração compreendem apenas as faculdades de uso e fruição, permanecendo a faculdade de disposição com o titular do direito. 7) Quanto ao modo de obtenção do resultado, os negócios jurídicos dividem-se em "diretos", "indiretos" e os "fiduciários". Negócio jurídico direto é o que tem por objetivo a obtenção imediata do resultado. Negócio indireto é aquele em que se utiliza um procedimento oblíquo para alcançar o resultado não obtenível de modo direto. As partes usam determinado tipo de negócio para atingir fim diverso daquele que normalmente lhe corresponde. A espécie é inadequada ao fim pretendido, como ocorre, por exemplo, quando se outorga uma procuração para cobrança de uma dívida com dispensa de prestação de contas, ou no caso da procuração em causa própria com efeitos de cessão, ou ainda na venda por preço irrisório, visando a uma doação, ou também a uma compra e venda com cláusula de retrovenda, objetivando apenas um negócio de garantia. Caracteriza-se pelo desvio da finalidade da espécie negocial utilizada, pela divergência entre o objetivo das partes. Negócio fiduciário é aquele em que alguém, o fiduciante, transmite um direito a outrem, o fiduciário, que se obriga a devolver esse direito ao patrimônio do transferente ou a destiná-lo a outro fim. Dá-se a transferência do domínio ou de outro direito, para fins de administração ou garantia, sem que esses requeiram a transferência. O negócio jurídico fiduciário conjuga dois elementos, a transmissão de um direito (real ou de crédito) e a obrigação desse direito ser restituído ao transmitente ou a outrem. Existe, assim, um duplo efeito, um real e outro obrigacional.[7]

A validade dos negócios jurídicos celebrados antes da vigência do Código Civil, em 11 de janeiro de 2003, obedecerá ao disposto no Código Civil de 1916 e na Parte Primeira do Código Comercial, mas seus efeitos, produzidos depois da vigência do Código Civil, se subordinam aos preceitos constantes do Código, salvo se houver sido prevista pelas partes determinada forma de execução.

---

7. Amaral, Francisco, *op. cit.*, p. 370-5, *passim*.

Entretanto, se os referidos efeitos jurídicos contrariarem os novos preceitos de ordem pública introduzidos pelo Código Civil, não produzirão as conseqüências que lhes são próprias.

Elementos do negócio jurídico, de sua existência, são a vontade, o objeto e a forma. No plano da validade se analisam as qualidades desses elementos. A validade é a qualidade que o negócio existente deve ter ao entrar no mundo jurídico, consistente em estar de acordo com as regras jurídicas (ser regular), ou seja, possuírem determinados requisitos ou atributos que a lei indica.

O negócio jurídico para ser válido requer um agente capaz. A capacidade é a medida da personalidade. Todas as pessoas possuem capacidade de direito, isto é, capacidade para adquirir e gozar direitos; mas nem todos possuem capacidade de fato, ou de exercício de direito. Para a declaração de vontade ser juridicamente válida mister se faz que o declarante tenha a capacidade de fato requerida pelo direito. É nulo o negócio jurídico celebrado por pessoa absolutamente incapaz. São absolutamente incapazes de exercer pessoalmente os atos da vida civil: os menores de 16 anos; os que, por enfermidade ou deficiência mental, não tiverem o necessário discernimento para a prática desses atos; os que, mesmo por causa transitória, não puderem exprimir sua vontade. O negócio jurídico celebrado por agente relativamente incapaz é anulável, podendo, entretanto ser confirmado pelas partes, desde que contenha a substância do negócio celebrado e a vontade expressa de mantê-lo. São incapazes, relativamente a certos atos, ou à maneira de os exercer: os maiores de 16 e menores de 18 anos; os ébrios habituais, os viciados em tóxicos, e os que, por deficiência mental, tenham o discernimento reduzido; os excepcionais, sem desenvolvimento mental completo; os pródigos.

Objeto lícito é aquele não-contrário aos princípios informadores do Direito, à lei, à ordem pública e aos bons costumes. Os negócios jurídicos que, embora aparentemente legais, têm conseqüências jurídicas que infringem a lei, *in fraudem legis agere*, também se subsumem no art. 104 do Código Civil.

O negócio jurídico não é válido se for impossível o seu objeto. A impossibilidade pode ser absoluta ou relativa, física ou jurídica. Impossibilidade absoluta é aquela que existe em relação a qualquer devedor, enquanto que impossibilidade relativa é a que existe somente em relação a uma determinada pessoa, por falta de aptidões ou outras circunstâncias, mas que pode ser cumprida por outras. A impossibilidade física corresponde às coisas ou fatos que, segundo as leis da natureza, não se podem verificar a partir do instante em que devam ser prestados, como, por exemplo, a entrega para um zoológico de animal recentemente extinto. A impossibilidade da prestação da coisa deve ser verificada no momento da eficácia do negócio e não no da sua formação. A impossibilidade jurídica diz "respeito a todo objeto consistente em um *quid* incompatível com o ordenamento jurídico, a ponto de não se poder conceber a sua existência dentro desse ordenamento".[8]

A impossibilidade jurídica distingue-se "da ilicitude porque refere-se a ato não permitido pelo Direito, como contrato sobre herança de pessoa viva, enquanto que a ilicitude refere-se ao negócio que, embora possa ser materialmente praticado, é reprovado em lei, como a venda de tóxicos".[9]

O objeto do negócio jurídico deve ser determinado ou determinável, vale dizer, deve, no primeiro caso, ter sido enunciado de modo certo, individualizando a prestação ou prestações em que consiste, sejam esses bens corpóreos ou incorpóreos, atos positivos ou negativos. No segundo caso, o objeto determinável, a indeterminação existe na formação do vínculo obrigacional mas deve existir a singularização do objeto do negócio, quando do cumprimento do mesmo, segundo um critério a ser então observado que leve à certeza da determinação. Considera-se indeterminado um objeto e portanto, inválido o negócio, se a determinação quantitativa deste e sua individualização é deixada à decisão meramente potestativa de uma das partes.

No que se refere à forma dos negócios jurídicos o princípio geral é o de que as declarações de vontade não dependem de forma especial. A forma deve bastar à manifestação de vontade e corresponder a toda ela. Se a lei estabelecer uma forma predeterminada, sem a qual não reconhece valor ao negócio jurídico, esta é da substância do ato. Por forma não prevista em lei considera-se também aquela inerente à natureza do negócio avençado, segundo a confiança legitimamente suscitada na contraparte.

O Código Civil estabeleceu em seu art. 105 que a incapacidade relativa de uma das partes não pode ser invocada pela outra em benefício próprio, nem

8. Ráo, Vicente. *Ato Jurídico*. 3. ed. São Paulo: Revista dos Tribunais, 1994, p. 129.

9. Amaral, Francisco, *op. cit.*, p. 387.

aproveita aos co-interessados capazes, salvo se, neste caso, for indivisível o objeto do direito ou da obrigação comum.

Assim, o Código em vigor previu de forma inequívoca, ao contrário do Código Civil de 1916, que a incapacidade do art. 105 é somente a incapacidade relativa. Os atos praticados por pessoa absolutamente incapaz são nulos. O negócio jurídico em que uma das partes é absolutamente incapaz é nulo de pleno direito e não produz os efeitos jurídicos que lhe são próprios. Nesse caso, a parte que contratou com o absolutamente incapaz pode alegar a nulidade, ainda que em proveito próprio, porque, sendo o ato nulo, os contratantes não podem gozar legalmente de seus efeitos.

Diz respeito portanto o preceito exclusivamente à incapacidade relativa de uma das partes. É um preceito de ordem pública, de medida de proteção à pessoa que o ordenamento jurídico reconhece como particularmente vulnerável, o relativamente incapaz. Sendo medida para salvaguarda e defesa deste, só a este aproveita, com a faculdade da anulabilidade.

O Código também inova ao estabelecer que a incapacidade relativa não aproveita aos co-interessados capazes, retomando assim o velho dispositivo do Código Civil português de 1867 (art. 700), fonte de inspiração do Código Civil de 1916, infelizmente não transcrito em toda sua especificidade. É a hipótese das partes do negócio serem, de um lado, como comprador, pessoa capaz, e de outro simultaneamente, como vendedores, um capaz e um relativamente incapaz. Só este poderá anular parcialmente o negócio, só a ele aproveitando a anulação. A exceção configura-se quando for indivisível o objeto, por exemplo, uma coisa comum. Anulado o negócio, o efeito de desobrigar-se beneficia ambos os vendedores dada a indivisibilidade do bem.

Prevê também o Código (art. 106) que a impossibilidade inicial do objeto não invalida o negócio jurídico se for relativa, ou se cessar antes de realizada a condição a que ele estiver subordinado.

Esse dispositivo trata da impossibilidade material relativa do objeto, ou seja, aquela relativa a um determinado objeto em uma dada circunstância, ou seja, a de que este objeto ainda não existe no momento da formação do negócio. Como esclarece Orlando Gomes, "a impossibilidade originária não impede que a relação se constitua validamente. Uma prestação inicialmente impossível pode se tornar possível antes do implemento da condição suspensiva a que esteja subordinada a obrigação".[10]

É o caso da venda de coisas futuras, como uma safra agrícola, por exemplo: ela não existe no momento de formação do negócio mas deverá existir no momento de eficácia do negócio. Segue aqui o nosso Código Civil, o magistério de Santoro-Passarelli, segundo o qual:

> [...] os requisitos objetivos devem verificar-se no momento da eficácia do negócio. Nesse sentido as normas estabelecem ser suficiente, para a validade do negócio, a possibilidade superveniente da prestação, verificada na pendência de condição suspensiva ou termo. Que a avaliação da idoneidade do objeto não pode circunscrever-se ao momento da conclusão do negócio conclue-se também da suficiência da determinabilidade do objeto e da possibilidade de coisas genéricas e futuras constituírem objeto de negócios dispositivos ou de transmissão, com a consequência de que a transmissão, mesmo quando tenha lugar em virtude do negócio, que conserva assim eficácia real, é subordinada à individualização ou à existência da coisa. A razão de o momento de referência dos requisitos objetivos ser diverso está em que, com estes, a lei quer prover, não a formação, mas a realização do negócio.[11]

Os negócios jurídicos são classificados como onerosos ou benéficos, na definição de Pothier, consoante se fazem para interesse e utilidade recíprocas de umas e outras partes ou que se fazem para a utilidade de um só dos contratantes.[12] A distinção se funda na reciprocidade ou unilateralidade das utilidades ou interesses.

Conceito diferente é o de divisão dos negócios jurídicos em onerosos e gratuitos, inspirado no Direito Civil italiano. Para este, o contrato a título *oneroso* é aquele em que cada um dos contraentes recebe um correspectivo da sua prestação; o contrato é a título *gratuito* quando um dos contraentes proporciona ao outro uma vantagem sem receber o correspectivo. O traço distintivo consiste no correspectivo da vantagem auferida e, portanto, na reciprocidade ou unilateralidade do *ônus* ou *sacrifício*. Assim, o nosso Código, nesse particular firme na

10. Gomes, Orlando. *Obrigações*. 13. ed. Rio de Janeiro: Forense, 2000, p. 34.

11. Santoro-Passarelli, F. *Teoria Geral do Direito Civil*. Coimbra: Atlântida, 1967, p. 106.

12. Pothier, R-J. *Tratado das obrigações pessoaes e recíprocas*. Tomo I. Rio de Janeiro: H. Garnier, 1906, p. 12.

matriz francesa, adota como elemento de diferenciação a *utilidade*, enquanto o Direito italiano funda a distinção no *ônus*.

A conseqüência prática principal é a de que, enquanto o ônus, recíproco ou unilateral, revela-se objetivamente, a intenção liberal ou o ânimo em que uma das partes se obriga desinteressadamente é necessariamente subjetiva e depende das circunstâncias que cercam a operação jurídica. Portanto, para que consideremos um negócio jurídico como benéfico é necessário que este seja concebido como uma liberalidade, com uma intenção liberal; a esta condição deve se agregar uma segunda, a de que essa intenção se efetive, se realize, agregando um conteúdo econômico.[13]

Os negócios jurídicos benéficos devem ser interpretados estritamente contra o beneficiário. É uma conseqüência do princípio da boa-fé que domina a interpretação dos contratos (art. 113). Como esclarece Erich Danz:

> [...] vai manifestamente de encontro à boa-fé, contrariando o comportamento correto que esta exige, o fato de quem obtém de outro, gratuitamente, um benefício patrimonial, explorar em seu proveito a promessa unilateral da outra parte, pretendendo obter mais do que aquilo que, indubitavelmente, se lhe promete. Em tais casos dever-se-á, portanto, atender, em caso de dúvida, ao que haja querido dizer o obrigado e não ao uso geral da linguagem, quando a obrigação resultante do modo como ele se exprimiu, seja inferior à linguagem geral.[14]

A personalidade das partes representa, na maioria parte das ocasiões, um papel essencial: o negócio é, freqüentemente, *intuitu personae*. A responsabilidade do que se compromete desinteressadamente deverá se comprometer com maior dificuldade.

A renúncia é um negócio jurídico unilateral, dispositivo pelo qual o titular de um direito extingue esse direito. A renúncia é negócio jurídico irrevogável, produz seus efeitos, no caso de declaração de vontade não-receptícia, desde a sua emissão e na hipótese de declaração receptícia (renúncia a direitos reais sobre coisa alheia, por exemplo), desde a sua recepção. Como negócio jurídico desinteressado, em proveito de outrem, a renúncia também se interpreta restritivamente, em decorrência dos ditames da boa-fé objetiva.

---

13. Josserand, Louis. *Derecho Civil*. Tomo II. v. 1. Buenos Aires: Bosch, 1950, p. 27-8.

14. Danz, Erich. *A interpretação dos negócios jurídicos*. São Paulo: Saraiva, 1942, p. 269.

2. A manifestação de vontade no negócio jurídico

Dispõe o Código Civil em seu art. 107 que a validade da declaração de vontade não dependerá de forma especial, senão quando a lei expressamente a exigir. Forma especial é a que o ordenamento jurídico exige para determinado negócio. Só a lei pode estabelecer forma cogente *erga omnes*; as pessoas físicas ou jurídicas quando pré-exigem uma forma, trata-se tão-somente de forma voluntária restrita ao negócio. Há que se distinguir, o que o art. 107 não singulariza, os planos da existência, da validade e da eficácia do negócio jurídico.

Como preceitua Pontes de Miranda:

> [...] se a lei exige ao ato jurídico a forma escrita, tem-se de perguntar se a exigiu como pressuposto necessário, caso em que a falta da forma escrita é óbice à entrada da manifestação de vontade no mundo jurídico e a defeituosidade causa de nulidade, ou se apenas estabeleceu regra jurídica de prova. O testamento fora dos casos em que a lei o permite é nenhum; o testamento particular em que não haja algum requisito de forma é nulo.[15]

Negócio jurídico inexistente é aquele em que falta um pressuposto material de sua constituição. A forma especial prevista na lei pode se constituir em um requisito para que o ato exista, ou seja, não existente numa determinada forma que encerra a sua essência, não se constitui a declaração de vontade e, faltando esse elemento fundante, o negócio inexiste. É o caso do testamento oral que, embora querido, por ausência da forma essencial, não se constitui em declaração de vontade. Como explica Antônio Junqueira de Azevedo:

> [...] se tomarmos, a título de exemplo, um testamento, temos que, enquanto determinada pessoa apenas cogita de quais as disposições que gostaria de fazer para terem eficácia depois de sua morte, o testamento não existe: enquanto somente manifesta essa vontade, sem a declarar, conversando com amigos, parentes ou advogados, ou mesmo escrevendo em rascunho, na presença de muitas pessoas, o que pretende que venha a ser sua última vontade, o testamento não existe. No momento, porém, em que a declaração se faz, isto é, no momento em que a manifestação, dotada de forma e conteúdo, se caracteriza como declaração de vontade (encerra em si, não só uma forma e um conteúdo, como em qualquer manifestação, mas também as circunstâncias negociais, que fazem com que

15. Miranda, Francisco Cavalcanti Pontes de. *Tratado de Direito Privado*. Tomo III. 2. ed. Campinas: Bookseller, 2001, p. 394.

aquele ato seja visto socialmente como destinado a produzir efeitos jurídicos), o testamento existe.[16]

A validade, como já explicado, caracteriza-se como a qualidade que o negócio deve ter ao entrar no mundo jurídico, qualidade esta consistente em estar de acordo com as regras jurídicas, portanto, "válido" é adjetivo com que se qualifica o negócio formado de acordo com as regras jurídicas. A forma especial da declaração de vontade é requisito de validade quando a lei expressamente dispõe que esta é da substância do negócio. Caso típico é o do art. 1.548 do CC que estabelece a invalidade da declaração emitida em infringência de impedimento do matrimônio.

Caso diverso é o daquele em que a forma especial é requisito apenas para a exigibilidade de certo efeito. Nesse caso apenas não se produz o efeito para o qual a forma especial era exigida. Estamos, aqui, no plano da eficácia.

Toda forma pública, comum, pode ser adotada em vez da forma particular. A forma especial é que não pode ser substituída, se a lei, por si mesma, não o permitiu.

Preceitua também o Código que, não dispondo a lei em contrário, a escritura pública é essencial à validade dos negócios jurídicos que visem à constituição, transferência, modificação ou renúncia de direitos reais sobre imóveis de valor superior a trinta vezes o maior salário mínimo vigente no país.

Escritura pública é o documento escrito, lavrado por oficial público, em sua circunscrição, por dever de ofício, segundo suas atribuições e observadas as formalidades legais. É instrumento do negócio jurídico e do ato jurídico *stricto sensu*. A escritura pública, lavrada em notas de tabelião, é documento dotado de fé pública, fazendo prova plena, e, além de outros requisitos previstos em lei especial, deve conter: a) data e lugar de sua realização; b) reconhecimento da identidade e capacidade das partes e de quantos hajam comparecido ao ato; c) nome, nacionalidade, estado civil, profissão, domicílio e residência das partes e demais comparecentes, com a indicação, quando necessário, do regime de bens do casamento, nome do cônjuge e filiação; d) manifestação da vontade da partes e dos intervenientes; e) declaração de ter sido lida às partes e demais comparecentes, ou de que todas a leram; f) assinatura das partes e dos demais comparecentes, bem como a do tabelião, encerrando o ato (Lei nº 6.952, de 06/11/1981).

16. Azevedo, Antônio Junqueira de, *op. cit.*, p. 126.

A escritura pública é essencial à validade do negócio jurídico, o que significa que "enquanto a escritura não for lavrada, o ato não está formado, podem as partes arrepender-se, salvo o direito da parte prejudicada, conforme as circunstâncias, cobrar indenização pelo dano sofrido".[17]

O art. 108 do Código Civil inova ao prever expressamente que disposições de lei em contrário poderão excluir tal requisito, uma vez que a regra se estabelece em função da proteção de terceiros, aos quais é devida uma ampla publicidade de tais negócios. Supondo-se negócio em que não seja preponderante o interesse dos terceiros mas tão-somente o das partes contratantes, a lei pode excluir a forma especial. O preceito também estabelece, em seu caráter geral, a possibilidade da derrogação tácita da obrigatoriedade de escritura pública na disciplina legal de um novo negócio jurídico para o qual o caráter predominantemente público constituísse fato acessório. Na vigência do art. 134 do Código Civil de 1916, dada a sua disposição peremptória (é da substância do ato a escritura pública), apenas uma derrogação expressa na lei especial poderia afastar a incidência da regra geral.

Também a redação do art. 108 apresenta uma importante modificação em relação ao direito anterior quando expressa que a escritura pública é essencial à validade dos negócios jurídicos que *visem* à constituição, transferência, modificação ou renúncia de direitos reais sobre imóveis de valor superior a trinta vezes o maior salário mínimo vigente no País. Estabelecendo que não apenas os contratos constitutivos ou translativos de direitos reais sobre imóveis devem ser formados mediante escritura pública mas ainda todos aqueles que *visem* à constituição, transferência, modificação ou renúncia de tais direitos, o Código Civil expressa que tais contratos agora também devem obrigatoriamente ser instrumentalizados mediante escritura pública, por ser elemento essencial à validade de tais negócios jurídicos.

No negócio jurídico celebrado com a cláusula de não valer sem instrumento público, este é da substância do ato. Trata essa hipótese de negócio jurídico em que, não sendo exigência legal o instrumento público, as partes assim o convencionam, por ser melhor para a disciplina dos seus interesses. É regra complementar da vontade das partes no negócio jurídico, estabelecendo que,

17. Santos, J. M. de Carvalho. *Código Civil Brasileiro Interpretado*. v. III. 8. ed. Rio de Janeiro: Freitas Bastos, 1961, p. 140.

uma vez pactuada a forma do instrumento público, o negócio não terá validade se a mesma não for observada.

Como bem esclarece J. M. de Carvalho Santos, não é necessário que:

> [...] tal cláusula seja expressamente estipulada. É bastante que as partes se comprometam a dar e a receber a escritura pública, para que ela se presuma, em semelhantes casos, visto como, se pela lei o instrumento público é dispensado e se as partes a ele se referem, por estarem combinadas em tornar o instrumento público da substância daqueles atos. A intenção das partes fica manifesta, qual a de não ter validade a alienação a não ser depois de lavrada a escritura pública.[18]

A manifestação de vontade no negócio jurídico subsiste ainda que o seu autor haja feito a reserva mental de não querer o que manifestou, salvo se dela o destinatário tinha conhecimento.

A reserva mental consiste em o declarante emitir conscientemente uma declaração discordante da sua vontade real, com a intenção de enganar o próprio declaratário. Difere da simulação porque: 1) na reserva mental a intenção é a de enganar o próprio declaratário; 2) por conseqüência, não há o acordo simulatório.[19] Trata-se aqui de uma inovação do Código Civil, não prevista no Código de 1916, embora aceita pela doutrina e pela jurisprudência.

São elementos da reserva mental: a declaração não querida em seu conteúdo e o propósito de enganar o declaratário ou terceiros. O prejuízo é irrelevante para caracterizar-se a reserva mental, basta a intenção de enganar.

José Carlos Moreira Alves doutrina que o Código Civil estabelece, *a contrario sensu*, que a manifestação de vontade não subsiste se for conhecida da outra parte. Para o autor, em um sistema como o do Código, que dá *preferência à vontade interna* quando esta não prejudica a boa-fé de terceiros, a reserva mental conhecida da outra parte não torna nula a declaração de vontade; esta inexiste e, em conseqüência, não se forma o negócio jurídico.[20] A reserva mental assim se situaria no plano da existência do negócio jurídico e não no da sua validade.

A declaração de vontade implica um querer, em uma intencionalidade acerca das representações dos interessados, ao tempo da conclusão do contra-

18. Santos, J. M. de Carvalho, *op. cit.*, p. 137.

19. Andrade, Manuel de. *Teoria Geral da Relação Jurídica*. v. II. Coimbra: Almedina, 1966, p. 215-6.

20. Alves, José Carlos Moreira, *op. cit.*, p. 45.

to, sobre certas circunstâncias básicas para a sua decisão, no caso de que essas representações não hajam sido conhecidas meramente, senão constituídas, por ambas as partes, em base de contrato. Sendo a reserva mental conhecida, não há representação comum sobre a base do negócio e, em conseqüência, inexiste declaração de vontade.

Sendo subsistente a declaração de vontade emitida com reserva mental, o negócio jurídico existe e é válido. Se a reserva mental for conhecida da outra parte o negócio inexiste. Como negócio inexistente, recebe um tratamento jurídico assemelhado ao da nulidade: é matéria de ordem pública, prescinde de ação judicial para ser reconhecida e pode ser alegada como objeção de Direito Material em defesa. O juiz deve pronunciá-la de ofício. A sentença que pronunciar a inexistência do ato praticado com reserva mental conhecida de ambas as partes tem eficácia *ex tunc*, retroativa, atingindo o ato desde a sua gênese, sendo vedado ao juiz suprir ou convalidar essa inexistência, declarando o ato ou negócio existente, ainda que a pedido das partes.

O Código Civil expressamente classifica o silêncio no negócio jurídico dizendo que o silêncio importa anuência, quando as circunstâncias ou os usos o autorizarem, e não for necessária a declaração de vontade expressa.

Na definição de René Demogue, "há silêncio no sentido jurídico quando uma pessoa no curso dessa atividade permanente que é a vida, não manifestou sua vontade em relação a um ato jurídico, nem por uma ação especial necessária a este efeito (vontade expressa) nem por uma ação da qual se possa deduzir sua vontade (vontade tácita)".[21]

O silêncio tradicionalmente era concebido como uma não manifestação de vontade, não podendo, em princípio ser considerado como um consentimento ou uma confissão. Ainda era a velha assertiva de Savigny que predominava: "Se, pois, alguém me apresenta um contrato e manifesta que tomará meu silêncio como aquiescência, eu não me obrigo, porque ninguém tem o direito, quando eu não consinto, de forçar-me a uma contradição positiva."[22] Savigny admitia apenas duas exceções a esta regra, sem extensões analógicas: as que se funda-

21. Demogue, René. *Traité des Obligations em Géneral*. t. I. Paris: Librairie Arthur Rousseau, 1923, p. 299.

22. Savigny, Friedrich Karl Von. *Sistema del Derecho Romano Actual*. t. II. Madri: F. Góngora Y Compañía, 1879, p. 314.

vam numa relação especial de direito, como as de Direito de Família e àquelas decorrentes da relação entre o silêncio atual e as manifestações precedentes.

Pouco a pouco, porém vai se introduzindo no Direito uma perspectiva relacional. O homem em sociedade tem deveres, em certos casos ele deve falar. Se ele não o faz, comete então uma falta, pela qual deve responder e reparar, e se pode considerar que há da sua parte uma certa vontade. É o chamado silêncio circunstanciado: das relações infirmadas pelo princípio da boa-fé decorrem a legítima expectativa da contraparte de que determinada conduta, necessariamente de correção e lealdade, de silenciar-se ante determinado ato no qual deveria manifestar-se importa no consentimento de quem cala, objetivamente valorado.

Assim, o silêncio "só produz efeitos jurídicos quando, devido às circunstâncias ou condições de fato que o cercam, a falta de resposta à interpelação, ato ou fatos alheios, ou seja, a abstenção, a atitude omissiva e voluntária de quem silencia induz a outra parte, como a qualquer pessoa normal induziria, à crença legítima de haver o silente revelado, desse modo, uma vontade seguramente identificada".[23]

Serpa Lopes define as características do silêncio circunstanciado, apto a ser considerado como uma declaração de vontade: "a) manifestação de vontade por meio de um comportamento negativo; b) deduzida de circunstâncias concludentes; c) caracterizada pelo dever e possibilidade de falar por parte do silente; d) e pela convicção da outra parte de haver, nesse comportamento negativo e nessas circunstâncias, uma direção de vontade inequívoca e incompatível com a expressão de uma vontade oposta."[24]

A manifestação de vontade não poderá ser concebida como configurada se os princípios inerentes à matéria exigirem uma declaração expressa. Como bem definiu a Primeira Turma do STJ: "Administrativo. Silêncio da Administração. Prazo Prescricional. A teoria do silêncio eloqüente é incompatível com o imperativo de motivação dos atos administrativos. Somente a manifestação expressa da Administração pode marcar o início do prazo prescricional" (STJ, Primeira Turma, Resp. nº 16.284/PR, Rel. Min. Humberto Gomes de Barros, RSTJ, v. 32, p. 416).

---

23. Ráo,Vicente, *op. cit.*, p. 120.

24. Lopes, Miguel Maria de Serpa Lopes. *O silêncio como manifestação de vontade*. Rio de Janeiro: A. Coelho Branco Filho, 1935, p. 162.

O art. 112 do Código Civil, embora tenha um sentido aparentemente idêntico ao do art. 85 do Código Civil de 1916, deve ser interpretado à luz de uma nova exegese, por estar agora inserido, ao contrário do Código de 1916, em um Código de cunho marcadamente objetivista, que define a liberdade de contratar como razão da função social do contrato, reconhece a boa-fé objetiva como princípio informador dos atos jurídicos em geral e, particularmente, dos negócios jurídicos.

A declaração de vontade, assim considerada em seu sentido objetivo, importa na consideração de um querer, de uma intencionalidade das partes sobre a própria base do negócio jurídico. A base objetiva do negócio jurídico pode ser definida, nas palavras de Menezes Cordeiro, como:

> [...] a representação comum das várias partes da existência de certas circunstâncias sobre cuja base se firma a vontade negocial. É o conjunto daquelas circunstâncias, sem cuja existência, manutenção ou verificação futura o escopo perseguido pelo negócio e determinado de acordo com o seu conteúdo, não pode ser obtido através do negócio, apesar de ter ele sido devidamente concluído e ainda que se realize o sacrifício exigível às partes, segundo o conteúdo negocial.[25]

Sobre esse conteúdo é que se firma a intencionalidade da declaração de vontade, independentemente do sentido subjetivo das manifestações de vontade de cada uma das partes. Há de se entender, portanto, como a intenção consubstanciada na declaração de vontade as representações dos interessados, ao tempo da conclusão do contrato, sobre certas circunstâncias básicas para a sua decisão, no caso de essas representações não terem sido conhecidas meramente, senão constituídas, por ambas as partes, em base de contrato, como, por exemplo, a igualdade de valor, em princípio, de prestação e contraprestação nos contratos bilaterais (equivalência), a permanência aproximada do preço convencionado, a possibilidade de repor a provisão de produtos e outras semelhantes.

Inexistente, ao tempo da formação do contrato, essa intencionalidade consubstanciada no acordo sobre a base do negócio, a declaração de vontade não adentrou no mundo jurídico com os requisitos em conformidade com a lei e, portanto, é inválida. No dizer de Enneccerus: "la fundamentación que se

25. Cordeiro, Antonio Menezes. *Da boa-fé no direito civil*. v. II. Coimbra: Almedina, 1984, p. 1.035.

apoya em el defecto de la base del negocio, hace possible satisfacer la necessidad de um derecho de resolución en aquellos casos en que de antemano esas bases no existían. Se trata de configurar este caso como el de error sobre la base fija de la transacción".[26]

3. A boa-fé objetiva no negócio jurídico

A expansão do princípio da boa-fé como fonte autônoma da obrigação pode ser associada à falência do conceitualismo – redução do sistema a conceitos, com recurso simples à lógica formal –, ao fracasso do positivismo legalista exegético – solução de casos concretos com recurso à lei como texto –, ou ainda aos óbices da subsunção – passagem mecânica, passiva, do fato à previsão normativa, de modo a integrar a premissa maior do silogismo judiciário – na busca de soluções que a realidade impõe ao Direito.

A boa-fé é um princípio jurídico porque tem natureza normogenética, constituindo fundamento de regras, isto é, norma que está na base ou constitui a *ratio* de regras jurídicas. É norma porém qualitativamente distinta das regras jurídicas porque constitui norma de otimização, compatível com vários graus de concretização, consoante condicionamentos fáticos e jurídicos, carecendo deste modo de mediação concretizadora do juiz ou do legislador. Além disso, tem uma importância estruturante porque consagra valores fundamentadores da ordem jurídica e tem capacidade deontológica de justificação.

O princípio da boa-fé se expressa e vincula o ordenamento, via de regra, através de uma cláusula geral. Essa constitui numa técnica legislativa, uma disposição normativa que utiliza, no seu enunciado, uma linguagem de tessitura intencionalmente "aberta", "fluida" ou "vaga", caracterizando-se pela ampla extensão do seu campo semântico, a qual é dirigida ao juiz de modo a conferir ele um mandato (ou competência) para que, à vista dos casos concretos, crie, complemente ou desenvolva normas jurídicas, mediante o reenvio para elementos cuja concretização pode estar fora do sistema; estes elementos, contudo, fundamentarão a decisão, motivo pelo qual, reiterados no tempo os fundamentos da

26. Enneccerus, Ludwig. *Tratado de Derecho Civil. Derecho de Obligaciones*. t. II, v. 1. 2. ed. Barcelona: Bosch, 1954, p. 212.

decisão, será viabilizada a ressistematização desses elementos originariamente extra-sistemáticos no interior do ordenamento jurídico.[27]

A obrigação contratual no sentido moderno pode ser entendida como um dever global de agir objetivamente de boa-fé. Essa boa-fé objetiva constitui no campo contratual um processo que deve ser seguido nas várias fases das relações entre as partes. Assim, na fase pré-contratual, das negociações preliminares à declaração de oferta, os contraentes devem agir com lealdade recíproca, dando as informações necessárias, evitando criar expectativas que sabem destinadas ao fracasso, impedindo a revelação de dados obtidos em confiança, não realizando rupturas abruptas e inesperadas das conversações etc. Na fase contratual, a conduta leal implica vários deveres acessórios à obrigação principal, e, na fase pós-contratual, implica deveres posteriores ao término do contrato – deveres *post pactum finitum* – como o de guarda de documentos, fornecimento de material de reposição ou informações a terceiros sobre os negócios realizados.

A idéia de que os negócios jurídicos devem ser interpretados de acordo com a boa-fé objetiva, objeto do art. 113 do Código Civil, significa que os contratos e os negócios jurídicos unilaterais devem ser interpretados conforme o seu sentido objetivo, aparente, salvo quando o destinatário conheça a vontade real do declarante, ou quando devesse conhecê-la, se agisse com razoável diligência; quando o sentido objetivo suscite dúvidas, dever-se-á preferir o significado que a boa-fé aponte como o mais razoável. Essa idéia que já pode ser encontrada em germe na terceira regra de interpretação dos contratos de Pothier: quando em um contrato os termos são suscetíveis de dois sentidos, devem-se entender no sentido que mais convém à natureza do contrato.[28] Visa tal idéia de interpretação amparar a tutela da confiança do destinatário da declaração, bem como assegurar o valor real da aparência, sendo tais elementos essenciais ao intercâmbio de bens e serviços e à segurança das transações.

A segunda acepção da função interpretativa da boa-fé é a que diz respeito à significação a atribuir ao contrato, quando contenha cláusulas ambíguas, isto é, cláusulas cujo próprio sentido objetivo seja duvidoso. Quando em presença de cláusulas ambíguas deve-se preferir o significado que a boa-fé aponte como

27. Martins-Costa, Judith. *A boa-fé no direito privado: sistema e tópica no processo obrigacional*. São Paulo: Revista dos Tribunais, 1999, p. 303.

28. Pothier, R-J, *op. cit.*, p. 62.

o mais razoável. São principalmente estes os meios pelos quais a jurisprudência vem procurando dar conta de tais hipóteses: a) pela aplicação do princípio da conservação do contrato, pelo qual deve-se escolher sempre, entre os diversos sentidos possíveis, o que assegure a preservação do contrato; b) pela aplicação do princípio do menor sacrifício, ou seja, pela idéia de que o contrato deve ser interpretado no sentido mais favorável à parte que assume obrigações; c) pela aplicação do princípio da interpretação contra o predisponente, pelo qual se deve interpretar o contrato sempre no sentido menos favorável a quem o redigiu, disposição esta particularmente relevante no que se refere aos contratos padronizados e de adesão. Idéia que também já pode ser encontrada em germe na sétima regra de interpretação dos contratos de Pothier: na dúvida, uma cláusula deve interpretar-se contra aquele que tem estipulado uma coisa, em descargo daquele que tem contraído a obrigação.[29]

4. Defeitos do negócio jurídico

a) Erro

Erro é um vício do consentimento ocasionado por uma representação falsa do negócio jurídico, seja por carência de elementos, seja por má apreciação destes. Ignorância é a total ausência de conhecimento sobre o negócio. Sua utilização em comum, indistintamente, remonta a Savigny, fundado no Direito romano, que estimava que a apreciação jurídica de ambos os estados de espírito era idêntica em absoluto e que poderíamos empregar, desde logo, uma ou outra expressão, sendo o erro empregado amiúde pelos juristas unicamente em função de sua maior freqüência.[30] Firme em tal paradigma, o Código Civil de 2002 manteve o título da Seção I, Do Erro ou Ignorância. Embora a conseqüência jurídica de ambos seja idêntica, a anulabilidade do negócio jurídico, há entre eles uma relação de gênero para espécie: a ignorância é um caso particular de erro caracterizado pelo desconhecimento total sobre o negócio, enquanto que o erro abrange todas as outras possibilidades de ausência de idéia verdadeira sobre o negócio. Não obrou assim com rigor o legislador: deveria tratar "do erro e da ignorância".

29. Pothier, R-J, *op. cit.*, p. 64.

30. Savigny, Friedrich Karl Von, *op. cit.*, p. 388.

Para acarretar a anulabilidade do negócio jurídico, as declarações de vontade devem emanar de um erro substancial: será substancial sempre que da própria declaração de vontade ou do próprio conteúdo do negócio resulte que este não teria se efetuado, se não fora o erro.

Da necessidade de substância para a configuração de erro apreciável em Direito resulta a noção de sua escusabilidade: se houver falta injustificável da parte de quem caiu no erro o contrato subsiste. O Direito não protege o erro grosseiro, que poderia ser percebido por uma pessoa rústica, sem grandes conhecimentos ou cultura. Divergiam os autores acerca do grau de intensidade do erro escusável. Para Clóvis Beviláqua, não basta que o erro seja substancial, sendo necessário ser, ainda, escusável, isto é, baseado em uma razão plausível, ou ser tal que uma pessoa de inteligência comum e atenção ordinária o possa cometer.[31] Como determinar porém esse padrão? Seria o da efetividade do ato, segundo as condições pessoais da parte que o alega ou o do homem médio diligente em seus negócios. O Código de 2002 veio espocar essas dúvidas definindo o erro escusável como aquele que poderia ser percebido por pessoa de diligência normal, em face das circunstâncias do negócio. Trata-se da adoção de um padrão médio objetivo do homem comum – o *vir medius* –, temperado pelas circunstâncias do negócio, para a aferição da escusabilidade.[32] A norma é assim a conduta do homem médio, porém considerando as circunstâncias do negócio. Então, um profissional liberal, de elevado grau de escolaridade e padrão cultural, poderia obrar em erro quando, por exemplo, realizasse negócios agrícolas. A conduta do agente e as circunstâncias do negócio deverão em conjunto ser aferidas objetivamente para se determinar se se trata ou não de erro escusável.

Não se faz necessário o requisito da cognoscibilidade do erro pelo declaratário como se verifica no Código italiano (art. 1.428) e no Código português (art. 247) e como propugnava Sílvio Rodrigues:

> [...] se os dois contraentes estavam de boa-fé e um errou, não há razão para descarregar sobre os ombros do outro o prejuízo da anulação. Contudo, se aquele

31. Beviláqua, Clóvis. *Código Civil Comentado*. 10. ed. Rio de Janeiro: Francisco Alves, 1953, p. 269. Em idêntico sentido, Francisco Amaral. *Direito civil: introdução*. 2. ed. Rio de Janeiro: Renovar, 1998, p. 487; Monteiro, Washington de Barros. *Curso de Direito Civil*. v. I. 23. ed. São Paulo: Saraiva, 2001, p. 194; Santos, J. M. de Carvalho. *Código Civil Brasileiro Interpretado*. v. III. 8. ed. Rio de Janeiro: Freitas Bastos, 1961, p. 297.

32. Alves, José Carlos Moreira, *op. cit.*, p. 110.

que contratou com a vítima do erro estava de má-fé, conhecia o erro da outra parte ou poderia descobri-lo se agisse com normal diligência, não mais faz jus à proteção do ordenamento jurídico. Neste caso, o negócio é anulado, em benefício da vítima do engano.[33]

O art. 138 não estabeleceu que a declaração negocial é anulável desde que o declaratário conhecesse ou não devesse ignorar a essencialidade, para o declarante, do elemento sobre o qual incidiu o erro. Basta que o erro seja escusável, isto é, que possa ser percebido por pessoa de diligência normal, em face das circunstâncias do negócio.

A anulação do negócio jurídico, por erro na declaração, pode provocar danos ao declaratário. A boa-fé objetiva e a tutela da confiança que informam a interpretação dos negócios jurídicos impõem a correspondência das declarações de vontade realizadas ao que efetivamente se pretenda. Deste modo, verificados os requisitos da declaração, o declarante deverá indenizar ao declaratário de todos os danos incorridos, não se limitando a indenização apenas ao interesse negativo.

Disciplina ainda o Código Civil em seu art. 139 que o erro é substancial quando: a) interessa à natureza do negócio, ao objeto principal da declaração, ou a alguma das qualidades a ele essenciais; b) concerne à identidade ou à qualidade essencial da pessoa a quem se refira a declaração de vontade, desde que tenha influído nesta de modo relevante; c) sendo de direito e não implicando recusa à aplicação da lei, for o motivo único ou principal do negócio jurídico.

Erro substancial é o que versa sobre os determinantes do negócio jurídico, de tal sorte que, conhecida a verdade, o negócio não teria se realizado. O Código Civil de 2002 explicita no art. 139 o que se considera como critério geral da invalidade do negócio por erro na essencialidade: *error in negotio* (erro sobre a natureza do negócio); erro sobre o objeto principal da declaração; erro sobre as qualidades essenciais ao objeto principal da declaração; erro sobre a identidade ou qualidade essencial de pessoa a quem se refira a declaração de vontade, desde que tenha influído nesta de modo relevante; erro de direito que foi motivo principal do negócio jurídico.

Tradicionalmente definia-se como erro substancial que *interessa* à natureza do negócio como o *error in negotio* romano, aquele que incide sobre a sua

33. Rodrigues, Sílvio. *Dos vícios do consentimento.* São Paulo: Saraiva, 1989, p. 187.

categoria jurídica, ou seja, a espécie de erro que ocorre quando os figurantes manifestaram-se pela conclusão do negócio jurídico, mas houve divergência, quanto à espécie de negócio, no que cada um manifestou. Há discrepância entre o significado objetivo do ato e o significado que lhe atribuiu, subjetivamente, o manifestante: o consenso sobre o conteúdo do negócio é somente aparente, porque se funda em erro.[34] É o caso do declarante que pretendia celebrar uma venda e declarava doar, o negócio é anulável. Porém, o Código Civil de 2002 tem como seu princípio basilar o de que os negócios jurídicos devem ser interpretados conforme a boa-fé objetiva. Nesse diapasão, é erro substancial que *interessa* à natureza do negócio não apenas aquele concernente á sua categoria jurídica, mas também, e, sobretudo, aquele relativo à base negocial inerente à natureza do negócio, ou seja:

> [...] a representação comum das várias partes da existência de certas circunstâncias sobre cuja base se firma a vontade negocial. É o conjunto daquelas circunstâncias, sem cuja existência, manutenção ou verificação futura o escopo perseguido pelo negócio e determinado de acordo com o seu conteúdo, não pode ser obtido através do negócio, apesar de ter ele sido devidamente concluído e ainda que se realize o sacrifício exigível às partes, segundo o conteúdo negocial.[35]

Por base do negócio jurídico, a esses efeitos, se há de:

> [...] entender as representações dos interessados, ao tempo da conclusão do contrato, sobre certas circunstâncias básicas para a sua decisão, no caso de que essas representações não hajam sido conhecidas meramente, senão constituídas, por ambas as partes, em base de contrato, como, por exemplo, a igualdade de valor, em princípio, de prestação e contraprestação nos contratos bilaterais (equivalência), a permanência aproximada do preço convencionado, a possibilidade de repor a provisão das mercadorias e outras semelhantes. A fundamentação, que se apóia no defeito da base do negócio, faz possível satisfazer a necessidade de um direito de resolução naqueles casos em que, de antemão, as bases econômicas do negócio não existem.[36]

Se as representações ou expectativas das partes contratantes que constituem a base do negócio são inexatas e isso influi sobre o conteúdo do contrato,

34. Miranda, Pontes de, *op. cit.*, p. 287.

35. Cordeiro, Antonio Menezes, *op. cit.*, p. 1.035.

36. Enneccerus, Ludwig. *Tratado de Derecho Civil*. t. I, v. 2º, 1. parte., § 177, *b*. Barcelona: Bosch, 1981, p. 416-17.

desnaturando-o, o contrato mesmo se faz defeituoso se procede supor que as partes não o teriam concluído. Deste modo, o erro concernente à base do negócio jurídico, às representações ou expectativas das partes que constitui circunstância basilar atinente ao próprio contrato e que foi essencial à decisão de contratar constitui erro que interessa à natureza do contrato (por desconformidade com as exigências da confiança e da primazia da materialidade subjacente) e, como tal, pode ser sancionado pelos tribunais.

O erro quanto ao objeto principal da declaração diz respeito à identidade do objeto. O erro quanto ao objeto vicia a própria formação da vontade, mas deve ser essencial, ou seja, só induz à anulabilidade se, provando-se pelas circunstâncias do negócio, conhecidas da outra parte, que só por razão do objeto e não por outras contratara.

O erro no que pertine às qualidades essenciais ao objeto principal da declaração deve ser relativo àquelas que o tráfego negocial considera essenciais. Por qualidade de um objeto se entende, além das condições naturais, as circunstâncias de fato e de direito que, como conseqüência de seu caráter e duração, influem sobre a utilidade e o valor, como, por exemplo, a possibilidade de edificar em um terreno. O conceito de qualidade de um objeto estende-se às características específicas. Se se vende uma partida de madeira que as partes tem por madeira de jacarandá, quando na realidade é madeira de pinho, as partes estão em erro sobre a qualidade da coisa. O erro sobre as qualidades essenciais ao objeto da declaração não se confunde com os vícios redibitórios, defeitos ocultos da coisa que a tornam imprópria para o uso a que se destina, ou lhe diminuem o valor. O erro é de natureza subjetiva, referindo-se às qualidades que o agente imaginava que a coisa tivesse, os vícios são de natureza objetiva, constituindo-se concretamente na ausência de qualidades que a coisa deveria ter.[37] Na redibição, o fundamento é a garantia que o vendedor tem de assegurar ao comprador contra os defeitos ocultos da coisa e que a tornam imprestável ao fim a que se destina; no erro, a anulação tem por base o consentimento imperfeitamente fornecido no momento da constituição do ato.

Outra modalidade de erro substancial é o que recai sobre a pessoa a quem se refere a declaração de vontade, desde que tenha influído nesta de modo relevante. Em regra, o erro sobre a pessoa com quem se contrata não é uma causa

37. Amaral, Francisco, *op. cit.*, p. 486-87.

de anulabilidade do negócio porque a maior parte das vezes contrata-se visando a um resultado e não à pessoa. Essa regra sofre exceção nos negócios feitos em consideração à pessoa, *intuitu personae*. O erro sobre a pessoa torna-se, então, substancial, porque é ela a causa determinante do contrato. O erro substancial quanto à pessoa do declaratário pode reportar-se à sua identidade ou às suas qualidades. Em qualquer dos casos, ele só será relevante quando atingir um elemento concretamente essencial, que haja influído na declaração de vontade de modo relevante. Assim, aquele que contrate um protético para cuidar dos dentes, crendo tratar-se de cirurgião-dentista (erro quanto à identidade e as qualidades da pessoa). Também o desconhecimento da insolvência absoluta do declaratário quando se trate de compras a crédito, nas quais se atribui uma importância absoluta à solvência (erro sobre as qualidades possuídas pela pessoa).

O erro de direito é aquele que diz respeito ao falso conhecimento da norma, em que a declaração de vontade é emitida na convicção de que o agente está procedendo rigorosamente dentro dos parâmetros legais quando, na verdade, a norma legal não mais existe ou dispõe de maneira diversa. A questão se tornou controversa na égide do Código de 1916 porque este não admitia expressamente o erro de direito e também porque Clóvis Beviláqua equiparava o erro de direito à ignorância da lei, considerando que o erro de Direito não viciava a declaração de vontade, uma vez que ninguém se escusa de cumprir a lei alegando que não a conhece.[38]

Entretanto, a ignorância da lei não tem o espectro generalizante que procurou emprestar-lhe Beviláqua, a excluir em qualquer hipótese o erro de Direito. Como bem expressa Savigny, é princípio geral que a consideração do erro (de fato ou de direito) como vício da declaração de vontade é inadmissível quando resulta de uma grande negligência, ou seja, o erro invalidante da declaração é apenas aquele *justus* ou *probabilis error*. A diferença do erro de fato para o erro de direito é o de que, sendo as regras de direito claras e certas, e às quais cada um tem livre acesso, existe uma presunção de negligência no erro de direito que só pode ser descaracterizada pela existência de circunstâncias extraordinárias. Tal presunção deve cessar quando a regra é objeto de controvérsia, se um princípio dividia em dois conjuntos de opiniões os jurisconsultos ou quando a regra

38. Beviláqua, Clóvis, *op. cit.*, p. 267-68.

pertencesse ao direito particular, de conhecimento menos extenso e acessível do que o do direito geral.[39] Em outras palavras, a controvérsia acerca do direito pode ocasionar uma percepção equivocada da referência de um caso a uma regra, de modo que este reste com uma falsa causa.

Esta regra agora explicita-se no art. 139, III, do Código Civil de 2002. As partes, em um negócio jurídico, procuram sempre promover uma modificação da ordem jurídica, seja na criação, transferência ou extinção de um direito. Se o ato não pode realizar uma tal modificação, ele é inútil ao menos para uma das partes, perde sua finalidade, porque sua causa se revela falsa. O declarante não pretende subtrair-se às conseqüências da inobservância da lei, ou seja, subtrair-se a uma pena, nulidade ou decadência, mas sim crê, porque em erro, que existe o pressuposto querido pela lei para o fato jurídico, nada havendo em contrário. Nesses casos, cumpre admitir poder ser invocado o erro de Direito, desde que este tenha sido o motivo principal do negócio jurídico. Motivo único ou principal deve ser entendido aqui não como o móbil que leva cada uma das partes a contratar, mas sim aquele recíproco reconhecimento no qual ambas as partes associam a sua vontade à essencialidade do motivo, identificando-o na sua configuração e no seu papel, elevando-o à justificativa do negócio do ponto de vista social e jurídico, ou, em outras palavras, a sua causa. No dizer de Domat: "Se a ignorância ou o erro de direito é tal, que ele seja a causa única de uma convenção, onde alguém se obriga a uma coisa que não devia, e que não tenha tido nenhuma outra causa que possa fundar a obrigação, essa causa se tornando falsa, a convenção é nula."[40]

Disciplina também o art. 140 do Código Civil que o falso motivo só vicia a declaração de vontade quando expresso como razão determinante.

Motivos do negócio jurídico são predisposições de ânimo das partes que constituem razões eficientes que influem em suas intenções e as levam a contratar, sem ter, em princípio, relação substancial com o negócio. Os motivos, em Direito, são juridicamente irrelevantes. Aquilo que leva as partes a efetuar, por exemplo, uma compra e venda, é irrelevante na determinação da validade e do regime do negócio, objetivamente considerado. Os motivos não se confundem

39. Savigny, Friedrich Karl Von, *op. cit.*, p. 394-95.

40. Domat, Jean. *Oeuvres Completes. Les Lois Civiles dans leur ordre naturel.* Liv. I, Tit. XVIII, Sect. 1, 14. Paris: Firmin Didot et Charles Bécket, 1828, p. 186.

com a causa do negócio que é o fundamento exterior e objetivo da obrigação, aquilo que o justifica do ponto de vista social e jurídico. Trata o presente artigo do erro nos motivos e não do erro no motivo principal ou na causa, que é tratado no art. 139. Dispõe este, *a contrario sensu*, a doutrina tradicional de que a indagação acerca do motivo decisivo da declaração de vontade é assunto que escapa ao Direito por ser de domínio do foro íntimo dos agentes do negócio. Ao Direito só interessam os seus efeitos, ou seja, aqueles decorrentes da sua exteriorização.

Os contratantes formulam suas manifestações de vontade pelos motivos mais variados, e o fato do declaratário conhecer a falsidade do móbil da parte contrária não justifica a anulabilidade do negócio: tratando-se de um elemento não nuclear do negócio, ele nada tem a ver com isso. A garantia e segurança das convenções impõem tal disposição.

Ressalva-se, porém, o caso no qual o motivo de uma das partes foi reconhecido pela outra parte e eregido por ambas como razão determinante ou da essencialidade do negócio jurídico. Neste caso, decorrente da autonomia das partes, o motivo essencial, revelando-se falso, vicia a declaração de vontade. Estabelecendo o art. 140 que o falso motivo deve ser expresso como razão determinante, entende-se que este deve constar especificamente do conteúdo do contrato ou, ao menos, decorrer de sua natureza intrínseca, em obediência aos ditames da boa-fé objetiva e à tutela da confiança inerente às relações negociais. Não expresso este e não decorrente da natureza do negócio, entende-se que o motivo restou confinado à intencionalidade das partes, não constituiu razão determinante do negócio e, por isso, não se admite o reconhecimento judicial de acordo tácito nessa matéria.

O erro na transmissão da declaração, seja por intermediário ou núncio, seja por meios de comunicação (telefone, fax, correio, correio eletrônico, internet etc.) é anulável nos mesmos casos em que o é a declaração de vontade, equiparando-se ao erro a transmissão defeituosa da vontade.

O emissor da vontade responde pelos danos que causar à outra parte por ter esta agido supondo real a vontade que lhe foi transmitida. No que se refere aos meios de comunicação, considerando que eles não transmitem com perfeição a vontade e são, freqüentemente, passíveis de erro, há culpa *in re ipsa*. Do mesmo modo, quando se utiliza de interposta pessoa ou núncio para enunciar a sua vontade. O contratante deve exprimir ele mesmo a sua vontade; aquele que, para este fim, se utiliza de outras pessoas ou de meios indiretos, o faz por sua própria conta e sujeita-se aos dissabores da sua escolha, quais sejam, a responsabilização e a possibilidade da anulabilidade do negócio jurídico. Silvio Rodrigues, nesse particular, afirma a necessidade de escusabilidade do erro, argumentando que, se a mensagem foi mal transmitida pelo mensageiro, há que se apurar se houve culpa *in eligendo* ou mesmo *in vigilando*, pois em caso afirmativo não pode tal erro infirmar o ato por ser inescusável.[41]

O dispositivo acima referido aplica-se única e exclusivamente aos casos em que o erro decorre do acaso ou de algum equívoco, não se aplicando àquelas hipóteses em que o mensageiro intencionalmente declara algo diverso do que lhe foi confiado. Nesses casos, o que se verifica é a não vinculação daquela manifestação ao emissor à qual ela é falsamente atribuída. A recepção ou entrega de uma declaração por intermédio de um sujeito que se apresenta ou é tomado como núncio não vincula aquele que é tomado como *dominus*, se não existe efetivamente a nunciatura, existência cuja prova incumbe a quem alega.[42] Fica, todavia, à parte quem escolher o emissário responsável pelos prejuízos que tenha causado à outra parte por sua negligência na escolha feita.

Não se confunde a transmissão errônea da vontade pelo núncio ou mensageiro com aquela decorrente do ato praticado em nome de outrem sem poder de representação (v. art. 118). Na representação nessas circunstâncias o negócio concluído em nome de outrem sem poder, ou sem suficiente poder, não é nulo, nem anulável, mas válido, resultando apenas ineficaz em relação àquele em nome de quem foi concluído, salvo ratificação.[43]

O erro acidental ou sanável não vicia a declaração de vontade. Todas as vezes que pela própria expressão ou contexto do negócio e pelas circunstâncias que a ele dizem respeito, se puder identificar a pessoa, a coisa ou o objeto do negócio o erro de indicação é sem importância jurídica.

O erro de cálculo apenas autoriza a retificação da declaração de vontade. O dispositivo, com redação análoga, constava do art. 93 do Projeto original de Clóvis Beviláqua, tendo afinal sido suprimido do Código Civil de 1916 pela Co-

41. Rodrigues, Silvio. *Direito Civil*, v. 1. 30. ed. São Paulo: Saraiva, 2002, p. 191.

42. Cavalcanti, José Paulo. *Direito civil: escritos diversos*. Rio de Janeiro: Forense, 1983, p. 229.

43. Cavalcanti, José Paulo, *op. cit.*, p. 300.

missão Especial da Câmara de Deputados. A denominação erro de cálculo deve ser entendida em um sentido abrangente, abarcando os erros de escrituração em geral, manual ou informatizada. Para configurar erro de cálculo para os fins do disposto no art. 143, o erro deve ser de tal modo ostensivo que resulte do próprio contexto do documento ou das circunstâncias da declaração. A rigor, se deverá falar em aparência de erro, uma vez que toda declaração de vontade deve ser globalmente interpretada. O preceito, por seu caráter genérico, tem aplicação além do âmbito dos negócios jurídicos, podendo ser utilizado analogicamente como regra geral aplicável a todos os atos jurídicos (*v. g.* no processo civil, processo penal etc.).

Também acentua o Código Civil que o erro não prejudica a validade do negócio jurídico quando a pessoa, a quem a manifestação de vontade se dirige, se oferecer para executá-la na conformidade da vontade real do manifestante.

O artigo em questão (art. 144), ausente no Código Civil de 1916, busca inspiração no art. 1.432 do Código Civil italiano e no art. 248 do Código Civil português, que dispõem de maneira idêntica. Trata-se de modalidade de aproveitamento dos negócios jurídicos, aplicação do princípio da conservação dos negócios jurídicos, consoante o que estabelecem os ditames da boa-fé objetiva.

Trata-se de validação do negócio, atribuição legal de um direito específico, de natureza potestativa, ao declaratário. O declarante comete um erro na manifestação de vontade; o declaratário ao conhecê-la a executa de acordo com a vontade real do manifestante, conforme o conteúdo e a modalidade de negócio que o declarante desejava concluir: o negócio está potestativamente validado pelo declaratário e não mais é passível de anulação por erro. Cabe estabelecer que a validação do negócio pelo receptor da manifestação de vontade só é possível no momento da formação do negócio: se este começa a atuar o negócio em consonância com a vontade erroneamente manifestada da outra parte e daí advém prejuízo para esta, possível é a anulação do negócio jurídico, sem que a contraparte possa agora exercitar o direito potestativo de validação do negócio em conformidade com a vontade real do original manifestante.

Diferencia-se a validação do negócio jurídico pela contraparte consoante a vontade real do original manifestante de dois outros institutos: a redução e a conversão do negócio jurídico. A redução do negócio jurídico consubstancia-se naquela aplicação do princípio da conservação dos contratos pelo qual a anulação parcial não determina a invalidade de todo o negócio, salvo quando se mostre que este não teria sido concluído sem a parte viciada (*v.g.* art. 51, § 2º, do Código de Defesa do Consumidor). A conversão do negócio jurídico consiste em uma transformação do ato que não reúne os elementos necessários para o fim a que se destina, em outro para o qual seja suficiente, desde que tenha os requisitos de substância e forma previstos para este ato, e seja querida pelas partes, cientes da invalidade do primeiro. No primeiro caso, a validação do negócio diferencia-se da redução porque na validação o negócio jurídico mantém-se íntegro, consoante o querer original das partes, enquanto que na redução só persiste aquela parte do negócio não atingida pelo vício. Na segunda hipótese, a validação não se confunde com a conversão porque nessa o negócio originalmente concebido pelas partes transmuda-se em outro, desde que tenha os requisitos de substância e forma previstos em lei, e seja querido por estas, enquanto que, na validação, é o próprio negócio jurídico original que é realizado, consoante foi primordialmente concebido.

A validação do negócio jurídico pela contraparte consoante à vontade real do original manifestante só pode ser realizada a manifestação do emissor de vontade que tiver obedecido aos requisitos ordinários de forma em sua enunciação. Não há como validar-se um negócio formalmente inválido em sua origem.

b) Dolo

Os negócios jurídicos anuláveis por dolo, quando este for a sua causa. Dolo é o artifício empregado para induzir alguém à prática de um negócio jurídico, resultando deste negócio vantagem para o autor do dolo ou para terceiro. O dolo como causa do vício de vontade é caracterizado pela maquinação feita para induzir alguém em erro e levá-lo a praticar o negócio jurídico. O dolo civil, ao contrário do dolo do direito penal (dolo específico do estelionato, art. 171), é mais genérico, deixando ao juiz a faculdade de interpretar diante das circunstâncias o caso, para dizer se houve ou não dolo para viciar a vontade.

Não é essencial para a caracterização do dolo que haja prejuízo para a vítima deste, em que pese a opinião discordante de Clóvis Beviláqua: "dolo é o artifício ou expediente astucioso, empregado para induzir alguém à prática de um ato *que o prejudica*, e aproveita ao autor do dolo ou a terceiro."[44] Suficiente

44. Beviláqua, Clóvis, *op. cit.*, p. 359.

é que "o artifício tenha sido empregado para induzir uma pessoa a realizar um negócio que não teria sido celebrado sem a malícia, resultando para o autor do dolo ou para terceiro uma vantagem".[45]

Em regra, o dolo não se presume, sendo ele uma manifestação de má-fé, deve ser provado por qualquer meio admitido em direito.

Os negócios jurídicos só são anuláveis por dolo quando este for a causa. Só o dolo que for a causa determinante do negócio jurídico o vicia, de modo a torná-lo anulável. É o *dolus dans causam contractui* ou dolo principal. Dolo principal, causa do ato, é aquele que é a causa de realização do negócio jurídico: se não houvesse o dolo, a parte não teria realizado o negócio. Difere ele do dolo acidental que é aquele que não induz diretamente a manifestação da vontade, uma vez que o ato seria realizado independentemente da malícia do interessado, mas em outras condições.

A distinção entre dolo principal e dolo acidental não se pode fazer em abstrato; só o caso concreto pode fazê-la ressaltar. Ao juiz cabe distinguir, pela análise das provas, e declarar quando o dolo anula o negócio (dolo principal), ou quando, não obstante os artifícios e manobras empregados, o negócio subsiste (dolo acidental), condenando, nesse último caso, o autor a satisfazer as perdas e danos causados.

O Código define o dolo acidental (art. 146) a partir dos efeitos dos artifícios dolosos empregados para a determinação da vontade. O dolo será acidental se, não obstante os artifícios empregados, o negócio se realizou, embora de outro modo que não o da intenção do agente.

Comum ao dolo principal e ao acidental é a gravidade dos artifícios ou manobras empregadas. Porém, no dolo acidental, não faz nascer na parte a intenção de contratar, só tendo como resultado induzi-lo a aceitar condições menos vantajosas. O dolo acidental somente dá direito a uma ação de indenização contra o autor ou o cúmplice dos artifícios.

Preceitua o Código Civil que nos negócios jurídicos bilaterais, o silêncio intencional de uma das partes a respeito de fato ou qualidade que a outra parte haja ignorado, constitui omissão dolosa, provando-se que sem ela o negócio não se teria celebrado.

45. Santos, J. M. de Carvalho, *op. cit.*, p. 329.

Objeto desse artigo é o chamado dolo por omissão ou dolo negativo. Tradicionalmente, só se considerava nos negócios jurídicos bilaterais o silêncio como dolo negativo de reticência maliciosa quando a lei impunha a alguém a obrigação de falar, como em matéria de vícios redibitórios, circunstâncias que aumentam o risco do contrato de seguro etc. Fora dali o silêncio seria permitido e não poderia ser qualificado de reticência.

O negócio jurídico no Código Civil, porém, agora é informado pelo princípio da boa-fé objetiva. Esta impõe às partes especiais deveres de conduta uma em relação à outra. Esses deveres são aqueles referentes ao comportamento exigível do bom cidadão, do profissional competente, enfim, de uma pessoa diligente, comportamento este expresso na noção de *bonus pater familias*. Deve-se observar também se a situação criada produziu na contraparte um estado de confiança no negócio celebrado, quando então deverá se tutelar essa expectativa. Desde que a contraparte tenha legitimamente confiado na estabilidade e segurança do negócio jurídico que celebrava impõe-se a tutela dessa confiança pelo princípio da boa-fé objetiva. Deste modo, avulta reforçado o dever de agir, de informar no negócio jurídico, resultando este dos usos do tráfico e do princípio da boa-fé.

O dever de informar no negócio jurídico então se consubstancia na obrigação de revelar tudo aquilo que constitua circunstância determinante da realização do negócio. Este dever abranger as circunstâncias intrínsecas do negócio ou de seu conteúdo (*v.g.* os vícios redibitórios), mas também todas as condições extrínsecas que, do conhecimento da parte, influenciem decisivamente a realização do negócio. "Também há dever de informar passível de anular o negócio jurídico por omissão quando a parte conhece um valor mercantil porque só ela obtém as informações (as *insider informations*)."[46]

Pode ainda ser anulado o negócio jurídico por dolo de terceiro, se a parte a quem aproveite dele tivesse ou devesse ter conhecimento; caso contrário, ainda que subsista o negócio jurídico, o terceiro responderá por todas as perdas e danos da parte a quem ludibriou.

A regra geral é a de que o dolo de terceiro, pessoa distinta dos contratantes, não anula o negócio jurídico bilateral; dá apenas direito ao prejudicado

46. Fabian, Christoph. *O dever de informar no direito Civil*. São Paulo: Revista dos Tribunais, 2002, p. 114.

de demandar perdas e danos. O dolo concebido como vício do consentimento é apenas aquele praticado pelas partes. Situação diversa porém é aquela em que uma das partes, a que se aproveita do negócio, dele tivesse ou devesse ter conhecimento. Neste caso, o ato é anulável porque o dolo foi também da parte que, o conhecendo ou devendo conhecer, não comunicou à contraparte. O dispositivo aplica-se apenas aos negócios jurídicos bilaterais porque, em se tratando de negócio unilateral, o dolo de terceiro sempre acarreta a anulação do negócio jurídico.

O art. 148 traz inovações em relação ao art. 95 do Código Civil de 1916 ao incluir o proveito da parte na definição do dispositivo e ao prever que o negócio é anulável tanto nas hipóteses em que a parte beneficiada soube efetivamente do dolo de terceiro, quanto naquelas em que deveria saber. Segue aqui o Código a inspiração do art. 28, alínea 2, do Código Federal Suíço das Obrigações.

Na primeira hipótese, o Código corrige o disposto no art. 95 do Código Civil de 1916 que apenas previa que o negócio poderia ser anulado *se uma das partes o soube*, não diferenciando se se tratava da parte beneficiada ou daquela prejudicada pelo dolo de terceiro no negócio. Sendo o dolo de terceiro conhecido da parte a quem ele prejudica e esta mesmo assim realiza o negócio jurídico, não lhe cabe o direito de o anular, por este motivo, porque a ninguém é dado beneficiar-se da própria torpeza. Essa era a doutrina corrente na interpretação do preceito,[47] agora consolidada no art. 148.

Questão diversa é a da ciência do dolo de terceiro pela parte beneficiada e a da presunção dessa ciência. Quanto à ciência, não importa se a parte, contra a qual se pede a anulação, é *autora moral* do dolo de terceiro ou que ela o deixe cometer sem se opor, suficiente é que tenha conhecimento do mesmo no momento em que o negócio se constituiu.

O art. 148 estabelece também que o dolo de terceiro torna o negócio passível de anulação quando *devesse ser conhecido* da parte a quem aproveita. Como se delimitam os contornos dessa presunção? Trata-se aqui de negligência ou imprudência anormal no trato geral dos negócios, falta de cumprimento ao dever normal de diligência a evidenciar culpabilidade. Sendo uma infração a um dever lateral de conduta de diligência na fase pré-contratual, deve a culpa ser

47. Coelho, A. Ferreira. *Código Civil comparado, comentado e analisado*. Rio de Janeiro: Jornal do Brasil, 1925, p. 379-80.

presumida, salvo prova insofismável da parte em contrário. Registre-se que a aferição do dolo no direito civil é genérica e que, em geral, no trato negocial, é de se presumir o conhecimento da parte a quem aproveita do dolo praticado por terceiro.

Dispõe o art. 149 do Código Civil que o dolo do representante legal de uma das partes só obriga o representado a responder civilmente até a importância do proveito que teve; se, porém, o dolo for do representante convencional, o representado responderá solidariamente com ele por perdas e danos.

Representante é aquele que exterioriza a vontade em nome de outrem a fim de celebrar negócio jurídico que produzirá efeitos jurídicos na esfera do representado. O representante fica alheio a esses efeitos. A representação pode verificar-se sem ato de vontade do representado (representação legal ou necessária) ou por ato de vontade do representado (representação convencional ou voluntária). Os negócios jurídicos do representante não diferem, quanto aos efeitos do dolo, daqueles que as partes firmam diretamente. Se o representante, atuando em nome do representado, usou de dolo, causa determinante do negócio, este é passível de anulação pela outra parte, a quem cabe também o direito de ser indenizada pelos prejuízos sofridos. Igualmente em relação ao dolo acidental no qual o negócio subsiste mas obriga a satisfação das perdas e danos.

Importante distinção porém é a da indenização dos prejuízos sofridos, conforme se trate de dolo de representante legal e convencional. Na representação, legal ou convencional, o negócio praticado em nome de outrem sem poderes (como é o caso do uso de dolo) é ineficaz relativamente àquele em nome de quem se agiu, isto é, não sendo nulo, nem anulável, nenhum efeito, todavia, produz, para aquele que foi tido como representado.[48] Não produzindo assim os efeitos próprios do negócio na esfera jurídica do representado, também não gerará a responsabilidade civil deste, exceto naquilo que resultou em seu proveito. Entretanto, no que concerne à representação convencional, aqui incide a consideração da culpabilidade do representado. Este escolhe um representante, outorga-lhe um mandato e cria risco para o mundo exterior. Responde ele então por culpa *in eligendo* ou *in vigilando* do representante. Esta não é ilidível por prova em contrário porque resulta *in re ipsa*: praticado o dolo pelo representante

48. Cavalcanti, José Paulo, *op. cit.*, p. 299.

convencional, houve culpa do representado na sua escolha ou presume-se a sua culpa na vigilância do mesmo.

Há dolo bilateral quando ambas as partes contratantes procederem com dolo, nada podendo em conseqüência, exigir uma da outra. Os dolos recíprocos das partes no mesmo negócio jurídico se compensam. Procede a regra do direito romano: a lei protege a boa-fé; se não há boa-fé de nenhuma das partes, não há o que tutelar. A reciprocidade no dolo anula os seus efeitos: "D. 2.10.3.3 – Se o que tinha prometido e a outra parte se impediram de comparecer reciprocamente e por má-fé, o pretor não protegerá com a sua intervenção a um nem outro; compensará então a má-fé de um pela do outro."[49]

c) Coação

Prevê o Código Civil em seu art. 151 que a coação, para viciar a declaração da vontade, há de ser tal que incuta ao paciente fundado temor de dano iminente e considerável à sua pessoa, à sua família, ou aos seus bens. Se disser respeito a pessoa não pertencente à família do paciente, o juiz, com base nas circunstâncias, decidirá se houve coação.

Como bem esclarece Clóvis Beviláqua o artigo em questão trata somente da coação moral, da intimidação, *vis compulsiva*. A coação física, violência, *vis absoluta*, exclui o consentimento. Não há negócio jurídico porque falta o elemento principal – a vontade do agente – que foi privado de manifestá-la o que acarreta a inexistência do negócio.[50] O exemplo clássico da *vis absoluta*, a violência material que reduz aquele que a sofre a um estado puramente passivo, é dado por Savigny: "Se, por exemplo, se obriga a um homem a firmar segurando-lhe a mão, aqui não há consentimento, quando muito haverá uma aparência deste, como se sucederia, analogamente, no caso em que se houvesse falsificado a firma".[51]

Conquanto os casos de *vis absoluta* não gerem negócios jurídicos, nada impede que o prejudicado mova ação para declarar a inexistência do negócio e para nulificar qualquer efeito que a coação física, de que foi vítima, possa produzir.

---

49. Justiniano. *Cuerpo del derecho civil romano*. t. I. Digesto. Tradução de Idelfonso García del Corral. Valladolid: Lex nova, 1988, p. 263. (trad. livre)

50. Beviláqua, Clóvis, *op. cit.*, p. 278.

51. Savigny, Friedrich Karl Von, *op. cit.*, p. 214.

A coação moral, *vis compulsiva*, de que trata o artigo, é, assim, a ameaça injusta com que se constrange alguém à prática de um negócio jurídico, que, de outro modo, não se teria realizado, ou se realizaria de maneira diversa.

São elementos essenciais da coação para se constituir em vício do consentimento: a) ser a causa do negócio jurídico; b) ser grave; c) ser injusta; d) ser atual ou iminente; e) recair sobre a pessoa da vítima, sua família, seus bens ou pessoa não pertencente à família da vítima, consoante as circunstâncias, a critério do juiz.

A ameaça deve ser a causa determinante da realização do negócio, ou influir no sentido de modificar o seu conteúdo, havendo uma relação direta de causalidade entre a coação e o consentimento dado no negócio.

A ameaça deve ser grave (dano considerável). A gravidade deve ser tal que influa no ânimo ordinário da pessoa e deverá ser apreciada segundo as circunstâncias das pessoas envolvidas, de tempo, lugar etc. Não se exige mais, como previa o Código de 1916 que o dano que se receia seja igual, pelo menos ao ato extorquido. Em boa hora o Código efetuou a modificação. A intensidade da ameaça, a gravidade do mal, seu grau de determinabilidade na consecução do negócio jurídico, devem ser objeto do prudente arbítrio do juiz, sopesando os fatos em causa, sendo despiciendo estabelecer tais critérios *a priori* mediante uma norma jurídica.

O mal preconizado na ameaça deve ser injusto. A ameaça do exercício de um direito ou da prática de atos lícitos não constitui coação.

A ameaça deverá ser atual ou iminente. A ameaça de um mal remoto ou evitável não constitui coação capaz de viciar o negócio. Não é necessário, entretanto, que a ameaça se realize imediatamente; basta que inspire um temor suficientemente intenso para levar a vítima a contratar. Por mal iminente deve se entender um mal a realizar-se em um futuro mais ou menos próximo, não sendo possível estabelecer um intervalo a decorrer da ameaça ao dano.

A coação deve recair sobre a pessoa da vítima, sua família, seus bens ou pessoa não pertencente à família da vítima, consoante as circunstâncias, a critério do juiz. O conceito de família, nessa acepção, abrange os parentes em geral, conviventes, ainda que dispersos em diversas habitações, ou em diferentes circunscrições geográficas. Cabe especial relevo às pessoas não pertencentes à família da vítima, consoante as circunstâncias, a critério do juiz. Serão estas, na *ratio* do dispositivo, todas aquelas que lograrem provar especial vínculo afetivo ou de amizade com a vítima. Assim, o amigo íntimo, o filho de empregados criado desde pequeno na casa do patrão etc.

O Código interpreta a coação como uma circunstância de fato, que se deve apreciar mais concretamente diante de cada caso particular. O temor deve ser fundado e grave mas "essa gravidade, naturalmente, depende da organização moral do indivíduo, das circunstâncias de lugar e de momento. A ameaça que seria vã para um ânimo varonil, pode ser grave para uma alma tímida, para uma criança, para um doente."[52]

Não se considera coação a ameaça do exercício normal de um direito, nem o simples temor reverencial. Aquele que ameaça exercer regularmente um direito não pratica coação. É o caso do credor que ameaça levar o devedor a juízo, a fim de obrigá-lo ao pagamento da dívida. O exercício anormal de direito é sempre excesso ou abuso e, portanto, constitui coação uma vez configurado no conteúdo de uma ameaça.

Temor reverencial é o receio de se desgostar pessoas a quem se deve respeito e obediência. Via de regra é aplicável às relações concernentes ao núcleo da família, porém o texto do art. 153 do Código Civil o estende a todas as relações de respeito, consideração e obediência que uma pessoa deve à outra. O Código o adjetiva de simples para denotar que apenas este exclui a coação. Se o temor reverencial for acompanhado de intimidação ou ameaças de gravidade fundada, há coação.

Vicia o negócio jurídico a coação exercida por terceiro, se dela tivesse ou devesse ter conhecimento a parte a que aproveite, e esta responderá solidariamente com aquele por perdas e danos.

Era princípio do Código de 1916 que a coação mesmo exercida por terceiro, viciava o negócio jurídico, com ou sem conhecimento do contratante beneficiado. Pelo sistema do Código o negócio subsiste se a coação decorrer de terceiro, sem que dela tivesse conhecimento ou devesse ter conhecimento a parte a quem aproveite, mas o autor da coação responderá por todas as perdas e danos do coato.

Visa a nova sistemática, segundo Moreira Alves, acentuar a proteção das relações sociais, mantendo-as sempre que possível. Assim, no seu entender, se-

52. Beviláqua, Clóvis, *op. cit.*, p. 279.

ria mais relevante em matéria de coação por ato de terceiro, proteger a boa-fé do contratante não coato, mas assegurando ao coagido ação de perdas e danos contra o coator.[53]

Quanto à ciência da coação de terceiro pela parte beneficiada não importa se a parte, contra a qual se pede a anulação, é *autora moral* da coação de terceiro ou se ela o deixou cometer sem se opor, suficiente é que tenha conhecimento da mesma no momento em que o negócio se constituiu.

O art. 154 do Código Civil estabelece também que a coação de terceiro vicia o negócio jurídico quando *devesse ser conhecida* da parte a quem aproveita. Trata-se aqui de negligência ou imprudência anormal no trato geral dos negócios, falta de cumprimento ao dever normal de diligência a evidenciar culpabilidade. Sendo uma infração a um dever lateral de conduta de diligência na fase pré-contratual, deve a culpa ser presumida, salvo prova insofismável da parte em contrário. Registre-se que no trato negocial, é de se presumir o conhecimento da parte a quem aproveita a coação praticada por terceiro.

d) Estado de perigo

Configura-se o estado de perigo quando alguém, premido da necessidade de salvar-se, ou a pessoa de sua família, de grave dano conhecido pela outra parte, assume obrigação excessivamente onerosa. Tratando-se de pessoa não pertencente à família do declarante, o juiz decidirá segundo as circunstâncias.

O negócio realizado em estado de perigo consiste em acordo de vontades no qual o agente emite declaração de vontade premido pela necessidade de salvar a si próprio ou pessoa de sua família de perigo atual de grave dano, conhecido da outra parte, assumindo obrigação excessivamente onerosa. O estado de perigo pode decorrer de um acontecimento natural ou de uma ação humana.

O negócio realizado em estado de perigo diferencia-se do negócio sob coação; porque, no estado de perigo, o perigo que ameaça a vítima não foi produzido pelo outro contraente visando extorquir desta uma manifestação de vontade de celebrar o negócio sob as condições exigidas. Não há aqui extorsão de emissão de vontade sob ameaça de um dano por parte do favorecido, mas sim um aproveitamento do risco que a vida ou a família do agente estava exposta para auferir uma vantagem. Também não há que se confundir negócio realizado

53. Alves, José Carlos Moreira, *op. cit.*, p. 56.

em estado de perigo com negócio lesionário. No primeiro caso, o risco assumido é conhecido e assumido na sua inteireza, enquanto que no caso do negócio lesionário concluído por inexperiência o contratante não tem noção da extensão daquilo a que se está obrigando. No negócio concluído em estado de perigo o dolo de aproveitamento é da essência da qualificação do instituto, enquanto que na lesão é irrelevante para a disciplina desta se a parte favorecida tinha conhecimento da inexperiência ou premente necessidade de contratar do lesionado.

Os negócios jurídicos são informados pela obrigação de correção e lealdade que decorre da boa-fé objetiva, não apenas naquilo que se estipulou, mas também em todos os deveres laterais de conduta que decorrem naturalmente da relação negocial; assim sendo, o negócio em que se aufere ganhos exorbitantes com dolo de aproveitamento do estado de perigo da contraparte é ofensivo à boa-fé e, portanto, inválido, em tudo aquilo que diz respeito ao aproveitamento da desigualdade das partes. Não constitui o estado de perigo um vício da vontade ou do consentimento porque há a intervenção de uma causa extrínseca que afeta a declaração de vontade. O negócio jurídico concluído em estado de perigo é parcialmente inválido, porque não atende à função econômico-social do contrato, há conflito entre a vontade individual declarada e o interesse social, devendo prevalecer este último.

São elementos caracterizadores do estado de perigo: I) elementos objetivos: a) a ameaça de grave dano à própria pessoa ou a pessoa de sua família; b) a atualidade do dano; c) onerosidade excessiva da obrigação; e II) elementos subjetivos: d) a crença do declarante de que se encontra em perigo; e) o conhecimento do perigo pela outra parte.

O perigo deve ser de natureza grave. Avalia-se a gravidade do perigo em função das circunstâncias do caso concreto e das condições físicas e psíquicas da vítima. O perigo pode dizer respeito tanto à vida quanto à saúde, integridade física ou mesmo a honra do declarante, membro de sua família ou outra pessoa. O dano deve ser atual ou iminente. Dano atual ou iminente é aquele que já está acontecendo ou que está prestes a acontecer. Não se caracteriza o estado de perigo se o perigo já passou ou se é futuro. Obrigação excessivamente onerosa é aquela que decorre de condições iníquas, com grande sacrifício econômico. Devem ser avaliadas judicialmente as circunstâncias em que o contrato foi celebrado e também a situação financeira das partes contratantes.

Elemento subjetivo importante na caracterização do estado de perigo é a crença do declarante de que se encontra em perigo. Como bem aduz Teresa Ancona Lopes, "se há um perigo efetivo e real ignorado pela vítima, o estado de perigo não estará configurado, pois a certeza de estar em perigo é elemento essencial na caracterização deste tipo de defeito".[54] Nesse diapasão, o estado de perigo putativo é caracterizador do elemento subjetivo. Essencial ainda para a configuração do estado de perigo é o de que a parte beneficiada saiba do estado de perigo em que se encontra a vítima. Configura-se assim o dolo de aproveitamento através do qual o outro contratante aproveita-se do estado de perigo em que se encontra a vítima para exigir-lhe, em virtude disso, uma obrigação exorbitante.

São exemplos de negócios realizados em estado de perigo: o do indivíduo prestes a se afogar que promete toda a sua fortuna a quem o salve da morte iminente; o doente em perigo de vida que consente, apenas iniciada a operação, no contrato, pelo qual pague ao operador uma soma fabulosa; negócio jurídico celebrado em caso de seqüestro de pessoa da família, para que se possa pagar o resgate, etc.

O Código Civil não prevê a regra consubstanciada no § 2º do art. 157 pertinente à lesão, determinando que não se decretará a anulação do negócio se a parte favorecida concordar com a redução do proveito. O Código apenas menciona a possibilidade de anulação do negócio jurídico pela vítima e o de sua confirmação pelas partes. Vedada a redução eqüitativa, a parte que prestou o auxílio e que suportou o dano deverá ajuizar a *actio in rem verso*.

e) Lesão

Ocorre a lesão quando uma pessoa, sob premente necessidade, ou por inexperiência, se obriga a prestação manifestamente desproporcional ao valor da prestação oposta. Aprecia-se a desproporção das prestações segundo os valores vigentes ao tempo em que foi celebrado o negócio jurídico. Não se decretará a anulação do negócio, se for oferecido suplemento suficiente, ou se a parte favorecida concordar com a redução do proveito.

---

54. Lopes, Teresa Ancona. O negócio jurídico concluído em estado de perigo. *In*: *Estudos em homenagem ao professor Silvio Rodrigues*. São Paulo: Saraiva, 1989, p. 317.

O instituto tem origem em fontes romanas. Surge de um reescrito dos imperadores Diocleciano e Maximiliano, em 285 d.C. Sob a rubrica *De rescindenda venditione*, este reescrito oferece ao vendedor a possibilidade de invocar a rescisão do contrato de compra e venda se o preço obtido com a venda da coisa tiver sido inferior à metade do verdadeiro preço: "C.4.44.2 (Diocl. et Maxim. AA. Aurelio Lupo). Se tu ou teu pai houver vendido por menor preço uma coisa de preço maior, é humano que, restituindo tu o preço aos compradores, recebas o imóvel vendido mediante a intervenção da autoridade do juiz, ou se o comprador preferir, recebas o que falta para o justo preço. Ora, o preço parece ser menor se nem a metade do verdadeiro preço tenha sido paga."[55] É a chamada lesão enorme caracterizada pelo preço inferior à metade do verdadeiro preço, objetivamente aferido e pela possibilidade de, caso o comprador oferecesse a complementação do preço, manter-se íntegro o contrato.

Os canonistas, na Idade Média, estabelecem o conceito de *laesio enormissima*, decorrência da idéia de magnitude do pecado. Quando o vendedor era lesado em mais de dois terços do verdadeiro preço, a lesão enormíssima não apenas viciava o contrato, tornando-o rescindível, mas importava na sua inexistência como ato jurídico. Assim, negava-se ao comprador a possibilidade de completar o justo preço por ser insanável o vício. Também os canonistas desenvolveram a compreensão unitária da lesão e da usura, com a idéia de lesão usurária ou usura real. É uma lesão qualificada pelos elementos subjetivos e caracterizada pelo lucro desproporcionado em qualquer contrato que não o mútuo, obtido mediante exploração da necessidade, leviandade ou inexperiência da contraparte (v. art. 4º, *b*, e § 3º, da Lei nº 1.521/1951).

Há ainda em nosso direito a chamada lesão consumerista, implícita nos arts. 6º, V, 39, V, e 51, IV, do CDC. Ao consumidor é assegurado o desfazimento do negócio jurídico sempre que contratar em circunstâncias iníquas ou abusivas, sendo sua prestação exagerada. Não se cogita aqui de elementos subjetivos, bastando a existência de prestação exagerada por parte do consumidor.

No dispositivo em epígrafe, a lesão é definida como a exagerada desproporção de valor entre as prestações de um contrato bilateral, concomitante à sua formação, resultado do aproveitamento, por parte do contratante beneficiado,

---

55. Justiniano. *Cuerpo del derecho civil romano*. t. I. Código. Libros 1 a 5. Tradução de Idelfonso García del Corral. Valladolid: Lex Nova, 1988, p. 508.

de uma situação de inferioridade em que então se encontrava o prejudicado. Inclui o Código a lesão entre os defeitos do negócio jurídico, porém difere a mesma dos demais no que concerne à sua natureza jurídica: é causa de invalidade do contrato. No dizer de Anelise Becker: "o contrato é inválido não por vício de vontade, mas por lesão. A situação do sujeito prejudicado não representa mais do que um elemento circunstancial sobre o qual incide o aproveitamento do lesionante e, assim, um componente do suporte fático, todavia secundário ao enquadramento sistemático do instituto".[56] Esta invalidade é parcial. Sendo os negócios jurídicos informados pela obrigação de correção e lealdade que decorre da boa-fé objetiva, não apenas naquilo que se estipulou, mas também em todos os deveres laterais de conduta que decorrem naturalmente da relação negocial, o negócio em que se aufere ganhos com a inexperiência ou a premente necessidade de contratar da contraparte, é necessariamente um negócio inválido. Porém, o contrato proporciona ao lesado, por meio da prestação do outro contraente, o bem que é preciso para satisfazer a sua necessidade, tem uma função socialmente útil; embora injusto, se o contrato ainda é útil, realiza um interesse que merece ser tutelado. Este se abriga no princípio da conservação dos contratos informados por normas protetivas: o negócio é parcialmente inválido até a redução do preço ao nível lícito ou, uma vez já pago este, a determinação da restituição do excesso.[57]

A lesão não foi inserida no Código Civil de 1916, de cunho voluntarista, hipostático em seu superdimensionamento da autonomia privada. Não obstante, ressurge agora, em um viés parcialmente subjetivista, em um contexto informado pela boa-fé objetiva e pelo equilíbrio das partes na relação negocial. A lesão está ligada à noção de justiça contratual, é um instrumento da tutela do equilíbrio negocial em sentido amplo.

O momento em que a desproporção lesionária deve ser apreciada é o da celebração do contrato, segundo os valores vigentes ao tempo do ato: "C.4.44.8 (Diocl. et Maxim. AA. Evodia) a não ser que se haja dado menos da metade do justo preço, *que havia sido ao tempo da venda*."[58] Difere da excessiva onerosidade

56. Becker, Anelise. *Teoria geral da lesão nos contratos*. São Paulo: Saraiva, 2000, p. 134.

57. Becker, Anelise, *op. cit.*, p. 165-7.

58. Justiniano. *Cuerpo del derecho civil romano*. Tomo I. Código. Libros 1 a 5, *op. cit.*, p. 509.

porque nesta a desproporção surge apenas posteriormente, como conseqüência de circunstâncias estranhas às partes.

A lesão prevista no art. 157 compõe-se de elementos objetivos e subjetivos. O elemento objetivo diz respeito à equivalência das prestações. Pode esta ser determinada a partir de uma tarifa previamente estabelecida na lei, como um parâmetro quantitativo para a caracterização da lesão (metade do valor, sete doze avos etc.) ou ser um conceito aberto, exigindo tão-somente que as prestações sejam desproporcionais, a ser definida, no caso concreto, pelo juiz. O art. 157 opta pelo conceito aberto sob a rubrica de manifesta desproporção. Sendo um negócio de boa-fé, a verificação do desequilíbrio deve levar em conta a totalidade do contrato e não apenas a desproporção entre prestação e contraprestação. Assim, também devem ser considerados para a quantificação da desproporção as vantagens excessivas concernentes aos deveres laterais de conduta e às circunstâncias de tempo, lugar ou modo do contrato.

São elementos subjetivos da lesão a premente necessidade ou a inexperiência do lesado. Não há necessidade de que a parte contrária, que seria beneficiada com a lesão, saiba que a manifestação de vontade foi emitida por necessidade ou inexperiência. O dispositivo é objetivo e ocorre independentemente de dolo ou culpa do beneficiado. Difere a lesão qualificada aqui exposta da lesão usurária pela irrelevância do dolo de aproveitamento para a qualificação do instituto (Lei nº 1.521/1951, art. 4º, *b*). Este, entretanto, é presumido, por ser o negócio jurídico de boa-fé, e atua para estabelecer o a integralidade da reparação ou da redução à eqüidade do negócio.

A premente necessidade tem um significado econômico, refere-se à necessidade econômica de contratar. Como expõe Caio Mário: "A necessidade contratual não decorre da capacidade econômica ou financeira do lesado, mas da circunstância de não poder ele deixar de efetuar o negócio."[59] Essa necessidade econômica de contratar pode se constituir em necessidade material ou moral. A inexperiência consiste na falta de familiaridade com os requisitos próprios inerentes à transação. O elemento subjetivo quanto ao lesado não é presumido, devendo ser demonstrado pela parte que alega.

No que se refere aos contratos sujeitos à lesão, via de regra, ela está presente nos contratos bilaterais e onerosos. Os contratos bilaterais e onerosos se

59. Pereira, Caio Mário da Silva. *Lesão nos contratos*. 2. ed. Rio de Janeiro: Forense, 1959, p. 196.

caracterizam pelo sinalagma, isto é, pela dependência recíproca das obrigações geradas pelo contrato, onde uma obrigação é a razão de ser da outra, verificando-se uma interdependência essencial entre as prestações e pelo fato de que neles ambas as partes visam à obtenção de vantagens ou benefícios, impondo-se encargos reciprocamente em benefício uma da outra. Porém, a lesão pode também estar presente em contratos aleatórios. Afinal, embora nestes contratos seja possível haver desproporção decorrente do risco assumido pela partes, tal desproporção é sempre posterior à celebração do negócio. Se, no entanto, houver uma desproporção concomitante à celebração do negócio (que não se confunde com a assumida), estará caracterizada a lesão. Como explica Demogue: "A lesão não é inteiramente incompatível com o contrato aleatório. Cientificamente, graças ao cálculo de probabilidades, um acontecimento submetido ao acaso pode ter chances determinadas de se produzir e pode ter um valor matemático."[60] Deste modo, sendo a desproporção conhecida de uma das partes no momento da avença, há lesão: os riscos são inexpressivos para uma das partes, em contraposição àqueles suportados pela outra, beneficiada no momento da celebração do negócio.

No que se refere à ação de anulação pode o réu oferecer-se para reajustar a prestação e assim manter o negócio. A ação de anulação, nessa hipótese, se converterá em ação de revisão, sendo atendida a pretensão precípua da parte prejudicada, que é a manutenção da justiça contratual.

f) Fraude contra credores

Os negócios de transmissão gratuita de bens ou remissão de dívida, se os praticar o devedor já insolvente, ou por eles reduzido à insolvência, ainda quando o ignore, poderão ser anulados pelos credores quirografários, como lesivos dos seus direitos. Igual direito assiste aos credores cuja garantia se tornar insuficiente. Só os credores que já o eram ao tempo daqueles atos podem pleitear a anulação deles.

Na definição de Clóvis Beviláqua: "Fraude, no sentido em que o termo é empregado pelo Código Civil nesta seção, é todo ato prejudicial ao credor (*eventus damni*), por tornar o devedor insolvente ou ter sido praticado em estado de insolvência. Não exige o Código o requisito da má fé (*consilium fraudis*), que,

60. Demogue, René, *op. cit.*, p. 634.

aliás, ordinariamente, se presume, porém que não é essencial para determinar a fraude e tornar anulável o ato."[61]

Não se confundem a fraude contra credores com fraude de execução. Esta diferencia-se daquela precisamente porque encontra-se estribada no art. 593, II do CPC, portanto, de caráter processual, uma lesão ao direito público. Noutro sentido, diametralmente oposto, a fraude contra credores encontra-se sob a égide do Código Civil, por conseguinte, do direito privado. Em outros termos, cumpre não confundir a fraude contra credores com fraude de execução, conquanto na primeira, são atingidos apenas interesses privados dos credores (arts. 106 e 107 do CC), na segunda, o ato do devedor executado, viola a proteção social, atividade jurisdicional do Estado (art. 593, do CPC). "A fraude contra credores, uma vez reconhecida, aproveita a todos os credores; a fraude de execução aproveita apenas ao exeqüente."[62] A fraude contra credores ocorre quando o ato fraudulento é realizado antes da instauração do processo do credor visando a satisfação de seu crédito, enquanto a fraude de execução se verifica quando o ato fraudulento é praticado depois de sua instauração, com a efetiva citação do devedor. A fraude contra credores envolve hipótese de anulabilidade de contrato oneroso, cuja anulação reclama ação própria contra o devedor reputado insolvente e o adquirente tido de má-fé.

São três os pressupostos para a tipificação da fraude contra credores: *eventus damni* (elemento objetivo); *consilium fraudis* (elemento subjetivo); e a anterioridade do crédito.

O elemento objetivo, ou *eventus damni*, necessita estar presente para ocorrer a fraude. Sem o prejuízo, não existe o legítimo interesse para propositura da ação pauliana. Verifica-se o *eventus damni* sempre que o ato é a causa do dano, tendo determinado a insolvência ou a agravado. Deve haver nexo de causalidade entre o ato do devedor e a sua insolvência.

O *consilium fraudis* nada mais é do que a má-fé, ou seja, o intuito malicioso de prejudicar, caso que poderá vir isolado, tanto na renúncia de herança ou aliado a um terceiro, como na venda fraudulenta. O dispositivo dispensa a intenção precípua de prejudicar, bastando para a existência da fraude a existência dos da-

61. Beviláqua, Clóvis, *op. cit.*, p. 287.

62. Monteiro, Washington de Barros. *Curso de direito civil*. v. I. 23. ed. São Paulo: Saraiva, 2001, p. 222.

nos resultantes da prática do ato. Encara o Código a garantia dos credores como uma objetividade jurídica, a ser tutelada consoante os ditames da boa-fé objetiva. Deste modo, é indiferente se o devedor já insolvente tinha consciência da sua insolvência; basta o fato objetivo, juridicamente ponderável em juízo, para facultar aos credores quirografários a anulação dos negócios lesivos. Do mesmo modo, para proteger o interesse dos credores, reputa o Código a garantia que se torna insuficiente como motivo relevante para a anulação dos negócios lesivos.

Quanto à anterioridade do crédito, o patrimônio do devedor é garantia geral de seus credores; e, por isso, a disponibilidade só pode ser exercitada até onde não lese a segurança dos credores. O credor quirografário, previsto no dispositivo, é aquele cujo crédito não tem nenhuma garantia real, preferência ou privilégio. Estabelece o art. 158, § 2º, do Código Civil que só os credores, que já o eram ao tempo desses atos, podem pleitear-lhes a anulação e o crédito deve existir no momento do ato de disposição dos bens, não se confundindo com seu reconhecimento judicial, sendo assim anterior ao ato tido como fraudulento e praticado pelo devedor.

> Fundamenta-se tal disposição no melhor bom senso, pois inadmissível aceitar que um credor posterior ao ato praticado pelo devedor venha tentar revogá-lo, sob a alegação de fraude contra credores. Se o autor não era sequer credor na época da realização do ato, não pode ter interesse e legitimidade para impugná-lo, sob a alegação de fraude e danos, pois o bem alienado (uma hipótese), quando ele se tornou credor, não fazia mais parte do patrimônio do devedor e assim não se constituía em garantia para o recebimento de seu crédito.[63]

Preceitua o Código Civil que serão igualmente anuláveis os contratos onerosos do devedor insolvente, quando a insolvência for notória, ou houver motivo para ser conhecida do outro contratante.

Nos contratos onerosos de devedor insolvente, a lei exige a ciência do adquirente quanto à insolvência do devedor, ou pelo menos a presunção de que ele tenha esse conhecimento. Essa diferença de tratamento em relação aos atos de transmissão gratuita e de remissão de dívidas, é perfeitamente justificável, pois, nestes, o adquirente procura apenas assegurar um ganho, não havendo contraprestação. Deve o adquirente, a título gratuito, apenas restituir aos credores o lucro obtido com a fraude do devedor, embora dela não tenha participado. Nos

---

63. Oliveira, Lauro Laertes de. *Da ação pauliana*. São Paulo: Saraiva, 1979, p. 83.

negócios onerosos, o adquirente contesta a ação revocatória buscando evitar um dano, porque houve uma contraprestação, saiu um valor de seu patrimônio para que o bem pudesse ser adquirido.

Insolvência notória, para os fins do artigo, é aquela de conhecimento público, de cuja existência estão informadas as pessoas medianamente esclarecidas. Não se confunde com voz pública (boato) ou ainda opinião pública concernente à insolvência. A insolvência presumida ocorre quando o adquirente tinha motivos para saber do precário estado financeiro do alienante. São situações de presunção de fraude, consoante a jurisprudência: amizade íntima entre o insolvente e o terceiro adquirente; parentesco próximo; protesto de cambiais; elevado número de ações de cobrança; empréstimos excessivos junto a bancos; pagamento de juros extorsivos.

A má-fé do adquirente existirá sempre que a insolvência for notória, ou sempre que ele tiver motivos para conhecê-la (presumida), caso em que, pode ser revogado o negócio fraudulento, presumindo-se o adquirente, cúmplice do devedor.

Se o adquirente dos bens do devedor insolvente ainda não tiver pago o preço e este for, aproximadamente, o corrente, desobrigar-se-á depositando-o em juízo, com a citação de todos os interessados. Se inferior, o adquirente, para conservar os bens, poderá depositar o preço que lhes corresponda ao valor real.

É hipótese de fraude ainda não ultimada. O preço deve ser o usual no mercado, caso contrário há motivo para se supor a malícia do adquirente. Sendo o preço o corrente, e depositado em juízo pelo comprador que ainda não o pagou, cessa o interesse dos credores.

O disposto no art. 160 do Código Civil trata do meio que tem o adquirente de evitar a anulação do negócio, mediante a ação pauliana. Utiliza-se a ação de consignação em pagamento para o referido depósito judicial. Eventualmente poderá algum credor contestá-la, alegando ser o preço depositado, inferior ao de mercado. Caberá então à perícia, que constatando ser o preço inferior ao de mercado, fará nascer para o adquirente, o direito de complementar o justo preço determinado.

Ao adquirente é vedada essa faculdade, independente da presença da boa ou má fé. Ele não terá necessariamente de aguardar o exercício da ação revocatória contra ele e o alienante, para só então se valer do depósito judicial do preço: já tendo sido proposta ação pauliana tendente à recomposição patrimonial do devedor, o adquirente necessariamente citado tanto pode exercer o seu direito de contestar a ação, argumentando a ausência do *consilium fraudis* ou do *eventus damni*, como pode, desde logo, oferecer o preço da coisa adquirida.

A faculdade prevista pode ser exercida pelo adquirente, até mesmo depois de julgada procedente a ação pauliana, porque a disposição prescinde da boa ou má fé do adquirente, nenhum limite temporal se fixa para o exercício da faculdade e porque, sendo a pauliana ação arbitrária, a sentença que a acolhe perde a sua finalidade se o credor é satisfeito pelo pagamento da dívida.

Se nenhum dos credores fizer uso da ação revocatória, o ato se convalida por haver a presunção que todos renunciaram, porém, se apenas um dos credores propor a ação, a eficácia da sentença aproveita a todos.

Prevê o Código Civil, em seu art. 161, que a ação pauliana poderá ser intentada contra o devedor insolvente, a pessoa que com ele celebrou a estipulação considerada fraudulenta, ou terceiros adquirentes que hajam procedido de má-fé.

O artigo estende a ação pauliana além do primeiro adquirente, para abranger também os adquirentes de má-fé. Não há precedência para o ajuizamento da competente ação, podendo ser ela movida desde logo em face do contratante ou dos terceiros adquirentes de má-fé.

Quanto ao credor quirografário, que receber do devedor insolvente o pagamento da dívida ainda não vencida, ficará obrigado a repor, em proveito do acervo sobre que se tenha de efetuar o concurso de credores, aquilo que recebeu.

Isso visa garantir a maior igualdade possível entre os credores quirografários, no concurso creditório, recebendo apenas o que lhes é de direito. O patrimônio do devedor é garantia comum de todos, devendo todos, portanto, ser aquinhoados proporcionalmente. São três os pressupostos para que se configure a fraude nestas circunstâncias: que o pagamento tenha sido efetuado ao credor quirografário; que o pagamento tenha sido efetuado pelo devedor insolvente; que a dívida não tenha vencido. Uma vez procedente a ação pauliana com fundamento neste artigo, deve o credor então beneficiado repor o que recebeu, não para o autor da ação pauliana, mas para o acervo de bens.

Presumem-se fraudatórias dos direitos dos outros credores as garantias de dívidas que o devedor insolvente tiver dado a algum credor. Não se trata aqui das garantias pessoais, uma vez que estas em nada afetam o patrimônio do devedor, mas sim das garantias reais (penhor, hipoteca, ou anticrese). Essas garantias geram um direito de preferência ao beneficiário, em relação aos demais credores quirografários, porque sujeitam a coisa dada em garantia ao vínculo real. Como conseqüência disso, aberto o concurso creditório, a coisa gravada com ônus real se destina ao pagamento dos credores preferentes, e apenas o que sobrar, irá compor o acervo. Concedendo o devedor insolvente, qualquer dessas garantias a um de seus credores, estará havendo um privilégio em relação aos demais, que provavelmente receberão menos, enquanto que o credor beneficiado receberá mais, por estar coberto de garantias reais, na totalidade de seu crédito. A coisa dada em garantia, de certa forma subtrai-se ao patrimônio do devedor, para assegurar a liquidação dos créditos com ônus reais. Viola-se portanto a igualdade dos credores quirografários no concurso creditório. Passível de revogação, assim, referidos atos por parte dos prejudicados, tornando sem efeito a garantia concedida. O que perde a eficácia é apenas a garantia concedida, e não o crédito.

O Código Civil estabelece que presumem-se de boa-fé e valem os negócios ordinários indispensáveis à manutenção de estabelecimento mercantil, rural, ou industrial, ou à subsistência do devedor e de sua família.

O dispositivo em apreço, por ser exceção à regra geral, abrange em sua primeira parte somente o devedor comerciante e inspira-se no Esboço de Teixeira de Freitas (art. 541, 1º) e no Projeto Coelho Rodrigues (art. 346, § 1º). No que concerne à subsistência do devedor e de sua família, a interpretação é igualmente restritiva, excluídos os gastos suntuários e o esbanjamento. O negócio será apreciado conforme as circunstâncias, e o juiz poderá declarar nulo ou válido, conforme nele intervier ou não o elemento da fraude, em prejuízo efetivo de outros credores.

Os efeitos da ação pauliana podem sintetizar-se na conseqüência que ela determina, ou seja, a anulação do ato fraudulento. A anulação ensejará efeitos diferentes de acordo com o tipo do ato que se anulou. No que concerne aos atos gratuitos e aos contratos onerosos, uma vez declarada sua anulação, terão como efeito a reversão dos bens desviados em proveito do acervo, volvendo as coisas ao seu primitivo estado, para rateio entre os credores. Referentemente às garantias instituídas sobre dívidas, todas serão anuladas desaparecendo, dessa forma, o direito real estabelecido em prejuízo dos demais credores. Torna-se inexistente a garantia fraudulenta, de modo a restabelecer a igualdade entre os credores. Quanto ao pagamento de dívida não vencida, o efeito de sua anulação consiste na reposição a que fica obrigado o credor quirografário, correspondentemente àquilo que recebeu, em proveito do acervo. Busca restabelecer a condição de igualdade entre os credores, a exemplo do que ocorre com a constituição de garantias.

5. Nulidade do negócio jurídico

A nulidade do negócio jurídico é uma modalidade de invalidade. O plano da validade – exclusivo do negócio jurídico – existe para que o ordenamento jurídico possa realizar o controle dos fatos jurídico nos quais a vontade existe como seu elemento de existência, podendo ela fixar, ao menos parcialmente, os efeitos a produzirem-se. Ao lado da nulidade, como modalidade de invalidade, há a anulabilidade.

Fala-se, para a realização do referido controle, de *requisitos* de validade, entendidos como sendo qualidades que o negócio jurídico deve ostentar para que não seja ele inválido. Evidentemente, só se podem atribuir *qualidades*, exigir requisitos, àquilo que existe. O plano da existência é prévio ao da validade, bem como ao da eficácia. Estão no primeiro contidos os elementos que devem estar somados para que o fato jurídico (*lato sensu*) possa ao menos ser cogitado. Normalmente, aliás, afirma-se que os negócios jurídicos nulos não produzem quaisquer efeitos. Isso é inexato à luz da mais moderna doutrina e da realidade. Os planos da validade e da eficácia não se devem confundir, pois é possível que negócios válidos não gerem efeitos, da mesma sorte que negócios inválidos – inclusive nulos – os produzam. Exemplo da primeira hipótese é o contrato sob condição suspensiva. Do segundo, o casamento putativo em relação ao cônjuge de boa-fé.

O plano da validade contém, portanto, certos requisitos para os elementos de existência, cuja falta ocasionará a invalidade. A invalidade que se produz, em regra é a nulidade. A anulabilidade só haverá caso o ordenamento jurídico comine essa sanção expressamente ao negócio por conta da falta de um dos requisitos de validade.

A nulidade, como regra geral, é a vedação da produção de efeitos. Os negócios jurídicos nulos, em geral não entram no plano da eficácia, apesar de essa afirmação não poder ser generalizada, como já se acentuou. Caso o negócio produza modificações no plano da efetividade – transformações no plano dos fatos – essas devem ser desfeitas. Indagação de relevo e momento é a de saber quando e quais os efeitos eventualmente produzidos pelo negócio jurídico nulo. Pode-se responder a esta judiciosa indagação através da regra da especialidade para a solução das antinomias. A regra *geral* é a de que o negócio jurídico nulo não produz efeitos. *Excepcionalmente* ele os ocasiona. Assim, somente quando haja norma especial ordenando que o negócio jurídico produza efeitos, escapa-se da regra da não produção de efeitos.

Por derradeiro, impende consignar que não é absoluta a regra que diz que a nulidade produz efeitos *ex tunc*, ao passo que a anulabilidade os produz *ex nunc*. Pode ocorrer que a invalidade produza alguns efeitos, como, por exemplo, um contrato de trato sucessivo que foi celebrado por parte absolutamente incapaz (*v.g.* uma locação). Os valores pagos na qualidade de aluguéis não devem ser restituídos a quem os pagou, se houve uso efetivo do bem dado em locação, a fim de que se evite o enriquecimento sem causa de uma das partes. Repare-se: excepcionalmente negócios jurídicos nulos podem produzir efeitos. Da mesma sorte, o ordenamento jurídico pode manter efeitos que se tenham produzido tendo em vista a proteção a interesses que de outra sorte ficariam desprotegidos. Cabe ao intérprete verificar no caso concreto se há princípio ou norma que proteja os efeitos pretéritos produzidos.

Passa-se a analisar as causas de nulidade. Ou seja, quais são os requisitos de validade para que um negócio jurídico não seja nulo.

A primeira causa de nulidade do negócio jurídico é a incapacidade absoluta do agente. Não existe, como se sabe, direito sem sujeito. Ao mesmo tempo, o negócio jurídico sempre contém uma manifestação de vontade. Ora, se há manifestação de vontade há necessariamente uma pessoa – que é em potência o que o agente é no ato. O sistema aqui vai tutelar as próprias normas destinadas a proteger as pessoas. As incapacidades foram criadas para proteger as pessoas de sua própria inaptidão para negociar, contra a sua própria ausência de vontade. Acentue-se que todo o sistema de invalidades tem como um dos seus escopos, em alguma medida, a proteção da liberdade, da autonomia privada – pense-se nos casos de erro, dolo e coação, por exemplo. Na hipótese de nulidade por incapacidade absoluta, a falta de discernimento do incapaz faz com que não possa ele manifestar a sua vontade com responsabilidade.

A nulidade também pode ser ocasionada por falta de requisitos quanto ao objeto do negócio jurídico. Deve ele ser "lícito, possível, determinado ou determinável". Senão, vejamos. A licitude tem relação com a ausência de vedação do ordenamento jurídico. A licitude confunde-se com a possibilidade jurídica e quer significar que o Direito não proíbe determinado negócio jurídico. O negócio jurídico lícito é aquele que está em conformidade com o sistema. Na ordem privada, como se sabe, vigora um princípio de que as partes podem agir livremente, excetuando-se o que seja vedado pelo ordenamento jurídico e o que não seja merecedor de tutela em face da legalidade constitucional.

Outro requisito do objeto é a possibilidade. Tradicionalmente, a doutrina divide a possibilidade física e jurídica. A possibilidade jurídica, como acabou de ser dito, confunde-se com a licitude. Não há, no sistema jurídico pátrio, sentido em se fazer qualquer distinção, tendo em vista principalmente a unidade de efeito: a nulidade. A impossibilidade física tem que ver com a realizabilidade do negócio jurídico em um plano puramente fático. Observe-se que a impossibilidade para invalidar o negócio jurídico deve ser absoluta, ou seja, para todas as pessoas e não apenas aquela que atinge a uma só pessoa. Por exemplo, se um atleta amador contrata correr 100 metros rasos em 11 segundos para uma propaganda, sem que ele seja capaz de fazê-lo, o negócio jurídico é válido, pois há corredores capazes de percorrer tal distancia em tempo até mesmo menor. Pode ocorrer que, em sendo impossível para o devedor realizar uma prestação derivada de um negócio jurídico, resolva-se este em perdas e danos, mas não há que se falar em invalidade do mesmo.

A determinação é necessária, tendo em vista que no momento de sua realização o negócio precisa produzir *algum efeito*. Óbvia e logicamente é preciso que se saiba a que se dirige o negócio para que se possa saber os seus efeitos. Por conta disso, apesar de não ser exigível que o objeto do negócio seja determinado desde logo, mister que seja passível de determinação, ao menos no momento da produção de seus efeitos. O negócio jurídico com objeto não passível de determinação é nulo.

Não podem da mesma sorte, as partes buscar objetivos ilícitos com o negócio jurídico. Se os objetivos forem ilícitos, será nulo o negócio jurídico.

A forma da manifestação da vontade é em princípio livre. Sem embargo, se a forma imposta por lei (ou por esta proibida) for usada como suporte da manifestação de vontade, ocorre a nulidade. Da mesma sorte, poderá acarretar a nulidade a falta do instrumento público quando este é convencionado. Uma importante limitação quando à forma encontra-se no art. 108 do Código Civil, que impõe o instrumento público para a constituição ou transferência de direitos reais sobre imóveis acima de determinado valor.

Outra causa de nulidade é a falta da prática de determinada solenidade que a lei imponha como essencial. Pode acontecer que a lei exija a prática de certo ato jurídico para que outro se possa realizar. Quando isso ocorre, a sanção imposta para o negócio jurídico é a nulidade. Por exemplo, se falta uma das publicações para que uma reunião societária se realize, e ainda assim ela ocorre, nula será a reunião, bem como as deliberações nela feitas. Não pode o ordenamento jurídico tutelar a fraude às normas jurídicas imperativas, pois é da natureza das coisas – imanência necessária ao sistema – que assim ocorra. Desta sorte, se a parte ou as partes do negócio quiserem fraudar à lei através da prática de negócio proibido, a sanção será a nulidade.

Por derradeiro, impõe a lei a nulidade para todo e qualquer ato por ela proibido, ainda que não haja menção expressa ao tipo de invalidade que ocorrerá. Se houver norma imperativa e a lei não ordenar a anulabilidade, o intérprete deverá aplicar a nulidade. A regra aí contida demonstra que a nulidade é a invalidade geral, ao passo que a anulabilidade é a excepcional.

Prescreve o Código Civil que é nulo o negócio jurídico simulado, mas subsistirá o que se dissimulou, se válido for na substância e na forma. Haverá simulação nos negócios jurídicos quando: a) aparentarem conferir ou transmitir direitos a pessoas diversas daquelas às quais realmente se conferem, ou transmitem; b) contiverem declaração, confissão, condição ou cláusula não verdadeira; c) os instrumentos particulares forem antedatados, ou pós-datados. Ressalvam-se os direitos de terceiros de boa-fé em face dos contraentes do negócio jurídico simulado.

Na simulação, as partes praticam um negócio jurídico tentando obter os efeitos de outro. Isso pode ocorrer por uma infinidade de motivos, que podem ir desde o melhor acomodamento dos seus interesses, desconhecimento de tipos negociais etc. até a vontade de fraudar a lei e prejudicar terceiros. A simulação que vise a obter para a parte ou para as partes do negócio jurídico – já que um negócio jurídico unilateral, como o testamento, por exemplo, pode ser simulado – efeitos que são proibidos por lei e causam prejuízos a terceiros ou infrinjam a ordem pública são nulos.

A simulação – dita inocente – que não cause qualquer prejuízo não ocasiona a nulidade do negócio jurídico. Não existe aqui intenção de fraudar a lei, causar prejuízos a terceiros, ou qualquer outro ato vedado por lei. Apenas pratica-se o ato para acomodar interesses privados. É o que ocorre, por exemplo, nos negócios fiduciários, como na alienação fiduciária, nos quais os efeitos produzidos ultrapassam os desejados pelas partes.

A própria lei indica (exemplificativamente) os casos de simulação. Em primeiro lugar, o transferir direitos a quem não tenha legitimidade para recebê-los. Por exemplo, aquele que vende um apartamento à esposa de seu filho para escapar à vedação legal de contratação entre ascendentes e descendentes. Da mesma sorte, os negócios que contiverem declaração, confissão, condição ou cláusula não verdadeira ou nos quais os instrumentos forem antedatados, ou pós-datados.

O negócio jurídico simulado pode produzir efeitos que atinjam a terceiros de boa-fé – isto é, que desconheçam a simulação –, sendo os direitos daí derivados ressalvados e protegidos. A boa-fé que se cogita no particular é a subjetiva, portanto. Observe-se que o desconhecimento do tema há de ser justificável, ou seja, é mister que o terceiro prejudicado nos seus direitos pela simulação tenha tido o cuidado normal de verificar se havia ou não essa causa de invalidade.

Qualquer interessado – pessoa que possa ter a sua situação jurídica alterada pelo negócio jurídico – ou o Ministério Público podem requerer a declaração da nulidade e o desfazimento dos atos de eficácia (fática) produzidos. A legitimidade para a declaração da nulidade é ampla, ao contrário do que acontece na anulabilidade – cuja sentença tem inclusive natureza constitutiva e não declaratória.

Da mesma sorte, se o juiz verificar que há negócio jurídico nulo que tenha influência sobre uma lide que deve por ele ser decidida (na qualidade de prejudicial), deve desconsiderar o negócio, negando-lhe a produção de quaisquer efeitos, salvo os ressalvados por norma jurídica.

Aqui se insere outra importante regra quanto às nulidades: a de que, salvo norma jurídica permissiva, as partes não podem suprir as nulidades. As anulabilidades, ao contrário, o autorizam. Mas, na nulidade tal não se permite, tendo em vista os interesses públicos envolvidos. Frise-se, sem embargo, que a regra não é absoluta.

O negócio jurídico nulo não pode ser confirmado pela parte, ou pelas partes nele envolvidas. A regra, insista-se, não é absoluta, podendo o legislador prever hipóteses de nulidade que possam ser sanadas pelas partes interessadas. Mas a *regra geral*, o *comum dos casos*, é a impossibilidade de confirmação, ao contrário do que ocorre com a outra modalidade de invalidade do negócio jurídico que é a anulabilidade. Esse, possivelmente um dos principais pontos no qual o regime da nulidade distancia-se daquele da anulabilidade.

Da mesma sorte, a anulabilidade sempre pode convalescer pelo decurso do tempo – através de prazos de decadência, já que os direitos a anular um negócio jurídico têm natureza formativa (são direitos potestativos) e estão sujeitos a prazo. Os negócios jurídicos nulos apenas dependem de declaração e não de uma desconstituição, como ocorre com os negócios anuláveis.

Assim, há uma vedação por parte do legislador de supressão da nulidade, novamente insista-se, como regra geral, já que é possível para o próprio legislador, sem qualquer quebra sistemática, afastar uma determinada hipótese concreta dessas normas, abrindo às partes possibilidade de fazer convalescer o negócio jurídico, ou mesmo criando uma decadência para o exercício do direito de promover o desfazimento de materializações práticas de algo que seria um efeito do negócio. Frise-se apenas que se a própria lei admitir os efeitos esses devem ser produzidos e serão, inclusive, protegidos pelo ordenamento jurídico, sendo possível até mesmo persegui-los judicialmente.

6. Conservação do negócio jurídico

Prescreve o Código Civil, em seu art. 170, que se o negócio jurídico nulo contiver os requisitos de outro, subsistirá este quando o fim a que visavam às partes permitir supor que o teriam querido se houvessem previsto a nulidade.

Consoante ensina Pothier em sua Segunda Regra para a interpretação das convenções, "quando uma cláusula é suscetível de dois sentidos, deve entender-se naquele, em que ela pode ter efeito; e não naquele em que não teria efeito algum".[64]

É o princípio interpretativo da conservação que domina os negócios jurídicos. Antonio Junqueira de Azevedo esclarece os seus fundamentos:

> Por ele, tanto o legislador quanto o intérprete, o primeiro, na criação das normas jurídicas sobre os diversos negócios, e o segundo, na aplicação dessas normas, devem procurar conservar, em qualquer um dos três planos – existência, validade e eficácia – o máximo do negócio jurídico realizado pelo agente. O princípio da conservação consiste, pois, em se procurar salvar tudo que é possível num negócio jurídico concreto, tanto no plano da existência, quanto da validade, quanto da eficácia.[65]

Com base no princípio da conservação dos atos jurídicos, a doutrina alemã da segunda metade do século XIX criou a figura da conservação do negócio jurídico nulo ou anulável, consubstanciada no § 140 do Código Civil alemão: "Se um negócio jurídico nulo contiver os requisitos de outro negócio jurídico, vale este último, desde que se entenda que a sua validade seria querida, embora conhecida a nulidade." Esta noção de conservação do negócio jurídico nulo agora é introduzida expressamente, como regra geral, no ordenamento brasileiro pelo art. 170 do Código Civil.

A conversão pode ser definida, consoante Pontes de Miranda, em "uma transformação do ato que não reúne os elementos necessários para o fim a que se destina, em outro para o qual seja suficiente, desde que tenha os requisitos de substância e forma previstos para este ato, e seja querida pelas partes, cientes da invalidade do primeiro".[66]

Define Antonio Junqueira de Azevedo suas características: existente o negócio jurídico (com seus elementos gerais, forma, objeto e vontade), se lhe faltar um elemento categorial inderrogável (aqueles que caracterizam a natureza jurídica de cada tipo de negócio e são definidos em lei) abre o ordenamento jurídico a possibilidade para o intérprete, de convertê-lo em negócio de outro tipo, me-

64. Pothier, R-J, *op. cit.*, p. 61-2.

65. Azevedo, Antônio Junqueira de, *op. cit.*, p. 66.

66. Miranda, Francisco Cavalcanti Pontes de. *Tratado de direito privado.* v. IV. Rio de Janeiro: Editor Borsoi, 1970, p. 63.

diante o aproveitamento dos elementos prestantes; é a conversão substancial. A conversão substancial é sempre um fenômeno de qualificação, ela acarreta nova qualificação categorial.[67] A conversão substancial importa na mudança do tipo do negócio: *v.g.* um título de crédito sem valor como tal por vício de forma, que vale como prova de obrigação ou confissão de dívida.

São requisitos da viabilidade da conversão: a) identidade de substância e de forma entre os dois negócios (o nulo e o convertido); b) identidade de objeto; c) adequação do negócio substitutivo à vontade hipotética das partes.

Por identidade de substância entende-se que os elementos essenciais à estrutura dos negócios (nulo e convertido) permanecem íntegros. Assim o consenso apto a configurar a declaração de vontade no título de crédito deve subsistir, ainda que, por vício de forma, este título possa ser considerado simplesmente como prova da obrigação. A identidade da forma é aquela em que do suposto de fato do negócio realizado pode-se inferir a forma de outro negócio no qual se converterá o primeiro. A identidade de objeto significa que o mesmo suposto de fato deverá ser sucessivamente analisado e duplamente qualificado para a realização do processo de conversão. Deste modo, o processo de conversão, na configuração de seus pressupostos objetivos, requer uma dupla atividade de qualificação: em um primeiro momento, constata-se, diante de um determinado suporte fático, a sua deficiência, aferindo-se, assim, a nulidade do negócio realizado pelas partes; e, num segundo momento, repete-se a análise do suposto de fato para detectar os requisitos de substância e forma do outro negócio no qual há de se converter o primeiro.[68]

Equívoca se apresenta a expressão "subsistirá" do art. 170 porque pode, em uma interpretação apressada, ser entendida como denotando que o outro negócio jurídico já estaria contido no primeiro, e, portanto, não havendo propriamente conversão, mas, sim, apenas manutenção deste outro negócio jurídico. A conversão, como assim explicado, é sempre um processo de dupla qualificação categorial pelo qual do suposto de fato do negócio jurídico nulo são detectados, por força da interpretação, os requisitos de substância e forma do outro negócio no qual há de se converter o primeiro. Deste modo, a expressão

67. Azevedo, Antônio Junqueira de, *op. cit.*, p. 67.

68. Mozos, José Luiz de los. *La conversión del negocio jurídico*. Barcelona: Bosch, 1959, p. 91.

"subsistirá" deve ser compreendida juridicamente como realização desse complexo processo de qualificação categorial e não no sentido corrente de utilização do verbo.

O pressuposto subjetivo, a adequação do negócio substitutivo à vontade hipotética das partes, não deve ser concebido, em um Código informado pela noção de boa-fé objetiva na interpretação do negócio jurídico, como uma perquirição da vontade subjetiva presumida das partes mas sim na consideração de que se possa entender que o novo negócio esteja compreendido no que foi efetivamente declarado, permitindo-se supor que o negócio não é contrário à vontade das partes, tal e qual foi declarada. Avulta aqui a consideração de que o pressuposto subjetivo atua como um limite negativo à conversão, pois importa na ausência de uma vontade contrária à conversão. A expressão dessa ausência de uma vontade contrária à conversão deve ser buscada na órbita do interesse prático que as partes têm em vista satisfazer. Provada a subsistência desse interesse prático (*v.g.* a prova da obrigação expressa no consenso na conversão do título de crédito nulo por vício de forma) entende-se que as partes assim o quiseram (dar efeito à relação jurídica) ainda que isto não tenha sido efetivamente subjetivamente desejado de modo implícito.

7. Conclusão

A importância do negócio jurídico manifesta-se na circunstância de esta figura ser um meio de auto ordenação das relações jurídicas de cada sujeito de direito. Está-se perante o instrumento principal de realização do princípio da autonomia da vontade ou autonomia privada.

Os autores dos negócios jurídicos visam a certos resultados práticos ou materiais e querem realizá-los por via jurídica. Têm, pois, também uma vontade de efeitos jurídicos. A vontade dirigida a efeitos práticos, não e a única nem a decisiva – decisivo para existir um negócio é a vontade de os efeitos práticos queridos serem juridicamente vinculativos, a vontade de se gerarem efeitos jurídicos, nomeadamente deveres jurídicos, correspondentes aos efeitos práticos. Há uma intenção dirigida a um determinado efeitos econômico juridicamente garantido.

Os cidadãos têm um conhecimento muito impreciso das conseqüências jurídicas dos seus atos, mas não deixam de ter a percepção que estão a construir entre eles com intensidade específica. Vínculos que separam de valores distintos, de outros valores sociais. A maior parte das pessoas têm consciência do mundo jurídico em que se inserem, uma vez adotados esses meios garantem o benefício da tutela organizada do Estado, se não agirem daquela maneira, o próprio Estado estabelece soluções. A consciência da juridicidade dos atos explica a necessidade que as pessoas sentem de se socorrerem do ordenamento jurídico. Para definirem o próprio conteúdo negocial, acautelam os seus interesses, e proteger o fim econômico e social.

O negócio jurídico, tal qual se estrutura no Código Civil, pela sua estrutura modernizante e em consonância com a boa-fé objetiva, parece apto a dar conta da regulação jurídica dessa nova complexidade social, como o fez no passado, e pode, na sua maleabilidade e abstração, continuar a fazer no futuro.

8. Bibliografia

Alves, José Carlos Moreira. *A parte geral do Projeto de Código Civil brasileiro*. São Paulo: Saraiva, 1986.

Amaral, Francisco. *Direito Civil: introdução*. 2. ed. Rio de Janeiro: Renovar, 1998.

Andrade, Manuel de. *Teoria geral da relação jurídica*. v. II. Coimbra: Almedina, 1966.

Azevedo, Antônio Junqueira de. *Negócio Jurídico: existência, validade e eficácia*. 4. ed. São Paulo: Saraiva, 2002.

Becker, Anelise. *Teoria geral da lesão nos contratos*. São Paulo: Saraiva, 2000.

Beviláqua, Clóvis. *Código Civil comentado*. 10. ed. Rio de Janeiro: Francisco Alves, 1953.

Cavalcanti, José Paulo. *Direito Civil: escritos diversos*. Rio de Janeiro: Forense, 1983.

Coelho, A. Ferreira. *Código Civil comparado, comentado e analisado*. Rio de Janeiro: Jornal do Brasil, 1925.

Cordeiro, Antonio Menezes. *Da boa-fé no Direito Civil*. v. II. Coimbra: Almedina, 1984.

Danz, Erich. *A interpretação dos negócios jurídicos*. São Paulo: Saraiva , 1942.

Demogue, René. *Traité des obligations em géneral*. t. I. Paris: Librairie Arthur Rousseau, 1923.

Domat, Jean. *Oeuvres Completes. Les Lois Civiles dans leur ordre naturel*. Liv. I, Tít. XVIII, Sect. 1, 14. Paris: Firmin Didot et Charles Bécket, 1828

Enneccerus, Ludwig. *Tratado de derecho civil. Derecho de obligaciones*. t. II, vol. 1, 2. ed. Barcelona: Bosch, 1954.

Fabian, Christoph. *O dever de informar no Direito Civil*. São Paulo: Revista dos Tribunais, 2002.

Gomes, Orlando. *Obrigações*, 13. ed. Rio de Janeiro: Forense, 2000.

________. *Transformações gerais do direito das obrigações*. 2. ed. São Paulo: Revista dos Tribunais, 1980.

Josserand, Louis. *Derecho civil*. t. II, v. 1. Buenos Aires: Bosch, 1950.

Justiniano. *Cuerpo del derecho civil romano*. t. I. Código. Libros 1 a 5. Tradução de Idelfonso García del Corral. Valladolid: Lex nova, 1988.

________. *Cuerpo del Derecho Civil romano*. t. I. Digesto. Tradução de Idelfonso García del Corral. Valladolid: Lex nova, 1988.

Larenz, Karl Larenz. *Derecho civil: parte general*. Madri: Revista del Derecho Privado, 1978.

Lopes, Miguel Maria de Serpa Lopes. *O silêncio como manifestação de vontade*. Rio de Janeiro: A. Coelho Branco Filho Editor, 1935.

Lopes, Teresa Ancona. O negócio jurídico concluído em estado de perigo. In: *Estudos em Homenagem ao Professor Silvio Rodrigues*. São Paulo: Saraiva, 1989.

Martins-Costa, Judith. *A boa-fé no direito privado: sistema e tópica no processo obrigacional*. São Paulo: Revista dos Tribunais, 1999.

Miranda, Francisco Cavalcanti Pontes de. *Tratado de Direito Privado*, t. III, 2. ed. Campinas: Bookseller, 2001.

Miranda, Francisco Cavalcanti Pontes de. *Tratado de direito privado*. t. IV. Rio de Janeiro: Borsoi, 1970.

Monteiro, Washington de Barros. *Curso de direito civil*. v. I, 23. ed. São Paulo: Saraiva, 2001.

Mozos, José Luiz de los. *La conversión del negocio jurídico*. Barcelona: Bosch, 1959.

Noronha, Fernando. *O direito dos contratos e seus princípios fundamentais: autonomia privada, boa-fé e justiça contratual*. São Paulo: Saraiva, 1994.

Oliveira, Lauro Laertes de. *Da ação pauliana*. São Paulo: Saraiva, 1979.

Pereira, Caio Mário da Silva. *Lesão nos contratos*. 2. ed. Rio de Janeiro: Forense, 1959.

Pothier, R-J. *Tratado das obrigações pessoaes e recíprocas*. t. I. Rio de Janeiro: H. Garnier, 1906.

Ráo, Vicente. *Ato Jurídico*. São Paulo: 3. ed. Revista dos Tribunais, 1994.

Rodrigues, Silvio. *Direito civil*, v. 1, 30. ed. São Paulo: Saraiva, 2002.

Rodrigues, Sílvio. *Dos vícios do consentimento*. São Paulo: Saraiva, 1989.

Santoro-Passarelli, F. *Teoria geral do Direito Civil*. Coimbra: Atlântida, 1967.

Santos, J.M. de Carvalho. *Código Civil brasileiro interpretado*. v. III, 8. ed. Rio de Janeiro: Freitas Bastos, 1961.

Santos, J. M. de Carvalho. *Código Civil Brasileiro Interpretado*. v. II, 8. ed. Rio de Janeiro: Freitas Bastos, 1961.

Savigny, Friedrich Karl Von. *Sistema del Derecho Romano Actual*. t. II. Madri: F. Góngora Y Compañía Editores, 1879.

3

A noção de confiança nos negócios bancários

Sumário: Introdução. 1. A noção de confiança nos negócios bancários. 2. A boa-fé objetiva e os deveres das partes nos negócios bancários. 3. O negócio cativo de longa duração bancária. 4. Controle das condições gerais dos contratos nos negócios bancários. 5. Conclusão. 6. Bibliografia.

Introdução

A importância dos bancos para a economia capitalista não pode ser desprezada. A massificação do consumo, a necessidade de créditos financeiros para investimentos ou consumo, a exigência da aglutinação de capitais individuais, o mercado globalizado, tudo isso torna a atividade dos bancos primordial em nossa sociedade capitalista. O conceito de banco é relativamente uniforme entre os juristas, face à atividade específica por eles desenvolvidas. Carvalho de Mendonça define banco como sendo uma empresa comercial "cujo objetivo principal consiste na intromissão entre os que dispõe de capitais e os que precisam obtê-los, isto é, em receber e concentrar capitais para, sistematicamente, distribuí-los por meio das operações de crédito". Por sua vez, Fran Martins os classifica como mobilizadores comerciais do crédito, mediante recebimento de capital de terceiros e empréstimo deste capital, em seu próprio nome, aos que dele necessitarem.[1] Portanto, o banco é definido como uma empresa comercial que capta poupança e a distribui sistematicamente através de operações de crédito. Mais especificamente, o banco se utiliza de recursos de terceiros, ou próprios, na ati-

1. Martins, Fran. *Contratos e Obrigações Comerciais*. Rio de Janeiro: Forense, 1993, p. 27.

vidade creditícia de tomar e dar em empréstimo. O que concede relevo à atividade bancária é a sua natureza comercial.

A intensificação e a expansão da atuação bancária decorre do fato de que, invariavelmente, o desenvolvimento de atividades produtivas ou de consumo depende de crédito, pois os agentes econômicos nem sempre possuem o montante financeiro suficiente para gerir seus negócios, expandir ou mesmo antecipar o consumo, buscando nas instituições financeiras recursos para alcançar seus objetivos. Ao banco é atribuída a industrialização do crédito, o favorecimento da circulação de riquezas e a concentração das poupanças individuais. Além disso, o banco exerce função monetária, de crédito e também de investimentos.

O banco, para realizar sua função creditícia e atingir sua finalidade, desempenha várias atividades de operações bancárias, as quais consistem em conceder empréstimos, financiamentos, receber valores em depósito, conceder créditos, entre outros atos próprios destinados à consecução da sua finalidade econômica, além da contabilização dos valores que circulam, através da escrituração das operações entre ele e os clientes. As operações bancárias colocam o banco, ora na posição de devedor, ora na posição de credor. Será devedor em relação aos poupadores que lhe confiaram suas economias, como no caso do depósito e do redesconto. Será credor perante os tomadores de empréstimo, desconto, conta corrente, financiamento e abertura de crédito, entre outras operações. Quanto às características, o conteúdo econômico e o fato de serem praticadas em massa, são peculiares às operações bancárias. O conteúdo econômico revela-se na circulação de riqueza, as operações necessariamente envolvem dinheiro, já que a razão de ser do banco é o crédito. Como visam ao público em geral, as operações realizam-se em série e em grande escala, envolvendo inúmeros tipos de pessoas e volume de capital, por isso requerem normas bancárias uniformes. São complexas, porque a dinâmica das relações econômicas entre banco e cliente exige constante aperfeiçoamento. Caracterizam-se, ainda, as operações bancárias pela comercialidade, ou seja, devem refletir atos de comércio, envolvendo intermediação, habitualidade e lucro. A intermediação de recursos ocorre com a captação e a aplicação de capital no mercado; a habitualidade, com o desempenho de atividade creditícia reiterada, exercida constante e uniformemente; e, por fim, deve objetivar, necessariamente, o lucro, pois é requisito fundamental da atividade comercial. Esses elementos são tipificadores da atividade mercantil, e, portanto, da atividade bancária.

Caracterizado o imenso papel que os bancos exercem na propulsão das atividades comerciais e de circulação de bens materiais e imateriais contemporâneos nos cabe examinar nesse texto como se desenvolvem os negócios bancários e como o ordenamento jurídico pode controlar o desenvolvimento de relações eqüitativas entre os bancos e seus clientes.

1. A noção de confiança nos negócios bancários

Sintetizados assim, ainda que sumariamente, os principais aspectos concernentes à atividade bancária, cabe nos debruçarmos sobre o relacionamento estrutural e funcional que se estabelece entre o banco e o cliente, através do emprego das condições gerais dos contratos.

Como esclarece com proficiência Almeno de Sá, a relação banco–cliente consubstancia-se, na generalidade das situações, um verdadeiro *contrato*, de caráter global, que se pode designar por *relação contratual bancária* ou simplesmente *contrato bancário*. Vetor central desta orientação é a idéia de que tal contrato "fundamenta" *regras e princípios gerais* que vão disciplinar as futuras relações entre banco e cliente. Como a prática evidencia, nele se baseia, de forma prévia e simultaneamente aberta a ulteriores negócios singulares, a global "vinculação de negócios" entre os dois intervenientes. Na base da vinculação contratual assim constituída, poderão concretizar-se, futuramente, contratos singulares autônomos, meros atos jurídicos ou simples operações bancárias que, todavia, se reconduzem à *unidade estrutural-funcional* que está na sua origem.

O escopo essencial do "contrato bancário" assim concebido consistirá em fundar e moldar as relações jurídicas que se dirigem, não à mera concretização isolada de um negócio singular, mas antes a uma *continuada utilização* dos serviços e estruturas operatórias da instituição bancária.

Essa compreensão do vínculo banco–cliente corresponde à *configuração prática* que as duas partes envolvidas querem *tipicamente* atribuir à sua relação de negócios.

Trata-se, evidentemente de uma relação jurídica complexa, continuada, tipicamente de confiança entre as partes.

A confiança é definida em Luhmann como um mecanismo em que os atores sociais reduzem a complexidade interna do seu sistema de interação. Isto pode ocorrer pela adoção de expectativas específicas sobre o comportamento futuro de outros pela seleção de possibilidades, podendo basear-se em processos históricos, em características compartilhadas ou em mecanismos institucionais. Luhmann destaca três tipos de confiança: a processual, a baseada em características e a institucional.

A confiança processual está ligada ao passado ou a trocas realizadas anteriormente. É um processo cumulativo e incremental de construção da confiança por meio da acumulação gradual de conhecimento, direto ou indireto, sobre o outro, como a reputação, a marca e a garantia de qualidade. Pressupõe um grau de estabilidade e a existência de uma baixa troca entre firmas e outras instituições de mercado, sendo esse tipo de confiança deliberadamente desenvolvido pelas empresas.

A confiança baseada em características surge da similaridade social e assume congruência entre o que confia e o depositário da confiança, por pertencer ao mesmo grupo social ou à mesma comunidade, na qual compartilham uma mesma religião, *status* ético ou *background* familiar, que garantem a construção de um mundo em comum. Tal confiança baseia-se na atribuição de valores e não pode ser deliberadamente criada.

A confiança institucional parte da consideração de que a confiança não pode ser somente gerada pela familiaridade interpessoal. Os atores organizacionais podem não possuir características pessoais em comum ou uma história que garanta trocas futuras, mas mesmo assim deve haver uma forma impessoal de confiança. A confiança institucional é formada pela estrutura social formal, em que os mecanismos legais tendem a reduzir os riscos de confiança e tornam mais fácil sua existência, podendo ser deliberadamente produzida com a consideração de que seus mecanismos necessitam ser legitimados socialmente para serem efetivos.[2]

É essa confiança institucional a que interessa ao Direito e que recebe tutela jurídica. As relações sociais são inteiramente perpassadas por interações de confiança que, sedimentadas por valores, possibilitam as trocas e os acordos.

---

2. Luhmann, Niklas. *La confiance: une mécanisme de réduction de la complexité sociale*. Paris: Econômica, 2006, p. 1-8.

É óbvio que o cliente, em certas circunstâncias, pode pretender concluir com certo banco tão-só um isolado negócio jurídico ou uma simples e única operação bancária. Mas isto apenas sucede em casos excepcionais, como, por exemplo, quando o turista entra numa instituição de crédito para aquisição de divisas ou quando, de antemão, se torna manifesto que o cliente pretende exclusivamente concretizar um específico e concreto ato negocial bancário. Não é esta, todavia, a regra. Nas situações típicas da prática, em que, por exemplo, o cliente abre uma conta ou acede a um acordo de concessão de crédito, o problema da existência ou inexistência de um "contrato bancário" global é de *interpretação* das declarações negociais. Via de regra, de forma genérica, para além da concreta operação, as partes pretendem uma *imediata vinculação jurídico-negocial*, da qual resultam, também, desde logo, imediatos direitos e deveres[3] para ambas as partes, destinados a prolongarem-se no tempo.[4]

Necessário então se faz estabelecer os deveres inerentes a essa relação totalizante informada pelo princípio da boa-fé objetiva (Código Civil de 2002, art. 113). A globalização das relações negociais bancárias e a interconectividade resultante do grande desenvolvimento de uma rede de bancos, a mudança vertiginosa na tecnologia das transferências de numerário e das relações jurídicas dos negócios bancários trouxeram novos e prementes desafios à ciência do Direito.

Nesse aspecto, Alain Peyrefitte[5] desenvolve a tese de que a relação de confiança é o elemento primordial para explicar o desenvolvimento econômico e social das diversas nações:

> O elo social mais forte e mais fecundo [de uma sociedade] é aquele que tem por base a confiança recíproca – entre um homem e uma mulher, entre os pais e seus filhos, entre o chefe os homens que ele conduz, entre cidadãos de uma mesma pátria, entre o doente e seu médico, entre os alunos e o professor, entre um pres-

---

3. Para uma concepção tradicional da relação bancária, subdividida em vários contratos bancários comportam várias modalidades, tais como o depósito bancário, o desconto, a abertura de crédito, a carta de crédito, a conta corrente e os financiamentos, dentre outros, ver Rizzardo, Arnaldo. *Contratos de crédito bancário*. 2. ed. São Paulo: Revista dos Tribunais, 1994.

4. Almeno de Sá. Relação bancária, cláusulas contratuais gerais e o novo Código Civil brasileiro. Palestra proferida na Escola de Magistratura do Estado do Rio de Janeiro – EMERJ, por ocasião do Congresso Internacional sobre o Novo Código Civil, Rio de Janeiro, 6 dez. 2002, p. 4.

5. Peyrefitte, Alain. *A sociedade de confiança: ensaio sobre as origens e a natureza do desenvolvimento*. Rio de Janeiro: Topbooks, 1999, p. 23-5.

tamista e um prestatário, entre o indivíduo empreendedor e seus comanditários – enquanto que, inversamente, a desconfiança esteriliza.

Decerto é temerário propor uma chave para a interpretação de fenômenos tão universais e essenciais como o desenvolvimento e o subdesenvolvimento; e mais temerário ainda arriscar-se multiplicando as abordagens que as diversas disciplinas oferecem, forçando mesmo suas fronteiras.

Foi o conhecimento do Terceiro Mundo que me convenceu de que o capital e o trabalho – considerados pelos teóricos do liberalismo tradicional, assim como pelos teóricos do socialismo, como os fatores do desenvolvimento econômico – eram na realidade fatores secundários; e que o fator principal, que com um sinal de mais ou com um sinal de menos afetava esses dois fatores clássicos, era um terceiro fator, que há vinte anos chamei de terceiro fator imaterial, em outras palavras, o fator cultural. (...)

Um terreno pareceu-me fecundo nesse sentido, o da história econômica do Ocidente no decorrer destes quatro últimos séculos. É um terreno firme, sobre o qual hoje dispomos de grande número de informações incontestáveis. Foi de fato nesse período, e em nenhum outro, em algumas sociedades da Europa, e não em outras, que nasceu o desenvolvimento.

Qual foi o fator de desencadeamento, o *primum movens*, que fez passarem – na Holanda, depois na Inglaterra, depois na Europa do Norte, depois em toda a Europa ocidental – sociedade tradicionais, sempre ameaçadas pelas epidemias, pela fome e por choques sangrentos, ao estado de sociedades desenvolvidas?

Quanto mais se estuda as origens da Revolução Econômica, mais se duvida de que trata-se de uma ruptura brusca, resultante de uma causa única e que pode ser datada com precisão. E os historiadores estão sempre recuando o aparecimento do fenômeno. Sem dúvida é nos três ou quatro últimos séculos que é preciso procurar a prova de toda teorização do desenvolvimento.

Examinando a cristandade ocidental no século XVI, somos levados a concluir que havia uma quase-igualdade de chances, com um evidente avanço no sul. Nada poderia induzir a prever, na época, o impulso das nações que aderirão a uma das reformas protestantes, nem o declínio relativo, ou até absoluto, das nações que permanecerão romanas.

Ora, a partir do final do século XVI, a cristandade ocidental torna-se o teatro de uma distorção econômica. A Europa nórdica substitui a Europa latina como foco de inovação e de modernidade.

> Contudo, é redutivo demais, para não dizer simplista demais, afirmar que a reforma protestante seria como uma galinha dos ovos de ouro, e que deteria em si mesma o segredo do desenvolvimento econômico, social, político e cultural. A divisão entre uma Europa romana, que entra em declínio econômico, e uma Europa das Reformas protestantes que toma impulso, reflete menos uma determinação do econômico pelo religioso – ou do religioso pelo econômico – do que a expressão de uma afinidade eletiva entre um comportamento socioeconômico espontâneo e uma escolha religiosa. Pelo menos é essa a minha conclusão.
>
> A sociedade de desconfiança é uma sociedade temerosa, ganha-perde: uma sociedade na qual a vida em comum é um jogo cujo resultado é nulo, ou até negativo (se tu ganhas eu perco); sociedade propícia à luta de classes, ao mal-viver nacional e internacional, à inveja social, ao fechamento, à agressividade da vigilância mútua. A sociedade de confiança é uma sociedade em expansão, ganha-ganha (se tu ganhas, eu ganho); sociedade de solidariedade, de projeto comum, de abertura, de intercâmbio, de comunicação. Naturalmente, nenhuma sociedade é 100% de confiança ou de desconfiança. Do mesmo modo que uma mulher nunca é 100% feminina, nem um homem 100% masculino: este comporta sempre uma parte de feminilidade, aquela sempre um pouco de virilidade. O que dá o tom é o elemento dominante. (...)
>
> Em todo caso, que essa sociedade de confiança possa um dia estender-se a todas as sociedades e lhes trazer, na diversidade das suas personificações, na unidade da sua inspiração, os benefícios morais e materiais por ela prodigados aos raríssimos povos que souberam realizar essa revolução cultural, a maior da história! Quando a estes, possam eles não se mostrarem nem filhos ingratos nem filhos pródigos, e compreender melhor o porquê do seu sucesso, não para reservar para si o privilégio, mas para dele guardar viva a força exemplar (...).

A relação entre confiança e desenvolvimento é, assim, central, sendo que a atividade econômica representa uma parte crucial da vida social e se entrelaça com uma grande variedade de normas, regras, obrigações morais e outros hábitos que, juntos, moldam a sociedade. Uma das lições mais importantes que podemos extrair de uma observação da vida econômica é a de que o bem-estar de uma nação, bem como a sua capacidade de competir, são condicionados por uma única e sutil característica cultural: o nível de confiança inerente à sociedade em causa.[6]

---

6. Fukuyama, Francis. *Confiança: as virtudes sociais e a criação da prosperidade*. Rio de Janeiro: Rocco, 1996, p. 21.

Um mundo em permanente devir não se coaduna facilmente com a imposição de regras imutáveis, feitas para fixar a generalidade e perenidade das relações que interessam ao Direito. A velocidade das transformações cedo deixa sem sentido os preceitos jurídicos. Como não se pode renunciar à regulação dessas relações sociais sob pena de se aguçar os conflitos intersetoriais, deve o Direito buscar em preceitos gerais, abertos o bastante para abarcar a realidade cambiante, a solução para a resolução desses novos problemas. Assim, na disciplina dessas modernas relações de consumo de massas que são as relações estruturantes e funcionais bancárias, mais do que procurarmos a pureza analítica das definições perpétuas, das ontológicas naturezas jurídicas, devemos procurar o regramento aberto, totalizante, que, integrado a uma jurisprudência construtivista, possa dar efetiva proteção e tutela às partes em conflito. Nessa idéia global se insere a importância da noção de boa-fé objetiva para a interpretação, modificação, controle e mesmo para a resolução dos conflitos decorrentes das relações bancárias.

A noção aberta de boa-fé, de iminente sentido historicista e juscultural, é capaz de englobar em sua simplicidade totalizadora a enorme complexidade e mutabilidade pelas quais se reveste esse feixe contratual. Também ela pode, como adiante se demonstrará, se devidamente trabalhada pela jurisprudência, dar conta das necessidades transtemporais dessas relações, assegurando efetivamente a tutela das expectativas e da confiança dos usuários.

2. A boa-fé objetiva e os deveres das partes nos negócios bancários

Concebida assim a relação bancária como uma relação global, totalizante, informada pela boa-fé, necessária se faz a determinação dos deveres das partes inerentes a essa relação.

No que diz respeito ao cliente, o seu propósito *típico*, quando entra em contato com determinado banco, vai no sentido de que este, para além do concreto negócio a realizar naquele momento, fique vinculado a tomar em devida conta todos os seus interesses, *presentes e futuros*, envolvidos, de um modo ou de outro, na relação de negócios que pretende estabelecer. Por exemplo, que o banco coloque os respectivos serviços à sua disposição no âmbito das usuais operações bancárias; que lhe preste determinadas informações e esclarecimentos;[7] que observe deveres de sigilo; que fique desde logo responsável por eventuais danos surgidos no quadro de futuras operações bancárias singulares etc.

Por sua vez, no que concerne à instituição bancária, está inequivocamente subjacente à sua atuação, de forma igualmente *típica*, a intenção de *dar sequência* às mencionadas expectativas do cliente. Em primeiro lugar, os bancos sabem que os clientes esperam deles, tipicamente, uma *vinculação contratual continuada* e não meramente episódica. Simultaneamente, vêem nisso uma forma de concretizar o seu próprio interesse econômico-empresarial, pois só têm a ganhar com uma relação negocial que se prolongue no tempo.[8]

Estabelecidos os interesses e deveres subjacentes a ambas as partes, deve-se determinar o processo no qual essa relação bancária se desenvolve. Almeno de Sá exemplifica que essa relação se desenvolve em um *contrato-quadro* sob o manto regulativo das condições negociais gerais, preparadas pela própria instituição bancária em causa. Trata esse *contrato-quadro* de estabelecer, vinculativamente, para ambas as partes, os princípios gerais de um projeto comum ou cooperação futura, ficando em aberto os desenvolvimentos e eventuais negócios singulares, que só mais tarde deverão ser especificamente concretizados.

O contrato-quadro tem autonomia e significado próprios, ao lado dos atos e negócios singulares concluídos futuramente no seu âmbito, não sendo afetado nem pelo problema da concretização destes últimos, nem pela eventual questão

---

7. Rio de Janeiro. Tribunal de Justiça do Estado do Rio de Janeiro. Apelação Cível nº 2007.001.52531. 11ª Câmara Cível. Relator: Desembargador Roberto Guimarães. Julgamento em 13 de fevereiro de 2008. "Indenização por danos morais. Negativação indevida do nome do autor nos órgãos de proteção ao crédito. Relação de consumo. Manifesta comprovação do dano e do nexo de causalidade. Falha na prestação do serviço prestado pela instituição bancária. Conta corrente e conta popupança. Transferência automática para cobertura de saldo devedor de conta corrente, que foi sustada unilateralmente pelo Banco recorrente, acarretando inúmeros prejuízos, desgastes e apreensões ao idoso apelado (86 anos), que é estrangeiro (polonês). *Quantum* indenizatório fixado em obediência aos princípios da proporcionalidade e da razoabilidade. Repetição de indébito e revisão dos lançamentos indevidos que se mostram imprescindíveis em face da quebra dos princípios da confiança, da boa-fé e da correta e completa informação por parte do Banco apelante. Verba honorária arbitrada em consonância com a natureza e com o trabalho realizado pelo profissional. Desprovimento do recurso."

8. Almeno de Sá. Relação bancária, cláusulas contratuais gerais e o novo Código Civil brasileiro, *op. cit.*, p. 4.

da respectiva validade. Funda uma relação obrigacional duradoura, com uma ou várias vinculações de raiz, complementadas pelos deveres resultantes dos diversos negócios ou operações singulares que vierem a ser realizados.

Na generalidade das situações, tal contrato inicia-se com a simples *abertura de conta*. É exatamente no quadro desta conta – ou das sucessivas contas posteriormente articuladas entre si – que se desenvolvem as várias operações efetuadas pelas partes no âmbito do seu relacionamento negocial. Todavia, não é forçoso que assim seja: pode, excepcionalmente, iniciar-se por meio da conclusão de um contrato singular específico, como, por exemplo, um contrato de concessão de crédito. Trata-se, em última análise, do encadeamento de atos e operações singulares, que evidenciam conexões de sentido,[9] razões funcionais e seqüências de causa e efeito, no quadro de uma pluralidade sucessiva de eventos de tipo negocial. É neste encadeamento lógico-funcional que se corporiza o "contrato bancário".[10]

A obrigação contratual bancária é informada pelo princípio da boa-fé. Ela traduz-se no dever de cada parte agir de forma a não lesar a confiança da outra parte. Como expõe Karl Larenz, impõe-se em primeiro lugar ao devedor e ao credor, mas abrange igualmente outros participantes da relação jurídica:

> [...] tal dever em primeiro lugar dirige-se ao devedor, com o mandado de cumprir a sua obrigação, atendo-se não só à letra, mas também ao espírito da relação obrigacional correspondente...e na forma que o credor possa razoavelmente esperar dele. Em segundo lugar dirige-se ao credor, com o mandado de exercer o direito que lhe corresponde, atuando segundo a confiança depositada pela outra parte e a consideração altruísta que essa outra parte possa pretender segundo a classe de vinculação especial existente. Em terceiro lugar dirige-se a todos os participantes da relação jurídica

9. Rio Grande do Sul. Tribunal de Alçada Cível. Responsabilidade civil do banco pelos atos de seu preposto. Desvio de títulos dos clientes confiados ao subgerente por endosso em branco. Apelação Cível nº 1880302282. 2ª Câmara Cível. Relator: Juiz Clarindo Favretto. Julgados do TARS, v. 28, nº 70, p. 245-50, jun. 1989. "Os bancários são fiéis depositários da confiança dos clientes dos serviços de Banco pela especiosa natureza da atividade. Por isso, tanto quanto ou mais que as outras empresas, o Banco responde solidariamente pela má gestão de seu subgerente quando em nome dele, para ele e em seu proveito agencia negócios, seja dentro ou fora do estabelecimento, na relação de trabalho ordinariamente praticada. O Banco responde ao cliente pela falta do serviço, como fato da função pela atividade delegada. O ilícito não gera direito à eficácia probatória no processo. Sentença confirmada."

10. Almeno de Sá. Relação bancária, cláusulas contratuais gerais e o novo Código Civil brasileiro, *op. cit.*, p. 6.

em questão, com o mandado de se conduzirem conforme corresponder em geral ao sentido e à finalidade desta especial vinculação e a uma consciência honrada.[11]

A obrigação contratual bancária pode ser entendida assim como um dever global de agir objetivamente de boa-fé. Essa boa-fé objetiva constitui, no campo contratual, um processo que deve ser seguido nas várias fases das relações entre as partes. Assim, na fase pré-contratual, das negociações preliminares à declaração de oferta, os contraentes devem agir com lealdade recíproca, dando as informações necessárias, evitando criar expectativas que sabem destinadas ao fracasso, impedindo a revelação de dados obtidos em confiança, não realizando rupturas abruptas e inesperadas das conversações etc.

Na fase contratual, a conduta leal implica vários deveres acessórios à obrigação principal, e, na fase pós-contratual, implica deveres posteriores ao término do contrato – deveres *post pactum finitum* – como o de guarda de documentos, fornecimento de material ou informações a terceiros sobre os negócios realizados.[12]

A boa-fé contratual definida assim como um processo desdobra-se em diferentes acepções: a função interpretativa da boa-fé, a função integrativa da boa-fé, a função de controle da boa-fé e a resolução dos contratos com fundamento na boa-fé.

A idéia de que os negócios jurídicos devem ser interpretados de acordo com a boa-fé objetiva significa que os contratos e os negócios jurídicos unilaterais devem ser interpretados de acordo com o seu sentido objetivo, aparente, salvo quando o destinatário conheça a vontade real do declarante, ou quando devesse conhecê-la, se agisse com razoável diligência; quando o sentido objetivo suscitar dúvidas, dever-se-á preferir o significado que a boa-fé aponte como o mais razoável.

Visa tal idéia de interpretação a amparar a tutela da confiança do destinatário da declaração, bem como a assegurar o valor real da aparência, sendo tais elementos essenciais ao intercâmbio de bens e serviços e à segurança das transações.

11. Larenz, Karl. *Derecho de obligaciones*. Madri: Revista de Derecho Privado, 1958, p. 148.

12. Azevedo, Antonio Junqueira de. Responsabilidade pré-contratual no Código de defesa do consumidor: estudo comparado com a responsabilidade pré-contratual no direito comum. In: *Revista de Direito do Consumidor* n. 18, 1996, p. 23-31. abr./jun.

A função integrativa da boa-fé compreende a idéia de que os deveres das partes não são, para cada uma, apenas o de realizar a prestação estipulada no contrato ou no negócio jurídico unilateral, eventualmente acrescido de outros deveres previstos pelas partes e ainda dos estabelecidos nas leis, mas que se impõe também a observância de muitos outros deveres de conduta, a partir da análise da obrigação de uma perspectiva sistêmica ou totalizante vocacionada para o adimplemento.[13]

O princípio da boa-fé regula não apenas a interpretação das cláusulas do contrato referida anteriormente, mas ainda o reconhecimento desses deveres secundários (não diretamente pactuados), derivados diretamente do princípio, independentemente da vontade manifestada pelas partes, a serem observados durante a fase de formação e de cumprimento da obrigação, e mesmo, em alguns casos, após o adimplemento desta. São deveres que excedem o dever de prestação. Assim são os laterais de esclarecimento (informações sobre o uso do bem alienado, capacitações e limites), de proteção (evitar situações de perigo), de conservação (coisa recebida para experiência), de lealdade (não exigir o cumprimento de contrato com insuportável perda de equivalência entre as prestações), de cooperação (prática dos atos necessários à realização dos fins plenos visados pela outra parte) etc. Esses deveres laterais de conduta, como acima considerados, podem ser definidos como deveres que, não interessando à obrigação principal, são todavia essenciais ao correto processamento da relação obrigacional em que a prestação se integra. São usualmente divididos em deveres de proteção, de esclarecimento e de lealdade. Os primeiros dizem respeito à obrigação das partes de evitar, no curso do fenômeno contratual, que sejam infringidos danos mútuos, nas suas pessoas ou nos seus patrimônios.

Os segundos obrigam as partes, na vigência do contrato, a informarem-se mutuamente sobre todos os aspectos atinentes ao vínculo, de ocorrências que com ele tenham relação e, ainda, sobre todos os efeitos que possam advir da execução contratual. Os deveres de lealdade obrigam as partes a absterem-se de comportamentos que possam falsear o objetivo do negócio ou desequilibrar o

13. Noronha, Fernando. *O direito dos contratos e seus princípios fundamentais: autonomia privada, boa-fé, justiça contratual*. São Paulo: Saraiva, 1994, p. 157.

jogo das prestações por elas consignado.[14] Tal criação de deveres jurídicos não expressamente estipulados pelas partes é possível se entendemos o sistema jurídico como uma totalidade sistêmica, disposta num processo, vocacionada para o adimplemento. Os deveres secundários comportam tratamento que abrange toda a relação jurídica. Assim, podem ser examinados durante o curso com o desenvolvimento da relação jurídica, e, em certos casos, posteriormente ao implemento da obrigação principal.

Essa autonomia e mesmo a pós-eficácia dos deveres anexos explicam-se pelo sentido teleológico da obrigação, que comanda a relação jurídica e conforma os deveres e direitos que essa relação produz em contato com a realidade social no curso do seu desenvolvimento, levando esses deveres, para correto cumprimento da obrigação, a ter fim próprio, diverso da obrigação principal.[15] A função de controle da boa-fé objetiva é limitativa: ela estabelece que o credor, no exercício do seu direito, não pode exceder os limites impostos pela boa-fé, sob pena de proceder antijuridicamente.

O exemplo mais significativo é o da proibição do exercício de resolver o contrato por inadimplemento, ou de suscitar a exceção do contrato não cumprido, quando o não cumprimento é insignificante em relação ao contrato total. Essa idéia do abuso de direito desdobrou-se, doutrinariamente, em duas concepções: a primeira, subjetivista, define que só há abuso de direito quando a pessoa age com a intenção de prejudicar outrem. A segunda, objetivista, estabelece que para o ato ser abusivo basta o propósito de realizar objetivos diversos daqueles para os quais o direito subjetivo em questão foi preordenado, contrariando o fim do instituto o seu espírito ou a sua finalidade.

A principiologia da boa-fé objetiva, assim entendida, aplicada às relações bancárias, desdobra-se, segundo Almeno de Sá, em um *contrato-quadro*, ou em um contrato *similar* a um contrato-quadro, que fornece a base ou o fundamento dos diversos atos e negócios singulares, a serem realizados futuramente. Nele radica, ainda que de forma aberta, a global relação de negócios entre banco e cliente. Em segundo lugar, o seu conteúdo essencial projeta-se

14. Cordeiro, Antonio Manuel da Rocha e Menezes. *Da boa-fé no direito civil*. v. I. Coimbra: Almedina, 1984, p. 604 e ss.

15. Silva,Clóvis Veríssimo do Couto e. *Obrigação como processo*. São Paulo: Bushatsky, 1976, p. 119.

num *dever de prestação de serviços*, com toda a densificação de sentido inerente a esta tradicional categoria jurídica. Como se compreenderá, a afirmação deste dever será, em muitos casos, determinante para a correta resolução de certo tipo de litígios, freqüentes na prática. Saliente-se, de modo particular, que faz parte do referido dever, na leitura aqui sustentada, a obrigação da entidade bancária de colocar à disposição do cliente a respectiva *estrutura organizativo-funcional*, em ordem à execução de tarefas de tipo variado, ligada, de um modo ou de outro, à atividade bancário-financeira.

Em terceiro lugar, este contrato faz nascer, para a instituição bancária, em razão da sua profissionalidade e competência específica, uma *obrigação de acautelamento de interesses do cliente*, no que diz respeito a todos os assuntos de caráter bancário-financeiro.[16] Esta obrigação implica não uma pura atitude

16. São Paulo. Tribunal de Justiça. Mercado de Capitais. Aplicação Financeira. Apelação Cível nº 102.653-1. 4ª Câmara Cível. Relator: Desembargador Alves Braga. Julgado de 16 de fevereiro de 1989. "Realização através de agente autônomo credenciado da instituição nas instalações desta e em impresso próprio devidamente provada. Normalidade da transação presumida operações que, por suas características e celeridade com que se realizam, repousam, em regra, no fator 'confiança' que o aplicador deposita nas entidades respectivas, descuidando-se do aspecto formal. Irrelevância de não se ter dado por cheques nominais emitidos pelo investidor em favor da financeira e de omitido seu nome na prestação de contas do intermediador, que não exigia tal cautela. Aplicação da teoria da aparência de direito que deve produzir, para o terceiro de boa-fé, os mesmos efeitos das situações regulares. Resgate da quantia acrescida de juros de mora e correção monetária.
As operações de Bolsa e as aplicações em mercado de capitais, pelas suas características e celeridade com que se realizam, repousam, em regra, no fator 'confiança' que o investigador deposite nas entidades financeiras e corretores. É um mercado nervoso, que exige presteza e velocidade em suas operações, e, diante do fator, 'confiança', descuida-se do aspecto formal. A pressa signo lamentável da sociedade moderna exige cada vez mais a confiabilidade e a confiança em substituição do formalismo burocrático.
Assim, provada a realização de aplicações financeiras através de agente autônomo credenciado da instituição nas instalações desta e em impresso próprio presumida a normalidade da transação, irrelevante não se ter dado a operação por cheques nominais emitidos pelo investidor em fator da financeira e de omitido seu nome na prestação de contas do intermediador, que não exigia tal cautela. De se aplicar, portanto, a teoria da aparência de direito, que dedo produzir, para o terceira de boa-fé, os mesmos efeitos das situações regulares admitido o resgate da quantia acrescidas de juros de mora e correção monetária..
(...) A doutrina da aparência de direito, embora estruturada recentemente – coisa de um século – tem raízes remotas. Esse erro do sentido que toma a aparência pela realidade, quando escusável, gera direitos.
Já no Direito romano lê-se, no *Digestorum*, Lib. I, tít. XIV, 3 (*Upianus*, *Lib.* 38, *ad Sabinum*), que o escravo fugitivo Barbarius Philippus, passando-se por livre, foi designado pretor e, identificado posteriormente, os atos por ele praticados no exercício desse cargo foram havidos e mantidos válidos.
Vicente Ráo lembra do episódio ao escrever sobre a aparência do Direito (cf. *Ato Jurídico*, p. 240, 2ª tiragem, Max Limonad, 1961).

passiva, mas, antes, uma atividade de continuada *promoção e vigilância* dos interesses do cliente, no particular domínio considerado. Em quarto lugar, desta compreensão contratualista resulta que *também* a relação de confiança inerente a toda a vinculação bancária é colocada num *plano contratual*, e não meramente *legal*, com todas as implicações dogmático-práticas que daí necessariamente

Na História da Filosofia a expressão aparência se apresenta com dois significados opostos: o primeiro seria o ato de ocultar a realidade. O segundo, a manifestação ou revelação da mesma realidade. Portanto, no segundo caso, a aparência não se opõe 'a realidade, mas se apresenta como Semelhança ou identidade. Parmênides de Eléia advertia: "Também isto aprenderás: como são verossímeis as coisas aparentes para, quem as examine, em tudo e por tudo" (cf. Fr. 1. 31 Diels).
Essa concepção, com projeção no Direito, se acentua diante da dinâmica da vida moderna, que impede a percepção, ao primeiro súbito de vista, do plexo de relações e da multiplicidade de normas e instruções a reger a prática de atos jurídicos.
Nas operações de Bolsa e nas relações do universo financeiro, hoje quase tudo comandado por sistemas automatizados, em regime de acentuada deterioração da moeda, não há tempo para os formalismos. Daí cumprir ao intérprete, na análise dessas transações, valorar a aparência e validar, em relação ao terceiro de boa-fé, os atos consumados, diante da lógica do razoável.
É de se indagar: o correntista do banco que aplica suas economias no mercado aberto, onde os índices variam com grande velocidade, teria condições, antes de qualquer aplicação, de investigar se o indivíduo que o atendeu no estabelecimento bancário é idôneo? Se é, efetivamente funcionário do banco e está credenciado a realizar aquela operação? Se na operação obedeceu às complicadas normas do mercado financeiro? A resposta afirmativa é a morte dessas atividades.
Jean Dabin, citado por Alípio Silveira (cf. A boa-fé no Código Civil, v. 1º/1988, ed. 1972), observa que 'as situações aparentes merecem produzir, para os terceiros de boa-fé, os mesmos efeitos que as situações regulares.' Na seqüência, anota: 'segundo a lógica pura, sem dúvida, a aparência nunca deveria eqüivaler à realidade e muito menos predominar sobre ela. Mas as necessidades do comércio jurídico, não menos do que a solicitude para com a boa-fé, exigem que, em certos casos a determinar, sob certas condições e em certa medida, a aparência enganosa seja reconhecida como criadora do direito, não somente de maneira provisória, sob reserva de contraprova (como na posse. mas a título definitivo e mesmo à custa da própria realidade)'.
Ora, se a apelante realizou uma operação legal, com toda a aparência da realidade, não há como se lhe negar o direito postulado. Sua boa-fé não foi contestada e nem se há de presumir a má-fé. A ausência de comprovante da apresentação de cheque nominal, face às circunstâncias, é irrelevante. O certo é que o agente com quem ela operou projetava em seu comportamento a conduta normal e rotineira das atividades da corretora. induzindo o cliente a admitir a normalidade da operação. Não se cuida da aparência pirandeliana do cosi e se vi pare. Não é um enfoque subjetivo da aparência, mas é aparente porque se apresenta como real ao homem comum de boa-fé.
O parecer da Curadoria examinou com objetividade a situação da apelante e a prova não deixa dúvida de que houve a entrega do numerário para a aplicação da forma convencionada. A intensa propaganda desenvolvida pela corretora, em todos os meios de publicidade existente. como é público e notório, induzia qualquer indivíduo, de boa-fé, a operar com a ré nas mesmas condições em que operou a apelante'. A existência de inúmeras demandas demonstra essa assertiva."

resultam. Finalmente, é possível dizer que é com base nesta global dimensão contratual que se "mede" e se conforma o *dever geral* do banco de executar as diversas operações solicitadas pelo cliente ao longo do tempo, e mesmo os singulares negócios bancários acordados, os quais, a serem isoladamente considerados, poderiam eventualmente ter um "tratamento" jurídico menos favorável aos interesses patrimoniais deste último.[17]

3. O negócio cativo de longa duração bancária

O tratamento da responsabilidade do banco decorre da total relação que este forma com seu cliente a partir do emprego das condições gerais do contrato em toda a atividade bancária. Constitui esse um contrato cativo de longa duração[18] que implica inúmeras vantagens para a instituição bancária, como esclarece José Justo Navarro Chinchilla:

> Llegado este punto, nos hemos de preguntar por la aplicabilidad de las condiciones generales en la contratación bancaria, como sabemos prácticamente toda la contratación bancaria se realiza mediante contratos de adhesión en los que se emplean condiciones generales. Predispuestas por el banco o entidad financiera y ello porque además de otras ventajas conllevan para estas entidades un efecto racionalizador, que podemos resumir en:
> 1. Una reducción de los costes de contratación: El empleo de las condiciones generales permite simplificar y acelerar la celebración de los contratos, reduciendo los costes de negociación convirtiendo ésta en un proceso prácticamente automático una vez que hay acuerdo en la prestación y el precio.
> 2. Facilitación de la división de tareas: al uniformar las condiciones de contratación para todas las sucursales y agencias de una entidad, al conseguir reducir las necesidades de personal jurídico especializado, y permitir dedicar más recursos humanos en el personal comercial.
> 3. Facilita la coordinación en el seno de la propia empresa.
> 4. Posibilita el cálculo anticipado de los costes. Todo ello sin olvidar la seguridad jurídica que las condiciones proporcionan a las partes, pues a través de ellas, se obtiene una reglamentación analítica, exhaustiva y clara que elimina los motivos

17. Almeno de Sá. Relação bancária, cláusulas contratuais gerais e o novo Código Civil brasileiro, *op. cit.*, p. 7.

18. Para outros desenvolvimentos acerca desse conceito ver: Marques, Cláudia Lima. *Contratos no Código de Defesa do Consumidor: o novo regime das relações contratuais*. 4. ed. São Paulo: Revista dos Tribunais, 2002, p. 78 e ss.

de incertidumbre, y con ellos las posibles controversias que no harían sino aumentar la litigiosidad, aumentándose así, los costes a ella asociados .
5. Para el usuario de los servicios bancarios, existe una protección frente al uso por las entidades financieras de las condiciones generales de la contratación, que se realiza en dos niveles. En un primer momento el legislador utiliza el denominado control de inclusión, con el que pretende lograr que el usuario tenga conocimiento del contenido del contrato articulado mediante condiciones generales de la contratación. En un segundo momento, se articula una defensa de carácter material, la cual, trata de proteger al usuario del posible carácter abusivo de una o unas cláusulas determinadas, que por poder ser abusivas producirían un perjuicio en los intereses del consumidor.[19]

Por causa dessa posição de vantagem é que decorrem para a entidade bancária, segundo Almeno de Sá, os seus especiais *deveres gerais de conduta e de proteção.* Se de fato se iniciou uma relação contratual, tais deveres resultam *diretamente* dessa relação, e não de uma hipotética relação *legal* de confiança. Ora, isto torna-se decisivo não apenas para a identificação concreta, em cada caso, dos referidos deveres, como também para a sua particular modelação e alcance.

Acresce que com isto se afasta o problema da sempre difícil *prova* do surgimento de vínculos pré-negociais *ex lege* ou a questão da muito discutida e controversa *responsabilidade pela confiança ex lege* (ainda que a confiança permaneça como o fundamento teorético da responsabilidade). Por fim, a relevância tornase ainda mais evidente, se acrescentarmos que, dos mencionados deveres de conduta, fazem parte os *deveres gerais de informação,* no seu sentido mais amplo, aí incluindo os deveres de esclarecimento,[20] de aviso e de conselho. Ora, se tiver-

19. Chinchilla, José Justo Navarro. Condiciones generales y cláusulas abusivas en la contratación bancaria. In: Carol, Ubaldo Nieto *et alli. Condiciones generales de la contratación y cláusulas abusivas.* Valladolid: Lex Nova, 2000, p. 535-6.

20. São Paulo. Tribunal de Justiça. Responsabilidade Civil – Banco – Aplicação ribanceira – Induzimento de cliente a erro, por ex-gerente, acreditando estar aquela realizando negócio com a Instituição Financeira e de forma correta – Teoria da aparência – Culpa do réu caracterizada – Indenização devida – Juros de mora fixados desde o vencimento de cada obrigação. Apelação Cível nº 232.469-1/0. 2ª Câmara Cível. Relator: Desembargador Pires de Araújo. Julgado de 23 de outubro de 1985. "Deve-se, em certos casos, permitir que se tome por verdadeiro um fenômeno que não é real, desobrigando os terceiros a uma verificação preventiva da realidade do que a aparência evidencia. Os juros de mora são devidos desde o vencimento de cada obrigação, por se tratar de dívida líquida. (..) De efeito, ensina "Orlando Gomes, ainda acastelado em D'Amelio, destaca as principais razões porque se deve permitir tome-se a aparência como realidade (para não criar surpresas à boa-fé nas transações do comércio jurídico; para

mos presente a extraordinária freqüência com que este tipo de deveres surge na prática bancária, bem como a considerável projeção econômica, para o cliente, da respectiva violação, compreenderemos a importância deste enquadramento dogmático-normativo.

Em última análise, a consideração desta "unidade" dinâmica e englobante, que é o "contrato bancário", vem a desempenhar um papel decisivo tanto na interpretação como na valoração dos diversos atos e negócios singulares que se vão sucedendo ao longo do tempo, na relação entre banco e cliente. Por outras palavras: a melhor forma de proporcionar ao cliente uma proteção efetiva e justa no intrincado universo bancário-financeiro é interpretar adequadamente os "dados" que a *praxis* expõe e ver, na típica relação banco-cliente, um verdadeiro *contrato*, que poderemos designar por "contrato bancário" *tout court* ou "relação contratual bancária."[21]

Dimensionada a natureza da obrigação bancária para com o seu cliente, cabe agora examinar a extensão desta relação. Está o banco obrigado a contratar, a consentir em ulteriores relações comerciais com seu cliente, uma vez iniciada a relação bancária? Fora de dúvida que esta resposta só pode ser negativa. Não há um dever geral de contratar na relação bancária, mesmo considerando que esse contrato globalizante está submetido às condições gerais.[22] Contrariaria

---

não obrigar os terceiros a uma verificação preventiva da realidade do que a aparência evidencia, e para não tomar mais lenta, fatigante e custosa a atividade jurídica); posteriormente, Orlando Gomes assinala encontrarem-se aplicações mais interessantes da 'Teoria da Aparência' no terreno do Direito Comercial, dada a multiplicidade de exteriorizações, tanto materiais, como legais, e em decorrência da dispensa de investigações por força da rapidez dos negócios (o que também é frisado por Calais-Auloy, em 'Essai sur Ia Notion d'Aparence en Droit Commercial', Paris, 1959, p. 37); destarte - prossegue Orlando Gomes – há muitos casos de exteriorização material, nos quais inexiste correspondência entre a atividade do indivíduo e a realidade dos atos que pratica, de tal modo que terceiros de boa-fé, considerando essa exteriorização, ignoram a realidade que nela se oculta; após o Prof. Orlando Gomes destaca que o 'mandato aparente' se toma mais freqüente nas relações comerciais, dado o seu caráter permanente e orgânico, motivo por que mais fácil é tomar-se como real o que é aparente; daí a inafastável necessidade de ser protegida a parte (ou terceiro de boa-fé) que acreditou no comportamento do 'representante aparente'. Dessarte, sobrelevando, nos atos, os casos de aparência, de irregularidades ou nulidades dela decorrentes, a depender das circunstâncias, podem ser considerados como válidos em relação ao outro contratante ou a terceiros, pois, em casos tais, a aparência substitui a realidade" (JTJ 155/197-205).

21. Almeno de Sá. Relação bancária, cláusulas contratuais gerais e o novo Código Civil brasileiro, *op. cit.*, p. 8

22. Rio de Janeiro. Tribunal de Justiça do Estado do Rio de Janeiro. Apelação Cível nº 2005.001.08252. 17ª Câmara Cível. Relator: Desembargador Edson Vasconcelos. Julgamento em 6 de julho de 2005.

esse entendimento a própria noção de autonomia privada. Entretanto, importa distinguir, com Almeno de Sá, dois grupos de situações: os negócios neutrais e os negócios de risco:

> Se determinado cliente, que está ligado ao banco por uma continuada relação contratual, pretende concretizar um negócio "neutral", no sentido de um negócio usual neste domínio, sem particulares riscos, como, por exemplo, a abertura de uma conta a prazo ou a execução de negócios sobre títulos, então parece que o banco não poderá arbitrariamente recusar tais operações. A livre exclusão do cliente de negócios neutrais parece incompatível com o contrato bancário, enquanto relação contratual de prestação de serviços próprios do setor. É certo que o banco, tal como qualquer outro empresário, tem a liberdade de escolher os seus parceiros negociais. Todavia, a liberdade contratual do banco deve ter-se como restringida pelo simples mas significativo fato de que, em momento anterior, aceitou iniciar com o cliente uma continuada relação de tipo negocial. Se não houver fundamentos objetivos contra a conclusão destes singulares atos bancários, então a existência da referida relação negocial parece obrigá-lo a concretizar tais operações.
>
> Pode estabelecer-se, a este propósito, uma linha de orientação: com base na relação contratual bancária, deve partir-se da ideia de que o banco promete, objectivamente, colocar-se à disposição do cliente para concretizar aquelas operações que se inscrevem no giro normal e sem particulares riscos da actividade em causa ou, no mínimo, a fornecer explicações razoáveis e fundadas para a respectiva recusa. De todo o modo, é indubitável que se mantém a possibilidade de o banco

---

Contrato de Mútuo Bancário – Recusa Justificada de Financiamento – Possibilidade. Recusa de concessão de crédito a consumidora, com justificativa em impontualidade nos pagamentos das prestações de anterior financiamento concedido. A sentença impugnada argumenta com injusta discriminação do banco recorrente, o qual não poderia recusar crédito a qualquer cidadão, cabendo-lhe apenas pleitear juros de mora e multa em caso de impontualidade. Evocação de condicionamentos carreados ao princípio da autonomia de vontade pela atual ordem capitalista de mercado, não se podendo olvidar que esse princípio está intimamente ligado à liberdade de contratar, que se erige em poder conferido às partes para estabelecer os efeitos pretendidos sem que o Estado possa impor normas de observância compulsória. A complexidade ocorrida no mundo das relações determinou nova forma de repensar os princípios gerais dos contratos, mas tal relativização não pode ser desataviada de ditames novos que devem ser observados com maior rigor do que a vontade dos contraentes, avultando-se nesse novo contexto o princípio da boa-fé, o qual se revela na lealdade, na credibilidade e na confiança recíproca, pois nessa tessitura obrigacional é que se estabelecerá a segurança da relação das partes. No caso em exame, reconhece-se fundar-se o contrato de mútuo no elemento subjetivo fiduciário, não se podendo vislumbrar na recusa justificada de contratar qualquer discriminação à pessoa da autora, a qual reconhece ter pago com atraso algumas prestações relativas a contrato anterior. Provimento do recurso.

pôr termo à vinculação que vem mantendo com o cliente, com observância das regras comuns que impõem um prazo razoável de pré-aviso ou denúncia.

Pelas mesmas razões de fundo, e no que respeita aos típicos e habituais "negócios de massa", parece que o banco não poderá tratar determinado cliente de modo arbitrariamente diverso daquele de que faz uso em relação à generalidade dos clientes. Por exemplo, em caso de uma geral redução de encargos ou comissões para certo tipo de actos bancários, parece que cada cliente poderá legitimamente esperar que tal redução também lhe seja aplicada: o cliente deve poder contar que, no que concerne aos serviços bancários prestados de forma massificada, o banco não o trate arbitrariamente de modo diferenciado. Esta exigência de "tratamento igual" parece resultar da "promessa" que está subjacente à vinculação negocial estabelecida: o banco não poderá negar a um cliente, sem justificação plausível, algo que assegura, genericamente, aos restantes sujeitos jurídicos que com ele mantêm relações negociais.

De forma totalmente diversa se passam as coisas em relação a negócios de risco: o banco não está de modo algum vinculado a aceitar negócios que envolvam algum identificado perigo ou risco. Designadamente, não existe, a todas as luzes, qualquer dever de concessão de crédito ou de aceitação de certa garantia oferecida pelo cliente. Todavia, em casos excepcionais, pode recair sobre a entidade bancária um dever de prorrogação do crédito, por força da relação contratual anteriormente iniciada e das legítimas expectativas que essa relação e a continuada atitude do banco foram criando, relativamente a uma concreta operação de financiamento delineada em comum.[23]

Na modelação jurídica do moderno tráfego de massa, compete às condições gerais dos contratos, em praticamente todos os setores da atividade econômica, um papel determinante, pois a economia exige estandardização, tipificação e racionalização das relações negociais. Sucede que, no setor bancário, toda essa lógica adquire uma *acuidade exponencial*, face à especificidade da área econômica em causa. Com efeito, o sistema legal-positivo é aqui impressivamente lacunoso, não ajustado às particularidades dos negócios bancários e mesmo incapaz de oferecer uma regulação minimamente adequada aos crescentes imperativos de inovação da moderna prática bancária. Pois bem: são as cláusulas contratuais gerais dos bancos que pretendem preencher, em primeira linha, esse "vazio". Por isso mesmo é absolutamente decisiva a possibilidade e

23. Almeno de Sá. Relação bancária, cláusulas contratuais gerais e o novo Código Civil brasileiro, *op. cit.*, p. 10.

legitimidade de uma intervenção judicial para *controlar a razoabilidade ou correção* dessas cláusulas, tal como a admite e autentica, de forma genérica e aberta, o Código Civil brasileiro.[24]

Isso é particularmente evidente quando os bancos se aproveitam dessas condições gerais dos contratos bancários para *transferir riscos*, de forma sistemática, para a contraparte. A transferência de risco que decorre da natureza do negócio é prática abusiva e contraria o postulado globalizante da boa-fé objetiva que informa a relação bancária. Como se verifica pelo exemplo do Direito espanhol:

> La LGDCU establece (artículo 10 bis. 10) inequívocamente la nulidad de aquellas cláusulas que excluyan o limiten la responsabilidad del profesional en el cumplimiento del contrato. También el artículo 10.c).6º del mismo cuerpo legal considera nulas las cláusulas que limiten absolutamente la responsabilidad frente al usuario o consumidor. Por tanto, deberán reputarse nulas aquellas estipulaciones que bajo pretexto de la obligación de custodia pretenda la liberación absoluta del riesgo para aquellas. Habrá que aceptar que siendo válida la imposición del deber de diligencia en la custodia de los documentos por parte del usuario, si esta se configura como exoneración de la responsabilidad de la entidad de crédito, se habrá incurrido en nulidad del pacto
> Repercusión sobre el consumidor de los fallos, defectos o errores administrativos. Vendría este principio recogido por el artículo 1º bis. 21 siendo contrarios a la buena fe y al justo equilibrio de las prestaciones aquellas cláusulas que repercutan sobre el consumidor o usuarios los fallos o defectos que no le sean directamente imputables a aquel.

24. Rio de Janeiro. Tribunal de Justiça do Estado do Rio de Janeiro. Apelação Cível nº 2006.001.27083. 4ª Câmara Cível. Relator: Desembargador Reinaldo P. Alberto Filho. Julgamento em 4 de julho de 2006. "Indenização. Contrato de empréstimo pessoal concedido a aposentado, estabelecendo que o pagamento das prestações ultimarse-a por intermédio de consignação em folha de pagamento. Vencimento de cada parcela que só poderia coincidir com a data do recebimento dos proventos do autor e não de forma diversa. Suplicante que não teve ciência de que as prestações venceriam em dia diverso de seu pagamento. Relação que é de consumo. Aplicação dos princípios da Vulnerabilidade do Consumidor, Transparência, Boa-Fé, Equilíbrio Contratual, Confiança, Informação, inter plures. Autor que não se encontrava inadimplente a justificar as diversas correspondências de cobranças enviadas pelo banco réu. Fatos que ultrapassaram o instituto do mero aborrecimento. Dano moral que se mostra evidenciado. Verba que foi arbitrada em sonância com os princípios da proporcionalidade e razoabilidade. Suplicante que não teve o seu nome inserido nos setores restritivos de crédito. Negado provimento a ambos os recursos."

Aquí se enmarcarían por ejemplo: los fallos mecánicos en los ingresos o extracciones de fondos de cuentas corrientes o de crédito a través de cajeros automáticos. En este sentido cabe citar la sentencia de la AP de Oviedo de 27 de junio de 1992 al señalar que «los defectos, errores o averías producidos en los mecanismos establecidos por entidades bancarias y ofertados a sus clientes como medio de realizar operaciones de ingresos o extracción de fondos, no pueden repercutir en perjuicio del usuario del servicio salvo que sean imputables a estos (...) Acreditada la avería y no habiéndose probado la culpa o mala fe del actor, los riesgos y consecuencias de la misma son de cargo de la entidad demandada.[25]

4. Controle das condições gerais dos contratos nos negócios bancários

Particular relevo deve ser dado ao Código Civil de 2002 no controle das condições gerais dos contratos. Estipula este o controle dos contratos de adesão. Como visto anteriormente, o traço característico do contrato de adesão é a possibilidade de predeterminação de suas cláusulas, a determinação do conteúdo da relação negocial, pela parte que faz a oferta ao público, o fornecedor. Um elemento essencial portanto do contrato de adesão é a ausência de uma fase prenegocial, a falta de um acordo prévio sobre as cláusulas que comporão o contrato. Há uma pré-fixação de seu conteúdo, deixando ao oblato a alternativa de aceitar ou rejeitar o contrato, sem poder modificá-lo de maneira relevante, sendo que seu consentimento manifesta-se na adesão ao conteúdo preestabelecido pelo fornecedor do bem ou serviço com quem se deseja contratar. O que é, portanto, essencial no contrato de adesão é a ausência de um debate prévio, a determinação unilateral do conteúdo contratual, que é fato de uma das partes ou de terceiro. Essa vontade unilateral fixa a economia do contrato onde um de seus elementos, a vontade do aderente, não intervém senão para dar uma eficácia jurídica a essa vontade unilateral. São também características do contrato de adesão a uniformidade (pois o intento do fornecedor é obter de um número indeterminado de consumidores, a aceitação de um bloco de condições idênticas, conseguindo a padronização de suas relações contratuais) e a rigidez (garantida pelo ato somente da adesão, sem discussão de cláusulas, sendo esta rigidez uma conseqüência das características acima. A rigidez garante a uniformidade e

25. Chinchilla, José Justo Navarro. Condiciones generales y cláusulas abusivas en la contratación bancaria. In: Carol, Ubaldo Nieto y otros, *op. cit.*, p 548.

protege a predeterminação). Pela adesão, o aderente limita-se a manifestar sua intenção de submeter-se à transação nos termos e condições da estipulação.[26]

O Código Civil de 2002, deste modo, protege não apenas os contratos concluídos com base nas clássicas "condições gerais dos contratos", como também aqueles que incluem qualquer outra cláusula estabelecida prévia e unilateralmente por uma das partes, o mesmo é dizer, *não individualmente negociada* (arts. 423 e 424). Nesse sentido, a proteção por ele estabelecida é mais ampla do que aquela assegurada pela concepção originária da lei portuguesa[27] – tal como a da lei alemã –, ultrapassando a lógica das "condições gerais" e invadindo o espaço dos simples contratos *individualizados*, desde que não tenham sido objeto de negociação.

O Código Civil brasileiro, ao centrar a sua preocupação de controle na figura dos contratos de adesão, tal como definido acima, segue corretamente a lógica de proteger todos os sujeitos jurídicos potencialmente expostos aos perigos inerentes à utilização de tais contratos, não se restringindo à pura lógica de tutela do consumidor.

Tendo especificamente em conta a *relação banco-cliente*, esta disposição do Código Civil tem efeitos práticos imediatos, uma vez que se torna irrelevante, no domínio dos contratos de adesão, discutir se a atividade bancário-financeira está ou não submetida ao regime do Código de Defesa do Consumidor. Ora, se tivermos em conta, como já se salientou, que um dos traços característicos do global "contrato bancário" reside na circunstância de se basear em condições gerais dos contratos ou em cláusulas simplesmente não negociadas, estabelecidas unilateralmente pelo banco, compreenderemos a extrema importância do regime instituído pelo Código Civil para se alcançarem soluções justas e adequadas,

---

26. Berlioz, Georges. *Le contrat d'adhesion*. 2. ed. Paris: Librarie Générale de Droit et de Jurisprudence, 1976, p. 29-31.

27. Decreto-Lei nº 446/1985, de 25 de outubro de 1985, art. 4º: "As cláusulas contratuais gerais inseridas em propostas de contratos singulares incluem-se nos mesmos, para todos os efeitos, pela aceitação, com observância do disposto neste capítulo."

Decreto-Lei nº 446/1985, de 25 de outubro de 1985, art. 5º, nº 1: "As cláusulas contratuais gerais deverão ser comunicadas na íntegra aos aderentes que se limitem a subscrevê-las ou aceitá-las.

2. A comunicação deve ser realizada de modo adequado e com a antecedência necessária para que, tendo em conta a importância do contrato e a extensão e complexidade das cláusulas, se torne possível o seu conhecimento completo e efetivo por quem use comum diligência."

no domínio dos problemas quotidianamente suscitados pelas relações que se estabelecem entre as instituições bancárias e os seus clientes.[28]

Problema importante também é aquele concernente à adesão do aderente. A idéia central aqui em causa é a de que as condições gerais devem ser *transmitidas* à contraparte, num duplo sentido: por um lado, o cliente tem de ter notícia da *existência* de condições gerais, como base do contrato; por outro, é imperioso que lhe seja proporcionada a *possibilidade* de uma exigível tomada de conhecimento do respectivo conteúdo. Neste contexto particular, a filosofia tuteladora que inspira os preceitos do Código Civil relativos aos contratos de adesão, mormente o art. 424, não pode permitir a aplicação incondicionada da regra geral sobre o silêncio, constante do art. 111, integrado na parte geral do negócio jurídico: "O silêncio importa anuência, quando as circunstâncias ou os usos o autorizem, e não for necessária a declaração de vontade expressa." Estando em causa estipulações pré-elaboradas, de que o cliente do banco não teve sequer oportunidade de tomar conhecimento ou de cuja existência ignorava, representaria uma contradição valorativa com as mencionadas normas de proteção admitir que o silêncio legitimasse, sem mais, a integração de tais cláusulas no contrato bancário.[29]

Por isso mesmo, a única solução razoável é considerar essas cláusulas, na hipótese de o utilizador não ter observado as referidas exigências, como não fazendo parte integrante do contrato em apreço – o mesmo é dizer, tê-las como

28. Almeno de Sá. Relação bancária, cláusulas contratuais gerais e o novo Código Civil brasileiro, *op. cit.*, p. 11.

29. Rio de Janeiro. Tribunal de Justiça do Estado do Rio de Janeiro. Apelação Cível nº 2003.001.29176. 15ª Câmara Cível. Relator: Desembargador Sérgio Lúcio Cruz. Julgamento em 12 de novembro de 2003. "Responsabilidade civil de banco. Desconto indevido. Seguro. Negócio não autorizado. Restituição do valor. Seguro não contratado. Descontos em conta-corrente, por vários anos, sem que o percebesse o consumidor, que, agora, pretende a devolução dos valores debitados. Decadência. Não ocorrência. Inexistência de prova da contratação. Desprovimento do recurso. A relação de consumo existente entre as partes se prende à conta-corrente e a alegação é de não ter havido contratação do seguro. Logo, não se discute prestação defeituosa de serviços relativos ao seguro, mas sim inexistência de contrato, não estando a questão abrangida pelo art. art. 26, II, do Código de Proteção e Defesa do Consumidor. Se o banco ofereceu o produto seguro, sem que o tivesse solicitado o apelado, incidem as normas do art. 39, III e seu par. único, da legislação consumerista, e o item 8º da Portaria nº 3 de 15 de março de 2001, do secretário de Direito Econômico do Ministério da Justiça, não podendo ser presumida a aceitação tão somente pelo silêncio. Não tendo provado a contratação do seguro, é obrigado o fornecedor a restituir o que indevidamente descontou da conta-corrente do apelado. Desprovimento do recurso."

não escritas. Em seu lugar, aplicar-se-ão as normas e princípios próprios do direito dispositivo, com recurso, se necessário, às regras de interpretação e integração do negócio jurídico. Vem a propósito lembrar, como já se salientou, que o Código Civil brasileiro erige a boa-fé em critério hermenêutico central dos negócios jurídicos (art. 113).

Almeno de Sá sintetiza os novos paradigmas estabelecidos pelo Código Civil de 2002 no que se refere à proteção totalizante nos contratos de adesão. Devem estes assegurar o adequado equilíbrio entre os dois contratantes, ou seja, como regra, pode-se dizer que uma cláusula é inequitativa – e, por isso, nula – se o banco tiver exclusivamente em vista, na respectiva concepção e formulação, os seus próprios interesses, sem atender, de forma minimamente razoável, aos legítimos interesses do cliente:

> O novo Código Civil brasileiro não se debruça especificamente sobre os critérios gerais de controle dos contratos de adesão. Todavia, a articulação entre a idéia de sindicar estes contratos, implicada no Código, e os princípios informadores do direito contratual nele corporizados, tal como os explicitamos no início deste trabalho, fornece-nos algumas indicações relevantes sobre a melhor forma de "construir" e desenvolver tais critérios,
>
> O escopo fundamental de um sistema de controle de cláusulas unilateralmente pré-elaboradas traduz-se em tentar assegurar um adequado equilíbrio de interesses dos dois contratantes. Para isso, importa recorrer a padrões jurídico-materiais que nos permitam analisar e valorar o conteúdo regulativo das cláusulas em apreço. Ora, a consagração expressa do princípio da boa-fé no novo Código, a proclamação da função social do contrato como limite da liberdade contratual e ainda a proibição de cláusulas que impliquem renúncia antecipada do cliente a direito resultante da natureza do negócio fornecem-nos dados bastantes para podermos apreciar, em cada caso, se determinada estipulação merece ou não ser tida como válida, no contexto do tipo de contrato em que se insere.
>
> No quadro axiológico-normativo assim desenhado, o princípio da boa-fé surge como o eixo fulcral. Por isso mesmo, na concretização prática do mecanismo de sindicância, um papel nuclear está reservado à avaliação dos interesses contrapostos do banco e do cliente: é isso que justamente decorre da intencionalidade pressuposta por aquele princípio. No processo de ponderação aqui implicado, podem ser convocados, a favor da entidade bancária, os seus legítimos interesses de racionalização, certificação e execução uniforme dos contratos que celebra ou pretende celebrar. Sucede, todavia, que tais interesses podem ter de ceder

perante interesses do cliente de valia superior. Como regra, podemos dizer que uma cláusula é inequitativa – e, por isso, nula – se o banco tiver exclusivamente em vista, na respectiva concepção e formulação, os seus próprios interesses, sem atender, de forma minimamente razoável, aos legítimos interesses do cliente.

Deste modo, perante as cláusulas contratuais gerais de certa instituição bancária, importa averiguar, como ponto prévio, qual o concreto interesse do banco na regulação em causa. De seguida, será necessário perguntar que interesse do cliente pode ser afectado ou prejudicado e que relevo ou "peso" competirá a tal interesse, no quadro do tipo negocial envolvido. Finalmente, impor-se-á uma adequada ponderação dos interesses assim identificados. Em termos finais, a cláusula deverá considerar-se como nula se implicar uma relevante desvantagem para o cliente, que não possa normativamente justificar-se pela convocação de um interesse de igual ou similar "valor" da instituição bancária.

Numa outra perspectiva: no quadro do novo Código Civil brasileiro, em inteira consonância com o sistema português, o propósito nuclear da intervenção judicial no contrato bancário deverá ser o de evitar uma desrazoável e desproporcionada repartição de riscos ou de direitos e deveres, em prejuízo do cliente, sendo certo que este tem de submeter-se, de um modo ou de outro, às cláusulas unilateralmente pré-elaboradas que prevalecem, de forma generalizada, em todo o universo bancário-financeiro.

Neste processo de ponderação de interesses – e tendo especificamente em vista as condições gerais dos bancos –, assume particular importância um critério instrumental, directamente inferido do princípio da boa-fé. Referimo-nos à consideração autónoma do objectivo negocial visado pelas partes, no âmbito do global contrato bancário ou da específica operação bancária em causa. A razão é simples. O "contrato bancário", com a conformação e o sentido que acima lhe atribuímos, não se encontra, naturalmente, regulado na lei, como igualmente o não está a maior parte das operações e negócios singulares, criados e desenvolvidos por força das sempre renovadas necessidades práticas das instituições financeiras. Por essa razão, não existem, em regra, preceitos legais que funcionem como padrão de medida, na complexa tarefa de ponderar e valorar interesses conflituantes.

Isto significa que não pode aqui fazer-se apelo, em muitas situações, pelo menos de forma imediata, ao direito legal dispositivo e à função-modelo que neste contexto lhe compete. Sendo assim, o mencionado critério suplementar ou instrumental vem a desempenhar, neste domínio, um papel extremamente relevante: a convocação do tipo de operação ou de negócio envolvido, mesmo que se trate de uma simples tipicidade social, funcionará como elemento esclarecedor do escopo concreto visado pelas partes e permitir-nos-á determinar se, pela via da inclusão de certa cláusula, não se frustrará, afinal, aquilo que legitimamente se pode pressupor como intencionado pelo cliente ao decidir concretizar certa operação bancária.

Este critério aparece, na prática, intimamente relacionado com o problema da determinação dos direitos e deveres essenciais que resultam de um certo tipo de negócio ou acto bancário. Se as condições gerais do banco limitarem esses direitos e deveres numa dimensão tal que fique em risco a própria finalidade da operação singular considerada, haverá seguramente razão para as declarar nulas. Neste contexto, torna-se importante atender às "expectativas de justiça" imperantes no sector bancário-financeiro, relativamente ao tipo de operação ou negócio em causa. A convocação da ideia de "deveres essenciais" remete-nos, de forma particular, para aquela espécie de obrigações das quais depende, de modo incontornável, a correcta execução do negócio ou acto solicitado ao banco, o que torna normativamente fundada a expectativa do cliente no seu rigoroso cumprimento. Qualquer cláusula que, directa ou indirectamente, acabe por defraudar aquela expectativa não poderá ser tida como válida pelo tribunal.[30]

Neste ideário, serão consideradas abusivas nos contratos as cláusulas que estabeleçam a faculdade da entidade bancária de compensar os saldos devedores da conta corrente com os saldos credores que o titular ostente em seu favor em outras contas do mesmo banco.[31] A estipulação deve ter-se como nula, por

30. Almeno de Sá. Relação bancária, cláusulas contratuais gerais e o novo Código Civil brasileiro. *op. cit.*, p. 12-13.

31. Rio de Janeiro. Tribunal de Justiça do Estado do Rio de Janeiro. Apelação Cível nº 2004.001.06635. 6ª Câmara Cível. Relator: Desembargador Nagib Slaibi Filho. Julgamento em 8 de junho de 2004. Responsabilidade civil de banco. Relação de consumo. Inversão do ônus da prova. Débito indevido. Dano moral. Direito do Consumidor. Responsabilidade civil bancária. Relação de consumo. Responsabilidade objetiva. Dano moral. Inversão do ônus da prova. O jurista Carlos Roberto Barbosa Moreira, expõe a questão com maestria (in Estudos de Direito Processual em Memória de Luiz Machado Guimarães, Forense, 1997, p. 124). Permite a lei que se atribua ao consumidor a vantagem processual, consubstanciada na dispensa do ônus da prova de determinado fato, o qual, sem a inversão, lhe tocaria demonstrar, à luz das disposições do processo civil comum; ou se, de um lado, a inversão exime o consumidor daquele ônus, de outro, transfere ao fornecedor o encargo de provar que o fato apenas afirmado, mas não provado pelo consumidor não aconteceu. Portanto, no tocante ao consumidor, a inversão representa a isenção de um ônus: quanto à parte contrária, a criação de novo ônus probatório, que se acrescenta aos demais, existentes desde o início do processo e oriundos do art. 333 do Código de Processo Civil. Consumidor em desvantagem jurídica e econômica. Prática abusiva. Age com abuso de direito e viola a boa-fé o banco que, invocando cláusula contratual constante do contrato de financiamento, cobra-se lançando mão do numerário depositado pela correntista em conta destinada ao pagamento de salários

colocar em risco o fim negocial de interesse do cliente, em razão, designadamente, do especial regime a que essa outra conta pode estar submetida. A mencionada cláusula faz recair sobre o cliente o risco de realizar a prestação devida *sem eficácia de cumprimento* e, conseqüentemente, o risco de ter de pagar pela segunda vez. A verdade é que as razoáveis expectativas do cliente vão no sentido de o banco se manter estritamente dentro dos limites das instruções formalmente comunicadas. Se o banco, apesar disso, se reserva a possibilidade de efetuar a transferência para uma outra conta do destinatário, estamos perante um "poder" que não é mais compatível com os legítimos interesses do cliente, nem com as suas fundadas expectativas. Acresce que o "desvalor" da cláusula se intensifica se tivermos presente que, à grave desvantagem daí potencialmente resultante para o cliente, apenas corresponde, em regra, a ilegítima pretensão do banco de tentar "contornar" a responsabilidade que pode decorrer das suas próprias deficiências internas de organização e funcionamento. Como bem explica José Justo Navarro Chinchilla:

> El carácter de abusiva de una cláusula, si se da cuando en los términos de la misma se faculta a la entidad para compensar saldos de cuentas que el titular tenga en el mismo banco como autorizado o como titular indistinto con otros, añadiendo a la simple facultad de compensar otras como: "cualquiera que sea la forma de disposición de las cuentas" es la cláusula que llama la doctrina "cuenta única". En este caso, la cláusula no es conforme a las normas del Código Civil sobre compensación, considerándose contraria a la buena fe y el justo equilibrio de contraprestaciones.
>
> Pues no parece razonable que el cotitular de una cuenta se vea afectada por una relación que le es totalmente ajena, porque una cosa es la disponibilidad, y otra muy distinta la cotitularidad.
>
> A este respecto debemos mencionar la sentencia de la AP de Granada de 26 de noviembre de 1991, que señala: "Ahora bien, una cosa es, lo que el contrato de apertura de cuenta aparenta incorporar, y otra muy distinta lo que en realidad incorpora, porque, alterando la naturaleza y finalidad específica del contrato de depósito, que solo a la entidad favorece, es el de permitir a la entidad financiera la libre atribución de la totalidad del activo al patrimonio de

---

de seus empregados (48ª Turma do STJ, Rel. Min. Ruy Rosado de Aguiar, REsp 250.523-SP). Afronta aos princípios da boa-fé objetiva, transparência e confiança. Realização de cobrança que não reflete o valor correto de dívida. Indenização devida. Arbitramento do dano moral segundo princípios da proporcionalidade e razoabilidade. Sentença reformada. Provimento parcial do recurso."

uno u otro titular, según le convenga para enjugar a su costa la deuda que por cualquier otro título mantenga el imputado..." Este mismo criterio ha sido establecido por el Tribunal Supremo en sentencia de 14 de junio de 1991, donde ha proclamado la incomunicabilidad de los débitos personales entre los titulares indistintos de una cuenta bancaria, razonando "Resulta evidentemente inadmisible que en una cuenta, aunque sea indistinta o solidaria, cuando presenta un saldo deudor, pueda el Banco cargar nuevas cantidades adeudadas por uno de los titulares obligando al otro a hacer efectivos los correspondientes importes en virtud de la solidaridad derivada del mero hecho de ser asentadas en aquélla".[32]

5. Conclusão

Esse estudo teve como elemento norteador de sua sistemática a preocupação com a noção de confiança como fundamento dos negócios bancários, de modo a determinar parâmetros objetivos de aplicação do instituto da boa-fé objetiva às condições gerais dos contratos. Esta é a idéia que perpassa todo o texto. Dentro de uma exegese rigorosa, entendendo o Direito como um sistema hermético, contudo aberto a múltiplas possibilidades de compreensão cognitiva e de integração de seus dispositivos, buscou-se dar à aplicação das condições gerais dos contratos no âmbito dos negócios bancários a sua maior efetividade possível, dentro dos cânones rigorosos do nosso sistema jurídico.

Em síntese de todos esses cenários, tendo sempre em vista o processo de realização efetiva do controle de conteúdo das condições gerais dos contratos nessa esfera, é possível resumir algumas idéias em proposições objetivas, relativamente a cada uma de suas partes:

1) O contrato faz nascer, para a instituição bancária, em razão da sua profissionalidade e competência específica, uma *obrigação de acautelamento de interesses do cliente*, no que respeita a todos os assuntos de caráter bancário-financeiro. Esta obrigação implica, não uma pura atitude passiva, mas antes uma atividade de continuada *promoção e vigilância* dos interesses do cliente, no particular domínio considerado. Desta compreensão contratualista resulta que *também* a relação de confiança inerente a toda a vinculação bancária é colocada num *plano contratual*, e não meramente *legal*, com todas as implicações dogmático-práticas

32 Chinchilla, José Justo Navarro. Condiciones. In: Carol, Ubaldo Nieto y otros, *op. cit.*, p 551.

que daí necessariamente advêm como o *dever geral* do banco de executar as diversas operações neutrais (sem risco acentuado) solicitadas pelo cliente ao longo do tempo, e mesmo os singulares negócios bancários acordados, os quais, a serem isoladamente considerados, poderiam eventualmente ter um tratamento jurídico menos favorável aos interesses patrimoniais deste último.

2) Com base na relação contratual bancária, infere-se a noção de que o banco promete, objetivamente, colocar-se à disposição do cliente para concretizar aquelas operações que se inscrevem no giro normal e sem riscos particulares da atividade em causa ou, no mínimo, a fornecer explicações razoáveis e fundadas para a respectiva recusa.

3) Os bancos se aproveitam das condições gerais dos contratos bancários para *transferir riscos*, de forma sistemática, para a contraparte. A transferência de risco que decorre da natureza do negócio é prática abusiva e contraria o postulado globalizante da boa-fé objetiva que informa a relação bancária.

4) O Código Civil de 2002 protege não apenas os contratos concluídos com base nas clássicas *condições gerais dos contratos* como também aqueles que incluem qualquer outra cláusula estabelecida prévia e unilateralmente por uma das partes, o mesmo é dizer, *não individualmente negociada* (arts. 423 e 424). Nesse sentido, a proteção por ele estabelecida é mais ampla do que aquela assegurada pelas leis portuguesa e alemã, ultrapassando a lógica das condições gerais e invadindo o espaço dos simples contratos *individualizados*, desde que não tenham sido objeto de negociação.

5) As condições gerais devem ser *transmitidas* à contraparte, num duplo sentido: por um lado, o cliente tem de ter notícia da *existência* de condições gerais, como base do contrato; por outro, é imperioso que lhe seja proporcionada a *possibilidade* de uma exigível tomada de conhecimento do respectivo conteúdo. Na hipótese de o utilizador não ter observado as referidas exigências, é de se reputar tais cláusulas como não fazendo parte integrante do contrato, ou seja, tê-las como não escritas.

6) Consoante os paradigmas estabelecidos pelo Código Civil de 2002 no que se refere à proteção totalizante nos contratos de adesão, deve-se assegurar na relação bancária o adequado equilíbrio entre os contratantes ou seja, como regra, pode-se dizer que uma cláusula é inequitativa – e, por isso, nula – se o banco tiver exclusivamente em vista, na respectiva concepção e formulação, os seus próprios interesses, sem

atender, de forma minimamente razoável, aos legítimos interesses do cliente.

7) São consideradas abusivas nos contratos as cláusulas que estabeleçam a faculdade da entidade bancária de compensar os saldos devedores da conta corrente com os saldos credores que o titular ostente em seu favor em outras contas do mesmo banco. A estipulação deve ter-se como nula, por pôr em risco o fim negocial visado pelo cliente.

8) Em resumo de todas essas considerações, a fundamentação dogmática do controle de conteúdo das condições gerais dos contratos bancários encontra-se na boa-fé objetiva. Da boa-fé resulta que as partes devem lealdade à convenção livremente celebrada. A lealdade em causa traduzir-se-ia, nomeadamente, na necessidade jurídica de, para além da realização formal da prestação, providenciar a efetiva obtenção e manutenção do escopo contratual. Essa manutenção do escopo contratual perdura, naturalmente, nas tratativas, durante a execução do contrato, e, por vezes, para além da extinção do contrato em si.

6. Bibliografia

Almeno de Sá. *Relação bancária, cláusulas contratuais gerais e o novo Código Civil brasileiro.* Palestra proferida na Escola de Magistratura do Estado do Rio de Janeiro – Emerj, por ocasião do Congresso Internacional sobre o Novo Código Civil, Rio de Janeiro, 6 dez. 2002.

Azevedo, Antonio Junqueira de. Responsabilidade pré-contratual no Código de Defesa do Consumidor: estudo comparado com a responsabilidade pré-contratual no Direito comum. In: *Revista de Direito do Consumidor nº 18, p. 23-31, abr.-jun. 1996.*

Berlioz, Georges. *Le contrat d'adhesion*. 2. ed. Paris: Librarie Générale de Droit et de Jurisprudence, 1976.

Chinchilla, José Justo Navarro. Condiciones generales y cláusulas abusivas en la contratación bancaria. In: Carol, Ubaldo Nieto *et alii*. In: *Condiciones generales de la contratación y cláusulas abusivas*. Valladolid: Lex Nova, 2000.

Cordeiro, Antonio Manuel da Rocha e Menezes. *Da boa-fé no direito civil.* v. I. Coimbra: Almedina, 1984.

Fukuyama, Francis. *Confiança: as virtudes sociais e a criação da prosperidade*. Rio de Janeiro: Rocco, 1996.

Larenz, Karl. *Derecho de obligaciones*. Madri: Revista de Derecho Privado, 1958.

Luhmann, Niklas. *La confiance: une mécanisme de réduction de la complexité sociale*. Paris: Econômica, 2006.

Marques, Cláudia Lima. *Contratos no Código de Defesa do Consumidor: o novo regime das relações contratuais*. 4. ed. São Paulo: Revista dos Tribunais, 2002.

Martins, Fran. *Contratos e Obrigações Comerciais*. Rio de Janeiro: Forense, 1993.

Noronha, Fernando. *O direito dos contratos e seus princípios fundamentais: autonomia privada, boa-fé, justiça contratual*. São Paulo: Saraiva, 1994.

Peyrefitte, Alain. *A sociedade de confiança: ensaio sobre as origens e a natureza do desenvolvimento*. Rio de Janeiro: Topbooks, 1999.

Rizzardo, Arnaldo. *Contratos de Crédito Bancário*. 2. ed. São Paulo: Revista dos Tribunais, 1994.

Silva, Clóvis Veríssimo do Couto e. *Obrigação como processo*. São Paulo: Bushatsky, 1976.

II

Direito das Obrigações

4

A proteção do devedor decorrente do *favor debitoris* como princípio geral do direito das obrigações no ordenamento jurídico brasileiro

Sumário: 1. A expressão *favor* no direito romano. 2. A proteção do devedor no direito romano. 3. A proteção do devedor no Direito português antigo. 4. O desenvolvimento da proteção do devedor no Direito brasileiro anterior ao Código Civil de 2002. 5. A proteção ao devedor no Código Civil de 2002 e na legislação contemporânea. 6. A natureza da obrigação no Código Civil de 2002. 7. A proteção do devedor decorrente do *favor debitoris* como princípio geral do direito das obrigações no ordenamento jurídico brasileiro. 8. Conclusão. 9. Bibliografia.

1. A expressão *favor* no direito romano

A expressão *favor* no Direito romano assume o significado daquilo que se desvia do rigor do Direito. Como se verifica nas palavras de Ulpiano em D. XL, 5, 24, 10:

> Se alguien le hubiera dado la libertad directa a un esclavo pignorado, aunque en estricto derecho parece que la dejó inútilmente, sin embargo, el esclavo puede pedir, como se le hubiere dejado la libertad también por fideicomiso, que se le haga libre en virtud del fideicomiso; porque el favor de la libertad aconseja que interpretemos, que las palabras del testamento son pertinentes también para la petición de la libertad, como se por fideicomiso le hubiere mandado que el escla-

vo sea libre; porque no es cosa ignorada que *en favor de la libertad se establecieron muchas disposiciones contra el rigor del derecho*.[1]

Moreira Alves considera que a expressão favor denota a atitude do legislador e da jurisprudência de favorecimento a uma situação especial que decorre de uma *causa favorabilis*, ou seja, a tendência a privilegiar esta situação, pela sua relevância e importância dentro do ordenamento jurídico, desde que a interpretação dada não seja absolutamente destoante da lógica jurídica.[2] É o caso do testamento, através do *favor testamenti*, pelo qual, na dúvida sobre uma disposição, a jurisprudência tem a tendência a favorecer o desejo do testador, da maneira mais ampla possível, com larguíssima interpretação, de modo a evitar a sucessão intestada.[3]

A *causa favorabilis* da qual decorre o favor pode ser compreendida como aquela que, em determinado ordenamento jurídico e época, possui um apreço de bem objetivo, é um bem fundamental, e, como tal, impõe a todos o dever de favorecê-la e defendê-la. A atitude ou tendência de favorecimento é o que se denomina favor, consoante a lição de Sua Santidade João Paulo II no seu discurso aos membros do Tribunal da Rota Romana na inauguração do Ano Judiciário de 2004, ao referir-se ao *favor matrimonii*:

> Hoje, respondendo também às solicitudes manifestadas pelo Mons. Decano, desejo refletir novamente sobre as causas matrimoniais que vos são confiadas e, de modo particular, sobre um aspecto jurídico-pastoral que delas sobressai: faço alusão ao *favor iuris* de que goza o matrimônio e à referente presunção de validade em caso de dúvida, declarada pelo cânone 1.060 do Código latino e pelo cânone 779 do Código dos Cânones das Igrejas Orientais.

---

1. Justiniano. *Cuerpo del Derecho Civil*. Primera Parte. Digesto. t. III. Tradução de Idelfonso García del Corral. Fac-símile. Valladolid: Lex Nova, 1988, p. 238.

2. Alves, José Carlos Moreira Alves. As normas de proteção ao devedor e o favor debitoris: do direito romano ao direito latino-americano. In: *Notícia do Direito Brasileiro*. Nova Série. Brasília, n. 3, p. 109-165, jan./jul., 1997, p. 112-13.

3. "Ha de señalarse que el favor testamenti del Derecho clásico llega a ser en el derecho posterior favor testantis, y los textos de Justiniano contienen muchas decisiones en las cuales se hace eficaz o lo que se entiende haber sido el deseo del testador, aunque esta interpretación no sea verdadero resultado de lo que él há dicho, o lo que sea necesario para evitar la sucesión intestada" Buckland, W.W.; McNAIR, Arnold. D. *Derecho romano y Common Law: uma comparación en esbozo*. Madri: Universidad Complutense, 1994, p. 160-1.

Com efeito, por vezes ouvem-se vozes críticas a este propósito. Algumas pessoas julgam que tais princípios estão ligados a situações sociais e culturais do passado, em que a exigência de casar de forma canónica normalmente pressupunha nos interessados a compreensão e a aceitação da verdadeira natureza do matrimónio. A crise que hoje, em tantos ambientes, infelizmente assinala esta instituição, para eles parece que a própria validade do consenso deve considerar-se muitas vezes comprometida, por causa dos vários tipos de incapacidade ou ainda pela exclusão de bens essenciais. Diante desta situação, os críticos mencionados perguntam-se se não seria mais justo presumir a nulidade do matrimónio contraído, em vez da sua validade.

Nesta perspectiva o *favor matrimonii*, afirmam, deveria ceder o lugar ao *favor personae* ou ao *favor veritatis subiecti* ou ao *favor libertatis*.

3. Para avaliar correctamente as novas posições é oportuno, em primeiro lugar, reconhecer o *fundamento e os limites do favor em questão*. Na realidade, trata-se de um princípio que transcende enormemente a presunção de validade, dado *que informa todas as normas canónicas*, tanto substanciais como processuais, no que se refere ao matrimónio. Com efeito, o apoio ao matrimónio deve inspirar todas as actividades da Igreja, dos Pastores, dos fiéis e da sociedade civil, em síntese, de todas as pessoas de boa vontade. O fundamento desta atitude não é uma opção mais ou menos opinável, mas sim *o apreço do bem objetivo*, representado por toda a união conjugal e por cada família. Precisamente quando é ameaçado o *reconhecimento pessoal e social de um bem tão fundamental*, descobre-se mais profundamente a sua importância para as pessoas e para as comunidades.

À luz destas considerações, manifesta-se com clareza que *o dever de defender e favorecer o matrimônio cabe certamente, de maneira particular, aos Pastores sagrados, mas constitui também uma responsabilidade específica de todos os fiéis, sobretudo dos homens e das autoridades civis, cada qual segundo as suas próprias competências.*[4]

A interpretação que decorre do favor deve levar em conta sobretudo o valor transcendente da *causa favorabilis* e, assim, excluir considerações que decorram da aplicação de outros princípios, mormente aqueles oriundos de aplicações mecânicas de caráter formal. Como explica o Papa João Paulo II:

4. João Paulo II. Discurso aos membros do Tribunal da Rota Romana na inauguração do Ano Judiciário de 2004. Disponível em: http://www.vatican.va/holy_father/john_paul_ii/speeches/2004/january/documents/hf_jp-ii_spe_20040129_roman-rota_po.html. Acesso em: 20 nov. 2005.

O *favor iuris* de que goza o matrimônio implica a presunção da sua validade, enquanto não se provar o contrário (cf. Código de Direito Canônico [CDC], cân. 1.060; Código dos Cânones das Igrejas Orientais [CCIO], cân. 779).
(...)
Esta presunção não pode ser interpretada como uma mera protecção das aparências ou do *status quo* como tal, porque é prevista também, dentro de limites razoáveis, a possibilidade de impugnar o ato. *Todavia, aquilo que de fora parece correctamente realizado, na medida em que entra no campo da liceidade, merece uma consideração inicial de validade e a consequente protecção jurídica, porque este ponto de referência externo é o único de que, realistamente, o ordenamento dispõe para discernir as situações a que deve oferecer a tutela*. Supor o contrário, ou seja, o dever de oferecer a prova positiva da validade dos respectivos actos, significaria expor os sujeitos a uma exigência de realização quase impossível. Com efeito, a prova deveria compreender os múltiplos pressupostos e requisitos do acto que, com freqüência, têm uma extensão notável no tempo e no espaço, e comprometem uma vasta série de pessoas e de actos precedentes e conexos.
Então, o que dizer da tese, segundo a qual a própria falência da vida conjugal deveria fazer presumir a nulidade do matrimónio? Infelizmente, a força deste delineamento erróneo é, às vezes, tão grande que se transforma num preconceito generalizado, que leva a procurar as causas de nulidade, como meras justificações formais de um pronunciamento que, na realidade depende do facto empírico do insucesso matrimonial. Este formalismo injusto da parte daqueles que se opõem ao tradicional *favor matrimonii* pode chegar a esquecer que, segundo a experiência humana assinalada pelo pecado, *um matrimônio válido pode falir por causa do recurso erróneo à liberdade dos próprios cônjuges*.
(...)
Além disso, o problema diz respeito à concepção do matrimónio, por sua vez inserida no contexto de uma visão global da realidade. A dimensão essencial de justiça do matrimónio, que fundamenta o seu ser numa realidade intrinsecamente jurídica, é substituída por perspectivas empíricas, de índoles sociológica, psicológica etc., assim como por várias modalidades de positivismo jurídico. Sem nada tirar das contribuições válidas que podem derivar da sociologia, da psicologia ou da psiquiatria, *não se pode esquecer que uma consideração autenticamente jurídica do matrimónio exige uma visão metafísica da pessoa humana e do relacionamento conjugal. Sem este fundamento ontológico, a instituição matrimonial torna-*

> *se uma mera superestrutura extrínseca, fruto da lei e do condicionamento social, que limitam a pessoa na sua livre realização.*
> Contudo, *é necessário voltar a descobrir a verdade, a bondade e a beleza da instituição matrimonial* que, como obra do próprio Deus através da natureza humana e da liberdade do consenso dos cônjuges, permanece como uma *realidade pessoal indissolúvel, como um vínculo de justiça e de amor*, ligado desde sempre ao desígnio da salvação e elevado na plenitude dos tempos à dignidade de sacramento cristão. *Esta é a realidade que a Igreja e o mundo devem favorecer! Este é o verdadeiro favor matrimonii!*[5]

Deste modo, os limites da interpretação que decorre do favor são os mais amplos possíveis, tanto subjetiva quanto objetivamente. Do ponto de vista objetivo, dizer que há uma situação jurídica beneficiada por um favor significa considerar que esta realidade é merecedora de valorização em si mesma, tratando-se de um bem fundamental e que, como tal, deve ser privilegiada em confronto com outros argumentos jurídicos porventura relevantes.

Juan Ignácio Bañares, ao comentar o cânone 1.060 do Código de Direito Canônico sobre o *favor matrimonni*, assevera que o *favor iuris* decorre sempre de uma realidade fática que o legislador considera em sua instauração e em seu desenvolvimento vital como um valor particularmente importante; que o ordenamento lhe outorga tal valor precisamente por sua conexão substancial e imediata com a *causa favorabilis* e que este valor deve ser entendido como informador de todo o sistema jurídico daquela ordem de relações.[6]

Assim, nos exemplos citados acima, devem-se preferir as interpretações que conduzam à validade de um testamento do que as outras que resultariam numa situação intestada; no matrimônio, as disposições interpretativas assecuratórias da validade do laço jurídico preponderam em relação a justificações de caráter formal para determinação de nulidades. No que concerne ao aspecto subjetivo, todos os operadores do Direito e partícipes das relações jurídicas são obrigados a implementar os valores institucionais veiculados através do favor e, nessa perspectiva, defender e proteger aquela situação jurídica.

O favor, em síntese, pode ser definido como o complexo de prerrogativas, quando não um verdadeiro e próprio privilégio, que atribui uma posição

5. João Paulo II, *op. cit.* Acesso em: 20 nov. 2005.

6. Bañares, Juan Ignácio. Comentario ao Canon 1060. In: Marzoa, A.; Miras, J.; Rodríguez-Ocaña (orgs.). *Comentario exegético al Código de Derecho Canónico*. Pamplona: Eunsa, 1997, p. 1.083-4.

de vantagem a uma determinada pessoa, seja porque se leva em consideração a sua qualidade pessoal, seja porque a proteção do interesse individual é, muito freqüentemente, o único meio de satisfazer o interesse de ordem coletiva.

2. A proteção do devedor no direito romano

A regulamentação jurídica de proteção do devedor no Direito romano é um fenômeno típico do período pós-clássico. No Direito romano clássico havia um equilíbrio entre a pretensão do credor e a preocupação para com o devedor. Na formulação de Biondo Biondi: "Il diritto della obbligazione si sviluppa secondo uma linea di protezione del debitore; ma pertutta l´epoca classica rappresenta un sapiente equilibrio tra la pretesa del creditore e la pietà verso il debitore."[7]

Conhecidas são as disposições da Lei das XII Tábuas pelas quais o devedor responde pela dívida com o próprio corpo (o instituto do *nexum*), em draconiano processo de execução:

> TÁBUA TERCEIRA
> Dos direitos de crédito:
> 4. Aquele que confessa dívida perante o magistrado ou é condenado terá 30 dias para pagar.
> 5. Esgotados os trinta dias e não tendo pago, que seja agarrado e levado à presença do magistrado.
> 6. Se não paga e ninguém se apresenta como fiador, que o devedor seja levado por seu credor e amarrado pelo pescoço e pés com cadeias com peso até o máximo de 15 libras; ou menos se assim o quiser o credor.
> 7. O devedor preso viverá à sua custa, se quiser; se não quiser, o credor o mantém preso e dar-lhe-á uma libra de pão ou mais, a seu critério.
> 8. Se não há conciliação que o devedor fique preso por 60 dias, durante os quais será conduzido em 3 dias de feira ao *comitium*, onde se proclamará, em altas vozes, o valor de sua dívida.
> 9. Se são muitos os credores, é permitido, depois do terceiro dia de feira, dividir o corpo do devedor em tantos pedaços quantos sejam os credores, não importando cortar mais ou menos; se os credores preferirem, poderão vender o devedor a um estrangeiro, além do Tibre.[8]

---

7. Biondi, Biondo. *Instituzioni di diritto romano*. Milão: Giuffrè, 1972, p. 341.

8. Meira, Sílvio. *A Lei das XII Tábuas: fonte do direito público e privado*. 2. ed. Rio de Janeiro: Forense, 1961, p. 170.

Paulatinamente, o rigor da execução pessoal do devedor foi se atenuando no Direito romano. Em 326 a.C., *a Lex Pœtelia Papiria* aboliu o *nexum*, imprimindo um abrandamento sensível aos meios de execução das dívidas do devedor insolvente, porquanto a execução não mais poderia recair sobre a pessoa do devedor, mas apenas sobre o seu patrimônio.

Na época de Augusto, a *lex Iulia iudiciorum privatorum* instituiu a *cessio bonorum*. Esta autorizava o devedor que, sem culpa, se encontrasse em desastrosa situação patrimonial, a se subtrair à execução em sua pessoa mediante a cessão de todos os seus bens ao credor, o qual não adquiria a propriedade mas era tão-somente legitimado a revendê-la e a satisfazer o seu crédito com o resultado. Tal medida evitava a infâmia que decorria da venda do devedor insolvente. Desta maneira, pôde-se, por exemplo, conceder ao herdeiro evitar a execução em sua pessoa por uma dívida do *de cujus*, por meio do abandono de sua herança. Considerava-se, porém, nesse período, a *cessio bonorum* como um privilégio excepcional.[9]

No período clássico, surge também o *beneficium competentiœ*, pelo qual alguns devedores somente podiam ser condenados, em determinadas circunstâncias, a pagar não a totalidade da dívida mas apenas aquilo que estivesse dentro de suas possibilidades patrimoniais (*in id quod facere possunt*),[10] como se apreende dessas passagens do Digesto:

> D. XVIII, 2, 63, pr.
> Ulpiano. Comentários ao Édito, livro XXXI
> É verdade o que a Sabino lhe parece, que ainda que não sejam sócios em todos os bens, senão de uma só coisa, devem ser, entretanto, *condenados ao que podem fazer*, ou ao que com dolo houverem feito que não pudessem; porque isto tem muitíssima razão, posto que a sociedade contém em si em certo modo um direito de fraternidade.
> § 1º – Se há de ver, se isto deverá conceder-se também ao fiador do sócio, ou se será um benefício pessoal; o que é mais certo. Mas se este fiador houver aceitado o juízo como defensor do sócio, aproveitar-lhe-á a ele; porque escreveu Juliano no livro décimo quarto do Digesto, que o defensor de um sócio *deve ser condenado ao que o sócio pudesse fazer*. E disse que o mesmo deve

9. Schulz, Fritz. *Derecho romano clásico*. Barcelona: Bosch, 1960, p. 203-4.

10. Sobre a matéria, ver no Direito brasileiro, Velasco, Ignácio M. Poveda. *A execução do devedor no direito romano*. São Paulo: Livraria Paulista, 2003.

admitir-se também respeito ao defensor de um patrono. E, em verdade, o mesmo será a respeito a todos os que são *demandados pelo que podem fazer*[11] (tradução livre do autor).

D. XLII, 1, 19,1

§ 1º – Também o que é demandado por causa de doação é condenado a quanto possa fazer; e certamente isto só havendo deduzido as dívidas. E entre aqueles a quem se deve dinheiro por causa análoga, será melhor a condição do ocupante; e ainda não creio que se lhe deva de arrancar tudo o que tem, senão que também se há de ter em conta dele mesmo, para que não careça do necessário.[12] (trad. livre)

D. XXIV, 3, 12

Ulpiano. Comentários a Sabino, livro XXXVI

É *evidente que o marido é condenado ao que pode fazer*; mas isto não se lhe há de conceder ao herdeiro.[13] (trad. livre do autor)

A proteção do devedor surgida no período clássico sob a influência da *humanitas*[14] consolida-se com os imperadores cristãos, ampliando-se as formas de tutela do devedor, considerado a parte mais fraca. Razões de ordem ideológica, como a difusão do cristianismo, misturam-se a considerações de ordem econômica para a justificativa da tutela do devedor. Como lembra Giovanni Pugliese: "Questo favor per il debitore, da un lato, dipese con ogni probabilità da ragioni economiche inerenti al generale impoverimento, specie nelle province occidentali, onde la condizione dei debitori veniva resa dura, da un altro lato è ragionevolmente da mettere in rapporto col Cristianesimo e la sua diffusione."[15]

No período *justinianeu*, ampliam-se significativamente as disposições que tornam o exercício do direito de crédito menos inexorável do que era no período clássico. O *beneficium competentiæ* muda o seu perfil. Admite-se a exclusão de alguns bens da execução patrimonial, com a finalidade de garantir a subsistência do devedor e evitar que este ficasse reduzido à indigência. É a *deductio ne egeat*,

---

11. D. XVIII, 2, 63, pr. aqui e doravante citado de Justiniano. *Cuerpo del Derecho Civil*. Primera Parte. Digesto. Tomo III. Tradução de Idelfonso García del Corral. Fac-símile. Valladolid: Lex Nova, 1988.

12. D. XLII, 1, 19, 1.

13. D. XXIV, 3, 12.

14. Schulz, Fritz. *Princípios del derecho romano*. Madri: Civitas, 1990, p. 211-42.

15. Pugliese, Giovanni. *Instituzioni di diritto romano*, III. Il periodo postclasico e giustinianeo. 2. ed. Turim: Giappichelli, 1998, p. 975.

prevista em D.L. 17, 173 pr., estendida a todos os devedores que gozavam da condenação limitada.[16]

Sob a égide de Justiniano, foi proibido o anatocismo, fixando-se que, se alguém houvesse estipulado juros além da taxa estabelecida, ou juros dos juros, tenha-se por não expresso aquilo que ilicitamente se expressou, e que se possa pedir apenas o que é lícito.[17] Pela legislação justiniana, não poderiam os juros ser inseridos em estipulação nem exigidos quando o capital já tivesse dobrado por conta de juros.[18] Os juros recebidos indevidamente poderiam ser imputados como capital ou repetidos mediante a *condictio indebiti*.[19]

O aspecto verdadeiramente novo na compilação justiniana é a codificação de um sistema que tem em conta a classe social a que pertence o credor e a natureza do empréstimo para determinar o limite da convenção de juros. Sendo distintos os empréstimos civil, comercial e marítimo, Justiniano considerava que os dignitários, nobres e pessoas eméritas não deviam, de maneira alguma, estipular a título de juros, em qualquer contrato, mais do que quatro por cento ao ano; os comerciantes e banqueiros deveriam moderar sua estipulação até oito por cento ao ano; nos empréstimos marítimos, era lícito estipular somente até doze por cento ao ano; todas as demais pessoas podiam estipular, a título de juros, somente a metade de um por cento mensal, ou seja, seis por cento ao ano.[20]

16. Velasco, Ignácio M. Poveda, *op. cit.*, p. 17.

17. D. XXII, 1, 29.

18. D. XII, 6, 26, 1.

19. C. IV, 22, 18. A *condictio indebiti* era a principal e mais antiga condição do Direito romano. Era a *condictio* que sancionava a obrigação resultante da *indebiti solutio* (pagamento indevido). Esta ocorria quando alguém pagava alguma coisa por erro, porém sempre com a intenção de liberar-se de uma obrigação, que na verdade não existia. Configurava-se a *condictio indebiti* quando houvesse a presença dos seguintes requisitos: a) que tenha havido o cumprimento de uma obrigação que era suposta pelo sujeito (uma *solutio*), isto é, o cumprimento de prestação para extinguir uma suposta relação obrigacional; b) que essa *solutio* fosse indevida, ou seja, que entre *solvens* e *accipiens* nunca tivesse existido relação obrigacional ou, se já existiu, que já estivesse extinta; ou ainda, que a prestação realizada não fosse objeto da relação obrigacional existente; c) que no cumprimento da obrigação ocorresse erro de fato escusável; d) o *accipiens* deveria estar de boa-fé. Se estivesse de má-fé, a ação seria outra (*condictio furtiva*); e que a *solutio* não se referisse a uma obrigação que, embora não existente, ensejasse ação, em caso de o réu falsamente negar a dívida, cujo valor fosse o dobro daquilo que realmente se devia, ou a obrigação fosse eliminável por meio de exceção perpétua.

20. Ferrari, Francesco Antonio. *L'usura: nel diritto, nella storia, nell'arte*. Nápoles: Edizioni del Giornale La Toga, 1928, p. 94-5 (cf. C. IV, 32, 26).

Por razões de clemência, ainda que do desagrado dos credores, como o próprio texto afirma, Justiniano concede a *datio in solutum necessaria* pela Novela IV, 3, do ano de 535 d.C. Nesta, determina-se que o devedor que não dispusesse de dinheiro para restituir a quantia que recebera em mútuo, mas que fosse proprietário de imóveis, poderia, por não encontrar comprador para eles, dirigir-se ao juiz competente e, feita escrupulosa avaliação deles, dar os melhores em pagamento.[21] A legislação em D. XII, 1, 26, define que o pretor deverá agir com humanidade e facultar ao devedor o pagamento parcial do débito da parte incontroversa, incumbindo ao credor continuar a demandar em juízo pela parte restante.[22]

Moreira Alves cita diversas passagens nas quais o Direito justiniano elabora uma proteção reforçada ao devedor. Assim, nesse Direito, o termo presume-se aposto ao negócio jurídico em favor do devedor; há também a concessão de prazo de graça para o devedor.[23]

Outro aspecto importante da proteção do devedor no Direito romano é a vedação da *lœsio enormis* através de rescrito de 285 d.C. do imperador Diocleciano. Nesse período, a economia romana vivia uma profunda crise resultante da combinação de baixa taxa de natalidade, tentativas de incursão dos bárbaros, peso excessivo dos impostos, evasão dos camponeses e rarefação do número de escravos, o que trouxe como conseqüência o nascimento de uma nova classe social representada pelos colonos vinculados à terra.

Muitos dos pequenos proprietários nesse período viam-se obrigados a refugiarem-se sob o manto protetor dos grandes proprietários de terras, tornando-se seus colonos. Desta forma, a pequena e média propriedade rural passa a ser absorvida pelos poucos latifundiários, iniciando-se um processo de desagregação política e social.

Os abusos dos *potentes* (grandes proprietários de terras) em relação aos *infimi* ou *minores* (pequenos proprietários livres) consistem fator preponderante na instituição da *lœsio enormis*.

---

21. Novela IV, 3, citada por Alves, José Carlos Moreira, *op. cit.*, p. 116.

22. D. XII, 1, 26.

23. Alves, José Carlos Moreira, *op. cit.*, p. 117.

É nesse contexto que, em 285 d.C., os imperadores Diocleciano e Maximiniano, em resposta a um certo Aurelius Lupus, elaboraram o rescrito criador da *læsio enormis*:

> Rescrito imperial
> C.IV.44.2 (Diocl. et Maxim. AA. Aurelio Lupo)
> Se tu ou teu pai houver vendido por menor preço uma coisa de preço maior, é humano que, restituindo tu o preço aos compradores, recebas o imóvel vendido mediante a intervenção da autoridade do juiz, ou se o comprador preferir, recebas o que falta para o justo preço. Ora, o preço parece ser menor se nem a metade do verdadeiro preço tenha sido paga. (trad. livre)

Sob a rubrica *De rescindenda venditione*, este rescrito oferece ao vendedor a possibilidade de invocar a rescisão do contrato de compra e venda se o preço obtido com a venda da coisa tiver sido inferior à metade do verdadeiro preço. Ao comprador, porém, foi concedida a faculdade de evitar a rescisão mediante o oferecimento do que faltar para o justo preço, constituindo-se em efetivo mecanismo de proteção do devedor.

Em 320 d.C., uma lei de Constantino proíbe o pacto comissório pelo qual as partes avençam que o credor, no caso de a dívida não ser paga e não se extinguir de outra forma, possa, após o vencimento da mesma, obter a satisfação na coisa penhorada. Nessa época, pela escassez de crédito, acumulavam-se os abusos por exploração usurária, havendo credores que aceitavam como penhores que caducam coisas cujo valor ultrapassava de longe o montante do crédito, para enriquecerem-se com a coisa penhorada, caso o devedor não pudesse pagar.[24]

A proibição de adoção de providências vexatórias para a cobrança do crédito no Direito romano é ressaltada por Moreira Alves em diversas passagens, como na *cessio in potentiorem*, na qual, por uma constituição dos imperadores Honório e Teodósio, estabelece-se a perda do crédito quando o credor o transferisse para pessoa mais poderosa. Considerava-se manifesta a voracidade dos credores que compram dívidas de outros para poder exercitar as correspondentes ações de execução.[25]

24. Kaser, Max. *Direito privado romano*. Lisboa: Calouste Gulbenkian, 1999, p. 187.

25. C. II, 13, 2.

Do mesmo modo, para impedir os especuladores de adquirir crédito a preço vil, e para colocar os devedores ao abrigo dos vexames a que ficariam expostos com essas operações, a constituição imperial de Anastácio (*constitutio Anastasiana*) determinou que o cessionário não poderia, em nenhuma hipótese, exigir do devedor os juros do preço.[26]

O imperador Justiniano também estabeleceu regra cogente de que ninguém seria obrigado a ceder todos os seus bens por dívida. Atendendo a uma súplica de um cidadão, Zosario, da província de Misia, Justiniano estabelece os padrões de interpretação da situação do devedor: "por que onde é justo que aquele que perdeu por acidente, e não por manifesta negligência, seus próprios bens, abrace logo [seja reduzido pelos credores] uma vida indecorosa e seja privado com violência, acaso do cotidiano sustento e do abrigo do corpo?"[27]

Considerando tal estado de coisas e, nas suas palavras, desejando render culto a Deus, proíbe aos magistrados reduzir, através da *cessio bonorum*, o devedor à miséria, quando este jurasse pelos evangelhos que não tinha em suas coisas outros bens ou dinheiro que pudessem satisfazer a dívida.

A interpretação do Direito igualmente altera-se no direito justinianeu para estabelecer a maior proteção do devedor. Em D.L., 17, 34, nas Diversas Regras Gerais do Direito Antigo, estabelece-se, especialmente na parte final tida como interpolada, a elucidação de que, se for incerta a regra, deve-se preferir a interpretação que mais favoreça o devedor:

> Ulpiano, Comentário a Sabino, livro XLV
> Nas estipulações e nos demais contratos, atemo-nos sempre ao que se tratou; ou, se não aparecer o que se tratou, será conseguinte que nos atenhamos ao que é freqüente na região em que se tratou. Logo, o que se dirá se não apareceu costume da região, porque houve diversidade? *A soma há de ser reduzida ao que seja a sua menor importância.*[28] (trad. livre)

26. Alves, José Carlos Moreira, *op. cit.*, p. 118.

27. Novela 135, prefácio.

28. D.L, 17, 34.

A interpretação assume nítido benefício em favor do devedor, estabelecendo a regra *iuris* de que nas coisas obscuras[29] atemo-nos sempre ao que é o menos.[30]

Assim, o *ius civile* romano desenvolve-se em um processo de crescente humanização, sob o influxo do estoicismo[31], pelo apreço da *humanitas*[32] e pela extraordinária benignidade do espírito cristão, culminando no estabelecimento de uma efetiva esfera diferenciada de proteção ao devedor, o que justifica pensar, a partir dele, em um verdadeiro *favor debitoris*.

3. A proteção do devedor no direito português antigo

A recepção do direito justiniano e da obra dos glosadores em Portugal dá-se a partir do século XIII. A difusão processa-se em ritmo extremamente lento, amparada sobretudo na justiça exercida em nome do monarca pelos "juízes de fora". Fator marcante para esta difusão foi a presença significativa de estudantes portugueses, predominantemente eclesiásticos, em centros italianos e franceses do ensino do Direito, onde tomaram contato com os novos es-

29. Assim, a presença de uma cláusula obscura num contrato já celebrado nos conduz à interpretação *contra proferentem*. Uma cláusula pode ser também obscura por ser incerta em seus próprios termos, por terem sido utilizadas expressões com duplo sentido ou mais de uma acepção, de modo que em tais casos não é possível conhecer o alcance real da cláusula sem proceder a uma posterior aferição. As cláusulas que admitam mais de um sentido devem ser entendidas naquele mais adequado para a proteção do devedor, o que está em consonância com a natureza e objeto do contrato. O caráter de obscura pode ser também conferido à cláusula que, apesar de ser determinada, no sentido de que as palavras ou termos utilizados não deixem margem ao duplo sentido, a estipulação em seu conjunto sim admite significados diversos, de forma que possa ser classificada de equívoca, como quando se tende a mascarar o alcance efetivo para o aderente das cargas e obrigações nascidas do contrato. A equivocidade aqui referida não é a das palavras usadas, que podem ser ambíguas em seu significado, mas a da cláusula em si mesma. Têm a consideração de cláusulas ambíguas aquelas que, apesar de aparentarem ser determinadas e não equívocas, podem ser entendidas num sentido diferente, segundo sua leitura se fizer isoladamente ou posta em relação com o resto de cláusulas contratuais. Mais uma vez não se trata da utilização de palavras de duplo sentido ou polissêmicas, senão de saber se o resultado final da combinação e dos termos ou expressões utilizadas na redação final da cláusula pode variar o sentido da mesma. Em toda essa sorte de estipulações, deve-se observar o que menos encargos traga para o devedor.

30. D.L, 17, 9.

31. Cícero, Marco Túlio. *Tratado dos Deveres*. Coleção Cultura Clássica. São Paulo: Edições Cultura Brasileira, s.d., cap. VII.

32. Schulz, Fritz. *Principios del derecho romano*. Madri: Civitas, 1990, p. 211-42.

tudos do renascimento do direito romano e, depois, disseminaram-nos por todo o território luso. O ensino do Direito romano nas universidades da Península Ibérica e, após 1290, na Universidade de Coimbra, com as licenciaturas em Direito Canônico e Direito Civil, também contribuiu consideravelmente para essa disseminação.

Outro fator preponderante foi a elaboração nessa época de relevantes obras doutrinais e legislativas de conteúdo romano, como as *Flores de Derecho*, de Jácome Ruiz, e documentos legislativos espanhóis como o *Fuero Real* e as *Siete Partidas*, inspiradas no direito justiniano.[33]

As *Siete Partidas*, sobretudo, influenciaram profundamente o Direito das primeiras ordenações portuguesas – as Afonsinas – e possibilitaram a transmissão para o ordenamento português dos institutos de proteção ao devedor do Direito romano.

No Direito português antigo, são inúmeras as disposições de favorecimento do devedor recebidas do direito justiniano. Paschoal José de Mello Freire, em seu *Curso de direito civil português*, ao discorrer sobre as regras gerais de interpretação das leis, anuncia em sua primeira regra que, para explicar o sentido de uma lei, deve-se dar preferência àquele que ela tem tido no uso e prática do foro, e, se um sentido não tiver um uso preferido, deve-se preferir aquele em que menos rigor se der:

> Para explicarmos o sentido d´uma Lei, devemos com preferencia attender àquelle, que ella tem tido no uso e práctica do Fôro, como n´outra parte mostrámos. Optima enim est interpres consueto – diz a L. 37, D., de Legibus.
> Quando a disposição legal nos offerece dous sentidos, um dos quaes priva a Lei de ter effeito, deve ella no outro tomar-se; porque uma Lei nunca pode ter sido feita ociosa e inutilmente. *Se offerece varios sentidos, que dão diversos effeitos à Lei, e se um não tem sido pelo uso preferido, deve preferir aquelle em que menos rigor se der.* Benignus leges interpretandae sunt, quo voluntas earum conservetur – diz a L. 18, D. de Legibus.[34]

A *cessio in potentiorem*, pela qual, por uma constituição dos imperadores Honório e Teodósio, estabelece-se a perda do crédito quando o credor o trans-

33. Costa, Mário Júlio de Almeida. *História do Direito Português*. 3. ed. Coimbra: Almedina, 1996, p. 225-36.

34. Freire, Paschoal José de Mello. *Curso de Direito Civil Portuguez*. Anotado por Antonio Ribeiro de Liz Teixeira. Coimbra: J. Augusto Orcel Editor, 1856, p. 33.

ferisse para pessoa mais poderosa,[35] foi recebida no direito português nas Ordenações Afonsinas, as quais previram que, se um credor tiver uma demanda contra um devedor e, antes da demanda começada, a ceder a uma pessoa mais poderosa em razão do Ofício, perderá todo o direito e ação que até então tinha:

> Ordenações Afonsinas
> Livro III, Titulo CXVIII
> Mandamos, e Estabelecemos por Ley, que se alguum tever auçaõ contra outro, assy real, como pessoal, e ante da demanda começada a ceder, ou transmudar em algum poderozo por rezam do Offício, como dito he no Titulo suso dito, aquelle, que tal cessaõ, ou transmudaçam de acçam assy fezer, perca toda auçaõ, e direito, que hy ouver, e aquelle que fez a dita cessaõ, nem aquelle a que foi feita, nunqua, ja mais possam usar d'algum direito que hy tivessem, porque todo ele avemos por perdido; e alem desto Nós daremos ao dito nosso Official, que tal couza fizer, escarmento e pena, como achamos que por direito merece.[36]

Igual disposição encontra-se nas Ordenações Manuelinas[37] e nas Filipinas.[38]

Moreira Alves relata que a *cessio bonorum*, que permite ao devedor ceder todos os seus bens aos credores para livrar-se da execução pessoal e, portanto, da servidão e do cárcere, é admitida pelas Ordenações Afonsinas, e que, utilizando-se desse benefício, o devedor não deve ser preso pela dívida, mas continua obrigado pelo saldo, embora, se vier a adquirir novos bens, goze do *beneficium competentiœ*:

> [...] dando elle luguar aos beens, em tal caso nom deve ser prezo por essa divida: e ainda segundo Direito he livre da obriguaçam civel, em que era obriguado, ainda que fique naturalmente obriguado a esses a que ante era. E esso nom embargante, se elle depois ouver alguuns beens de novo, será por elles obriguado á dita divida, com tanto que lhe fiquem tantos beens, em que rezoadamente se possa manter segundo seu estado e condiçaõ, em tal guiza que não pereça de fame, segundo alvidro de boõ juiz.[39]

35. C. II, 13, 2.

36. Affonso V. *Ordenações Afonsinas*, III, CXVIII. Fac-símile. Lisboa: Calouste Gulbenkian, 1984, p. 425.

37. Ordenações Manuelinas, III, 84.

38. Ordenações Filipinas, III, 39.

39. Alves, José Carlos Moreira, *op. cit.*, p. 144; ver também Ordenações Afonsinas, III, *op. cit.* p. 434.

Explica ainda este autor que as Ordenações Manuelinas e as Filipinas, embora mantendo essa disciplina da *cessio bonorum* (e do *beneficium competentiœ* ao devedor que dela se valesse), restringiram-na – alegando as malícias e os enganos que os devedores, com esse remédio, faziam aos credores – aos casos em que o devedor, solvente ao tempo em que contraiu o débito, deixasse de sê-lo sem sua culpa, ou, se insolvente naquele momento, tivesse declarado ao credor "como não tinha fazenda; ou se a tinha, que a tinha obriguada a outras pessoas, porque, nestes casos, e cada huu deles, poderá fazer cessam." O *beneficium competentiœ* era também, no antigo Direito português, concedido pelos costumes às pessoas aludidas no D. 42, l, 16 e I. 4, 6, 37 e 38 (pais, filhos, irmãos, sócios, etc.), bem como a clérigos, doutores, magistrados, igrejas, mosteiros, lavradores, negociantes e falidos de boa-fé.[40]

No Direito romano, a *stipulatio*, uma vez concluída, determinava obrigações rígidas e invariáveis para o credor e o devedor. O credor podia, por esta, reclamar diretamente o cumprimento da obrigação com a simples invocação da realização das solenidades prescritas, sem que o devedor pudesse se livrar de tais conseqüências invocando que a causa da obrigação era falsa, errônea ou ilícita. Ao juiz não cabia examinar a essência da convenção, nem suas qualidades intrínsecas. Uma constituição do imperador Caracala, no ano de 215 d.C., contudo, estabeleceu que, se alguém começar a ser demandado por uma caução, ainda que tenha dado hipoteca, e houver oposto a exceção de dolo ou de dinheiro não contado, fica compelido o demandante a provar que entregou o dinheiro. Não tendo feito isto, seguir-se-á a absolvição.[41] Assim, Caracala introduziu no sistema de contrato formal a *querela non numeratœ pecuniœ*, pela qual os devedores ficavam protegidos da má-fé dos emprestadores de dinheiro que, por vezes, não transferiam a totalidade do montante do empréstimo e se beneficiavam da abstração do contrato.[42]

Esta *querela non numeratœ pecuniœ* foi reconhecida nas Ordenações Afonsinas:

> [...] se esse devedor oposer a dita excepçom ante dos sessenta dias, nom seja costrangido a pagar o confessado por elle, salvo se o creedor provar polo Taballiam,

40. Alves, José Carlos Moreira, *op. cit.*, p. 144.

41. C. IV, 30, 3.

42. Capitant, Henri. *De la cause des obligations*. 3. ed. Paris: Dalloz, 1927, p. 100-1.

e testemunhas, que presentes forom ao contrauto, ou per outro algum modo licito, que realmente e com effeito entregou a esse devedor todo aquello, que per elle foi confessado; e provado assi esto per esse creedor, como dito he, seja logo o devedor costrangido a pagar o contheudo em sua confissom com as custas em tresdobro, pois, maliciosamente letigou, e nom lhe seja recebida em esse Juizo outra defesa alguã, que fóra da escriptura da confissom aja mester próva, pois negou o que razom avia de saber, e lhe veeo provado; e nom ho provando o dito creedor, será costrangido de entregar ao devedor a escriptura da obrigaçom, e fazello livre de seu confesso.[43]

Também se faz presente o referido instituto nas Ordenações Manuelinas[44] e nas Ordenações Filipinas[45].

A disciplina da lesão, no Direito lusitano, remonta às Ordenações Afonsinas (Livro IV, Título XLV) e Manuelinas (Livro IV, Título XXX), inspiradas indiscutivelmente no Direito justiniano, mas temperadas pela influência canônica.

Nas Ordenações Filipinas, a figura da lesão assumiu um caráter objetivo, de inspiração romana (*læsio ultra dimidium*). O campo de incidência era vasto, abrangendo as alienações de bens móveis ou imóveis. Diferentemente do Direito romano, que facultava a ação de lesão apenas ao vendedor, as Ordenações Filipinas permitiam ao comprador requerer a rescisão com o mesmo fundamento. As Ordenações Afonsinas previam a lesão nos contratos comutativos: "E achamos per direito, que as ditas Leix Imperiaaes nom taõ soomente ham lugar nos contrautos das compras e vendas, mais ainda nos contrautos dos arrendamentos, e afforamentos, e escaimbos, e aveenças, e quaaesquer outros semelhantes, em que se da, ou leixa [deixa] de hua cousa por outra."[46]

Esclarecem os doutrinadores que a lesão nos contratos comutativos teria lugar sempre que uma das partes não recebesse o equivalente daquilo que desse.[47]

43. Ordenações Afonsinas, IV, 55, *op. cit.*, p. 198.

44. Ordenações Manuelinas, IV, 47.

45. Ordenações Filipinas, IV, 51.

46. Ordenações Afonsinas, IV, 45, *op. cit.*, p. 168.

47. Rocha, M. A. Coelho da. *Instituições de Direito Civil Português*. Rio de Janeiro: Garnier, 1907, v. II, § 737, p. 266.

As Ordenações Filipinas[48] previram, além da figura jurídica da lesão enorme (*læsio enormis*), a lesão enormíssima, que ocorria quando alguém recebesse somente a terça parte do justo valor da coisa.[49] A *læsio enormissima* não foi conhecida no Direito romano, havendo sido concebida pelos canonistas. A ação de rescisão por lesão enormíssima era reputada ação de dolo, dolo esse presumido (*in re ipsa*), sendo bastante a prova da diferença de preço, sem necessidade de demonstrar-se a intenção do agente.

As Ordenações não admitiram a possibilidade de renúncia ao benefício da lesão, derrogando, pois, o direito comum. Acontecido o negócio lesionário, ao vendedor cabia pedir a rescisão do negócio com a retomada da coisa e ao comprador conferia-se a faculdade de rescindir o negócio ou refazê-lo pelo justo preço, isto é, aquele que o bem tinha ao tempo da celebração do contrato.

No que concerne à usura e ao anatocismo, as Ordenações proibiam-nos expressamente, como se deduz das Ordenações Afonsinas, IV, 19:

> Hordenamos, e mandamos, e poemos por Ley, que nom seja nenhuu tam ousado, de qualquer estado e condiçom que seja, que dê ou receba dinheiro, prata, ouro, ou qualquer outra quantidade pesada, medida, ou contada a usura, per que possa aver, ou dar alguã vantagem, assy per via d'emprestido, como de qualquer outro contrauto, de qualquer qualidade natura e condiçom que seja, e de qualquer nome que possa seer chamado. E aquelle, que o contrairo fizer, e ouver de receber gaança algua do dito contrauto, perca todo o principal, que deu, por aver a dita gaança; e aquelle, que ouver de dar a dita gaança, perca outro tanto, como for o principal que recebeo, e seja todo pera a Corôa dos nossos Regnos: e per aqui entendemos, que poderá o contrauto usureiro tam inlicito da nossa terra, e Senhoria seer esquivado.[50]

Este também era o prescrito nas Ordenações Manuelinas[51] e nas Ordenações Filipinas,[52] que dispunham:

> Nenhuma pessoa, de qualquer stado e condição que seja, dê ou receba dinheiro, prata, ouro, ou qualquer outra quantidade pesada, medida, ou contada á usura, por que possa haver, ou dar alguma vantagem, assi per via de emprestimo, como

48. Ordenações Filipinas, IV, 13, 10, in fine.

49. Teles, José Homem Corrêa. *Digesto Português*. Rio de Janeiro: Livraria Cruz Coutinho, 1909, art. 253.

50. Ordenações Afonsinas, IV, 19, *op. cit.*, p. 94-5.

51. Ordenações Manuelinas, IV, 14.

52. Ordenações Filipinas, IV, 67. (Fac-símile.) Lisboa: Calouste Gulbenkian, 1985, p. 871-4.

de qualquer outro contracto, de qualquer qualidade, natureza e condição que seja, e de qualquer nome que possa ser chamado.

Não obstante, D. José I, Rei de Portugal, em Alvará de 17 de janeiro de 1757, reconhecendo as excessivas usuras que algumas pessoas costumam levar do dinheiro e verificando que as respectivas leis até agora incorporadas às Ordenações do reino ou Extravagantes não foram bastantes para extirpar tão ilícitas e perniciosas negociações, proíbe que se dê dinheiro a juros que exceda a taxa de cinco por cento ao ano. O espírito, entretanto, permanece o mesmo: considerar essas práticas contrárias aos bons costumes e tendentes para o ilícito.

As penas convencionais no Direito das Ordenações também são limitadas em benefício do devedor e não podem exceder o principal:

> As penas convencionaes, que por convença das partes forem postas e declaradas nos contractos não podem ser móres, nem crescer mais que o principal [...] E em isto não fazemos differença entre a pena, que he posta e promettida por multiplicação de dias, ou mezes, e a que he posta juntamente, porque em todo caso se poderá levar até outro tanto, como o principal, e mais não. E isto, que dito he das penas convencionaes, haverá lugar nas judiciaes, postas per alguns Juizes á algumas partes, ou fiadores em algum caso.[53]

> As Ordenações vedavam ainda a *lex commissoria* em se tratando de garantias reais, estabelecendo em síntese que era nula a cláusula que autoriza o credor pignoratício, anticrético ou hipotecário a ficar com o objeto da garantia, se a dívida não fosse paga no vencimento.[54]

Relata igualmente Moreira Alves que as Ordenações estabeleceram normas de proteção ao devedor próprias, que não se encontravam no Direito romano. Assim, quando o credor cobrasse injustamente em juízo a dívida antes do tempo devido, a pena seria: *"Haverá o reo todo aquelle tempo, que faltava, para haver de ser demandado, quando o autor primeiramente o demandou, como outro tanto."*[55] Por outro lado, quem processasse alguém por dívida já integralmente paga ou pela parte recebida seria condenado a dar em dobro o recebido, além de ser condenado no dobro das custas.[56]

---

53. Ordenações Filipinas, IV, 70, *op. cit.*, p. 880-1.

54. Ordenações Afonsinas, IV, 39; Ordenações Manuelinas, IV, 26 e Ordenações Filipinas, IV, 56.

55. Ordenações Filipinas, III, 35, *op. cit.*, p. 619.

56. Alves, José Carlos Moreira. *op. cit.*, p. 150.

Observa-se, portanto, no Direito português antigo que a tradição do *favor debitoris* do Direito romano foi substancialmente mantida e mesmo criadas novas situações jurídicas protetivas do devedor. Vejamos, agora, como tais orientações inseriram-se no Direito brasileiro.

4. O desenvolvimento da proteção do devedor no Direito brasileiro anterior ao Código Civil de 2002

No Brasil Império e durante parte da Primeira República, permaneceram em vigor as Ordenações Filipinas e as leis extravagantes portuguesas, até o início da vigência do Código Civil em 1917. Como fossem aquelas extremamente lacunosas e confusas, houve por bem o governo imperial, em 1855, contratar o jurista Augusto Teixeira de Freitas, a quem foi concedido o prazo de cinco anos para "coligir e classificar toda a legislação pátria, inclusive a de Portugal, anterior à Independência do Império, compreendendo-se na coleção e classificação as leis abrogadas ou obsoletas, com exceção das portuguesas". Esta classificação guardaria as divisões de Direito Público ou Administrativo e Privado, assim como as subdivisões respectivas, sendo feita por ordem cronológica. Depois, "consolidará toda a legislação civil pátria, com as mesmas condições da classificação". "Consiste a consolidação em mostrar o último estado da legislação".[57]

Procedeu este jurista o hercúleo trabalho e, em 1858, o imperador aprovou a Consolidação das Leis Civis tendo, desde então, o diploma de Teixeira de Freitas passado a funcionar oficiosamente como um verdadeiro Código Civil, seja por que afinal fora aprovado pelo Governo Imperial, seja pela autoridade do seu organizador, seja pela facilidade que trouxe aos operadores do foro, agora dispensados de recorrer à legislação esparsa.

É expressa nessa Consolidação a proteção ao devedor. No art. 48, considera-se que, nas execuções, não se pode desmembrar das fábricas de mineração, de açúcar e de lavouras de cana as máquinas, bois, cavalos, escravos maiores de 14 anos e todos os móveis efetivos empregados no processo laboral.[58]

57. Freitas, Augusto Teixeira de. *Consolidação das leis civis*. 3. ed. Rio de Janeiro: H. Garnier Editor, 1896.

58. Freitas, Augusto Teixeira de, *op. cit.*, p. 49. Essa disposição da Consolidação é contestada por Carlos Augusto de Carvalho em sua *Nova Consolidação das Leis Civis*, de 1899, art. 192, § 2º, sob o argumento da edição do Decreto 160-A, de 1890, art. 21, bem como pela legislação extravagante portuguesa.

O art. 115 define que, no regime de comunhão universal legal, não se comunicarão entre os cônjuges as dívidas passivas anteriores ao casamento e que estas só podem ser pagas pelos bens que trouxe para o casal o devedor e por sua meação nos adquiridos. Teixeira de Freitas, fundado no disposto nas Ordenações Filipinas, Livro IV, T. 95, § 4º, conclui que o artigo protege a instituição do casamento das dívidas ao fazer uma exceção às regras de Direito que determinam a *universorum bonorum*, a qual, em tese, compreenderia todas as dívidas existentes ao tempo das entradas sociais.[59]

O instituto da lesão está previsto no art. 359, que estatui: "Todos os contratos, em que se dá, ou deixa, uma coisa por outra, podem ser rescindidos por ação da parte lesada, se a lesão for enorme; isto é, se exceder metade do justo valor da coisa."[60]

Acrescenta esse autor que a presença da lesão enorme é ordinária no Direito brasileiro e está admitida em nossos costumes. Em se tratando de compra e venda, a lesão pode ser invocada tanto pelo comprador quanto pelo vendedor.[61]

A lesão enormíssima também é admitida no art. 567: "Mas, se a lesão for enormíssima, restituir-se-á a coisa precisamente, e com os frutos desde o dia da venda."[62] São reprovadas nas escrituras as cláusulas que estabelecerem a renúncia à ação de lesão.[63]

Proíbe-se também aos advogados, em detrimento dos devedores, estabelecer *quota litis*, ou seja, fazer contratos com as partes para haverem alguma coisa se vencerem a demanda. Somente poderiam auferir os honorários fixados em lei.[64]

59. Igual disposição encontra-se em Carlos de Carvalho (art. 1.498). Carvalho, Carlos Augusto de. *Nova Consolidação das Leis Civis*. Rio de Janeiro: Livraria Francisco Alves, 1899, p. 430.

60. Freitas, Augusto Teixeira de, *op. cit.*, p. 242.

61. A respeito do tema, esclarece Carlos de Carvalho que a lesão só pode ser contemporânea ao contrato (art. 1.071). Carvalho, Carlos Augusto de, *op. cit.*, p. 318.

62. A mesma disposição é assente em Carlos de Carvalho (art. 1.073, § 2º). Carvalho, Carlos Augusto de, *op. cit.*, p. 318.

63. Freitas, Augusto Teixeira de, *op. cit.*, art. 390, p. 273.

64. Freitas, Augusto Teixeira de, *op. cit.*, art. 468, p. 326.

A *querela non numeratæ pecuniæ*, pela qual os devedores ficavam protegidos da ma-fé dos emprestadores de dinheiro que, por vezes, não transferiam a totalidade do montante do empréstimo e se beneficiavam da abstração do contrato, é prevista nos arts. 487, 489, 490 e 492. Estabecele-se por esses artigos que o contrato de empréstimo só será tido por insofismável, imune a uma *exceptio*, quando expresso em escritura lavrada perante tabelião que deu fé que o devedor recebeu o empréstimo por ele confessado. Nos demais casos, o devedor podia, no prazo de 60 dias, contestar a confissão do empréstimo, declarando não ter recebido a quantia confessada. Assim, o efeito da reclamação seria o de incumbir ao credor o ônus da prova sobre a realidade do empréstimo.[65]

A cobrança indevida de aluguéis era punida nos seguintes termos: "Tendo sido a penhora injustamente feita, por estar o proprietário já pago de aluguel, ou de parte dele, incorrerá na pena de satisfazer o inquilino em tresdobro o que lhe pediu de mais, continuando este a morar na casa o tempo necessário para tal satisfação".[66]

O pacto comissório pelo qual as partes pactuam que o credor, no caso da dívida não ser paga e não se extinguir de outra forma, possa, após o vencimento da mesma, obter a satisfação na coisa penhorada é expressamente vedado pelo art. 769 da Consolidação. Não proíbe, entretanto, a venda do objeto penhorado pelo preço justo (arts. 770 e 771).[67]

Subsistia a disposição de que as penas convencionais não podem exceder o valor da obrigação principal (art. 391)

O *beneficium competentiæ*, na *deductio ne egeat* – pelo qual admite-se a exclusão de alguns bens da execução patrimonial, com a finalidade de garantir a subsistência do devedor e evitar que este ficasse reduzido à indigência –, permanece, em alguns aspectos principais, como na regra tradicional, dispondo que a lei considera fora de comércio, para o efeito de não serem penhorados, o que for indispensável para cama e vestuário do devedor, não sendo precioso, e as provisões de comida que se acharem em sua casa.[68]

A *cessio bonorum* também persiste no direito das obrigações, na abalizada opinião de Manoel Ignácio Carvalho de Mendonça em 1911. Argumentava este que as

65. Freitas, Augusto Teixeira de, *op. cit.*, art. 492, p. 338.

66. Freitas, Augusto Teixeira de, *op. cit.*, art. 675, p. 444-5.

67. A mesma regra se encontra em a "Nova Consolidação das Leis Civis", de Carlos de Carvalho (art. 681).

68. Carvalho, Carlos Augusto de, *op. cit.*, art. 193, § 1º, *e*, *f*, p. 59-60.

Ordenações Filipinas, Livro IV, Título 74, admitiam que os devedores recorressem à cessão de bens demonstrando que foram infelizes, sem dolo, nos negócios. Era o abandono do patrimônio do devedor aos credores para solver as dívidas. À cessão julgada por sentença ou aceita pelo acordo dos credores, deixavam-se ao devedor alguns bens com que prover sua subsistência.[69] Essa operação não exonerava o devedor. Ele continuava adstrito a satisfazer o que faltasse para o inteiro adimplemento da obrigação. Contudo, assegurava fornecer ao devedor a oportunidade de demonstrar sua boa-fé e salvar o que lhe garantia o benefício de competência.[70] Pela extinção da *cessio bonorum* no Direito brasileiro manifestava-se Teixeira de Freitas (Consolidação, art. 839, nota 24), porém, sem demonstrar a sua afirmativa.

A *datio in solutum necessaria*, com plenos efeitos para a quitação da dívida, foi admitida pelo Decreto nº 917, de 24 de outubro de 1890, como relata Carlos de Carvalho no art. 940 da sua *Nova Consolidação das Leis Civis*.[71]

A usura, para Teixeira de Freitas, cessou no Direito brasileiro através da lei de 24 de outubro de 1832, que revogou o texto das Ordenações, Livro IV, Títulos 67 e 70, § 1º. Do mesmo modo, considerava a reprovação ao anatocismo. Esclarece, porém, Carlos de Carvalho que se estes juros não fossem convencionados, contar-se-iam à taxa de 6% ao ano.[72]

Não se pode negar, à vista de todo esse panorama, que o *favor debitoris* constituía regra corrente no Direito brasileiro anterior ao Código Civil de 1916. A imensa maioria da doutrina preconizava uma proteção reforçada aos despossuídos e vítimas de dívidas.[73] Como salienta Carvalho de Mendonça ao falar do instituto da *cessio bonorum*:

69. Ou, no dizer das Ordenações: "com o que razoavelmente se possa manter, segundo seu estado e condição, em maneira que não pereça de fome, segundo o arbítrio do bom juiz".

70. Mendonça, Manoel Ignácio Carvalho de Mendonça. *Doutrina e prática das obrigações*. v. 1. 2. ed. Rio de Janeiro: Francisco Alves, 1911, nº 445, p. 744-7.

71. Carvalho, Carlos Augusto de, *op. cit.*, art. 940, p. 282.

72. Carvalho, Carlos Augusto de, *op. cit.*, art. 1.133, p. 330.

73. Carlos Augusto de Carvalho era expresso ao afirmar que o Direito romano justinianeu, de nítida inspiração protetiva, era fonte do Direito Civil de caráter subsidiário (art. 5º, II, *a*). Do mesmo modo fixava, fundado no Assentamento 321, de 2 de março de 1786, no Alvará de 23 de fevereiro de 1771 e no Alvará de 15 de julho de 1755 que, no que concerne à aplicação e interpretação das leis, as leis que têm em vista maior cômodo do Império se entendem extensivamente, uma vez que não fiquem mais onerosas às partes. Carvalho, Carlos Augusto de, *op. cit.*, art. 5, p. 4.

Nos tempos que passam, em que a opressão do capital quase justifica os excessos do proletariado; em que a usura, não satisfeita com arrancar o pão ao devedor, compraz-se em macular-lhe a honra e o nome, é essencial que o direito venha auxiliar a moral fornecendo ao oprimido o extremo alívio de patentear a sua boa-fé e seu infortúnio. Se a cessão de bens não existisse realmente em nossa legislação, era o caso de a propagarmos como um instituto a construir.[74]

E, por fim, há na Consolidação de Carlos Augusto de Carvalho a consagração do *favor debitoris* como princípio geral de interpretação dos atos jurídicos no Direito das Obrigações, preconizando que, nos casos duvidosos, em que não se possa resolver segundo as regras estabelecidas, decidir-se-á em favor do devedor (*favor debitoris*) (art. 288).[75]

O Código Civil de 1916, impregnado pelo individualismo jurídico e pela doutrina do *laissez-faire*, pelo liberalismo econômico smithiano, não recepcionou muitas das medidas de proteção ao devedor acima expostas. Moreira Alves relata que não se encontram nesse código normas que admitam as moratórias, o *beneficium competentiœ*, a *cessio bonorum* como meio de extinção do débito (que se traduz numa verdadeira *datio in solutum* coativa) ou vinculada ao *beneficium competentiœ*, a *querela* ou a *exceptio non numeratœ pecuniœ*, o benefício do inventário, a pena do credor que cobrasse judicialmente antes do prazo, a lesão enorme, a lesão enormíssima, o pagamento parcial coativo, bem como as que vedem a usura, o anatocismo e as cessões aos poderosos.[76]

O Código Civil de 1916, entretanto, manteve também dispositivos favoráveis ao devedor. Um deles é a proteção do bem de família, introduzido no Código por indicação do Senador Feliciano Pena, em 1912, e inspirado no *Homestead Act* norte-americano de 20 de maio de 1862. Por esse instituto, o chefe de família poderia destinar um domicílio para residência desta, com a cláusula de ficar isento de execução por dívidas, isenção que perdurará enquanto viverem os cônjuges e até que os filhos completem a maioridade. Malgrado a má-vontade que em relação a ele manifestava Clóvis Beviláqua, reputando seus resultados como insignificantes e até inúteis,[77] o instituto consolidou-se e mesmo resultou

74. Mendonça, Manoel Ignácio Carvalho de Mendonça, *op. cit.*, p. 747.

75. Carvalho, Carlos Augusto de, *op. cit.*, art. 288, p. 97.

76. Alves, José Carlos Moreira, *op. cit.*, p. 154.

77. Beviláqua, Clóvis. *Código Civil dos Estados Unidos do Brasil Comentado*. v. 1. 9. ed. Rio de Janeiro: Francisco Alves, 1951, art. 70, p. 326.

na maior situação de proteção ao devedor do Direito pátrio: a impenhorabilidade do bem de família pela Lei nº 8.009/1990, mediante a qual o imóvel residencial próprio do casal, ou da entidade familiar, é impenhorável e não responderá por qualquer tipo de dívida civil, comercial, fiscal, previdenciária ou de outra natureza, contraída pelos cônjuges ou pelos pais ou filhos que sejam seus proprietários e nele residam. A impenhorabilidade, na hipótese desta lei, compreende o imóvel sobre o qual se assentam a construção, as plantações, as benfeitorias de qualquer natureza e todos os equipamentos, inclusive os de uso profissional, ou móveis que guarnecem a casa, desde que quitados.

No Código Civil de 1916, permaneceu a proibição do pacto comissório a todos os direitos reais de garantia no seu art. 765: "É nula a cláusula que autoriza o credor pignoratício, anticrético ou hipotecário a ficar com o objeto da garantia, se a dívida não for paga no vencimento."

Clóvis Beviláqua expressamente refere-se a este artigo como tendo inspiração na proteção do devedor do Direito romano cristão:

> A proibição do pacto comissório funda-se em um motivo de ordem ética. O direito protege o fraco contra o forte, impede que a pressão da necessidade leve o devedor a convencionar o abandono do bem ao credor por quantia irrisória. O imperador Constantino, impressionado pelas manobras capciosas dos pactos comissórios, cuja aspereza crescia assustadoramente, decretou-lhes a nulidade, e as legislações modernas aceitaram essa condenação. O pacto comissório não pode ser estipulado no momento de ser dada a garantia real, nem posteriormente.[78]
> O art. 920 do referido Código estabelece que o valor da cominação imposta na cláusula penal não pode exceder o da obrigação principal. Foi incluído por iniciativa da Comissão do Governo. É artigo que contou também com a oposição de Clóvis Beviláqua, o qual considerava que ele não se justificava porque era uma restrição à plena liberdade das convenções e que mais perturbaria do que tutelaria os legítimos interesses individuais. Não teve acolhida sua argumentação e foi mantida a tradição decorrente das Ordenações.[79]

78. Beviláqua, Clóvis. *Código Civil dos Estados Unidos do Brasil Comentado*. v. 3. 8. ed. Rio de Janeiro: Francisco Alves, 1951, art. 756, p. 358.

79. Ordenações Filipinas, IV, 4, 70, pr. e § 2º, *in fine*, bem como Regimento nº 737, de 25 de novembro de 1850, art. 431; Teixeira de Freitas, *Consolidação*, art. 391; Carlos de Carvalho, *Nova Consolidação*, art. 246. Beviláqua, Clóvis. *Código Civil dos Estados Unidos do Brasil Comentado*. Vol. 4. 8. ed. Rio de Janeiro: Francisco Alves, 1950, art. 920, p. 68.

O art. 9º do Decreto nº 22.626, de 7 de abril de 1933, previu, posteriormente, disciplinando todos os contratos (estipular em quaisquer contratos, art. 1º), que não é válida a cláusula penal superior à importância de 10% do valor da dívida.

Para o devedor que cumpriu em parte a obrigação, o Código (art. 924) previu a faculdade de o juiz reduzir proporcionalmente a pena estipulada para o caso de inadimplemento. Este é um relevante preceito protetivo do devedor, vez que permite ser aplicado, a título de redução da multa, a todas as situações em que o devedor inadimplente pede a extinção da obrigação; obtendo-a, a redução da cláusula penal que previa a perda das prestações garante ao devedor a devolução de uma parte do que pagou. A regra do art. 924 transformou-se no art. 413 do Código Civil de 2002 e com maior amplitude, isto é, nele está expresso claramente que o juiz poderá reduzir a multa imposta toda vez que ela se mostrar manifestamente excessiva, independentemente da proporção de cumprimento da obrigação, contrariamente ao disposto no Código de 1916 (art. 924).

No que concerne à responsabilidade pela impossibilidade da prestação, o art. 957 do Código de 1916 prevê que o devedor em mora responde por esta, ainda que essa impossibilidade resulte de caso fortuito, ou força maior, se estes ocorrerem durante o atraso; salvo se provar isenção de culpa, ou que o dano sobreviria, ainda quando a obrigação fosse oportunamente desempenhada. É uma atenuação da regra da responsabilidade do devedor decorrente de razões de eqüidade.[80] Não existia norma expressa quanto a isso no Direito anterior, mas era o sentido em que rumava a doutrina.

O art. 1.530 do Código Civil de 1916 estabeleceu que o credor que demandar o devedor antes de vencida a dívida, fora dos casos em que a lei o permita, ficará obrigado a esperar o tempo que faltava para o vencimento, a descontar os juros correspondentes, embora estipulados, e a pagar as custas em dobro. Também configura norma protetiva do devedor e pena civil ao credor que procede sem direito.[81]

---

80. Beviláqua, Clóvis. *Código Civil dos Estados Unidos do Brasil Comentado*. v. 4. 8. ed. Rio de Janeiro: Francisco Alves, 1950, art. 957, p. 111.

81. Perpetua assim a tradição do direito das Ordenações, III, 35; Teixeira de Freitas, *Consolidação*, art. 828 e Carlos de Carvalho, *Nova Consolidação*, art. 872. Beviláqua, Clóvis. *Código Civil dos Estados Unidos do Brasil Comentado*. v. 5. 8. ed. Rio de Janeiro: Francisco Alves, 1952, art. 1530, p. 309.

Do mesmo modo, o art. 1.531 discorre que, aquele que demandar por dívida já paga, no todo ou em parte, sem ressalvar as quantias recebidas, ou pedir mais do que for devido, ficará obrigado a pagar ao devedor, no primeiro caso, o dobro do que houver cobrado e, no segundo, o equivalente do que dele exigir, salvo se, por lhe estar prescrito o direito, decair da ação.[82]

No que concerne à legislação extravagante ao Código, o Decreto nº 22.262, de 1933, reintroduziu a usura no Direito brasileiro ao prever que é vedado estipular, em quaisquer contratos, taxas de juros superiores a 12% ao ano e que é considerado delito de usura toda a simulação ou prática tendente a ocultar a verdadeira taxa do juro ou a fraudar os dispositivos do referido Decreto, para o fim de sujeitar o devedor a maiores prestações ou encargos, além dos estabelecidos no respectivo título ou instrumento. Também foi proibido nesse Decreto o anatocismo, dispondo este que é proibido contar juros dos juros: esta proibição não compreende a acumulação de juros vencidos aos saldos líquidos em conta corrente de ano a ano (art. 4º). A Lei nº 1.521, de 1951 (art. 4º), veio reforçar o instrumental jurídico protetivo do devedor, agora de natureza penal, ao dispor que constitui crime a usura pecuniária ou real, assim se considerando:

a) cobrar juros, comissões ou descontos percentuais, sobre dívidas em dinheiro superiores à taxa permitida por lei; cobrar ágio superior à taxa oficial de câmbio, sobre quantia permutada por moeda estrangeira; ou, ainda, emprestar sob penhor que seja privativo de instituição oficial de crédito;
b) obter, ou estipular, em qualquer contrato, abusando da premente necessidade, inexperiência ou leviandade de outra parte, lucro patrimonial que exceda o quinto do valor corrente ou justo da prestação feita ou prometida.

No que concerne à usura real (art. 4º, alínea *b*), reintroduziu a figura da lesão subjetiva no ordenamento jurídico. As conseqüências jurídicas desses procedimentos também eram severas: "A estipulação de juros ou lucros usurários será nula, devendo o juiz ajustá-los à medida legal, ou, caso já tenha sido cumprida, ordenar a restituição da quantia para em excesso, com os juros legais a contar da data do pagamento indevido."

---

82. Igualmente mantém-se nesse dispositivo a tradição, diferindo apenas a sanção, como exposto no direito das Ordenações, III, 36; Teixeira de Freitas, *Consolidação*, art. 829 e Carlos de Carvalho, *Nova Consolidação*, art. 872, § 2º.

A mesma lei definiu uma proteção legal ao locatário contra cobranças indevidas ao disciplinar que constituía contravenção penal, relativa à economia popular, receber, ou tentar receber, por motivo de locação, sublocação ou cessão de contrato, quantia ou valor além do aluguel e dos encargos permitidos por lei.

Na alienação fiduciária em garantia da Lei nº 4.728, de 14 de julho de 1965, estabeleceu-se a proibição da *lex comissoria*, ao preceituar a norma legal que é nula a cláusula que autorize o proprietário fiduciário a ficar com a coisa alienada em garantia, se a dívida não for paga no seu vencimento (art. 66, § 7º). No caso de inadimplemento da obrigação garantida, o proprietário pode vender a coisa a terceiros e aplicar o preço da venda no pagamento do seu crédito e das despesas decorrentes da cobrança, entregando ao devedor o saldo porventura apurado, se houver (redação dada pelo art. 1º, do Decreto-lei nº 911/1969).

Em alguns casos, admite o ordenamento brasileiro, por motivações de ordem social, que o credor receba menos do que é devido, em uma *datio in solutum* legal. Foi, por exemplo, o caso da Lei nº 9.711, de 20 de novembro de 1998, que previu:

> Até 31 de dezembro de 1999, fica o Instituto Nacional do Seguro Social – INSS autorizado a receber, **como dação em pagamento**, Títulos da Dívida Agrária a serem emitidos pela Secretaria do Tesouro Nacional do Ministério da Fazenda, por solicitação de lançamento do Instituto Nacional da Colonização e Reforma Agrária – Incra, especificamente para aquisição, para fins de reforma agrária:
> I – de imóveis rurais pertencentes a pessoas jurídicas responsáveis por dívidas previdenciárias de qualquer natureza, inclusive oriundas de penalidades por descumprimento de obrigação fiscal acessória;
> II – de imóveis rurais pertencentes a pessoas físicas integrantes de quadro societário ou a cooperados, no caso de cooperativas, com a finalidade única de quitação de dívidas das pessoas jurídicas referidas no inciso anterior;
> III – de imóveis rurais pertencentes ao INSS. (art. 1º)

Destarte, percebe-se que, embora sob uma perspectiva fortemente liberalizante e hipostasiada do princípio da autonomia da vontade, a legislação, nesse período, em diversos aspectos, sufragou a proteção do devedor, precipuamente na legislação extravagante.

5. A proteção ao devedor no Código Civil de 2002 e na legislação contemporânea

O Código Civil de 2002 retomou a tradição reinícola e brasileira de maior proteção ao devedor, afastando-se do exacerbado individualismo do Código de 1916. O Código tem como princípios a socialidade, a eticidade e a operabilidade. O primeiro deles – o da socialidade – representa a prevalência dos valores coletivos sobre os individuais, sem olvidar-se o valor supremo da pessoa humana; o segundo – o da eticidade –, funda-se no valor da pessoa humana como fonte de todos os demais valores, priorizando a eqüidade, a boa-fé, a justa causa, o equilíbrio econômico etc.; e o último – o da operabilidade –, traduz-se na efetivação do Direito, uma vez que este é feito para ser operado e eficaz.

Tais princípios espraiam-se em diversas regras protetivas no Código, como o art. 113, ao estabelecer que os negócios jurídicos devem ser interpretados conforme a boa-fé. A boa-fé objetiva, que os alemães definem por *Treu und Glauben* (lealdade e crença), é um dever global: dever de agir de acordo com determinados padrões, socialmente recomendados, de correção, lisura e honestidade para não frustrar a confiança da outra parte.

No que concerne à interpretação, esta diz respeito à significação a atribuir ao contrato, quando contenha cláusulas ambíguas, isto é, cláusulas cujo próprio sentido objetivo seja duvidoso. Em presença de cláusulas ambíguas, deve-se preferir o significado que a boa-fé aponte como o mais razoável. São principalmente os seguintes os meios pelos quais a jurisprudência, em proveito do devedor obrigado, vem procurando dar solução às hipóteses de ambigüidade: a) pela aplicação do princípio da conservação do contrato, deve-se escolher sempre, entre os diversos sentidos possíveis, o que assegure a preservação do contrato; b) pela aplicação do princípio do menor sacrifício, prevalece a idéia de que o contrato deve ser interpretado no sentido mais favorável à parte que assume obrigações; c) pela aplicação do princípio da interpretação contra o predisponente, busca-se interpretar o contrato sempre no sentido menos favorável a quem o redigiu, disposição esta particularmente relevante no que se refere aos contratos padronizados e de adesão.[83]

83. Idéia que também já pode ser encontrada em germe na sétima regra de interpretação dos contratos de Pothier: na dúvida, uma cláusula deve interpretar-se contra aquele que tem estipulado uma coisa, em descargo daquele que tem contraído a obrigação. Pothier, R-J. *Tratado das obrigações pessoaes e reciprocas*. Tomo I. Rio de Janeiro: H. Garnier Editor, 1906, p. 64.

O Código de 2002 introduz a idéia do negócio realizado em estado de perigo (art. 154). O negócio realizado em estado de perigo consiste em acordo de vontades no qual o agente emite declaração de vontade premido pela necessidade de salvar a si próprio ou pessoa de sua família de perigo atual de grave dano, conhecido da outra parte, assumindo obrigação excessivamente onerosa. O estado de perigo pode decorrer de um acontecimento natural ou de uma ação humana. Os negócios jurídicos são informados pela obrigação de correção e lealdade que decorre da boa-fé objetiva, não apenas naquilo que se estipulou mas também em todos os deveres laterais de conduta que decorrem naturalmente da relação negocial; assim, o negócio em que se aufere ganhos exorbitantes com dolo de aproveitamento do estado de perigo da contraparte (o devedor) é ofensivo à boa-fé e, portanto, inválido, em tudo aquilo que diz respeito ao aproveitamento da desigualdade das partes. O negócio jurídico concluído em estado de perigo é parcialmente inválido porque não atende à função econômico-social do contrato (art. 421). Há conflito entre a vontade individual declarada e o interesse social, devendo prevalecer este último, em favorecimento ao devedor.

A presunção de que devem ser mantidos, porque de boa-fé, os negócios ordinários que garantam a subsistência do devedor e de sua família (art. 164) é modificação importante, porque altera o ordenamento anterior e fixa um patrimônio mínimo a ser assegurado para o devedor.

O Código de 2002 abrigou a idéia do abuso do direito na acepção objetivista, ou seja, estabeleceu que, para que o ato seja abusivo, basta que ele tenha o propósito de realizar objetivos diversos daqueles para os quais o Direito Subjetivo em questão foi preordenado, contrariando o fim do instituto, seu espírito ou finalidade. No que concerne à proteção do devedor, esse instituto desdobra-se, por exemplo, na proibição do *venire contra factum proprium* que protege uma parte (via de regra, o devedor) contra aquela que pretenda exercer uma posição jurídica em contradição com o comportamento assumido anteriormente. Depois de criar uma certa expectativa, em razão de conduta seguramente indicativa de determinado comportamento futuro, há uma quebra dos princípios de lealdade e de confiança se vier a ser praticado ato contrário ao previsto, com surpresa e prejuízo à contraparte. Assim, o credor que concordou, durante a execução do contrato de prestações periódicas, com o pagamento em tempo e lugar diverso do convencionado, não pode surpreender o devedor com a exigência literal do contrato. Para o reconhecimento da proibição é preciso que haja univocidade de comportamento do credor e real consciência do devedor quanto à conduta esperada.

O art. 393 preceitua que o devedor não responde pelos prejuízos resultantes de caso fortuito ou força maior, se expressamente não se houver por eles responsabilizado. O dispositivo atenua a responsabilidade anterior porque não mais exclui dos seus benefícios o devedor que estiver em mora.

Os juros moratórios, quando não convencionados, foram limitados em seu montante, segundo a taxa que estiver em vigor para a mora do pagamento de impostos devidos à Fazenda Nacional. Consoante o Enunciado estabelecido pelo Conselho da Justiça Federal, em Brasília, em 12 e 13 de setembro de 2002, não é juridicamente segura a utilização da taxa Selic, porque incompatível com o disposto no art. 591 do novo Código Civil, e, assim, a taxa de juros moratórios a que se refere o art. 406 é a do art. 161, § 1º, do Código Tributário Nacional, ou seja, um por cento ao mês.[84]

Na senda de proteção ao devedor, o art. 412 dispõe que o valor da cominação imposta na cláusula penal não pode exceder o da obrigação principal. Mantém-se, assim, a tradição do Direito brasileiro.[85]

No caso em que o montante da penalidade a ser cobrado do devedor for manifestamente excessivo, o art. 413 determina que a penalidade deve ser reduzida eqüitativamente pelo juiz tendo-se em vista a natureza e a finalidade do negócio.[86]

---

84. Conselho da Justiça Federal. *Jornada de Direito Civil*. Brasília: Conselho da Justiça Federal, 2003, p. 192-3.

85. Ordenações, IV, 70, pr. e § 2º, *in fine*, Regimento nº 737, de 25 de novembro de 1850, art. 431, Teixeira de Freitas, *Consolidação*, art. 391 e Carlos de Carvalho, *Nova Consolidação*, art. 246, Código Civil de 1916, art. 920.

86. O Superior Tribunal de Justiça no julgamento do Recurso Especial nº 11.527/SP, Rel. Min. Sálvio de Figueiredo Teixeira, Quarta Turma, julgado de 01/04/1992 fixou o princípio de que a redução pelo juiz da pena convencional é norma de ordem pública, inderrogável por convenção das partes no sentido de ser a multa devida por inteiro em caso de inadimplemento parcial da obrigação. Esclarece o STJ que a moderna doutrina e atual jurisprudência se opõem à clássica doutrina civilística da autonomia da vontade **preferindo optar pelo caráter social de proteção da parte presumidamente mais frágil**. Lex STJ, v. 35, p. 185.

O diploma de 2002 reintroduz também na legislação brasileira (arts. 478 a 480) a resolução dos contratos de execução continuada ou diferida por onerosidade excessiva, com base na superveniência de acontecimentos extraordinários e imprevisíveis, capazes de comprometer o equilíbrio entre as prestações, tal como originalmente estabelecido pelos contraentes.

O escopo da resolução por onerosidade excessiva, tal como disposta no art. 478, limita-se à chamada teoria da imprevisão: além de subseqüente à celebração do ajuste, a onerosidade excessiva capaz de ensejar a resolução do contrato não implica considerar-se o desequilíbrio contratual em si mesmo decisivo, senão quando se demonstre o caráter extraordinário e imprevisível da alteração das circunstâncias que o hajam determinado, assim como quando se demonstre a vantagem excessiva que tal alteração traz para o credor. Nesse sentido, constitui mecanismo de salvaguarda do devedor.

O art. 591 dispôs, no que concerne ao mútuo feneratício, que, destinandose o mútuo a fins econômicos, presumem-se devidos juros, os quais, sob pena de redução, não poderão exceder a taxa a que se refere o art. 406, permitida a capitalização anual.[87] A capitalização de juros corresponde à prática através da qual juros são calculados sobre os próprios juros devidos. Tal prática foi proibida pela Lei de Usura (Decreto nº 22.626, de 7 de abril de 1933) que, em seu art. 4º dispõe que "é proibido contar juros dos juros; esta proibição não compreende a acumulação de juros vencidos aos saldos líquidos em conta-corrente de ano a ano". Posteriormente, esse entendimento veio a ser confirmado pelo Supremo Tribunal Federal, através da Súmula nº 121: "É vedada a capitalização de juros, ainda que expressamente convencionada." Agora, a capitalização só poderá ser anual, o que constitui uma garantia para o devedor.

A lesão é prevista no art. 157 do Código Civil de 2002. No dispositivo em epígrafe, a lesão é definida como a exagerada desproporção de valor entre as prestações de um contrato bilateral, concomitante à sua formação, resultado do aproveitamento, por parte do contratante beneficiado, de uma situação de inferioridade em que então se encontrava o prejudicado.

A lesão não foi inserida no Código Civil de 1916, de cunho voluntarista, hipostático em seu superdimensionamento da autonomia privada. Não obstan-

87. A taxa de juros a que o artigo se refere não poderá exceder um por cento ao mês já que a taxa prevista no art. 406 é a do art. 161, § 1º, do Código Tributário Nacional.

te, ressurge agora, em um viés parcialmente subjetivista, em um contexto informado pela boa-fé objetiva e pelo equilíbrio das partes na relação negocial. A lesão está ligada à noção de justiça contratual e constitui-se num instrumento de tutela do equilíbrio negocial em sentido amplo.

Sendo os negócios jurídicos informados pela obrigação de correção e lealdade que decorre da boa-fé objetiva, não apenas naquilo que se estipulou, mas também em todos os deveres laterais de conduta que decorrem naturalmente da relação negocial, o negócio em que se aufere ganhos com a inexperiência ou a premente necessidade de contratar da contraparte (devedor) é, necessariamente, um negócio inválido. O contrato, porém, proporciona ao lesado, por meio da prestação do outro contraente, o bem que é preciso para satisfazer a sua necessidade, apresentando uma função socialmente útil; embora injusto, se o contrato ainda é útil, realiza um interesse que merece ser tutelado. Este se abriga no princípio da conservação dos contratos informados por normas protetivas: o negócio é parcialmente inválido até a redução do preço ao nível lícito ou, uma vez já pago este, a determinação da restituição do excesso.[88]

Alteração relevante foi também a do art. 306 do Código Civil de 2002 para prever hipótese em que o devedor se eximirá da obrigação de reembolsar o terceiro que houver pago o débito, independentemente do benefício que tenha experimentado, sempre que o pagamento se dê sem o seu consentimento ou com a sua oposição, quando tinha, ele, devedor, meios ou instrumentos de evitar a cobrança do débito pelo credor. Tem-se exemplo disto nas hipóteses em que o devedor dispõe de defesas pessoais, só oponíveis ao primitivo credor. Na redação anterior do art. 932 do Código Civil de 1916, o devedor, mesmo opondo-se ao pagamento pelo terceiro não interessado, estava obrigado a reembolsá-lo, ao menos até a importância em que o pagamento lhe foi útil. O art. 306 do Código promove importante modificação na regra de reembolso, passando a dispor que o devedor, mesmo aproveitando-se, aparentemente, do pagamento feito pelo terceiro, não estará mais obrigado a reembolsá-lo, desde que dispusesse, à época, dos meios legais de ilidir a ação do credor, vale dizer, de evitar que o credor viesse a exercer o seu direito de cobrança. Na verdade, se o devedor tinha meios para evitar a cobrança, e ainda assim, com a sua oposição ou seu desconhecimento, viesse um terceiro e pagasse a dívida, sofreria prejuízo se precisasse

88. Becker, Anelise. *Teoria geral da lesão nos contratos*. São Paulo: Saraiva, 2000, p. 165-7.

reembolsar àquele, significando inaceitável oneração de sua posição na relação obrigacional por fato de terceiro.

Na proteção do devedor em matéria de pagamento avulta também o art. 329, estabelecendo que o devedor pode alterar o local predeterminado para o pagamento, sempre que ocorrer motivo grave e desde que não haja prejuízo ao credor. Caberá ao juiz, em cada caso concreto, decidir sobre a gravidade do motivo.

No mesmo diapasão, tem-se o art. 330, pelo qual o pagamento reiteradamente feito em outro local faz presumir renúncia do credor relativamente ao previsto no contrato. Trata-se de inovação em relação ao Código Civil de 1916 e de prática já bastante consagrada na doutrina e na jurisprudência, ou seja, se o credor habitualmente aceita que o pagamento seja feito pelo devedor em local diverso, é porque tem a intenção de mudar o lugar do pagamento.

O art. 939 do Código Civil de 2002, dando continuidade ao art. 1.530 do antigo Código, também estabeleceu que o credor que demandar o devedor antes de vencida a dívida, fora dos casos em que a lei o permita, ficará obrigado a esperar o tempo que faltava para o vencimento, a descontar os juros correspondentes, embora estipulados, e a pagar as custas em dobro.[89]

Em idêntica orientação, o art. 940 discorre que aquele que demandar por dívida já paga, no todo ou em parte, sem ressalvar as quantias recebidas, ou pedir mais do que for devido, ficará obrigado a pagar ao devedor, no primeiro caso, o dobro do que houver cobrado e, no segundo, o equivalente do que dele exigir, salvo se houver prescrição.[90]

Portanto, o Código Civil de 2002, como se verifica nessa apertada síntese, incrementa consideravelmente os dispositivos de proteção ao devedor, retomando institutos tradicionais de nosso Direito e fundando novas diretrizes protetivas.

89. Perpetua assim a tradição do Direito das Ordenações, III, 35; Teixeira de Freitas, *Consolidação*, art. 828 e Carlos de Carvalho, *Nova Consolidação*, art. 872 e Código Civil de 1916, art. 1.530.

90. Da mesma forma, mantém-se nesse dispositivo a tradição, diferindo apenas a sanção, como exposto no direito das Ordenações, III, 36; Teixeira de Freitas, *Consolidação*, art. 829 e Carlos de Carvalho, *Nova Consolidação*, art. 872, § 2º, e Código Civil de 1916, art. 1.531.

A legislação processual civil, no campo da execução, não obstante a pretensão de estrita cientificidade (aos moldes positivistas) do Código de Processo Civil de 1973, também assegura diversos mecanismos de proteção ao devedor.

O art. 649 do CPC estabelece que são absolutamente impenhoráveis as provisões de alimento e de combustível, necessárias à manutenção do devedor e de sua família durante 1 (um) mês; os livros, as máquinas, os utensílios e os instrumentos, necessários ou úteis ao exercício de qualquer profissão; o imóvel rural, até um módulo, desde que este seja o único de que disponha o devedor, ressalvada a hipoteca para fins de financiamento agropecuário.

A preocupação em preservar o executado e, quando existente, também sua família, fez com que o legislador passasse a prever formas de dispensar o mínimo necessário à sobrevivência digna do devedor. A impenhorabilidade de certos bens está ligada a uma exigência de humanidade na execução. Os deveres de solidariedade humana e de assistência social é que impedem o ato expropriatório. A preservação da pessoa do devedor e, em especial, a manutenção de um estado minimamente capaz para sua sobrevivência digna acabam por nortear o dispositivo.

Com fins protetivos, também encontramos o art. 574 do CPC, que fixa o princípio da responsabilidade do exeqüente ao prever que o credor ressarcirá ao devedor os danos que este sofreu, quando a sentença, passada em julgado, declarar inexistente, no todo ou em parte, a obrigação, que deu lugar à execução.

Por sua vez, o art. 586 do CPC apresenta o princípio da certeza e liquidez do direito, pelo qual a execução para cobrança de crédito fundar-se-á sempre em título líquido, certo e exigível. Não existentes esses requisitos no título é possível a interposição pelo devedor da objeção de pré-executividade.

Também é princípio específico da execução o fato de que esta sempre se realiza no interesse do credor (CPC, art. 612). Somente tem necessidade de promover a execução quem é sujeito de um título executivo que lhe atribua a exigir de outrem determinada prestação. E toda a atividade executória se dirige no sentido de realizar em concreto a satisfação do crédito do exeqüente. Corolário desse princípio é a regra impeditiva da penhora, se for evidente que o valor dos bens encontrados seria absorvido totalmente pelas custas da execução (CPC, art. 659, § 2º).

Outro dispositivo processual de proteção do devedor é aquele que proíbe a arrematação por preço vil (CPC, art. 692), assim como a regra jurídica sobre poder o juiz conceder ao credor o usufruto de imóvel ou de empresa, se menos gravoso ao devedor e eficiente para a solução da dívida (CPC, art. 716).

E, finalmente, o art. 620 do CPC, no qual se estipula que, quando por vários meios o credor puder promover a execução, o juiz mandará que se faça pelo modo menos gravoso para o devedor.

Tratando do mesmo princípio protetivo no Código de Processo Civil de 1939, ao versar sobre o art. 903, Pontes de Miranda o define como *favor debitoris*, uma regra de interpretação das leis e dos atos jurídicos. Entre duas condutas possíveis de serem aplicadas na interpretação de um contrato ou de uma execução, o juiz determinará aquela menos gravosa (mais favorável) ao devedor.[91]

Explica Pontes de Miranda, em seus Comentários ao Código de Processo Civil de 1973, que o critério tem de se basear em menor prejuízo para o devedor na dimensão econômica, jurídica, moral ou outra qualquer. Se o devedor é colecionador de quadros ou de esculturas, e há outros bens, ou se é advogado e tem salas de escritório, mas é dono de outros apartamentos, casas ou outros bens, o juiz deve a estes últimos ater-se. Como regra de interpretação, na aplicação do art. 620, o juiz não tem arbítrio, mas sim o dever de escolher o modo menos gravoso para o devedor.[92]

Alcides de Mendonça Lima, comentando o citado dispositivo, afirma que a regra funda-se no princípio do *favor debitoris*, concedendo primazia, privilégios e garantia em prol do sujeito passivo, para evitar o agravamento que, normalmente, a execução já lhe causa, desde que sem utilidade para o credor. Observa ele que o legislador teve o intuito de proteger a parte mais fraca (normalmente o devedor, sendo, em tese, sempre na execução, ainda que possa não sê-lo na realidade). Se o credor infringir qualquer dos dispositivos que garantem uma execução mais suave, o juiz não deverá permitir a iniciativa, mandando que se faça pelo modo menos gravoso para o devedor. A regra *favor debitoris* tem incidência, assim, em execução normal e regular, mas na qual algum ato, por má-fé,

---

91. Miranda, Francisco Cavalcanti Pontes de. *Comentários ao Código de Processo Civil*. t. XIII. 2. ed. Rio de Janeiro: Forense, 1961, p. 157-8.

92. *Op. cit.*, 1976, p. 40-3.

por espírito de emulação ou por desnecessário, foi tentado pelo credor, sem visar a qualquer vantagem concreta para a satisfação do seu direito.[93]

Amilcar de Castro destaca que esta é uma regra em consonância com o princípio da justiça e da eqüidade:

> E se a finalidade do processo executivo é esta de obter o Poder Judiciário, à custa do executado, o bem devido ao exeqüente, é intuitivo que, quando por vários meios executivos puder executar a sentença, isto é, quando por vários modos puder conseguir para o exeqüente o bem que lhe for devido, o juiz deve mandar que a execução se faça pelo menos dispendioso. Todos os meios executivos são onerosos para o executado, mas não seria justo e seria inútil que se preferisse um meio mais custoso, quando por outro menos pesado pudesse o exeqüente conseguir o mesmo resultado prático. É um elevado princípio de justiça e eqüidade, informativo do processo das execuções, este que o Estado deve, quanto possível, reintegrar o direito do exeqüente com o mínimo de despesa, de incômodo e de sacrifício do executado. *Jus est ars boni et aequi*, isto é, a sistematização do que é conveniente e útil.[94]

O Ministro Teori Albino Zavascki, do Superior Tribunal de Justiça, ressalta a existência no Direito de uma tendência humanizadora da execução forçada que se faz sentir mediante a imposições de limites à patrimonialidade da execução prevista no art. 591 do CPC. Busca-se preservar o mínimo de dignidade do devedor e de sua família. Alcança-se tal meta por meio de vários dispositivos, como o dos bens impenhoráveis (CPC, arts. 649 e 650), o bem de família (art. 1º, Lei nº 8.009/1990), a proibição de efetuar penhora quando inútil para o credor (CPC, art. 659, § 2º), tudo isso compondo o princípio do *favor debitoris*.[95]

Candido Rangel Dinamarco salienta, em adendo, que: "Pode-se mesmo dizer que existe um sistema de proteção do executado contra excessos, um favor debitoris inspirado nos princípios de justiça e eqüidade, que inclusive constitui

93. Lima, Alcides de Mendonça. *Comentários ao Código de Processo Civil*. v. VI. t. II. Rio de Janeiro: Forense, 1976, p. 667-72.

94. Castro, Amilcar de. *Comentários ao Código de Processo Civil*. v. VIII. São Paulo: Revista dos Tribunais, 1974, nº 213, p. 150.

95. Zavascki, Teori Albino. *Comentários ao Código de Processo Civil*. v. 8. 2. ed. São Paulo: Revista dos Tribunais, 2003, p. 399.

uma das linhas fundamentais da história da execução civil em sua generosa tendência de humanização."[96]

Teori Zavascki acentua que o preceito do art. 620, veículo do *favor debitoris*, é típica regra de sobredireito, cuja função não é a de disciplinar situação concreta e sim a de orientar a aplicação das demais normas do processo de execução, com a nítida finalidade de evitar atos executivos desnecessariamente onerosos para o devedor. Acrescenta ele que a riqueza do art. 620 reside, justamente, em consagrar um *princípio de direito*, que se caracteriza como tal, distinguindo-se de uma regra normativa comum pelo seu modo de atuar: enquanto a regra atua sobre a específica situação nela descrita, o princípio ocupa todos os espaços possíveis em que não encontrar oposição da ordem jurídica.[97]

Tal caráter principiológico do *favor debitoris* em matéria de execução vem sendo acolhido pelo Superior Tribunal de Justiça (STJ) que, em diversos julgados, tem estabelecido nos processos de execução a excepcionalidade da penhora sobre o faturamento da empresa, sobretudo quando esta tenha apresentado outros bens passíveis de garantir a execução, uma vez que o art. 620 do CPC consagra *favor debitoris* e tem aplicação quando, entre dois ou mais atos executivos a serem praticados em desfavor do executado, o juiz deve sempre optar pelo ato menos gravoso ao devedor, qual seja, a penhora sobre outros bens e não sobre o faturamento.[98]

A atuação do princípio na jurisprudência desse Tribunal é expressa para não inviabilizar a sobrevivência do devedor:

> Em observância ao consagrado princípio *favor debitoris* (art. 620 do CPC), tem-se admitido apenas excepcionalmente a penhora do faturamento, desde que presentes, no caso, requisitos específicos que justifiquem a medida, quais sejam: a) inexistência de bens passíveis de constrições, suficientes a garantir a execução, ou, caso existentes, sejam de difícil alienação; b) nomeação de administrador (arts. 678 e 719, caput, do CPC), ao qual incumbirá a apresentação da forma de

96. Dinamarco, Cândido Rangel. *Execução civil*. 6. ed. São Paulo: Malheiros, 1998, p. 307.

97. Zavascki, Teori Albino, *op. cit.*, p. 400-1.

98. STJ, AgRg na MC 8911/RJ, Relator Ministro Francisco Falcão, Relator(a) p/ Acórdão Ministro Luiz Fux, Primeira Turma, Data do Julgamento: 14/12/2004, Data da Publicação/Fonte: DJ 21/03/2005 p. 214.

administração e do esquema de pagamento; e c) fixação de percentual que não inviabilize o próprio funcionamento da empresa.[99]

Da mesma maneira, o STJ admitiu que o promissário-comprador inadimplente que não usufrui do imóvel tem legitimidade ativa *ad causam* para postular nulidade da cláusula que estabelece o decaimento de metade das prestações pagas e que este direito à devolução das prestações pagas decorre da força integrativa do princípio geral de Direito Privado *favor debitoris* (corolário, no Direito das Obrigações, do *favor libertatis*).[100]

Consagrada, pois, a recepção do *favor debitoris* na codificação de 2002 e na execução civil desde o Código de 1939, verifiquemos se este configura um princípio geral do direito das obrigações.

6. A natureza da obrigação no Código Civil de 2002

A obrigação jurídica, no sentido clássico conferido pelos autores do século XIX, pode ser concebida, no dizer de Savigny, como "a dominação sobre uma pessoa estranha, não sobre toda a pessoa (pois que isto importaria em absorção da personalidade), mas sobre atos isolados, que seriam considerados como restrição à sua liberdade sobre os mesmos e sujeição à nossa vontade".[101]

Da definição, ressalta-se o domínio sobre os atos ou a liberdade do devedor em relação a estes, de modo que não pode ele mais praticá-los de forma livre e indeterminada, mas sim, sujeitando-se à vontade do credor.

---

99. STJ, AgRg na MC 8275/RJ; Relator Ministro Teori Albino Zavascki, Órgão Julgador: Primeira Turma, J. 29/06/2004, Data da Publicação/Fonte: DJ 23/08/2004, p. 119.

100. STJ, REsp n. 345725/SP; Relator Ministra Nancy Andrighi, Órgão Julgador: Terceira Turma, Data do Julgamento: 13/05/2003, Data da Publicação/Fonte: DJ 18/08/2003 p. 202; RSTJ vol. 181 p. 262.

101. *"L'idée de obligation a déjà été établie ailleurs (a) de la manière suivante: Elle consiste dans la domination sur une personne étrangère; non pas, cependant, sur la personne tout entière (car elle aurait pour résultat l'absorption de la personnalité même), mais sur des actes isolés, qu'il faut considérer comme une restriction à sa liberte et un assujettissement à notre volonté. Le développement de cette idée doit porter, en partie sur les personnes qui figurent dans l'obligation, en partie sur les actes auxquels l'obligation s'applique."* Savigny, Friedrich Karl von. *Le Droit des Obligations*. T. 1. Paris: Auguste Durand Libraire-Éditeur, 1863, p. 16-17.

A sujeição do devedor e o seu concreto objeto (a prática do ato), a prestação, passa a ser o cerne da relação obrigacional,[102] ao contrário do sentido romano, que previa uma obrigação de natureza compromissória e fiduciária.[103]

Sendo a prestação – de dar, de fazer ou de não fazer – a finalidade precípua da obrigação, os direitos do credor estariam previamente delimitados e seriam os que decorrem da natureza do crédito: a) o de exigir a execução forçada; b) o de exigir uma indenização no caso de inexecução; c) o de exercer medidas

---

102. *"Dans toute obligation nous trouvons deux personnes placées dans un rapport d'inegalité l'une vis à vis de l'autre. D'un côté nous voyons la liberté personnelle étendue au-delà de ses limites naturelles, comme domination sur une personne étrangère; de l'autre côté, nous voyons la liberté naturelle restreinte, comme un état d'assujettissement et de contrainte (b). Nous pouvons envisager ces états opposés des personnes, parties dans l'obligation, comme deux activités distinctes, dont l'une consiste dans la prestation du débiteur et l'autre dans la coërcition (l'action) que peut employer le créancier. Cependant dans cette conception, c'est l'activité du débiteur qui doit être considérée comme le point capital, comme l'essence propre de l'obligation, et celle du créancier comme l'accessoire. Car dans l'obligation comme dans tout rapport de droit en général, l'état normal et naturel consiste dans la reconnaîssance et l'exécution volontaire du droit, tandis que la lutte contre une résistance injuste (la coërcition, l'action) ne peut être considérée que comme le redressement d'un état anormal (c). C'est ainsi que le caractère essentiel de la propriété consiste avant tout dans la domination illimitée et exclusive de la personne sur la chose, et c'est un simple accident, lorsque cette domination se manifeste sous la forme de la revendication exercée contre un usurpateur"* Savigny, Friedrich Karl von. Le Droit des Obligations. T. 1, *op. cit.* 3, p. 17-18.

103. Os juristas clássicos têm muito clara a idéia de que o simples acordo das partes, a *conventio*, não é suficiente para que surja o contrato e, por conseguinte, o vínculo obrigatório; junto com o acordo deve existir a causa, quer dizer, é preciso que a vontade acordada das partes se ordene ao ato de troca, ao qual se vinculam determinados efeitos jurídicos e conseqüências concretas.
Assim, a noção romana de *contractus* não guarda relação com a idéia moderna. Com o termo *contractus*, os juristas clássicos designam não uma situação subjetiva plúrima fundada na vontade e na liberdade de estipulação, mas sim uma realidade objetiva na qual as manifestações de vontade de dois ou mais sujeitos que tendem a um mesmo fim devem amoldar-se a um estalão fixado de forma taxativa pelo *ius civile* e encaminhado a constituir entre os manifestantes uma relação de *obligatio*.
Muito pelo contrário, concebendo a realidade do direito como estando *in re*, os romanos descrevem tal natureza, ou seja, o regime do *negotium*: este dependerá de cada tipo de negócio. No *mutuum*, empréstimo entre vizinhos ou amigos, deve-se restituir o mútuo excluindo o recebimento de qualquer interesse. A convenção não tem neste nenhum papel: não pode modificá-lo. É simplesmente a justiça objetiva, dita comutativa, que o estabelece assim em razão da natureza do contrato. Mesmo nos contratos "consensuais" o efeito do contrato é função da natureza de cada negócio: se o vendedor deve dar garantias contra os vícios da coisa vendida não é por que as partes assim o tenham previsto, nem porque assim convencionaram. É o justo equilíbrio nas prestações recíprocas que o impõe, aquilo que o jurista romano persegue.

assecuratórias do patrimônio do devedor, considerado como garantia do seu crédito.[104]

Assim, a obrigação, segundo esta orientação clássica, apresentava uma única finalidade: a prestação, concebida como um único dever principal, seja a realização ou abstenção de um fato, seja a dação de uma coisa.[105]

A obrigação contratual no sentido moderno, ao revés, pode ser entendida como um dever global de agir objetivamente de boa-fé. Essa boa-fé objetiva constitui no campo contratual um processo que deve ser seguido nas várias fases das relações entre as partes. Assim, na fase pré-contratual das negociações preliminares à declaração de oferta, os contraentes devem agir com lealdade recíproca, dando as informações necessárias, evitando criar expectativas que sabem destinadas ao fracasso, impedindo a revelação de dados obtidos em confiança, não realizando rupturas abruptas e inesperadas das conversações etc. Na fase contratual, a conduta leal implica vários deveres acessórios à obrigação principal, e, na fase pós-contratual, implica deveres posteriores ao término do contrato – deveres *post pactum finitum* –, como o de guarda de documentos, fornecimento de material de reposição ou informações a terceiros sobre os negócios realizados.[106]

---

104. *"L'obligation, ou droit personnel, est un rapport juridique qui assigne, à une ou à plusieurs personnes, la position de débiteurs, vis-à-vis d'une ou de plusieurs autres, qui jouent le rôle de créanciers et envers lesquelles elles son tenues à une prestation positive (obligation de donner ou de faire) ou négative (obligation de ne pas faire): envisagée du côté du créancier, l'obligation est une créance; considérée du côté du debiteur, elle est une dette. Parfois, l'obligation est envisagée uniquement sous ce second aspect; on dira, en ce sens, que telle personne est tenue de telles obligations envers telle autre".* Josserand, Louis. *Cours de Droit Civil Positif Français.* v. 2. 3. ed., Paris: Sirey, 1938, p. 2.

105. *"La qualification que nous donnons aux actes, d'actes isolés, ne doit pas être entendue en ce sens littéral que, dans tous les cas, chaque obligation doive nécessairement se restreindre à un acte unique; tout au contraire, l'obligation peut porter sur plusieurs actes isolés, voire même sur un ensemble d'actes tels qu'ils représentent une activité continue et collective. Encore doivent-ils toujours, dans leur rapport avec le cercle de la liberté complète du débiteur, apparaître comme un minimum; car, c'est cette situation seule qui nous amène à concevoir l'assujettissement résultant de l'obligation, sans que la personnalité même du débiteur soit absorbée. Or cette nature des actes susceptibles de faire l'objet de l'obligaiton peut être établie par deux sortes de caractères, souvent liées l'une à l'autre: d'abord par leur étendue; car, en fait, la plupart des obligations portent sur des actes complétement isolés et transitoires, par exemple, celui de payer une somme d'argent; ensuite par leur durée, car le plus souvent l'accomplissement de l'obligation entraîne son extinction instantanée, et dans ces deux cas il est évident que l'obligation ne saurait avoir pour but final d'assujettir la personne, mais seulement d'assurer l'exécution en provoquant son activité. Et même dans le cas plus rares où l'obligation s'applique à des actes continus d'une durée indéterminée, comme dans le mandat et la societé, on a pris soin, en établissant la faculté de renonciation, de maintenir l'idée naturelle que nous nous sommes faite des actes obligatoires."* Savigny, Friedrich Karl von. *Le Droit des Obligations.* t. 1, *op. cit.* 3, p. 18-19.

106. Mota, Mauricio Jorge. A pós-eficácia das obrigações. In: Tepedino, Gustavo. *Problemas de direito civil constitucional.* Rio de Janeiro: Renovar, 2000, p. 188-92.

A todas essas modificações no Direito obrigacional não permaneceu estranho o Direito brasileiro, mormente com a aprovação do Código Civil de 2002.

O novo Código, como já salientado, tem como princípios a socialidade, a eticidade e a operabilidade. Tudo isso a traduzir, no campo obrigacional, um renovado conceito de obrigação, fundado na boa-fé, assim descrito:

> *Art. 421. A liberdade de contratar será exercida* em razão e nos limites da função social do contrato.
>
> *Art. 422. Os contratantes são obrigados a guardar, assim na conclusão do contrato, como em sua execução,* os princípios de probidade e boa-fé.
>
> *Art. 113. Os negócios jurídicos* devem ser interpretados conforme a boa-fé *e os usos do lugar de sua celebração.*
>
> *Art. 2.045. Revogam-se a Lei nº 3.071, de 1º de janeiro de 1916 – Código Civil e a* Parte Primeira do Código Comercial, *Lei nº 556, de 25 de junho de 1850.*

O conceito de obrigação no Código Civil de 2002 é assim único, abrangendo as obrigações civis e mercantis (revogada que está a primeira parte do Código Comercial) e importa a guarda pelos obrigados dos princípios da probidade e da boa-fé. O que significa dizer que, sendo a obrigação agora uma totalidade que se desdobra para o adimplemento, por cooperação necessária das partes, novos princípios têm de ser concebidos para a regência desse novedio conceito de obrigação.

A obrigação não pode mais ser considerada como tendo por escopo unicamente a prestação e a satisfação do interesse do credor (sujeitando a liberdade do devedor), como no século XIX, mas sim envolver uma totalidade de cooperação que, mais do que salvaguardar a manifestação da vontade expressa (a prestação), possibilite a manutenção do sinalagma obrigacional, com o atendimento simultâneo ao interesse das duas partes e da sociedade (compreensão hermenêutica decorrente da razão totalizadora da função social do contrato).[107]

---

107. Aproximar-nos-íamos então do conceito de direito dos romanos. Para os romanos, o direito é um objeto exterior ao homem, uma coisa, a mesma coisa justa (*ipsa iusta res*) que constitui o término do atuar justo de uma pessoa, a finalidade da virtude da justiça. A conduta justa do homem justo (*dikaios*, em grego) é a justiça em mim, subjetiva; o direito (*dikaion*) é a justiça fora de mim, no real, a coisa justa mesma, objetiva. O direito está assim fora do homem, *in re*, nas coisas justas, de acordo com uma determinada proporção, o justo meio objetivo.

O direito é, deste modo, uma relação entre substâncias, por exemplo, entre casas e somas em dinheiro que, numa cidade, repartem-se entre seus proprietários. O direito é, com efeito, uma coisa exterior que

Destarte, a proteção ao devedor avulta como *causa favorabilis* precípua dessa nova ordem de valores. Ao devedor não se pode efetuar uma constrição tal que impossibilite a consecução dos valores existenciais e primordiais da pessoa humana, os quais estão encartados em sede constitucional. Realizar sua proteção, garantir um patrimônio mínimo de subsistência e adequação social não significa, na ordem obrigacional do Código de 2002, conduzir a um estatuto de desigualdade por vantagem exagerada em favor de uma das partes em uma relação jurídica (como era no século XIX na abordagem savigniana), mas sim reconduzir, no reconhecimento material das desigualdades, a obrigação aos seus fundamentos, alavancando os mecanismos protetivos daqueles que, cooperando, são injustamente menos iguais.[108]

A um conteúdo nupérrimo da obrigação deve corresponder uma novel ordem de princípios e, dentre estes, o princípio da proteção ao devedor. Cabe nessa configuração obrigacional verificar se a proteção ao devedor constitui um princípio geral do direito das obrigações e, em caso positivo, em que medida, tema este que será objeto do próximo tópico.

---

se extrai de uma natureza relacional entre duas ou mais pessoas que disputam bens, encargos e honras. Assim, em um litígio, o direito será a justa parte que corresponde a cada uma das pessoas envolvidas nele, o que significa reconhecer que não somente resulta impossível concebê-lo à margem das relações interpessoais, senão que, também, este direito é necessariamente finito, limitado (é a parte justa de uma relação concreta).

Ao Direito antigo, então, é estranha a nossa noção de direito subjetivo e toda temática de direitos individuais como absolutos e exclusivos de cada pessoa, sem conexão e, portanto, sem limitação inicial alguma com os demais. O Direito antigo, assim pensado, não é rigorosamente individual; não supõe para o indivíduo somente um ativo, só vantagens; meu direito, isso que me deve ser dado, isso que eu mereço, não é "subjetivo", não se refere somente a um indivíduo, implica necessariamente uma relação entre indivíduos. É o resultado de uma repartição. O direito apenas é um atributo da minha pessoa, não é exclusivamente meu na medida em que é primordialmente o bem de outrem.

O direito – o justo de cada um – emerge de uma repartição concreta, é uma proporção (justa, um igual [*ison*] ou *analogon*, termo grego gramaticalmente neutro). Essa igualdade expressa, consoante a matemática grega, uma cosmovisão integrada da totalidade, não a constatação de uma simples equivalência de fato entre quantidades, mas revela a harmonia, o valor do justo, uma certa ordem que se discerne no caso mesmo e que se acha em conexão, em última instância, com a ordem geral do mundo que é a matéria da justiça geral.

108. Fachin, Luiz Edson. *Estatuto jurídico do patrimônio mínimo*. Rio de Janeiro: Renovar, 2001, p. 269.

7. A proteção do devedor decorrente do *favor debitoris* como princípio geral do direito das obrigações no ordenamento jurídico brasileiro

Para averiguar se a proteção do devedor que decorre do *favor debitoris* pode ser considerada um princípio geral do direito das obrigações é necessário esclarecer o que sejam princípios.

Larenz define bem as características dos princípios ético-jurídicos e o processo de sua formação:

> Esses princípios possuem um conteúdo material de justiça; por esse motivo podem ser entendidos como manifestações e especificações especiais da ideia de Direito, tal como este se revela na 'consciência jurídica geral', neste estádio da evolução histórica. Enquanto 'princípios' não são regras imediatamente aplicáveis aos casos concretos, mas idéias directrizes, cuja transformação em regras que possibilitem uma resolução tem lugar em parte pela legislação, em parte pela jurisprudência, segundo o processo de concretização e aperfeiçoamento de princípios mais especiais mediante a formação de grupos de casos. Alguns deles tem o escalão de normas constitucionais; outros, como o princípio da "boa-fé', estão expressos nas leis ou infere-se delas, recorrendo à *ratio legis*, o fundamento justificante de uma regulação legal. Enquanto critérios 'teleológicos-objetivos' são coadjuvantes para a interpretação, bem como para a integração de lacunas; aqui constituem o fundamento para uma analogia global e, por vezes, também para uma redução teleológica.
> *Trata-se de um desenvolvimento do Direito superador da lei de acordo com um princípio ético-jurídico*, quando um tal princípio, ou também um novo âmbito de aplicação de tal princípio, é conhecido pela primeira vez e expresso de modo convincente. *O motivo para isso constitui-o, as mais das vezes, um caso, ou uma série de casos de igual teor, que não pode ser solucionado de um modo que satisfaça a sensibilidade jurídica com os meios de interpretação da lei e de um desenvolvimento do Direito imanente à lei.*[109]

A proteção do devedor é um princípio do direito das obrigações porque constitui uma pauta diretiva a partir da qual as regras serão criadas ou aplicadas. A doutrina e a jurisprudência eram uníssonas, na vigência do antigo Código Civil, em admitir a presunção de renúncia do direito de credor pela tolerância deste a comportamento diverso do devedor, o que acabou se positivando no

---

109. Larenz, Karl. *Metodologia da ciência do Direito*. 2. ed. Lisboa: Calouste Gulbekian, 1989, p. 511.

art. 330 do novo Código Civil.[110] A teoria da imprevisão, em benefício do devedor, foi admitida em nosso ordenamento[111] apesar de não haver norma jurídica com essa previsão[112] no Código anterior. Deste modo, como salienta Moreira Alves, tem-se o *favor debitoris* como uma pauta diretiva, fonte supletiva de Direito a permitir que o juiz, na lacuna da lei e dos costumes, julgasse com base nele como princípio geral de Direito, criando-se, posteriormente, por lei, o instituto que supriu essa lacuna.[113]

Legislações protetivas de um patrimônio jurídico mínimo que não inviabilize a existência condigna do devedor são da lógica do Direito, consoante essa pauta diretiva.[114] A extinção da prisão civil por dívidas fora das hipóteses constitucionais, a impenhorabilidade de tudo o que seja útil ou imprescindível ao exercício da profissão do devedor[115], a impenhorabilidade do módulo rural e do bem de família, os diversos institutos jurídicos do Código Civil têm a informá-los esse mesmo princípio da proteção ao devedor.

A proteção ao devedor constitui-se num princípio porque também configura uma norma jurídica de otimização, compatível com vários graus de concretização, consoante condicionamentos fáticos e jurídicos. Desta maneira, o *favor*

---

110. Alves, José Carlos Moreira. O favor debitoris como princípio geral de direito. In: *Revista Brasileira de Direito Comparado*, nº 26, p. 3-23, 1º semestre de 2004, p. 3-23.

111. No Brasil, já em 1938, o Supremo Tribunal Federal reconhecia a possibilidade de se resolverem contratos por onerosidade excessiva, Revista dos Tribunais, nº 387, p. 177.

112. "Diante da alteração do ambiente objetivo no qual se formou o contrato, acarretando para o devedor uma onerosidade excessiva e para o credor um lucro inesperado, a solução só pode ser a resolução do vínculo, operando *ex nunc*, substituído para o credor o exercício, em forma específica, dos seus direitos, pelo respectivo valor econômico. Dá-se, assim, como que uma expropriação judicial dos direitos do credor, para evitar uma iniquidade, com plena salvaguarda de suas legítimas expectativas, quanto aos lucros que foram ou podiam ser previstos na data da obrigação" Fonseca, Arnoldo Medeiros da. *Caso fortuito e teoria da imprevisão*. 2. ed. Rio de Janeiro: Imprensa Nacional, 1943, p. 334-5.

113. Alves, José Carlos Moreira. O favor debitoris como princípio geral de direito, *op. cit.*, p. 11.

114. Como a Lei nº 9.533/1997 que autoriza o Poder Executivo a conceder apoio financeiro aos Municípios que instituírem programas de renda mínima associados a ações sócio-educativas.

115. "Na prática forense vem a impenhorabilidade sendo estendida ao direito de uso do telefone que sirva a médico, ou a vendedor autônomo, ou instalado em escritório de advocacia, ou a qualquer profissão autônoma ou mesmo em residência, desde que, em qualquer destes casos, necessário ou útil ao exercício da profissão" Fachin, Luiz Edson. *Estatuto jurídico do patrimônio mínimo*, *op. cit.*, p. 233-4.

debitoris informa o negócio concluído em estado de perigo, mas é o juiz que irá, através de uma mediação concretizadora, definir quando a obrigação se tornou excessivamente onerosa, quando deveres laterais de conduta foram violados ou em que medida houve aproveitamento da desigualdade das partes.

No caso do art. 413, quando a penalidade houver de ser reduzida eqüitativamente pelo juiz, são as condicionantes fáticas que a determinarão, tendo-se em vista a natureza e a finalidade do negócio. Na definição do que seja a superveniência de acontecimentos extraordinários e imprevisíveis, capaz de comprometer o equilíbrio das prestações, a concretização condicional do princípio avulta com toda a sua força.

A forma do art. 330 do Código Civil, ao prever que o comportamento concludente do credor insere-se no programa contratual para exonerar o devedor de modo de cumprimento do contrato anteriormente previsto, também evidencia que é ao princípio da proteção do devedor, na sua multifacetada configuração, que se está a recorrer.

No Código de Processo Civil, o art. 620 prevê que, quando por vários meios o credor puder promover a execução, o juiz mandará que se faça pelo modo menos gravoso para o devedor. É um princípio de ordem material mais do que processual, porque seu escopo último é o de assegurar o sinalagma da relação obrigacional. Deste modo, o princípio da proteção incide para, por exemplo, no caso da penhora *on line*[116], determinar que esta só se faça em última instância. A noção de obrigação informada pela boa-fé objetiva e sua realização através do *favor debitoris* preconiza que se deve proteger o interesse do credor, e proporcionar-lhe a satisfação de seu crédito o quanto antes, mas não se deve cegamente perseguir tal pretensão e violar inúmeros direitos do devedor, ofendendo diversas normas e princípios éticos e jurídicos que regem a vida em sociedade. A execução deve buscar um equilíbrio, uma harmonização, entre o direito de um credor em haver o que lhe é devido e o direito de um devedor em defender-se contra uma infundada pretensão de cobrança e de pagar um débito de forma com que não haja ofensa a sua dignidade, nem tampouco afete a continuidade de sua atividade empresarial.

116. A penhora *on line* começa a ser utilizada nas Varas de Fazenda Pública, como meio de bloquear as contas bancárias de contribuintes em débito com o Fisco. Ela é o meio pelo qual o Poder Judiciário determina o bloqueio das contas correntes do executado, para assegurar a satisfação do crédito de eventual credor ou exeqüente.

A interpretação protetiva *favor debitoris* evidencia-se também no art. 265 do Código Civil, que estabelece não existir presunção de solidariedade. Esta, de conformidade com a legislação em vigor, apenas decorre da lei ou da vontade das partes, o que significa que, em princípio, quando duas ou mais pessoas assumem o pólo passivo de uma obrigação, cada qual responde somente por sua parte, não aproveitando ao credor a possibilidade de endereçar cobrança contra todos os devedores. Gustavo Tepedino, Maria Celina Bodin de Moraes e Heloísa Helena Barboza são acordes em que o entendimento da desnecessidade de vontade expressa das partes para instituir a solidariedade, a qual poderia resultar das cláusulas do contrato de forma implícita, não se harmoniza com o texto legal (v. arts. 914, 1.317), que pressupõe a manifestação clara das partes.[117, 118] Inexistisse o *favor debitoris* como princípio do direito das obrigações, a interpretação de que o ato de obrigar-se, sendo comum, a todos constrange, e, portanto, está contido na vontade das partes, seria de aceitação induvidosa.

A proteção ao devedor configura um princípio do direito das obrigações porque tem uma relação direta com a idéia de direito, atua como um *standard* juridicamente vinculante radicado na noção de justiça. A obrigação contemporânea, como visto, só pode ser pensada dentro de um quadro de cooperação com vistas ao adimplemento e esta cooperação só se torna possível quando se procura manter, na medida do possível, as condições de dignidade e o próprio sinalagma contratual com a parte mais fraca. Como assinala o economista Pedro Malan, insuspeito de nutrir um viés protetivo para com os devedores:

> A suspensão do pagamento justifica-se apenas quando a dívida externa representa um ônus desmedido. Esse é o caso de um conjunto de países pobres altamente endividados, cujas economias não prosperaram, seja porque foram devastados por guerras civis, seja porque foram atingidos por condições meteorológicas adversas ou outros fenômenos que afetaram negativamente o seu sistema produtivo.

117. "A solidariedade não pode, portanto, ser presumida por circunstâncias, tal como ocorre nas obrigações assumidas por condôminos (arts. 1.317 e 1.381), ou devidas a parentes (TJRS, Apelação Cível Nº 591116389, 8ª Câmara Cível, Rel. Des. João Andrades Carvalho, julg. 20/2/1992), ou ainda naquelas estabelecidas em conjunto, na mesma ocasião ou no mesmo ato. Se não se presume, é certo que deve ser provada por quem a alega, podendo esta prova ser feita até mesmo por testemunhas (art. 227 e art. 401 do CPC)". Tepedino, Gustavo; Moraes, Maria Celina Bodin de; Barboza, Heloísa Helena. *Código Civil Interpretado coforme a Constituição da República*. v. I. Rio de Janeiro: Renovar, 2004, p. 545.

118. Contra: STJ, 3ª Turma, Resp 234288/MG, DJ 28/2/2000 P. 80 Rel. Min. Eduardo Ribeiro; TJRJ, 5ª Câmara Cível, Apelação Cível N. 1990.001.00374, Rel. Des. Humberto de Mendonça Manes, j. 8/10/1996.

Entre esses países encontram-se, por exemplo, Moçambique e Nicarágua. O primeiro tinha uma renda per capita de US$ 230, e o segundo, uma renda per capita de US$ 445, em 1988. No mesmo ano, a dívida externa de Moçambique correspondia a 214% do produto interno bruto, e a dívida externa da Nicarágua, a 280% do produto interno bruto. A dívida externa bruta do Brasil, como já se viu, representa 41% do PIB, e a dívida externa líquida do setor público não chega a 10% do PIB. A comunidade internacional, inclusive o Brasil, reconhece que, nesses casos como o de Moçambique e Nicarágua, não há como pagar o serviço da dívida sem inviabilizar qualquer tentativa de recuperação econômica. Por isso, o Brasil também apóia o perdão da dívida externa para esses países, e inclusive já perdoou a dívida de Moçambique e a da Nicarágua.[119]

É da idéia de justiça, como assinalado no referido artigo, que decorre a noção de que não se pode priorizar o direito do credor em detrimento da própria viabilidade humana e econômica do devedor. Daí o *favor debitoris* como princípio, que pode chegar mesmo, em casos extremos, como os descritos, ao próprio perdão da dívida.

A noção de que o *favor debitoris* como princípio do direito das obrigações funda-se na idéia de direito pode ser comprovada por todo o excurso histórico que realizamos. É do espírito de um ordenamento ao longo do tempo que se extrai – conclusão a que se chega pelo exame do conjunto de normas que, num mesmo âmbito, nele se encontram, ainda que possam sofrer exceção circunstancial – a inspiração comum que o anima, os seus princípios, como o presente da proteção à debilidade jurídica ou econômica de uma das partes da relação obrigacional.[120]

Como já visto, no ordenamento jurídico português e brasileiro é expressa a proteção ao devedor ao longo do tempo.[121] O *favor debitoris* constituía regra

---

119. Malan, Pedro. Para entender a dívida externa. Disponível em: http://www.fazenda.gov.br/portugues/documentos/2000/pr000903.asp. Acesso em: 17 dez. 2005.

120. Alves, José Carlos Moreira. *op. cit.*, p. 15.

121. Primeiro, no Direito português antigo, na interpretação do direito, como em Paschoal José de Mello Freire, dispondo que, para explicar o sentido de uma lei, deve-se dar preferência aquele que ela tem tido no uso e prática do foro, se um sentido não tiver um uso preferido deve-se preferir aquele que menos rigor se der.

Depois, através de diversos institutos jurídicos como a *cessio in potentiorem*, a *cessio bonorum*, o *beneficium competentiæ*, *a querela non numeratæ pecuniæ*, a lesão enorme (*læsio enormis*), a lesão enormíssima (de origem canônica), a usura, o anatocismo, a limitação das penas convencionais em benefício do devedor que não podem exceder o principal, a vedação da *lex commissoria* em se tratando de garantias reais,

corrente no Direito brasileiro anterior ao Código Civil de 1916, tanto que foi considerado por Carlos de Carvalho como princípio geral de interpretação dos atos jurídicos no direito das obrigações, preconizando-se nessa interpretação que, nos casos duvidosos, em que não se possa resolver segundo as regras estabelecidas, decidir-se-á em favor do devedor (*favor debitoris*) (art. 288).[122]

No Código Civil de 1916 tem-se um breve hiato marcado pelo individualismo jurídico e pela doutrina do *laissez-faire*, não recepcionando muitas das medidas de proteção ao devedor. Não se encontram nesse código normas que admitam as moratórias, o *beneficium competentiæ*, a *cessio bonorum* como meio de extinção do débito (que se traduz numa verdadeira *datio in solutum* coativa) ou vinculada ao *beneficium competentiæ*, a *querela* ou a *exceptio non numeratæ pecuniæ*, o benefício do inventário, a pena do credor que cobrasse judicialmente antes do prazo, a lesão enorme, a lesão enormíssima, o pagamento parcial coativo, bem como as que vedem a usura, o anatocismo e as cessões aos poderosos.[123]

O Código Civil de 2002, não obstante, retoma a tradicional estrutura protetiva, *favor debitoris* do Direito brasileiro, ao prever a boa-fé objetiva como fundamento do direito das obrigações, o negócio realizado em estado de perigo, a idéia do abuso do direito na acepção objetivista, a limitação dos juros moratórios, quando não convencionados, o dispositivo de que o valor da cominação imposta na cláusula penal não pode exceder o da obrigação principal, a resolução dos contratos de execução continuada ou diferida por onerosidade excessiva, a lesão subjetiva, o preceito que estabelece que o devedor pode alterar o local predeterminado para o pagamento, sempre que ocorrer motivo grave, a oneração da cobrança indevida etc.

---

o dispositivo prevendo que quem demandasse outrem por dívida já integralmente paga ou pela parte recebida seria condenado a dar em dobro o recebido, além de ser condenado no dobro das custas. Em segundo lugar, no Direito brasileiro, a disposição de que, no regime de comunhão legal, não se comunicarão entre os cônjuges as dívidas passivas anteriores ao casamento, a lesão, a lesão enormíssima, a proibição da *quota litis*, a *querela non numeratæ pecuniæ*, a cobrança indevida, a proibição do pacto comissório referente a garantias reais, a disposição de que as penas convencionais não podem exceder o valor da obrigação principal, o *beneficium compententiæ*, na *deductio ne egeat*, a *cessio bonorum*, a *datio in solutum necessaria*.

122. Carvalho, Carlos Augusto de, *op. cit.*, art. 288, p. 97.

123. Alves, José Carlos Moreira, *op. cit.*, p. 154.

Na legislação processual civil, no campo da execução, relembramos também os diversos mecanismos assegurados para a proteção ao devedor, como a impenhorabilidade das provisões de alimento e de combustível, necessárias à manutenção do devedor e de sua família durante 1 (um) mês; os livros, as máquinas, os utensílios e os instrumentos, necessários ou úteis ao exercício de qualquer profissão; o imóvel rural, até um módulo, desde que este seja o único de que disponha o devedor, ressalvada a hipoteca para fins de financiamento agropecuário, o princípio da responsabilidade do exeqüente, o princípio da certeza e liquidez do direito, a regra impeditiva da penhora, se for evidente que o valor dos bens encontrados seria absorvido totalmente pelas custas da execução, a proibição da arrematação por preço vil e o art. 620 do CPC, no qual se estipula que, quando por vários meios o credor puder promover a execução, o juiz mandará que se faça pelo modo menos gravoso para o devedor.

De todas essas normas particulares de proteção ao devedor extrai-se o espírito do ordenamento jurídico examinado. Da particularidade das leis se volve à universalidade do direito. O espírito que anima e envolve o Direito obrigacional brasileiro é o de favorecer a liberdade, numa cooperação com vistas ao adimplemento e, como tal, impõe-se, historicamente e como princípio, a proteção do devedor decorrente do *favor debitoris.*

Como bem conceitua Moreira Alves, deve-se evitar o rigorismo do apego extremado à intangibilidade do *pacta sunt servanda,* quando ocorrerem situações subjetivamente iníquas para o devedor em decorrência da adoção de técnicas jurídicas especialmente para a proteção do credor, as quais, se admissíveis para as variações normais que se enquadrem nas oscilações previsíveis, não deverão sê-lo para as que resultem de situações acentuadamente anormais que venham a impossibilitar o pagamento do débito, impossibilidade que, sem essas circunstâncias, não ocorreria para o devedor.[124]

Por último, o caráter de princípio da proteção ao devedor decorrente do *favor debitoris* singulariza-se porque este é o fundamento de regras, constitui a *ratio* de regras jurídicas e possui uma capacidade deontológica de justificação.

Moreira Alves, em alentado artigo, discorre que o *favor debitoris* substancia a *ratio* das regras jurídicas obrigacionais concernentes ao devedor no Direito Visigótico, no *Fuero Juzgo*, no *Fuero Real*, nas *Siete Partidas*, na *Nueva Recopila-*

124. Alves, José Carlos Moreira. O favor debitoris como princípio geral de direito, *op. cit.*, p. 23.

ción, na *Novísima Recopilación*, no Código Civil espanhol de 1889, nos Códigos Civis de Chile, Argentina, Uruguai, Colômbia, Venezuela e também nos recentes Códigos Civis de Bolívia, Peru e Paraguai.[125]

Há, deste modo, no Direito ibérico e no Direito latino-americano, uma mesma tradição comum de proteção ao devedor que constitui a *ratio* de todas essas regras de Direito Civil e de Direito Processual nos diversos Códigos. É a expressão do *favor libertatis* no âmbito do direito de crédito, um verdadeiro princípio no que se refere às obrigações, como magistralmente sintetiza Giorgio Del Vecchio ao referir-se ao valor absoluto da pessoa humana em suas obrigações:

> O conceito do valor absoluto da pessoa se revela, em todo o direito, refletindo-se, ainda, em disposições particulares aparentemente alheias a ele. O que antigamente se chamava favor libertatis, a respeito de uma ordem especial de relações, pode entender-se, mais amplamente, como princípio válido para todo o sistema jurídico, a penetrá-lo por toda parte. Ainda que sejam numerosos os vínculos jurídicos impostos aos indivíduos, presume-se que a regra é a sua imunidade do vínculo. *Na dúvida, interpretam-se os pactos, no sentido menos gravoso para o obrigado.*[126]

As Décimas Jornadas Nacionais de Direito Civil realizadas na Universidad Nacional del Nordeste, em Corrientes, na Argentina, em 1985, expressamente estabeleceram, através de sua Comissão nº 2, que: 1) o *favor debitoris* é um princípio residual do Direito Civil que deve ser entendido no sentido da proteção da parte mais débil em um contrato; 2) se no contrato não existir uma parte mais débil, a interpretação deve favorecer a maior equivalência das contraprestações; 3) o *favor debitoris* não se aplica às obrigações que têm sua origem em um fato ilícito.

O jurista argentino Rodolfo Vigo, em livro publicado no Brasil, versando sobre a interpretação dos contratos civis, esclarece, justificando deontologicamente, que a doutrina consolidou, através dos tempos, uma série de regras que facilitam a busca, por parte do intérprete, dos débitos e créditos que as partes poderão reclamar e cumprir em virtude do contrato e, dentre estas, elenca a

125. Alves, José Carlos Moreira Alves. As normas de proteção ao devedor e o favor debitoris: do direito romano ao direito latino-americano. *Notícia do Direito Brasileiro*. Nova Série. Brasília, n. 3, jan./jul., 1997, p. 109-65.

126. Del Vecchio, Giorgio. Sobre os princípios gerais do direito. Separata da *Revista de Crítica Judiciária*. Rio de Janeiro: Jornal do Commercio, 1937, p. 38.

proteção da parte mais fraca do contrato, entendida esta como a contemporânea formulação do *favor debitoris*.[127]

Insofismável, em conclusão, que a proteção do devedor decorrente do *favor debitoris* constitui um princípio geral do direito das obrigações no Direito brasileiro porque estabelece uma pauta diretiva a partir da qual as regras serão criadas ou aplicadas nesse ordenamento, requerendo para sua aplicação uma mediação concretizadora do juiz ou do legislador. Ainda que não positivado, funda-se na idéia de Direito como o comprova o desenvolvimento histórico dos seus institutos, atenua os rigores do *pacta sunt servanda*, reequilibrando a noção de obrigação, e consubstancia a *ratio* e a justificação deontológica das regras protetivas do Direito ibérico e latino-americano.

8. Conclusão

É tempo de formularmos as conclusões mais importantes desse trabalho, em sínteses dos vários assuntos abordados, de modo que possam servir de base para o aprofundamento dogmático do princípio da proteção ao devedor no direito das obrigações:

1. A expressão *favor* no Direito romano assume o significado daquilo que se desvia do rigor do Direito. Essa expressão denota a atitude do legislador e da jurisprudência de favorecimento a uma situação especial que decorre de uma *causa favorabilis*, ou seja, a tendência a privilegiar esta situação, pela sua relevância e importância dentro do ordenamento jurídico, desde que a interpretação dada não seja absolutamente destoante da lógica jurídica. A *causa favorabilis* da qual decorre o *favor* pode ser compreendida como aquela que, em determinados ordenamento jurídico e época, possui um apreço de bem objetivo, é um bem fundamental, e, como tal, impõe a todos o dever de favorecê-la e defendê-la.
2. No Direito romano, sobretudo a partir do período cristão, a interpretação assume nítido benefício em favor do devedor, estabelecendo a regra *iuris* de que nas coisas obscuras atemo-nos sempre ao que é o menos. Assim, o *ius civile* romano desenvolve-se em um processo

127. Vigo, Rodolfo Luis. *Interpretação jurídica: do modelo juspositivista-legalista do século XIX às novas perspectivas*. São Paulo: Revista dos Tribunais, 2005, p. 166-8.

de crescente humanização, sob o influxo do estoicismo, pelo apreço da *humanitas* e pela extraordinária benignidade do espírito cristão, culminando no estabelecimento de uma efetiva esfera diferenciada de proteção ao devedor, o que justifica pensar, a partir dele, em um verdadeiro *favor debitoris*.

3. As normas de proteção do devedor romanas foram recebidas no Direito português através das Ordenações do reino e mesmo desenvolvidos institutos protetivos próprios no âmbito destas. Deste modo, no Direito português antigo, a tradição do *favor debitoris* foi substancialmente mantida, passando deste para o ordenamento jurídico brasileiro.

4. No Direito brasileiro pré-codificado, a proteção do devedor encontrou forte abrigo em institutos como a disposição de que no regime de comunhão legal não se comunicarão entre os cônjuges as dívidas passivas anteriores ao casamento, a lesão, a lesão enormíssima, a proibição da *quota litis*, a *querela non numeratœ pecuniœ*, a cobrança indevida, a proibição do pacto comissório referente a garantias reais, a disposição de que as penas convencionais não podem exceder o valor da obrigação principal, o *beneficium compententiœ,* na *deductio ne egeat,* a *cessio bonorum*, a *datio in solutum necessaria*. Configurava assim o *favor debitoris* regra corrente no Direito brasileiro anterior ao Código Civil de 1916 e foi considerado por Carlos de Carvalho como princípio geral de interpretação dos atos jurídicos no direito das obrigações, preconizando-se que, nessa interpretação, nos casos duvidosos, que não se possam resolver segundo as regras estabelecidas, decidir-se-á em favor do devedor (*favor debitoris*).

5. No Código Civil de 1916 tem-se um breve hiato marcado pelo individualismo jurídico e pela doutrina do *laissez-faire*, não recepcionando muitas das medidas de proteção ao devedor. Não se encontram nesse Código normas que admitam as moratórias, o *beneficium competentiœ*, a *cessio bonorum* como meio de extinção do débito (que se traduz numa verdadeira *datio in solutum* coativa) ou vinculada ao *beneficium competentiœ*, a *querela* ou a *exceptio non numeratœ pecuniœ*, o benefício do inventário, a pena do credor que cobrasse judicialmente antes do prazo, a lesão enorme, a lesão enormíssima, o pagamento parcial coativo, bem como as que vedem a usura, o anatocismo e

as cessões aos poderosos. Não obstante, as normas jurídicas, nesse período, em diversos aspectos, sufragaram a proteção do devedor, principalmente na legislação extravagante.

6. O Código Civil de 2002 retoma a tradicional estrutura protetiva, *favor debitoris*, do Direito brasileiro ao prever a boa-fé objetiva como fundamento do direito das obrigações, o negócio realizado em estado de perigo, a idéia do abuso do direito na acepção objetivista, a limitação dos juros moratórios, quando não convencionados, o dispositivo de que o valor da cominação imposta na cláusula penal não pode exceder o da obrigação principal, a resolução dos contratos de execução continuada ou diferida por onerosidade excessiva, a lesão subjetiva, o preceito que estabelece que o devedor pode alterar o local predeterminado para o pagamento, sempre que ocorrer motivo grave, a oneração da cobrança indevida etc. Do mesmo modo, na legislação processual civil, no campo da execução, sobretudo no art. 620 do CPC, no qual se estipula que, quando por vários meios o credor puder promover a execução, o juiz mandará que se faça pelo modo menos gravoso para o devedor.
7. A partir do Código Civil de 2002 a obrigação não pode mais ser considerada como tendo por escopo unicamente a prestação e a satisfação do interesse do credor (sujeitando a liberdade do devedor), como no século XIX, mas sim envolver uma totalidade de cooperação que, mais do que salvaguardar a manifestação da vontade expressa (a prestação), possibilite a manutenção do sinalagma obrigacional, com o atendimento simultâneo ao interesse das duas partes e da sociedade (compreensão hermenêutica que decorre da razão totalizadora da função social do contrato). Destarte, a proteção ao devedor avulta como *causa favorabilis* precípua dessa nova ordem de valores. Ao devedor não se pode efetuar uma constrição tal que impossibilite a consecução dos valores existenciais e primordiais da pessoa humana, que estão encartados em sede constitucional.
8. Realizar a proteção do devedor, garantir um patrimônio mínimo de subsistência e adequação social não significa, na ordem obrigacional do Código de 2002, conduzir a um estatuto de desigualdade por vantagem exagerada em favor de uma das partes em uma relação jurídica (como na abordagem savigniana do século XIX), mas sim re-

conduzir, no reconhecimento material das desigualdades, a obrigação aos seus fundamentos, alavancando os mecanismos protetivos dos que, cooperando, são injustamente menos iguais. A um conteúdo nupérrimo da obrigação deve corresponder uma novel ordem de princípios e, dentre estes, o princípio da proteção ao devedor.

10. A proteção do devedor decorrente do *favor debitoris* constitui um princípio geral do direito das obrigações no direito brasileiro porque configura uma pauta diretiva a partir da qual as regras serão criadas ou aplicadas nesse ordenamento, requer para sua aplicação uma mediação concretizadora do juiz ou do legislador, quando não positivado, funda-se na idéia de direito como comprova o desenvolvimento histórico dos seus institutos, atenua os rigores do *pacta sunt servanda*, reequilibrando a noção de obrigação, e consubstancia a *ratio* e a justificação deontológica das regras protetivas do Direito ibérico e latino-americano.

9. Bibliografia

Affonso V. *Ordenações Afonsinas*. Fac-símile. Lisboa: Calouste Gulbenkian, 1984.

Alves, José Carlos Moreira. As normas de proteção ao devedor e o favor debitoris: do Direito romano ao Direito latino-americano. *Notícia do Direito Brasileiro*. Nova Série. Brasília, nº 3, jan.-jul., 1997, p. 109-165.

________. O favor debitoris como princípio geral de direito. In: *Revista Brasileira de Direito Comparado*, nº 26, 1º semestre de 2004, p. 3-23.

Bañares, Juan Ignacio. Comentario al Canon 1060. In: Marzoa, A.; Miras, J.; Rodríguez-Ocaña (orgs.). *Comentario exegético al Código de Derecho Canónico*. Pamplona: Eunsa, 1997.

Becker, Anelise. *Teoria geral da lesão nos contratos*. São Paulo: Saraiva, 2000.

Beviláqua, Clóvis. *Código Civil dos Estados Unidos do Brasil Comentado*, v. 1., 9. ed. Rio de Janeiro: Francisco Alves, 1951.

________. *Código Civil dos Estados Unidos do Brasil Comentado*, v. 3. 8. ed. Rio de Janeiro: Francisco Alves, 1951.

________. *Código Civil dos Estados Unidos do Brasil Comentado*, v. 4. 8. ed. Rio de Janeiro: Francisco Alves, 1950.

________. *Código Civil dos Estados Unidos do Brasil Comentado*, v. 5. 8. ed. Rio de Janeiro: Francisco Alves, 1952.

Biondi, Biondo. *Instituzioni di diritto romano*. Milano: Giuffrè, 1972.

Buckland, W.W; McNair, Arnold. D. *Derecho romano y Common Law: una comparación en esbozo*. Madrid: Universidad Complutense, 1994.

Capitant, Henri. *De la cause des obligations*. 3. ed. Paris: Dalloz, 1927.

Carvalho, Carlos Augusto de. *Nova Consolidação das Leis Civis*. Rio de Janeiro: Francisco Alves, 1899.

Castro, Amilcar de. *Comentários ao Código de Processo Civil*, v. VIII. São Paulo: Revista dos Tribunais, nº 213, 1974.

Cícero, Marco Túlio. *Tratado dos Deveres*. Coleção Cultura Clássica. São Paulo: Cultura Brasileira, s.d.

Conselho da Justiça Federal. *Jornada de Direito Civil*. Brasília: Conselho da Justiça Federal, 2003.

Costa, Mário Júlio de Almeida. *História do Direito português*. 3. ed. Coimbra: Almedina, 1996.

Del Vecchio, Giorgio. Sobre os princípios gerais do Direito. Separata da *Revista de Crítica Judiciária*. Rio de Janeiro: Jornal do Commercio, 1937.

Dinamarco, Cândido Rangel. *Execução civil*. 6. ed. São Paulo: Malheiros, 1998.

Fachin, Luiz Edson. *Estatuto jurídico do patrimônio mínimo*. Rio de Janeiro: Renovar, 2001.

Ferrari, Francesco Antonio. *L´usura: nel diritto, nella storia, nell´arte*. Napoli: Edizioni del Giornale La Toga, 1928.

Filipe II. *Ordenações Filipinas*. Fac-símile. Lisboa: Calouste Gulbenkian, 1985.

Fonseca, Arnoldo Medeiros da. *Caso fortuito e teoria da imprevisão*. 2. ed. Rio de Janeiro: Imprensa Nacional, 1943.

Freire, Paschoal José de Mello. *Curso de Direito Civil Portuguez*. Anotado por Antonio Ribeiro de Liz Teixeira. Coimbra: J. Augusto Orcel Editor, 1856.

Freitas, Augusto Teixeira de. *Consolidação das leis civis*. 3. ed. Rio de Janeiro: H. Garnier, 1896.

João Paulo II. Discurso aos membros do Tribunal da Rota Romana na inauguração do Ano Judiciário de 2004. Disponível em: http://www.vatican.va/holy_father/john_paul_ii/speeches/2004/january/documents/hf_jp-ii_spe_20040129_roman-rota_po.html. Acesso em: 20 nov. 2005.

Josserand, Louis. *Cours de Droit Civil Positif Français*. 3. ed., 2º v. Paris: Sirey, 1938.

Justiniano. *Cuerpo del Derecho Civil*. Primera Parte. Digesto. Tomo III. Tradução de Idelfonso García del Corral. Fac-símile. Valladolid: Lex Nova, 1988.

Kaser, Max. *Direito privado romano*. Lisboa: Calouste Gulbenkian, 1999.

Larenz, Karl. *Metodologia da ciência do Direito*. 2. ed. Lisboa: Calouste Gulbenkian, 1989.

Lima, Alcides de Mendonça. *Comentários ao Código de Processo Civil*. v. VI. t. II. Rio de Janeiro: Forense, 1976.

Malan, Pedro. Para entender a dívida externa. Disponível em: http://www.fazenda.gov.br/portugues/documentos/2000/pr000903. asp. Acesso em: 17 dez. 2005.

Manuel I. *Ordenações Manuelinas*. Fac-símile. Lisboa: Calouste Gulbenkian, 1984.

Meira, Sílvio. *A Lei das XII Tábuas: fonte do direito público e privado*. 2. ed. Rio de Janeiro: Forense, 1961.

Mendonça, Manoel Ignácio Carvalho de Mendonça. *Doutrina e prática das obrigações*. v. 1. 2. ed. Rio de Janeiro: Francisco Alves, 1911.

Miranda, Francisco Cavalcanti Pontes de. *Comentários ao Código de Processo Civil. Tomo XIII*. 2. ed. Rio de Janeiro: Forense, 1961.

________. *Comentários ao Código de Processo Civil*. Tomo X. Rio de Janeiro: Forense, 1976.

Mota, Mauricio Jorge. A pós-eficácia das obrigações. In: Tepedino, Gustavo. *Problemas de direito civil constitucional*. Rio de Janeiro: Renovar, 2000.

Pothier, R-J. *Tratado das obrigações pessoaes e recíprocas*. Tomo I. Rio de Janeiro: H. Garnier, 1906.

Pugliese, Giovanni. *Instituzioni di diritto romano, III. Il periodo postclasico e giustinianeo*. 2. ed. Torino: Giappichelli, 1998.

Rocha, M.A. Coelho da. *Instituições de Direito Civil Português.* Rio de Janeiro: Garnier, 1907.

Rousseau, Jean-Jacques. *Do contrato social.* São Paulo: Abril Cultural, 1973.

Savigny, Friedrich Karl von. *Le Droit des Obligations.* t. 1. Paris: Auguste Durand Libraire-Éditeur, 1863.

________. *Sistema del derecho romano actual.* Tomo II. Madri: F. Góngora Editores, 1879.

Schulz, Fritz. *Derecho romano clásico.* Barcelona: Bosch, 1960.

________. *Principios del derecho romano.* Madrid: Civitas, 1990.

Silva, Clóvis do Couto e. *A obrigação como processo.* São Paulo: Bushatsky, 1976.

________. O Direito Civil brasileiro em perspectiva histórica e visão de futuro. In: Fradera, Vera Maria Jacob de. *O Direito Privado brasileiro na visão de Clóvis do Couto e Silva.* Porto Alegre: Livraria do Advogado, 1997.

________. O princípio da boa-fé no Direito brasileiro e português. In: Fradera, Vera Maria Jacob de. *O Direito Privado brasileiro na visão de Clóvis do Couto e Silva.* Porto Alegre: Livraria do Advogado, 1997.

Teles, José Homem Corrêa. *Digesto Português.* Rio de Janeiro: Livraria Cruz Coutinho, 1909.

Tepedino, Gustavo; Moraes, Maria Celina Bodin de; Barboza, Heloísa Helena. *Código Civil Interpretado conforme a Constituição da República*, v. I. Rio de Janeiro: Renovar, 2004.

Velasco, Ignácio M. Poveda. *A execução do devedor no Direito romano.* São Paulo: Livraria Paulista, 2003.

Vigo, Rodolfo Luis. *Interpretação jurídica: do modelo juspositivista-legalista do século XIX às novas perspectivas.* São Paulo: Revista dos Tribunais, 2005.

Zavascki, Teori Albino. *Comentários ao Código de Processo Civil.* v. 8. 2. ed. São Paulo: Revista dos Tribunais, 2003.

5

Os empréstimos do Banco Mundial ao Brasil à luz dos paradigmas romanos de proteção ao devedor

Sumário: Introdução. 1. Metodologia. 2. Os empréstimos do Banco Mundial ao Brasil no período 1980 – 1997. 3. As normas de proteção ao devedor no direito romano. 4. A proteção do devedor como princípio geral de direito. 5. A análise dos empréstimos do Banco Mundial ao Brasil à luz do princípio geral da proteção do devedor. 6. Conclusão. 7. Bibliografia.

Introdução

A temática tradicional costuma dividir a questão da dívida externa, no que se refere aos empréstimos externos, em duas classificações fundamentais: os empréstimos externos de entidades privadas estrangeiras, sobretudo os grandes bancos internacionais, destinados ao financiamento da dívida pública e ao implemento da modernização e expansão do setor privado industrial e comercial; os empréstimos dos órgãos multilaterais de fomento (como o Banco Mundial) e de governo para governo, destinados ao financiamento de projetos concernentes ao progresso econômico e social.

Os empréstimos externos concedidos por esses órgãos multilaterais de fomento são considerados pela literatura econômica e pelos governos nacionais como empréstimos necessários e vantajosos para o país porque contratados por longo prazo (em média, quinze anos), com ampla margem de carência (de três a cinco anos) e reduzida taxa de juros nominal.

O presente estudo procurará evidenciar a falácia de tais premissas, demonstrando que, na realidade, esses empréstimos, tal qual os empréstimos do primeiro tipo, também embutem em seu bojo cláusulas iníquas que possibilitam a alteração unilateral da avença por parte do credor e, mais do que isso, na sua execução, se tornam excessivamente onerosos em relação ao originalmente pactuado. Os paradigmas para a análise econômica e jurídica de tais contratos serão os concernentes à proteção do devedor no direito romano, particularmente aqueles do direito *justinianeu*, sobejamente influenciados pelos princípios cristãos.

Para tanto, iremos proceder à analise dos 33 contratos de empréstimos do Banco Mundial ao Brasil, integralmente desembolsados e amortizados, realizados no período de 1980 a 1997. O que se pretende, em verdade é demonstrar que as cláusulas desses contratos e sobretudo sua forma de implementação e execução, tornam esses contratos excessivamente onerosos para o devedor e em absoluta desconformidade com suas finalidades institucionais.

A referência do estudo são as disposições do Direito romano concernentes à proteção do devedor, entendidas estas como manifestações de um princípio geral de direito de tutela do devedor em situações de iniqüidade contratual e, nessa perspectiva, aplicáveis aos atos negociais realizados pelo governo brasileiro.

1. Metodologia

Esse estudo fundamenta-se, quanto aos dados estatístico-econômicos e à elucidação do significado destes, no trabalho do Economista Ricardo Pereira Soares para o Instituto de Pesquisa Econômica Aplicada – Ipea, órgão vinculado ao Ministério da Fazenda, intitulado Dívida Pública Externa: Empréstimos do Bird ao Brasil, que foi disponibilizado pelo Ipea como Texto para Discussão nº 642, em maio de 1999.[1]

1. Soares, Ricardo Pereira. Dívida Pública Externa: empréstimos do BIRD ao Brasil. Texto para Discussão nº 642. [*on line*]. Disponível: http://www.ipea.gov.br. Acesso em: 7 set. 1999.

A metodologia adotada, dentro dos parâmetros estabelecidos no trabalho acima referido, consiste em estabelecer 1980 como o ano inicial do relacionamento financeiro do Brasil com o Banco Mundial, também conhecido como Banco Internacional de Reconstrução e Desenvolvimento – Bird. A partir desse ano, os contratos que entraram em efetividade, ou, em outras palavras, os contratos em que o agente financeiro iniciou o desembolso dos recursos, são incluídos na pesquisa e passam a fazer parte do universo dos empréstimos analisados. Este ano foi escolhido para evitar o descasamento, em nível de contrato, entre desembolsos e pagamentos. Assim, são excluídos da análise os contratos que, naquele momento, estavam em implementação, os quais teriam sido desembolsados antes daquele ano, com pagamentos nos doze anos seguintes. A escolha do ano de 1980 é importante porque a partir desse ano os contratos passaram a ser referidos em dólares equivalentes a uma cesta de moedas, o que, como será demonstrado, altera o custo dos empréstimos.[2]

Em seguida, quantificam-se os empréstimos, no período de 1980 a 1997, pelas principais áreas financiadas (energia, estradas, abastecimento de água, agricultura, meio ambiente, saúde, desenvolvimento urbano, transporte metropolitano, indústria, mineração e outras).

Posteriormente, levanta-se o valor anual de desembolsos recebidos e de pagamentos realizados pelo país, em dólares correntes, por empréstimo. Com essas informações, calcula-se:

a) transferência líquida anual, (corresponde à diferença entre recebimentos e pagamentos); e
b) o custo financeiro de cada empréstimo.

O custo financeiro de determinado empréstimo é medido pela taxa de juros que zera o fluxo líquido de recursos recebidos e pagos pelo país no período de vigência do empréstimo.

Cabe destacar que, quando ocorre atraso no desembolso de determinado empréstimo (o qual corresponde a um atraso na execução do projeto), também ocorre o aumento nos pagamentos, uma vez que aumenta o pagamento com comissão de compromisso, que é um percentual fixo (0,75%) incidente sobre o saldo de recursos não desembolsados no ano. Outro fator

2. *Idem*, p. 9.

que eleva a taxa de juros em empréstimos contabilizados em dólares é a desvalorização dessa moeda, uma vez que os empréstimos são pagos em dólares equivalentes a uma cesta de moedas. Desse modo, a taxa de juros efetiva de um empréstimo do Bird pode ser desdobrada em, pelo menos, três parcelas: a primeira corresponde à taxa de juros prevista, e as outras duas indicam os juros adicionais que incidem sobre o empréstimo; no caso de ocorrer alteração cambial do dólar em relação à cesta de moedas e atraso na execução do projeto.[3]

A análise jurídica expressa-se na avaliação dos dados econômicos e das disposições do contrato padrão do Bird com os princípios concernentes à proteção do devedor em situações de iniqüidade, examinadas à luz dos paradigmas fornecidos pelo Direito romano.

2. Os empréstimos do Banco Mundial ao Brasil no período 1980 - 1997

No período de 1980 a 1997, o Bird concedeu 151 empréstimos ao Brasil, no valor de US$ 18,9 bilhões, considerados pelo ano de efetividade. O principal mutuário foi o governo federal, com US$ 11,4 bilhões, seguido pelas empresas públicas com outros US$ 4,5 bilhões; juntos, estes respondem por 85% do valor contratado. Esses valores refletem a opção de desenvolvimento dos primeiros anos desse período, baseada em investimentos do governo federal, principalmente em infra-estrutura e por intermédio de empresas públicas.[4]

A transferência líquida dos empréstimos do Bird apresentou valores positivos nos primeiros anos, de 1980 a 1986, quando os recursos recebidos superavam os pagamentos realizados pelo país. Esse resultado era esperado em virtude da metodologia ter definido o ano de 1980 como o marco inicial do relacionamento do Brasil com o Banco Mundial. O que não se esperava era que a transferência positiva fosse tão pequena. De fato, a soma dessas transferências, de 1980 a 1982, alcançou somente US$ 280,5 milhões. O maior valor acumulado ocorreu no ano de 1986, quando a soma das transferências positivas atingiu US$ 3,1 bilhões. Contudo, esse valor

3. Soares, *op. cit.*, p. 10-11

4. *Op. cit.*, p. 12.

não é significativo em termos percentuais, pois corresponde a somente 36% dos US$ 8,6 bilhões de empréstimos que entraram em efetividade de 1980 a 1986. Nesses seis anos, enquanto os desembolsos do Bird ao Brasil foram de US$ 4,7 bilhões, o país realizou pagamentos de US$ 1,6 bilhão (ver Tabela 1).

A partir de 1987, a transferência líquida anual passou a ser negativa, pois os pagamentos anuais realizados pelo país superavam os desembolsos do Bird. Por isso, o saldo acumulado de divisas internadas por esses empréstimos diminui rapidamente, de US$ 3,1 bilhões, contabilizados em 1986, para praticamente zero no ano de 1992. No ano de 1993, o saldo acumulado das transferências líquidas do período já era negativo em US$ 877,4 milhões. Esse saldo negativo cresceu até 1995, quando se estabilizou em US$ 2,7 bilhões. Nesses anos (1987 a 1997), os desembolsos do Bird ao Brasil somaram US$ 9,6 bilhões, enquanto os pagamentos atingiram US$ 15,5 bilhões.

Tabela 1
Transferência Líquida Anual dos Empréstimos do Bird: 1980/1997 (em US$ 1000)

Ano	Empréstimos	Recebimentos	Pagamentos	Transferência Líquida Anual	Acumulada
1980	755.000	4.088	1.643	2.445	2.445
1981	1.002.436	24.417	8.504	15.912	18.358
1982	1.079.800	297.625	35.520	262.105	280.463
1983	1.841.800	988.849	117.464	871.385	1.151.848
1984	891.800	1.134.297	282.578	851.718	2.003.566
1985	688.800	667.003	428.643	238.360	2.241.926
1985	2.362.000	1.608.469	700.524	907.945	3.149.871
Subtotal A	8.621.636	4.724.748	1.574.876	3.149.870	

Situação observada: considera os empréstimos de 1987 a 1997

Ano	Empréstimos	Recebimentos	Pagamentos	Transferência Líquida Anual	Acumulada
1987	1.140.500	902.655	1.048.694	(146.039)	3.003.832

1988	728.000	976.682 1.202.556 (225.874)		2.777.958	
1989	1.156.500	817.708	1.068.069	(250.361)	2.527.597
1990	1.005.000	783.052	1.488.364	(705.311)	1.822.286
1991	970.000	839.748	1.540.903	(701.155)	1.121.131
1992	345.000	573.786	1.518.440	(944.654)	176.477
1993	1.489.000	471.025	1.524.905	(1.053.880)	(877.403)
1994	1.278.100	645.023	1.652.386	(1.007.363)	(1.884.767)
1995	491.000	837.577	1.675.198	(837.621)	(2.722.387)
1996	1.077.000	1.499.775	1.483.174	16.600	(2.705.787)
1997	603.000	1.204.204	1.278.901	(74.697)	(2.780.484)
Subtotal B	102.113.100	9.551.235	15.481.589	(5.930.355)	
Total (A+B)	18.904.736	14.275.983	17.056.466	(2.780.485)	

Fonte: Bird extratos anuais de 1980 a 1997 e Detail Statement of Loans – December 31, 1997.
Notas: 1. Dívida de US$ 5.295,6 milhões em 31/12/97, dos empréstimos com data de efetividade de 1980 a 1997. 2. Dívida de US$ 933,4 milhões em 31/12/97, dos empréstimos com data de efetividade de 1980 a 1986.

Em síntese, no período de 1980 a 1997, o país realizou pagamentos no valor de US$ 17,1 bilhões e recebeu US$ 14,3 bilhões; desse modo, transferiu US$ 2,8 bilhões para o Bird. Além disso, esses empréstimos deixaram o país com uma dívida, em 31/12/1997, de US$ 5,3 bilhões (ver Tabela 1). Esses dados mostram que, mesmo quando consideramos somente empréstimos contratados em um período recente, como os que entraram em efetividade a partir de 1980, a transferência líquida, anual e acumulada, em poucos anos torna-se negativa. A questão mais surpreendente é o pequeno saldo de divisas internadas no país. A Tabela 1 mostra que o maior saldo foi de US$ 3,1 bilhões em 1986. A partir de 1987, o saldo diminui e passa a ser negativo em 1993, apesar de o país continuar realizando novos empréstimos, e aumentar, continuamente, o seu endividamento externo.

O custo efetivo dos empréstimos foi calculado para uma amostra de 33 contratos. O custo efetivo desses empréstimos foi em média de **18% a.a.,** muito além da taxa média contratualmente prevista de **8,32% a.a**. O país pagou o equivalente a 4,3% a.a. porque pela desvalorização do dólar frente à cesta de moedas que serve de parâmetro de cálculo para os empréstimos do Bird e ainda 3,9% a.a. em média devido a atrasos na execução dos projetos. Como descreve a tabela 2, abaixo.[5]

A elevação do custo do empréstimo via ajustamento cambial decorre do fato de que é o Bird quem determina, em cláusula potestativa, dois meses antes de cada pagamento a ser realizado pelo país, a moeda em que receberá os seus créditos. Assim, a título de exemplo, o Brasil, em três empréstimos para o período de 1987 a 1995, realizou pagamentos no valor de US$ 170,68 milhões, segundo a paridade do dólar de 15/5/96, e, desse total, foram pagos 34% em franco suíço; 22% em dólar norte-americano; 16% em florim holandês; 13% em iene japonês; 11% em marco alemão; 2% em rial saudita e 2% em xelim austríaco.

Tabela 2
Juros adicionais por atraso e ajustamento cambial por empréstimo do Bird (em % a.a.)

Contrato	Taxa Efetiva	Taxa Prevista		Juros Devidos por	
Número/Ano	Com Aj. Cambial (A)	Sem Aj. Cambial (B)	Sem Aj. Cambial (C)	Atraso	Ajust. Cambial
Empréstimos sem cancelamento					
1729-0/801	14,02	10,36	8,15	2,21	3,66
1720-0/801	15,61	11,41	8,14	3,27	4,20
1823-0/801	15,83	11,17	8,65	2,52	4,66
1850-0/811	14,47	10,20	8,21	1,99	4,27
1867-0/811	17,99	13,68	8,76	4,92	4,31
1939-0/812	14,44	11,94	9,45	2,49	2,50
1965-0/812	15,30	11,89	9,88	2,01	3,41
1730-5/812	15,99	11,26	8,23	3,03	4,73
1970-0/812	15,89	12,52	10,05	2,47	3,37
2016-0/812	17,39	12,94	9,53	3,41	4,45
2060-0/822	20,05	16,23	12,76	3,47	3,82

5. Soares, *op. cit.*, p. 21.

2225-0/832	15,80	11,60	8,31	3,29	4,20
Subtotal	15,88	11,72	9,04	2,68	4,16

Empréstimos sem cancelamento

Contrato	Taxa Efetiva	Taxa Prevista		Juros Devidos por	
Número/Ano	Com Aj. Cambial (A)	Sem Aj. Cambial (B)	Sem Aj. Cambial (C)	Atraso	Ajust. Cambial
1714-0/801	16,13	14,03	8,15	5,88	2,10
1728-0/801	15,94	12,42	8,15	4,27	3,52
1824-0/801	19,47	15,56	8,65	6,91	3,91
1839-0/801	20,66	14,12	8,77	5,35	6,54
1877-0/801	17,91	14,85	8,35	6,50	3,06
1895-0/801	17,01	12,64	8,51	4,13	4,37
1924-0/812	18,11	13,46	9,91	3,55	4,65
1989-0/812	19,94	14,92	10,21	4,71	5,02
1822-5/822	18,16	12,39	8,47	3,92	5,77
2015-0/822	17,88	13,50	9,70	3,80	4,38
2061-0/822	19,46	15,91	12,76	3,15	3,55
2062-0/822	19,31	15,70	12,76	2,94	3,61
2116-0/822	22,85	17,32	12,60	4,72	5,53
2138-0/822	24,12	18,59	12,60	5,99	5,53
2163-0/822	22,28	16,45	12,59	3,86	5,83
2170-0/822	20,43	17,61	12,59	5,02	2,82
2193-0/822	24,88	19,23	12,59	6,64	5,65
2196-0/822	21,43	16,98	12,17	4,81	4,45
2177-0/832	21,66	16,95	11,71	5,24	4,71
2224-0/832	14,59	10,71	8,30	2,41	3,88
2269-0/832	27,46	18,85	8,59	10,26	8,61
Subtotal	19,98	15,36	10,47	4,89	4,62
Total	17,96	13,65	9,93	3,72	4,31

Fonte: Bird.

Assim, o país assumiu o risco da volatilidade do dólar em relação à cesta de moedas de cálculo do Bird. Desse modo, o país devedor perde flexibilidade na administração de suas reservas cambiais e arca com o custo de transação por operar com moedas de que não dispõe. Assim, a volatilidade do dólar em relação à cesta de moedas de pagamento, de escolha exclusiva e unilateral do credor, é um dos motivos que explica o elevado custo dos empréstimos do Bird.[6]

Outro motivo do custo crescente desses empréstimos é o atraso nos desembolsos dos recursos do Bird, que encarecem os custos dos mesmos. Cabe salientar que o Bird cobra dos seus mutuários uma "comissão de compromisso" de 0,75% a.a. sobre o saldo não desembolsado. Assim, quanto mais lento é o desembolso dos recursos do Bird, menor é a transferência líquida positiva do empréstimo, pela incidência de juros adicionais desta comissão de compromisso.

Cabe assim desvendar a mecânica do desembolso efetivo dos recursos emprestados pelo Bird para se determinar a culpabilidade do mutuante e do mutuário no retardo do empréstimo.

Na fase inicial da negociação entre o país mutuário e o Bird são listados os itens a serem financiados; definidos os métodos para aquisição de bens ou prestação de serviços; indicadas eventuais reestruturações organizacionais das agências mutuárias e/ou executoras; e previstas as necessidades quantitativas e qualitativas de pessoal.

São igualmente definidos pelo Banco os procedimentos a serem obedecidos no processo de desembolso dos recursos do financiamento. Ainda nessa fase, o banco, por meio de seu departamento de empréstimos, distribui à equipe negociadora do mutuário exemplares dos manuais de desembolso a serem utilizados para o saque dos recursos do empréstimo. Os valores emprestados pelo Banco só podem ser utilizados após a efetiva concretização da despesa. Ou seja, o mutuário precisa realizar 100% do valor das despesas – parcela da contrapartida mais a do financiamento – para então se habilitar ao ressarcimento junto ao Bird. As normas do Banco orientam os executores *em que* e *como* gastar os recursos do projeto e a maneira de solicitar o desembolso da parte financiada pelo Bird. Essas normas especificam, por exemplo, as compras que devem ser realizadas por concorrência internacional, e o procedimento a ser adotado. Nesse sentido, cabe destacar que a dificuldade de realizar licitação, nos termos exigidos, foi apontada por pesquisas de órgãos brasileiros como causa determinante de atrasos. É importante ressaltar que o Banco Mundial exige o cumprimento rigoroso dos procedimentos preestabelecidos, sob pena de glosar solicitações de saque que não se enquadrem dentro de suas regras.

6. Soares, *op. cit.*, p. 8-9.

Assim, o desembolso é realizado à medida que o executor do projeto comprova as despesas realizadas. Primeiramente, ele deve realizar o investimento e utilizar os recursos de contrapartida e outros; posteriormente, irá receber o desembolso do Bird correspondente ao valor comprovado, o que, na prática, equivale ao reembolso da parte do financiamento gasta e comprovada. Dessa maneira, é evidente que as normas do financiamento explicam a maior parte do atraso do desembolso. Nesse sentido, as condicionalidades – exigências feitas pelo banco quando da aprovação dos empréstimos e que o país se compromete a cumprir, às vezes sabendo de antemão que não é possível fazê-lo no prazo acordado – explicam a maior parte dos atrasos e, consequentemente, a maior lucratividade dos empréstimos do Bird, dada a incidência da comissão de compromisso.[7]

Os dados levantados comprovam que a imensa maioria dos países em desenvolvimento não consegue cumprir as draconianas e sempre crescentes exigências do Bird, o que acarreta a efetiva diminuição dos recursos emprestados, com a assunção da correlativa dívida financeira.[8]

O autor Ricardo Pereira Soares conclui o seu estudo econômico das condições dos empréstimos do Banco Mundial ao Brasil relatando que seu trabalho constatou que o custo efetivo de 33 empréstimos do Banco Mundial foi elevado (quase 18% a.a.), e que é grande a variação de custo entre os contratos. O menor custo foi o do contrato BR1729-0, com 14% a.a., e o maior, do BR2269-0, com 27% a.a. Em média, o país pagou juros adicionais (juros acima do previsto) de 8% a.a. por esses empréstimos.

Os juros adicionais foram desdobrados em dois componentes. Um, devido à desvalorização do dólar em relação à cesta de moedas. Este foi estimado, em média, em 4,3% a.a. O outro, de juros devido a atrasos, estimado em 3,7% a.a.

Foi verificado que o cancelamento de recursos contratados explica grande parte da variação dos juros adicional por atraso: os 12 empréstimos que não sofreram cancelamentos de recursos pagaram, em média, taxa adicional de 2,7% a.a., enquanto os 21 restantes, que tiveram recursos cancelados, pagaram 4,9% a.a. por atraso. Além disso, os cancelamentos de recursos são claramente relacionados ao lento desembolso do empréstimo.

---

7. Soares, *op. cit.*, p. 29-30.

8. Soares, *op. cit.*, p. 32-33.

Por isso, são relevantes as causas que explicam o lento desembolso. A explicação tradicional aponta a falta de contrapartida e as deficiências no desenho, elaboração e execução dos projetos. A outra explicação, enfatizada pelo estudo, é a de que os atrasos podem ser explicados pelas normas do Bird. Baseia-se no fato de que os desembolsos do Bird, para o Brasil e para vários países que se encontram em estágio semelhante, é lento, em média. Os empréstimos levam oito anos para serem totalmente desembolsados, ou seja, este é um problema generalizado.

Assim, a conclusão do estudo é a de que as normas adotadas pelo Banco Mundial explicam parte importante do lento desembolso dos recursos.

Outra conclusão preocupante é a de que os novos empréstimos podem vir a ter um custo efetivo maior do que o calculado no estudo. Isso pode ocorrer porque os novos contratos, além de obedecerem às mesmas condições dos empréstimos da amostra, terão de arcar com encargos maiores, tanto de comissão para a abertura de crédito quanto de *spread*.

Mais ainda, novos financiamentos estão sendo contratados basicamente para os setores de agricultura, saúde, educação e meio ambiente; e estes são os setores que levam, em média, mais anos para completar o total desembolso do empréstimo.

O estudo conclui, em síntese, que os empréstimos setoriais do Banco Mundial não devem ser considerados como uma possibilidade eficaz de captação de recursos externos, mesmo no momento atual de crise financeira, no qual o país tem dificuldade em realizar captações no mercado internacional. Esses financiamentos, além de terem custo efetivo elevado, são internados no país ao longo de vários anos e em percentual muito inferior ao esperado. Nesse sentido, a internação de divisas pelos 33 empréstimos analisados é esclarecedora: mostra que, no primeiro ano de efetividade, somente 5% do valor contratado entra no país; nos anos seguintes, a internação dos recursos aumenta lentamente até o quinto ano, quando atinge 37% do total. Esse fato é preocupante do ponto de vista dos recursos necessários para a implantação do projeto, pois mostra que estes são, em princípio, insuficientes, pois a maior internação de divisas, no quinto ano, atinge somente um terço do financiamento comprometido com a implantação do projeto. A partir do sexto ano, o saldo de divisas internadas diminui; no nono ano, esse saldo é negativo em 9%; no décimo-sexto ano, ao término da amortização do empréstimo, é negativo em 93%.[9]

Avulta portanto, a evidência de que os chamados empréstimos de organismos multilaterais para o progresso econômico e social constituem igualmente sorvedouros de recursos nacionais tal qual os empréstimos de organismos financeiros privados, apenas escamoteados por uma habilidosa engenharia financeira manipulatória.

Necessário se faz agora, apresentada a estrutura econômica destes empréstimos, analisar a iniqüidade e a abusividade destes à luz do paradigma escolhido, as normas de proteção do devedor no Direito romano.

3. As normas de proteção ao devedor no direito romano

O Direito clássico não se caracteriza pela preocupação com a proteção do devedor. As normas jurídicas assecuratórias dessa proteção, quando existentes, não vão além de medidas que visam atenuar os rigores da execução pessoal.

Registre-se entretanto a proibição dos interesses usurários expressa na Lei das Doze Tábuas (III, 2): *si qui unciario feonore amplius foenassit quadruplione luito* (se alguém coloca o seu dinheiro a juros superiores a um por cento ao ano, que seja condenado a devolver o quádruplo).[10] A *lex Genucia*, do ano de 342 a.C., recordada por Lívio (7, 42) proibiu os interesses. A *lex Marcia* talvez do ano 104 a.C., mencionada por Gayo (4, 23) havia concedido contra os usurários a *manus iniectio*. Entretanto tais leis foram nesse período de escassa aplicação.[11] Ao final da República a taxa legal máxima de juros era de 12% ao ano (*usurae centesimae*).[12]

Com a difusão dos princípios cristãos no Império propaga-se a concepção do devedor como a parte mais fraca na relação obrigacional e, assim, a mais

---

9. Soares, *op. cit.*, p. 36-7.

10. Meira, Silvio A. B. *A lei das XII Tábuas: fonte do direito público e privado*. 2. ed. São Paulo: Forense, 1961, p. 169.

11. Volterra, Eduardo. *Instituciones de derecho privado romano*. Madri: Civitas, 1991, p. 486.

12. Alves José Carlos Moreira. A defesa patrimonial do devedor: do Direito romano ao Direito latino-americano. In: *Tendencias actuales y perspectivas del derecho privado y el sistema jurídico latinoamericano*. Lima: Cultural Cuzsco, 1991, p. 195-217.

necessitada. Concepções como a de *clementia, benevolentia, pietas, humanitas,* se tornam idéias correntes.[13]

O imperador Justiniano através da constituição dos idos de dezembro de 528 (C, 4, 32, 26) determinou o limite máximo de 6% para os interesses em geral (4% para as "pessoas ilustres"; 8% para banqueiros e comerciantes). Estipulou também nessa mesma Constituição que ao juiz não era lícito aumentar a referida taxa, ainda que maior fosse o costume observado na região.[14]

Constituição do ano seguinte (abril de 529 d.C.) atribuiu eficácia retroativa a tais limites.[15]

Desde a época republicana um *senatus-consulto* proíbe de forma taxativa o acordo de anatocismo, isto é, o acordo pelo qual os interesses não pagos produzem, por sua vez, interesses (Cícero, ad Att., 5, 21, 13). A proibição se aplicou com rigor no século III (D. 22, 1, 29; 42, 1, 27) e mais estreitamente no direito *justinianeu*, o qual, seguindo a tendência contrária ao empréstimo usurário, expressa pelos escritores cristãos, proibiu também a capitalização dos interesses já vencidos (C. 4, 32, 28). Um princípio que se impõe na legislação imperial, a partir do século III, é o de que a acumulação dos interesses não pode nunca superar o importe de capital, no sentido de que entre a restituição de capital e o pagamento de interesses não se deve exceder ao dobro da soma recebida; a estipulação que estabeleça disposição diversa é ineficaz e a soma paga além desse limite pode ser reclamada (D. 12, 6, 26, 1; C. 4, 32, 10).[16]

O direito *justinianeu*, fundado numa constituição de Diocleciano (285 d.C.) estabeleceu ainda que na compra e venda o preço, além de certo e verdadeiro, fosse justo. E que se alguém vendesse coisa imóvel por preço inferior à metade do seu verdadeiro preço (*laesio enormis*) o vendedor poderia requerer a rescisão da venda, salvo se o comprador preferisse completar o que faltava para alcançar o justo valor da coisa.[17]

13. Alves, José Carlos Moreira, *op. cit.*, p. 195.

14. Corral, Ildefonso L. García del. *Cuerpo del Derecho Civil Romano*. Código. Tomo IV. Valladolid: Lex Nova, 1988, p. 487-8.

15. Corral, Ildefonso L. García del, *op. cit.*, p. 488.

16. VOLTERRA, Eduardo, *op. cit.*, p. 486-487

17. CORRAL, Ildefonso L. García del, *op. cit.* p. 508

Cabe ressaltar ainda na questão da proteção do devedor, a relevância da *bona fides iudicia*. Segundo Krueger a *bona fides iudicia* teria tido sua origem nos contratos consensuais. No início, a vinculação emergente dos contratos era imputada às formalidades que presidiam à sua contratação. As necessidades de aceleração do tráfego jurídico e, sobretudo, de contratar com *peregrini*, não destinatários do *ius civile*, levaram ao desenvolvimento da fides como elemento objetivo, por isso apelidada de bona. A *fides* objetiva (*fides bona*) funcionaria como norma jurídica, em sentido duplo: por um lado, dominaria o dever de cumprir, na obrigação, seja no sentido do simples respeito ao estipulado, seja no da forma de determinação (interpretação) do seu conteúdo, seja, finalmente, para permitir a inclusão, junto do dever principal, de outras convenções laterais ou da integração de lacunas no negócio; por outro, teria constituído a própria fonte da exigibilidade judicial das figuras *ex fides bona*, reconhecidamente carecidas de base legal.[18] Essa concepção de correção e eticidade no cumprimento do pacto estabelece um limite claro às violações da avença, entendida esta como um processo e não somente fruto das meras disposições pactuadas.

O direito *justinianeu*, profundamente influenciado pelas idéias cristãs, marca uma ruptura com o Direito clássico e atribui expressão jurídica vinculante às normas de proteção ao devedor, e, sobretudo àquele que se encontra em situação de iniqüidade como a vítima de juros usurários, de uma lesão enorme, ou lesada pelo não cumprimento dos deveres acessórios ao pacto.

4. A proteção do devedor como princípio geral de direito

Fixadas as normas de proteção do devedor tal como as concebeu o direito *justinianeu*, como um direito de eticidade, é pertinente discutir se tais dispositivos podem ser compreendidos na acepção de um princípio geral de Direito, a espraiar suas manifestações para outras esferas do ordenamento jurídico.

Moreira Alves noticia a apresentação ao Congresso de direito romano realizado em Mérida, na Venezuela, de trabalho do jurista Vincenzo Giuffrè intitulado *Il favor debitoris: araba fenice*, onde este nega o caráter de princípio geral de direito ao *favor debitoris*. Para este jurista as manifestações do *favor debitoris* são somente aquelas que tutelam o devedor fora da lógica

18. Krueger, Entstehung der bonae fidei iudicia, p. 184-8. *apud* Cordeiro, Antonio Manuel da Rocha e Menezes. *Da boa fé no direito civil*. v. I. Coimbra: Almedina, 1984, p. 90-1.

comum ou, se se quiser, da lógica consubstancial à técnica jurídica. Assim, todas as normas mais favoráveis ao devedor encontrarão sua justificativa lógica em motivações culturais, sociais ou econômicas de determinado momento histórico.[19]

Para que a tendência de proteção ao devedor possa ser considerada um princípio jurídico é necessário que esta possa se traduzir numa pauta orientadora da normação jurídica que, em virtude de sua própria força de convicção, pode justificar decisões jurídicas. Na precisa definição de Karl Larenz:

> Esses princípios possuem um conteúdo material de justiça; por esse motivo podem ser entendidos como manifestações e especificações especiais da idéia de Direito, tal como este se revela na "consciência jurídica geral", neste estádio da evolução histórica. Enquanto "princípios" não são regras imediatamente aplicáveis aos casos concretos mas idéias diretrizes, cuja transformação em regras que possibilitem uma resolução tem lugar em parte pela legislação, em parte pela jurisprudência, segundo o processo de concretização e aperfeiçoamento de princípios mais especiais mediante a formação de grupos de casos. Alguns deles tem o escalão de normas constitucionais; outros, como o princípio da "boa-fé', estão expressos nas leis ou infere-se delas, recorrendo à *ratio legis*, o fundamento justificante de uma regulação legal. Enquanto critérios "teológicos-objetivos" são coadjuvantes para a interpretação, bem como para a integração de lacunas; aqui constituem o fundamento para uma analogia global e, por vezes, também para uma redução teleológica.
> *Trata-se de um desenvolvimento do Direito superador da lei de acordo com um princípio ético-jurídico*, quando um tal princípio, ou também um novo âmbito de aplicação de tal princípio, é conhecido pela primeira vez e expresso de modo convincente. *O motivo para isso constitui-o, as mais das vezes, um caso, ou uma série de casos de igual teor, que não pode ser solucionado de um modo que satisfaça a sensibilidade jurídica com os meios de interpretação da lei e de um desenvolvimento do Direito imanente à lei*".[20]

Assim, a tendência de proteção do devedor, tal qual ela deflui dos paradigmas romanos, possui todas as características que informam a idéia de um

19. Alves, José Carlos Moreira. As normas de proteção do devedor e o favor debitoris: do Direito romano ao Direito latino-americano. In: *Principi generali del diritto e iniquità nei rapporti obbligatori (Progetto Italia-América Latina, Richerche giuridiche e politiche, Materiali VII/1)*, Roma: Consiglio Nazionale delle Richerche, 1991, p. 191-259.

20. Larenz, Karl. *Metodologia da ciência do Direito*. 2. ed. Lisboa: Calouste Gulbekian, 1989, p. 511.

princípio ético-jurídico, apto a desenvolver um sentido superador da regra legal estrita: tem um conteúdo material de justiça, está de acordo com a consciência jurídica geral de nosso tempo, pode ser inferido de diversas normas legais, recorrendo-se à mesma *ratio legis* e é constituído por toda uma série de casos de igual teor, o que constitui o fundamento de uma analogia global.

Moreira Alves expressa com maestria esse conceito quando diferencia o âmbito de aplicabilidade do princípio da proteção do devedor: esta exsurge não da contraposição à liberdade de contratar mas sim em contrariedade às manifestações iníquas e abusivas dos credores.[21] Esta é a esfera de atuação do princípio, a integração das lacunas da lei nas situações em que, por ser flagrante a potestividade pura da conduta do credor, ao ordenamento jurídico incumbe readequar e reequilibrar o sistema, com a incidência do princípio geral da proteção ao devedor para afastar a disposição iníqua, legal ou contratual.

5. A análise dos empréstimos do Banco Mundial ao Brasil à luz do princípio geral da proteção do devedor

Estabelecida a concordância de que os paradigmas romanos de proteção ao devedor podem validamente fundamentar um princípio geral de direito de proteção ao devedor aplicável a situações de iniqüidade e de excessiva onerosidade da avença, é tempo de voltarmos ao exame dos empréstimos do Banco Mundial ao Brasil à luz de tais paradigmas.

Primeiramente refulge evidente o fato de que os contratantes não se encontram em absoluto em uma situação de igualdade. O Banco Mundial possui uma estrutura planetária, expressivo respaldo político e, sobretudo, a tomada de empréstimos junto ao Banco e a submissão às suas diretrizes são condições *sine qua non* para que países em desenvolvimento como o Brasil tenham condições de acesso aos financiamentos de outros organismos financeiros internacionais.

Por outro lado, o mutuário, por causa da penúria de suas finanças internas e, especialmente, dado o comprometimento de suas receitas correntes com o pagamento de empréstimos e juros anteriores, não está em condições de dei-

21. Alves, José Carlos Moreira. As normas de proteção do devedor e o favor debitoris: do direito romano ao direito latino-americano, *op. cit.*, p. 258.

xar de contratar e, sequer, de tentar estabelecer de comum acordo, as cláusulas do empréstimo.

Abstratamente considerada portanto a situação jurídica do mútuo possibilita a incidência das disposições de proteção ao devedor. Porém, não basta tal possibilidade em tese: é necessário que, concretamente, as disposições contratuais do mútuo ou o cumprimento irregular do contrato justifiquem a incidência de tais dispositivos com o afastamento das regras cogentes assecuratórias da liberdade contratual.

É precisamente isto o que acontece nesses 33 contratos examinados. A taxa nominal de juros desses contratos, já excessiva para empréstimos a título de fomento do progresso econômico e social, é, em média, de 8% a.a. Porém, a taxa efetiva afinal praticada em cada contrato (Tabela 2) é de mais do dobro desse percentual (em média, 18% a.a.). Resulta que, sendo o empréstimo amortizado em 10 anos, o montante efetivamente pago de juros suplanta em muito o capital recebido. Trata-se de uma clara situação de iniqüidade contratual que recebia repúdio expresso no Direito romano. Para os romanos, a acumulação dos interesses não pode nunca superar o importe de capital, no sentido de que entre a restituição de capital e o pagamento de interesses não se deve exceder ao dobro da soma recebida; a estipulação que estabeleça disposição diversa é ineficaz e a soma paga além desse limite pode ser reclamada (D. 12, 6, 26, 1; C. 4, 32, 10).[22]

Do mesmo modo, tal contrato de empréstimo, que deveria ter como único escopo garantir o progresso econômico e social dos países mutuários, com o simples retorno do capital emprestado e da respectiva taxa de administração, na prática se converte em um mais um empréstimo usurário, dada a taxa de juros efetiva praticada (18% a.a., em média, atingindo em alguns casos até 27% a.a.). O direito *justinianeu* estabelece a expressa iniqüidade de tais juros. A Constituição de 528 (C, 4, 32, 26) determinou o limite máximo de 6% para os interesses em geral (4% para as "pessoas ilustres"; 8% para banqueiros e comerciantes). Estipulou também, nessa mesma Constituição, que ao juiz não era lícito aumentar a referida taxa, ainda que maior fosse o costume observado na região.[23]

22. Volterra, Eduardo, *op. cit.*, p. 486-7.

23. Corral, Ildefonso L. García del. *Cuerpo del Derecho Civil Romano*. Código. t. IV. Valladolid: Lex Nova, 1988, p. 487-8.

Os contratos de empréstimo do Banco Mundial com o Brasil também estabelecem iniqüidades como a cláusula que faculta ao credor a escolha da moeda em que receberá os seus créditos. Trata-se, à toda evidência, de condição puramente potestativa, que recebe repúdio legal dos princípios expressos, por exemplo, na legislação protetiva do devedor.[24]

Também o Direito romano (Ulpiano, comentários a Sabino, livro XXVIII) repudia as condições puramente potestativas que deixam ao arbítrio exclusivo de uma das partes a concretização do negócio ou de parte substancial dele: assim se a venda de uma coisa fica ao inteiro arbítrio do senhor, ou a fixação do preço, a venda é nula porque iníqua e violadora dos preceitos do comércio mercantil (D. 18, 7).

A fixação do percentual de juros nos contratos de empréstimo entre o Bird e o Brasil depende ainda da velocidade do efetivo desembolso dos recursos do Bird. Como o Bird cobra dos seus mutuários uma *comissão de compromisso* de 0,75% a.a. sobre o saldo não desembolsado, quanto mais lento é o desembolso dos recursos, menor é a transferência líquida positiva do empréstimo, pela incidência de juros adicionais desta comissão de compromisso.

Ora, como vimos acima, é o próprio Banco Mundial que define os métodos para aquisição de bens ou prestação de serviços; indica eventuais reestruturações organizacionais das agências mutuárias e/ou executoras; e prevê as necessidades quantitativas e qualitativas de pessoal. Assim o credor está em condições de controlar de modo absoluto o ritmo de execução do contrato e,

---

24. Código de Defesa do Consumidor:

"*Art. 51 – São nulas de pleno direito, entre outras, as cláusulas contratuais relativas ao fornecimento de produtos e serviços que:*

IV – estabeleçam obrigações consideradas iníquas, abusivas, que coloquem o consumidor em desvantagem exagerada, ou sejam incompatíveis com a boa-fé ou a eqüidade;

X – permitam ao fornecedor, direta ou indiretamente, variação do preço de maneira unilateral;

XIII – autorizem o fornecedor a modificar unilateralmente o conteúdo ou a qualidade do contrato, após sua celebração;

§ 1º – Presume-se exagerada, entre outros casos, a vantagem que:

I – ofende os princípios fundamentais do sistema jurídico a que pertence;

II – restringe direitos ou obrigações fundamentais inerentes à natureza do contrato, de tal modo a ameaçar seu objeto ou o equilíbrio contratual;

III – se mostra excessivamente onerosa para o consumidor, considerando-se a natureza e conteúdo do contrato, o interesse das partes e outras circunstâncias peculiares ao caso."

deste modo, de postergar os desembolsos efetivos, de modo a que a transferência líquida positiva do empréstimo seja sempre a mais favorável aos seus interesses.

Como bem salientou Krueger, a *fides* objetiva (*fides bona*) romana funciona como norma jurídica, em sentido duplo: por um lado, domina o dever de cumprir, na obrigação, seja no sentido do simples respeito ao estipulado, seja no da forma de determinação (interpretação) do seu conteúdo, seja, finalmente, para permitir a inclusão, junto ao dever principal, de outras convenções laterais ou da integração de lacunas no negócio; por outro, teria constituído a própria fonte da exigibilidade judicial das figuras *ex fides bona*, reconhecidamente carecidas de base legal.[25]

Deste modo, violados pelo credor os deveres laterais de conduta, por um comportamento incompatível com a correção e lealdade no cumprimento do pactuado, patente se mostra a ilegalidade da sua conduta.

Portanto, resta provado que os chamados empréstimos para o fomento do progresso econômico e social, realizados pelo Banco Mundial, nada mais configuram do que flagrantes ilegalidades jurídicas, que necessitam ser coibidas, senão por preceitos da legislação nacional (de sempre difícil aplicação nessas relações contratuais internacionais), ao menos, pela incidência do princípio geral de proteção ao devedor em situações de iniqüidade, fundado nos paradigmas romanos.

6. Conclusão

Os empréstimos do Banco Mundial ao Brasil para o implemento de programas econômicos e sociais de desenvolvimento configuram modalidades de negócios usurários, tal como definidos nas fontes romanas. Esses contratos imbutem em seu bojo cláusulas iníquas e abusivas, puramente potestativas, que facultam ao credor a definição unilateral de disposições fundamentais do negócio como o valor efetivamente devido pelo mutuário (pela manipulação da bolsa de moedas) e o pagamento ou não das despesas decorrentes da avença.

25. Krueger, *apud* Cordeiro, Antonio Manuel da Rocha e Menezes. *Da boa fé no direito civil*. v. I. Coimbra: Almedina, 1984, p. 90-1.

Do mesmo modo a execução do contrato encontra-se ao inteiro arbítrio do credor que, a pretexto de rigorosas auditorias e necessidade de controle das despesas, bloqueia o efetivo dispêndio dos recursos emprestados enquanto, por outro lado, aplica a dedução da comissão de compromisso de 0,75% a.a. ao saldo dos recursos ainda não liberados por sua própria culpa. Viola assim o credor os mais comezinhos deveres de correção e lealdade na execução do contrato.

Para o controle de tais iniqüidades contratuais, muitas vezes o Direito nacional se queda impotente, dada a extrema dificuldade de impor a organismos internacionais globalizados a submissão aos ditames das cortes nacionais e, também, a insuficiência dos dispositivos do Direito internacional.

O Direito romano, entretanto, com sua vocação universalista e, no caso específico, com o desenvolvimento de todo um sistema normativo de eticidade, com plena vinculação normativa, fornece os paradigmas necessários para possibilitar um efetivo controle desses acordos.

7. Bibliografia

Albuquerque, Juan Miguel. *La proteccion juridica de la palabra dada en derecho romano*. Cordoba: Universidad de Cordoba, 1995.

Alves, José Carlos Moreira. A defesa patrimonial do devedor: do Direito romano ao Direito latino-americano. *Tendencias actuales y perspectivas del derecho privado y el sistema jurídico latinoamericano*. Lima: Cultural Cuzsco, 1991, p. 195-217.

______. As normas de proteção do devedor e o favor debitoris: do Direito romano ao direito latino-americano. *Principi generali del diritto e iniquità nei rapporti obbligatori (Progetto Italia-América Latina, Richerche giuridiche e politiche, Materiali VII/1)*, p. 191-259. Roma: Consiglio Nazionale delle Richerche, 1991, p. 191-259.

Cordeiro, Antonio Manuel da Rocha e Menezes. *Da boa fé no Direito civil*. V. I. Coimbra: Almedina, 1984.

Corral, Ildefonso L. García del. *Cuerpo del Derecho Civil Romano*. Código. t. IV. Valladolid: Lex Nova, 1988.

Ihering, Rudolph Von. *El espíritu del derecho romano en las diversas fases de su desarollo*. Granada: Editorial Comares, 1998.

Larenz, Karl. *Metodologia da ciência do Direito*. 2. ed. Lisboa: Calouste Gulbenkian, 1989.

Meira, Silvio A. B. *A Lei das XII Tábuas: fonte do Direito Público e Privado*. 2. ed. São Paulo: Forense, 1961.

Soares, Ricardo Pereira. Dívida Pública Externa: empréstimos do Bird ao Brasil. Texto para Discussão nº 642. [*on line*]. Disponível: http://www.ipea.gov.br acesso em 7 set. 1999.

Volterra, Eduardo. *Instituciones de derecho privado romano*. Madri: Civitas, 1991.

6

A pós-eficácia das obrigações

Sumário: 1. A evolução do conceito de obrigação. 2. Boa-fé objetiva e suas funções na obrigação contratual. 3. A pós-eficácia das obrigações. 4. A solução tradicional da pós-eficácia das obrigações: Rui Barbosa e as cessões de clientela. 5. Fundamentação dogmática da pós-eficácia das obrigações. 6. Âmbito e natureza jurídica da pós-eficácia das obrigações. 7. Conclusão. 8. Bibliografia.

1. A evolução do conceito de obrigação

A teoria clássica do Direito Civil concebia a noção de obrigação como uma necessidade jurídica, por força da qual uma pessoa ficava subordinada em relação à outra a dar, a fazer ou não fazer alguma coisa: "Uma obrigação é a necessidade jurídica pela qual uma pessoa é vinculada, perante outra, a dar, a fazer ou a deixar de fazer alguma coisa" (trad. livre).[1]

Lacerda de Almeida definia como objeto da obrigação um ato ou prestação do devedor que deveria ter um valor apreciável em dinheiro e ser natural ou juridicamente possível. As prestações positivas consistiam num fato do devedor e as negativas numa omissão.[2]

Discute-se no Direito clássico se as obrigações cujo objeto não tem um valor pecuniário são verdadeiras obrigações no sentido jurídico da palavra. Esta a

1. Aubry et Rau. *Cours de droit civil français*. t. V. Paris: Librairie Générale de Jurisprudence, 1902, p. 3.

2. Almeida, Francisco de Paula Lacerda de. *Obrigações*. Rio de Janeiro: Livraria Cruz Coutinho, 1897, p. 89-90.

posição de Savigny[3], sendo impugnada com igual argúcia por Ihering, que acentua que a teoria segundo a qual toda obrigação deve ter um valor patrimonial, conduziria a conseqüências absurdas, tais como: a de deixar muitos interesses desprovidos de proteção jurídica e a de fazer supor que o patrimônio é o único valor que o Direito é chamado a proteger.[4]

Pacífica é, entretanto, a idéia de que a obrigação tinha uma única finalidade: a prestação, concebida como um único dever principal, seja a realização ou abstenção de um fato, seja a dação de uma coisa.

Tal concepção unívoca de obrigação tinha por fontes a lei e o contrato. A primeira era concebida como um ato assecuratório da igualdade de todos, sendo, por natureza, geral e impessoal, fruto da vontade geral.[5] Uma dialética abstrato-geral, de um lado, e concreto-individual, do outro lado, constituía o modo específico de realização e de garantia da liberdade no Estado de Direito. Era esta dialética que proporcionava *segurança* à liberdade ou, numa terminologia moderna, tornava a liberdade mensurável. Concebia-se que as intervenções na liberdade e na propriedade somente poderiam ser realizadas se fundadas nesse caráter legal de generalidade e abstração.

Por outro lado, a esfera dos particulares era regulada pela idéia de autonomia da vontade expressa no contrato. A concepção de vínculo contratual centrava-se na idéia de valor da vontade, como elemento principal, como fonte única, para o nascimento de direitos e obrigações oriundos da relação jurídica contratual.

---

3. Savigny, Friedrich Karl Von. *Le droit des obligations*. v. I. Paris, s.e., 1873, p.12

4. Ihering, Rudolf Von. Do lucro nos contractos e da supposta necessidade do valor patrimonial das prestações obrigatórias. *Questões de direito civil*. Rio de Janeiro: Laemmert, 1899, p. 3-90.

5. "Quando todo o povo estatui algo para todo o povo, só considera a si mesmo e, caso se estabeleça então uma relação, será entre todo o objeto sob um certo ponto de vista e todo o objeto sob um outro ponto de vista, sem qualquer divisão do todo. Então, a matéria sobre a qual se estatui é geral como a vontade que a estatui. A esse ato dou o nome de lei. Quando digo que o objeto das leis é sempre geral, por isso entendo que a Lei considera os súditos como corpo e as ações como abstratas, e jamais um homem como indivíduo ou uma ação particular.
(...) Baseando-se nessa idéia, vê-se logo que não se deve mais perguntar a quem cabe fazer as leis, pois são atos da vontade geral, nem se o príncipe está acima das leis, visto que é membro do Estado; ou se a Lei poderá ser injusta, pois ninguém é injusto consigo mesmo, ou como se pode ser livre e estar sujeito às leis, desde que estas não passam de registros de nossas vontades". Rousseau, Jean-Jacques. *Do contrato social*. São Paulo: Abril Cultural, 1973, p. 60-1.

Como se depreende da definição clássica de contrato de Savigny: "Contrato é o acordo de mais de um indivíduo sobre uma manifestação comum de vontade destinada a reger suas relações jurídicas".[6]

Assim, apenas a vontade livre e real, isenta de vícios ou defeitos, dirigida a um fim específico, podia dar origem a um contrato válido, fonte de obrigações e direitos.

Essa refinada construção conceitual, fundada na absoluta clivagem entre Estado e sociedade civil, tinha como pressuposto a estabilidade das relações sociais, que foi a característica predominante daquele período até a Primeira Guerra Mundial.

Nesse mundo de estabilidade, a função da ciência do Direito era a de proteger a vontade criadora e a de assegurar a realização dos efeitos queridos pelas partes contratantes. A tutela jurídica limitava-se a possibilitar a estruturação pelos indivíduos de relações sociais próprias através dos contratos, desinteressando-se totalmente pela situação econômica e social dos contraentes e pressupondo a existência de igualdade e de liberdade no momento de contrair a obrigação.[7]

A esse mundo de segurança correspondia um conceito unívoco de obrigação, onde a prestação era sempre a de dar, fazer ou não fazer um determinado dever principal, perfeita e expressamente delimitado pela declaração de vontade das partes, ou, quando muito, agregava-se a este um dever secundário, também diretamente decorrente do dever principal correlato.

Essa concepção tradicional de obrigação, em perfeita consonância com essa estabilidade das relações jurídicas, começa a se modificar a partir da promulgação do BGB em 1900 e, sobretudo, pela nova interpretação que a doutrina e a jurisprudência alemãs passam a elaborar a partir do § 242 do BGB em face da modificação revolucionária e incessante das circunstâncias econômicas e sociais no período entre guerras.

Os arts. 157 e 242 do BGB (*Bügerliches Gesetzbuch*), dispunham, respectivamente que:

6. Savigny, Friedrich Karl Von. *Sistema del derecho romano actual*. t. II. Madri: F. Góngora Editores, 1879, p. 354.

7. Silva, Clóvis do Couto e. O Direito Civil brasileiro em perspectiva hostórica e visão de futuro. Fradera, Vera Maria Jacob de. *O Direito Privado brasileiro na visão de Clóvis do Couto e Silva*. Porto Alegre: Livraria do Advogado, 1997, p. 19.

"O devedor está adstrito a realizar a prestação tal como o exija a boa fé, com consideração pelos costumes do tráfego";[8]
"Os contratos interpretam-se como o exija a boa fé, com consideração pelos costumes do tráfego."

Em termos literais, o § 242 nada mais representava do que o reforço do § 157, no qual se determinava a regra tradicional de interpretação dos negócios jurídicos segundo a boa-fé. Não era um dispositivo posto para atribuir ao juiz a função fundamental de criar o direito, sobretudo para reduzir os rigores da aplicação do direito estrito.[9]

Foi com o estudo de H. Staub, *Positive Vertragsverletzung*, publicado em 1902, no *Festschrift für das deutsche Juristentag*, sobre a quebra positiva do contrato, que começa a se modificar o conceito tradicional de obrigação. Esta passa a ser concebida como um vínculo dialético entre devedor e credor, elementos cooperativos necessários ao correto adimplemento. A relação dialética assim estabelecida é perpassada na sua inteireza pela noção de boa-fé que constitui, assim, uma fonte autônoma de direitos e obrigações. Sendo a relação obrigacional uma totalidade voltada para o adimplemento, esta não inclui apenas, como relação totalizante que é, o dever principal de prestar, ou um eventual dever secundário correlato, mas também deveres acessórios ou implícitos, instrumentais e independentes, ao lado da obrigação principal, todos voltados para o correto adimplemento.[10]

A partir da obra de H. Staub, em que se manifesta no Direito germânico o conceito de quebra positiva do contrato, marca uma nova concepção de relação obrigacional, com deveres secundários vinculados à aplicação do princípio da boa-fé. Essa transformação poderia representar apenas uma ligeira modificação do conteúdo da relação obrigacional não houvesse, simultaneamente, assumido o juiz funções criadoras do direito bem mais amplas. Essa nova posição resultou da aplicação concomitante de outro dispositivo, o § 138 do Código Civil germânico, quando os tribunais começaram a declarar a nulidade de contratos em que

8. Os "costumes do tráfego" [Verkehsitte], de natureza discutida, são mais do que meros usos, mas menos que Direito consuetudinário.

9. Silva, Clóvis do Couto e. O princípio da boa-fé no Direito brasileiro e português. FRADERA, Vera Maria Jacob de. *O Direito Privado brasileiro na visão de Clóvis do Couto e Silva*. Porto Alegre: Livraria do Advogado, 1997, p. 36-7.

10. *Ibidem*, p. 37-8.

se manifestasse a utilização abusiva do poder econômico de uma das partes, os "contratos-mordaça" (*Knebelungsvertrag*), por serem contrários aos bons costumes (*contra bonos mores*).[11]

Mais tarde, nos tempos da grande inflação ao redor de 1920, começou-se a falar no desaparecimento de base do negócio jurídico, outra importante criação da doutrina que se refletiu na jurisprudência.[12]

A relação obrigacional, sob essa nova perspectiva, passou a ser vista como uma totalidade que se encadeia e se desdobra em direção ao adimplemento, à satisfação dos interesses do credor. Como totalidade, a relação obrigacional é um sistema de processos. O vínculo obrigacional como um todo, muitas vezes, não se altera ou modifica com certas alterações ou modificações sofridas pelas partes. Por esse motivo, o adimplemento de um crédito determinado pode não extinguir, ou modificar, a relação jurídica.

Sob o ângulo da totalidade, o vínculo passa a ter sentido próprio, diverso do que assumiria se se tratasse de pura soma de suas partes, de um compósito de direitos, deveres e pretensões, obrigações, ações e exceções. Se o conjunto não fosse algo de orgânico, diverso dos elementos ou das partes que o formam, o desaparecimento de um desses direitos ou deveres, embora pudesse não modificar o sentido do vínculo, de algum modo alteraria a sua estrutura. Importa, no entanto, contrastar que, mesmo adimplindo o dever principal, ainda assim pode a relação jurídica perdurar como fundamento da aquisição (dever de garantir), ou em razão de outro dever secundário independente.[13]

A expansão do princípio da boa-fé como fonte autônoma da obrigação pode ser associada à falência do conceitualismo – redução do sistema a conceitos, com recurso simples à lógica formal – ao fracasso do positivismo legalista exegético – solução de casos concretos com recurso à lei como texto – ou ainda aos óbices da subsunção – passagem mecânica, passiva, do fato à previsão normativa, de modo a integrar a premissa maior do silogismo judiciário – na busca de soluções que a realidade impõe ao Direito.

11. *Ibidem*, p. 38.

12. *Ibidem*, p. 39.

13. Silva, Clóvis do Couto e. *A obrigação como processo*. São Paulo: Bushatsky, 1976, p. 5-9. *passim*

A boa-fé é um princípio jurídico porque tem natureza normogenética, constituindo fundamento de regras, isto é, norma que está na base ou constitue a *ratio* de regras jurídicas. É norma porém qualitativamente distinta das regras jurídicas, porque constitui norma de otimização, compatível com vários graus de concretização, consoante condicionamentos fáticos e jurídicos, carecendo deste modo de mediação concretizadora do juiz ou do legislador. Além disso, tem uma importância estruturante porque consagra valores fundamentadores da ordem jurídica e tem capacidade deontológica de justificação.

O princípio da boa-fé se expressa e vincula o ordenamento, via de regra, através de uma cláusula geral. Essa constitui uma técnica legislativa, uma disposição normativa que utiliza, no seu enunciado, uma linguagem de tessitura intencionalmente "aberta", "fluida" ou "vaga", caracterizando-se pela ampla extensão do seu campo semântico, a qual é dirigida ao juiz de modo a conferir ele um mandato (ou competência) para que, à vista dos casos concretos, crie, complemente ou desenvolva normas jurídicas, mediante o reenvio para elementos cuja concretização pode estar fora do sistema; estes elementos, contudo, fundamentarão a decisão, motivo pelo qual, reiterados no tempo os fundamentos da decisão, será viabilizada a ressistematização desses elementos originariamente extra-sistemáticos no interior do ordenamento jurídico.[14]

A boa-fé objetiva, que os alemães definem por *Treu und Glauben* (lealdade e crença), é assim um dever global – dever de agir de acordo com determinados padrões, socialmente recomendados, de correção, lisura e honestidade para não frustrar a confiança da outra parte.

2. A boa-fé objetiva e suas funções na obrigação contratual

A obrigação contratual moderna é informada pelo princípio da boa-fé. Ela traduz-se no dever de cada parte agir de forma a não lesar a confiança da outra parte. Como bem esclarece Karl Larenz, impõe-se em primeiro lugar ao devedor e ao credor, mas abrange igualmente outros participantes da relação jurídica:

14. Martins-Costa, Judith. *A boa-fé no direito privado: sistema e tópica no processo obrigacional*. São Paulo: Revista dos Tribunais, 1999, p. 303.

> [...] tal dever em primeiro lugar dirige-se ao devedor, com o mandado de cumprir a sua obrigação, atendo-se não só à letra, mas também ao espírito da relação obrigacional correspondente... e na forma que o credor possa razoavelmente esperar dele. Em segundo lugar dirige-se ao credor, com o mandado de exercer o direito que lhe corresponde, atuando segundo a confiança depositada pela outra parte e a consideração altruísta que essa outra parte possa pretender segundo a classe de vinculação especial existente. Em terceiro lugar dirige-se a todos os participantes da relação jurídica em questão, com o mandado de se conduzirem conforme corresponder em geral ao sentido e à finalidade desta especial vinculação e a uma consciência honrada.[15]

A obrigação contratual no sentido moderno pode ser entendida portanto como um dever global de agir objetivamente de boa-fé. Essa boa-fé objetiva constitui no campo contratual um processo que deve ser seguido nas várias fases das relações entre as partes. Assim, na fase pré-contratual, das negociações preliminares à declaração de oferta, os contraentes devem agir com lealdade recíproca, dando as informações necessárias, evitando criar expectativas que sabem destinadas ao fracasso, impedindo a revelação de dados obtidos em confiança, não realizando rupturas abruptas e inesperadas das conversações etc.

Na fase contratual, a conduta leal implica vários deveres acessórios à obrigação principal, e, na fase pós-contratual, implica deveres posteriores ao término do contrato – deveres *post pactum finitum* – como o de guarda de documentos, fornecimento de material de reposição ou informações a terceiros sobre os negócios realizados.[16]

A boa-fé contratual definida assim como um processo desdobra-se em diferentes acepções: a função interpretativa da boa-fé, a função integrativa da boa-fé, a função de controle da boa-fé e a resolução dos contratos com fundamento na boa-fé.

A idéia de que os negócios jurídicos devem ser interpretados de acordo com a boa-fé objetiva significa que os contratos e os negócios jurídicos unilaterais devem ser interpretados de acordo com o seu sentido objetivo, aparente,

15. Larenz, Karl. *Derecho de obligaciones*. Madri: Revista de Derecho Privado, 1958. p. 148.

16. Azevedo, Antonio Junqueira de. Responsabilidade pré-contratual no Código de defesa do consumidor: estudo comparado com a responsabilidade pré-contratual no Direito Comum. In: *Revista de Direito do Consumidor nº 18, p. 23-31, abr./jun., 1996, p. 23-31.*

salvo quando o destinatário conheça a vontade real do declarante, ou quando devesse conhecê-la, se agisse com razoável diligência; quando o sentido objetivo suscite dúvidas, dever-se-á preferir o significado que a boa-fé aponte como o mais razoável.[17]

Visa tal idéia de interpretação amparar a tutela da confiança do destinatário da declaração, bem como a assegurar o valor real da aparência, sendo tais elementos essenciais ao intercâmbio de bens e serviços e à segurança das transações.

A segunda acepção da função interpretativa da boa-fé é a que diz respeito à significação a atribuir ao contrato, quando contenha cláusulas ambíguas, isto é, cláusulas cujo próprio sentido objetivo seja duvidoso.

Quando em presença de cláusulas ambíguas deve-se preferir o significado que a boa-fé aponte como o mais razoável. São principalmente estes os os meios pelos quais a jurisprudência vem procurando dar conta de tais hipóteses:

a) pela aplicação do princípio da conservação do contrato, pelo qual deve-se escolher sempre, entre os diversos sentidos possíveis, o que assegure a preservação do contrato;
b) pela aplicação do princípio do menor sacrifício, ou seja, pela idéia de que o contrato deve ser interpretado no sentido mais favorável à parte que assume obrigações;
c) pela aplicação do princípio da interpretação contra o predisponente, pelo qual se deve interpretar o contrato sempre no sentido menos favorável a quem o redigiu, disposição esta particularmente relevante no que se refere aos contratos padronizados e de adesão.[18]

A função integrativa da boa-fé compreende a idéia de que os deveres das partes não são, para cada uma, apenas o de realizar a prestação estipulada no contrato ou no negócio jurídico unilateral, eventualmente acrescido de outros

---

17. Idéia que já pode ser encontrada em germe na terceira regra de interpretação dos contratos de Pothier: quando em um contrato os termos são suscetíveis de dois sentidos, devem-se entender no sentido que mais convém à natureza do contrato. Pothier, R-J. *Tratado das obrigações pessoaes e recíprocas*. t. I. Rio de Janeiro: H. Garnier Editor, 1906, p. 62.

18. Idéia que também já pode ser encontrada em germe na sétima regra de interpretação dos contratos de Pothier: na dúvida, uma cláusula deve interpretar-se contra aquele que tem estipulado uma coisa, em descargo daquele que tem contraído a obrigação. Pothier, R-J. *Tratado das obrigações pessoaes e recíprocas*. t. I. Rio de Janeiro: H. Garnier, 1906, p. 64.

deveres previstos pelas partes e ainda dos estabelecidos nas leis, mas que se impõe também a observância de muitos outros deveres de conduta, a partir da análise da obrigação de uma perspectiva sistêmica ou totalizante vocacionada para o adimplemento.[19]

O princípio da boa-fé regula não apenas a interpretação das cláusulas do contrato referida anteriormente, mas ainda o reconhecimento desses deveres secundários (não diretamente pactuados) derivados diretamente do princípio, independentemente da vontade manifestada pelas partes, a serem observados durante a fase de formação e de cumprimento da obrigação e mesmo, em alguns casos, após o adimplemento desta. São deveres que excedem o dever de prestação. Assim são os laterais de esclarecimento (informações sobre o uso do bem alienado, capacitações e limites), de proteção (evitar situações de perigo), de conservação (coisa recebida para experiência), de lealdade (não exigir o cumprimento de contrato com insuportável perda de equivalência entre as prestações), de cooperação (prática dos atos necessários à realização dos fins plenos visados pela outra parte) etc.

Esses deveres laterais de conduta, como acima considerados, podem ser definidos como deveres que, não interessando à obrigação principal, são todavia essenciais ao correto processamento da relação obrigacional em que a prestação se integra. São usualmente divididos em deveres de proteção, de esclarecimento e de lealdade. Os primeiros dizem respeito à obrigação das partes de evitar, no curso do fenômeno contratual, que sejam inflingidos danos mútuos, nas suas pessoas ou nos seus patrimônios.

Os segundos obrigam as partes a, na vigência do contrato, informarem-se mutuamente de todos os aspectos atinentes ao vínculo, de ocorrências que com ele tenham relação e, ainda, de todos os efeitos que, da execução contratual, possam advir. Os deveres de lealdade obrigam as partes a absterem-se de comportamentos que possam falsear o objetivo do negócio ou desequilibrar o jogo das prestações por elas consignado.[20]

Tal criação de deveres jurídicos não expressamente estipulados pelas partes é possível se entendemos o sistema jurídico como uma totalidade sistê-

19. Noronha, Fernando, *op. cit.*, p. 157.

20. Cordeiro, Antonio Manuel da Rocha e Menezes. *Da boa-fé no Direito Civil*. v. I. Coimbra: Almedina, 1984, p. 604 e ss.

mica, disposta num processo, vocacionada para o adimplemento. Os deveres secundários comportam tratamento que abrange toda a relação jurídica. Assim, podem ser examinados durante o curso com o desenvolvimento da relação jurídica, e, em certos casos, posteriormente ao implemento da obrigação principal.

Essa autonomia e mesmo pós-eficácia dos deveres anexos explica-se pelo sentido teleológico da obrigação, que comanda toda a relação jurídica e conforma os deveres e direitos que a relação jurídica produz em contato com a realidade social no curso do seu desenvolvimento, levando esses deveres, para correto cumprimento da obrigação, a ter fim próprio, diverso da obrigação principal.[21]

A função de controle da boa-fé objetiva é limitativa: ela estabelece que o credor, no exercício do seu direito, não pode exceder os limites impostos pela boa-fé, sob pena de proceder antijuridicamente.

O exemplo mais significativo é o da proibição do exercício de resolver o contrato por inadimplemento, ou de suscitar a exceção do contrato não cumprido, quando o não cumprimento é insignificante em relação ao contrato total.

Essa idéia do abuso de direito desdobrou-se, doutrinariamente, em duas concepções: a primeira, subjetivista, define que só há abuso de direito quando a pessoa age com a intenção de prejudicar outrem. A segunda, objetivista, estabelece que para o ato ser abusivo basta o propósito de realizar objetivos diversos daqueles para os quais o direito subjetivo em questão foi preordenado, contrariando o fim do instituto, seu espírito ou finalidade.

Quatro são as modalidades principais que assume o abuso de direito dentro de uma perspectiva objetivista da boa-fé: as situações de *venire contra factum proprium, supressio, surrectio, tu quoque*.

A teoria dos atos próprios, ou a proibição de *venire contra factum proprium* protege uma parte contra aquela que pretenda exercer uma posição jurídica em contradição com o comportamento assumido anteriormente. Depois de criar uma certa expectativa, em razão de conduta seguramente indicativa de determinado comportamento futuro, há quebra dos princípios de lealdade e de confiança se vier a ser praticado ato contrário ao previsto, com surpresa e prejuízo à contraparte. O credor que concordou, durante a execução do contrato de prestações periódicas, com o pagamento em tempo e lugar diverso do convenciona-

21. Silva, Clóvis Veríssimo do Couto e. *Obrigação como processo, op. cit.*, p. 119.

do, não pode surpreender o devedor com a exigência literal do contrato. Para o reconhecimento da proibição é preciso que haja univocidade de comportamento do credor e real consciência do devedor quanto à conduta esperada.

Na *supressio*, um direito não exercido durante um determinado lapso de tempo não poderá mais sê-lo, por contrariar a boa-fé. O contrato de prestação duradoura, que tenha passado sem cumprimento durante longo tempo, por falta de iniciativa do credor, não pode ser exigido, se o devedor teve motivo para pensar extinta a obrigação e programou sua vida nessa perspectiva. Enquanto a prescrição encobre a pretensão pela só fluência do tempo, a *supressio* exige, para ser reconhecida, a demonstração de que o comportamento da parte era inadmissível segundo o princípio da boa-fé.

A *surrectio* consiste no nascimento de um direito, conseqüente à pratica continuada de certos atos. A duradoura distribuição de lucros de sociedade comercial, em desacordo com os estatutos, pode gerar o direito de recebê-los do mesmo modo, para o futuro.

Também, aquele que descumpriu norma legal ou contratual, atingindo com isso determinada posição jurídica, não pode exigir do outro o cumprimento do preceito que ele próprio já descumprira (*tu quoque*). O condômino que viola a regra do condomínio e deposita móveis em área comum, ou a destina para uso próprio, não pode exigir do outro comportamento obediente ao preceito. Quem já está em mora, ao tempo em que sobrevêm circunstâncias modificadoras da base do negócio, não pode pretender a revisão ou a resolução judicial.[22]

Por fim, existem certas situações onde a prevalência do princípio da boa-fé pode justificar a extinção de obrigações e a resolução de contratos: é a denominada frustração do fim contratual objetivo. A boa-fé exige que se dê o contrato por sem efeito quando a finalidade que as partes tinham em vista, e nele pressuposta, se torna definitivamente irrealizável, não obstante as prestações a que ambas se obrigaram, em si mesmas, continuarem objetivamente possíveis.[23]

O art. 1.198 do Código Civil da Argentina consagrou, na redação dada pela Lei nº 17.711/1968, a possibilidade de resolução do contrato, fundada na

22. Aguiar Júnior, Ruy Rosado. *Extinção dos contratos por incumprimento do devedor (resolução)*. Rio de Janeiro: Aide, 1991, p. 249-250.

23. Larenz, Karl. *Derecho de obligaciones*. v. I, *op. cit.*, p. 318.

boa-fé, se uma das prestações se torna excessivamente onerosa para uma das partes:

> *Art. 1.198 – Los contratos deben celebrarse, interpretarse y ejecutarse de buena fe y de acuerdo con lo que verosímilmente las partes entendieron o puderion entender, obrando con cuidado y previsíon.*
>
> En los contratos bilaterales conmutativos y en los unilaterales onerosos y conmutativos de ejecucíon diferida o continuada, si la prestacíon a cargo de una de las partes se tornara excessivamente onerosa, por acontecimentos extraordinarios e imprevisibles, la parte perjudicada podrá demandar la resolucíon del contrato. *El mismo principio se aplicará a los contratos aleatorios cuando la excessiva onerosidad se produzca por causas extrañas al riesgo proprio del contrato.*
>
> *En los contratos de ejecucíon continuada la resolucíon no alcanzará a los efectos ya cumplidos.*
>
> *No procederá la resolucíon, si el perjudiciado hubiese obrado con culpa o estuviese en mora.*
>
> *La otra parte podrá impedir la resolucíon ofreciendo mejorar equitativamente los efectos del contrato.*[24]

O dever de agir de acordo com a boa-fé pode justificar a extinção da relação obrigacional com base na impossibilidade econômica da relação. Surgem obstáculos tais a realização da prestação debitória que esta, sem chegar a se tornar irrealizável, fica extremamente difícil ou onerosa para o devedor. Pode-se dizer que, consoante as situações fáticas concretas, segundo a boa-fé objetiva, o devedor não está obrigado a gastos ou esforços que vão além do limite do sacrifício que seria dele exigível.

3. A pós-eficácia das obrigações

Sumariadas as funções da boa-fé objetiva na obrigação contratual, é o momento de aprofundarmos a questão da pós-eficácia das obrigações.

Insere-se a pós-eficácia das obrigações no âmbito da função integrativa da boa-fé objetiva como um dever lateral de lealdade. Deveres laterais são aqueles impostos pela boa-fé em vista do fim do contrato, mas não orientados para o interesse no cumprimento do dever principal de prestação. Caracterizam-se por uma função auxiliar da realização positiva do fim contratual e de proteção

24. Código Civil argentino modificado pela Lei nº 17.711, de 22/04/1968: art 1.198.

à pessoa ou aos bens da outra parte contra os riscos de danos concomitantes. Servem, ao menos as suas mais típicas manifestações, o interesse na conservação dos bens patrimoniais ou pessoais que podem ser afetados sem conexão com contrato (*Erhaltungsinteresse*), independentemente do interesse no cumprimento.[25]

Carlos Alberto da Mota Pinto esclarece que os deveres laterais de conduta inerentes à boa-fé são deveres funcionalizados ao fim do contrato e, como tal, surgem e se superam no desenvolvimento da situação contratual como uma totalidade, autonomizando-se em relação ao dever de prestação principal para assegurarem o correto implemento do escopo do contrato:

> Não existindo esses deveres desde o início, em número e com um conteúdo fixo, dependendo o seu surgimento e a sua superação da situação material concreta, como emanações do princípio da boa-fé, segundo o fim do contrato, de um fim próprio, diverso do auxílio à consecução do interesse contratual e do impedimento de conseqüências laterais indesejáveis, surgem-nos segundo a sua essência, como algo de funcional, como elementos de um processo em desenvolvimento para um determinado fim. Nesse seu papel instrumental, não estão, todavia, isolados, antes a sua funcionalidade deve ser transposta para o quadro ou sistema que, em conexão com outros elementos (créditos, débitos, direitos potestativos, deveres acessórios, sujeições, ônus), que integram: a relação contratual. Com efeito, também esta, produto de uma conexão de elementos ligados por uma comunidade de direção final, deve ser caracterizada como um processo.[26]

Tendo esses deveres laterais de conduta a função de auxílio à consecução do interesse contratual, como elementos de um processo em desenvolvimento orientado para um *telos*, eles podem subsistir mesmo após o cumprimento da prestação principal, o adimplemento da obrigação, como forma de assegurar que esta produza todas as conseqüências que poderiam ser legitimamente esperadas. Como descreve com maestria, Clóvis do Couto e Silva:

> Os deveres anexos dividem-se em deveres dependentes e independentes. Esse discrime tem seu fundamento na verificação que alguns deles são suscetíveis de ultrapassar o término da relação principal, de terem assim vida própria.
> Em razão dessa particularidade, podem ser acionados independentemente da prestação principal. Em virtude de poderem ser acionados sem com isso acar-

25. Pinto, Carlos Alberto da Mota. *Cessão de contrato*. São Paulo: Saraiva, 1985, p. 281.

26. *Ibidem*, p. 289.

retar o desfaziamento da obrigação principal, é que se lhes denominou de deveres anexos independentes. Dependem, contudo, da obrigação principal para seu nascimento, podendo, porém, como já se mencionou, perdurar ainda depois do cumprimento daquela. As obrigações anexas dependentes são consideradas pertenças das obrigações principais. O seu descumprimento acarretará também o do dever principal. Por esse motivo, não tem acionabilidade própria. Entre os deveres que permanecem, mesmo depois de extinção da relação principal, pode ser mencionado o dever do sócio que se retira de uma sociedade, que tem em conseqüência, extinto seu vínculo jurídico, de evitar de prejudicar com a sua atividade o funcionamento da sociedade de que participou, revelando circunstâncias que só podia conhecer em razão de sua qualidade de sócio. Outro exemplo é o dever de empregado que, nessa qualidade, tomou conhecimento de alguma circunstância relevante, como um segredo de fabricação, de não levá-lo ao conhecimento, por exemplo, de uma firma concorrente, mesmo depois de haver sido despedido. Alguns desses deveres são, inclusive, objeto de normação específica, como, por exemplo, o de guardar sigilo, dos médicos e advogados, que perdura ainda depois de cumprida a obrigação principal.

As particularidades desses deveres anexos e autônomos, de poderem ser acionados independentemente da obrigação principal e de perdurarem alguns deles, ainda, após o seu término, é a circunstância de terem fim próprio, diverso da obrigação principal. Como já se aludiu, o fim comanda toda a relação jurídica e conforma os deveres e direitos que a relação jurídica produz em contato com a realidade social, no curso de seu desenvolvimento.[27]

A pós-eficácia das obrigações constitui portanto um dever lateral de conduta de lealdade, no sentido de que a boa-fé exige, segundo as circunstâncias, que os contratantes, depois do término da relação contratual, omitam toda conduta mediante a qual a outra parte se veria despojada ou essencialmente reduzidas as vantagens oferecidas pelo contrato.[28] Esses deveres laterais de lealdade se consubstanciam primordialmente em deveres de reserva quanto ao contrato concluído, deveres de segredo dos fatos conhecidos em função da participação na relação contratual e deveres de garantia da fruição pela contraparte do resultado do contrato concluído.

O instituto da pós-eficácia das obrigações ou *culpa post pactum finitum* (c.p.p.f.) nasceu na jurisprudência alemã da década de 1920. Em 26 de setembro

27. Silva, Clóvis Veríssimo do Couto e. *Obrigação como processo*, *op. cit.*, p. 118-19.

28. Larenz, Karl. *Derecho de obligaciones*. v. I, *op. cit.*, p. 156.

de 1925, o *Reichsgericht* (RG) decidiu que depois de consumada uma cessão de créditos, o cedente continua obrigado a não tolher a posição do cessionário.[29] Em 3 de fevereiro de 1926, o referido Tribunal deu novo alento à essa doutrina ao prever que, expirado um contrato de edição, o titular do direito de publicação fica obrigado a não fazer novas edições antes de esgotadas as anteriores.[30]

O Tribunal Federal alemão – BGH (*Bundesgerichtshof*), instância suprema da justiça ordinária, decidiu em 1956 que num contrato de prestação de serviços, o credor desta, que denuncia o contrato por suspeita fundamentada de comportamento criminoso da outra parte, se desfeita por esta a suspeita ou mesmo provada a ausência de culpa, pode ser obrigado a dar-lhe outra vez ocupação.[31]

O mesmo BGH (*Bundesgerichtshof*) decidiu de maneira análoga em 1955. Versava o caso sobre uma fábrica de casacos de senhora que encarregou um indivíduo, que trabalhava como autônomo, de fazer um modelo segundo um desenho e, posteriormente, de fabricar uma série de casacos concebidos com base no referido desenho. Do contrato celebrado não havia qualquer cláusula de exclusividade, seja para o desenho dos modelos, seja para os casacos prontos.

29. RGZ 111 (1926), 298-305. "Da particularidade de um contrato (negócio causal) dirigido à venda de um crédito (ou de outro direito) deriva como obrigação do vendedor pela qual, para além do cumprimento imediato – através da cessão efetuada – ele ainda permanece contratualmente responsável, no âmbito do prosseguimento de uma pretensão de cedência". *apud* Cordeiro, Antonio Menezes. Da pós-eficácia das obrigações. *Estudos de Direito Civil*. v. I. Coimbra: Almedina, 1991, p. 148.

30. RGZ 113 (1926), 70-78. "Este contrato foi cumprido de ambos os lados (...). Só que também depois do cumprimento, segundo o dever de lealdade derivado dos usos do tráfico dominado pela boa-fé e da própria essência do contrato de prestação de serviços podem continuar a existir vinculações. A elas pertence (...) no contrato de publicação, a vinculação do titular de não fazer concorrência ao editor". *Apud* Cordeiro, Antonio Menezes. Da pós-eficácia das obrigações. In: *Estudos de direito civil*. v. I. Coimbra: Almedina, 1991, p. 148.

31. NJW, 1956, p. 1513. "Afirma o tribunal que negar ao despedido, possivelmente sem culpa, em todos os casos, a possibilidade de readmissão, significaria grande iniqüidade e que esta obrigação de readmitir é um efeito ulterior do vínculo contratual (Nachwirkung), simétrico da responsabilidade pré-contratual. A persistência dum dever jurídico de adotar um certo comportamento, conforme a boa-fé, depois da própria prestação contratual, visto ser reconhecida, sempre segundo a sentença, na doutrina e na jurisprudência, mesmo para os casos de troca de mercadorias, deveria, por maioria de razão, ter lugar também na prestação de serviços, onde, aliás, a jurisprudência teria já reconhecido também deveres recíprocos de fidelidade e, do lado do credor do serviço, um dever de assegurar a subsistência da contraparte". *Apud* Pinto, Carlos Alberto da Mota. Cessão de contrato. São Paulo: Saraiva, 1985, p. 281.

O referido indivíduo ofereceu em seguida a um concorrente daquela fábrica o mesmo modelo de casaco por ele preparado segundo o desenho. O Tribunal considerou que a venda do modelo, logo a seguir, para empresa concorrente, viola o dever de lealdade contratual, porque, segundo o princípio da boa-fé, impede a contraparte de auferir o resultado legítimo e esperado do contrato.[32]

Muitas outras decisões se seguiram a estas, publicadas sobretudo na revista jurídica alemã NJW (*Neue Juristische Wochenschrift*) e referenciadas na obra de Menezes Cordeiro.[33]

Assim, na formação dos institutos jurídicos baseados na boa-fé a pós-eficácia das obrigações ou *culpa post pactum finitum* derivou não de considerações doutrinárias mas, sim da necessidade judicial de solucionar questões diversas inerentes aos contratos. A sua redução dogmática, ainda longe de concitar qualquer unanimidade científica, operou, pois, posteriormente à sua consagração.[34]

No período posterior ao segundo conflito mundial deu-se, em certas proporções, a florescência mais significativa da *culpa post pactum finitum*, com primado para os estudos de Kull, de Christensen e de Kreyenberg.[35] Também é expressa sua manifestação nos manuais[36] e nos comentários do BGB.[37] No Brasil, a pós-eficácia das obrigações é expressamente admitida, dentre outros trabalhos, na obra pioneira de Clóvis do Couto e Silva[38] e em diversos artigos doutrinários.[39]

---

32. BGHZ 16 (1955) 4-12 (4-5). *apud* Cordeiro, Antonio Menezes. Da pós-eficácia das obrigações. In: *Estudos de direito civil*. vol. I. Coimbra: Almedina, 1991, p. 144

33. Cordeiro, Antonio Menezes. Da boa-fé no Direito Civil. v. I, *op. cit.*, p. 626-27.

34. Cordeiro, Antonio Menezes. Da boa-fé no Direito Civil. v. I, *op. cit.*, p. 626.

35. Bruno Kull, *Die Grundlagen, Grenzen und Nachwirkungen der arbeitsrechtlichen Treu und Fürsorgepflicht* (1953); Karl-Wilhelm Christensen, *Verschulden nach Vertragsende! (Culpa post pactum finitum)* (1958); Joachim Peter Kreyenberg, *Nachwirkungen von Verträgen* (1958) apud Cordeiro, Antonio Menezes. *Da boa-fé no direito civil*. v. I, *op. cit.*, p. 626.

36. Larenz, Karl. Derecho de obligaciones. v.l. I, *op. cit.*, p. 156.

37. Staudinger, Julius von. *Kommentar zum Bürgerlichen Gesetzbuch mit Einführungsgesetz und Nebengesetzen*. Berlim: 1979, Weber, § 242, p. 396 e ss.

38. Silva, Clóvis do Couto e. *Obrigação como processo*, *op. cit.*, p. 118-19.

39. Azevedo, Antonio Junqueira de. Responsabilidade pré-contratual no Código de defesa do consumidor: estudo comparado com a responsabilidade pré-contratual no Direito Comum. *In: Revista de Direito do Consumidor nº 18, abr./jun., 1996, p. 23-31.*

4. A solução tradicional da pós-eficácia das obigações: Rui Barbosa e as cessões de clientela.

A solução da questão jurídica da pós-eficácia das obrigações mantinha-se obstaculizada no Direito Civil pela hipertrofia da noção de autonomia privada. Entendia-se, tradicionalmente, que somente poderiam vincular as partes aquelas deliberações expressamente consentidas pela mesmas e expressas por estas no instrumento do contrato. Quando muito, poderia se admitir também uma vinculação jurídica naquelas manifestações que, embora não constantes do instrumento contratual, decorressem necessariamente da natureza do contrato.

Um caso paradigmático dessa forma clássica de entendimento da questão da pós-eficácia das obrigações foi o que defrontou como advogados, no início do século XX, dois bastiões das letras jurídicas nacionais: Rui Barbosa e J. X. Carvalho de Mendonça.

Versava este sobre um acordo negocial realizado em setembro de 1907 entre o conde Álvares Penteado, e os industriais Jorge Street, Ildefonso Dutra e Alexandre Leslie, cujo objeto era fundir numa só as fábricas Sant´ana, São João e Santa Luzia, constituindo, para esse efeito, uma sociedade anônima, cujo patrimônio consistiria nesses estabelecimentos.

O conde Álvares Penteado e sua mulher alienaram à nova sociedade, Companhia Nacional de Tecidos de Juta, a sua Fábrica de Juta Sant´ana, na cidade de São Paulo, no bairro da Moóca, pelo valor global de 10.500 contos de réis, sendo 7.500 contos de réis concernentes aos bens componentes da fábrica e 3.000 contos de réis referentes à posição por ela conquistada no mercado com o prestígio e tirocínio negocial do conde Álvares Penteado.

Um ano depois da alienação da fábrica, o conde funda nova fábrica, a Companhia Paulista de Aniagens, no mesmo bairro onde funcionava a fábrica Sant´ana, com o mesmo ramo industrial.

A Companhia Nacional de Tecidos de Juta intenta, então, ação pelo foro federal de São Paulo contra Álvares Penteado e a Companhia Paulista de Aniagens, argumentando que a mesma destinava-se ao intento manifesto e doloso de fazer concorrência aos produtos da autora. Deveriam assim os réus restituirem os 3.000 contos de réis correspondentes à estimativa da posição e freguesia da fábrica alienada e mais as perdas e danos e os juros de mora.

Argumentou a autora que os que contribuem com determinada coisa, ainda que incorpórea, com bens de qualquer natureza para a formação do capital das sociedades anônimas, não os podem retomar ou subtrair no todo ou em parte, devendo, ao revés, assegurar-lhe o senhorio, gozo e posse, pelas mesmas regras analógicas do art. 215 do Código Comercial, que obriga um vendedor para com o comprador nos casos de perda por ação ou moléstia, causada por fato próprio ou de terceiro.

A autora perdeu em primeira instância. A sentença considerou que a freguesia não foi objeto da escritura pela qual a Companhia de Juta adquiriu a fábrica Sant´ana e suas dependências, nem os peritos, ao avaliar os bens da fábrica para constituição da Companhia, destacaram a sua posição e clientela com o valor distinto e autônomo, senão que a tomaram em consideração para fixarem o preço global dos bens da usina.

Considerou a sentença que da escritura não consta cláusula ou condição de não poderem os alienantes se restabelecer com indústria similar e, na ausência de cláusula restritiva, não é lícito concluir que tal restrição seja inerente à sua obrigação negativa, como vendedores ou cedentes, de não perturbar a posse da compradora ou cessionária. Também aduziu que, ao caso, não tem absolutamente aplicação os arts. 214 e 215 do Código de Comércio. Não se presume a renúncia de direito ao exercício de determinado ramo do comércio ou indústria; a renúncia deve ser expressa ou resultar de modo inequívoco dos termos contratuais, a fim de que não prevaleça contra o princípio soberano da livre concorrência. Argumentou que, se na inteligência dos contratos mercantis podemos, conforme seus termos, presumi-la na hipótese em que a freguesia é atraída pelo local do estabelecimento comercial ou pelas relações pessoais do comerciante, devemos ao contrário excluí-la, tratando-se de estabelecimento industrial, em que a especulação versa sobre a transformação operada na matéria-prima, fixada a clientela por motivo da natureza especial do produto.

Considerou ainda a sentença que, se tivesse havido renúncia ou se fosse permitido presumi-la, ela só poderia ser recebida ou entendida com limitação de tempo, lugar e objeto de acordo com a jurisprudência dos povos cultos, preferentemente a americana e inglesa.[40]

40. Barbosa, Rui. As cessões de clientela e a interdição de concorrência nas alienações de estabelecimentos comerciais e industriais. In: *Obras Completas de Rui Barbosa*. v. XL. Tomo I. Rio de Janeiro: Ministério da Educação e Saúde, 1948, p. XI-XIII.

A Companhia de Tecidos de Juta apelou e obteve o provimento da apelação no Supremo Tribunal Federal.

Foram, em síntese, três os argumentos utilizados:
1) havendo os peritos, ao avaliarem os bens constitutivos da fábrica Sant´ana alienados à Companhia de Juta, incluído na avaliação a posição conquistada pela fábrica graças ao prestígio de seu chefe e à sua freguesia certa e escolhida, torna-se evidente que, na transmissão de bens da fábrica à Companhia, envolveu-se a clientela daquela;
2) na conformidade da doutrina e da jurisprudência dos povos cultos, está o transmitente sujeito à obrigação da garantia imposta ao vendedor pelos arts. 209, 214 e 215 do Código de Comércio contra turbação por fato de terceiro da posse e domínio da coisa vendida, e mais ainda quando por fato próprio;
3) estabelecendo-se com idêntico negócio, na mesma paragem, dentro do raio de ação da Companhia, quebrantou o conde a obrigação a que estava adstrito, devendo por isso compor as perdas e danos conseqüentes.[41]

Coube então a Rui Barbosa embargar o Acórdão do Supremo Tribunal Federal. Rui elaborou um enorme arrazoado de 300 páginas com os seguintes argumentos principais:

1) na constituição da sociedade anônima Companhia Nacional de Tecidos de Juta, seu capital só se constituiu de imóveis, sem inclusão explícita ou implícita da clientela da fábrica Sant´ana ou mesmo simples referência à ela;
2) na avaliação preliminar da fábrica Sant´ana, que constituiu o capital da nova sociedade anônima, não incluíram os peritos a clientela, a qual tomaram apenas como elemento atestatório de sua reputação e justificativa do preço que deram à usina em seu conjunto;
3) desde que no cômputo do capital não se incluiu a clientela, é óbvio que o conde Álvares Penteado e seus parentes não a transferiram, nem se obrigaram a não restabelecer-se;
4) não se presume na cessão de estabelecimento comercial ou industrial a renúncia, da parte do cedente, ao direito de restabelecer-se com estabelecimento similar; esta renúncia deve ser expressa ou resultar de modo inequívoco dos termos do contrato, a fim de que não prevaleça contra o princípio soberano da livre concorrência;
5) não é verdadeira a doutrina de Aubry e Rau e de alguns escritores que lhes repetem a lição, de que na alienação de um *fonds de commerce* (fundo ou estabele-

41. *Ibidem*, p. XIV.

cimento de comércio) se entende implícita a cessão do *achalandage* (clientela) e, como conseqüência desta, a interdição ao vendedor, ao menos em data próxima à venda, de abrir na vizinhança outro estabelecimento da mesma natureza; a boa doutrina, na torrente dos intérpretes e de da jurisprudência, é exatamente a oposta;

6) dado, entretanto, que não existisse diferença entre casas de comércio e fábricas e que na hipótese ocorresse expressamente ou se admitisse por inferência necessária cláusula obstatória de restabelecimento, ela seria nula, por irrestrita quanto ao tempo e quanto ao lugar;

7) pelo sistema britânico e americano, mais severo que o continental, são irrítas e nulas, além das absolutas, até as próprias limitações restritas só ao tempo ou só ao espaço, se desarrazoadas e anormais;

8) pelo sistema continental, são absolutamente nulas as cláusulas ou convenção que encerrarem interdição de liberdade comercial ou industrial, ilimitada no tempo, no espaço e no objeto.[42]

O Supremo Tribunal Federal acatou os embargos de Rui Barbosa, julgando improcedente a ação da Companhia Nacional de Tecidos de Juta, sob o fundamento principal de que não havendo no contrato compromisso expresso de cessão de clientela, não caberia se falar em direito a ressarcimento. Votaram vencidos os Ministros Pedro Lessa, Guimarães Natal e Godofredo Cunha.

Interessa ao nosso tema de pós-eficácia das obrigações considerar os fundamentos da decisão e verificar os pressupostos que a informaram, sobretudo, a concepção de autonomia privada então reinante.

Inicialmente, cabe considerar que o problema em apreço abordava uma questão fática que não interessa aqui abordar: a de se verificar se o contrato envolvia concretamente cessão de clientela ou se foram exclusivamente alienados máquinas e equipamentos e um valor imaterial constituído pelo prestígio que o conde granjeou para o estabelecimento.

O âmago jurídico do caso era o de se saber se a cessão de clientela podia ser considerada implícita na natureza do negócio avençado (venda de fundo ou estabelecimento industrial) e se, sendo positiva a resposta, isso implicava no dever pós-eficaz ao cumprimento da obrigação principal (compra e venda) de renúncia da parte do cedente ao direito de restabelecer-se com estabelecimento

42. *Ibidem*, p. XXIX-XXXII.

similar. Uma questão relevante, ainda levantada, era a de saber se tal dever pós-eficaz sofreria restrições quanto ao tempo e quanto ao lugar.

O advogado da embargada, J.X. Carvalho de Mendonça, argumentou com denodo que a obrigação de garantia da coisa vendida era ínsita à natureza do contrato de compra e venda de estabelecimento comercial, norma de ordem pública, e assim não poderia ser renunciada no próprio contrato. Importava isso na proibição do vendedor de restabelecer-se com o mesmo ramo de indústria, dentro do mesmo raio de ação da empresa vendida:

> (...) aqueles que contribuem com coisa certa e determinada, ainda que incorpórea, para o capital das sociedades anônimas transferem-na a essas sociedades e assumem *pleno iure* a obrigação de garantir o gozo pacífico e a posse dessa coisa, respondendo, conforme as mesmas regras que obrigam o vendedor para com o comprador nos casos de moléstia ou turbação, causadas pelo fato pessoal do próprio vendedor.
>
> O art. 214 do Código Comercial, invocado no venerando acórdão embargado dispõe: o vendedor é obrigado a fazer boa ao comprador a coisa vendida, ainda que no contratos estipule que não fica sujeito a responsabilidade algum. A obrigação de garantia é de rigor, é essencial, não precisa ser estipulada no contrato, porque decorre legal e naturalmente deste, porque é uma obrigação de ordem pública que não pode ser renunciada no próprio contrato.
>
> (...) Importava isso na obrigação de Álvares Penteado não se restabelecer, direta ou indiretamente, com um mesmo ramo de indústria, dentro do mesmo raio de ação da sua sucessora. Era essa a zona proibida, para evitar a concorrência, que inquietava a sucessora no gozo do bem incorpóreo, do elemento que vivificava o seu estabelecimento e permitia colher o resultado das suas funções.[43]

Combatia Rui Barbosa com veemência tal assertiva, afirmando a absoluta vinculação do negócio jurídico ao que estivesse disposto no instrumento contratual. Para Rui, somente através de convenção especial expressa no contrato o vendedor poderia renunciar a não explorar o mesmo negócio em outro estabelecimento. Só o contrato, como veículo da autonomia privada, poderia criar tal obrigação, no entendimento do jurista baiano:

> (...) na ausência da cláusula expressa, onde se convencione a interdição, ao cedente, de exercer negócio semelhante ao do estabelecimento comercial cedido,

43. Barbosa, Rui. *Op. cit.*, p. 341.

a cessão de um *fonds de commerce* não impõe necessariamente ao alienante essa interdição.

(...) ou argumentando com a jurisprudência francesa: na ausência de uma cláusula expressa, onde o vendedor de um estabelecimento comercial estipule a interdição de se restabelecer com comércio similar, a alienação do estabelecimento, *ainda mesmo com a clientela*, não acarreta necessariamente, para o vendedor, tal interdição.[44]

Rui, no entanto, tinha razão quando argumentava que a obrigação de não restabelecer-se, se fosse considerada implícita ao negócio avençado, não poderia ser ilimitada quanto ao tempo e ao espaço. Não obstante o acerto desse argumento, o mesmo não tinha a conseqüência jurídica que ele procurava emprestar-lhe: tornar nula e írrita tal obrigação desmesurada. Caberia ao juiz, na interpretação da convenção e no sopesamento dos fatos na subsunção, adequar o dever de garantia aos seus limites temporais (a fruição dos resultados da coisa vendida expressa na consolidação do negócio) e espaciais (o raio de atuação imediato do negócio vendido).

Percebe-se com nitidez as limitações que o dogma da autonomia privada, tal como era entendido nesse período, impõe ao debate.

O fato em questão era que o conde Álvares Penteado havia vendido sua fábrica (com ou sem cessão de clientela, não importa) e, logo a seguir, após um ano, inaugura nova fábrica no mesmo local (o bairro da Moóca), com o mesmo ramo de indústria. Era evidente, ao contrário do que sustentava Rui Barbosa, que o conde estava a descumprir um dever de garantia do negócio realizado, qual seja: o de omitir toda conduta mediante a qual a outra parte se veria despojada ou veria essencialmente reduzidas as vantagens oferecidas pelo contrato.[45]

Entretanto, a hipostáse da autonomia privada, do contrato expresso como única fonte legítima de convenções vinculantes para as partes, levou o debate a desviar-se do fundamento correto, o dever de garantia do resultado do negócio avençado, para a discussão acerca da existência ou não de cessão de clientela implícita numa compra e venda mercantil. A própria argumentação do advogado da embargada, J.X. Carvalho de Mendonça, enrredou-se nessa trama

44. Barbosa, Rui. *Op. cit.*, p. 329-30.

45. Larenz, Karl. *Derecho de obligaciones*. v. I, *op. cit.*, p. 156.

ao sustentar como alegação principal o caráter implícito da cessão de clientela na compra e venda mercantil e não o dever de garantia, referido aos arts. 214 e 215 do Código Comercial.

Registre-se que, mesmo naquele período, a solução da lide, com a garantia expressa do resultado (a fruição pelo comprador) do negócio realizado, era possível com o recurso à legislação então vigente e foi mesmo ventilada na doutrina constante nos autos.

O Código Comercial de 1850 expressamente dispunha em seu art. 131, I, que:

> Art. 131 – Sendo necessário interpretar as cláusulas do contrato, a interpretação, além das regras sobreditas, será regulada nas seguintes bases:
> 1. a inteligência simples e adequada, *que for mais conforme a boa-fé, e ao verdadeiro espírito e natureza do contrato*, deverá sempre prevalecer à rigorosa e restrita significação das palavras;

Constituía portanto a boa-fé, já naquela época, cláusula geral de interpretação dos contratos, impondo a inteligência destes em adequação com os seus ditames. O contrato de compra e venda mercantil de estabelecimento fabril, não sendo negócio iminentemente personalista (fundado nos contatos pessoais do comerciante), consiste fundamentalmente na transferência e conseqüentemente na garantia da clientela e da posição do estabelecimento. As mercadorias têm um valor secundário, servindo apenas para facilitar a continuação e o sortimento do negócio. Assim, a interpretação do contrato, *em conformidade com a boa-fé e em atenção ao verdadeiro espírito e natureza do contrato*, só poderia ser a de que o dever de garantia da fruição do resultado do negócio era ínsito ao próprio contrato, sendo vedado deste modo ao vendedor estabelecer-se com igual ramo de indústria, no mesmo raio de ação (o bairro da Moóca), do estabelecimento vendido.

A mesma solução se encontra no corpo dos autos judiciais do processo Álvares Penteado/Companhia Nacional de Tecidos de Juta, numa decisão de 28 de agosto de 1843 da Corte de Apelação de Lyon, colhida na doutrina clássica de Aubry e Rau[46]. Ensinam estes, fundados na decisão, que, na alienação de um *fonds de commerce* (fundo ou estabelecimento de comércio) se entende implícita a cessão do *achalandage* (clientela) e, como conseqüência desta, *uma vez que os*

46. Aubry e Rau. *Cours de droit civil français*. t. V. 5. ed. Paris: Librairie Générale de Jurisprudence, 1907, § 355, p. 76.

contratos devem ser executados de boa-fé, a interdição ao vendedor, ao menos em data próxima à venda, de abrir na vizinhança outro estabecimento da mesma natureza. Como se expressa na referida decisão judicial:

> *Considerando que os contratos devem se executar de boa-fé;*
> Considerando que, posto contrato celebrado entre as duas partes não contenha nenhuma estipulação expressa, pela qual se privasse Moisset de exercer, na cidade de Roanne, a profissão de cafeteiro, todavia, se lhe apraz exercê-la depois da venda que fêz a Rollin, não deixa de ser obrigado a não o perturbar na legítima posse do seu contrato;
> Considerando que, com estabelecer outro café, *imediatamente vizinho* ao que cederam a Rollin, lhe causa à sua posse Moisset uma turbação real e evidente, pois esse novo estabelecimento deve ter, inevitavelmente, como resultado atrair assim uma porção mais ou menos considerável dos fregueses do estabelecimento vendido;
> Considerando, enfim, que a circunstância, invocada por Moisset, de que, na ocasião da sua venda a Rollin, explorava o vendedor o Café Helvético, circunstância por onde bem se avisava a Rollin de não renunciar Moisset a esse gênero de indústria, longe de combater a pretensão do autor, milita, pelo contrário, em seu apoio, visto como daí devia coligir ele que o vendedor se ateria ao estabelecimento do Café Helvético, e não viria *fundar outro na vizinhança* do que cedera e era situado em bairro diverso.
> *Assim, damos provimento ao pedido do Autor (D. 49,2. 14, nota).*[47]

A Corte de Apelação de Lyon nada mais fez nessa decisão do que aplicar o art. 1.134 do Código Napoleão que estabelecia que as convenções legalmente formadas devem ser executadas de boa-fé:

> As convenções legalmente formadas têm força de lei entre àqueles que as fizeram.
> Elas não podem ser revogadas senão pelo consentimento mútuo ou por causas que a lei autorize.
> *Elas devem ser executadas de boa-fé.* (trad. livre)

Embora, no entendimento então dominante, o juiz estivesse jungido à convenção do mesmo modo como estaria pela própria lei, não podendo modificá-la em nome da eqüidade, ele tinha, entretanto, um poder soberano de interpretá-la, sob a condição de não desnaturá-la. Foi o que fez a Corte de

47. Barbosa, Rui, *op. cit.*, p. 98-9.

Lyon ao estabelecer que, *considerando que os contratos devem ser executados de boa-fé*, o vendedor do estabelecimento tinha para com o comprador um dever de garantia do resultado da coisa vendida (a cessão da clientela) e, deste modo, estava obrigado a não se restabelecer na vizinhança com o mesmo ramo de negócio.

A relevância do dever de garantia do vendedor para com o comprador do resultado da coisa vendida (a fruição sem obstáculo das vantagens do negócio) se encontra de maneira expressa no brilhante voto vencido do Ministro Pedro Lessa:

> Em primeiro lugar repetirei a lição de Vivante, uma das maiores autoridades na matéria, senão a maior de todas, é exatamente a que resumi:
> *Ceder um estabelecimento comercial importa, pois em tese, salvo estipulação contrária, na transferência e conseqüentemente na garantia da clientela e da posição do estabelecimento.*
> As mercadorias têm um valor secundário, servindo apenas para facilitar a continuação e o sortimento do negócio.
> Logo depois afirma o exímio jurisconsulto que na compra e venda de um fonds de commerce tudo se concentra na freguesia, e a solução da doutrina e da jurisprudência é que *o vendedor que garante as coisas vendidas, também garante a clientela, que é uma das coisas vendidas*: 'Tout converge donc vers l´achalandage, il en faut conclure; et telle est la solution adoptée par la jurisprudence et la doctrine, que le vendeur qui doit garantie des choses vendues, doit garantie de la clientéle, chose vendue'.
> (...) Foi por tudo isso que eu julguei a apelação, declarando que a freguesia estava cedida e *Penteado era obrigado a respeitá-la, não podendo restabelecer-se de novo com fábrica da mesma espécie.*[48]

O Ministro Pedro Lessa, no entanto, restou vencido nessa discussão. O dogma da autonomia privada preponderou para centrar a discussão unicamente no instrumento contratual e se neste se poderia considerar implícita, com a compra e venda mercantil, a cessão da clientela a ela correlata. A solução finalmente triunfante foi a de que, sem uma menção expressa no contrato, não se poderia considerar a clientela como cedida e que, portanto, o vendedor poderia

48. Lessa, Pedro. Debate e julgamento no Supremo Tribunal Federal da Apelação Cível nº 2183. Sessão de 12 de agosto de 1914. In: Barbosa, Rui. As cessões de clientela e a interdição de concorrência nas alienações de estabelecimentos comerciais e industriais. In: *Obras Completas de Rui Barbosa*. v. XL. t I. Rio de Janeiro: Ministério da Educação e Saúde, 1948, p. 355-369, *passim*.

se restabelecer na mesma localidade (o bairro da Moóca), com o mesmo ramo de indústria.

Resplandece evidente de toda essa discussão do famoso caso judicial do início do século XX a *natureza juscultural da boa-fé*. Enquanto a autonomia privada foi encarada como um dogma inexpugnável, que toda vinculação jurídica decorria única e exclusivamente da vontade expressa das partes, a compreensão das obrigações como uma totalidade informada pela idéia de boa-fé não pôde estabelecer-se com firmeza. A simples existência de uma cláusula geral de boa-fé ou o reconhecimento da noção por parte da doutrina é absolutamente insuficiente para consolidar a boa-fé como um instituto jurídico atuante, dada sua natureza iminentemente juscultural, isto é, conectada umbilicalmente à uma concepção solidarista de direito e à uma referência totalizante da realidade jurídica.

Deste modo, é somente com a superação do conceitualismo e com a crise da concepção positivista do Direito, sobretudo a partir do fim da Segunda Guerra Mundial, que a boa-fé, na sua acepção objetiva, como norma de correção e lealdade no vínculo obrigacional, assume foros de realidade como instituto jurídico verdadeiramente aplicado.

5. Fundamentação dogmática da pós-eficácia das obrigações

A doutrina e a jurisprudência têm procurado elaborar diversos fundamentos para a pós-eficácia das obrigações. Procedamos a uma revista crítica.

O primeiro fundamento é dado, geralmente, pela consagração legal da pós-eficácia, a partir de diversas manifestações legais que concedem efeitos a situações obrigacionais extintas.

É o caso da revogação da procuração pelo mandante, que extingue o mandato (art. 1.316, I, CC), porém não pode ser oposta a terceiros que, ignorando a revogação, concluiram negócios com o mandatário (art. 1.318, CC). Há, por lei, pós-eficácia da procuração.

No caso de extinção do mandato por morte do mandatário, resulta para os herdeiros o dever de avisar o mandante e de tomar as providências necessárias para a consecução do negócio, até que o mandante possa atuar (art. 1.322 CC). Há aqui efetiva extinção do mandato e pós-eficácia legalmente consagrada.

Outro caso de pós-eficácia legal de obrigações é, no direito de família, após a extinção do casamento pelo divórcio, direito de opção da mulher pela conservação do nome de casada (Lei nº 6.515/1977, art. 17, § 2º).

O Código de Defesa do Consumidor abriga ainda dois dispositivos legais sobre pós-eficácia das obrigações.

O primeiro deles é o art. 10, § 1º, que estabelece o dever de realizar aviso público a todo fabricante que, após a venda do produto, vem a ter ciência de algum fato que possa prejudicar o consumidor.

O segundo é o art. 32 que estabelece a obrigação de fabricantes e importadores de, cessada a fabricação ou importação do produto, continuar por período razoável de tempo, na forma da lei, a oferta de componentes ou peças de reposição.

Há também no caso do contrato de trabalho diversas leis que consagram, depois da cessação do vínculo laboral, deveres específicos a cargo das antigas partes.

Não se pode, contudo, dessas manifestações esparsas e díspares de pós-eficácia, estabelecer por indução um princípio geral válido para todo o espectro obrigacional. A procuração pós-eficaz é um caso clássico de tutela da confiança com base na aparência; o direito à opção do nome tem sua razão de ser em motivos próprios do direito de família; o aviso público a cargo do fabricante insere-se no âmbito dos deveres de informação contidos na idéia de lealdade contratual; o direito à reposição de peças decorre também do dever de lealdade contratual. Assim, *não exsurge das diversas normas legais um fundamento unitário que possa unificar o instituto jurídico da pós-eficácia das obrigações.*

O segundo fundamento da *culpa post pactum finitum* proposto é o da analogia da pós-eficácia das obrigações com a *culpa in contrahendo* ou a responsabilidade pré-contratual. Deste modo, tal como existem deveres pré-contratuais, também os haveria depois de extinto o contrato.

Entretanto, como bem lembra Menezes Cordeiro, é diferente, por essência, a situação de pessoas que se encontram para contratar – e que, nessa medida, tem todas as possibilidades de se prejudicarem e, logo, o dever de não o fazer – daquela situação de pessoas que, tendo executado e extinguido contratos antes celebrados, seguem os seus rumos no espaço jurídico:

Justifica-se a autonomização da *culpa post pactum finitum* porque, por um lado, a base jurídica não é já, em rigor, a mesma e, por outro lado, porque o desaparecimento da obrigação em si, ou a inexistência como possível, de um contrato futuro altera, de modo profundo, o condicionalismo de sua concretização. Basta, aliás, atinar nalgumas obrigações pós-eficazes típicas, como o dever de não concorrência ou o de fornecer assistência e sobressalentes, para registrar a especificidade da situação.[49]

Outro fundamento proposto, especialmente na Alemanha a partir da década de 1930, é a orientação tendente a justificar a *culpa post pactum finitum* com base na natureza intrínseca de certas relações jurídicas, isto é, existiriam relações jurídicas que, por natureza, produziriam efeitos depois de sua extinção.

É a idéia lançada por Willi Heil[50] de que na situação laboral nasceria uma relação comunitária entre patrão e empregado e não uma relação meramente obrigacional; essa relação comunitária envolveria, por natureza, uma situação mútua de lealdade, com deveres conexos, que continuariam existindo após a extinção da relação de trabalho e não dependeriam nem mesmo da eventual constituição de vínculo concorrente, através da celebração de novo contrato de trabalho entre o trabalhador e a entidade empregadora diferente. O vínculo laboral possuiria assim uma natureza comunitário-pessoal, fonte de alegados deveres de lealdade e assistência os quais, por natureza, seriam pós-eficazes. Se encontrariam também relações comunitário-pessoais em outras áreas jurídicas, como o Direito de Família, a fundamentar fenômenos de pós-eficácia. Destarte, as possíveis projeções jurídicas de relações comunitário-pessoais no que toca à pós-eficácia importariam na constituição de um *status* jurídico permanente não afetado, no seu todo, pela extinção, ou ainda, na formação de relações de conteúdo complexo, as quais seriam, apenas em parte, atingidas pelo fenômeno extintivo.[51]

A pós-eficácia configuraria-se como uma modalidade própria das relações comunitárias duradouras. Existindo vários deveres para as partes, pode ocorrer

49. Cordeiro, Antonio Menezes. *Da boa-fé no Direito Civil*. vol. I, *op. cit.*, p. 630.

50. Heil, Willi. Die Nachwirkungen der Treupficht des Arbeitsverhältnisses, (1937). *Apud*. Cordeiro, Antonio Menezes. In: *Estudos de direito civil*, v. I, *op. cit.*, p. 151.

51. Cordeiro, Antonio Menezes. In: *Estudos de Direito Civil*, v. I, *op. cit.*, p. 151-2.

o cumprimento do dever principal evidenciando a extinção formal, subsistindo contudo deveres acessórios pós-eficazes.

Essa idéia está ligada a determinadas especificidades da responsabilidade civil alemã, eminentemente casuística, e ao esforço da doutrina de diferenciação de diversos aspectos que pudessem estabelecer um padrão mais genérico de vinculação jurídica. Essa doutrina, porém, não teve maior influxo fora da Alemanha, sendo inclusive hoje questionado o caráter comunitário da relação laboral.[52]

Assim sendo, não é possível derivar da natureza específica de supostas relações comunitário-pessoais a fundamentação de todas as manifestações de pós-eficácia das obrigações. A ocorrência de efeitos associados a situações anteriores pode ser apontada nas mais diversas áreas e a boa-fé é um princípio geral de todas as obrigações. Em todo o campo das obrigações se pode constatar a problemática da pós-eficácia que independe portanto da natureza íntima ou específica de certas relações jurídicas.

A correta fundamentação da pós-eficácia das obrigações deve ser buscada no princípio da boa-fé. A boa-fé, como salientado anteriormente, é um princípio jurídico que informa todo o direito das obrigações e independe a sua aplicação de consagração legislativa específica.[53]

A obrigação, informada pela boa-fé, é, assim, uma totalidade que se encadeia e se desdobra em direção ao adimplemento, à satisfação dos interesses do credor. Como totalidade, a relação obrigacional é um sistema de processos. O vínculo obrigacional como um todo, muitas vezes, não se altera ou modifica com certas alterações ou modificações sofridas pelas partes. Por esse motivo, o adimplemento de um crédito determinado pode não extinguir, ou modificar, a relação jurídica.

Há que se distinguir deveres obrigacionais e adimplemento. A distinção é de direito material e resulta muitas vezes absoluta, de sorte que o adimplemento, em tal hipótese, surge totalmente desligado da série de atos que o antecederam e situado em plano diverso. Basta se lembrar a transmissão de propriedade no Direito germânico, que é negócio jurídico abstrato.

52. Para um amplo panorama dessa teoria ver Cordeiro, Antonio Menezes. *Estudos de Direito Civil*. v. I. *op. cit.*, p. 160-6.

53. Silva, Clóvis do Couto. *A obrigação como processo*, *op. cit.*, p. 30.

No sistema germânico, são necessários três atos jurídicos para se transmitir um bem, nos casos de compra e venda: o contrato de compra e venda (obrigacional), o acordo de transmissão a respeito da propriedade do bem vendido (negócio jurídico de direito das coisas) e, finalmente, o acordo de transmissão sobre o preço (também negócio jurídico do direito das coisas). A divisão dos planos do direito obrigacional (o dos deveres sucessivos em direção ao *telos*) e do Direito das coisas (o do adimplemento) quando absoluta significa a abstração da causa do negócio jurídico nos casos de aquisição derivada.[54] Isto significa dizer que, sendo o adimplemento da prestação principal passível de distinção dos deveres obrigacionais (não é o seu *telos* necessário, não há relação de causalidade necessária), podem subsistir deveres obrigacionais pós-eficazes, inerentes ao cumprimento da obrigação como uma totalidade.

Sob o ângulo da totalidade, o vínculo passa a ter sentido próprio, diverso do que assumiria se se tratasse de pura soma de suas partes, de um compósito de direitos, deveres e pretensões, obrigações, ações e exceções. Se o conjunto não fosse algo de orgânico, diversos dos elementos ou das partes que o formam, o desaparecimento de um desses direitos ou deveres, embora pudesse não modificar o sentido do vínculo, de algum modo alteraria a sua estrutura. Importa, no entanto, contrastar que mesmo adimplindo o dever principal, ainda assim pode a relação jurídica perdurar como fundamento da aquisição (dever de garantir), ou em razão de outro dever secundário independente.[55]

Deste modo, por força do contrato estabelece-se, entre as partes, uma relação de confiança. Essa relação, derivada da boa-fé, constituiria as partes em deveres mútuos, nomeadamente tendentes a não permitir defraudar a crença pacífica do parceiro contratual num decurso, sem incidentes, da relação negocial. Findo o contrato, subsiste um dever de lealdade, impondo a manutenção de determinados deveres.

Da boa-fé resulta deverem as partes lealdade à convenção livremente celebrada. A lealdade em causa traduzir-se-ia, nomeadamente, na necessidade jurídica de, para além da realização formal da prestação, providenciar a efetiva obtenção e manutenção do escopo contratual. Essa manutenção do escopo

54. Silva, Clóvis do Couto e. *A obrigação como processo*, *op. cit.*, p. 43-66, *passim*.

55. Silva, Clóvis do Couto e. *A obrigação como processo*, *op. cit.*, p. 5-9, *passim*.

contratual perdura, naturalmente, para além da extinção do contrato em si. Há pós-eficácia.[56]

6. Âmbito e natureza jurídica da pós-eficácia das obrigações

Para se definir a pós-eficácia das obrigações há que se partir do conteúdo da obrigação. O vínculo obrigacional compreende, ou pode compreender, a prestação principal, prestações secundárias e deveres acessórios: a primeira relaciona-se com a atividade dominante exigida ao devedor; as segundas redundam em atuações legais ou convencionais que, funcionalmente, servem à prestação principal e que, noutras circunstâncias, poderiam integrar prestações autônomas; os terceiros derivam, direta ou indiretamente, da boa-fé e integram as adstrições necessárias à boa realização da prestação e à proteção das partes.

Deve-se ressaltar que entre esses elementos não há uma ordem necessária de relevância (prestação principal, prestações secundárias e deveres acessórios), mas sim que cada vínculo pode possuir graus diversos de intensidade. Assim, em alguns negócios jurídicos o conteúdo é formado imediatamente pelos deveres da boa-fé, como na hipótese da gestão de negócios.[57]

A pós-eficácia das obrigações insere-se no âmbito dos deveres acessórios de lealdade, de preservação do escopo da obrigação extinta. Contudo, antes de abordar suas peculiaridades, é necessário uma distinção prévia entre:

a) pós-eficácia aparente;
b) pós-eficácia virtual;
c) eficácia continuada;
d) pós-eficácia *stricto sensu*.

a) Pós-eficácia aparente

Os efeitos pós-eficazes de obrigações que são cominados, expressa e especificamente, por norma jurídica que tem o fato extintivo por previsão, não configuram rigorosamente pós-eficácia mas tão-só eficácia (atual) do próprio fato extintivo que, afinal, vem a se afirmar como constitutivo de situações no-

56. Cordeiro, Antonio Menezes. *Estudos de direito civil*, v. I, *op. cit.*, p. 168.

57. Silva, Clóvis do Couto e. *A obrigação como processo*, *op. cit.*, p. 37.

vas. Chama-se a esta situação, à eficácia que a lei, expressa e especificamente, associe à extinção de certas obrigações, de pós-eficácia aparente.

Destarte, não é caso de pós-eficácia mas, tão-somente de pós-eficácia aparente a revogação da procuração pelo mandante, que extingue o mandato (art. 1.316, I, CC), porém não pode ser oposta a terceiros que, ignorando a revogação, concluiram negócios com o mandatário (art. 1.318, CC).

Do mesmo modo no caso de extinção do mandato por morte do mandatário, que resulta para os herdeiros o dever de avisar o mandante e de tomar as providências necessárias para a consecução do negócio, até que o mandante possa atuar (art. 1322 CC).

Igualmente no Direito de Família, quando, após a extinção do casamento pelo divórcio, existe direito de opção da mulher pela conservação do nome de casada (Lei nº 6.515/1977, art. 17, § 2º).

Também constituem simples casos de pós-eficácia aparente os dispositivos albergados no Código de Defesa do Consumidor.

O primeiro deles é o art. 10, § 1º, que estabelece o dever de realizar aviso público a todo fabricante que, após a venda do produto, vem a ter ciência de algum fato que possa prejudicar o consumidor.

O segundo é o art. 32 que estabelece a obrigação de fabricantes e importadores de, cessada a fabricação ou importação do produto, continuar por período razoável de tempo, na forma da lei, a oferta de componentes ou peças de reposição.

b) Pós-eficácia virtual

Existem também obrigações complexas em cujo conteúdo se inscreva, desde o início, a existência de determinados deveres que, por natureza, só possam ser executados no momento imediatamente posterior ao da extinção. Aqui, a extinção em causa não é a extinção integral da obrigação mas, apenas, a da prestação principal. Nestes casos em que a eficácia da prestação secundária só se manifesta na extinção da obrigação principal, chamamos pós-eficácia virtual.

É a situação do advogado que, extinta a relação advocatícia, fica obrigado a uma prestação secundária pós-eficaz, a de devolver os documentos e papéis que houver recebido do cliente no curso da lide.

c) Eficácia continuada

Existe também um gênero de obrigações complexas no qual se manifestam ao longo do curso da obrigação tanto o dever de prestar principal quanto os deveres secundários; ocorre então a extinção do dever de prestar principal, continuando devidos os demais elementos até o seu cumprimento integral.

É o caso, por exemplo, de um banqueiro que, tendo realizado a venda de seu banco, fica obrigado por cláusula contratual (prestação secundária) a não montar novo estabelecimento na área financeira pelo prazo de três anos.

Segundo Menezes Cordeiro, é correto integrar a eficácia continuada na pós-eficácia em sentido amplo: executada a prestação principal – e sem prejuízo da unidade da obrigação – algo muda, realizada a prestação principal genérica, opera-se a concentração, com a inversão de risco conexa. Subsistem, porém, com a prestação secundária, os deveres acessórios a ela inerentes. E os elementos que continuam são, de alguma forma, posteriores à parte já realizada.[58]

A eficácia continuada das obrigações e sua posteridade em relação à prestação principal recebeu expresso reconhecimento doutrinário no art. 7.3.5 da sistematização dos princípios do Direito Internacional das Obrigações, o Unidroit:

> *Art. 7.3.5 – Efeito geral da resolução*
> *(1) A resolução do contrato libera para o futuro ambas as partes da respectiva obrigação de efetuar e de receber a prestação.*
> *(2) A resolução não exclue o direito ao ressarcimento do dano pelo inadimplemento.*
> *(3) A resolução não tem efeito sobre cláusula do contrato relativa à composição da controvérsia ou sobre qualquer outra cláusula do contrato que deva ser operativa até depois da resolução.* (trad.o livre)

58. Cordeiro, Antonio Menezes. *Estudos de direito civil*, *op. cit.*, p. 180.

d) Pós-eficácia das obrigações *stricto sensu*

A pós-eficácia das obrigações *stricto sensu* tem seu cerne constituído pelos deveres acessórios. Decorrem estes da boa-fé e de suas concretizações como examinado anteriormente. Distinguem-se da eficácia aparente ou atual de obrigações extintas por não serem prescritos por disposição legal expressa e específica e diferenciam-se das prestações secundárias porque não constam diretamente da fonte da obrigação-mãe para vigorarem depois da extinção da obrigação principal.

Menezes Cordeiro salienta com proficiência o fundamento da persistência de tais deveres acessórios:

> A idéia da sobrevivência dos deveres acessórios é a de que ao Direito repugna que o sentido das obrigações seja desvirtuado por cumprimentos vazios ou outras fórmulas chicaneiras ou a que, a coberto das obrigações sejam infringido danos às partes. Se, depois da extinção das obrigações, mas mercê das circunstâncias por ela criadas, surgirem ou se mantiverem condições que, na sua vigência, podem motivar a constituição de deveres acessórios, eles mantêm-se. As razões de busca de saídas jurídicas materiais que levam, independentemente da vontade das partes, a admitir deveres acessórios durante a vigência da obrigação são sobejamente fortes para os impôr, depois da extinção.[59]

A pós-eficácia das obrigações constitui um dever acessório de conduta, no sentido de que a boa-fé exige, segundo as circunstâncias, que os contratantes, depois do término da relação contratual, omitam toda conduta mediante a qual a outra parte se veria despojada ou essencialmente reduzidas as vantagens oferecidas pelo contrato.[60] Esses deveres acessórios se consubstanciam primordialmente em deveres de reserva quanto ao contrato concluído, dever de segredo dos fatos conhecidos em função da participação na relação contratual e deveres de garantia da fruição pela contraparte do resultado do contrato concluído.

Estes deveres acessórios são distintos da eficácia continuada porque na vigência da obrigação estes deveres inscrevem-se em seu conteúdo, sem autonomia própria. Ora se concretizam num sentido, ora no outro, conforme o desenrolar dos acontecimentos. A sua violação leva ao mau cumprimento do dever de prestar. Contudo a manifestação de deveres acessórios sem o dever

59. Cordeiro, Antonio Menezes. *Estudos de direito civil*, *op. cit.*, p. 181

60. Larenz, Karl. Derecho de obligaciones, *op. cit.*, p. 156.

de prestar propriamente dito confere-lhes uma finalidade diferente: tornam-se verdadeiras obrigações legais independentes. Na autonomia que surge apenas depois da extinção da obrigação propriamente dita está o traço distintivo dos deveres pós-eficazes em sentido próprio.[61]

Consistem esses deveres acessórios autonomizados uma relação de lealdade decorrente da boa-fé. Extinta a obrigação pelo adimplemento do dever principal não há mais que se falar em deveres de indicação e de esclarecimento ou deveres de proteção.

O dever de esclarecimento, como o seu nome indica, dirige-se ao outro participante da relação jurídica, para tornar clara certa circunstância de que a contraparte tem conhecimento imperfeito, errôneo, ou ainda ignora totalmente. Esclarecimento, evidentemente, relacionado com alguma circunstância relevante. Não se trata de dever para consigo mesmo, mas em favor do outro.[62] Com a extinção da obrigação não há mais a alteridade, o dever para com o outro. O dever de informação, de reserva ou de sigilo não se destina mais a assegurar a correta execução da obrigação existente e sim transmuda-se numa relação de lealdade para com a obrigação já extinta como uma totalidade: é no interesse de assegurar seu resultado, seu *telos*, que o dever existe. Configura-se, portanto, num dever de lealdade, de garantia da fruição do resultado do contrato.

O mesmo ocorre com a noção de deveres de proteção. Destinam-se estes à proteção e ao cuidado com a pessoa e o patrimônio da contraparte na relação obrigacional. Pressupõem, como os anteriores, a alteridade. Ora, extinta a obrigação, pelo adimplemento, o que permanece é o seu *telos*, a garantia do resultado do contrato, e não mais deveres para com a contraparte. Resplandece apenas o dever de lealdade para com a obrigação em sua totalidade.

Assim, não assiste razão nesse ponto a Menezes Cordeiro quando propugna que na fundamentação da *culpa post pactum finitum* estão os deveres de confiança, lealdade e proteção.[63] O dever de não defraudar a crença pacífica num decurso, sem incidentes, da relação contratual, que o autor fundamenta como dever de confiança, é elemento da execução do contrato, mas não já incidente no período pós-contratual; neste, rompida a alteridade e restabelecida a liberdade

61. Cordeiro, Antonio Menezes. *Estudos de direito civil*, *op. cit.*, p. 182.

62. Silva, Clóvis do Couto. *A obrigação como processo*, *op. cit.*, p. 115.

63. Cordeiro, Antonio Menezes. *Estudos de direito civil*. v. I, *op. cit.*, p. 168-169.

negocial das partes, a confiança não é mais elemento necessário, subsistindo tão-somente o dever de lealdade.

Do mesmo modo ocorre com o dever de proteção. Menezes Cordeiro defende a idéia de que, findo o contrato, as antigas partes não ficam logo, entre si, na situação de meros estranhos de deveres de proteção, subsistiria um dever mais forte que o simples *neminem laedere*.[64] Todavia, com a extinção da obrigação pelo adimplemento, rompe-se o vínculo e restaura-se a liberdade negocial; não há que se falar mais em alteridade, em dever para com o outro, mas sim em vínculo de natureza diversa, de lealdade para com a obrigação como um todo.

Esclarecida a questão do dever inerente à pós-eficácia das obrigações, dever acessório ou lateral de lealdade, decorrente da concretização da boa-fé objetiva, cabe discorrer sobre o problema da sua exata determinação. Tais deveres, como explicitado anteriormente, são autônomos em relação à obrigação de prestar principal, não resultando constitutivamente dela, nem diretamente *ex lege*.

A determinação se o implemento de uma determinada conduta constitui ou não um dever acessório da obrigação extinta deve ser buscada nas regras da base do negócio jurídico e na atuação do *bonus pater familias* em consonância com o negócio avençado.

Na conhecida definição de Larenz, deve-se entender por base objetiva do negócio jurídico as circunstâncias e o estado geral das coisas cuja existência ou subsistência é objetivamente necessária para que o contrato subsista, segundo o significado das intenções de ambos os contratantes, como regulação dotada de sentido.[65] Esclarece este que a finalidade do contrato é a objetividade ínsita na natureza do próprio contrato ou aquela ulterior de uma das partes, que ambos os contratantes tenham tido em conta ao determinar o conteúdo do contrato:

> La finalidad primera e inmediata de cada parte de un contrato bilateral es obtener la contaprestación. El comprador quiere disponer de las mercancías compradas; el arrendatario, usar del modo normal o convenido la cosa arrendada; el comitente, que se realice la obra contratada. Esta finalidad se

64. Cordeiro, Antonio Menezes. *Estudos de direito civil*. v. I, *op. cit.*, p. 169.

65. Larenz, Karl. *Base del negocio juridico y cumplimiento de los contratos*. Madri: Revista de Derecho Privado, 1956, p. 170.

desprende de la naturaleza del contrato en cuestión; es una finalidad común, puesto que cada parte quiere procurar la finalidad de la otra para así conseguir la suya; por tanto, es necessariamente contenido del contrato. Pero esta primera finalidad se enlaza de ordinario en las representaciones de las partes con una segunda y, aún a veces, una tercera finalidad: el comprador querrá emplear la cosa para un determinado fin (por ejemplo, consumirla, hacer con ella un regalo de boda ou enajenarla después de haberla transformado en industria); el arrendador, usar de cierto modo los locales arrendados (por ejemplo, explotar en ellos una determinada industria), etc. Estas finalidades ulteriores de una de las partes nada interesan a la otra, aun cuando las conozca e incluso se le hayan comunicado expresamente, a no ser que las haya hecho suyas de algún modo, por haber influído en su prestación, o por haber fijado la cuantía de la contraprestación en atención a ellas. No es necesario que la finalidad en cuestión se haya convertido en contenido del contrato en el sentido de que se mencione expresamente en él; pero debe haber-se tenido en cuenta por ambas partes al determinar tal contenido y manifestarse, al menos mediatamente, en el mismo.[66]

Constitui a base objetiva do negócio jurídico, por exemplo, na compra e venda de um estabelecimento, o uso regular da coisa segundo sua utilidade e a livre disposição da mesma (a finalidade insíta do contrato). Ou ainda, na compra e venda de um vestido de noiva, para ser usado na cerimônia do matrimônio (finalidade ulterior de uma das partes), o fato de que este deve ser entregue antes da referida cerimônia (uma vez que, a outra parte teve tal finalidade em conta ao determinar o conteúdo do contrato).

Um contrato não pode subsistir como regulação dotada de sentido quando:

a) a relação de equivalência entre prestação e contraprestação que nele se pressupõe, se tenha destruído em tal medida que não se possa falar em prestação e contraprestação;
b) a finalidade objetiva do contrato, expressa em seu conteúdo, tenha resultado inalcançavel, ainda quando a prestação do devedor seja possível.[67]

Fixados esses parâmetros, existirá um dever lateral ou acessório, pós-eficaz em relação ao dever principal e não uma conduta indiferente ao negó-

66. Larenz, Karl. *Base del negocio juridico y cumplimiento de los contratos, op. cit.*, p. 166.

67. Larenz, Karl. *Base del negocio juridico y cumplimiento de los contratos, op. cit.*, p. 170.

cio jurídico realizado, sempre que a atitude de uma das partes contrariar, em infringência à boa-fé objetiva, a base objetiva do negócio. Assim, a conduta de uma das partes que revela detalhes sobre um negócio que, na concepção comum das partes quando ultimaram o mesmo e insíta à natureza da avença, deveriam permanecer fora do conhecimento de terceiros (ex: o preço e as condições de venda de um conglomerado bancário), configura uma violação do dever de lealdade. Por outro lado, a constituição pelo vendedor de nova sociedade em ramo diverso do financeiro, seria um comportamento indiferente ao negócio jurídico realizado, porque não contraria em nada a base do negócio jurídico.

O padrão de conduta exigível depois do término da relação obrigacional é o do *bonus pater familias*, entendido este como o homem razoável em toda a sua dimensão. Homem razoável é aquele que não só age com toda diligência devida e oportuna, mas também, baseado nos juízos de experiência e razoabilidade intersubjectiva.

Não cabe exigir apenas uma conduta meramente diligente mas sim uma conduta diligente fundada nos juízos de experiência (do que ordinariamente acontece) e razoabilidade (proporcionalidade e moderação). Destarte, se um banqueiro vende sua participação acionária majoritária num complexo financeiro e industrial e, conservando participações acionárias nesse mesmo complexo, logo após a venda, começa a alienar suas participações minoritárias açodadamente a terceiros, existe uma violação do dever acessório de lealdade para com o negócio realizado. Sua conduta desarrazoada faz pressupor ao mercado que o negócio vendido não goza de boa saúde financeira.

Registre-se que a determinação dos deveres acessórios de lealdade não é, portanto, um rígido estalão que se pode fixar de maneira peremptória, mas sim uma pauta diretiva a ser necessariamente fixada pelo juiz. É este que irá determinar quando uma variação quantitativa de atitudes determinará uma mudança qualitativa que implicará na violação do dever acessório de lealdade. Como bem descreve Larenz:

> No ignoramos que esto es señalar una pauta y que no puede fijarse matemáticamente el límite hasta el que la parte afectada debe soportar la pertubación de la equivalencia. Pero ello no es nada extraodinario; el jurista tienne frecuentemente que plantearse la cuestión de cuándo una variación cuantitativa se convierte

en cualitativa (así sucede también cuando ha de determinarse si un plazo es ´razonable´ o si una remuneración entra dentro de lo ´usual´). Este problema sólo puede resolverse casuísticamente y es inevitable que quede al arbitrio del que ha de decidir (del juez, en definitiva) un cierto margen. La última concreción que imprescindiblemente requiere toda regla determinada en cuanto al contenido, pero no fijada definitivamente en su aplicación a diferencias cuantitativas, es, no obstante, algo muy distinto de la simple decisión según arbitrio de equidad y atendiendo a todas las circunstancias imaginables del caso concreto (cosa esta última que para el Tribunal Supremo del Reich es acertada).[68]

Portanto, partindo-se do pressuposto que a base do negócio deve ser reconhecível por ambas as partes, no seu significado fundamental, deve-se perguntar: teria a pessoa que aciona a contraparte, para cumprimento de um dever pós-eficaz singular, elevado esse ponto particular a condição do contrato se, na sua conclusão, tivesse conhecido a situação no fim ocorrida e, além disso, teria, em tal eventualidade, a contra-parte, de aceitar tal vinculação? Como bem salienta Menezes Cordeiro, interessa apurar se, à luz dos critérios de moralidade e colaboração, na consideração da situação das partes, o dever se impõe ou não, depois da extinção do dever principal, e tendo em conta o tipo de contrato em causa.[69]

Uma questão também assaz relevante nessa matéria é a de se determinar se o dever acessório de lealdade da pós-eficácia das obrigações configura uma situação de responsabilidade contratual ou aquiliana e qual o regime das vinculações jurídicas (contratual ou aquiliano) dele decorrentes.

O contrato, como negócio que é, realiza a liberdade de autodeterminação da pessoa mediante a estatuição de conseqüências jurídicas. Pelo contrato, no exercício da autonomia privada, cada contratante através de declaração de vontade, expressa ou tácita, que correspondem entre sí em conteúdo, dá a conhecer ao outro sua vontade de que o disposto na convenção deva ter entre eles vigência e ser direito. Posto que o contrato só vale quando ambos contratantes consentem e portanto suas declarações coincidem em seu conteúdo, a vinculação de cada contratante ao contrato repousa em sua própria vontade, em sua autodeterminação. Se vincula porque sabe que só sob este pressuposto o outro

68. Larenz, Karl. *Base del negocio juridico y cumplimiento de los contratos, op. cit.*, p. 144-5.

69. Cordeiro, Antonio Menezes, *Estudos de direito civil* Vol. I., *op. cit.*, p. 185.

se vincula também e pode confiar no que é prometido. A conclusão de um contrato é assim um ato de autodeterminação através de uma autovinculação.[70]

Deste modo é a autovinculação expressa no acordo de vontades que constitui os contratantes em obrigações jurídicas, limitando a sua liberdade. As declarações de vontade expressam o limite a partir do qual já não há exercício da autodeterminação negocial. Uma vontade que não ultrapassou a interioridade não é relevante, ao passo em que uma declaração que não corporize uma vontade conformadora não é fruto desta.

Portanto, os contratantes se obrigam contratualmente a realizar as prestações principais e, em alguns casos, erigem o dever de evitar a ocorrência de danos, seja na pessoa, seja nos bens da contraparte, em deveres de prestar, secundários da obrigação principal.

A própria declaração tácita permite visualizar essa concepção porque, baseando-se em comportamento que não visa em primeira linha à exteriorização de uma vontade negocial, permite, contudo, lateralmente concluir pela presença dessa vontade. Tal declaração, mesmo em suas formulações mais objetivas, exige pelo menos a consciência da emissão da declaração. Se ela não existe, estamos no campo dos simples comportamentos juridicamente relevantes.[71]

Fora dessas hipóteses de declarações expressas ou tácitas de vontade, não há como atribuir ao acordo de vontades, a causalidade da estatuição de outros deveres, como os deveres laterais ou acessórios de conduta.

Esses deveres laterais de conduta, como acima exposto, podem ser definidos como deveres que, não interessando à obrigação principal, são todavia essenciais ao correto processamento da relação obrigacional em que a prestação se integra. São usualmente divididos em deveres de proteção, de esclarecimento e de lealdade.

Só por pura ficção pode-se admitir que as partes reconheciam, no momento do acordo, declararem instituídos tais deveres com vistas à preservação de bens patrimoniais ou pessoais já subsistentes em sua esfera jurídica; as declarações que conscientemente emitem visam antes o estabelecimento da relação de prestação. Apoiando-se apenas em estatutos abstratos como o apelo ao contrato, ou, mais explicitamente ao seu sentido, sem apoio direto nas

70. Larenz, Karl. *Derecho justo: fundamentos de etica juridica*. Madri: Civitas, 1993, p. 67.

71. Frada, Manuel A. Carneiro da. *Contrato e deveres de protecção*. Coimbra: Coimbra, 1994, p. 68-9.

declarações correspondentes, se pode falar numa fundamentação contratual dos deveres laterais de conduta. Acontece que, como bem sintetiza Manuel Carneiro da Frada, essas posições só logram justificar-se como contratualistas, abandonando o princípio da autonomia privada e fundamentando o contrato numa noção objetivada, identificando-o com um comportamento jurídico relevante, capaz de concitar valorações jurídicas independentes da vontade das partes:

> Cremos todavia que, em rigor, estas últimas posições só logram justificar-se como contratualistas se, abandonando a concepção corrente de contrato como "ato de conformação criadora segundo a vontade (dos contraentes) de harmonia com o princípio da autonomia privada", dão dele uma noção objetivada, identificando-o com um comportamento jurídico relevante, capaz de concitar valorações jurídicas independentes da vontade das partes e, assim, de funcionar como causa – entendida de modo objetivo – dos deveres de proteção. Substituindo-se o contrato "querido" pelo contrato "justo" ou "adequado", escancaram-se-lhe as portas à entrada desses deveres, os quais passam a acrescentar-se ao programa obrigacional que é posto diretamente pelas partes, sempre que a execução deste envolver de fato riscos para a integridade de bens e pessoas.
> Como conseqüência forçosa dessa posição teremos admitido um dualismo no direito dos contratos: ao lado dos efeitos *ex voluntae*, reconhecer-se-ão conseqüências contratuais que prescindem do consenso como elemento de conexão ao contrato. Mas, se assim é, corre-se o risco de atingir no coração a legitimação voluntarística deste instituto porque talvez se deva dizer com Mayer-Maly que "o acordo material (de vontades) apenas pode ser encarado sempre ou então nunca como base e legitimação de vinculações contratuais."[72]

Assim, é só desnaturando a noção de contrato, fundado na autonomia privada, que se pode admitir o acordo de vontades como causa dos deveres laterais ou acessórios de conduta. Atribuindo-se a esses deveres um fundamento na noção objetivada de contrato e sendo o seu resultado hibridamente conformado e imputado às partes, já se abandonou o campo da autonomia privada e se ingressou no campo da disciplina heterônoma de uma dada relação.

Cabe salientar entretanto que a impossibilidade do enquadramento dos deveres laterais de conduta no contrato, como ato de autonomia privada não exclui que este possa dar-lhe vida enquanto mero comportamento juridicamente

72. Frada, Manuel A. Carneiro da, *op. cit.*, p. 62-3.

relevante, isto é, por força de valorações jurídicas que o tomam como fato jurídico não negocial. Assim, o contrato pode, indiretamente, como fato não negocial, condicionar e influir no surgimento de um sistema de responsabilidade por violação de certos interesses de integridade que siga as regras de responsabilidade contratual, como se demonstrará mais adiante.

Conclui-se, portanto, que os deveres laterais de conduta constituem posições jurídicas que não foram abrangidas no programa contratual livremente estipulado pelas partes, mas que podem ser afetadas durante sua execução. Quando assim acontece, o dano produzido é independente do interesse de cumprimento e fala-se então em danos acompanhantes ou paralelos. Trata-se de violação de *posições extracontratuais*, em conexão embora com a execução do contrato, e, em conseqüência, situada no âmbito da responsabilidade extracontrual ou aquiliana.

Os deveres laterais de conduta, decorrendo diretamente do princípio jurídico da boa-fé, situam-se assim no campo da responsabilidade delitual ou aquiliana. Como define Clóvis do Couto e Silva:

> *Categoria das mais importantes é a dos deveres secundários, como resultado da incidência do princípio da boa-fé.* Já tivemos oportunidade de versar a transformação operada no conceito da relação obrigacional. O princípio da boa-fé, como o de autonomia, incide não apenas no plano obrigacional, como também no de direitos reais. Estamos, porém, tratando desse princípio na primeira daquelas dimensões. *Os deveres que nascem dessa incidência são denominados secundários, anexos ou instrumentais.*[73]

Há que se diferenciar todavia a previsão delitual *stricto sensu* e a que decorre dos deveres laterais de conduta. Na previsão delitual *stricto sensu* ocorre a violação, com dolo ou mera culpa, de um direito de outrem. Essa previsão só se realiza quando se verifica um ataque direto a um direito subjetivo, com exclusão portanto de todas aquelas situações que não configuram direitos subjetivos. E ainda verifica-se a imediata contrariedade a um preceito legal.

No que se refere aos deveres laterais de conduta, a ilicitude não é indicada automaticamente pela produção (adequada) de uma lesão no direito subjetivo de outrem. Necessita antes de ser positivamente determinada pela pondera-

73. Silva, Clóvis do Couto e. *Obrigação como processo*, *op. cit.*, p. 111-2

ção de diversos fatores, com relevo naturalmente para a periculosidade de um determinado comportamento no confronto com a necessidade de proteção do potencial lesado, para as próprias concepções dominantes no tráfego jurídico, eventualmente até para a utilidade social da atividade portadora de riscos etc. Isto implica na elaboração judicial de normas de conduta cujo desrespeito seja havido em princípio como ilícito.[74]

A distinção fundamental, contudo, entre a responsabilidade delitual geral e a decorrente dos deveres laterais de conduta é a de que nessa última, a ofensa da integridade dos bens ou da pessoa da contraparte se dá no *quadro* e em *conexão* com um contato contratual.

Avulta que na violação da integridade decorrente dos deveres laterais de conduta deve-se sediar a conduta lesiva não já em juízos abstratos ou generalizantes ligados à tutela *erga omnes* desses bens, como é típico do direito delitual, e sim na concreta ponderação dos riscos específicos a que as partes estão expostas no quadro de uma relação particular de tipo contratual. O ângulo de visão como que se desloca, ao procurar a fundamentação do dever jurídico de indenizar, do resultado danoso de um bem absolutamente proibido *tout court*, para se fixar antes na violação dos padrões de comportamento reclamados pelo quadro de um contrato.[75]

O quadro do contrato configura uma relação social singular entre os homens. Forma-se pela interação de uma teia de relações e traduz uma nota diferenciadora que se distingue tanto da relação singular (contrato) quanto, ao mesmo tempo, contrasta com a ligação social global (delito). Pode ser essa relação social singular caracterizada como uma ordem de solidariedade que vigora no espaço do relacionamento contratual.

A entrada no contato contratual traduz uma vinculação acrescida, manifestada na oneração com deveres de agir, sempre que seja possível e razoável proceder de modo a evitar que o parceiro contratual sofra um prejuízo durante a vida de relação, mesmo quando o risco não resulte de nenhuma atuação prévia do sujeito. Os deveres laterais de conduta são agora o precipitado jurídico das

74. Frada, Manuel A. Carneiro da, *op. cit.*, p. 164-5.

75. Frada, Manuel A. Carneiro da, *op. cit.*, p. 169.

exigências de lealdade e lisura postas à conduta das partes ou, se se quiser, corresponde a uma moral de interação contratual.[76]

Esta relevância jurídica do contato negocial entre as partes que se radica na relação de fato que o contrato estabeleceu, implica uma intensificação da responsabilidade que irá se expressar num regime mais gravoso de responsabilidade por ofensas de integridade, tanto mais justificado se os deveres infringidos ultrapassam o plano delitual. Configura-se então, nesse quadro especial desenhado pelo contrato, informado pela boa-fé objetiva, a violação dos deveres laterais de conduta como uma responsabilidade extracontratual, porém intensificada pelo regime próprio da responsabilidade contratual.

Os deveres laterais de conduta inerentes ao negócio se configuram como decorrentes de uma vinculação extracontratual, ao princípio da boa-fé objetiva, porém seu regime jurídico, porque intensificado, decorrente da relação especial do contato negocial, é o contratual, com a responsabilização objetiva por fato de terceiro e a inversão do ônus da prova de culpa.

7. Conclusão

É tempo de formularmos as conclusões mais importantes desse trabalho, em sínteses dos vários assuntos abordados, de modo que possam servir de base para o aprofundamento dogmático desse instituto tão relevante da pós-eficácia das obrigações:

1) O conceito tradicional de obrigação, fruto de uma época de acentuada estabilidade das relações jurídicas, desenvolveu-se de maneira unívoca, concebido como tendo uma única finalidade: a prestação, expressa como um só dever principal (dar, fazer ou não fazer).
2) É somente com a modificação das circunstâncias econômicas, sociais e jurídicas do período entre guerras que se passa a pensar a relação obrigacional como uma totalidade vocacionada para o adimplemento e comportando, além do dever de prestar principal, deveres laterais de conduta de correção e lealdade no tráfego jurídico.
3) Avulta nesse período a consagração da boa-fé objetiva formulada como um dever global de agir de acordo com determinados padrões,

76. Frada, Manuel A. Carneiro da, *op. cit.*, p. 266.

socialmente recomendados, de correção, lisura e honestidade para não frustrar a confiança da outra parte.

4) Do princípio da boa-fé objetiva deriva o reconhecimento de deveres secundários (não diretamente pactuados), independentes da vontade manifestada pelas partes, a serem observados durante a fase de formação e de cumprimento da obrigação e mesmo, em alguns casos, após o adimplemento desta. Esta a origem da pós-eficácia das obrigações.

5) Insere-se a pós-eficácia das obrigações no âmbito da função integrativa da boa-fé objetiva como um dever lateral de lealdade. Os deveres laterais de conduta inerentes à boa-fé são deveres funcionalizados ao fim do contrato e, como tal, surgem e se superam no desenvolvimento da situação contratual como uma totalidade, autonomizando-se em relação ao dever de prestação principal para assegurarem o correto implemento do escopo do contrato. Assim, podem subsistir deveres pós-eficazes ao término do adimplemento do contrato, no interesse da correta consecução deste.

6) Rumoroso caso judicial agitou o início do século XX, em torno da uma venda de estabelecimento industrial, sua cessão de clientela e a obrigação implícita daí decorrente para o antigo dono de não restabelecer-se com o mesmo ramo de indústria. Implicava este problema um dever pós-eficaz ao adimplemento da obrigação (a compra e venda). A solução dada ao caso, a permissão do restabelecimento do vendedor, em ofensa flagrante ao negócio realizado, expôs a hipostáse do princípio da autonomia privada, com a redução da obrigação de garantia à exclusiva hipótese de declaração expressa no instrumento do contrato. Tal fato evidenciou a natureza juscultural da boa-fé objetiva que, só pode se configurar como princípio jurídico aplicado, quando presentes as condições sociais fáticas para o seu implemento.

7) A fundamentação dogmática da pós-eficácia das obrigações encontra-se na boa-fé objetiva. Da boa-fé resulta deverem as partes lealdade à convenção livremente celebrada. A lealdade em causa traduzir-se-ia, nomeadamente, na necessidade jurídica de, para além da realização formal da prestação, providenciar a efetiva obtenção e

manutenção do escopo contratual. Essa manutenção do escopo contratual perdura, naturalmente, para além da extinção do contrato em si. Há pós-eficácia.

8) A noção de pós-eficácia das obrigações não se confunde com a pós-eficácia aparente (fundada na eficácia atual da própria lei), com a pós-eficácia virtual (existência de deveres que, por natureza, só possam ser executados no momento posterior ao da extinção da obrigação) nem com a eficácia continuada da obrigação (dever secundário de prestar a ser implementado após o adimplemento do dever principal).

9) A pós-eficácia das obrigações constitui um dever lateral ou acessório de conduta unitário de lealdade, de garantia da fruição do contrato realizado. Abrange esse dever unitário em si os deveres para com a proteção e o esclarecimento da contraparte que, no término do contrato, sem a alteridade da avença, convertem-se em um só dever de assegurar a fruição do resultado do contrato.

10) A determinação se o implemento de uma determinada conduta constitui ou não um dever acessório da obrigação extinta é dada pela noção de base do negócio jurídico. Existirá tal dever sempre que a atitude de uma das partes da relação contrariar, em infringência à boa-fé objetiva, a base objetiva do negócio.

11) O dever acessório de lealdade da pós-eficácia das obrigações configura uma situação de responsabilidade aquiliana porque é irredutível à vontade negocial, expressa ou presumida das partes, derivando diretamente do princípio da boa-fé.

12) A relevância jurídica do contato negocial entre as partes implica numa intensificação da responsabilidade que irá se expressar num regime mais gravoso de responsabilidade por ofensas de integridade. Configura-se, então, nesse quadro especial desenhado pelo contrato, informado pela boa-fé objetiva, a violação dos deveres laterais de conduta como uma responsabilidade extracontratual, porém, intensificada pelo regime próprio da responsabilidade contratual.

13) Os deveres laterais de conduta inerentes ao negócio se conformam como decorrentes de uma vinculação extracontratual, ao princípio da boa-fé objetiva, porém, seu regime jurídico, porque intensificado,

fruto da relação especial do contato negocial, é o contratual, com a responsabilização objetiva por fato de terceiro e a inversão do ônus da prova de culpa.

8. Bibliografia

Aguiar Júnior, Ruy Rosado. *Extinção dos contratos por incumprimento do devedor (resolução)*. Rio de Janeiro: Aide, 1991.

Almeida, Francisco de Paula Lacerda de. *Obrigações*. Rio de Janeiro: Cruz Coutinho, 1897.

Aubry e Rau. *Cours de droit civil français*. t. V. Paris: Librairie Générale de Jurisprudence, 1902.

Azevedo, Antonio Junqueira de. Responsabilidade pré-contratual no Código de Defesa do Consumidor: estudo comparado com a responsabilidade pré-contratual no direito comum. *Revista de Direito do Consumidor nº 18, p. 23-31, abr./jun., 1996.*

Barbosa, Rui. As cessões de clientela e a interdição de concorrência nas alienações de estabelecimentos comerciais e industriais. *Obras Completas de Rui Barbosa*. v. XL. Tomo I. Rio de Janeiro: Ministério da Educação e Saúde, 1948.

Cordeiro, Antonio Manuel da Rocha e Menezes. *Da boa-fé no Direito Civil. v. I.* Coimbra: Almedina, 1984.

_____. Da pós-eficácia das obrigações. In: *Estudos de Direito Civil*. v. I. Coimbra: Almedina, 1991.

Dworkin, Ronald. *Levando os direitos a sério*. São Paulo: Martins Fontes, 2002.

Frada, Manuel A. Carneiro da. *Contrato e deveres de protecção*. Coimbra: Coimbra, 1994.

Ihering, Rudolf Von. Do lucro nos contractos e da supposta necessidade do valor patrimonial das prestações obrigatórias. *Questões de direito civil*. Rio de Janeiro: Laemmert Editores, 1899.

Larenz, Karl. *Derecho de obligaciones*. Madri: Revista de Derecho Privado, 1958.

_____. *Base del negocio juridico y cumplimiento de los contratos*. Madri: Revista de Derecho Privado, 1956.

_____. *Derecho justo: fundamentos de etica juridica*. Madri: Civitas, 1993.

Lessa, Pedro. Debate e julgamento no Supremo Tribunal Federal da Apelação Cível nº 2.183. Sessão de 12 de agosto de 1914. In: BARBOSA, Rui. As cessões de clientela e a interdição de concorrência nas alienações de estabelecimentos comerciais e industriais. *Obras Completas de Rui Barbosa*. v. XL. t I. Rio de Janeiro: Ministério da Educação e Saúde, 1948.

Martins-Costa, Judith. *A boa-fé no direito privado: sistema e tópica no processo obrigacional*. São Paulo: Revista dos Tribunais, 1999.

Mendonça, Joaquim Xavier Carvalho de. Apelação nº 2.183. Memorial da Apelante ao Supremo Tribunal Federal. Rio de Janeiro: Liga Marítima Brasileira, 1912.

Noronha, Fernando. *O direito dos contratos e seus princípios fundamentais: autonomia privada, boa-fé e justiça contratual*. São Paulo: Saraiva, 1994.

Pinto, Carlos Alberto da Mota. *Cessão de contrato*. São Paulo: Saraiva, 1985.

Pothier, R-J. *Tratado das obrigações pessoaes e recíprocas*. t I. Rio de Janeiro: H. Garnier Editor, 1906.

Rousseau, Jean-Jacques. *Do contrato social*. São Paulo: Abril Cultural, 1973.

Savigny, Friedrich Karl Von. *Le droit des obligations*. v. I. Paris, s.e., 1873.

_____. *Sistema del derecho romano actual*. t II. Madri: F. Góngora Editores, 1879.

Silva, Clóvis do Couto e. *A obrigação como processo*. São Paulo: Bushatsky, 1976.

_____. O direito civil brasileiro em perspectiva hostórica e visão de futuro. In: fradera, Vera Maria Jacob de. *O Direito Privado brasileiro na visão de Clóvis do Couto e Silva*. Porto Alegre: Livraria do Advogado, 1997.

_____. O princípio da boa-fé no Direito brasileiro e português. In: FRADERA, Vera Maria Jacob de. *O Direito Privado brasileiro na visão de Clóvis do Couto e Silva*. Porto Alegre: Livraria do Advogado, 1997.

III

Direito dos Contratos

III

7

As condições gerais dos contratos no Direito brasileiro

Sumário: Introdução. 1. A estandardização das relações contratuais. 2. Natureza jurídica das condições gerais dos contratos. 3. Elementos das condições gerais dos contratos. 4. Condições gerais dos contratos no direito brasileiro. 5. Controle de conteúdo das condições gerais dos contratos. 6. Conclusão. 7. Bibliografia.

Introdução

No campo dos contratos, a economia moderna tem na contratação em massa e mediante o uso de condições gerais dos negócios o seu corolário natural.

O desenvolvimento econômico acarreta uma acentuada materialização e desmaterialização de riqueza, alterando o perfil estático do esquema contratual do século XIX, de gozo e utilização imediata, quase física, dos bens, para o perfil dinâmico da atividade (de organização dos fatores produtivos a empregar em operações de produção e de troca no mercado). As exigências da produção e do consumo de massa, a necessidade de acelerar, simplificar e uniformizar a série infinita das relações entre a empresa e as massas de consumidores determinam um processo de objetivação da troca, o qual tende a perder parte dos seus originais caracteres de voluntariedade. Atribuir grande relevo à vontade, significaria, na verdade, personalizar a troca, individualizá-la, e portanto, acabaria por atrapalhar o tráfego, cujas dimensões, agora massificadas, impõem que se desenvolva de modo mais estandardizado e impessoal.

A uniformização ou estandardização das condições gerais dos contratos está ligada ao desenvolvimento da técnica negocial. Através do emprego das condições gerais dos contratos as empresas obtêm sensíveis reduções de tempo, meios e atividades em suas negociações, possibilitando a uniformização das diretrizes para o seu departamento de vendas. A predisposição de um esquema contratual uniforme e rígido, destinado a aplicar-se a todas as relações de um determinado tipo, assume de fato o senso de um limite à iniciativa individual dos auxiliares do empreendedor, assegurando à estratégia contratual da empresa a coordenação em nível central e, sobretudo, aquela necessária homogeneidade que leva a *standards* de negociação, evitando-se a liberdade de agente de discutir com a contraparte cláusula a cláusula do contrato.

Neste sentido, revela-se a utilidade do controle de conteúdo das condições gerais dos contratos, mediante cláusulas gerais que permitam a elaboração de um sistema fechado do ponto de vista normativo e ao mesmo tempo aberto do ponto de vista das informações oriundas do ambiente, de modo a reassegurar ao Estado e ao Direito essa capacidade perdida de regulação social situando-se numa via alternativa entre a regulação centralizada (o projeto socialista e socialdemocrata de centralização falhou por falta de descomplexização) e a auto-regulação pelo mercado (solução liberal de redução brusca da complexidade, com o Estado mínimo, que resulta impossível pelos riscos de tendências centrífugas e desintegradoras).

Cabe dotar o direito contratual um corpo sistemático de regras baseadas em princípios gerais universalizáveis que permitam a incorporação das práticas jurídicas que resultam das relações de força entre os interesses econômicos e sociais supranacionais e reconduzam estes à esfera dos procedimentos controláveis pelo Poder Público através da juridicização desses momentos normativos e sua incorporação num renovado e aberto ordenamento jurídico.

Evidentemente, dada a abrangência do tema, o trabalho procura delimitar um campo de incidência dessa nova normatização do direito contratual que, pelas suas características, fosse representativo do todo desse fenômeno e, não obstante, bastante restrito para ser estudado em profundidade.

Esse campo é o do controle de conteúdo das chamadas condições gerais dos negócios jurídicos. Particularizadas essas em relação aos contratos consensuais tradicionais, onde há a estipulação das cláusulas do negócio por acordo das partes, cumpre examinar a possibilidade de se falar em proteção intrínseca do ordenamento à parte mais fraca da relação contratual. Definidos os contornos desta proteção, deve se examinar se estes controles são de tal modo abrangentes a ponto de se constituírem em normas válidas para a totalidade dessas condições gerais dos negócios.

1. A estandardização das relações contratuais

A economia moderna tem na contratação em massa e mediante o uso de condições gerais dos negócios o seu corolário natural.

As exigências da produção e do consumo de massa, a necessidade de acelerar, simplificar e uniformizar a série infinita das relações entre a empresa e as massas de consumidores determinam um processo de objetivação da troca, o qual tende a perder parte dos seus originais caracteres de voluntariedade. Atribuir grande relevo à vontade, significaria, na verdade, personalizar a troca, individualizá-la, e portanto acabaria por atrapalhar o tráfego, cujas dimensões, agora de massa, impõem que se desenvolva de modo mais estandardizado e impessoal.[1]

A relação da difusão das condições contratuais uniformes e da conseqüente estandardização das relações jurídicas mercantis com o processo de concentração monopolística da economia moderna é acentuada por Enzo Roppo:

> *Per un verso, la diffusione di condizioni contrattuali uniformi e la conseguente standardizzazione dei rapporti giuridici di mercato conobbero un potentissimo fattore d´impulso con l´avanzare del processo di concentrazione monopistica (od oligopolistica) che variamenti investí le economie dell´Occidente tra la fine del secolo scorso e gli inizi di questo. Nella misura in cui la concertazione di (prezzi e altri) termini di vendita uniformi per tutte le imprese di un settore rappresenta – da sempre – il mezzo più elementare per regolare la concorrenza tra esse, la prassi di (contratti normativi, contratti tipo e) condizione generali concordate tra gli aderenti al cartello non poteva infatti non estendersi singolarmente in tempi caratterizzati dalla tendenza ad una* ***stormy monopolization.***[2]

1. Roppo, Enzo. *O contrato*. Coimbra: Almedina, 1988, p. 67-69.

2. Roppo, Enzo. *Contratti standard: autonomia e controlli nella disciplina delle attività negoziali di impresa*. Milão: Giuffrè, 1989, p. 12.

O contrato se objetiva, ocorrendo uma progressiva perda de relevância do elemento volitivo, da intenção real e efetiva do declarante, ganhando peso crescente o próprio comportamento declarativo. A atividade de alienação em massa de produtos não admite o entrave por momentos de irracionalidade subjetiva, por pressupostos individuais de foro interno do declarante, incidentes sobre a base volitiva do negócio. Ao mesmo tempo, a venda em massa para um mercado anônimo, através de um número indefinido de atos, mecanicamente celebrados, coloca para o instrumento contratual exigências de uniformidade e tipicidade que não podem ser satisfeitas pelo recorte clássico.[3]

Essa funcionalização dos contratos aos interesses do predisponente, altera em muito a natureza destes. Esse processo de apropriação unilateral da competência modeladora, ao concentrar-se numa das partes, em exclusivo, todo o poder de conformação, torna-a senhora absoluta do conteúdo contratual, abrindo assim as portas aos desequilíbrios e abusos.

Segundo doutrina praticamente unânime, o primeiro autor a atentar para essas peculiaridades dos novos contratos foi Raymond Salleiles, que cunhou para estes um termo destinado a singrar fortuna no léxico legal, *contrat d´adhesion.*[4]

O traço característico do contrato de adesão é a possibilidade de pré-determinação de suas cláusulas, a determinação do conteúdo da relação negocial, pela parte que faz a oferta ao público, o fornecedor. Um elemento essencial, portanto, do contrato de adesão é a ausência de uma fase pré-negocial, a falta de um acordo prévio sobre as cláusulas que comporão o contrato. Há uma pré-fixação de seu conteúdo, deixando ao oblato a alternativa de aceitar ou rejeitar o contrato, sem poder modificá-lo de maneira relevante, sendo que seu consentimento manifesta-se na adesão ao conteúdo pré-estabelecido pelo fornecedor do bem ou serviço com quem se deseja contratar. O que é, portanto, essencial no contrato de adesão é a ausência de um debate prévio, a determinação unilateral do conteúdo contratual, que é fato de uma das partes ou de terceiro. Essa vontade unilateral fixa a economia do contrato e, assim, um de seus elementos, a

3. Ribeiro, Joaquim de Sousa. *Cláusulas contratuais gerais e o paradigma do contrato.* Coimbra: Coimbra, 1990, p. 19-20.

4. Saleilles, Raymond. De la déclaration de volonté: contribution a l'étude de l'acte juridique dans le Code Civil allemand (Art. 116 à 144). Paris: F. Pichon Éditeur, 1901, p. 229-30.

vontade do aderente, não intervém senão para dar uma eficácia jurídica a essa vontade unilateral.[5]

São também características do contrato de adesão: a) a uniformidade, pois o intento do fornecedor é obter de um número indeterminado de consumidores, a aceitação de um bloco de condições idênticas, conseguindo a padronização de suas relações contratuais. Esta padronização é uma exigência da racionalização das atividades econômicas que por seu intermédio se desenvolvem. É próprio da estipulação ser redigida em termos abstratos, de enunciar regras de caráter geral, aplicadas de forma impessoal. Ela comporta cláusulas que são destinadas a reger, de maneira mais ou menos completa, freqüentemente muito detalhadas, operações concebidas de maneira genérica; b) a pré-determinação do conteúdo. A pré-determinação do conteúdo corresponde a uma situação onde o estipulante determina ele mesmo o conteúdo do contrato, as modalidades de execução e o risco que ele assume em vista de uma aplicação múltipla. Mesmo se o aderente obtém mitigações nessas modalidades isso não significa dizer que ele não permaneça em uma situação particular de dependência em relação ao estipulante; c) a rigidez, garantida pelo ato da só adesão, sem discussão de cláusulas, sendo esta rigidez uma conseqüência das características acima. A rigidez garante a uniformidade e protege a pré-determinação. Pela adesão, o aderente limita-se a manifestar sua intenção de submeter-se à transação nos termos e condições da estipulação.[6]

A função de uniformização ou estandardização das condições gerais dos contratos está ligada ao desenvolvimento da técnica negocial. Através do emprego das condições gerais dos contratos as empresas obtêm sensíveis reduções de tempo, meios e atividades em suas negociações, possibilitando a uniformização das diretrizes para o seu departamento de vendas. A predisposição de um esquema contratual uniforme e rígido, destinado a aplicar-se a todas as relações de um determinado tipo, assume de fato o senso de um limite à iniciativa individual dos auxiliares do empreendedor, assegurando à estratégia contratual da empresa a coordenação em nível central e, sobretudo, aquela necessária homo-

5. Berlioz, Georges. *Le contrat d'adhesion*. Paris: LGDJ, 1973, p. 27-28.

6. Berlioz, Georges, *op. cit.*., p. 29-31.

geneidade que leva a *standards* de negociação, evitando-se a liberdade ao agente de discutir com a contraparte cláusula a cláusula do contrato.[7]

Exercita-se deste modo uma racionalização da atividade negocial da empresa. García-Amigo descreve, com proficiência, esse processo:

> La prerredacción elimina los tratos precontractuales, simplificando al máximo el procedimiento de formación y conclusión de los contratos; lo que tiene por consecuencia una gran rapidez en la celebración de los negocios: así se explica el hecho de que un solo representante de cualquier empresa pueda celebrar miles de contratos en un solo día. (..) Además, el uso de condiciones generales del contrato permite a la empresa uniformar el contenido jurídico de sus relaciones negociales, facilitando enormemente la contratación mediante representantes en los lugares más diversos y alejados, ya que dichos agentes se limitan a suscribir el contrato en las condiciones prerredactadas por la dirección de la empresa bajo el consejo y asesoramiento técnico de sus letrados particulares.[8]

As condições gerais dos contratos converteram-se também em um instrumento para a planificação econômica da empresa porque possibilitam a esta prever e calcular de forma antecipada qualquer eventualidade capaz de gerar custos, uniformizando e fazendo calculáveis os riscos empresariais. Assim, através delas pode-se estabelecer antecipadamente os termos em que se vai contratar, a que se vai comprometer, que responsabilidades e obrigações assume e de quais se vê liberado, bem como os custos e gravames que virá a suportar. Deste modo, desenhando melhor sua organização a empresa pode cortar custos desnecessários ou excessivamente elevados e planejar novas inversões que a rentabilizem, aperfeiçoando seu sistema de produção e comercialização.[9]

Outra função das condições gerais dos contratos é a de reforçar a posição contratual do predisponente. Duas são as formas primordiais desse reforço de posição contratual: a) pela remissão às condições gerais próprias e b) pelo debilitamento da posição jurídico-contratual da parte aderente.

No que concerne à remissão às condições gerais próprias, geralmente ela se dá pela regulação das cláusulas não essenciais dos contratos através de condi-

---

7. Roppo, Enzo. Contratti standard, *op. cit.*, p. 29.

8. Garcia-Amigo, M. *Condiciones generales de los contratos*, *op. cit.*, p. 25.

9. Garrido, José Antonio Ballesteros. *Las condiciones generales de los contratos y principio de autonomía de la voluntad*. Barcelona: Bosch, 1999, p. 30-1.

ções gerais dos contratos do predisponente, que podem estar inseridas no corpo do instrumento contratual ou constituir uma parte externa ao contrato, um anexo, um cartaz afixado no estabelecimento. A conseqüência de tal forma de contratação é a de que o aderente geralmente pactua os elementos essenciais do negócio (preço e prestação) e aqueles acidentais inerentes à natureza do mesmo, mas submete-se a cláusulas que desconhece absolutamente.

O debilitamento da posição contratual do aderente também se constitui em uma função freqüente das condições gerais dos contratos. O predisponente utiliza-se do seu poder conformador, sem sofrer o *countervailling power* dos titulares dos interesses em oposição, para ditar aos aderentes condições inequitativas e desfavoráveis. Caracteriza-se essa função pela combinação do conteúdo concreto de algumas cláusulas e do modo de formulação ou redação – extensa, abstrata, geral e complicada – das condições gerais. São exemplos desse processo de debilitamento da posição contratual do aderente:

> Exclusões, atenuações ou condicionamentos de garantias e responsabilidades; auto-concessão de faculdades (de denúncia e resolução, de alteração dos prazos de cumprimento, de modificação do conteúdo da prestação, de certificação unilateral de qualidades, de elevação dos preços etc.), a pôr em causa a própria vinculatividade das obrigações assumidas; alterações das regras de repartição dos ônus e dos riscos, de tudo o predisponente lançando mão para o avantajamento de sua situação jurídico-econômica. E a eficácia desses expedientes é muitas vezes reforçada com a simetricamente oposta imposição de gravames ao aderente (cláusulas penais excessivas, limitações à liberdade contratual, exigências de formalidades etc.) e a denegação de direitos (de resolução por incumprimento, de denúncia, de invocação da exceção do não cumprimento ou do direito de retenção, da compensação etc.).[10]

Importante aspecto das condições gerais dos negócios também é a função de facilitação da organização empresarial. As condições gerais funcionam como meio de controle interno, sobretudo das grandes empresas, porque sua utilização pressupõe a elaboração de um procedimento que deve ser observado por todos os membros da organização, o que possibilita uma certa uniformidade na fase de execução negocial, garante a continuidade das operações, com inde-

10. Ribeiro, Joaquim de Sousa. *Cláusulas contratuais gerais e o paradigma do contrato*. Coimbra: Coimbra, 1990, p. 55-6.

pendência das atitudes dos agentes de venda e, em geral, das modificações de pessoal, permitindo-se um eficaz seguimento das operações *a posteriori*.[11]

Também é de se ressaltar a facilitação da divisão de tarefas. Em princípio, resolvem-se pelas condições gerais todas as circunstâncias e percalços do negócio em questão, de modo que o gestor não tenha de se ocupar senão dos problemas negociais essenciais. A tarefa jurídica de caráter técnico pode ser assumida de modo eficiente por pessoal especializado, enquanto os agentes de venda só hão de se limitar a procurar a conclusão do negócio, sem necessidade de entrar a negociar os pormenores da relação contratual.[12] Releva também considerar como facilitação da organização empresarial propiciada pelo uso das condições gerais a dispersão dos riscos pela transferência destes para terceiros, com ou sem compensação.

2. Natureza jurídica das condições gerais dos contratos

A natureza jurídica das condições gerais dos contratos tem sido objeto de apurada discussão doutrinária em vista da particular problemática que representa esta forma de contratação, especialmente no que se refere à conclusão do contrato, à submissão de um dos contratantes às regras que o outro estabelece, ao não conhecimento pleno das mesmas etc.

São três as vertentes teóricas que procuram dar conta da questão: as teorias normativistas, as teorias contratualistas e as teorias mistas. Na primeira vertente situam-se aqueles autores que entendem que as condições gerais dos contratos constituem um desvio do esquema normal do contrato mas que este não chega a sacrificar sua natureza. A segunda vertente entende que o desvio apresenta tal distorção que, embora não subtraído ao campo negocial, o desfigura como contrato[13]. As teorias mistas enquadram-se no campo contratual, embora admitam matizes e variantes normativos bastante acentuados, assumindo peculiaridades conceituais próprias.

11. López, Javier Pagador. *Condiciones generales y cláusulas contractuales predispuestas*. Madri: Marcial Pons, 1999, p. 39.

12. *Idem*, p. 39.

13. Gomes, Orlando. *Contrato de adesão: condições gerais dos contratos*. São Paulo: Revista dos Tribunais, 1972, p. 71.

O problema é teoricamente interessante e de acentuadas conseqüências práticas. Podemos distinguir uma série de questões no que concerne a este tema. Qual é a natureza jurídica dos dois atos que concorrem para formar o contrato? O mero ato de predisposição tem uma transcendência jurídica, ou seja, as condições gerais têm algum tipo de vida para o Direito antes de sua apresentação ao futuro aderente? Qual o seu tratamento jurídico? O ato de adesão é um consentimento contratual puro e simples ou tem um alcance mais limitado em razão das particularidades que se podem considerar relevantes judicialmente? Das respostas que dermos a tais perguntas depende a conveniência e viabilidade dos métodos de controle abstratos e prévios sobre as condições gerais, a qualificação desses contratos, o tratamento de redução da eficácia contratual das condições gerais etc. Portanto, faz-se necessário um estudo, ainda que breve, das distintas teses elaboradas sobre a matéria.

2.1. As teorias

a) Teorias normativistas ou unilaterais

Na França, no início do século XX, alguns doutrinadores perceberam a eclosão de um novo modelo negocial que não correspondia ao esquema clássico de contratação. A nova contratação não se realizava mediante uma negociação entre as partes de um contrato, mas sim através da fixação unilateral por uma delas, que ajustava os termos em que desejava contratar e que serviam, de maneira uniforme, para a generalidade dos contratos que esta celebrava com seus clientes. Não existia negociação individualizada e a contraparte deveria se submeter simplesmente a um receituário uniforme, como um regramento normativo. O primeiro autor a tratar com proficiência deste tema foi Raymond Saleilles que, analisando esse tipo de contrato, concluiu que não se tratava de verdadeiros contratos, que destes só tinham o nome, já que não existiam manifestações de vontade concorrentes para formar o contrato, e sim manifestações de distinto alcance que se justapõem. A primeira predispõe todo o regramento contratual, realizando a oferta, que já é por si válida e perfeita e à qual a inteira coletividade se limitaria a aceder. Trata-se de uma declaração unilateral de vontade obrigatória, que obriga não a um contratante individual senão a toda uma coletividade indeterminada.[14]

14. Saleilles, Raymond, *op. cit.*, p. 229-30.

Para León Duguit, nessa situação existe não um contrato, mas uma adesão a um estado de fato. Há, em verdade, para ele, uma vontade que, em efeito, estabelece um estado de fato e outra vontade que se aproveita desse estado de fato. A situação de direito subjetivo nasce da vontade unilateral daquele que a cria:

> El caso más sencillo de lo que muchos jurisconsultos llaman contrato de adhesión, es el que todo el mundo conoce, el del distribuidor automático. El industrial o la administración que establece en un lugar público un distribuidor de ese género, crea con esto un estado de hecho tal que todo individuo que coloca en el aparato la moneda indicada, se hace acreedor del objeto anunciado en dicho aparato o de la restitución de la moneda. Se dice: hay un contrato de adhesión, porque el que hace uso del distribuidor se adhiere a un cierto estado de hecho, y precisamente, esta adhesión es la que constituye el contrato.
>
> *No lo niego; no discuto que haya, en efecto, adhesión a un estado de hecho. Pero sostengo que es un error querer referir el acto de que hablo al contrato clásico. No tenemos aquí dos voluntades en presencia una da otra, que entran en contacto y se ponen de acuerdo. Las dos voluntades no se conocen y no pactan por un acuerdo las condiciones del pretendido contrato. Tenemos una voluntad que, en efecto, ha establecido un estado de hecho y no una situación jurídica individual, un estado de hecho de orden general y permanente, y otra voluntad que quiere aprovecharse de ese estado de hecho. En realidad, la situación de derecho subjetivo nace de la voluntad unilateral de aquel que, usando del aparato distribuidor, quiere crear una situación jurídica, y lo quiere legal y eficazmente, porque lo quiere de conformidad con un estado reconocido como legal. Acuerdo de voluntades, no lo veo; no veo más que una declaración unilateral de voluntad.*[15]

A tese normativa considera que o pretendido contrato por adesão é na realidade um ato unilateral. A adesão está, de resto, bem longe de mudar essa natureza e torná-lo bilateral. A noção de contrato supõe a igualdade de situações daqueles que contratam, o que não existe no contrato por adesão. A adesão é uma condição necessária para a validade do ato, mas ela não retira deste o seu caráter de ato unilateral.[16]

---

15. Duguit, León. *Las transformaciones generales del derecho (público y privado)*. Buenos Aires: Editorial Heliasta, 1975, p. 224-225.

16. Dereux, Georges. De la nature juridique des "contrats d´adhesión". In: *Revue Trimestrielle de Droit Civil*. Paris, t. I, 1910, p. 503-41.

Para a tese normativista, a radical desigualdade das partes dava lugar ao desaparecimento da negociação e a que o conteúdo do contrato de adesão não se criasse pela concorrência de duas vontades senão pela imposição da vontade unilateral da parte mais forte. Esta o faz aderir a suas condições, movida a contraparte pela necessidade de contratar em que se encontra. A conseqüência da tese normativista é a de que não cabia realizar o labor interpretativo buscando a vontade comum das partes, uma vez que esta não existe. Deve-se sim investigar exclusivamente a vontade do predisponente que formou a obrigação e a qual aderiu a contraparte. A interpretação é idêntica à da lei: trata-se de buscar o sentido do regramento contratual em um senso objetivo, igual para todos os aderentes e que há de realizar-se em conformidade com a boa-fé, os interesses econômicos em jogo e as leis da Humanidade.

As teorias normativistas não foram seguidas pela maioria da doutrina: foram abandonadas na França depois da Segunda Guerra Mundial e, na Alemanha, só alguns autores anteriores à queda do regime nazista as defendiam. Tampouco tiveram acolhida na jurisprudência, salvo na Alemanha, mas não puderam resistir às críticas de que foram objeto.[17]

Interessante aporte à teoria normativista é aquela trazida, em época mais moderna, por J. Garrigues e que pode ser classificada como parcialmente normativista. Distingue esse autor entre condições gerais dos contratos e de contratação; as primeiras, que são utilizadas pelas empresas na contratação com seus clientes e que estes devem subscrever, têm caráter contratual: vinculam pela aceitação implícita na adesão. Mas as condições gerais de contratação, acordadas entre associações ou grupos de empresas para que cada um de seus membros a utilize nos contratos com seus clientes, têm um caráter semelhante ao da lei por sua obrigatoriedade indiscutível para as partes, por sua transcendência e por suprir as lacunas da lei em setores inteiros da contratação mercantil. Assim, se respeitam os limites da boa-fé contratual poderiam ser classificadas como verdadeiras fontes do Direito Mercantil, já que são aplicadas sem consideração à vontade, nem declarada, nem tácita, dos contratantes; sua natureza seria semelhante ao uso normativo e teria os mesmos limites deste.[18]

17. Garrido, José Antonio Ballesteros, *op. cit.*, p. 110.

18. Garrido, José Antonio Ballesteros, *op. cit.*, p. 111.

As teorias normativistas foram objeto de severa crítica da doutrina. Um primeiro aspecto levantado é o de que a negociação não é um elemento inerente ao contrato: para que haja contrato basta que exista um acordo entre as partes em situação de igualdade jurídica. Por outro lado, a vontade do ofertante não pode ser considerada um poder regulamentar ou legal porque a lei obriga sem necessidade de adesão por seus destinatários, o que é vedado aos particulares.

A adoção da teoria normativista também acarretaria uma cisão inadmissível na compreensão do contrato, de acordo com aqueles que momentaneamente o titularizassem. Deste modo, um contrato de transporte seria um ato unilateral e regulamentar se realizado através de uma empresa de transportes coletivos e seria um ato bilateral (*contrato stricto sensu*) se realizado com um transportador mais modesto. Também não seria de bom alvitre o reconhecimento de um poder regulamentar aos empresários, uma vez que estes o utilizariam em seu próprio benefício, ao passo que a finalidade da normativa estatal é o interesse público.

No que se refere à concepção das condições gerais como usos mercantis, veiculada por J. Garrigues, esta sofreu uma acerba crítica de Frederico de Castro y Bravo. Doutrina este autor que o costume revela, por sua própria natureza, uma convicção jurídica manifestada em fatos, mais ou menos reiterados, expressão do mais comum sentir da generalidade em casos de Direito. Os usos são de nascimento anônimo, aplicação espontânea e limitados ao âmbito social que os cria.[19] Ora, as condições gerais são fruto de uma imposição de uma das partes no momento da contratação. A generalização da aplicação das condições gerais não procede da vontade espontânea das partes senão da planificação e imposição pelos empresários. As condições gerais não podem chegar a converter-se em usos porque isto suporia atribuir aos empresários um poder que excederia inclusive aquele dos grupos escalares da sociedade.

b) Teorias contratualistas

As teorias contratualistas predominaram amplamente na fundamentação das condições gerais dos contratos. Segundo estas, as condições gerais têm

---

19. Castro y Bravo, Frederico de. *Las condiciones generales de los contratos y la eficacia de las leyes*. Madri: Civitas, 1985, p. 30-1.

a validez própria das cláusulas de um contrato porque são fruto de um consentimento contratual sobre elas – a adesão – confluindo assim a oferta e a aceitação. A adesão constituiria uma declaração de vontade livre que manifestaram o consentimento contratual, a aceitação daquilo predisposto no instrumento contratual.

Deste modo, as condições gerais vinculam os contratantes que as aceitam e que, justamente por sua aceitação, manifestam sua adesão às mesmas. A teoria se funda no fato de que o Direito não pode admitir que os particulares possam impor a sua vontade a outros sem contar com a aquiescência destes. Por exemplo, todos são conscientes que ao adquirir um bilhete de metrô celebra-se um contrato. Uma vez que as condições gerais são eficazes, não existe outra possibilidade de fundamentar essa vigência do que lhes atribuir a condição de cláusulas aceitas. Como expressa García-Amigo:

> La eficacia vinculante de las condiciones generales debe provenir necesariamente de las fuerzas subjetivas. Y los ordenamientos jurídicos reconocen como única vía normativa de relaciones contractuales en esta categoría el principio de la autonomía de la voluntad en cuanto poder delegado a los particulares para configurar el contenido del contrato. En otras palabras, puesto que son fuerzas subjetivas quienes la formulan, ya que proceden de los particulares carentes de poder legislativo, la sola eficacia posible es la que pueda serle conferida a través del negocio jurídico, forma única reconocida a los particulares para poder disciplinar sus propias relaciones.[20]

Entre os autores que defendem a tese contratualista é possível vislumbrar duas posições: a primeira, que considera os contratos de adesão como idênticos aos demais e outra, que propugna uma autonomia dogmática para os contratos de adesão, a justificar a aplicação de regras particulares de interpretação.

A primeira vertente é representada por aqueles que consideram que os contratos de adesão são contratos como todos os demais, tendo as condições gerais plena eficácia. Josserand, por exemplo, entendia que a lei não exige em nenhuma parte que a conclusão dos contratos fosse precedida de uma livre dis-

20. Garcia-Amigo, M. *Condiciones generales de los contratos*. Madri: Revista de Derecho Privado, 1969, p. 145-6.

cussão, na qual as partes participariam em idênticas condições. Ele entendia, ao revés, que o contrato estaria formado pelo só consentimento.[21]

Uma outra vertente de juristas, por outro lado, estima que os contratos de adesão têm uma autonomia dogmática frente aos contratos comuns, o que deve dar lugar a que se apliquem regras particulares de interpretação para a proteção do contratante débil. Para Larenz, os Tribunais devem fazer especial controle de retidão do conteúdo das condições gerais porque falta a estas o controle que é feito na estipulação individual nas tratativas prévias e no acordo bilateral. Considera esse autor que os Tribunais devem averiguar, utilizando-se do § 319 do BGB, se à espécie negocial em questão vai unido um risco especial, não tido em conta na regulação legal de que esta se desviou; se é concedida ao cliente uma compensação suficiente pelas vantagens que para ele teria a regulamentação legal a que renuncia; se o cliente pode assegurar-se contra o risco que o ameaça. Em suma, se os interesses de ambas as partes foram adequadamente levados em conta. Só quando o conteúdo das condições gerais de contratação, consideradas em seu conjunto, não representem nenhuma infração grave contra o espírito do ordenamento jurídico, é que devem ser reconhecidas como obrigatórias.[22]

c) Teorias mistas

Estabelecida a antítese, uma plêiade de juristas procurou resolver o problema conjugando o caráter regulamentar do ato de predisposição com o contratual de intercâmbio de consentimentos. São as teorias mistas. A faculdade regulamentar do predisponente estaria justificada pela ordem pública ou pelas exigências do serviço público que presta com sua atividade: uma vez que as condições gerais estabelecidas por esse ato de predisposição se incorporam no contrato por adesão, quer dizer, por manifestação do consentimento contratual, por sua aceitação pelo outro contratante, adquirem um valor regulamentar, semelhante ao da lei. Demogue considerava que, nesse caso, havia contrato, mas não uma transação entre vontades opostas, um estando vinculado perante o outro. O que existiria

21. Josserand, Louis. L´essor moderne du concept contracuel. In: *Recueil d´etudes sur le sources du droit en l´honneur de François Geny*. t. II. Paris: Recueil Sirey, s.d., p. 337.

22. Larenz, Karl. *Derecho de obligaciones*. t. I. Madri: Revista de Derecho Privado, 1958, p. 128-9.

em realidade seria a afirmação razoável (sob a reserva de necessidades de serviço) da primeira vontade. Seria esta uma concepção técnica do contrato de adesão, existindo socialmente uma instituição em germe, um semi-serviço público.[23]

Essa teoria não teve maiores reflexos na jurisprudência. Recebeu severas críticas, uma vez que não é concebível um ato que participe ao mesmo tempo da natureza do contrato e do regulamento, que são coisas que se excluem.

Uma solução mais consentânea com a perspectiva contratual foi dada pela teoria de Manigk do ato negocial tipificado, segundo os usos do comércio. Parte este da teoria contratualista segundo a qual as condições gerais vinculam pela aceitação do aderente. Ainda, por ficção legal, incluem-se no âmbito do consentimento as cláusulas que o aderente poderia reconhecer utilizando uma diligência ordinária, mas que, em realidade, não as tenha conhecido efetivamente. Deste modo, vão ter eficácia de condições gerais, quer aquelas que tenham sido conhecidas, quer aquelas que o aderente teria podido verificar com a diligência de um *bonus pater familias*. A adesão configura, portanto, uma declaração negocial tipificada, a qual se concede uma virtualidade que vai além do que alcança a vontade real. Atribui-se um significado ao conhecimento ou à ignorância culposa do sujeito aderente. Isto abre uma brecha na teoria da autonomia da vontade, posto que o ordenamento se subroga, pelo significado que se dá a essa declaração tipificada, no lugar que corresponderia à verdadeira vontade do contratante. Essa teoria foi assumida pelo legislador italiano que a incorporou ao art. 1.341 do *Codice Civile*,[24] se bem que com uma matização: a tipificação da declaração negocial, no sentido de estender os efei-

23. Demogue, René. *Traité des obligations en géneral. Source des Obrigations.* t. II. Paris: Librairie Arthur Rousseau, 1923, p. 336-7.

24. *Codice Civile, art. 1.341 – Condizioni generali di contratto – Le condizioni generali di contratto predisposte da uno dei contraenti sono efficaci nei confronti dell`altro, se al momento della conclusione del contratto questi le ha conosciute o avrebbe dovuto conoscerle usando l`ordinaria diligenza (1370, 2211).*
In ogni caso non hanno effetto, se non sono specificamente approvate per iscritto, le condizioni che stabiliscono, a favore di colui che le ha predisposte, limitazioni di responsabilità, (1229), facoltà di recedere dal contratto (1373) o di sospenderne l`esecuzione, ovvero sanciscono a carico dell`altro contraente decadenze (2964 e seguenti), limitazioni alla facoltà di opporre eccezioni (1462), restrizioni alla libertà contrattuale nei rapporti coi terzi (1379, 2557, 2596), tacita proroga o rinnovazione del contratto, clausole compromissorie (Cod. Proc. Civ. 808) o deroghe (Cod. Proc. Civ. 6) alla competenza dell`autorità giudiziaria.

tos da adesão a todas as cláusulas que se houvessem podido conhecer, procede da lei, não dos usos do tráfego.[25]

2.2. Natureza jurídica do ato de adesão

Faz-se necessário determinar a natureza do ato de adesão. As condições gerais são eficazes pela só aplicação do princípio do *pacta sunt servanda,*[26] pelo consentimento expresso no ato de adesão ao firmar o documento em que se encontram ou há também outras formas de interpretação desses contratos?

A declaração de vontade é vinculante unicamente na medida em que seja livre e se refira a um objeto realmente conhecido: a adesão só poderá valer como tal declaração enquanto cumpra esses requisitos. Se o aderente não conhece o conteúdo das condições gerais, se não há meios razoáveis e céleres de as conhecer, se nem pode alterá-las quando não deseja que entrem a fazer parte do contrato – ao menos nas hipóteses em que sejam contrárias à boa-fé – é inadmissível que se possa considerar que se vincula pelo fato de haver firmado um documento em que estas condições gerais estão apostas ou que, mais usualmente, se remete a outro documento na qual elas se reproduzem.

Quando o aderente subscreve o documento que lhe apresenta o predisponente, está manifestando sua vontade de ficar vinculado contratualmente a este com o objetivo de receber uma prestação determinada em troca de uma contraprestação a seu encargo. Quer dizer, conhece e consente em concluir um contrato de um tipo determinado, codificado ou não, nominado ou inominado, que implica um intercâmbio de prestações já previsto. Igualmente estará em conformidade com aqueles outros termos que tenham sido expressamente tratados (lugar da prestação, forma de pagamento, juros pelo pagamento atrasado etc.),

---

25. Garrido, José Antonio Ballesteros. *Las condiciones generales, op. cit.*, p. 115.

26. Rio Grande do Sul. Tribunal de Justiça. Cartão de crédito. Revisão contratual. Juros. Limitação constitucional. Capitalização. Correção monetária. Multa moratória. Cláusulas abusivas. Apelação Cível nº 70004593596. 10ª Câmara Cível. Relator: Desembargador Paulo Antônio Kretzmann. Julgado de 14 de novembro de 2002. "Não encontro fundamento jurídico para entender que o tomador do empréstimo utilize o dinheiro com custo previamente definido, — pois embora denominando-se contrato por adesão, sabia do custo — que não é baixo, para, ao depois, vir postular uma imposição unilateral, com incidência de juros escolhidos com base em disposições não vinculantes, atropelando o princípio basilar da livre negociação, da autonomia da vontade e da vinculação das partes ao contratado. Há um contrato que deve ser respeitado — pacta sunt servanda."

assim como com os que, com base no direito dispositivo, nos usos e nas regras da boa-fé, devam seguir-se das manifestações de que se tenham feito ao largo de tratativas prévias, das realizadas pelo predisponente nos momentos anteriores (promoção, publicidade etc.) e das circunstâncias em que se contrata.

Em conseqüência, o contrato estará constituído pelas prestações essenciais pactuadas, pelos demais termos especificamente acordados e pelas expectativas razoáveis do aderente, porque isto é o que está incluído no âmbito de declaração negocial do aderente e o que deve seguir-se, de acordo com a boa-fé, da atuação do predisponente.[27] As condições gerais serão eficazes apenas enquanto se ajustem a essas expectativas e precisamente por ser seu reflexo, ou seja, por expressar o conteúdo da vontade contratual das partes.

Diante do exposto, percebe-se que o processo de vinculação jurídica das condições gerais dos contratos é extremamente complexo As tendências organizatórias em que esse processo se plasma não se estendem apenas ao plano técnico, científico, econômico ou laboral. Não lhe poderão escapar também as relações jurídicas com terceiros, designadamente com os clientes. A uniformização das condições contratuais respectivas — a tipicidade ou a estandardização dos contratos correspondentes — constitui a forma necessária da racionalização neste domínio. Assim, gera-se o fenômeno da predeterminação unilateral das cláusulas contratuais, pois o regulamento contratual estandardizado vem a ser elaborado pela empresa ou por uma associação de empresas.

Sendo os homens e as coisas o que são, a elaboração da disciplina contratual por um só, e sempre o mesmo, contraente dos milhares de contratos futuros a que esse ordenamento se destina, constitui um meio — não desaproveitado — para ditar uma regulamentação de interesses favoráveis a essa parte. Na verdade, o autor da estipulação a que a outra parte se limitará a aderir, isto é, a empresa estipulante, está, relativamente ao cliente singular, numa situação de força propícia à exploração, à lesão ou ao desfavorecimento. Esta posição decorre da circunstância de, muitas vezes, o particular encontrar-se perante uma empresa monopolista, oligopolista ou com grande poder econômico (o *bargaining power* dos americanos), com a qual vê-se forçado a contratar, não tendo alternativa em virtude da sua necessidade dos bens — mesmo que haja várias

27. Garrido, José Antonio Ballesteros. *Las condiciones generales, op. cit.*, p. 157-8.

empresas do ramo, o cliente não encontra quem lhe esteja disposto a fornecer em melhores condições aquilo de que necessita.

O utente do serviço ou o consumidor do bem fornecido mediante o contrato de adesão, encontra-se, ainda, por outra razão, na situação de parte mais fraca relativamente ao seu contratante. É que, normalmente, não se apercebe das cláusulas que lhe são desfavoráveis por estas estarem disseminadas no conteúdo do contrato, por estarem impressas em caracteres minúsculos, por não ter tempo para as ler ou confiar, pura e simplesmente, no conteúdo eqüitativo do texto escrito. A inferioridade do aderente resulta, ainda, igualmente da circunstância de a iniciativa da predeterminação das cláusulas pertencer à outra parte, o que lhe permite circunscrever os limites das suas vinculações e prever todas as eventualidades e vicissitudes na execução do contrato.

A diferenciação entre "forte" e "fraco" resulta também do fato de o estipulante ter feito uma previsão refletida, alicerçada na experiência, dos seus interesses contratuais, tais como estes se ligam a uma operação reiterada, de realização múltipla e indiferenciada, e o aderente fazer uma operação avulsa, na elaboração de cuja disciplina não participou e na qual procurava, pura e simplesmente, uma prestação em condições, acerca de cuja definição confia na outra parte.

Normalmente, portanto, o cliente cede ao regulamento contratual pré-elaborado pelo fornecedor sem sequer o ler. Todo aquele conjunto de regras está normalmente impresso em caracteres tão miúdos e densos que logo sugere a decisão de não ler. Tratando-se de bens ou serviços cuja aquisição não é normalmente precedida de um contato prolongado entre os interessados, a tentação de assinar sem ler é reforçada em muitas pessoas pela impressão de que, se lêem, não se comportam como o consumidor normal e são olhadas de soslaio.

Acresce que o cliente duvida da sua capacidade para compreender as fórmulas técnicas e complicadas em que as condições do contrato muitas vezes oferecem-se. Outras vezes é o tempo que lhe escasseia para estudar uma regulamentação cuja leitura carece de ser feita refletidamente; decidindo-se, por conseguinte, não ler.

Necessidade, falta de conhecimento, ingenuidade, tudo concorre para tornar mais fraca a posição do cliente. Em face dela, a empresa, autora do padrão de todos os seus contratos, tem a superioridade resultante destas deficiências da posição do cliente, bem como as vantagens da sua qualidade de ente organizado e, freqüentemente, poderoso, em contraste com a dispersão e, em muitos casos, debilidade social e econômica dos consumidores.[28]

Portanto, dada essa extrema situação de desproporção, é de se reconhecer o caráter contratual dos contratos de adesão e das condições gerais nele empregadas, mas com uma eficácia delimitada pelo alcance real da vontade do aderente. Há que se ter em conta sua relação com o predisponente e os atos anteriores ao contrato realizados por este, ou na relação entre ambos, que hão influído na decisão de contratar. O determinante é o que o aderente crê, razoável e legitimamente, que está contratando quando manifesta sua intenção de concluir um contrato, independente do conteúdo real das cláusulas insertas no dito formulário.

2.3. Conceito de condições gerais dps contratos

Condições gerais dos contratos são o conjunto de cláusulas predispostas unilateralmente para reger uma pluralidade de contratos, cuja incorporação ao contrato é imposta por uma das partes. Trata-se, então, de uma técnica de pré-elaboração do conteúdo de futuros contratos.[29]

---

28. Pinto, Carlos Alberto da Mota. Contrato de adesão. In: *Revista Forense*. Rio de Janeiro, ano 73, v. 257, jan./mar., 1977, p. 33-43.

29. Espanha. *Según el artículo 1.1 de la LCGC, son condiciones generales de la contratación "las cláusulas predispuestas cuya incorporación al contrato sea impuesta por una de las partes, con independencia de la autoría material de las mismas, de su apariencia externa, de su extensión y de cualesquiera otras circunstancias, habiendo sido redactadas con la finalidad de ser incorporadas a una pluralidad de contratos".*
Alemanha. *Ley de regulación de las condiciones generales de la contratación de 9 de diciembre de 1976.*
"Artículo 1. Determinación del concepto:
1. son condiciones generales de la contratación todas aquellas cláusulas contractuales predispuestas para una pluralidad de contratos que una parte (predisponente) impone a la otra en el momento de celebración del contrato. Es irrelevante que las cláusulas constituyan una parte del contrato formalmente separada o estén recogidas en el documento contractual mismo, la extensión que tengan, el tipo de escritura en que estén redactadas y la forma que el contrato tenga.
2. no hay condiciones generales de la contratación cuando las cláusulas contractuales hayan sido negociadas en el caso concreto por las partes."

Frederico de Castro y Bravo esmiúça os elementos de tal definição. Para este autor, as condições gerais dos contratos designam o conjunto de regras que um particular (empresário, grupo ou ramo de industriais ou comerciantes) estabeleceu para fixar o conteúdo (direitos e obrigações) dos contratos que sobre um determinado tipo de prestações se propõe a celebrar. Mediante tais condições se eliminam *a priori* as tratativas prévias entre as partes. Uma destas (o empresário) se atribuiu o papel de predispor ou ditar, conforme seu interesse e gosto, a regulação dos contratos.

O estabelecimento das condições torna-se independente da celebração do contrato concreto, impondo-se de tal modo inexorável que podem qualificar-se de apêndice da prestação. Elas são redigidas em forma abstrata e articulada, tal como as leis.[30]

Não importa o número de contratantes que firmam o instrumento. O contrato predisposto pode ter condições impostas de forma geral para serem utilizadas a respeito de um conjunto de contratantes ou, ao contrário, as condições podem encontrar-se predispostas em um negócio que haverá de ser celebrado com uma só pessoa determinada.

Portugal. DL nº 446/1985, de 25 de Outubro de 1985. *"Artigo 1º (Cláusulas contratuais gerais) As cláusulas contratuais gerais elaboradas de antemão, que proponentes ou destinatários indeterminados se limitem, respectivamente, a subscrever ou aceitar, regem-se pelo presente diploma".*

Itália. *Código Civil de 1942, Artículos 1341 e 1342. "Artículo 1341. Condiciones generales del contrato.*

Las condiciones generales del contrato predispuestas por uno de los contratantes son eficaces frente al otro si en el momento de la celebración del contrato éste las ha conocido o las habría debido conocer de acuerdo con la diligencia media.

En todo caso, si no han sido específicamente aprobadas por escrito carecerán de eficacia las condiciones que establezcan, a favor de aquel que las ha predispuesto, limitaciones de responsabilidad, facultad de resolver el contrato, o de suspender la ejecución o bien establecen en perjuicio del consumidor caducidades, limitaciones a la facultad de oponer excepciones, restricciones a la libertad contractual en las relaciones con terceros, prórroga tácita o renovación del contrato, cláusulas compromisorias o derogaciones a la competencia de la autoridad judicial.

Artículo 1342. Contratos celebrados mediante módulos o formularios.

En los contratos celebrados mediante la suscripción de módulos o formularios, predispuestos para regular de manera uniforme determinadas relaciones contractuales, las cláusulas añadidas al módulo o al formulario prevalecerán sobre las del módulo o formulario cuando resulten incompatibles con aquéllas, incluso si estas últimas no han sido tachadas.

Asimismo serán de aplicación las disposiciones del párrafo segundo del artículo anterior."

30. Castro y Bravo, Frederico de, *op. cit.*, p. 13.

Cláudio Petrini Belmonte aduz, com proficiência, que a distinção das condições gerais dos contratos está na intenção uniformizadora do predisponente:

> O elemento caracterizador das condições gerais dos contratos consiste na intenção uniformizadora por parte do predisponente. Ligadas a esta surgem outras características que também lhe são peculiares: pré-formulação e rigidez. A pré-formulação (modo de elaboração das cláusulas) e a rigidez (passa a utilizar contratos por adesão) são requisitos indispensáveis mas, não exclusivos dessa forma de contratar. Via de conseqüência, somente podem ser utilizados como qualificantes quando respaldantes do desiderato uniformizador.
>
> A pré-formulação e a rigidez são decorrentes do escopo uniformizador do predisponente, no sentido de que as cláusulas são previamente formuladas para poderem espelhar as regras gerais e abstratas que se buscam utilizar, e com a intenção de as incluir inalteradamente num sem-número de contratos futuros, que o predisponente as elabora de antemão, abstratamente.
>
> Qualquer outra conjuntura, ainda que lhe seja peculiar, não consiste em um elemento definitório. Assim sendo, elas não passam a assim ser caracterizadas apenas após a inclusão num contrato individualizado, e também não servem para tanto as diferenças de toda ordem existentes entre predisponentes e aderentes, e nem quem elaborou a respectiva cláusula. O fato de uma parte contratante apresentar à outra cláusulas abstratas e previamente elaboradas, sem possibilidade de alteração do seu conteúdo e estando caracterizada a intenção uniformizadora, é bastante para identificar a evidência de condições gerais dos contratos.[31]

A noção de predisposição é compatível com qualquer qualificação econômica das partes e prescinde das respectivas posições na dinâmica da formação do acordo. Aliás, é sem dúvida irrelevante que a parte predisponente não se revista da qualidade de empresário ou, de outro ponto de vista, que não seja titular de um poder de supremacia econômica sobre o aderente.[32]

---

31. Belmonte, Cláudio Petrini. Principais reflexos da sociedade de massas no contexto contratual contemporâneo: disposições contratuais abusivas. In: *Revista de Direito do Consumidor nº 43*, jul./set., 2002, p. 133-57.

32. Alpa, Guido; Chinè, Giuseppe. Contratti di massa. In: CEDAM. *Diritto Privato 1996. II. Condizione generali e clausole vessatorie.* Milão: CEDAM, 1997, p. 5-97.

3. Elementos das condições gerais dos contratos

3.1. A predisposição

A predisposição significa a exigência de que as cláusulas contratuais tenham sido elaboradas ou fixadas com anterioridade ao começo da fase de negociação do contrato. O elemento primordial desse requisito está radicado na formulação unilateral por parte de um dos contratantes das condições gerais, sendo, a colaboração entre ambas as partes substituída pelo ato unilateral, prévio, de formação, no todo ou em parte, do futuro regramento contratual e pelo ato sucessivo de adesão da contraparte.

A formação unilateral significa que a redação se realizou por um dos contratantes e que, no momento contratual, não houve colaboração das partes para sua inclusão no contrato. Trata-se de uma manifestação de ausência de discussão entre as partes contratantes. Como explica Juan José Marín López:

> El requisito de la predisposición significa redacción previa y unilateral del contenido contractual por parte del profesional. La antigua redacción del artículo 10.2 I de la LCU era más clara en este punto que el actual artículo 1.1 de la LCGC, en la medida en que se refería a las cláusulas, condiciones o estipulaciones «redactadas previa y unilateralmente por una Empresa o grupo de Empresas». La predisposición se caracteriza por la falta de negociación entre las partes sobre el contenido contractual, cuya confección ha sido realizada, antes de la celebración del contrato, y de modo unilateral, por el profesional. Como es lógico, el solo hecho de que el contrato haya sido redactado por el predisponente no significa, sin más, que se trate de unas condiciones generales de la contratación, pues han de concurrir los restantes requisitos especificados en el artículo 1.1 de la LCGC.[33]

Ao apreciar o elemento da predisposição não é necessário que as cláusulas tenham sido fixadas de antemão por escrito. O que importa é que tenham sido elaboradas de antemão ou que tenham sido preconcebidas, tomando como referência para tal efeito o momento de início da fase de negociação contratual.

No dizer de Javier Pagador López, existe predisposição não só no caso daquelas cláusulas contratuais que se plasmam em forma escrita mas também

---

33. López, Juan José Marín. El ámbito de aplicación de la ley sobre condiciones generales de la contratación. In: Carol, Ubaldo Nieto y otros. *Condiciones generales de la contratación y cláusulas abusivas*. Valladolid: Lex Nova, 2000, p. 109-217.

daquelas que se recolhem em folhetos, formulários contratuais, outros documentos, cartelas e avisos expostos ao público ou conhecidos da clientela ou, ainda, aquelas cláusulas que se encontram em outros suportes materiais não documentais (DVDs, CDs, arquivos de informática etc.).[34]

Quando as cláusulas contratuais são predispostas unilateralmente por uma das partes, enquanto o promitente-assinante apenas adere ao seu conteúdo, a regra de interpretação desses contratos de adesão é de que o conteúdo das cláusulas contratuais deve ser interpretado da maneira mais favorável ao aderente. Como o predisponente tem a possibilidade de elaborar previamente o contrato, as dúvidas e ambigüidades de suas cláusulas contratuais devem ser interpretadas em favor da outra parte contratante, que se limitou a aderir ao conteúdo predisposto. Essa regra é denominada como sendo da interpretação contra o predisponente.[35]

Se a predisposição não tiver resultado de nenhuma das partes, mas tiver sido imposta pelo Poder Público, impõe-se com mais razão a possibilidade de revisão do contrato por quaisquer das partes prejudicadas.[36]

34. López, Javier Pagador, *op. cit.*, p. 258.

35. Rio Grande do Sul. Tribunal de Justiça. Ementa: CRT. Ações. Apelação Cível nº 70002964930. 19ª Câmara Cível. Rel.: Des. Luiz Augusto Coelho Braga. J. de 04/12/2001. *"O contrato de participação financeira, que é firmado entre a CRT e seus assinantes, constitui um típico contrato de adesão. As cláusulas contratuais são predispostas unilateralmente pela CRT, enquanto que o promitente-assinante apenas adere ao seu conteúdo.*
Não se descaracteriza o contrato pelo fato de ter seu conteúdo fundamental determinado por regulamento administrativo, como ocorre no caso da CRT, que se orienta por Portarias do Ministério das Comunicações. A principal regra de interpretação dos contratos de adesão é de que o conteúdo das cláusulas contratuais deve ser interpretado da maneira mais favorável ao aderente.
Como o predisponente tem a possibilidade de elaborar previamente o contrato, as dúvidas e ambigüidades de suas cláusulas contratuais devem ser interpretadas em favor da outras parte contratante, que se limitou a aderir ao conteúdo predisposto.
Essa regra também é denominada como sendo da interpretação contra o predisponente.
A jurisprudência do Tribunal de Justiça já teve oportunidade de manifestar-se sobre a forma como devem ser interpretados os contratos de adesão.
A Quinta Câmara Cível, no julgamento da AC nº 588 018 648, ocorrido em 03/04/88, tendo por Relator o Des. Ruy Rosado de Aguiar Júnior, assim se manifestou sobre o tema, antes mesmo da vigência do Código do Consumidor."

36. Rio Grande do Sul. Tribunal de Alçada Cível.Ementa: Consórcio. Desistência ou exclusão de consorciado. Devolução quantias pagas. Correção monetária pretendida devolução sem correção monetária. Caráter abusivo da cláusula do contrato de adesão que a prevê. Apelação Cível nº 194215026. 5ª Câmara Cível. Relator: Juiz Márcio Borges Fortes. Luiz Augusto Coelho Braga. Julgado de 1 de dezembro

3.2. A imposição

O elemento de imposição supõe que as condições gerais passam a formar parte do contrato por iniciativa exclusivamente de uma das partes. Em conseqüência, tratando-se de contratos de adesão, quaisquer cláusulas contratuais predispostas se consideram impostas, a menos que hajam sido ou possa se considerar fruto de um processo de negociação entre as partes.

Não é necessário para a caracterização da imposição que o predisponente se situe em uma posição de monopólio ou oligopólio. Basta que o consumidor se veja na necessidade de submeter-se às condições predispostas pelo fornecedor para adquirir o produto em concreto, que não possa elidir sua aplicação, de acordo com a razoável disposição de meios para o objeto em referência. Haverá imposição sempre que o consumidor se vê forçado a contratar, não tendo alternativa em virtude da sua necessidade dos bens – mesmo que haja várias empresas do ramo, o cliente não encontra quem esteja disposto a fornecer-lhe em melhores condições aquilo de que necessita. Havendo opções, não há que se falar em imposição ou rigidez:

> *Así, la STS de 18 de junio de 1992 (36), en una de las primeras cuestiones de competencia por inhibitoria promovida por una comunidad de vecinos demandada por una empresa de mantenimiento de ascensores de las que conoció el Tribunal Supremo, rechazó la aplicación del artículo 10 de la LCU a la cláusula de sumisión incluida en las condiciones generales del contrato porque consideró, entre otras razones, que "en el caso de autos* ***no consta que sea la empresa de servicios [actora] la única que los presta en la ciudad, ni que sea de aplicación inevitable la cláusula****" (artículo 10.2 de la Ley de 1984).* [37]

---

de 1994 "Tem-se admitido revisão em contrato de adesão, porquanto são as cláusulas predispostas pelo poder público, e não derivadas da vontade das partes. Em contrato de consórcio, tipicamente de adesão, que prevê a devolução das parcelas pagas pelo consorciado desistente sem a devida correção monetária, flagra-se nítido desequilíbrio no tratamento entre contratantes, que merece ser corrigido pelo judiciário. Ao consorciado desistente ou excluído devem ser restituídas as parcelas pagas, uma vez liquidado o grupo, monetariamente corrigidas. Tem-se por não escrita cláusula abusiva, como a que, inserida em contrato de adesão, prevê a devolução das quantias pagas, uma vez liquidado o grupo, sem juros ou correção monetária, por importar em injustificado enriquecimento, com o qual não se compadece o direito".

37. López, Juan José Marín. El ámbito de aplicación de la ley sobre condiciones generales de la contratación. In: Carol, Ubaldo Nieto y otros. *Condiciones generales de la contratación y cláusulas abusivas*. Valladolid: Lex Nova, 2000, p. 133.

Para Orlando Gomes, o que caracteriza a imposição no contrato de adesão é a circunstância de que aquele a quem é proposto não pode deixar de contratar porque tem a necessidade de satisfazer a um interesse, que, por outro modo, não pode ser atendido. *In verbis*:

> Esse constrangimento não configura, porém, coação, de sorte que o contrato de adesão não pode ser anulado por esse vício do consentimento. A situação de constrangimento se cria para uma das partes é porque a outra desfruta de um monopólio de fato ou de direito, no exercício do qual os serviços que se propõe a prestar através de uma rede de contratos, de operações em massa, conservam a natureza de serviços prestados por particulares. Desde pois, que o interessado não possa prescindir do serviço, nem se dirigir a outrem que o preste ao menos em condições diversas, é forçado a contratar com o monopolista.[38]

3.3. A generalidade

Concorre o requisito da generalidade quando as cláusulas em questão tenham sido predispostas com o propósito ou finalidade de receber aplicação em uma pluralidade de contratos.

Do ponto de vista prático, Javier Pagador López enuncia uma série de regras para se aferir quando as condições gerais dos contratos foram predispostas com a finalidade de aplicar-se a uma multiplicidade de contratos:

a) em primeiro lugar, para o efeito de admitir a concorrência do elemento de generalidade ou uniformidade é irrelevante que as cláusulas contratuais pré-redigidas se tenham elaborado para receber aplicação com respeito a um número determinado ou indeterminado de contratos. O importante é, em qualquer dos casos, que o seu criador ou o seu utilizador tenham o *propósito* de aplicá-las a uma pluralidade – determinada ou indeterminada – deles;

b) em segundo lugar, concorre o elemento de generalidade ou uniformidade quando um programa contratual é predisposto a ser aplicado a todos (lato sensu) os contratos de um mesmo tipo que o predisponente conclui no desenvolvimento de sua atividade empresarial ou profissional no mercado. Isso, independentemente de se tratar de um número determinado ou indeterminado de contratos, e de

38. Gomes, Orlando. *Contratos*. 18. ed. Rio de Janeiro: Forense, 1995, p. 120.

que, com caráter eventual, esse programa possa deixar de aplicar-se total ou parcialmente em supostos casos concretos;

c) em terceiro lugar, concorre o elemento de generalidade ou uniformidade quando o predisponente se serve, para o desenvolvimento de sua atividade negocial no mercado, de programas contratuais elaborados por outros empresários ou profissionais, ou por associações e organizações empresariais ou colegiados profissionais, se os criadores dos ditos clausulados os elaboraram com o propósito de utilizá-los eles mesmos ou de que o façam seus associados ou membros no desenvolvimento de sua atividade negocial própria, em cujo caso poder-se-á aceitar que se dá o elemento da generalidade;

d) por último, não deixa de concorrer o elemento da generalidade ou uniformidade pelo fato de que se utilizem diversos modelos ou classes de condições gerais para aplicá-las a um mesmo tipo de contrato, seja indistintamente, seja em função de quaisquer circunstâncias.[39]

O critério determinativo da generalidade é, deste modo, o uso efetivo delas no tráfego jurídico:

> *La referencia a la «pluralidad de contratos» está claramente tomada del §1(1) AGBG (*für eine vielzahl Verträgen*), aunque la mención a la "finalidad de ser incorporadas" es una aportación autóctona de nuestro legislador que puede introducir alguna dificultad interpretativa. Pues, en efecto, lo relevante no es tanto que un profesional, o un tercero, haya redactado unas cláusulas contractuales con la "finalidad" de incorporarlas a una pluralidad de contratos, lo que no deja de ser un motivo puramente subjetivo que ni siquiera tiene por qué trascender al exterior (es perfectamente posible, por ejemplo, que redactadas esas cláusulas con esa finalidad se depositen por el profesional en un cajón y nunca sean utilizadas), sino que lo importante es que efectivamente haga uso de ellas en el tráfico jurídico, realizando contratos e imponiéndolas a la contraparte. En definitiva, unas cláusulas son condiciones generales de la contratación cuando, predispuestas con la finalidad de ser incorporadas a una pluralidad de contratos, son efectivamente utilizadas por el profesional, incorporándolas a una pluralidad de contratos.*[40]

39. López, Javier Pagador, *op. cit.*, p. 336-8.

40. López, Juan José Marín, *op. cit.*, p. 137-8.

3.4. A contratualidade

Por contratualidade deve-se entender a exigência de que as cláusulas devem de ser destinadas a formar parte do conteúdo de um contrato. As condições gerais só encontram sentido no âmbito de uma relação contratual empresário-cliente, posto que contém os termos em que o primeiro está disposto a contratar e devem ser assumidas pelo segundo se deseja o bem ou serviço oferecido. Qualquer outra forma de declaração unilateral ou ato jurídico será reconduzível a uma relação contratual em cujo marco se realiza a declaração ou ato. Esse caráter contratual é, portanto, expresso requisito das condições gerais dos contratos:

> Las condiciones generales de la contratación son tales porque se elaboran para su incorporación por parte del profesional a "una pluralidad de contratos"; aquí radica el requisito de la contractualidad que la doctrina normalmente predica de las condiciones generales. Las condiciones, evidentemente, no son de por sí un contrato, pero su vocación natural es determinar la regla aplicable a la pluralidad de relaciones entablada por un mismo profesional con un número más o menos amplio de contratantes. [41]

4. Condições gerais dos contratos no direito brasileiro

A crescente massificação dos contratos e os abusos decorrentes da contratualização *standard* têm exercido profunda influência na ideologia dos operadores jurídicos. Como conseqüência de uma nova visão de Estado, em que se passa a admitir sua intervenção, a legislação também tem alterado sua postura perante as relações privadas, evoluindo de uma total abstenção a situações em que se restringe ao máximo a liberdade das partes. O Estado mínimo paulatinamente transformou-se em um Estado intervencionista.

No que se refere ao nosso tema, é interessante acompanharmos essa evolução na estrutura de controle do Estado na economia dos contratos.

Tanto a Constituição do Império[42] como a primeira Constituição da República deixaram claro o papel de abstenção do Estado na economia e na socieda-

41. López, Juan José Marín, *op. cit.*, p. 138-9.

42. *Constituição do Império de 25 de março de 1824.*

"Art. 179 – A inviolabilidade dos direitos civis e políticos dos cidadãos brasileiros, que tem por base a liberdade, a segurança individual e a propriedade, é garantida pela Constituição do Império, pela maneira seguinte:

de, já que não se preocupavam com questões sociais. As próprias condições de ordem pública de contratos destinados ao grande público, como os de seguros, eram deixadas ao arbítrio das partes.[43] A Constituição de 1891 adotou na quase integralidade o modelo econômico americano, liberal ao extremo, visando conferir a maior mobilidade possível ao capital: ao Estado estava atribuída fundamentalmente a função de produção do direito e segurança, sendo inadmissível sua interferência na ordem natural da economia, nem que fosse para assegurar o pleno exercício da propriedade.[44]

Seguindo essa linha ideológica, o Código Civil de 1916, fundado na ótica liberal, manteve-se eminentemente patrimonialista (lastreado na propriedade privada) e admitiu a autonomia da vontade em termos quase que absolutos, impondo ao Estado uma função neutra ou negativa, permanecendo completa-

---

22) é garantido o direito de propriedade em toda a sua plenitude. Se o bem público, legalmente verificado, exigir o uso e emprego da propriedade do cidadão, será ele previamente indenizado do valor dela. A lei marcará os casos com que terá lugar esta única exceção e dará as regras para se determinar a indenização.
24) nenhum gênero de trabalho, de cultura, indústria ou comércio pode ser proibido, uma vez que não se oponha aos costumes públicos, à segurança e saúde dos cidadãos".

43. *Código Comercial – Lei nº 556 de 25/06/1850.*
"Art. 32. Praça do Comércio é não só o local, mas também a reunião dos comerciantes, capitães e mestres de navios, corretores e mais pessoas empregadas no comércio.
Este local e reunião estão sujeitos à polícia e inspeção das Autoridades competentes.
O Regulamento das Praças do Comércio marcará tudo quanto respeitar à polícia interna das mesmas praças, e mais objetos a ela concernentes.
Art. 33. O resultado das negociações que se operarem na Praça determinará o curso do câmbio, e o preço corrente das mercadorias, seguros, fretes, transportes de terra e água, fundos públicos, nacionais ou estrangeiros, e de outros quaisquer papéis de crédito, cujo curso possa ser anotado.
Art. 34. Os comerciantes de qualquer Praça poderão eleger dentre si uma comissão que represente o Corpo do Comércio da mesma Praça".

44. *Constituição de 1891. "Art. 72 – A Constituição assegura a brasileiros e a estrangeiros residentes no País a inviolabilidade dos direitos concernentes à liberdade, à segurança individual e à propriedade, nos termos seguintes:*
§ 17 – O direito de propriedade mantém-se em toda a sua plenitude, salva a desapropriação por necessidade ou utilidade pública, mediante indenização prévia.
As minas pertencem aos proprietários do solo, salvas as limitações que forem estabelecidas por lei a bem da exploração deste ramo de indústria.
§ 24 – É garantido o livre exercício de qualquer profissão moral, intelectual e industrial.
§ 27 – A lei assegurará também a propriedade das marcas de fábrica."

mente afastado das relações contratuais. João Bosco Leopoldino da Fonseca, comentando o regime contratual estabelecido pelo Código Civil, explica que:

> O contrato se alicerçou no pressuposto de que as vontades individuais fossem absolutamente autônomas. E essa vontade veio a caracterizar também o princípio de que ao Estado não era dado interferir no âmbito de criação e atuação próprio dos indivíduos. A conseqüência desses pressupostos é a de que o modelo jurídico liberal consagra a separação absoluta entre o direito público e o direito privado, cada um deles com a sua esfera de aplicação perfeitamente diferenciada, e o predomínio da vontade privada na esfera econômica, como enfatiza Cabral de Moncada. Como o critério de legitimidade da ordem jurídica se assentava na liberdade absoluta e manifestação de vontade individual, era claro que ao direito criado pelo Estado somente competia uma tarefa negativa de agastar obstáculos que viessem a impedir a concretização dessa liberdade. O Estado liberal é um estado de direito na medida em que a sua função era estritamente a de criar normas que possibilitassem e justificassem a coexistência da liberdade dos cidadãos. Destarte o ser-do-Estado é "negativo quanto ao âmbito da sua atividade, contratual quanto à sua origem, formal do ponto de vista da ausência de finalidades próprias e jurídicas quanto à modalidade de que se reveste sua atividade."[45]

Nesse sentido, o ordenamento civil não disciplinou as condições gerais dos contratos e também não dispôs acerca do contrato de adesão. No que se refere às obrigações contratuais, as normas do Código Civil de 1916 são eminentemente supletivas ou interpretativas, sendo que as que têm maior significado em termos de autonomia privada são as que protegem a vontade das partes contra os vícios do consentimento: sendo os indivíduos dotados de ampla liberdade para contratar o que lhes convier, ao Estado resta a missão de coibir os eventuais vícios de consentimento, assegurando que as declarações de vontade sejam emitidas sem qualquer influência externa determinante, como erro, dolo, coação ou mesmo a fraude.[46]

Não obstante, o inevitável processo de industrialização do Brasil trouxe à baila exigências de ordem social, estabelecendo-se uma legislação extravagante

45. Fonseca, João Bosco Leopoldino da. *Cláusulas abusivas nos contratos*. 2. ed. Rio de Janeiro: Forense, 1995, p. 80-1.

46. Código Civil de 1916, Título I, Dos atos jurídicos, Capítulo II, Dos defeitos dos atos jurídicos. Erro ou Ignorância – arts. 86 a 91; Dolo – arts. 92 a 97; Coação – arts. 98 a 101; Simulação – arts. 102 a 105; Fraude contra credores – arts. 106 a 113.

de controle de conteúdo e formas de conclusão de alguns contratos que dizem respeito à economia popular e ao interesse das grandes coletividades. É o fenômeno que ficou conhecido como dirigismo contratual.[47]

Já nos primeiros anos do Estado Novo, foram editadas normas que demonstravam essa tendência: o Decreto nº 24.038, de 26/03/1934, que considerava nulas as cláusulas que estabeleciam pagamento em moeda estrangeira; a Lei de Usura (Decreto nº 22.626, de 7 de abril de 1933), regulamentando a taxa de juros praticada nos contratos,[48] que as cláusulas penais não poderiam ultrapassar certos limites, por exemplo, de dez por cento do valor do débito nos casos de contratos de dívida em dinheiro,[49] e que o contrato celebrado com infração dessa lei seria nulo de pleno direito;[50] e a primeira Lei de Luvas (Decreto nº 24.150, de 20 de abril de 1934), que visava proteger o locatário nas locações comerciais, coibindo a prática de abusos, principalmente no tocante ao ponto comercial.[51]

Esse espírito reformador veio a se consagrar com a Constituição de 1934, influenciada profundamente pela Constituição do México (1917) e pela Constituição de Weimer (1919), primeiras cartas políticas a consagrarem em seu seio

47. Lobo, Paulo Luiz Netto. Dirigismo contratual. In: *Revista de Direito Civil, Imobiliário, Agrário e Empresarial*, São Paulo, v. 14, n. 52, p. 64-78, abr./jun. 1990.

48. Decreto nº 22.626, de 7 de abril de 1933: "*Art. 1º. É vedado, e será punido nos termos desta lei, estipular em quaisquer contratos taxas de juros superiores ao dobro da taxa legal (Código Civil, art. 1062)*".

49. Decreto nº 22.626, de 7 de abril de 1933: "*Art. 9º. Não é válida a cláusula penal superior a importância de 10% do valor da dívida.*"

50. Decreto nº 22.626, de 7 de abril de 1933. "*Art. 11. O contrato celebrado com infração desta lei é nulo de pleno direito, ficando assegurado ao devedor a repetição do que houver pago a mais.*"

51. Decreto nº 24.150, de 20 de abril de 1934. "*Art. 1º. Não havendo acordo entre os interessados, a renovação dos contratos de arrendamento do prédio, urbano ou rústico, destinado pelo locatário a uso comercial ou industrial, será sempre feita na conformidade do disposto nessa lei.*
Art. 29. São nulas de pleno direito as cláusulas de contrato de locação que, a partir da presente lei, estabelecerem o pagamento antecipado de aluguel, por qualquer forma que seja, benefícios especiais ou extraordinários, e nomeadamente luvas e impostos sobre a renda, bem como a rescisão dos contratos pelo só fato de fazer o locatário concordata preventiva ou ser decretada sua falência.
Art. 30. São, também, nulas de pleno direito quaisquer cláusulas que visem a elidir os objetivos da presente lei e nomeadamente as cláusulas proibitivas da renovação do contrato de locação ou que impliquem renúncia dos direitos tutelados por essa lei."

direitos sociais, notadamente os referentes à seguridade social e aos direitos dos trabalhadores.

A partir da Carta Magna de 1934, possibilitou-se a intervenção estatal no domínio das relações contratuais, eis que estava previsto, no § 17 do art. 113, que "é garantido o direito de propriedade, que não poderá ser exercito contra o interesse social ou coletivo, na forma em que a lei determinar", positivando ainda a tendência à regulamentação das relações de trabalho, que assim como os demais contratos, eram entregues ao exclusivo âmbito da autonomia privada. Este fato é de irrefutável importância no estudo das relações privadas, pois, como assinala João Bosco Leopoldino da Fonseca, "o direcionamento criado pela Constituição de 1934 manteve-se não inalterado, mas com força crescente ampliadora nas constituições subseqüentes".[52]

Merece destaque ainda a chamada Lei de Economia Popular, Lei nº 1.521, de 26 de dezembro de 1951, que alterou diversos dispositivos da legislação então vigente sobre os crimes contra a economia popular. Naquela lei, estabeleceu-se que a estipulação de juros ou lucros usurários seria nula, devendo o juiz ajustá-los à medida legal, ou, caso já tenha sido cumprida, ordenar a restituição da quantia em excesso, com os juros legais, a contar da data do pagamento indevido.[53] Também é vedada a recusa de contratar a quem esteja em condições de comprar, a pronto pagamento, o favorecimento ou preferência de um comprador ou freguês em detrimento de outro e a celebração de contrato de exclusividade de bens inerentes à economia popular.

Corroborando essas leis estão a Súmula STF nº 121, de 16 de dezembro de 1963, estabelecendo que é vedada a capitalização de juros, ainda que expressa-

52. Fonseca, João Bosco Leopoldino da, *op. cit.*, p. 85.

53. A Medida Provisória nº 2.172-32, de 23/08/2001, revogou algumas disposições da lei de economia popular. Estão excluídos de seu âmbito de aplicação negócios jurídicos sujeitos ao Código de Defesa do Consumidor e aqueles dos quais participam instituições financeiras. Aplica-se apenas a contratos bilaterais, em vista da exigência de correspondência entre as obrigações. Não há incompatibilidade na aplicação da MP a contratos aleatórios, desde que seja possível apurar a desvantagem desde logo, no momento da formação do contrato. Se o contrato for de execução diferida no tempo, tem-se um problema, pois a desproporção na celebração do contrato não importa necessariamente em lesão; interessa o momento em que o contrato é executado. Nestes casos, portanto, somente se poderá invalidar o contrato por lesão naqueles casos em que as partes já pudessem, no momento em que celebravam o contrato, saber com razoável grau de certeza (probabilidade consistente) que as prestações das partes seriam acentuadamente desproporcionais no momento em que viessem a ser executadas."

mente convencionada, e sua excludente, a Súmula STF nº 596, de 15 de dezembro de 1976, que determina que as disposições do Decreto nº 22.626, de 1933, não se aplicam às taxas de juros e aos outros encargos cobrados nas operações realizadas por instituições públicas ou privadas que integram o Sistema Financeiro Nacional.

Essa legislação interventiva foi complementada em 1962 pela chamada Legislação de Intervenção no Domínio Econômico para Assegurar a Livre Distribuição de Produtos Necessários ao Consumo do Povo, mais conhecida como Lei Delegada nº 4, de 26 de setembro de 1962. Estabelecia esta uma profunda intervenção na economia dos contratos ao prever expressamente que a União ficaria autorizada a intervir no domínio econômico para assegurar a livre distribuição de mercadorias e serviços essenciais ao consumo e uso do povo (art. 1º), para tabelar os preços máximos de mercadorias e serviços essenciais em relação aos revendedores (art. 6, III), vedar a aplicação de fórmulas de reajustamento de preços diversas daquelas que forem criadas pelos órgãos governamentais de controle do abastecimento (art. 11, *a*), vedar a realização de vendas ou ofertas de venda, compras ou ofertas de compra que incluam uma prestação oculta, caracterizada pela imposição de transporte, seguro e despesas ou recusa de entrega na fábrica (art. 11 *g*), coibir a subordinação de venda de um produto à compra simultânea de outro produto ou à compra de uma quantidade imposta (art. 11, *i*), vedar a promoção de ajuste ou acordo entre empresas ou entre pessoas vinculadas a tais empresas ou interessados no objeto de suas atividades, que possibilite fraude à livre concorrência, atuação lesiva à economia nacional ou ao interesse geral dos consumidores (art. 11, *q*) etc.

No regime militar também se ampliou a feição interventiva do Estado em seu dirigismo contratual com a fixação de limites de cláusulas penais em empréstimos com garantia hipotecária (art. 34, I, do Decreto-lei nº 70, de 21/11/1966);[54] financiamentos rurais através de cédula de crédito rural (art.

---

54. Decreto-Lei nº 70, de 21/11/1966. "*Art. 34. É lícito ao devedor, a qualquer momento, até a assinatura do auto de arrematação, purgar o débito, totalizado de acordo coma o art. 33, e acrescido ainda dos seguintes encargos:*
I – se a purgação se efetuar conforme o parágrafo primeiro do art. 31, o débito será acrescido das penalidades previstas no contrato de hipoteca, até 10% (dez por cento) do valor do mesmo débito, e da remuneração do agente fiduciário."

71 do Decreto-lei nº 167, de 14/12/1967)[55]; financiamentos concedidos por instituições financeiras por meio de cédulas de crédito industrial (art. 58 do Decreto-lei nº 413, de 09/01/1969);[56] contratos de promessa de compra e venda de imóveis oriundos de parcelamento de solo urbano (art. 26, V, da Lei nº 6.766, de 19/12/1979).[57]

O mercado de seguros foi intensamente disciplinado por lei nesse período, sobretudo levando-se em conta que a utilização das condições gerais dos contratos é quase uma obrigatoriedade, dada a natureza massificada dos negócios. Deste modo, o art. 4º do Decreto nº 59.195, de 08/09/1966, veda a inscrição nas apólices de cláusulas que permitam a rescisão unilateral dos contratos de seguro ou subtraiam sua eficácia e validade, para além das situações previstas em lei;[58] o Conselho Nacional de Seguros Privados – CNSP, criado pelo Decreto-lei nº 73, de 21/11/1966, passa a ter competência privativa para fixar as características gerais dos contratos de seguros (art. 32, IV);[59] o Código Brasileiro de Aeronáutica (Lei nº 7.565, de 19/12/1986), em seu art. 285, interdita as condições gerais fixadas em apólices de seguro de

55. Decreto-lei nº 167, de 14/12/1967. "*Art. 71. Em caso de cobrança em processo contencioso ou não, judicial ou administrativo, o emitente da cédula de crédito rural, da nota promissória rural, ou o aceitante da duplicata rural responderá ainda pela multa de 10% (dez por cento) sôbre o principal e acessórios em débito, devida a partir do primeiro despacho da autoridade competente na petição de cobrança ou de habilitação de crédito.*"

56. Decreto-lei nº 413, de 09/01/1969. "*Art. 58. Em caso de cobrança em processo contencioso ou não, judicial ou administrativo, o emitente da cédula de crédito industrial responderá ainda pela multa de 10% (dez por cento) sôbre o principal e acessórios em débito, devida a partir do primeiro despacho da autoridade competente na petição de cobrança ou de habilitação do crédito.*"

57. Lei nº 6.766, de 19/12/1979. "*Art. 26. Os compromissos de compra e venda, as cessões ou promessas de cessão poderão ser feitos por escritura pública ou por instrumento particular, de acordo com o modelo depositado na forma do inciso VI do art. 18 e conterão, pelo menos, as seguintes indicações:*
V – taxa de juros incidentes sobre o débito em aberto e sobre as prestações vencidas e não pagas, bem como a cláusula penal, nunca excedente a 10% (dez por cento) do débito e só exigível nos casos de intervenção judicial ou de mora superior a 3 (três) meses."

58. Decreto nº 59.195, de 08/09/1966. "*Art. 4º Fica vedada a inscrição nas apólices de cláusulas que permitam rescisão unilateral dos contratos de seguro ou por qualquer modo subtraiam sua eficácia e validade além das situações previstas em lei.*"

59. Decreto-lei nº 73, de 21/11/1966. "*Art. 32. É criado o Conselho Nacional de Seguros Privados – CNSP, ao qual compete primitivamente:*
IV – Fixar as características gerais dos contratos de seguros;"

vida ou de seguros de acidente que excluam os riscos resultantes de transportes em aeronaves.[60]

Importante reforço no controle das condições gerais dos contratos foi dado com a promulgação da Lei de Ação Civil Pública, Lei nº 7.347, de 24/07/1985, legitimando o Ministério Público a propor ação por danos a qualquer interesse difuso ou coletivo ou por infração da ordem econômica, podendo ainda tomar dos interessados compromisso de ajustamento de sua conduta às exigências legais, mediante cominações, que terão eficácia de título executivo extrajudicial.

Em 1990, com a promulgação do Código de Defesa do Consumidor, estabelece-se a primeira legislação mais sistemática brasileira disciplinando as condições gerais, sobretudo no Capítulo VI do Título I, "Da proteção contratual". O art. 46 dispõe que os contratos que regulam as relações de consumo não obrigarão os consumidores se não lhes for dada a oportunidade de tomar conhecimento prévio de seu conteúdo, ou se os respectivos instrumentos forem redigidos de modo a dificultar a compreensão de seu sentido e alcance. Esse dispositivo, que se inspirou no art. 1.341 do *Codice Civile* da Itália de 1942, impõe ao fornecedor o dever de oportunizar informações ao consumidor, antes de ultimado o contrato, no sentido de conhecer o teor deste, tanto no que diz respeito aos direitos e obrigações das partes quanto às sanções por inadimplemento. Assegura ao consumidor o conhecimento efetivo e prévio do contrato que irá celebrar, vedando-se ao fornecedor inserir no pacto cláusula, de maneira sub-reptícia, sobretudo em caracteres quase ilegíveis, segundo a qual o consumidor declarava estar ciente dos seus termos. Em outra perspectiva, tenta coibir prática de mercado, bastante arraigada em nosso meio, consistente na utilização de fórmulas assaz complexas, e também pouco visíveis, na determinação das obrigações, sobretudo no que concerne aos deveres do comprador.

O art. 47 do CDC prescreve que as cláusulas contratuais serão interpretadas do modo mais favorável ao consumidor. Inspirado no art. 1.370 do *Codice Civile* da Itália, o dispositivo tem como lastro a concepção de isonomia, a privilegiar mais o seu componente substancial do que o seu aspecto formal. Serve-

60. Lei nº 7565, de 19/12/1986. "*Art. 285. Sob pena de nulidade da cláusula, nas apólices de seguro de vida ou de seguro de acidente, não poderá haver exclusão de riscos resultantes do transporte aéreo.*
Parágrafo único. Em se tratando de transporte aéreo, as apólices de seguro de vida ou de seguro de acidentes não poderão conter cláusulas que apresentem taxas ou sobretaxas maiores que as cobradas para os transportes terrestres."

lhe de estuque consistente o art. 4º, I, ao reconhecer o consumidor como o lado mais vulnerável do mercado de consumo.

O art. 49 fixa o período de sete dias (*cooling off period*) dentro do qual o aderente pode exercer o seu direito ao arrependimento. O art. 50 disciplina a integração dos termos de garantia.

O art. 51 lista as cláusulas abusivas. De denominação cambiante nos ordenamentos inglês (*Unfair Terms*), norte-americano (*unconscionable Contract or Clause*) e germânico (*Generalklausel, § 9º; Klauselverbote mit Wertungsmöglichkeit, §10; Klauselverbote ohne Wertungsmöglichkeit, § 11*, todos do AGB-Gesetz de 1976), as cláusulas abusivas (também nominadas em algumas hipóteses por *cláusulas opressivas, cláusulas onerosas* ou *cláusulas excessivas*), são aquelas que, de maneira flagrante, desfavorecem a parte mais fraca na relação de consumo, desequilibrando-a. Geralmente são apostas em contratos de adesão, mas nada obsta possam igualmente ser encontradas em outros contratos de consumo, de cunho paritário (*contrat de gré à gré*).

Tem-se, primeiramente, um longo elenco de estipulação. No entanto, como a enumeração não é taxativa, permite, diante do caso concreto, que outras manifestações de vontade venham a ser assim reconhecidas. O art. 51, IV, do CDC, sinal indelével da atuação da boa-fé na execução contratual, pelo seu tipo vago, ao centrar-se nas obrigações consideradas iníquas, abusivas, que coloquem o consumidor em desvantagem exagerada, constitui válvula de abertura do sistema consumerista no campo obrigacional, sendo assim escusável a não previsão exaustiva das hipóteses de abusividade pelo legislador.

A sanção para a presença de cláusula abusiva em negócio jurídico, diz peremptoriamente a lei, é a nulidade. Isso não equivale a dizer ser aplicável aqui o sistema de nulidades do Direito comum (Civil e Comercial). O CDC adotou modelo próprio: a) abandona-se a dicotomia entre nulidade relativa e absoluta, existindo somente nulidade de pleno direito; b) a nulidade deve ser pronunciada judicialmente, quer por provocação do interessado ou de ofício; c) a sentença que a reconhece tem natureza desconstitutiva ou constitutiva negativa, embora produza efeitos *ex tunc*; d) cuidando-se de matéria de ordem pública, a declaração de nulidade não é apanhada pela preclusão temporal, podendo ser alegada a qualquer tempo e grau de jurisdição.

Pelo princípio da conservação do contrato, a nulidade de uma cláusula contratual não poderá contaminar todo o pacto. Tal somente poderá ocorrer se a sua falta, malgrado todos os esforços integrativos, provocar, durante a execução do contrato, ônus desmesurado a qualquer das partes (art. 51, § 2º). No CDC, ao contrário do Direito comum, a regra é a nulidade parcial. Somente quando esta provocar injusto desequilíbrio contratual, dar-se-á a extinção total do negócio.

No que se refere ao dever de informação, o art. 52 do CDC estabelece que no fornecimento de produtos ou serviços que envolva outorga de crédito ou concessão de financiamento ao consumidor, o fornecedor deverá informá-lo prévia e adequadamente sobre o preço do produto ou serviço, o montante dos juros de mora e da taxa efetiva anual de juros, número e periodicidade das prestações e a soma total a pagar, com e sem financiamento. O dever de informar tem raiz no tradicional princípio da boa-fé objetiva, significante da representação que um comportamento provoca no outro, de conduta matrizada na lealdade, na correção, na probidade, na confiança, na ausência de intenção lesiva ou prejudicial. Confia-se no significado comum, usual, objetivo da conduta ou comportamento reconhecível no mundo social.

O art. 53 prevê que, nos contratos de compra e venda de móveis ou imóveis mediante pagamento em prestações, bem como nas alienações fiduciárias em garantia, consideram-se nulas de pleno direito as cláusulas que estabeleçam a perda total das prestações pagas em benefício do credor que, em razão do inadimplemento, pleitear a resolução do contrato e a retomada do produto alienado. Quando, por exemplo, a aplicação da cláusula penal, como pactuada no compromisso de compra e venda de imóvel, importar em ônus excessivo para o comprador, impondo-lhe, na prática, a perda da quase totalidade das prestações pagas, atendendo-se ao espírito do que dispõe o art. 53 do Código de Defesa do Consumidor, cumpre ao juiz adequar o percentual de perda das parcelas pagas a um montante razoável. A jurisprudência da Quarta Turma do STJ tem considerado razoável, em princípio, a retenção pelo promitente vendedor de 10% do total das parcelas quitadas pelo comprador, levando-se em conta que o vendedor fica com a propriedade do imóvel, podendo renegociá-lo.

Por fim, o art. 54 dispõe sobre o contrato de adesão e formas de integração das condições gerais. Contratos de adesão, na dicção do CDC, são aqueles "cujas cláusulas são preestabelecidas unilateralmente pelo parceiro contratual mais forte (fornecedor), *ne varietur*, isto é, sem que o outro parceiro (consumidor) possa discutir ou modificar substancialmente o conteúdo do contrato escrito".[61] Cláudia Lima Marques destaca três características do contrato de adesão: a pré-elaboração unilateral; a oferta uniforme para um número indefinido de contratantes; e o modo de aceitação por adesão do consumidor à vontade manifestada pelo fornecedor.

Nesses contratos, não existe entre as partes uma negociação quanto às suas cláusulas que seja anterior ao momento da formação do contrato. A negociação se restringe a certos aspectos secundários do contrato, como preço, forma de pagamento, prazo para entrega do produto ou prestação do serviço. Os aspectos estritamente contratuais, como penalidades contratuais, foro privilegiado e uma grande diversidade de aspectos que protegem o fornecedor contratado (e estipulante do contrato) são por ele estabelecidos, sem a permissão de mudanças.[62]

Os contratos de adesão no CDC são veiculados através das condições gerais dos contratos. As condições gerais dos contratos são cláusulas genéricas que integram um ou mais contratos de um fornecedor. Elas são elaboradas unilateralmente pelo fornecedor e são oferecidas para um número indeterminado de contratantes futuros. As condições gerais podem ser oferecidas para tantos tipos de contratos quantos o fornecedor achar conveniente.

Assim, para uma melhor compreensão, pode-se dizer que as condições gerais são um grupo de cláusulas que estão escritas no próprio contrato ou separadamente deste, comuns a todos os tipos de contrato que as usam. Dessa forma, um determinado fornecedor escreve as cláusulas que serão comuns a todos os contratos por ele firmados, como: prazo de garantia, prazo para arrependimento, condições da garantia, a não responsabilidade pelo transporte da mercadoria e outras diversas, e as fixa no estabelecimento, ou então as imprime no verso da nota fiscal ou recibo, e o consumidor as aceita, obrigando-se a seguir o que determinam.

61. Marques, Cláudia Lima. *Contratos no Código de Defesa do Consumidor: o novo regime das relações contratuais*. 4. ed. São Paulo: Revista dos Tribunais, 2002, p. 58.

62. Marques, Cláudia Lima, *op. cit.*, p. 59-60.

A proteção dada pelo Código de Defesa do Consumidor ao signatário do contrato de adesão dá-se, portanto, de dois modos. O primeiro, preventivo, quando se estabelecem limites para o direito de contratar dos fornecedores, proibindo as cláusulas abusivas; e o segundo, repressivo, estabelecendo punições e fiscalização das cláusulas abusivas aos consumidores pelo Poder Judiciário. Nos contratos de consumo, os juízes podem modificar ou substituir cláusulas do contrato, o que mostra uma clara manifestação da função social do contrato sobre o princípio da autonomia da vontade.

Portanto, o Código de Defesa do Consumidor constitui uma regulação exaustiva das condições gerais dos contratos no âmbito dos contratos de consumo, ao fixar parâmetros de compreensão da matéria e de interpretação também para os contratos com condições gerais não regidos pelo CDC. Malgrado isso, a lei ainda sofre de imprecisões terminológicas, ao privilegiar o contrato de adesão como categoria compreensiva das condições gerais. Como demonstraremos no curso do trabalho, a única singularidade do contrato de adesão é o fato de aderir a condições gerais, não havendo porque destacá-lo como instituto autônomo.

O Código Civil de 2002, por derradeiro, trata do contrato de adesão em dois escassos incisos no capítulo introdutório ao título "Dos contratos em geral". No primeiro (art. 423), dispõe que quando houver no contrato de adesão cláusulas ambíguas ou contraditórias, dever-se-á adotar a interpretação mais favorável ao aderente. Não define o Código o que seja o contrato de adesão, mas mantém-se o princípio da *interpretatio contra stipulatorem*. Ora, isso quer dizer que, também no âmbito do novo Código, persiste a característica geral tradicional do contrato de adesão, ou seja, o poder do predisponente. Tal característica pode ser formulada da seguinte maneira:

> As cláusulas contratuais são predeterminadas unilateralmente mediante a elaboração de esquemas uniformes, que deverão se repetir em todos os contratos celebrados pela empresa. Os contratos de massa suprimem as negociações prévias, cabendo ao aderente aceitar ou recusar em bloco o regulamento contratual que lhe é apresentado. O traço essencial que os singulariza não é tanto a diferença econômica entre as partes, mas o poder

de estabelecer unilateralmente as cláusulas que farão parte do instrumento contratual.[63]

Tendo reconhecido o instituto do contrato de adesão, mas não sendo a normativa codificada completa, naquilo em que esta não dispôs, aplica-se, sistematicamente e de modo analógico a disciplina no Código de Defesa do Consumidor.[64]

O art. 424 prevê que, nos contratos de adesão, são nulas as cláusulas que estipulem a renúncia antecipada do aderente a direito resultante da natureza do negócio. Trata-se aqui de norma protetiva do aderente. Princípio assente na doutrina, ele deve ser lido em consonância com o art. 113 do mesmo Código que prevê que os negócios jurídicos devem ser interpretados de acordo com a boa-fé objetiva. Isto significa que os contratos e os negócios jurídicos unilaterais devem ser interpretados de acordo com o seu sentido objetivo, aparente; quando o sentido objetivo suscite dúvidas, dever-se-á preferir o significado que a boa-fé aponte como o mais razoável.[65]

Essa idéia que já pode ser encontrada em germe na terceira regra de interpretação dos contratos de Pothier: quando em um contrato os termos são suscetíveis de dois sentidos, devem-se entender no sentido que mais convém à *natureza do contrato*.[66] Visa tal idéia de interpretação amparar a tutela da con-

63. Amaral Júnior, Alberto do. *Proteção do consumidor no contrato de compra e venda*. São Paulo: Revista dos Tribunais, 1993, p. 115.

64. Tepedino, Gustavo. As relações de consumo e a nova teoria contratual. In: *Temas de Direito Civil*, Rio de Janeiro: Renovar, 1999, p. 213.

65. Rio Grande do Sul. Tribunal de Justiça. Direito civil. Contrato de seguro. Apólice garantindo cobertura – prédio e conteúdo – para incêndio, raio, explosão. Cláusula contratual que exclui os danos a aparelhos eletrodomésticos ou eletrônicos decorrentes de queda de raios. Incerteza sobre a real abrangência do contrato. Interpretação favorável ao consumidor. Apelação Cível nº 70001133040. 6ª Câmara Cível. Rel.: Des. Osvaldo Stefanello. J. 22/08/2001. *"Quem segura imóvel para a hipótese de queda de raio, se o faz constando expressamente na apólice estar coberto o prédio e seu conteúdo, compreende, à percepção leiga, estarem segurados também os aparelhos elétricos e eletrônicos que guarnecem a residência. Estipulação constante na apólice que vai de encontro à cláusula excludente prevista nas condições gerais do contrato. Na dúvida, contudo, prevalece o entendimento em prol do segurado/consumidor (art. 47 do Código de Defesa do Consumidor)."*

66. Pothier, R-J. *Tratado das obrigações pessoaes e recíprocas*. T. I e II. Rio de Janeiro: H. Garnier, 1906, p. 62.

fiança do destinatário da declaração, bem como a assegurar o valor real da aparência, sendo tais elementos essenciais ao intercâmbio de bens e serviços e à segurança das transações.

Em suma, a regulação das condições gerais dos contratos apresenta-se de maneira não explícita no ordenamento jurídico brasileiro, devendo seus princípios e formas de interpretação ser buscados em diversos dispositivos, em um esforço totalizante de hermenêutica, à luz dos paradigmas estabelecidos na Constituição da República.

5. Controle de conteúdo das condições gerais dos contratos

5.1. Controle de incorporação das condições gerais dos contratos

a) Delimitação e integração

As condições gerais dos contratos, para incorporação válida em um contrato determinado da atividade negocial, necessitam preencher certas exigências de natureza formal. O conjunto de operações destinadas a verificar a concorrência desses pressupostos constitui o chamado controle de incorporação ou de inclusão. Deste modo, com a expressão controle de conteúdo estamos a nos referir aos procedimentos de natureza valorativa destinados a determinar se a regulação material, efetuada nas condições gerais e cláusulas predispostas, é compatível com o princípio da boa-fé e o justo equilíbrio das prestações.[67]

Para se reputarem válidas as condições gerais dos contratos e passíveis de inclusão em contratos civis ou mercantis, estas deverão inicialmente cumprir os requisitos de perceptibilidade e compreensibilidade, ou seja, devem ser transparentes, claras e completas, como adiante se verá.

---

67. Código Civil de 2002:

"*Art. 113. Os negócios jurídicos devem ser interpretados conforme a boa-fé e os usos do lugar de sua celebração.*

Art. 421. A liberdade de contratar será exercida em razão e nos limites da função social do contrato.

Art. 422. Os contratantes são obrigados a guardar, assim na conclusão do contrato, como em sua execução, os princípios de probidade e boa-fé."

Em segundo lugar, caberá a verificação da ciência do aderente acerca da incorporação ao contrato das condições gerais: o contrato deverá, nas hipóteses determinadas, fazer referência às condições gerais incorporadas.[68, 69]

Quando o contrato não deva formalizar-se por escrito é indispensável que o predisponente anuncie as condições gerais em um lugar visível onde se celebra o negócio, que as enxerte na documentação que acompanha a celebração ou que, de qualquer outra forma garanta ao aderente a possibilidade efetiva de conhecer a sua existência e conteúdo no momento da celebração. Não presentes esses requisitos a inclusão não será válida.[70] Como expressa Javier Pagador López:

> En realidad, el control de inclusión, en cuanto garantiza que el adherente conozca efectivamente la existencia de unas determinadas condiciones generales lla-

68. *Ley de regulación de las condiciones generales de la contratación – AGB-Gesetz,*
"Artículo 2. Incorporación al contrato.
1. Las condiciones generales de la contratación sólo formarán parte del contrato cuando el predisponente en el momento de celebración del contrato:
2. Haga una referencia expresa a ellas a la contraparte o bien las exhiba de manera claramente visible en ellugar de celebración del contrato cuando la referencia expresa sólo sea posible con dificultades desproporcionadas a causa del modo de celebración del mismo, y
3. facilite a la otra parte una posibilidad razonable de tener conocimiento de su contenido, y la otra parte esté conforme con su vigencia.
4. Las partes podrán acordar anticipadamente, para un determinado tipo de contrato, la vigencia de determinadas condiciones generales de la contratación siempre que se cumplan los requisitos del apartado 1."

69. *Ley 50/1980, de 8 de octubre, de Contrato de Seguro.*
"Artículo 3. Las condiciones generales, que en ningún caso podrán tener carácter lesivo para los asegurados, habrán de incluirse por el asegurador en la proposición de seguro si la hubiere y necesariamente en la póliza de contrato o en un documento complementario, que se suscribirá por el asegurado y al que se entregará copia del mismo. Las condiciones generales y particulares se redactarán de forma clara y precisa. Se destacarán de modo especial las cláusulas limitativas de los derechos de los asegurados, que deberán ser específicamente aceptadas por escrito".

70. *Rio Grande do Sul. Tribunal de Justiça. Ementa: Consumidor. Propaganda enganosa. Induzimento do consumidor, através da embalagem visível, a aquisição de produto, o que daria direito à participação de sorteio de prêmios, aquela altura, segundo o regulamento oculto no interior da embalagem, já realizado. Responsabilidade do fabricante. Apelação Cível nº 596126037. 5ª Câmara Cível. Relator: Desembargador Araken de Assis. Julgado de 22 de agosto de 1996.* "Em caso de **propaganda** enganosa, só responde, perante o **consumidor**, o anunciante e fabricante, não o comerciante, constitui **propaganda** enganosa, (art- 37, par-1, da lei n-8078/1990) induzir o **consumidor** a comprar certo produto, que, pela informação da embalagem visível daria direito a participar de sorteio de prêmios, quando, na verdade, pelo regulamento inserido no verso da embalagem, a que só se tem acesso após a compra e o rompimento da embalagem, o evento já teria ocorrido. Liquidação do dano. 3. Apelação parcialmente provida."

madas a regir la vida del contrato y pueda conocer de forma razonablemente fácil su contenido regulador, preserva el reducto último de libertad contractual por parte de aquél, al permitirle dar su conformidad consciente con que el contrato se rija por ellas; ello explica el que su cumplimiento se exija con carácter previo o simultáneo a la celebración del contrato y las severas consecuencias negociales de su inobservancia.[71]

Igualmente não é válida a incorporação de condições gerais que sejam ambíguas, obscuras ou incompreensíveis, salvo, quanto a essas últimas, se houverem sido expressamente aceitas pelo aderente.[72]

Os requisitos de inclusão devem receber cumprimento com caráter prévio ou simultâneo à celebração do contrato. Isto exige que o conhecimento das condições gerais seja facilitado materialmente ao aderente, sobretudo na forma de redação e apresentação das mesmas. No caso de uma instituição bancária, por exemplo, o dever de fornecer documentação de evolução de pagamentos de conta-corrente é obrigação decorrente de lei, de integração contratual compulsória. Não pode ser objeto de recusa, nem de condicionantes, face ao princípio da boa-fé objetiva. Se pode o cliente, a qualquer tempo, requerer da instituição financeira prestação de contas, pode postular que o contrato inclua a obrigação de exibição dos extratos de suas contas correntes, bem como as contas gráficas dos empréstimos efetuados, sem ter que adiantar para tanto os custos dessa operação.

Outro aspecto importante desse tema diz respeito à chamada interpretação integrativa do negócio jurídico. A interpretação integrativa, em seu sentido objetivo, no dizer de Betti, consiste na tarefa de reconstruir o significado objetivo do ato, abrangendo os pontos do negócio que não foram objeto de reflexão consciente. A interpretação integrativa incide sobre os pontos do regulamento de interesses que, embora não tendo sido abrangidos pela fórmula, estão compreendidos na idéia que ela exprime e, portanto, estão também sempre enquadrados no conteúdo do negócio. Os pontos a investigar por via interpretativa

71. López, Javier Pagador, *op. cit.*, p. 361.

72. Rio Grande do Sul. Tribunal de Justiça. Telefones. Venda e aluguel. Anúncios ambíguos e publicidade enganosa. Mascaramento de empréstimos a curto prazo, com juros extorsivos. Cláusulas leoninas. Aplicação do código do consumidor. Remessa de pecas ao ministério público para a verificação de eventual ilícito penal. Apelação Cível nº 595063090. 6ª Câmara Cível. Relator: Desembargador Paulo Roberto Hanke. Jurisprudência TJRS, Câmaras Cíveis, 1995, v. 2, t. 12, p. 242-6.

inferem-se sempre do conjunto da declaração, apreciada de acordo com a boa-fé e os usos sociais: em harmonia com tudo isso são inteligíveis e reconhecíveis pelas partes.[73]

O direito brasileiro, no âmbito do Código de 1916, de cunho subjetivista, de busca da vontade hipotética das partes, não continha regra de integração do negócio jurídico. O Código de 2002, embora ainda não tenha uma norma explícita como o Código Civil português (art. 239), admitiu uma ampla abertura nessa matéria. Primeiro, ao fixar em seu art. 421 que a liberdade de contratar será exercida *em razão da função social* do contrato. Depois, ao prever que são nulas as cláusulas que impliquem renúncia *a direito resultante da natureza do negócio* (art. 424) e, finalmente, em consonância com esses dois dispositivos, a previsão de que, nas declarações de vontade, atender-se-á mais *à intenção nelas consubstanciada* do que ao sentido literal da linguagem (art. 112). Esse artigo deve ser interpretado à luz de uma nova exegese, por estar agora inserido, ao contrário do Código de 1916, em um Código de cunho marcadamente objetivista, que define a liberdade de contratar como razão da função social do contrato (v. art. 421).

Reconhece-se, assim, a boa-fé objetiva como princípio informador dos atos jurídicos em geral e, particularmente, dos negócios jurídicos (v. arts. 113 e 187). A consubstanciação significa a união de dois ou mais corpos na mesma substância, ou seja, que na declaração de vontade se fundem vários elementos: as manifestações de vontade das partes, a vontade negocial e a representação comum às partes, patente na conclusão do negócio, da existência ou do aparecimento futuro de certas circunstâncias nas quais se funda a vontade negocial, ou seja, a base do negócio.

Para que a regulação do negócio possa subsistir dotada de sentido é necessário aferir-se o significado das intenções de ambos os contratantes. Como bem esclarece Arnoldo Wald: "A base objetiva do negócio é o conjunto de circunstâncias e o estado geral das coisas, cuja existência ou subsistência são objetivamente necessárias para que o contrato, *segundo o significado das intenções de ambos os contratantes, possa subsistir como regulação dotada de sentido.*"[74]

73. Betti, Emilio. *Teoria geral do negócio jurídico*. t. II. Coimbra: Coimbra, 1969, p. 276-8.

74. Wald, Arnoldo. O princípio "*pacta sunt servanda*", a teoria da imprevisão e a doutrina das dívidas de valor. In: *Revista da Ajuris*, n. 64, 1995, p. 386-94.

A declaração de vontade, assim considerada em seu sentido objetivo, importa na consideração de um querer, de uma intencionalidade das partes sobre a vontade negocial, mas também sobre a própria base do negócio jurídico. A base objetiva do negócio jurídico pode ser definida, nas palavras de Menezes Cordeiro, como:

> [...] a representação comum das várias partes da existência de certas circunstâncias sobre cuja base se firma a vontade negocial. É o conjunto daquelas circunstâncias, sem cuja existência, manutenção ou verificação futura o escopo perseguido pelo negócio e determinado de acordo com o seu conteúdo, não pode ser obtido através do negócio, apesar de ter ele sido devidamente concluído e ainda que se realize o sacrifício exigível às partes, segundo o conteúdo negocial.[75]

Sobre esse desiderato é que se firma a intencionalidade da declaração de vontade, independentemente do sentido subjetivo das manifestações de vontade de cada uma das partes.

Há de se entender, portanto, como a intenção consubstanciada na declaração de vontade, as representações dos interessados ao tempo da conclusão do contrato, sobre certas circunstâncias básicas para a sua decisão. Isto no caso de essas representações não terem sido conhecidas meramente, senão constituídas, por ambas as partes, em base de contrato, como, por exemplo, a igualdade de valor, em princípio, de prestação e contraprestação nos contratos bilaterais (equivalência), a permanência aproximada do preço convencionado, a possibilidade de repor a provisão de produtos e outras semelhantes. A base do negócio não é, assim, o conteúdo do negócio propriamente dito, mas o fundamento ou pressuposto sobre o qual este se arquiteta e dele ambas as partes assentiram.

No que se refere à integração do negócio jurídico das condições gerais dos contratos, estas abrangerão tudo aquilo que seja objetivamente cognoscível e, portanto, os fundamentos ou pressupostos deste, a base do negócio jurídico.[76]

---

75. Cordeiro, Antonio Manuel da Rocha e Menezes. *Da boa fé no direito civil*. v. I e II, Coimbra: Almedina, 1984, p. 1.035.

76. Para uma interpretação restritiva da integração das condições gerais dos contratos ver Lobo, Paulo Luiz Netto. *Condições gerais dos contratos e cláusulas abusivas*, São Paulo: Saraiva, 1991, p. 106-9.

b) Controle de incorporação de cláusulas limitativas de direitos

Cláusulas limitativas de direitos são aquelas que, sem chegar a ser iníquas, desproporcionais ou injustas, fragilizam e pioram a posição negocial do aderente; recortam ou limitam os direitos para ele resultantes do negócio. As cláusulas limitativas de direitos são quaisquer cláusulas que, de algum modo, direta ou indiretamente, limitam os direitos do aderente, seja cerceando os direitos que lhe reconhece a lei ou o contrato, seja impedindo novas obrigações que, à vista da reciprocidade de direitos e obrigações resultantes do contrato, importam em uma limitação.

Nem sempre tais cláusulas podem ser reputadas como inválidas, mas tão-somente consoante a boa-fé objetiva e a natureza da avença impliquem uma desnaturação dos valores ínsitos no negócio, abrangendo não só a prestação principal, mas também os deveres laterais de conduta. Deste modo, em contrato de seguro contra incêndio de prédio e seu conteúdo, estão abrangidas todas as pertenças, apesar de cláusula contratual que exclui os danos a aparelhos eletrodomésticos ou eletrônicos decorrentes de queda de raios. Estima-se que aqui a inclusão de cláusula limitativa de direitos, embora a princípio válida, por se tratar de direito patrimonial disponível, torna-se excessivamente restritiva por atentar contra a natureza da avença securitária e as legítimas expectativas do policitado.[77]

O disposto sobre cláusulas limitativas de direitos veiculadas mediante condições gerais dos contratos é particularmente relevante quando se trata de contrato de seguro. O contrato de seguro tem como partes o segurador e o segurado, sendo que ao segurado compete o pagamento do prêmio, que é a contraprestação ao segurador, em virtude do risco que este assume, e ao segurador compete pagar a indenização prevista ao segurado de seus prejuízos, na

77. Rio Grande do Sul. Tribunal de Justiça. Direito civil. Contrato de seguro. Apólice garantindo cobertura – prédio e conteúdo – para incêndio, raio, explosão. Cláusula contratual que exclui os danos a aparelhos eletrodomésticos ou eletrônicos decorrentes de queda de raios. Incerteza sobre a real abrangência do contrato. Interpretação favorável ao consumidor. Apelação Cível nº 70001133040. 6ª Câmara Cível. Relator: Desembargador Osvaldo Stefanello. J. 22/08/2001. *"Quem segura imóvel para a hipótese de queda de raio, se o faz constando expressamente na apólice estar coberto o prédio e seu conteúdo, compreende, à percepção leiga, estarem segurados também os aparelhos elétricos e eletrônicos que guarnecem a residência. Estipulação constante na apólice que vai de encontro à cláusula excludente prevista nas condições gerais do contrato. Na dúvida, contudo, prevalece o entendimento em prol do segurado/consumidor (art. 47 do Código de Defesa do Consumidor)"*.

hipótese de ocorrer o risco previsto contratualmente. É um contrato bilateral, oneroso, aleatório e de adesão.

A importância socioeconômica dos contratos de seguro nos dias atuais resulta da imensa quantidade de contratações de diversas modalidades, porque estes garantem aos consumidores tranqüilidade e segurança, eis que, ocorrido o sinistro coberto pelo contrato de seguro, o prejuízo que teria o segurado será suportado pela seguradora, pois com o recebimento dos prêmios de seus segurados, este forma um fundo que propicia o pagamento das indenizações.

Na cobertura do risco, o contrato de seguro se alicerça em alguns fundamentos, que são a mutualidade, cálculo das probabilidades e homogeneidade para se definir o valor de seu preço, de seu prêmio e a delimitação dos riscos que estarão cobertos. Portanto, o contrato de seguro possui, por sua própria natureza, cláusulas que são limitativas dos riscos, para viabilizar suas contratações e indenizações. O contrato de seguro é um contrato de adesão, onde as cláusulas já estão preestabelecidas, cabendo à parte contraente aderir a todas as cláusulas, inclusive as limitativas.

O Desembargador Sérgio Cavalieri Filho distingue com propriedade a cláusula limitativa do risco (lícita) e a cláusula abusiva nos contratos de seguros submetidos a condições gerais:

> Tenho sustentado que a principal diferença entre a cláusula limitativa do risco, da qual acabamos de falar, e a cláusula abusiva está em que a primeira tem por finalidade restringir a obrigação assumida pelo segurador, enquanto a segunda objetiva restringir ou excluir a responsabilidade decorrente do descumprimento de uma obrigação regularmente assumida pelo segurador, ou ainda a que visa a obter proveito sem causa. E, como todos sabemos, obrigação e responsabilidade são coisas distintas, que não podem ser confundidas. Portanto, a princípio, as cláusulas limitativas nos contratos de seguro não são vedadas, não sendo consideradas abusivas, devendo estar inseridas no contexto contratual de acordo com o determinado no Código de Proteção do Consumidor.
>
> Ocorre que, nos casos concretos, a forma como está inserida uma cláusula limitativa, seu conteúdo em relação ao objeto do contrato, ou até a apresentação de uma proposta simplificada na contratação, com a posterior entrega ao segurado do contrato, e muitas vezes, sem até tal entrega, causando um total desconhecimento das cláusulas, especialmente as limitativas ocasionam um

profundo desequilíbrio entre as partes, gerando o conflito de interesses, entre o segurado que almeja a proteção pessoal ou patrimonial, e o segurador, que necessita limitar os riscos para viabilização das indenizações.

Desse modo, no conflito de interesses entre segurado e segurador, o contrato deve ser interpretado segundo o art. 47 do Código de Proteção ao Consumidor, favorável ao consumidor, ou seja, ao segurado.

O referido Código, na esfera contratual, visa coibir desequilíbrios entre as partes, disciplinando como devem ser as relações jurídicas contratuais, devendo o fornecedor dar conhecimento prévio ao consumidor sobre o conteúdo do contrato, além de utilizar redação clara, e destacando as que importem em limitação ao direito do consumidor, como se verifica nos arts. 46, e 54 § § 3º e 4º.

Em não se observando tais preceitos exigidos pelo ordenamento jurídico, acarretará uma profunda desigualdade entre as partes contratantes, na qual o segurado terá pago o prêmio, sem conhecimento das cláusulas que limitam seu direito de indenização na hipótese de risco. Cabe analisar a extensão do disposto pelo Código de Proteção do Consumidor no tocante à interpretação das cláusulas limitativas, a fim de que tais cláusulas não caracterizem como abusivas.[78]

Deste modo, identifica o magistrado corretamente que não existe uma cláusula limitativa de direitos que, em si, ontologicamente, seja inválida, mas essa invalidade só pode ser aferida quando verificada em concreto, pela sua aposição e execução em um contrato determinado. Javier Pagador López esclarece, em adendo, que o fato das cláusulas limitativas reunirem os requisitos de inclusão e passarem a formar parte do contrato de seguro não significa que se deva admitir sem mais, de modo incondicional, sua validade e eficácia. Ao contrário, estas como quaisquer outras contidas nas condições gerais e particulares do contrato de seguro, encontram-se submetidas à proibição de cláusulas de caráter lesivo aos segurados.[79]

No caso de plano de saúde, em que o consumidor encontra-se vinculado a um seguro saúde através de contrato cujo cabeçalho, em letras maiúsculas, prevê Assistência Médico-Hospitalar Total e que há divergência entre essa aparência e cláusula do respectivo contrato que prevê fórmula de cálculo para a

78. Cavalieri Filho, Sérgio. Visão Panorâmica do Contrato de Seguro e suas Controvérsias. In: *Revista do Advogado*, São Paulo, 1.996, n. 47, mar. 1996. p. 11.

79. López, Javier Pagador, *op. cit.*, p. 378-9.

cobertura dos honorários médicos, não cobertos por esse plano básico, estamos diante de uma cláusula de limitação de direitos. Neste caso, a cláusula, não ilícita, em princípio, será iníqua por força de sua interpretação com o conjunto do contrato mediante condições gerais.

As expressões empregadas no título, que encabeça o contrato, são no sentido da garantia de cobertura para assistência médico-hospitalar integral em um plano que consta como total. As expressões empregadas induzem facilmente à idéia de que o referido plano de saúde seja o primeiro, o mais importante, o melhor. O contrato não está redigido com caracteres ostensivos, inexiste qualquer destaque de redação às cláusulas que impliquem limitação de direito do consumidor, e a forma de cálculo dos valores dos honorários médicos não está explicitada de maneira clara ou compreensível. Os esclarecimentos devidos têm de ser prestados com toda a clareza na fase de formação do contrato, em momento anterior à sua assinatura, na ocasião da oferta do serviço, durante os contatos prévios mantidos entre a empresa e o consumidor. Não ocorrente essa situação, nessa hipótese, configura-se tal situação como iníqua.[80] Como expõe Nelson Nery Júnior:

> Sobre os destaques, ganha maior importância o dever de o fornecedor informar o consumidor sobre o conteúdo do contrato (Art. 46 do CDC). Deverá chamar a atenção do consumidor para as estipulações desvantajosas para ele, em nome da boa fé que deve presidir as relações de consumo. O destaque pode ser dado de várias formas: a) em caracteres de cor diferente das demais cláusulas; b) com tarja preta em volta da cláusula; c) com redação em corpo gráfico maior do que os das demais estipulações; d) em tipo de letra diferente das outras cláusulas, como, por exemplo, em itálico, além de muitas outras formas que podem ser utilizadas ao sabor da criatividade do estipulante.[81]

---

80. Código de Defesa do Consumidor:

"*Art. 54 – Contrato de adesão é aquele cujas cláusulas tenham sido aprovadas pela autoridade competente ou estabelecidas unilateralmente pelo fornecedor de produtos ou serviços, sem que o consumidor possa discutir ou modificar substancialmente seu conteúdo.*

§ 3º – Os contratos de adesão escritos serão redigidos em termos claros e com caracteres ostensivos e legíveis, de modo a facilitar sua compreensão pelo consumidor.

§ 4º – As cláusulas que implicarem limitação de direito do consumidor deverão ser redigidas com destaque, permitindo sua imediata e fácil compreensão."

81. Nery Júnior, Nelson *et alli*. *Código brasileiro de defesa do consumidor comentado pelos autores do anteprojeto*. 5. ed. Rio de Janeiro: Forense Universitária, 1997, p. 32.

Deve o fornecedor diligenciar para que o consumidor tome conhecimento real e efetivo do conteúdo integral do contrato, sobretudo a respeito das restrições da cobertura. E essa tomada de conhecimento não pode ser entendida como simples leitura, nem como aceitação ou consentimento. A cognoscibilidade abrange o pleno conhecimento e a compreensão de todos os requisitos e efeitos do contrato. De modo que é irrelevante a situação concreta em que se achar o consumidor individual, como é também irrelevante eventual declaração sua de ter conhecido ou compreendido os termos a que se obrigou. Não há declaração de conhecer. Ou conhece-se ou não se conhece.

O que importa é que o consumidor tenha podido conhecer e compreender, ou seja, que o fornecedor lhe tenha dado, com toda a liberdade de análise, os meios de conhecer e entender o contrato com clareza, com destaque para as cláusulas de alguma forma desvantajosas, sem "truques", vantagens aparentes, formulações de conceitos abstratos de difícil entendimento para os leigos, ou subterfúgios de qualquer outra espécie.

A própria redação do contrato, principalmente quando do tipo de adesão, há de ser impressa em termos claros, em caracteres bem legíveis, que não cansem, não se admitindo o tipo de impressão em letra miúda, que dificulta a leitura e a compreensão. As cláusulas que impliquem em limitação ou alguma desvantagem ao consumidor, devem ser impressas em destaque (por exemplo, tipo maior e em "negrito"). Sem estas características, serão tidas como não escritas ou ineficazes, mesmo que tenham sido aceitas pelo consumidor, implícita ou explicitamente, em obediência aos princípios da boa-fé e da transparência.

C) Requisito da perceptibilidade e legibilidade

A perceptibilidade e a legibilidade constituem um requisito essencial das condições gerais dos contratos. Esses requisitos devem ser concebidos em situação, ou seja, deverão ser percebidos adequadamente no instrumento em que se estabelecem, de acordo com a inteligibilidade média que se estima corrente no trato negocial.

A ausência de percepção pode dar-se por muitas razões, como o tamanho microscópico dos caracteres tipográficos empregados, sua configuração ou cor, a deficiente qualidade de impressão das cláusulas, a ubiquação em lugares secundários dentro do instrumento contratual ou a falta do necessário ressalto.

A experiência de ponta nesse controle é representada pela lei alemã de 1976, regulamentando as condições negociais gerais, conhecida pela sigla AGBG (*Gesetz zur Regelung des Rechts der Allgemeinen Geschäftsbedingungen*), consolidando toda uma jurisprudência baseada no princípio da boa-fé. Desenvolveu-se, então, frutuosa produção teórica em torno dos deveres acessórios nos contratos. Destes, três são largamente reconhecidos: o de proteção, o de esclarecimento e o de lealdade. Através deles, concretiza-se a atuação de boa-fé.

No que concerne ao dever acessório de esclarecimento, as partes contratantes estão obrigadas a prestarem reciprocamente informações sobre todos os aspectos e ocorrências relacionados ao contrato, e ainda sobre os efeitos que possam advir de sua execução.[82] A aplicação do princípio da boa-fé, concretizado nesses deveres acessórios, tem lugar na ausência de normas legais específicas. Ainda que não haja normativa na matéria, justifica-se a exigência da conduta, pela evocação oportuna dos deveres contratuais acessórios.

Para o atendimento desse requisito, consoante os ditames da boa-fé, é necessário que a cláusula contratual seja clara, não só no sentido de que possa ser compreensível por qualquer pessoa de mediana diligência, mas também, o que é, todavia, mais importante, que seja clara em termos visuais, quer dizer, que o usuário possa perquirir facilmente a sua existência e o seu conteúdo com um só golpe de vista. Bem que se encontre ubiquada em um lugar preferente do documento contratual ou bem, porque, ainda que colocada em um ângulo do mesmo, se empregue um tipo de letra suficientemente grande para poder ser vista e lida por um usuário médio.

Assim, para que seja atendido o requisito da claridade (que constitui um dever lateral de conduta, no âmbito das condições gerais dos contratos) é neces-

---

82. O Código de Defesa do Consumidor institui, em seu art. 31, o denominado princípio da transparência, derivado da boa-fé, impondo ao fornecedor o "dever de informar", concentrado nas características do produto ou do serviço oferecido no mercado. Tal dever passou a representar, no sistema do CDC, dever básico (art. 6º, III), resultando em verdadeiro ônus atribuído aos fornecedores, parceiros contratuais ou não do consumidor.
O art. 46, do mesmo modo, prevê que "os contratos que regulam as relações de consumo não obrigarão os consumidores se não lhes for dada a oportunidade de tomar conhecimento prévio de seu conteúdo". Deste modo, o dever de informar implica, em termos de relações de consumo, mas extensíveis esses dispositivos hermenêuticos para todas as obrigações civis, em uma exigência de cognoscibilidade por parte do aderente. Inexistente essa, objetivamente considerada a relação, não será válida a cláusula não conhecida ou o contrato que, pela forma, obnubilou seu conteúdo.

sário que o aderente possa perquirir facilmente a sua existência. Javier Pagador López enumera várias circunstâncias, retiradas de decisões de Tribunais espanhóis, onde tais requisitos não estavam presentes:

> *En este sentido, no es infrecuente que se haga hincapié en la circunstancia del inferior tamaño de la letra de una o varias cláusulas en relación con el conjunto del documento [AAP de Zaragoza de 19 de enero de 1995 (ActCi-Audiencias, 1995, marginal 793)], o en el dato de "la inclusión en letra pequeña y caracteres menores, que las principales del contrato, de la referida cláusula, su estampado al reverso, como disminuyendo su importancia" [STS de 20 de julio de 1994 (Actualidad y Derecho, 1994, marginal 784)], o de la redacción [STS de 5 de julio de 1997, FD 1º (ActCi, 1997, marginal 1064)] "(...) en un diminuto tipo de letra, el más pequeño de todo el documento", impidiendo, contra lo dispuesto por el artículo 10.1.a) de la LGDCU, (FD 3º) "que el texto sea legible y comprensible, es decir, que no esté en letra tan pequeña que sea difícil darse cuenta y que se entienda por persona de tipo medio", lo que ocurre cuando "la letra es tan diminuta y el texto tan breve, que la compradora difícilmente puede leerlo y comprenderlo" (en el mismo sentido y con la misma argumentación, SSTS de 20 de febrero de 1998 (ActCi, 1998, marginal 551), de 30 de mayo de 1998 (ActCi, 1998, marginal 894) y de 13 de noviembre de 1998 (Diario La Ley, núm. 4690, 10 de diciembre de 1998, p. 6 y 7).*[83]

Também não estará atendido o requisito de perceptibilidade nas condições gerais dos contratos naquelas situações em que existiria, pelos usos mercantis, uma obrigação de manifestação. Nesses casos, o instrumento contratual deverá dispor sobre o valor jurídico do silêncio como manifestação de vontade. Como é corrente na doutrina, o silêncio, em princípio, sem qualquer elemento qualificador, não tem valor declarativo, em regra não é, portanto, juridicamente eloqüente.

No Direito hodierno, contudo, introduz-se nessa matéria uma perspectiva relacional. O homem em sociedade tem deveres, em certos casos ele deve pronunciar-se. Se ele não o faz, comete então uma falta, pela qual deve responder e reparar e se pode considerar que há, da sua parte, uma certa vontade. É o chamado silêncio circunstanciado: de algumas relações infirmadas pelo princípio da boa-fé decorre a legítima expectativa da contraparte de que determinada

83. López, Javier Pagador. Requisitos de incorporación de las condiciones generales. In: Carol, Ubaldo Nieto y otros. *Condiciones generales de la contratación y cláusulas abusivas*. Valladolid: Lex Nova, 2000, p. 236.

conduta, necessariamente de correção e lealdade, de silenciar-se ante determinado ato no qual deveria manifestar-se, importa no consentimento de quem cala, objetivamente valorado.

Assim, a relevância jurídica negocial do silêncio decorre de circunstâncias concludentes, de acordo com critérios previstos na lei, que constituem elementos qualificadores de tal valor. Somente esse silêncio circunstanciado tem valor jurídico positivo de declaração. Serpa Lopes define as características do silêncio circunstanciado, apto a ser considerado como uma declaração de vontade: "a) manifestação de vontade por meio de um comportamento negativo; b) deduzida de circunstâncias concludentes [de acordo com critérios previstos na lei]; c) caracterizada pelo dever e possibilidade de falar por parte do silente; d) e pela convicção da outra parte de haver, nesse comportamento negativo e nessas circunstâncias, uma direção de vontade inequívoca e incompatível com a expressão de uma vontade oposta".[84] São essas qualificadoras que importam no valor de anuência do silêncio: a lei, as circunstâncias (convenção ou relações negociais) e os usos do tráfego jurídico.

Os usos comerciais podem implicar um valor declarativo para o silêncio. Usos comerciais significam as práticas prevalentes em um determinado grupo social mercantil. São assim as práticas em um determinado ramo de atividade econômica, ou aquelas de atribuição de um sentido negocial a um comportamento omissivo.

A concepção do tráfego jurídico, deste modo, pode autorizar a interpretar o silêncio como expressão de uma determinada vontade, quer dizer, como suposto de fato de uma declaração de vontade determinada. Isso ocorrerá quando o que cala, em atenção à boa-fé e tendo em conta os usos do tráfego e os hábitos e costumes prevalecentes, tivesse o dever de falar para dar a conhecer sua vontade.[85]

Os usos têm de ser especificamente provados e dizer respeito ao valor da omissão. São primordiais nessa hipótese não só os usos gerais do comércio, como também os usos particulares de certa atividade econômica ou profissão,

---

84. Lopes, Miguel Maria de Serpa. *O silêncio como manifestação de vontade*. Rio de Janeiro: A. Coelho Branco Filho, 1935, p. 162.

85. Enneccerus, Ludwig e Nipperdey, Hans Karl, *Tratado de Derecho Civil*, t. I, v. II. 1ª parte. Barcelona: Bosch, 1981, p. 177.

ou de certa localidade, bem como, ainda, os que se formem apenas *inter partes* ou que decorram do quadro de uma relação corrente de negócios.[86]

Presentes essas circunstâncias negociais, as condições gerais dos contratos aí firmados deverão mencioná-las, para o atendimento do requisito da perceptibilidade.

d) Requisito da compreensibilidade

A compreensibilidade das condições gerais dos contratos significa a possibilidade de compreensão direta. O padrão é o homem médio, medianamente diligente. A exigência de compreensibilidade abrange assim o objetivo de que as cláusulas sejam redigidas de tal modo que ao cliente resulte possível conhecer, sem necessidade de realizar um esforço intelectual extraordinário, os confins das posições negociais de ambas as partes na relação negocial entabulada, sem necessidade de consultar a terceiros ou procurar ulterior documentação.

Isso impõe ao predisponente o encargo ou dever no que se refere ao tipo de linguajar a utilizar, à quantidade de informação subministrada nas cláusulas contratuais, bem como à própria forma de apresentação desse último. Explicitando esses requisitos:

> La exigencia de comprensibilidad persigue, pues, el objetivo de que los clausulados se redacten de modo que el cliente pueda conocer de forma razonablemente fácil las posiciones negociales de ambas partes en el contrato celebrado, sin necesidad de consultar a terceros o procurarse ulterior documentación. Ahora bien, esta exigencia no supone simplemente que cada una de las cláusulas, en sí mismas, sean comprensibles, sino, además, que el clausulado contractual en su conjunto también lo sea. Por tanto, la exigencia de comprensibilidad supone

86. Deste modo, por exemplo, dentro dos usos gerais do comércio, a omissão torna-se relevante pelo fato de se ter constantemente entre comerciantes seguido a prática de considerar um fornecimento aceito na falta de devolução, num certo prazo, das mercadorias enviadas. Não ressalvando o destinatário o defeito das mesmas no prazo combinado, entende-se que aquiesceu e considera-se suprido o aceite: "Ementa. Ação cautelar de sustação de protesto e ação declaratória de nulidade de títulos de crédito. Prova da entrega das mercadorias. *Suprimento do aceite*. Comprovando o réu a entrega das mercadorias e não ressalvando o autor qualquer defeito nas mesmas, ou efetivado a sua devolução, considera-se suprido o aceite, legitimando o vendedor ao protesto das cártulas e posterior execução. Apelação improvida." (TJRS, 17ª CC., Apelação Cível nº 70001176346, Rel. Des. Elaine Harzheim Macedo, Data do Julgamento 08/08/2000).

para el predisponente la imposición de cargas o deberes tanto con relación al tipo de lenguaje a utilizar y a la cantidad de información a suministrar, como con relación a la propia forma de presentación del clausulado.
En lo que concierne a esto último, se ha notado que la incomprensibilidad de un clausulado predispuesto en sí puede obedecer a que las cláusulas que lo integran vengan recogidas sin orden ni clasificación, a que exista una pluralidad innecesaria y desproporcionada de remisiones internas, de unas cláusulas a otras, o contradicciones entre éstas, a que se utilice el mismo texto para diferentes tipos de contratos, sin que se produzca su adaptación a las peculiaridades de cada uno de ellos, o, simplemente, a que el clausulado aparezca deficientemente estructurado o resulte excesiva e innecesariamente extenso para el tipo de contrato celebrado (41). En lo que concierne al tipo de lenguaje a utilizar y a la cantidad de información a suministrar, se ha hecho especial hincapié en la necesidad de eludir, en cuanto sea posible, el empleo de términos y expresiones de carácter técnico y de significado desconocido e inaccesible para un contratante medio, o de términos y expresiones con un significado diferente del que habitualmente se les atribuye, sin que esta circunstancia se ponga de manifiesto, o el empleo de perífrasis innecesarias y cuya presencia dificulta o impide al cliente el proceso intelectual de conocimiento del contenido regulador del clausulado, y, por tanto, de los derechos y obligaciones que asume mediante la adhesión a ese clausulado, es decir, de todos aquellos factores que privan al adherente de la posibilidad de conocimiento inmediato del contenido regulador de las condiciones generales.[87]

O uso de expressões técnicas de um determinado ramo do conhecimento humano, como a medicina, para reger contratos destinados a assinatura de não-profissionais não atende o requisito da compreensibilidade.[88]

87. López, Javier Pagador. Requisitos de incorporación de las condiciones generales. In: Carol, Ubaldo Nieto y otros, *op. cit.*, p. 237-238.

88. São Paulo. 1º Colégio Recursal dos Juizados Especiais Cíveis da Capital – SP. Proc 1615. Contrato – Assistência médica – Doença crônica – Internação – Cláusula contratual estabelecendo carência de 24 meses, redigida de forma pouco clara e de difícil compreensão ao leigo – Abusividade – Prova, ademais, inexistente de que a internação do paciente fora causada por doença crônica – Ação procedente para determinar que a recorrida arque com os custos da internação hospitalar. Relator: Juiz Oscar Bittencourt. Julgado de 31 de outubro de 1985. "A forma como redigido o contrato obriga o contratante a renovar por pelo menos duas vezes o contrato para que passe a ter o direito a internação por doenças crônicas, o que se afigura contraditório, considerado ajuste por tempo determinado. À evidência, a cláusula 16ª, *c*, é nula. Não bastassem os fundamentos acima para o reconhecimento da nulidade da cláusula que estabelece o prazo de

Nelson Nery Júnior, ao versar sobre o tema, registra que toda estipulação que implicar qualquer limitação de direito do consumidor, bem como a que indicar desvantagem ao aderente, deverá vir singularmente exposta, do ponto de vista físico, no contrato de adesão.

Sobre os destaques, ganha maior importância o dever de o fornecedor informar o consumidor sobre o conteúdo do contrato (art. 46, CDC). Deverá chamar a atenção do consumidor para as estipulações desvantajosas para ele, em nome da boa-fé que deve presidir as relações de consumo. O destaque pode ser dado de várias formas: a) em caracteres de cor diferente das demais cláusulas; b) com tarja preta em volta da cláusula; c) com redação em corpo gráfico maior do que o das demais estipulações; d) em tipo de letra diferente das outras cláusulas, como, por exemplo, em itálico, além de muitas outras formas que possam ser utilizadas, ao sabor da criatividade.[89]

Há que se ressaltar no âmbito do requisito da compreensibilidade, as cláusulas contratuais que introduzem regras modificativas da regulação de caráter dispositivo aplicável, introduzindo o complemento "na medida em que isto venha a ser socialmente permitido" ou "sem prejuízo do disposto na lei" e outros análogos, de modo a possibilitar ao predisponente o máximo de vantagem no desdobramento do direito dispositivo (até o limite legalmente possível). No Direito brasileiro tal tipo de cláusula tem proliferado nos contratos de locação, com a imposição de variação de índices de acordo com o máximo ganho inflacionário. A jurisprudência tem mantido a tendência de aceitar a troca de índices, desde que o índice de correção de preços anteriormente previsto tenha sido extinto por decisão governamental.

No direito alemão, tais cláusulas, quando inseridas em condições gerais dos contratos, têm sido vedadas uma vez que seriam contraditórias à exigência da compreensibilidade e da transparência. Senão veja-se:

carência de 24 (vinte e quatro) meses para internação, está ela redigida de forma pouco clara e de difícil compreensão ao leigo. A expressão 'eletivas de doenças crônicas', nada ou pouco informa quanto à situação pretendida pela contratada, sendo também por este fundamento de ser reconhecida a nulidade da cláusula, não obrigando ela o consumidor, a teor do que estabelece o art. 46 do CDC."

89. Nery Júnior, Nelson et alli. *Código brasileiro de defesa do consumidor comentado pelos autores do anteprojeto*. 5. ed. Rio de Janeiro: Forense Universitária, 1997, p. 385-6.

Desde el punto de vista de la exigencia legal de comprensibilidad, un caso particular viene dado por el de las condiciones generales que modifican el Derecho dispositivo aplicable, y además introducen el añadido en la medida en que ello venga legalmente permitido, sin perjuicio de lo dispuesto en la leyu otros análogos, de modo que trata de apurarse al máximo el alcance del desplazamiento del Derecho dispositivo (hasta el límite de lo legalmente posible).
Estas cláusulas son bien conocidas en el ordenamiento alemán (cláusulas soweit gesetzlich zulässig), sobre todo en lo que respecta a la introducción de limitaciones y exoneraciones de la posible responsabilidad del sujeto predisponente.
En realidad, estas cláusulas constituyen una modalidad dentro de la categoría, más amplia, de las denominadas cláusulas salvatorias o sanatorias o, en terminología acuñada por la doctrina alemana, salvatorische Klauseln, cuya inadmisibilidad y consiguiente ineficacia, en cuanto condiciones generales, se halla sustraída a toda duda y es afirmada, aunque a veces con matizaciones, por la mayor parte de la doctrina, precisamente por contravenir la exigencia de comprensibilidad, ya que mediante ellas el predisponente trata de conseguir una regulación contractual tan favorable para sus intereses como resulte legalmente posible, pero que, sin embargo, no puede razonablemente ser conocida ni comprendida por cualquier contratante medio, sino tan sólo, a lo sumo, por expertos juristas.
Por tanto, se trata, simplemente, de cláusulas cuyo alcance no puede ser conocido por un contratante medio, es decir, que no permiten al adherente conocer su posición negocial.[90]

No que se refere à exigência de compreensibilidade, um aspecto de especial relevância é aquele concernente ao padrão ou modelo a ter em conta para o efeito de determinar se uma ou mais cláusulas contidas em condições gerais podem se reputar ou não compreensíveis. Em particular trata-se de dilucidar se sua efetiva concorrência há de ser examinada à luz das circunstâncias presentes em cada caso e, portanto, em função das características e qualificação pessoal e profissional de cada cliente concreto ou, pelo contrário, há de ser de modo geral e abstrato, com independência das peculiaridades do caso concreto.

90. López, Javier Pagador. Requisitos de incorporación de las condiciones generales. In: Carol, Ubaldo Nieto y otros, *op. cit.*, p. 237-8.

No Direito espanhol, doutrina e jurisprudência são acordes de que o modelo de referência é o cliente médio no setor de atividade de que se trate, e as circunstâncias tipicamente concorrentes deste último:

> *Por último, frente a lo que se ha venido afirmando por cualificados sectores de nuestra doctrina parece más correcto entender que, al objeto de determinar si un clausulado es o no comprensible, el correspondiente juicio ha de efectuarse tomando como modelo de referencia el cliente medio en el sector de la actividad negocial de que se trate, y las circunstancias típicamente concurrentes en este último*
> *Así lo ha entendido, por añadidura, nuestra jurisprudencia: entre otras, SAP de Toledo de 31 de diciembre de 1993 (ArCi, 1994, marginal 661); SAP de León de 7 de diciembre de 1994 (ArCi, 1994, marginal 2163); SAP de Oviedo de 22 de enero de 1993 (ArCi, 1993, marginal 32); SAP de Cuenca de 14 de enero de 1994 (Ledico, 1994, marginal 949); SAP de Madrid de 23 de octubre de 1995 (RGD, 1996, p. 13835 a 13838); SAP de Cuenca de 20 de marzo de 1997 (ActCi-Audiencias, 1997, marginal 1130); SAP de Toledo de 25 de octubre de 1995 (ActCi-Audiencias, 1996, marginal 157).*[91]

e) Requisito da concreção

A exigência de que as cláusulas apostas em contratos submetidos às condições gerais sejam concretas visa impedir que o predisponente obtenha vantagens adicionais e injustificadas em conseqüência da vagueza ou imprecisão com que se redigem uma ou várias cláusulas, especialmente quando estas são destinadas a impor obrigações ao aderente ou a reconhecer direitos em favor do predisponente.

No que se refere ao controle de inclusão para se averiguar a existência do requisito da concreção, primeiramente, deve-se visualizar o pacto levando em consideração as condições pessoais dos indivíduos que o firmaram. Em um pólo, a empresa, que tem na pactuação o objeto de sua atividade. Possui especialistas na confecção dos instrumentos contratuais, os quais são (constituindo até tautologia repisar tais características dos contratos adesivos) unilateral e previamente elaborados, com prazos para estudos e reflexões sobre os termos que nele serão apostos. Tem-se, de outro lado, nas relações de consumo, o consumidor, presumivelmente – e a presunção é *ex lege* – desprovido de conhecimentos

91. López, Javier Pagador. Requisitos de incorporación de las condiciones generales. In: Carol, Ubaldo Nieto y otros. *Op. cit.*, p. 240-1.

técnicos, com prazo de estudo e análise do conteúdo contratual reduzido, ou, por vezes, inexistente, já que não raros os casos em que lhe são os instrumentos remetidos após firmado o contrato.

Tendo em plano a disparidade de conhecimentos técnicos, vejamos o caso dos seguros. Assume relevo, de plano, em muitos contratos de seguros, a crença do consumidor em que estes constituem um seguro total (totalidade essa limitada, por certo, pelo teto assegurado pela apólice), porquanto acredita que, dentro dos valores previstos, todos os danos que advierem a vítimas de eventual sinistro estarão cobertos.

Contudo, muitas vezes a apólice não menciona expressamente, como o fazem outras companhias seguradoras no exterior, que dano moral não está coberto. Ao contrário, redigem a mesma de modo ambíguo e indeterminado. Fosse clara a negativa da indenização do dano moral, seria o caso não de interpretação da cláusula, já que seu conteúdo, neste caso, é de fácil entendimento, mas sim de declaração de nulidade da cláusula, em face de sua unilateralidade de elaboração.

Observe-se que no caso da cláusula ambígua ou obscura não há explícita menção ao afastamento da indenizabilidade do dano moral ou estético, mas sua obnubilação por uma redação ambígua, como, por exemplo, a que prevê a obrigação de reembolso assumida pelo segurador no tocante a reclamações de terceiros decorrentes de danos corporais. Não se exclui expressamente a indenização do dano moral mas o afasta pela referência restritiva da cláusula. Como interpretar? No direito brasileiro, havendo dúvida quanto ao significado de cláusula predisposta por uma das partes, a interpretação deve ser no sentido menos favorável a quem a redigiu: é o princípio da *interpretatio contra proferentem*, ou, ainda, a regra *in dubio contra stipulatorem*. Consoante o Código Civil de 2002 (art. 423), é de uso obrigatório nos contratos padronizados e de adesão.

Trata-se da conhecida sétima regra de interpretação dos contratos de Pothier: na dúvida, uma cláusula deve interpretar-se contra aquele que tem estipulado uma coisa, em descargo daquele que tem contraído a obrigação.[92]

No Código de Defesa do Consumidor, ela pode ser inferida do art. 47 (se toda cláusula ambígua, constante de qualquer contrato de consumo, deve ser interpretada em favor do consumidor, por maioria de razão devem sê-lo aquelas

92. Pothier, R-J, *op. cit.*, p. 64.

constantes de contratos padronizados ou de adesão), e também está implícita no art. 54, § 3º: "Os contratos de adesão escritos serão redigidos em termos claros e com caracteres ostensivos e legíveis, de modo a facilitar sua compreensão pelo consumidor." Como bem considerou Carlos Maximiliano, em tempos idos:

> [...] todas as presunções militam a favor do que recebeu, para assinar, um documento já feito. Às vezes, pouco entende do assunto, e comumente age com a máxima boa-fé: lê às pressas, desatento, confiante. É justo, portanto, que o elaborador do instrumento ou titulo sofra as conseqüências das próprias ambigüidades e imprecisões de linguagem, talvez propositadas, que levaram o outro a aceitar o pacto por o ter entendido em sentido inverso do que convinha ao coobrigado. Casos freqüentes dessa espécie de litígio verificam-se a propósito de apólices de seguros e notas promissórias. Palavras de uma proposta interpretam-se contra o proponente; de uma aceitação, contra o aceitante. Assim, pois, as dúvidas resultantes de obscuridade e imprecisões em apólices de seguro interpretam-se contra o segurador. Presume-se que ele conheça melhor o assunto e haja tido inúmeras oportunidades práticas de verificar o mal resultante de uma redação, talvez propositadamente feita em termos equívocos, a fim de atrair a clientela, a princípio, e diminuir, depois, as responsabilidades da empresa na ocasião de pagar o sinistro.[93]

Verificada a ambigüidade da cláusula, impõe-se, com fundamento no art. 4º do CDC, que dirige-se para o aspecto externo e para a intervenção na economia contratual, e para a harmonização, com base na boa-fé, a interpretação possível da cláusula ambígua no sentido de reputá-la não excludente da indenização total.

Exemplo prático da necessidade de concretude das condições gerais dos contratos é o recente caso dos contratos de compra e venda com reserva de domínio e cláusula de variação cambial. Estabelecendo nos contratos bancários a dita cláusula que todo o ônus da variação cambial deveria ser suportado pelo consumidor é de notar que trata-se de uma vantagem adicional e injustificada, dado o risco do negócio para ambas as partes. Esclarece bem o tema Luiz Antonio Rizzatto Nunes que, embora abordando a matéria em relação aos contratos de arrendamento mercantil, chega à mesma conclusão em relação aos contratos de compra e venda com reserva de domínio. *In verbis*:

93. Maximiliano, Carlos. *Hermenêutica e aplicação do Direito*. 11. ed. Rio de Janeiro: Forense, 1991, p. 352.

[...] Uma das mais marcantes características da legislação protecionista do consumo é ter reconhecido e trazido até nós a responsabilidade objetiva do fornecedor (arts. 12,13, 14, 18, 19, 20 etc.). Tal ônus tem como fundamento a Teoria do Risco do Negócio, ou seja, o empresário é livre para explorar o mercado, mas o risco desse empreendimento é totalmente seu.

O mercado de consumo não pertence ao fornecedor, mas sim à sociedade, e por isso, ao explorá-lo, tem ele de respeitar os limites legais e assumir o risco de sua pretensão. Não pode ele, por exemplo, através de cláusula contratual, repassar tal risco para o consumidor. Se da exploração decorrer lucro, é legítimo que o fornecedor fique com ele; mas, se vier prejuízo, este também é seu. Não é permitido que, de nenhuma forma, o risco de perda seja passado ao consumidor, nem sequer repartido com este.

Pois bem. Já há vários meses os bens de consumo de alto preço, especialmente automóveis, vinham sendo "vendidos" pelo sistema de leasing. As melhores ofertas eram as que fixavam o preço com baixos juros mais variação cambial. Ora, o controle do câmbio pelo Governo Federal dava a garantia de que não haveria mudanças bruscas na relação cambial, mesmo que a política de bandas pudesse fixar em patamares mais elásticos as variações. E se existisse alguém que pudesse prever algum tipo de solavanco no setor, por certo jamais seriam os consumidores, que, leigos, não têm qualquer tipo de informação a respeito. Apenas os técnicos no assunto poderiam trabalhar com esse tipo de projeção. Tanto é assim que muitas empresas estavam seguradas contra uma eventual subida repentina do dólar. E, é claro, os agentes financeiros que forneciam no mercado as transações de leasing sabiam muito bem do risco, especialistas que são no assunto.

Seguindo, então, o que está estabelecido no sistema da Lei nº 8.078, é de se colocar claramente que as cláusulas contratuais que previam que todo o ônus da variação cambial seria suportado pelos consumidores que assinaram contratos de leasing são nulas de pleno direito. Em primeiro lugar porque, como já dissemos, não pode o fornecedor transferir o risco de sua atividade para o consumidor. Além disso, e como decorrência, em parte, da teoria do risco da atividade, o CDC estabeleceu normas de garantia contra os abusos que eventualmente se pretendessem praticar contra o consumidor, conforme se verá a seguir. Mas, antes, consigne-se uma situação concreta insustentável: a "flutuação" do dólar é também fruto de especulação e os agentes financeiros fixam unilateralmente quanto querem ganhar (as taxas variam de agente para agente). Não havendo indicador oficial seguro do valor da moeda corrente, deixou-se nas mãos de credor dizer quanto o devedor pagará.

> Mas o CDC tem previsão expressa exatamente para evitar esse estado de coisas. Além da nulidade já apontada da cláusula contratual que pretende que o consumidor assuma o risco da transação primária (tomada de dólares com repasse pela responsabilização pela variação cambial), a lei expressamente declara nulas as cláusulas contratuais que acarretem em concreto situação de exagero e desequilíbrio, tachando-as de abusivas.
>
> Assim, também por essa disposição normativa, a cláusula contratual que permite o uso da variação cambial é nula, pois estabelece obrigação iníqua, abusiva e que coloca o consumidor em desvantagem exagerada (art. 51, IV e § 1º, I a III), incompatível com o princípio da eqüidade (art. 51, IV) e viola o sistema da Lei nº 8.078 (art. 51, XV).
>
> Mas, ainda que assim não fosse, poderia o consumidor pleitear a "modificação das cláusulas contratuais que estabeleçam prestações desproporcionais ou sua revisão em razão de fatos supervenientes que as tornem excessivamente onerosas" (art. 6º, V – grifamos).
>
> Vê-se, portanto, e concluindo este pequeno artigo, que o sistema instituído pela Lei nº 8.078 confere ampla garantia ao consumidor contra a cobrança da variação cambial do dólar pela atual política implementada.[94]

Em face da desvalorização cambial, a equação econômico-financeira deixa de ser respeitada quando o valor da parcela mensal sofre um reajuste que não é acompanhado pela correspondente valorização do bem da vida no mercado. Assim, é ilegal a cláusula que prevê a transferência de risco da atividade financeira, no mercado de capitais, próprio das instituições de crédito, ao consumidor.

f) Requisito da facilitação das condições gerais ao aderente

O aderente deve ter a possibilidade de conhecer, de maneira razoavelmente fácil o conteúdo regulador das condições gerais e cláusulas predispostas, garantindo-lhe a possibilidade de aceder materialmente a elas, isto é, estabelecendo-se os mecanismos precisos para que lhe seja entregue um exemplar delas, ou, quando menos, lhe resulte materialmente possível tomar conhecimento do seu conteúdo regulador, e isso, em qualquer caso, com caráter prévio ou simultâneo à celebração do contrato. Particular atenção devem ter os chamados contratos à distância, onde não é possível verificar, de imediato, as condições gerais pelas quais está a se realizar a contratação.

94. Nunes, Luiz Antonio Rizzatto. *BIS – Boletim Informativo Saraiva*. Ano 8, Número 1, Março de 1999, p. 12.

Visando fixar parâmetros para tais práticas o Parlamento europeu estabeleceu, através da Diretiva 97/7/CE, regulamentação da proteção dos consumidores em matéria de contratos à distância.

Inicialmente, são excluídos do âmbito de aplicação da Diretiva: os contratos relativos a serviços financeiros dispostos em lista anexa; os contratos celebrados através de distribuidores automáticos; os contratos celebrados com operadores utilizando cabines telefônicas públicas; os contratos relativos a bens imobiliários com exceção de arrendamentos e os contratos celebrados por ocasião de leilões. A Diretiva comporta exceções parciais no que se refere aos bens domésticos de consumo corrente fornecidos por intermédio de caixeiros viajantes (comércio não sedentário) e os contratos de turismo e de transporte.

Pela disciplina da Diretiva, antes da celebração de qualquer contrato à distância, o consumidor deve beneficiar-se de informações claras e compreensíveis relativas à identidade e eventualmente ao endereço do fornecedor; às características do bem ou do serviço assim como do seu preço; às despesas de entrega; às disposições relativas ao pagamento, entrega ou execução; à existência de um direito de retratação; à duração da validade da oferta, do preço e, caso se justifique, da duração mínima do contrato e ao custo de utilização da técnica de comunicação à distância.

Estas informações devem respeitar os princípios de lealdade comercial e de proteção de menores. No caso de comunicações telefônicas, a identidade e o objetivo comercial devem ser indicados no início. Elas devem ser confirmadas por escrito ou sobre suporte duradouro (correio eletrônico) quando da execução do contrato. Devem igualmente ser mencionadas por escrito as modalidades do exercício do direito de retratação, o local de apresentação das reclamações, as informações relativas ao serviço pós-venda, e as condições de rescisão do contrato.

Pelo sistema da Diretiva, o consumidor se beneficia de um direito de retratação. Após o fornecedor ter cumprido as suas obrigações em matéria de informação, o consumidor dispõe de um prazo de pelo menos 7 dias úteis para se retratar sem penalidades. No caso do fornecedor não ter cumprido as suas obrigações em matéria de informação, este prazo é de três meses. O fornecedor é obrigado a reembolsar os montantes pagos pelo consumidor num prazo de 30 dias.

A Diretiva determina os tipos de contrato para os quais o direito de retratação não se aplica. O exercício do direito de retratação permite rescindir um contrato de crédito celebrado com um fornecedor ou com um terceiro com base num acordo celebrado por este último com o fornecedor.

Em princípio, o fornecedor dispõe de um prazo de 30 dias para executar a encomenda. Em caso de não cumprimento, o consumidor deve ser informado e reembolsado. Em alguns casos, é possível o fornecimento de um bem ou de um serviço equivalente. Se houver utilização fraudulenta do seu cartão de pagamento, o consumidor pode solicitar a anulação do pagamento e a restituição dos pagamentos efetuados. Na hipótese de fornecimento não solicitado, a falta de resposta do consumidor não significa consentimento.

A utilização por um fornecedor de um sistema automatizado de chamada sem intervenção humana ou de um fax, exige o consentimento prévio do consumidor. As outras técnicas de comunicação à distância só podem ser utilizadas na falta de oposição manifesta do consumidor. Os organismos públicos, as organizações de consumidores e as organizações profissionais têm legitimidade para recorrer aos tribunais ou aos serviços administrativos competentes em caso de litígio. Os Estados-membros devem zelar pela existência de um processo judicial ou administrativo a fim de que o consumidor não seja privado de proteção por ter optado pela aplicação do Direito de um terceiro país.

Sob a reserva do respeito ao Tratado, os Estados-membros podem adotar disposições mais estritas, tais como a proibição da comercialização através de contrato à distância de determinados bens ou serviços.

Trata-se deste modo, em rápido panorama, de uma visão globalizante de proteção contratual ao hipossuficiente, mediante a entrega ou facilitação do envio das condições gerais ao aderente.

5.2. Regras de interpretação e controle de conteúdo

a) Critérios de interpretação

O ordenamento jurídico constitucional assegura como fundamento do Estado Democrático de Direito, em seu art. 1º, IV, o valor social da livre iniciativa, em consonância com a dignidade da pessoa humana, a realização da cidadania e do valor social do trabalho. Da garantia à iniciativa econômica deflui como relação de instrumentalidade, no âmbito do Direito Civil, a autonomia privada. Esta pode ser concebida como o poder complexo reconhecido aos particulares pelo ordenamento jurídico de auto-regular seus interesses e relações mútuas, dentro dos limites legais estabelecidos e em consonância com os princípios substanciais contidos na Constituição.

O contrato é, por excelência, o *ato* de autonomia privada, isto é, a atividade humana, simples ou complexa, correspondente à essência da autodeterminação dos interesses particulares, dirigida, por conseguinte, a esse fim, disciplinando-os concretamente.[95] Isto implica impregná-lo de sentido social, abandonando-se o dogma da vontade. Se é a lei que obriga as partes a observar um comportamento, não lhes permitindo invocar deficiências do processo volitivo que não puderam ser descobertas pelos agentes, avultam os princípios da auto-responsabilidade do sujeito e da confiança dos outros sujeitos.[96]

O contrato constitui-se, portanto, em um fato jurídico consistente em uma declaração de vontade, isto é, uma manifestação de vontade, cercada de certas circunstâncias negociais (que fazem com que ela seja vista socialmente como destinada a produzir efeitos jurídicos) e ao qual o ordenamento jurídico, respeitados certos pressupostos (de existência, validade e eficácia) e atribui os efeitos jurídicos manifestados como queridos.[97]

A declaração de vontade ínsita ao contrato não é uma simples manifestação de vontade, mas sim uma manifestação de vontade qualificada, destinada a produzir os efeitos jurídicos almejados pelas partes. Em uma relação negocial, pode haver diversas vontades (internas) e diferentes manifestações (externas) das partes mas há um só ato jurídico e uma só declaração de vontade. Na declaração do contrato há duas vontades: a de declarar e a de obter com a declaração, determinado resultado. Para a perfeição desta, requer-se, assim, a vontade da manifestação e a vontade do conteúdo.

Circunstâncias negociais são: o conjunto de circunstâncias que formam um padrão cultural a fazer parte do negócio, fazendo com que a decla-

---

95. Gomes, Orlando. *Transformações gerais do direito das obrigações*, 2. ed. São Paulo: Revista dos Tribunais, 1980, p. 44.

96. Gomes, Orlando. *Introdução ao direito civil*, 18. ed. Rio de Janeiro: Forense, 2001, p. 268-9.

97. Azevedo, Antônio Junqueira de Azevedo. *Negócio Jurídico: existência, validade e eficácia*. 4. ed. São Paulo: Saraiva, 2002, p. 17 e 21.

ração seja vista socialmente como dirigida à criação de efeitos jurídicos (isto é, como ato produtivo de relações jurídicas). Um ato de vontade realizado num palco, durante uma representação, ou numa sala de aula, durante uma preleção, ainda que tenha todos os outros elementos de existência e, até, os requisitos de validade (proveniência de uma vontade séria, forma prescrita etc.), não é um negócio jurídico, falta-lhe as correspondentes circunstâncias negociais.[98]

Mister se faz ainda uma menção aos contratos realizados mediante comportamento concludente. Tratam-se de comportamentos de eficácia vinculante não consistentes, propriamente, em declarações de vontade. É o caso de utilização de um meio de transporte público, com tarifa autorizada oficialmente, no qual não se requeira a prévia aquisição de um bilhete. Não se configura uma declaração de vontade, senão uma conduta socialmente típica consistente em um ato de utilização. Nesses casos, considera-se que o ato jurídico valora-se segundo suas circunstâncias negociais como ato destinado à produção de efeitos jurídicos e como atuação de uma vontade latente de aceitação e, portanto, como atuação de vontade jurídico-negocial.

O comportamento concludente deve ser realizado ante quem se deve inferir que seja o destinatário da declaração. O destinatário há de ter a possibilidade de tomar conhecimento do ato e apreciá-lo devida e adequadamente. É o caso do credor, com intenção de perdoar a dívida, que rasga, à vista do devedor, o título da dívida sem nenhuma manifestação de palavra. Pode-se inferir deste ato uma remissão da dívida, mas não o é quando o mesmo credor pratica o ato na ausência do devedor.[99]

O contrato celebrado mediante condições gerais ou cláusulas predispostas distingue-se dessa formulação clássica e deve ser objeto de uma outra forma de interpretação, porque não estão presentes, senão com severas matizações, os postulados da liberdade e igualdade dos contratantes, de equivalência das prestações, de nascimento do contrato por meio da oferta e a aceitação etc. Como bem relata Juan Roca Guillamón:

Por suficientemente debatida y conocida, no es necesario insistir en la cuestión del distanciamiento entre la pacífica concepción del contrato en los Códigos decimonóni-

98. Azevedo, Antônio Junqueira de Azevedo, *op. cit.*, p. 122.

99. Larenz, Karl. *Derecho Civil: Parte General*, Madri: Revista del Derecho Privado, 1978, p. 490.

cos y la realidad de los modernos sistemas de contratación. Como es sabido, ello es consecuencia de unas estructuras actuales de mercado bien diferentes, donde la contratación en masa da lugar al fenómeno de las condiciones generales incorporadas a los que, genéricamente, podemos denominar contratos de adhesión, sin entrar ahora en aspectos y matices que no corresponden a este comentario. Baste recordar, pues, lo que es un lugar común: que los postulados de la libertad e igualdad de los contratantes, de la equivalencia de las prestaciones, del nacimiento del contrato mediante el concurso de la oferta y la aceptación, etcétera, quedan a menudo en entredicho y relegados a un valor poco menos que testimonial, por la confrontación entre la necesidad de una de las partes, y los irresistibles dictados oligopolistas cuando no auténticos monopolios de hecho de la otra.

En este panorama, campo abonado para el abuso del poder económico o de la posición dominante en el mercado, al permitir a la gran empresa dictar, prácticamente ad libitum, sus condiciones, los mecanismos de defensa de los Códigos civiles se habrían de mostrar insuficientes, a pesar de los notables esfuerzos de la doctrina y jurisprudencia en la utilización de los instrumentos que aquellos ofrecen, generalmente articulados en torno al principio de buena fe y a la regla interpretatio contra proferentem. Y aunque un análisis más detenido acaso nos permitiera detectar que la insuficiencia de la protección quizás sea más achacable muchas veces al deficiente funcionamiento de los medios para la aplicación y efectividad de las normas que a los propios preceptos sustantivos, lo cierto es que los insatisfactorios resultados en la tutela del contratante más débil, unidas a las nuevas concepciones del contrato, movieron a la búsqueda de remedios legislativos, que no habrían de encontrar sin embargo eco hasta mediado el siglo XX.[100]

Para a interpretação dos contratos submetidos às condições gerais, faz-se necessário analisar com precisão, em uma fase prévia, qual será o objeto da atividade hermenêutica. E, em um segundo momento, na fase principal, averiguar o sentido das declarações que vão ser objeto da atividade de interpretação. Por último, produzem-se dois tipos de operações, cuja recíproca relação (de precedência ou prevalência) só pode ser estabelecida em concreto: de uma parte, a integração das lacunas surgidas por quaisquer razões no âmbito da regulamentação negocial; de outro lado, a qualificação do contrato, com vistas fundamentalmente a averiguar que normas hão de aplicar-se com caráter subsidiário ao

100. Guillamón, Juan Roca. Reglas de interpretación de las condiciones generales de los contratos. In: Carol, Ubaldo Nieto y otros. *Condiciones generales de la contratación y cláusulas abusivas*. Valladolid: Lex Nova, 2000, p. 236.

objeto a suprir ou sanear, nos casos necessários, as lacunas e omissões das partes.[101]

Na fase inicial da interpretação, deve-se verificar qual será o objeto da leitura hermenêutica, controlando seus requisitos de inclusão ou incorporação.

Interpretar é, além de compreender, reformular ou reexprimir o objeto da interpretação sob forma nova. A interpretação, assim, consubstancia um processo intelectivo através do qual, partindo de fórmulas lingüísticas contidas nos atos normativos, alcançamos a determinação do seu conteúdo normativo. O texto, preceito, ou enunciado normativo é alográfico, na medida em que não se completa no sentido nele impresso pelo legislador.

A "completude" do texto somente é realizada quando o sentido por ele manifestado é produzido, como nova forma de expressão, pelo intérprete. Mas o "sentido expresso pelo texto" já é algo novo, distinto do texto: é a norma. Isso significa que o texto normativo, visando à solução de conflitos (litígios), isto é, a uma decisão normativamente fundada para problemas práticos, em razão do que consubstancia um dever-ser, reclama um intérprete que compreenda e reproduza, não para que um segundo intérprete (a parte) apenas possa compreender, mas a fim de que um determinado conflito (litígio) seja decidido. Por esse motivo, a interpretação do Direito opera a mediação entre o caráter geral do texto normativo e sua aplicação particular: isto é, opera a sua inserção na vida.

A interpretação, pois, é um processo intelectivo mediante o qual, partindo-se de fórmulas lingüísticas contidas nos textos, enunciados, preceitos, ou disposições, alcançamos a determinação de um conteúdo normativo. O intérprete desvencilha a norma do seu invólucro (o texto), e, neste sentido, o intérprete "produz a norma". Assim, em sendo atividade que se presta a transformar disposições (textos, enunciados) em normas, a interpretação é meio de expressão dos conteúdos normativos das disposições, meio através do qual o intérprete desvenda as normas contidas nas disposições.

Isso quer dizer que o significado da norma é produzido pelo intérprete. Aparecem de modo bem distinto, pois, o texto (a disposição) e a norma: a interpretação é meio de expressão dos conteúdos normativos das disposições, atra-

101. López, Javier Pagador. Condiciones generales y cláusulas contractuales predispuestas, *op. cit.*, p.. 447-8.

vés do qual pesquisamos as normas contidas nas disposições. Logo, é atividade que se presta a transformar disposições em normas.

Isso, no entanto, não significa que o intérprete, literalmente, crie a norma. Ele a expressa. O produto da interpretação é a norma expressa como tal; mas ela (a norma) preexiste, potencialmente, no invólucro do texto enunciado. A norma encontra-se, em estado de potência, involucrada no enunciado (texto ou disposição). O intérprete a desnuda, isto é, desvencilha a norma de seu invólucro, fazendo-a brotar do texto, do enunciado.

Na interpretação dos contratos clássicos o texto não se encontra no Direito posto pelo Estado, porém no Direito posto pelas partes: no contrato se enfatiza o *ato de autonomia privada*, o negócio *reservado às partes*, no qual as intervenções externas (do juiz ou do legislador) devem ser consideradas *atos de exceção* e limitadas na sua abrangência; é a *sanctity of contract*. A teoria clássica do contrato é cega em relação aos detalhes da *fattispecie* e da pessoa. Não pergunta quem compra e quem vende e que coisa é comprada ou vendida. O *direito dos contratos* é uma abstração, importando em uma voluntária renúncia ao particular, em um deliberado abandono da tentação de restringir-se a livre autonomia individual ou o mercado livre em nome de qualquer política pública.

A partir da segunda metade do século passado, o *direito dos contratos* é afetado por imposições da *ordem pública* (poder de polícia, defesa dos bons costumes, imposições protetivas do Direito do Trabalho, a legislação antitruste etc.). Essas intervenções prosseguem até a instalação do que se tem referido como a normatividade do *Welfare State*, afetando, marcadamente, a disciplina dos contratos. Os contratos passam a ser apresentados menos como uma livre construção da vontade humana do que como contribuição da atividade dos agentes econômicos à arquitetura geral da economia definida pelo Estado contemporâneo. A doutrina elabora a noção de *dirigismo contratual*, emerge o instituto dos *contratos coativos*. Para essa sorte de contratos é necessário elaborar uma nova construção hermenêutica.

À "*morte do contrato*"[102] corresponde o fim da *teoria clássica*, que, na dicção de Guido Alpa[103], cede ante a necessidade da análise dos interesses concretos

102. Gilmore, Grant. *The death of contract*. Ohio: Ohio State University Press, 1974.

103. Alpa, Guido. Ensaio introdutório a Gilmoer, Grant. *La morte del contratto*. Milão: Giuffrè, 1988, p. XII.

que o acordo entre as partes expressa, conduzida não segundo o *método formal*, mas mediante o exame dos *interesses substanciais* – ao que corresponde a *objetivação* e *despersonalização* do contrato.

O contrato assume o modelo de *"fato" das partes*, como ato exposto a todas as intervenções externas consentidas pelo ordenamento, *"fato"* que – portanto – pode ser *"criado"* pelo Poder Judiciário e esculpido de modo variado pelo legislador. Esta é a *"versão moderna"* do Direito Contratual, que decretou a *"morte"* do contrato, o retorno ao *"status"*, a superação da *privatezza* do negócio. Nesse modelo de contrato o texto está sim no direito posto pelo Estado e não naquele produzido pelos agentes econômicos. Aqui o juiz não se limita a confrontar o comportamento das partes com o que o Direito posto pelo Estado prescreve. É ele, o juiz, quem produz normas veiculadas, ou pelas disposições contratuais, ou pelo texto legal. O fato é que a segurança e a previsibilidade dos contratos passa, necessariamente, pela interpretação que as cortes dão às avenças. Não é a lei, em última instância, que dá segurança e permite o cálculo e a previsibilidade aos agentes econômicos, mas o Poder Judiciário. Os textos (= as leis) nada dizem; ou melhor, dizem o que os intérpretes dizem que eles dizem.

Certificado o material objeto da atividade hermenêutica das condições gerais do contrato, deve-se proceder à prática do controle de conteúdo das estipulações contratuais pertinentes, o que é o objeto dos próximos itens.

b) A regra de prevalência

O contrato submetido às condições gerais geralmente se aperfeiçoa pela aceitação da fórmula padronizada, previamente redigida, na qual se encontram todas as cláusulas que o predisponente busca introduzir. Pode ocorrer, entretanto, que, no momento da conclusão da convenção, os contratantes introduzam uma nova cláusula que modifique ou derrogue as disposições previamente redigidas.

Na teoria clássica do contrato essas cláusulas deveriam se interpretar umas em relação às outras, sem que nenhuma delas predomine.[104]

---

104. Code Civil Français:
"Art. 1.161 – *Toutes les clauses des conventions s'interprènt les uns par les autres, en donnant á chacun le sens qui résulte de l'acte tout entier.*"

A boa-fé impõe, nos casos de contrato de adesão, solução diversa. Como o princípio do respeito à vontade comum é a viga mestra de sua função interpretativa,[105] resulta natural dar a preferência à cláusula manuscrita sobre a cláusula redigida previamente e inserta no formulário. Esta deve ser considerada a genuína expressão da vontade comum já que se introduz no texto contratual no momento mesmo de sua conclusão.

Essa técnica de proteção ao aderente é freqüentemente aplicada no contrato de seguro. Assim, por exemplo, o segurador de um seguro de responsabilidade civil deve cobrir a responsabilidade contratual prevista em cláusula datilografada em uma apólice subscrita por um fornecedor de butano, ainda que as condições gerais não cubram senão a responsabilidade delitual.[106]

A regra de prevalência das cláusulas negociadas tem incidência ainda nas cláusulas cujo conteúdo o aderente tenha podido discutir ou modificar substancialmente,[107] ou nas demais cláusulas conhecidas do contrato de adesão quando este remete-se a condições gerais constantes de documento apartado.

Na primeira hipótese, cabe ao predisponente provar que a negociação ocorreu preservando-se o equilíbrio dos poderes contratuais. Não é requisito suficiente que o aderente declare no próprio documento que leu e aprovou as cláusulas. A modificação comprova-se pela cláusula redigida em adição às condições impressas, tendo em relação a estas conteúdo substancialmente diferente. Mudanças substanciais não são mudanças de forma (significante), mas as que alterem em profundidade o conteúdo (significado).[108]

---

105. A idéia de que os negócios jurídicos devem ser interpretados de acordo com a boa-fé significa que os contratos e os negócios jurídicos unilaterais devem ser interpretados de acordo com o seu sentido objetivo, aparente, salvo quando o destinatário conheça a vontade real do declarante, ou quando devesse conhecê-la, caso agisse com razoável diligência. Deve ser procedida a busca do significado mais razoável, consoante a boa-fé. Quando o sentido objetivo suscite dúvidas, dever-se-á preferir o significado que a boa-fé aponte como o mais razoável.

106. Berlioz, Georges, *op. cit.*, p. 129.

107. Interpretação a *contrario sensu* do art. 54 do Código de Defesa do Consumidor:
"*Art. 54: Contrato de adesão é aquele cujas cláusulas tenham sido aprovadas pela autoridade competente ou estabelecidas unilateralmente pelo fornecedor de produtos ou serviços, sem que o consumidor possa discutir ou modificar substancialmente seu conteúdo.*"

108. Lobo, Paulo Luiz Netto, *op. cit.*1, p. 134.

Este é um princípio hermenêutico que conheceu fortuna, mesmo antes do estabelecimento expresso em lei, ou aplicação da regra da boa-fé aos contratos:

> *La llamada regla de prevalencia había sido formulada ya con mucha anterioridad a la LGDCU por la Jurisprudencia de la Sala 1ª, y, por supuesto, con carácter general para cualquier sujeto de un contrato de adhesión, sin reparar en que se tratara o no de un consumidor, entre otras razones por la inexistencia entonces de un concepto legal de éste. Suele citarse a este respecto la STS de 18 de enero de 1909, en la que se ventilaba la contradicción entre cláusulas impresas en un formulario y las manuscritas, declarándose en la sentencia que hallándose en oposición una cláusula general impresa en la póliza con otra particular manuscrita es obligado tener presente como regla de criterio aplicable para la resolución de aquella el carácter de verdadera excepción de esta última frente a las cláusulas de carácter general, puesto que "esta cláusula, como singular y particularmente concertada para contrato determinado, es la que real y verdaderamente revela la deliberada y manifiesta voluntad de las partes, derogando o anulando de esta manera la consignada en las condiciones generales".*
>
> *Con facilidad se advierte que el razonamiento expuesto lo que hace es simplemente otorgar preferencia a una declaración de voluntad "particular" sobre otra posible de carácter general, por entender que en aquella se debe expresar mejor y más fielmente la verdadera intención de los contratantes, cuya averiguación es precisamente la finalidad perseguida con la interpretación, según se deduce de los artículos 1281 y 1282 del Código Civil. Tal criterio es, en consecuencia, coherente con una concepción estrictamente «contractualista» de las condiciones generales de la contratación.*[109]

Cláudia Lima Marques registra também que, na doutrina européia, as condições especiais (preço, entrega e qualidade) pactuadas oralmente com o cliente têm prevalência sobre as cláusulas das próprias condições gerais dos negócios inseridas no contrato, uma vez que entende-se que, em caso de divergência entre as cláusulas, houve uma não aceitação da validade das cláusulas das condições gerais dos contratos, referentes à exigência do pacto escrito.[110]

---

109. Guillamón, Juan Roca. Reglas de interpretación de las condiciones generales de los contratos. In: Carol, Ubaldo Nieto y otros, *op. cit.*, p 236.
Ver, por todos, Castán Tobeñas. *Derecho civil español, común y foral*. v. III. 15. ed. Madri: Derecho Privado, 1988, p. 483.

110. Marques, Cláudia Lima, *op. cit.*, p. 74.

Também a jurisprudência brasileira tem considerado prevalentes as informações prestadas pelos prepostos que angariaram a confiança do consumidor (arts. 34, 48 e 30 do CDC), estabelecendo uma interpretação *favor debitore* com base no art. 47 do CDC.[111]

Cabe se discutir uma matização no que se refere à regra da prevalência. Quando em presença de uma relação à qual a lei atribui uma valoração jurídica diversa das posições das partes, como é o caso da relação de consumo em que a vulnerabilidade do consumidor é uma pressuposição legal, a cláusula manuscrita só deve prevalecer se for mais benéfica para o consumidor:

> La regla de la prevalencia, tal como ha sido legalmente expresada tanto en la LGDCU como en la LCGC, ha venido a ser modalizada y acaso, en la práctica, a ser sustituida por un criterio distinto, por cuanto en ambas normas se otorga preferencia no necesariamente a la condición particular sobre la general sino a la más beneficiosa para el consumidor o adherente, y ello aunque exista un pacto específico ("condición particular") que debiera entenderse, según la propia regla de la prevalencia, que sustituye, complementa o aclara a la estipulación predispuesta ("condición general"). De manera que lo que realmente debe valorar el intérprete no es tanto que exista una condición general modificada en todo o en parte por una particular, sino que, aun existiendo ésta, sea también más beneficiosa, porque si no lo es deberá seguir aplicándose la estipulación general. Se llega así a concluir que la aplicación de la regla de la prevalencia realmente solo es procedente cuando resulte imposible determinar que una estipulación concede mejores condiciones económicas, mayores derechos o facultades al consumidor o adherente o mejores condiciones de ejercicio del contenido de su derecho, pues

111. Brasil. Superior Tribunal de Justiça. Seguro-saúde. Aids. Epidemia. 1. A empresa que explora plano de seguro-saúde e recebe contribuições de associado sem submetê-lo a exame, não pode escusar-se ao pagamento da sua contraprestação, alegando omissão nas informações do segurado. RESP nº 86095/SP. Quarta Turma. Relator: Ministro Ruy Rosado de Aguiar. RSTJ, v. 85, p. 284. "A empresa que explora planos de saúde e admite associado sem prévio exame de suas condições de saúde, e passa a receber as suas contribuições, não pode, ao ser chamada ao pagamento da contraprestação, recusar a assistência devida sob a alegação de que o segurado deixara de prestar informações sobre o seu estado de saúde. (...) a exigência de um comportamento de acordo com a boa-fé recai também sobre a empresa que presta a assistência, pois ela tem, mais do que ninguém, condições de conhecer as peculiaridades, as características, a álea do campo de sua atividade empresarial, destinada ao lucro, para que corre um risco que deve ser calculado antes do empreendimento. O que não se pode permitir é que atue indiscriminadamente, quando se trata de receber as prestações, e depois passe a exigir o estrito cumprimento do contrato para afastar a sua obrigação de dar cobertura às despesas."

únicamente desde el punto de vista del contenido jurídico o económico parece posible apreciar el carácter más beneficioso de una estipulación contractual respecto de otra.[112]

A qualificação dos pactos adjacentes aos contratos de adesão como condição particular pode apresentar diversos problemas no que se refere à qualidade dos prepostos ou representantes.

De fato, o representante pode atuar na qualidade de simples mandatário ou comissionista. Assim, se houver divergência entre aquilo que foi prometido pelo agente e o efetivamente constante no contrato, por exemplo, uma apólice de seguro, temos um problema de interpretação. Nessa hipótese, a boa-fé impõe a aplicação da teoria da aparência para a perfectibilidade do contrato.

A aparência de direito somente se dá quando um fenômeno manifestante faz aparecer como real aquilo que é irreal, ou seja, quando há uma descoincidência absoluta entre o fenômeno manifestante e a realidade manifestada. Angelo Falzea conceitua a aparência de direito como "a situação de fato que manifesta como real uma situação jurídica não real. Este aparecer sem ser coloca em jogo interesses humanos relevantes que a lei não pode ignorar.[113]

A aparência de direito se caracteriza e produz os efeitos que a lei lhe atribui, somente quando realiza determinados requisitos objetivos e subjetivos. São estes, no magistério de Vicente Ráo:

> São seus requisitos essenciais objetivos: a) uma situação de fato cercada de circunstâncias tais que manifestamente a apresentem como se fora uma situação de direito; b) situação de fato que assim possa ser considerada segundo a ordem geral e normal das coisas; c) e que, nas mesmas condições acima, apresente o titular aparente como se fora titular legítimo, ou o direito como se realmente existisse.
>
> São seus requisitos subjetivos essenciais: a) a incidência em erro de quem, de boa-fé, a mencionada situação de fato como situação de direito considera; b) a escusabilidade desse erro apreciada segundo a situação pessoal de quem nele incorreu.
>
> Como se vê, não é apenas a boa-fé que caracteriza a proteção dispensada à aparência de direito. Não é, tampouco, o erro escusável, tão somente. São esses dois

112. Guillamón, Juan Roca. Reglas de interpretación de las condiciones generales de los contratos. In: Carol, Ubaldo Nieto y otros, *op. cit.*, p 325.

113. Falzea, Angelo. Apparenza. In: *Enciclopedia Del Diritto*. v. II. Milão: Giuffrè, 1958, p. 685.

requisitos subjetivos inseparavelmente conjugados com os objetivos referidos acima, – requisitos sem os quais ou sem algum dos quais a aparência não produz os efeitos que pelo ordenamento lhe são atribuídos.[114]

No caso do agente que excede os seus poderes no afã de contratar e de receber a comissão devida, é de regra a aceitação da validez do pacto adjacente, qualquer que seja a forma, verbal ou escrita, em que for estipulado. É posição corrente na doutrina:

> La falta de legitimación ad causam del empleado, comisionista o representante del empresario suele ser frecuente en el tráfico, por razón de que con objeto de obtener contratos, cerrar operaciones o captar clientes no es extraño que se prometan, anuncien o, incluso, verdaderamente se pacten, ordinariamente de forma verbal, ciertas modificaciones de las condiciones generales, para las que no siempre se está autorizado; así, por ejemplo, en el ámbito del crédito al consumo, se asegura al cliente que se dispensará el pago de algunas comisiones (de estudio, de apertura, por reclamación de posición deudora, de no disponibilidad, por cancelación anticipada) o de contraer algunas obligaciones conexas a determinadas operaciones de crédito hipotecario, como la suscripción de seguro de vida del prestatario, etcétera.
>
> Naturalmente que las situaciones no serán siempre iguales, de modo que cabe distinguir aquellas en la que la eficaz actuación del representante requiera la existencia de un negocio de apoderamiento por parte del principal (representantes stricto sensu, corredurías de seguros) o su posterior ratificación, expresa o simplemente deducida de actos concluyentes que evidencien la existencia de una tácita voluntad de asumir las consecuencias de la actuación del representante de hecho, como ocurre con la actividad de muchos comisionistas en el tráfico jurídico.
>
> Ciertamente el predisponente puede tratar de paliar estas situaciones sujetando a forma escrita cualquier modificación, o advirtiendo de la limitación de facultades del apoderado para introducir convenciones particulares pero, en cualquier caso, tales limitaciones sólo alcanzarán virtualidad cuando ellas mismas reúnan los requisitos de incorporación del artículo 5 de la LCGC.[115]

114. Ráo, Vicente. *Ato jurídico*. São Paulo: Max Limonad, 1965, p. 243.

115. Guillamón, Juan Roca. Reglas de interpretación de las condiciones generales de los contratos. In: Carol, Ubaldo Nieto y otros, *op. cit.*, p. 327.

No próprio Direito Administrativo, a teoria da aparência encontra aplicação, como acontece em relação ao funcionário de fato, cuja validade de seus atos é reconhecida em relação aos terceiros de boa-fé. Na verdade, a exigência da preservação da segurança das relações jurídicas e o resguardo da boa-fé de terceiros deve justificar o acolhimento da teoria da aparência. Também na jurisprudência o dispositivo recebe a mesma acolhida, sempre fundado na boa-fé.[116]

c) *Interpretatio contra proferentem vel stipulatorem*

A regra da *interpretatio contra proferentem vel stipulatorem* em sua formulação moderna no Direito dos contratos vem expressa nos Princípios dos Contratos do Comércio Internacional – Unidroit, que estabelecem as regras gerais para os contratos do comércio internacional, buscando uma unificação do Direito Privado dos contratos. Os princípios se aplicam quando as partes tenham concordado que seu contrato seja regido por eles, isto é, que tenham concordado que seu contrato seja regido pelos "princípios gerais de Direito", pela *lex mercatoria* ou equivalente. Via de regra, visam fornecer uma solução a questões controversas nos casos em que se demonstra impossível determinar uma regra pertinente do direito aplicável, podendo servir como modelo para legisladores nacionais e internacionais.

Assim, os Princípios dos Contratos do Comércio Internacional – UNIDROIT estabelecem em seu art. 4.6 *(Interpretação "contra proferentem")*: Se cláusulas do contrato propostas por uma parte não são claras, é preferível uma interpretação contrária a esta parte.

---

116. Rio de Janeiro. Tribunal de Alçada Cível. Locação. Aparência de poderes para locar. Eficácia do contrato. Apelação Cível nº 28424. 7ª Câmara Cível. Relator: Juiz Hilário Alencar. J. de 24/09/1985. "Contrato de locação subscrito por quem não representava legalmente o locador, embora sendo empregado de uma das rés. Teoria da aparência, por presunção de que o empregado tinha poderes para representar e contratar a locação em nome da proprietária do imóvel. Somente se a locatária que reclama da validade do contrato, tivesse motivo para duvidar dos poderes de representação da pessoa que o subscreve, poderia deixar de exigir o seu cumprimento ou que fosse a locação considerada válida bem como a ocupação do imóvel, até a data em que este viesse a ser reclamado pela sua proprietária, com prova suficiente de que não autorizara a locação. É indiscutível o direito do locatário de consignar o aluguel na forma e quantia pactuada no instrumento subscrito por quem tinha aparência de poder alugar o imóvel."

O princípio era corrente no direito romano:

O autor de uma cláusula, o que nela outorga, ou por ela se obriga, o que mediante essa cláusula contrata dar ou fazer alguma coisa, o estipulante, em suma, é a quem toca deixar bem frisadas as suas responsabilidades, bem definidos os seus direitos, para que nem êstes corram o risco de minguar, nem aquelas o de crescer. Portanto, se do enunciado em que se contém a sua promessa de fazer, ou dar, resultar dúvida, esta contra esse contraente se resolverá. *Dubilis conventionibus contra dantem vel promittentem sit interpretatio. Verba chartarum fortius accipiuntur contra proferentem. (Simão Barbosa, Axiomata Juris, 1717, fl. 87, letra D, nº 225, e letra I, nº 112: Broom's Legal Maxims p. 592).*

O Código Civil italiano contemplou a *interpretatio contra proferentem* em seu art. 1.370.[117]

No Direito brasileiro, o Código de Defesa do Consumidor contemplou norma semelhante em seu art. 47,[118] referente a todos os tipos de contratos de consumo (interpretação a favor do consumidor). O Código Civil de 2002 estabeleceu a interpretação dos negócios jurídicos conforme a boa-fé e os usos do lugar de sua celebração (art. 113), bem como apresentou importante cláusula geral de interpretação dos contratos ao dispor que os contratantes são obrigados a guardar, assim na conclusão do contrato, assim como na sua execução, os princípios de probidade e boa-fé (art. 422). Não fixou contudo interpretação exaustiva, como bem coloca em acerba crítica o Professor Antônio Junqueira de Azevedo:

> Com relação às deficiências, a regra da boa-fé tem uma espécie de função que chamo de "pretoriana" em relação ao contrato. O chamado "Direito Pretoriano", no Direito romano, foi aquele que os pretores introduziram para ajudar, suprir e corrigir o Direito Civil. Havia o Direito Civil estrito (o Direito Civil mais rigoroso) e o Direito Pretoriano veio *adjuvandi, supplendi, vel corrigendi e juris civilis gratia.*

---

117. *Codice Civile:*
"Art. 1.370 – Interpretazione contro l'autore della clausola
Le clausole inserite nelle condizioni generali di contratto o in moduli o formulari predisposti da uno dei contraenti s'interpretano nel'dubio, a favore dell'altro."

118. *Código de Defesa do Consumidor:*
"Art. 47 – As cláusulas contratuais serão interpretadas de maneira mais favorável ao consumidor."

Essa tríplice função existe na cláusula geral de boa-fé, porque justamente a idéia dessa cláusula no contrato é ajudar na interpretação do contrato, *adjuvandi*, suprir algumas das suas falhas, acrescentar o que nele não está incluído, *supplendi*, e eventualmente corrigir alguma coisa que não é de direito no sentido de justo, *corrigendi*. Esse é o papel da cláusula de boa-fé nos contratos feitos.

São essas três funções os pontos que, nos países europeus, na doutrina da boa-fé, mais são salientados. Houve um certo movimento, desde o começo do século, a propósito da boa-fé, ela já teve até mais importância do que tem hoje e nos últimos anos tem havido até um certo refluxo da mesma, mas continua fundamental para os contratos.

A interpretação de acordo com a boa-fé está bem tanto no art. 421 como no primeiro artigo da Parte Geral sobre interpretação dos negócios jurídicos. Mas as outras duas funções, aquela que é *supplendi* e a outra que é *corrigendi*, não estão no Projeto. No caso da função *supplendi*, há dois aspectos: um é o problema dos deveres anexos. A cláusula de boa-fé — sempre comentada por todos os tratadistas, por todos os manuais — cria deveres anexos ao vínculo principal. Existe aquilo a que as partes expressamente se referiram e, depois, há deveres colocados ao lado, ora ditos secundários, ora anexos, especialmente o dever de informar, mais um dever negativo, o de manter sigilo sobre alguma coisa que soube da outra parte, ou até deveres ditos positivos, como o de procurar colaborar com a outra parte (daí até uma visão talvez excessivamente romântica, de que os contratantes devem colaborar entre si).

Esses deveres anexos, nos Códigos a que estava me referindo, hoje estão expressos. O Código Civil holandês, por exemplo, trata do assunto no art. 242 do Livro das Obrigações e diz que as partes devem respeitar aquilo que convencionaram. Ou seja, o contrato não produz somente os efeitos que foram convencionados entre as partes, mas igualmente aqueles que, segundo a natureza do contrato, decorrem das exigências da razão e da eqüidade. Razão e eqüidade é a maneira como o Código Civil holandês se refere à boa-fé. Os autores holandeses evitaram a palavra "boa-fé", para que não houvesse confusão com a chamada "boa-fé subjetiva" — a boa-fé no sentido de conhecimento ou desconhecimento de uma situação. Como o caso da cláusula geral da boa-fé não é um problema de boa-fé subjetiva, mas sim objetiva, no sentido de comportamento, os holandeses preferiram mudar a expressão para "exigências da razão e da eqüidade". De qualquer maneira, falam da boa-fé criando deveres. Idem o art. 1.434 do Código do Quebec que, no caso, já fala em boa-fé. O Projeto, para estar pelo menos de acordo com os dias de hoje, deveria ter expressa a regra da criação dos deveres anexos.

O outro ponto, a propósito do *supplendi* das funções da cláusula de boa-fé, refere-se às cláusulas faltantes. Às vezes as partes fazem o contrato e, por omissão, falta de previsão ou incapacidade redacional, não incluem alguma cláusula; teremos, então, uma omissão. Também o Código da Louisiana prevê a falta de cláusula e atribui à boa-fé a idéia de pôr a cláusula que falta no lugar da omissão.
A terceira função *corrigendi* a que me referi e é talvez a pior omissão do Projeto do Código Civil no tema: "cláusulas abusivas". O nosso Código do Consumidor, que veio muito depois do Projeto do Código Civil, está mais atualizado do que este. O assunto das cláusulas abusivas não só tem um elenco no art. 51 do Código como até o Ministério da Justiça publicou mais 29 — no mês de março de 1999 — cláusulas abusivas em matéria de planos de saúde, de cartão de crédito, de transporte aéreo etc.
O que se passa no resto do mundo, a propósito disso, são referências à boa-fé, como maneira de evitar as cláusulas abusivas. Por exemplo, no Código de Quebec, em que se define o que é cláusula abusiva, é feita a distinção entre contrato de consumo (*le consommateur*) e contrato de adesão, porque pode haver contrato de adesão de quem não é consumidor. Considera, portanto, abusiva a cláusula que leva à desvantagem o consumidor, ou aderente a cláusula que, de uma maneira excessiva e irrazoável (déraisonnable), vá contra as exigências da boa-fé. Mais adiante torna a acrescentar que é abusiva especialmente a cláusula tão afastada das obrigações essenciais que desnatura o contrato. O Código Civil holandês também define, em seu art. 248, o que é cláusula abusiva e assim por diante.[119]

Não obstante as deficiências do Código de 2002, cuja estimativa compartilhamos com o autor, cabe fazer uma interpretação criativa da regra *contra proferentem*, embora a mesma talvez ainda não possa ser desenvolvida no Direito brasileiro em todas as suas possibilidades.

Em primeiro lugar, devemos salientar seu novo papel no controle das cláusulas abusivas ou vexatórias. No início, tal cláusula era utilizada para delimitar o risco contratual, sobretudo na compra e venda e no arrendamento, no Direito romano. Depois, generaliza-se com o cristianismo, ao relacionar-se com o princípio da boa-fé. Nos textos do período da Codificação, funciona como fórmula de ajuste contratual, ainda no âmbito da declaração de vontade das partes. Por

119. Azevedo, Antônio Junqueira de. Insuficiências, deficiências e dasatualização do Projeto de Código Civil na questão da boa-fé objetiva nos contratos. In: *Revista Trimestral de Direito Civil*. Rio de Janeiro, Ano 1, v. 1, jan./mar., 2000, p. 3-12.

fim, constitui-se em um mecanismo de controle de conteúdo por via indireta capaz de dar conta das disfunções da contratação em massa, não compreendidas na perspectiva das cláusulas abusivas expressas. Juan Roca Guillamón sintetiza bem esse atribulado percurso:

> Si se atiende a los orígenes de la máxima según la cual la interpretación de las palabras de las estipulaciones debe hacerse contra el oferente, parece claro que aunque su fundamento sea el mismo, no se puede considerar idéntica su función. Así, en su formulación romana, la regla se refiere, según dos textos de PAULO que se incluyen en el Digesto, a las oscuridades dentro de dos concretos contratos, la compraventa (Dig. Libro II, título XIV, Ley 39) y el arrendamiento (Dig. Libro L, título XVII, Ley 172, párrafo inicial), y pasa a ser expresada en forma de brocardo al enseñarse que "En la venta y en el arriendo el pacto oscuro o ambiguo se interpreta contra el vendedor o arrendador, pues pudieron consignarlo más claro." Criterio que se recoge más tarde, en España, por las Partidas (e si alguna destas razones el judgador no pudiera catar, nin veer, estonce deue interpretar la dubda contra aquel que dixo la palabra, o el pleyto escuramente a daño del, e a pro de la otra parte" (P. VII, título XXXIII, ley 2.).
>
> Se trata por tanto de una regla claramente interpretativa que, en su modalización medieval, se generaliza cuando se pone en relación con el principio de buena fe, con resultados que ya no son idénticos a los del Derecho romano porque, como señala BUSSI, el sistema del Derecho común poseía una fisonomía particular, tan distinta de la romana como distinta era la mentalidad de los doctores medievales.
>
> La regla contra stipulatorem deviene así, en los textos de la Codificación, en una consecuencia de la responsabilidad contractual, pues con ella se atiende a la responsabilidad resultante de una indebida conducta negocial (incumplimiento del deber de hablar claro). De forma que el artículo 1288 del Código Civil español (como el artículo 1137 del primer Codice civile italiano, de 1865) opera, en su origen, a modo de regla general de distribución del riesgo contractual: la infracción por cualquiera de las partes de la carga de clare loqui (45) determina que la oscuridad resultante no le pueda beneficiar, y por tanto la estipulación deba ser entendida en contra de su interés, o, lo que es igual en beneficio de la otra parte.
>
> Como es sabido, en la práctica la regla del artículo 1288 del Código Civil ha sido aplicada fundamentalmente por los tribunales como una medida de ajuste de los desequilibrios contractuales en la contratación por adhesión, con lo cual se venía ya advirtiendo una importante transformación, obra de la doctrina y de la jurisprudencia, y luego consagrada legislativamente (en Italia desde el Código de 1942;

en España, desde la LGDCU) si no en su estructura, sí en su función, por cuanto sin dejar de ser una sanción a la infracción de un deber de corrección contractual, pasa a constituirse, de hecho, en un auténtico mecanismo de control de las condiciones generales por vía de su interpretación. Tampoco puede dejarse de notar que en tanto no se dispone de un procedimiento de control de contenido únicamente en esta vía indirecta parece haberse encontrado un procedimiento de corrección de las numerosas disfunciones que pueden seguirse de la contratación en masa, sometida a condiciones generales. Lo que no excluye, naturalmente, que siga desempeñando su primitiva función en el ámbito de la contratación privada singular o personal, no estandarizada, siempre que se dé el presupuesto de que la cláusula discutida haya sido redactada por una sola de las partes.[120]

A regra *contra proferentem*, deste modo, modernamente, deve ser utilizada para aclarar os conceitos indeterminados de obscuridade, ambigüidade ou dúvida, estabelecendo um dever central de transparência que deverá ser o princípio lógico da contratação por adesão. Deste modo, cabe falar em obscuridade ou ambigüidade (quer dizer, quando há falta de transparência) quando o aderente for prejudicado por exigência de um nível de conhecimento técnico superior ao estritamente médio, ou por ser a cláusula incerta[121], indeterminada ou ambígua.[122]

---

120. Guillamón, Juan Roca. Reglas de interpretación de las condiciones generales de los contratos. In: Carol, Ubaldo Nieto y otros, *op. cit.*, p 330-1.

121. Rio de Janeiro. Tribunal de Justiça. Leasing. Contrato em moeda estrangeira. Onerosidade excessiva. Revisão do contrato. Apelação Cível nº 2001.001.08522. 9ª Câmara Cível. Relator: Desembargador Wany Couto. J. 13/11/2001. "Contrato de leasing em dólar. Alegação de ofensa ao Código do Consumidor (Lei nº 8.078/1998). Obrigatoriedade do cumprimento do pacto. Operações de financiamento por instituições financeiras sujeitam-se ao Codecon, eis que constituem serviços fornecidos no mercado de consumo, mediante remuneração de natureza bancária (art. 3º, § 2º, da Lei 8.078/1998). Cláusula que estabelece o reajuste das prestações pela variação do dólar – violação de três princípios consumeristas: o da transparência, porque não dá ao consumidor esclarecimentos necessários quanto ao risco assumido e o da confiança, por frustrar a sua legítima expectativa de continuar pagando as mesmas prestações ajustadas, até encerrar-se o contrato e o da boa-fé objetiva, ao transferir ao consumidor os riscos do negócio, os que devem ser suportados por quem dele se beneficia. Constitui rompimento da base negocial do contrato, ofendendo o art. 6º, V, do Codecon, que admite a revisão dos contratos quando se tornam excessivamente onerosos, ante fatos supervenientes inesperados, não se exigindo sejam imprevisíveis, mesmo se previsível a explosão do dólar, negada publicamente pelo Governo, responsável que é pela autorização. Desprovimento do apelo."

122. Rio Grande do Sul. Tribunal de Justiça. Ação de indenização. Dano patrimonial e moral. Obrigação de fazer. Defeito na prestação de serviço pela CRT. Apelação Cível nº 70000856583. 6ª Câmara Cível. Relator: Desembargador Osvaldo Stefanello. Julgado de 28 de novembro de 2001. "Nesse ínterim, já

Avulta assim, no âmbito das condições gerais dos contratos, o princípio da transparência, cláusula geral aplicável a todos os contratos de consumo, mas também agora, por expressa menção no Código Civil de 2002, extensível aos contratos submetidos às cláusulas gerais.

Transparência, em última instância, é o dever que tem o fornecedor de dar informações claras, corretas e precisas sobre o produto a ser vendido, o serviço a ser prestado, ou sobre o contrato a ser firmado – direitos, obrigações, restrições, etc. O princípio é repetido em vários dispositivos do CDC – art. 6º, III, 31, 54, § 3º. Isso está a evidenciar que nos contratos de consumo não é cabível o *dolus bonus*.

Neste ponto, há uma inversão de papéis. Antes, era o aderente que tinha que correr em busca da informação. Antes de comprar um carro usado em uma agência tinha que virá-lo do avesso para não ser enganado. Antes de fazer um

---

antes da citação e depois dela, a autora comunica que, a despeito da alegação da ré de falta de 'condições técnicas' para a transferência da linha, sua filha, a pedido, em maio/1999, conseguiu cumprisse o mesmo serviço em menos de uma semana, para o mesmo endereço, já que passara com a mãe residir por problemas de saúde. Atente-se que desse detalhe fez vistas grossas a CRT.

A linha da recorrente, ainda assim, só foi ligada na sua atual residência em outubro/99, cinco meses depois daquela utilizada por sua filha. Realmente, não há como não deixar de estranhar tais diferenças, mormente quando o terminal deveria ser desligado de uma rua do centro de Canoas, para outra, também situada no centro, não sendo crível a alegação da CRT de falta de 'condições técnicas no local' para a ligação do telefone em tempo razoável, não superior a um mês, respeitada a tal lista de espera

De tudo isso resulta uma certeza. A prestadora de serviços não se desincumbiu de provar suas alegações, não se revelando correto impor à consumidora a prova de que tenha sido informada dos fatos impeditivos para o atendimento da solicitação, até porque dada a sua hipossuficiência, lhe era impossível tal tarefa.

Acaso acolhida a tese da ré, poderia ela atribuir culpa por qualquer mora na prestação do serviço de ligações de terminais adquiridos e/ou transferências, p.e. à 'falta de condições técnicas', restando ao seu inteiro nuto eleger qualquer motivo a justificar a demora.

Inteira aplicação à reqüesta tem o Código de Defesa do Consumidor (art. 31), forte no instituído Princípio da Transparência, o mesmo da boa fé, segundo o Código Civil, quando impõe ao fornecedor o 'dever de informar', concentrado nas características do produto ou do serviço oferecido no mercado. Tal dever passou a representar no sistema do CDC, como dever básico (arts. 6º, III), resultando em verdadeiro ônus atribuído aos fornecedores, parceiros contratuais ou não do consumidor.

A par disso, invoco o art. 46 do mesmo Digesto de Proteção ao Consumidor que reza: '*Os contratos que regulam as relações de consumo não obrigarão os consumidores se não lhes for dada a oportunidade de tomar conhecimento prévio de seu conteúdo...*'"

contrato de seguro tinha que procurar saber tudo a seu respeito para não ser surpreendido.

Hoje, como já assinalado, os papéis se inverteram e é o fornecedor que tem o dever de informar, dever esse que persiste não só na fase pré-contratual, quando as informações são fundamentais para a decisão do consumidor, mas até na fase pós-contratual (art. 10, § 1º, do CDC). A violação desse dever de informar importa em ineficácia do contrato ou da cláusula contratual.

6. Conclusão

Em síntese de todos esses cenários, tendo sempre em vista o processo de realização efetiva do instituto do controle de conteúdo das condições gerais dos contratos, é possível resumir o trabalho em proposições objetivas, relativamente a cada uma de suas partes:

1) A ciência jurídica do século XIX concebia o contrato como uma instituição fundamental alicerçada no poder criador da vontade, a autonomia da vontade. A concepção de vínculo contratual está centrada na idéia de valor da vontade, como fonte única e como legitimação para o nascimento de direitos e obrigações oriundas da relação jurídica contratual. É a época do predomínio do voluntarismo jurídico. O contrato é a fonte única dos liames de direito público ou privado. A alma do contrato é o consentimento, e em princípio, reino da liberdade contratual. A convenção tem força de lei entre aqueles que a fazem. O juiz, ao exercer sua tutela jurídica sobre o contrato, para determinar seu conteúdo e sua força, deverá interpretá-lo somente de acordo com a intenção das partes, verificando se o consentimento foi livre e isento de erros.
2) O desenvolvimento econômico a partir da Revolução Industrial acarreta uma acentuada materialização e desmaterialização de riqueza, alterando o perfil estático do esquema contratual anterior, de gozo e utilização imediata, quase física, dos bens, para o perfil dinâmico da atividade (de organização dos fatores produtivos a empregar em operações de produção e de troca no mercado). As exigências da produção e do consumo de massa, a necessidade de acelerar, simplificar e uniformizar a série infinita das relações entre a empresa e a massa

de consumidores determinam um processo de objetivação da troca, o qual tende a perder parte dos seus originais caracteres de voluntariedade. Atribuir grande relevo à vontade, significaria, na verdade, personalizar a troca, individualizá-la, e portanto, acabaria por atrapalhar o tráfego, cujas dimensões, agora massificadas, impõem que se desenvolva de modo mais estandardizado e impessoal.

3) O contrato se objetiva, ocorrendo uma progressiva perda de relevância do elemento volitivo, da intenção real e efetiva do declarante, ganhando peso crescente o próprio comportamento declarativo. A atividade de alienação em massa de produtos não admite o entrave por momentos de irracionalidade subjetiva, por pressupostos individuais de foro interno do declarante, incidentes sobre a base volitiva do negócio. Essa funcionalização dos contratos aos interesses do predisponente, altera em muito a natureza destes. Esse processo de apropriação unilateral da competência modeladora, ao concentrar-se numa das partes, em exclusivo, todo o poder de conformação, torna-a senhora absoluta do conteúdo contratual, abrindo assim as portas aos desequilíbrios e abusos.

4) O traço característico dessa nova forma de contratação denominada contrato de adesão é a possibilidade de predeterminação de suas cláusulas, a determinação do conteúdo da relação negocial, pela parte que faz a oferta ao público, o fornecedor. O elemento essencial, portanto, do contrato de adesão é a ausência de uma fase pré-negocial, a falta de um acordo prévio sobre as cláusulas que comporão o contrato. Os contratos passam assim a ser regidos por cláusulas comuns, aplicáveis a uma infinidade de instrumentos contratuais, as condições gerais dos contratos.

5) São funções dessas condições gerais dos contratos a uniformização ou estandardização das relações contratuais, o reforço da posição contratual do predisponente e a facilitação da organização empresarial.

6) A natureza jurídica das condições gerais dos contratos é contratual, mas com matizações. Quando o aderente subscreve o documento que lhe apresenta o predisponente, está manifestando sua vontade de ficar vinculado contratualmente a este com o objetivo de receber

uma prestação determinada em troca de uma contraprestação a seu encargo. O contrato, porém, se constitui pelas prestações essenciais pactuadas, pelos demais termos especificamente acordados e pelas expectativas razoáveis do aderente, porque isto é o que está incluído no âmbito de declaração negocial do aderente e o que deve seguir-se, de acordo com a boa-fé, da atuação do predisponente. As condições gerais serão eficazes apenas enquanto se ajustarem a essas expectativas e precisamente por ser seu reflexo, ou seja, por expressar o conteúdo da vontade contratual das partes.

7) Condições gerais dos contratos podem ser conceituadas como o conjunto de cláusulas predispostas unilateralmente para reger uma pluralidade de contratos e cuja incorporação ao contrato é imposta por uma das partes. Trata-se, então, de uma técnica de pré-elaboração do conteúdo de futuros contratos.

8) As condições gerais dos contratos e os contratos de adesão referem-se ao mesmo fenômeno, só que visto de duas perspectivas diferentes. A expressão condições gerais dos contratos refere-se ao resultado da predisposição do conteúdo do contrato pelo empresário, quer dizer, às cláusulas ou estipulações que vão reger a relação contratual entre o predisponente e o aderente, o que constitui uma realidade prévia ao contrato. O contrato de adesão, por sua vez, faz alusão à forma em que se conclui o contrato, por meio da simples aceitação e assinatura do documento em que se recolhem aquelas condições gerais – de adesão a estas.

9) São elementos das condições gerais dos contratos a predisposição, a imposição, a generalidade e a contratualidade. A predisposição significa a exigência de que as cláusulas contratuais tenham sido elaboradas ou fixadas com anterioridade ao começo da fase de negociação do contrato. O elemento de imposição supõe que as condições gerais passam a formar parte do contrato por iniciativa exclusivamente de uma das partes. Em conseqüência, tratando-se de contratos de adesão, quaisquer cláusulas contratuais predispostas se consideram impostas, a menos que tenham sido ou possam se considerar fruto de um processo de negociação entre as partes. Concorre o requisito da generalidade quando as cláusulas em questão tenham sido pre-

dispostas com o propósito ou finalidade de receber aplicação em uma pluralidade de contratos. Por fim, por contratualidade deve-se entender a exigência de que as cláusulas terão de ser destinadas a formar parte do conteúdo de um contrato.

10) A regulação das condições gerais dos contratos apresenta-se de maneira não explícita no ordenamento jurídico brasileiro, devendo seus princípios e formas de interpretação ser buscados em diversos dispositivos, em um esforço totalizante de hermenêutica, à luz dos paradigmas estabelecidos na Constituição da República.

11) As condições gerais dos contratos, para incorporação válida em um contrato determinado da atividade negocial, necessitam preencher determinadas exigências de natureza formal. O conjunto de operações destinadas a verificar a concorrência desses pressupostos constitui o chamado controle de incorporação ou de inclusão. Com a expressão controle de conteúdo estamos a nos referir aos procedimentos de natureza valorativa destinados a determinar se a regulação material, efetuada nas condições gerais e cláusulas predispostas, é compatível com o princípio da boa-fé e o justo equilíbrio das prestações.

12) No que se refere ao controle de incorporação das cláusulas limitativas de direitos, nem sempre tais cláusulas podem ser reputadas como inválidas, mas tão-somente consoante a boa-fé objetiva e a natureza da avença, impliquem em uma desnaturação dos valores ínsitos no negócio, abrangendo não só a prestação principal, mas também os deveres laterais de conduta.

13) A perceptibilidade e a legibilidade constituem um requisito essencial das condições gerais dos contratos. Esses requisitos devem ser concebidos em situação, ou seja, deverão ser percebidos adequadamente no instrumento que se estabelecem, de acordo com a inteligibilidade média que se estima corrente no trato negocial.

14) A compreensibilidade das condições gerais dos contratos significa a possibilidade de compreensão direta. O padrão é o homem médio, medianamente diligente. A exigência de compreensibilidade abrange assim o objetivo de que as cláusulas se redijam de tal modo que ao cliente resulte possível conhecer, sem necessidade de realizar um

esforço intelectual extraordinário, os confins das posições negociais de ambas as partes na relação negocial entabulada, sem necessidade de consultar a terceiros ou procurar ulterior documentação.

15) A exigência de que as cláusulas apostas em contratos submetidos às condições gerais sejam concretas visa impedir que o predisponente obtenha vantagens adicionais e injustificadas em conseqüência da vagueza ou imprecisão com que se redigem uma ou várias cláusulas, especialmente quando estas são destinadas a impor obrigações ao aderente ou a reconhecer direitos em favor do predisponente.

16) O aderente deve ter a possibilidade de conhecer, de maneira razoavelmente fácil, o conteúdo regulador das condições gerais e cláusulas predispostas, garantindo-lhe a possibilidade de aceder materialmente a elas, isto é, estabelecendo os mecanismos precisos para que lhe seja entregue um exemplar delas, ou, quando menos, lhe resulte materialmente possível tomar conhecimento do seu conteúdo regulador, e isso, em qualquer caso, com caráter prévio ou simultâneo à celebração do contrato.

17) Na interpretação dos contratos clássicos o texto não se encontra no Direito posto pelo Estado, porém no Direito posto pelas partes: no contrato se enfatiza o "*ato de autonomia privada*", o negócio "*reservado às partes*", no qual as intervenções externas (do juiz ou do legislador) devem ser consideradas "*atos de exceção*" e limitadas na sua abrangência; é a *sanctity of contract.* A teoria clássica do contrato é cega em relação aos detalhes da *fattispecie* e da pessoa. Não pergunta quem compra e quem vende e que coisa é comprada ou vendida; o "*direito dos contratos*" é uma abstração, importando uma voluntária renúncia ao particular, em um deliberado abandono da tentação de restringir-se a livre autonomia individual ou o mercado livre em nome de qualquer política pública.

18) A teoria clássica dos contratos cede, nos tempos modernos, ante a necessidade da análise dos interesses concretos que o acordo entre as partes expressa, análise conduzida não segundo o "*método formal*", mas mediante o exame dos "*interesses substanciais*" – ao que corresponde a "*objetivação* e *despersonalização*" do contrato.

19) A boa-fé impõe, nos casos de contrato de adesão, a regra de prevalência, ou seja, dar a preferência à cláusula manuscrita sobre a cláusula redigida previamente e inserta no formulário. Esta deve ser considerada a genuína expressão da vontade comum já que se introduz no texto contratual no momento mesmo de sua conclusão.

20) A regra da *interpretatio contra proferentem vel stipulatorem* estabelece que, se cláusulas do contrato propostas por uma parte não são claras, é preferível uma interpretação contrária a esta parte. A regra *contra proferentem*, modernamente, deve ser utilizada para aclarar os conceitos indeterminados de obscuridade, ambigüidade ou dúvida, estabelecendo um dever central de transparência que deverá ser o princípio lógico da contratação por adesão.

21) O contrato assume o modelo de "*fato das partes*", como ato exposto a todas as intervenções externas consentidas pelo ordenamento, "*fato*" que – portanto – pode ser "*criado*" pelo Poder Judiciário e pode ser esculpido de modo variado pelo legislador. Nesse modelo de contrato o texto está sim no Direito posto pelo Estado e não naquele produzido pelos agentes econômicos. Aqui, o juiz não se limita a confrontar o comportamento das partes com o que o Direito posto pelo Estado prescreve. É ele, o juiz, quem produz *normas* veiculadas, ou pelas disposições contratuais ou pelo texto legal. O fato é que a segurança e a previsibilidade dos contratos passa, necessariamente, pela interpretação que as cortes dão às avenças, permitindo o cálculo e a previsibilidade aos agentes econômicos.

7. Bibliografia

Alpa, Guido; Chinè, Giuseppe. Contratti di massa. In: Cedam. *Diritto Privato 1996. II. Condizione generali e clausole vessatorie.* Milão: Cedam, 1997.

Alpa, Guido. Ensaio introdutório. Gilmore, Grant. *La morte del contratto.* Milão: Giuffrè, 1988.

Amaral Júnior, Alberto do. *Proteção do consumidor no contrato de compra e venda.* São Paulo: Revista dos Tribunais, 1993.

Azevedo, Antônio Junqueira de Azevedo. *Negócio Jurídico: existência, validade e eficácia.* 4. ed. São Paulo: Saraiva, 2002.

Azevedo, Antônio Junqueira de. Insuficiências, deficiências e dasatualização do Projeto de Código Civil na questão da boa-fé objetiva nos contratos. In: *Revista Trimestral de Direito Civil*, ano 1, v. 1, Rio de Janeiro: jan./mar., 2000, p. 3-12.

Belmonte, Cláudio Petrini. Principais reflexos da sociedade de massas no contexto contratual contemporâneo: disposições contratuais abusivas. In: *Revista de Direito do Consumidor, n. 43,* jul./set., 2002, p. 133-57.

Berlioz, Georges. *Le contrat d´adhesion*. Paris: LGDJ, 1973.

Betti, Emilio. *Teoria geral do negócio jurídico*. t. II. Coimbra: Coimbra, 1969.

Castán Tobeñas. *Derecho civil español, común y foral*. t. III. 15. ed. Madri: Derecho Privado, 1988.

Castro y Bravo, Frederico de. *Las condiciones generales de los contratos y la eficacia de las leyes*. Madri: Civitas, 1985.

Cavalieri Filho, Sérgio. Visão Panorâmica do Contrato de Seguro e suas Controvérsias. *Revista do Advogado*, nº 47, São Paulo: mar. 1996, p. 11.

Cordeiro, Antonio Menezes. *Tratado de Direito Civil Português*. Parte Geral. t. I. 2. ed. Coimbra: Almedina, 2000.

Demogue, René. *Traité des obligations en géneral. Source des Obrigations*. t. II. Paris: Librairie Arthur Rousseau, 1923.

Dereux, Georges. De la nature juridique des "contrats d´adhesión". In: *Revue Trimestrielle de Droit Civil,* Paris, t. I, 1910, p. 503-41.

Duguit, León. *Las transformaciones generales del derecho (público y privado)*. Buenos Aires: Editorial Heliasta, 1975.

Enneccerus, Ludwig; Nipperdey, Hans Karl, *Tratado de Derecho Civil,* t. I, v. II, 1ª parte. Barcelona: Bosch, 1981.

Falzea, Angelo. Apparenza. In: *Enciclopedia Del Diritto*. v. II. Milão: Giuffrè, 1958.

Fonseca, João Bosco Leopoldino da. *Cláusulas abusivas nos contratos*. 2. ed. Rio de Janeiro: Forense, 1995.

Garcia-Amigo, M. *Condiciones generales de los contratos*. Madri: Revista de Derecho Privado, 1969.

Garrido, José Antonio Ballesteros. *Las condiciones generales de los contratos y principio de autonomía de la voluntad*. Barcelona: Bosch, 1999.

Gilmore, Grant. *The death of contract*. Ohio: Ohio State University Press, 1974.

Gomes, Orlando Gomes, *Transformações Gerais do Direito das Obrigações,* 2. ed. São Paulo: Revista dos Tribunais, 1980.

________. *Contrato de adesão: condições gerais dos contratos*. São Paulo: Revista dos Tribunais, 1972.

________. *Contratos*. 18. ed. Rio de Janeiro: Forense, 1995.

________. *Introdução ao Direito Civil,* 18. ed. Rio de Janeiro: Forense, 2001.

Guillamón, Juan Roca. Reglas de interpretación de las condiciones generales de los contratos. In: Carol, Ubaldo Nieto y otros. *Condiciones generales de la contratación y cláusulas abusivas*. Valladolid: Lex Nova, 2000.

Josserand, Louis. L´essor moderne du concept contracuel. In: *Recueil d´etudes sur le sources du droit en l´honneur de François Geny*. t. II. Paris: Recueil Sirey, s.d.

Larenz, Karl. *Derecho Civil: Parte General,* Madri: Revista del Derecho Privado, 1978.

_____. *Derecho de obligaciones*. t. I. Madri: Revista de Derecho Privado, 1958;

Lobo, Paulo Luiz Netto. *Condições gerais dos contratos e cláusulas abusivas*. São Paulo: Saraiva, 1991.

_____. Dirigismo contratual. *Revista de Direito Civil, Imobiliário, Agrário e Empresarial*. v. 14, nº 52, São Paulo: p. 64-78. abr./jun. 1990.

Lopes, Miguel Maria de Serpa. *O silêncio como manifestação de vontade*. Rio de Janeiro: A. Coelho Branco Filho Editor, 1935.

López, Javier Pagador. *Condiciones generales y cláusulas contractuales predispuestas*. Madri: Marcial Pons, 1999.

López, Javier Pagador. Requisitos de incorporación de las condiciones generales. In: Carol, Ubaldo Nieto y otros. *Condiciones generales de la contratación y cláusulas abusivas*. Valladolid: Lex Nova, 2000.

_____. El ámbito de aplicación de la ley sobre condiciones generales de la contratación. In: Carol, Ubaldo Nieto y otros. *Condiciones generales de la contratación y cláusulas abusivas*. Valladolid: Lex Nova, 2000.

Marques, Cláudia Lima. *Contratos no Código de Defesa do Consumidor: o novo regime das relações contratuais*. 4. ed. São Paulo: Revista dos Tribunais, 2002.

Maximiliano, Carlos. *Hermenêutica e aplicação do Direito*. 11. ed. Rio de Janeiro: Forense, 1991.

Nery Júnior, Nelson *et alli*. *Código brasileiro de defesa do consumidor comentado pelos autores do anteprojeto*. 5. ed. Rio de Janeiro: Forense Universitária, 1997.

Nunes, Luiz Antonio Rizzatto. *BIS* – Boletim Informativo Saraiva. ano 8, n. 1, mar. 1999.

Pinto, Carlos Alberto da Mota. Contrato de adesão. *Revista Forense*. Rio de Janeiro, ano 73, v. 257, p. 33-43, jan./mar., 1977.

Pothier, R.-J. *Tratado das obrigações pessoaes e recíprocas*. t. I e II. Rio de Janeiro: H. Garnier Livreiro-Editor, 1906.

Ráo, Vicente. *Ato jurídico*. São Paulo: Max Limonad, 1965.

Ribeiro, Joaquim de Sousa. *Cláusulas contratuais gerais e o paradigma do contrato*. Coimbra: Coimbra, 1990.

Roppo, Enzo. *Contratti standard: autonomia e controlli nella disciplina delle attività negoziali di impresa*. Milão: Giuffrè, 1989.

Roppo, Enzo. *O contrato*. Coimbra: Almedina, 1988.

Saleilles, Raymond. *De la déclaration de volonté: contribution a l'étude de l'acte juridique dans le Code Civil allemand (Art. 116 à 144)*. Paris: F. Pichon Éditeur, 1901.

Tepedino, Gustavo. As relações de consumo e a nova teoria contratual. In: *Temas de Direito Civil*. Rio de Janeiro: Renovar, 1999.

Wald, Arnoldo, O princípio "*pacta sunt servanda*", a teoria da imprevisão e a doutrina das dívidas de valor. *Revista da Ajuris*, n. 64, 1995.

8

A boa-fé objetiva nos contratos de licença de uso de *software*

Introdução

O presente trabalho tem o escopo de estudar os problemas jurídicos existentes numa das áreas científicas mais novas e de maior mutabilidade tecnológica: a das ciências da computação. Sendo vastíssimo tal campo jurídico, optou-se por visualizar apenas um determinado mas relevante aspecto desse campo: o que diz respeito aos contratos de *softwares* e mais especificamente aos contratos de licença de uso de *software*.

O trabalho divide-se em três partes. Na primeira, *Contrato de licença de uso de software*, se define o conceito atual de *software*, estabelece-se um pequeno resumo histórico de seu desenvolvimento e conceituam-se os diversos tipos de contratos de *software*. Ainda na primeira parte do trabalho definem-se as características gerais do contrato de licença de uso de *software*, seu objeto, definição e especificação do programa, suas condições de aceitação e garantia, a fixação do preço do *software* e as restrições ao seu uso.

A segunda parte, *O princípio da boa-fé objetiva*, trata da definição deste princípio, sua subdivisão entre boa-fé objetiva e subjetiva e suas diferenças, e a importância deste preceito no estudo do Direito. Nela se conceituam a boa-fé objetiva especificamente contratual, seus limites e esmiúçam-se as suas funções, bem como a extinção das obrigações imposta por seus preceitos.

A terceira parte, *A boa-fé objetiva no contrato de licença de uso de software*, aborda as relações entre a informática e o Direito à luz do princípio da boa-fé, define-se em que consiste a tutela de expectativas jurídicas e estabelecem-se as bases para a aplicabilidade da boa-fé aos contratos de licença de uso de *software*.

Na *Conclusão*, enfim, se procura realizar uma síntese totalizante da importância da boa-fé objetiva para os contratos em apreço e de como esta pode contribuir para assegurar uma proteção mais efetiva às partes dessa relação jurídica.

1. Contrato de licença de uso de *software*

a) O *software*

Um computador pode ser definido como qualquer máquina capaz de aceitar uma entrada estruturada de dados, processá-la de acordo com regras preestabelecidas e produzir uma saída com os resultados.

Os circuitos de computador processam essas instruções lógicas que configuram a entrada estruturada de dados usando duas notações: o número 1 para representar "verdadeiro" e 0 para representar "falso".

Este é um sistema binário. Um código. O sistema binário é o alfabeto dos computadores eletrônicos, a base da linguagem para a qual todas as informações são traduzidas e na qual são armazenadas e utilizadas no interior de um computador.

Um texto de instruções para o computador também pode ser expresso no sistema binário. Por convenção (ASCII) fixou-se que o número 65 representa o A maiúsculo, o número 66 o B maiúsculo e assim por diante. Num computador, cada um desses números é expresso por código binário: o A maiúsculo, de número 65, torna-se 01000001. O B maiúsculo, número 66, vira 01000010. Um espaço é representado pelo número 32, ou 00100000. De modo que a frase "Sócrates é homem" torna-se uma fileira de 128 dígitos composta por 1s e 0s:

01010011	10100010	01100011	01110010	01100001
01110100	01100101	01110011	00100000	10000010
00100000	01101000	01101111	01101101	01100101
01101101				

Assim, qualquer série estruturada de instruções pode ser transformada num conjunto de números binários. Com a evolução da computação essa linguagem binária passou a ser substituída por uma linguagem codificada, traduzida para a linguagem de máquina por um programa especialista em traduções de linguagens (compiladores ou tradutores).

Denominam-se Linguagens de Alto Nível aquelas que se expressam o mais próximo possível da mesma forma que as linguagens humanas. Em contrapartida, as Linguagens de Baixo Nível são as que mais se aproximam da linguagem de máquina, que oferecem maior dificuldade de conhecimento.

Estas linguagens de computador (elaboradas a partir dos conceitos binários) são linguagens de comandos potentes: basta uma pequena ação humana (o leve pressionar de uma tecla) para desencadear toda uma seqüência de comandos até o resultado final. A tradução da linguagem usada pelo programador para a linguagem de máquina é feita pelo programa compilador ou tradutor que geralmente pertence ao conjunto dos programas do Sistema Operacional.

O *software* é assim a série de instruções que faz com que o *hardware* – as máquinas – realize o trabalho que se quer. É um produto da intelectualidade, expresso por uma linguagem e gravado em um meio físico.

Sua natureza jurídica portanto é a de um bem intelectual ou imaterial, protegido e regulado pela legislação de proteção dos direitos autorais. Trata-se todavia de um conceito *in fieri*, em construção, porque a inovação tecnológica está alterando essa própria idéia de instruções fixas e determinadas criadas por alguém para que a máquina execute exatamente aquelas instruções predeterminadas. Está se pesquisando programas capazes de executar silogismos: dada a premissa maior e a premissa menor, o computador seria capaz de dar a conclusão lógica ao problema, de acordo com dados habitualmente inferidos da forma de utilização do computador, e, conseqüentemente de raciocínio do usuário. Trata-se de uma evidente revolução na teoria do conhecimento das máquinas, a implicar mudanças na própria idéia de propriedade intelectual exclusiva do fabricante.

Em termos de classificação de *softwares* podemos agrupá-los em três tipos primordiais, escalados na razão inversa de sua proximidade com o usuário do computador: *firmware*, sistemas operacionais e programas aplicativos.

Firmware são os programas gravados permanentemente em *chips*, dispostos na memória ROM (*Read Only Memory*), memória onde ficam os programas básicos, essenciais para que o computador funcione e se torne receptivo para receber outros programas.

O principal programa gravado (parcialmente) diretamente no chip da ROM é o Bios (*Basic Input Output System*), que controla diretamente o *hardware*. O Bios é o primeiro programa que entra em ação a partir do momento em que ligamos o computador, antes da entrada em cena de qualquer outro programa. É o responsável por um primeiro teste que a máquina faz em si mesma denominado POST (*Power On Self Test*) e que surge, sempre da mesma forma, na tela do computador, cada vez que o ligamos, informando que a memória está perfeita e disponível, que os periféricos estão OK etc..., além de efetuar outras atividades básicas de processamento.

O Bios foi desenvolvido pela IBM entre outubro de 1980 e abril de 1981. É um programa geralmente escrito em linguagem *Assembler* e, por estar permanentemente gravado na memória ROM, permite que os programadores elaborem programas para os Computadores IBM-PC, ou compatíveis com IBM-PC, sem a necessidade de incluir determinadas rotinas básicas, como as que tratam de manejamento de unidades de entrada e saída.[1]

Estes programas igualam-se a quaisquer outros e se submetem à disciplina jurídica dos direitos autorais como qualquer programa. A diferença é que esses programas não são adquiridos em disquetes ou CD-ROMs, mas permanecem no interior da máquina.

O segundo tipo de *software* são os sistemas operacionais. São programas que têm por objeto outros programas, controlando funções ou partes da máquina, administrando o processamento, distribuindo tarefas, escalonando entradas e saídas, ocupando racionalmente diferentes setores de memória etc...

Em geral os sistemas operacionais são compostos de um módulo básico chamado supervisor e de módulos que gerenciam recursos específicos. O módulo supervisor centraliza a coordenação dos recursos previstos pelo sistema, operacionando os módulos responsáveis por cada tarefa específica.

---

1. Cerqueira, Tarcísio Queiroz. *Software: Direito Autoral e Contratos*. Rio de Janeiro: Fotomática; Polar, 1993, p. 57-58.

Os principais recursos previstos pelo sistema operacional são: o gerenciamento dos processos em execução, o gerenciamento do espaço em memória, a alocação e o controle de arquivos e periféricos e a comunicação com o operador.

O terceiro tipo de *software* são os programas aplicativos. São programas desenvolvidos para resolver os problemas do usuário. Há tantos programas aplicativos quanto as necessidades dos diversos grupos de consumidores. São exemplos de programas aplicativos os processadores de texto, as planilhas eletrônicas, os gerenciadores de bancos de dados e diversos tipos de utilitários.

Os programas aplicativos podem ser *software* produto ou *software* desenvolvido por encomenda. O *software* produto é aquele desenvolvido por uma *softhouse* visando atender uma necessidade genérica de uma gama indeterminada de consumidores (processadores de texto, planilhas eletrônicas etc.). Ao adquirirem um *software* produto os usuários assinam contratos de adesão denominados *licença de uso.*

O *software* desenvolvido por encomenda é aquele feito sob medida mediante um contrato de desenvolvimento. As partes combinam desenvolver certo programa para resolver problemas específicos de um dos contratantes. Neste tipo de operação ocorre em geral uma cessão de uso com a possibilidade de a empresa solicitante fazer quaisquer utilizações comerciais com intuito lucrativo da obra.

O computador moderno teve sua origem nos Estados Unidos durante a Segunda Guerra Mundial, quando um grupo de matemáticos *da Moore School of Eletrical Engineering* da *University of Pensylvania* começou a desenvolver uma máquina eletrônica destinada a acelerar os cálculos das tabelas para dirigir a pontaria da artilharia. Seu uso disseminou-se na década de 1950 nos Estados Unidos, com várias empresas competindo pela liderança do mercado.

Até 1964, todo modelo de computador, inclusive quando fabricado por uma mesma empresa, além de possuir projeto exclusivo, exigia um sistema operacional e um *software* aplicativo próprio. Era preciso muito trabalho para migrar um *software* de um modelo de computador para outro, mesmo quando o *software* era escrito em linguagem-padrão como *Cobol* ou *Fortran.*

Entretanto, nesse ano, a IBM produz um computador de arquitetura escalável, a família *System*/360, os quais, independentemente de tamanho, responderiam ao mesmo conjunto de instruções. Modelos construídos com diferentes tecnologias, desde os mais lentos aos mais velozes, desde as máquinas de pequeno porte que cabiam num escritório de tamanho normal, até os gigantes refrigerados a água, enclausurados em cabines climatizadas de vidro, todos eram capazes de executar o mesmo sistema operacional. Os usuários poderiam transferir as suas aplicações e periféricos, acessórios, tais como discos, unidades de fita e impressoras, livremente de um modelo a outro. A arquitetura escalável reformulou por completo a indústria.[2]

O *System* 360 foi um sucesso absoluto e fez da IBM a mais dinâmica das empresas ligadas à fabricação de *mainframes* durante os anos seguintes. Os usuários investiram muito no 360, confiantes de que seu comprometimento com *software* e treinamento não seria desperdiçado. Se eles precisassem passar para um computador maior, poderiam obter um IBM capaz de rodar o mesmo sistema e partilhar da mesma arquitetura.

Tal sucesso atraiu competidores, principalmente ex-funcionários da IBM que, criando novas empresas, procuraram construir computadores totalmente compatíveis com o *software* do IBM 360. Assim, passou a existir no mercado um *hardware* capaz de rodar não só com os mesmos sistemas operacionais e as mesmas aplicações dos computadores da IBM mas também por preços sensivelmente menores que os computadores IBM. Logo o sistema IBM converteu-se no *hardware* padrão do mercado.

No que se refere aos computadores pessoais equipados com microprocessadores, terreno onde não imperava a IBM, a principal fornecedora de *hardware* dos EUA era a DEC e os usuários desses computadores tinham de fazer seus próprios programas pois não havia *softwares* aplicativos para esses computadores de baixo custo. Para desenvolver esses programas aplicativos, eles utilizavam sobretudo o *Microsoft Basic*, escrevendo seus próprios programas em linguagem *Basic*.

No verão de 1980, a IBM, líder inconteste do mercado de *hardware*, com mais de 80% das vendas de computadores de grande porte, resolve entrar no mercado de máquinas pequenas e baratas tanto para consumidores particulares quanto para empresas. Para tanto, associa-se à *Microsoft*, que forneceria o sistema operacional, e à Intel, que forneceria o microprocessador para os compu-

---

2. Gates, Bill. *A Estrada para o futuro*. São Paulo: Companhia das Letras, 1995, p. 55-6.

tadores IBM. A *Microsoft* cria então o que viria a ser o sistema operacional mais famoso do mercado: o MS-DOS ou Sistema Operacional de Disco da *Microsoft*.

Fornecendo seu sistema operacional junto com os computadores IBM a uma taxa irrisória de licença de uso (60 dólares), a Microsoft transforma o MS-DOS no padrão do mercado. Em três anos, quase todos os padrões concorrentes de computador e de sistemas operacionais haviam desaparecido.

Em 1983 a Microsoft começa a desenvolver uma interface gráfica para tornar o MS-DOS mais amigável para o usuário, em estratégica ocupação de espaço mercadológico. Assim, os micros se tornariam mais fáceis de usar e facilitariam a vida de quem já possuísse o equipamento, atraindo ainda clientes sem tempo de aprender a trabalhar com interfaces complicadas.

Porém, um fato grave viria a atrapalhar a parceria até então absolutamente proveitosa entre a Microsoft e a IBM. Esta última empresa lança, em 1984, o microcomputador de segunda geração, uma máquina de alto desempenho chamada PC AT, que incorporava o microprocessador 80286 da Intel (vulgarmente conhecido como "286"). Era três vezes mais rápido que o IBM-PC original. O AT fez um enorme sucesso e, um ano depois, era responsável por mais de 70% de todas as vendas de microcomputadores. Entretanto, os microcomputadores passaram a ameaçar as vendas de seus computadores profissionais e a IBM procurou frear o desenvolvimento do PC para evitar a canibalização de seus produtos mais caros. Assim, decidiu adiar o lançamento do PC equipado com o potente chip 386 da Intel, sucessor do 286, para proteger as vendas dos minicomputadores *low end*, máquinas de médio porte que não tinham muito mais capacidade que um PC 386. O atraso permitiu que outra empresa, a Compaq, fosse a primeira a lançar o 386, em 1986, abalando o império da IBM.

Para recuperar o tempo perdido, a IBM decidiu construir computadores e escrever sistemas operacionais totais e exclusivamente dependentes um do outro, de modo a paralisar os concorrentes ou obrigá-los a pagar salgadíssimas taxas de licença. A estratégia era tornar obsoletos todos os microcomputadores "compatíveis com IBM" que estavam sendo fabricados.

Nesse ponto, seus interesses colidem com os interesses da Microsoft, que dedicava parte considerável de suas atividades ao fornecimento do MS-DOS a fabricantes de micros compatíveis com os sistemas IBM. A Microsoft abandona o projeto de um sistema operacional conjunto com a IBM (o OS/2) e decide partir para a criação de sua própria interface gráfica para DOS, o *Windows*.

Lançado em abril de 1987, o OS/2 da IBM apresenta problemas de compatibilidade com os periféricos existentes no mercado e não consegue atingir o gosto popular. Ao não conseguir impor seu padrão e insistir no mesmo, a empresa perde o controle da arquitetura de microcomputadores, não sendo mais capaz de, sozinha, levar toda a indústria a adotar um novo projeto. Enquanto isso, o *Windows*, um *software* menor que ocupava muito menos espaço em disco rígido e podia funcionar em máquinas com menos memória, passa a ganhar espaços crescentes nichos de mercado.[3]

Hoje, o *Windows* é o padrão do sistema operacional para microcomputadores. Seu sucesso é explicado pelo seu criador, Bill Gates, como uma espiral de retorno positiva, espiral essa formada por todos os aplicativos produzidos pelas várias empresas de *software* que se utilizam da plataforma *Windows*. Quanto mais produtos *for Windows* existem no mercado, mais se incrementam as vendas do próprio *Windows* e dos demais *softwares* para *Windows* da Microsoft. A Microsoft é hoje uma empresa avaliada em 236 bilhões de dólares (estimativa de maio de 2006) e a fortuna pessoal de seu dono, Bill Gates, está avaliada em 59,2 bilhões de dólares (estimativa de setembro de 2007), a segunda maior fortuna individual do mundo. Por outro lado, a Microsoft se constitui hoje numa multinacional do *software*, com virtual monopólio desta atividade, sendo alvo de incessante controle pela Comissão Antitruste do governo norte-americano.

b) O contrato de licença de uso de *software*

Os contratos de *software* no Brasil são regulados pela Lei de Direitos Autorais (Lei nº 9.610, de 19 de fevereiro de 1998) e pela Lei do *Software* e seu Decreto regulamentador (Lei nº 9.609, de 19 de fevereiro de 1998).

Esses contratos deverão ser escritos de acordo com a determinação do art. 50 da Lei nº 9.610/1998.[4]

A proteção aos direitos relativos aos programas de computador é assegurada por 50 anos a partir do dia 1º de janeiro do ano subseqüente ao da sua publicação ou, na ausência desta, da sua criação em cada país. A exemplo do

3. Gates, Bill, *op. cit.*, p. 55-86.

4. "Art. 50. A cessão total ou parcial dos direitos de autor, que se fará sempre por escrito, presume-se onerosa."

que ocorre com os direitos autorais, a proteção de programas de computador de titular residente no exterior é garantida no Brasil, desde que seu país de origem ofereça reciprocidade de tratamento, isto é, que o país estrangeiro conceda aos brasileiros e estrangeiros residentes no Brasil proteção equivalente em extensão e duração.

A proteção aos direitos sobre programa de computador também não depende de registro, não havendo necessidade de o autor registrá-lo, para reivindicar à sua propriedade. O registro poderá, no entanto, ser feito no Instituto Nacional da Propriedade Industrial – INPI.

Assim, um programa que tenha sido lançado nos Estados Unidos há 10 anos e só agora tenha ingressado no Brasil, fica protegido legalmente pelo prazo de 40 anos, caindo a partir daí em domínio público.

Não constitui ofensa ao direito de autor de um programa de computador a reprodução de cópia legitimamente adquirida, desde que indispensável à utilização adequada do programa, a citação parcial para fins didáticos, identificada a fonte, ou a integração de um programa com suas características essenciais a um sistema aplicativo ou operacional, desde que de uso exclusivo do usuário.

Os principais tipos de contrato que possuem o *software* como objeto são:

- contratos de cessão ou licença de uso;
- contratos de distribuição ou revenda;
- contratos de manutenção;
- contratos de desenvolvimento de sistemas por encomenda;
- contratos de edição.

Os contratos de distribuição ou representação de *software* são aqueles realizados entre dois contratantes, a *softhouse* e o representante, pelo qual este último adquire o direito de comercializar o produto.

Na maioria das vezes, estes contratos estipulam que os vendedores não poderão nomear outros revendedores ou revender os produtos, devendo seguir certos padrões de condições de licença de uso, a garantia final será dada pelo fornecedor que prestará também os serviços de manutenção.

Pode ser exigida pelo fornecedor nesse contrato uma caução em garantia pelos produtos fornecidos, em valores fixos por ano, que equivalerão a "x" produtos e serão, ao final, creditados ao distribuidor. A caução é empregada habitualmente em contratos entre empresas nacionais e estrangeiras.

Outro tipo bastante comum de contrato envolvendo *software* é o de manutenção de programa de computador. Por esse contrato, a empresa contratada assume a obrigação de, dentro de um plano de visitas e trabalhos previamente combinado, efetuar periódicos exames no equipamento de forma a detectar possíveis defeitos que sejam iminentes e, de forma preventiva, agir antes que os problemas aconteçam de maneira que o computador funcione normalmente e sem problemas.

É essencialmente um contrato de manutenção preventiva realizado comumente através de programas que gravam informações e relatórios de manutenções anteriores, desde o início de funcionamento do equipamento, de modo a detectar com facilidade os possíveis defeitos.

A manutenção também pode ser corretiva. O usuário chama a empresa contratada após ocorrer o problema e esta age para corrigir um defeito manifestado.

Geralmente, os contratos de manutenção são exclusivos, ou seja, só a empresa contratada pode fornecer a manutenção – já que é imprescindível conhecer o código fonte para poder trabalhar com o programa – e contém cláusula que estabelece a necessidade da empresa prestadora ter facilidade de acesso às instalações para poder executar satisfatoriamente o seu trabalho.

Quando a manutenção é fornecida pelo próprio fornecedor do *software*, é comum virem juntos, em um só instrumento, os contratos de licença de uso e de manutenção. As condições do contrato variam em função das características de fato do produto e das possibilidades dos contratantes, sendo os contratos em geral de duração de 12 meses, renováveis, com pagamentos mensais.

Outro contrato de *software* importante é o contrato de desenvolvimento de sistemas por encomenda. Por esse contrato, uma empresa (na maioria das vezes) acorda com outra empresa ou com uma pessoa física o desenvolvimento de um sistema sob medida ou por encomenda. Por "sistema" deve-se entender um conjunto de programas ou de módulos de programas que precisa ser desenvolvido por completo ou parcialmente para atender a necessidades específicas da empresa contratante.

A natureza jurídica desse contrato é a de um contrato de prestação de serviços e não de fornecimento de mercadoria, sendo portanto devido à Fazenda Pública apenas o pagamento de ISS.

O pagamento é usualmente feito ao final, de uma só vez, com a apresentação do sistema concluído, testado, dado oficialmente como pronto e mediante a entrega da documentação completa e conferida. Deve-se efetuar nesses contratos uma aceitação formal do sistema por parte da contratante, para salvaguardar os direitos de ambas as partes do contrato.

O contrato de edição ou contrato de *publishers* é o tipo mais recente dos contratos envolvendo os *softwares*. Consiste numa prestação de serviços semelhante à realizada pelos editores de livros, pela qual a empresa contratada (distribuidora) se dispõe a assumir a responsabilidade pela estrutura comercial de programas de computador criados por terceiros, ou seja, desde a concepção da embalagem do produto até a sua distribuição no mercado.

A Lei nº 9.610/1998 em seu art. 30 estabelece que a exploração econômica de programas de computador será objeto de contratos de licença ou cessão de uso livremente pactuados pelas partes.

A doutrina estabelece uma distinção de gênero para espécie entre as figuras jurídicas da cessão e a da licença. Na cessão de uso ocorre uma transferência de direitos, ou seja, o beneficiário tem o direito não só de usar mas também de fruir, podendo utilizar economicamente a obra que lhe foi atribuída.

A licença de uso permite apenas a utilização direta da obra dentro de formas restritas e determinadas no contrato.

O contrato de licença de uso de *software* deve conter basicamente o objeto, a definição e a especificação do programa, as condições de aceitação e garantia, a previsão de manutenção ou não, os termos de treinamento de pessoal, o direito de aquisição de novas versões, os custos e encargos e o termo de duração do contrato, características que serão a seguir esmiuçadas.

O *software*, por definição, é um produto intelectual, uma série de instruções para que a máquina realize determinados procedimentos; assim, é somente com a utilização que se pode avaliar o desempenho do produto.

Portanto, nesses contratos devem constar:

a) descrição funcional do *software*, quer dizer: 1 – todas as tarefas que o *software* deve cumprir; 2 – todas as entradas; 3 – todas as saídas; 4 – todas as necessidades de processamento; 5 – todos os arquivos de dados; 6 – volumes de atividades e arquivos;

b) descrição da marca do equipamento onde o *software* deve operar, incluindo: 1 – restrições de armazenagem; 2 – restrições em matéria de equipamentos periféricos; 3 – procedimentos de transmissão de dados; e 4 – interface de comunicação;

c) descrição da marca do *software* dentro do qual o programa deve residir incluindo: 1 – especificações dos sistemas operativos; 2 – as linguagens de programação; 3 – outros programas com os quais o *software* do cliente deve interconectar-se de maneira apropriada; 4 – qualquer sistema de nomenclatura que deve ser usado para os programas;

d) informes concernentes ao rendimento do *software* com relação a: 1- sua organização interna; 2 – sua velocidade de execução; 3 – sua capacidade de aperfeiçoamento e modificação; 4 – suas propriedades de detecção de erros; 5 – suas propriedades de correção e recuperação de erros; e 6 – qualquer restrição de atividades que o usuário deve evitar;

e) normas de programação e documentação incluindo detalhes quanto a: 1 – conteúdo da documentação; 2 – quantidade; 3 – formulários; 4 – natureza e alcance da codificação;[5]

Essas especificações devem estar completas no momento da celebração do contrato, devendo estar incorporadas como parte dele, particularmente quando se tratar de contratos *standard* de licença de uso de *software*.

Em geral, nos contratos de licença de uso de *software* o cliente só recebe o código objeto, isto é, um programa legível para a máquina mas não o acesso ao código fonte. Tal fato provoca severas limitações nesses contratos: em primeiro lugar criam a dependência do provedor para a manutenção do *software*; excluem também a possibilidade de modificação e aperfeiçoamento do programa por parte do usuário para o atendimento de suas necessidades específicas.

Além disso, deixam o usuário em situação deveras desvantajosa caso o provedor suspenda suas operações, abra falência ou de qualquer outro modo interrompa seus serviços de manutenção. A lei brasileira prevê uma garantia ainda muito débil para esses casos, ao exigir como condição para a comercialização do *software* o registro de seu programa fonte. Entretanto, não prevê o

5. Correa, Carlos M. *et alli*. *Derecho informático*. Buenos Aires: Depalma, 1994, p. 192.

seu fornecimento obrigatório aos usuários no caso de falência da empresa, nem soluciona os casos concernentes aos usuários não programadores.

Outra questão importante no que concerne às especificações diz respeito à documentação do programa, isto é, os registros escritos sobre a maneira como foi elaborado o programa, o que este faz e a maneira de usá-lo. Em geral a documentação deve conter:

Documentação do usuário:

a) instruções escritas que sirvam de guia para o operador em computação sobre a maneira de carregar e transferir o programa e sobre a maneira de manejar as exceções (por exemplo, quando o programa rejeita dados por estarem em formato equivocado etc.);
b) instruções escritas para os operadores de entrada quanto ao modo de identificar os dados de entrada;
c) diagrama de fluxos funcionais ou de sistema mostrando em linhas gerais de que maneira funciona o sistema;

Documentação do sistema/programa:

a) diagramas do fluxo do programa resumindo cada programa (e que provavelmente serviram de guia ao programador para escrever o programa);
b) seqüência do código fonte.[6]

Ainda na questão referente à definição do *software*, assume relevância o aspecto concernente à titularidade do mesmo.

No contrato de licença de uso de *software* (pré-impresso) se procura fundamentalmente estabelecer as regras para o uso não exclusivo desse programa, protegendo a propriedade do seu produtor. Daí decorrem as tradicionais proibições de ceder, vender, dar em locação, alterar ou fazer cópias sem expressa autorização do fornecedor, também se proibindo o uso do programa para fins diferentes daqueles para os quais foi adquirido, como, por exemplo, prestar serviços a terceiros.

O licenciante geralmente também não se responsabiliza por problemas, erros, danos ou prejuízos advindos de: falhas no *software* constatadas após o período de garantia; quaisquer alterações efetuadas sem autorização expressa, seja no programa fornecido, seja no equipamento; má operação ou operação

6. Correa, Carlos M. *et alli*, *op. cit.*, p. 193.

indevida sem sua expressa anuência e por decisões tomadas com base em informações, quaisquer que sejam, fornecidas pelo *software*.

Uma condição que também costuma ser estipulada nesses contratos é a que obriga o licenciado, caso o equipamento onde se encontra instalado o *software*, objeto do contrato, seja apreendido, retomado, arrestado, seqüestrado ou simplesmente ameaçado por quaisquer medidas judiciais que o retirem da posse e uso do licenciado, a destruir ou remover o programa, de forma a que o equipamento seja transladado sem o *software* e, conseqüentemente, de forma a se evitar que o *software* caia em mãos de terceiros não obrigados.[7]

Um aspecto importante dos contratos de *software* é o de que maneira e quando é aceito o *software*. Nos contratos pré-impressos em geral inexistem disposições sobre este tema ou então estas carecem do necessário equilíbrio com respeito à proteção dos interesses e direitos do usuário.

É desejável que seja dado ao futuro usuário referências (que podem ser na forma de programas *shareware*, de aplicabilidade limitada) de forma que se permita a este avaliar o *software* antes de ver-se obrigado a efetuar qualquer pagamento. Tais provas dariam ao usuário uma oportunidade de conhecer o programa e de medir e comparar a quantidade de uso da unidade central de processamento (CPU), a memória dos núcleos, o armazenamento de discos e outros parâmetros.

Não sendo isto possível, de qualquer maneira, depois do licenciamento deveria começar um período de prova adequadamente largo (v.g., 90 dias), durante o qual o usuário pudesse pôr à prova o *software* sob condições operativas reais, em face de suas necessidades e com dados verídicos.

Efetuada esta, se estabeleceria um limite de tempo depois do qual se consideraria que o *software* teria sido automaticamente aceito. Porém tal presunção deveria ter por base o uso produtivo do cliente e não o mero decorrer do tempo. Desde que este pudesse provar que não foi possível, por razões independentes de sua vontade, de fazer uso produtivo do programa no período de prova, tais dados, desde que comprovados, deveriam prevalecer de forma a garantir ao cliente o direito de provar efetivamente o *software* recebido.

No que se refere às garantias, é patente o desequilíbrio entre as partes no contrato de licença de uso de *software*.

7. Cerqueira, Tarcísio Queiroz, *op. cit.*, p. 86.

Um dos tópicos mais vagos em muitos contratos de *software* está relacionado com as garantias outorgadas pelo provedor com respeito ao funcionamento. As típicas cláusulas em contratos pré-impressos excluem usualmente qualquer garantia, ou a limitam a uma obrigação de levar a cabo os melhores esforços no sentido de corrigir qualquer falha identificada. Esta solução deixa o usuário sem proteção real alguma diante do inadimplemento por parte do provedor em proporcionar um *software* apropriado.

Em outras palavras, o provedor não garante que o *software* se ajustará às necessidades do usuário nem que o *software* seria capaz de passar sem objeções ao circuito comercial ou que se ajusta ao fim ordinário para o qual é utilizado.

Portanto, para que a garantia do contrato seja efetiva devem estar presentes os seguintes elementos:

a) em primeiro lugar, a definição de um "período de garantia" dentro do qual o provedor se veria obrigado a manter a operatividade do *software* sem encargo, e a desenhar, codificar e verificar a documentação e a entregar quaisquer emendas requeridas para corrigir erros que afetem a dita operação. Este requisito pode restringir-se, excluindo aqueles erros triviais ou pequenos que não prejudicam significativamente o rendimento conforme as especificações; e
b) devem ser inclusas também punições apropriadas para os casos em que o provedor não cumpra adequadamente suas obrigações. A prática geral nos acordos pré-impressos é de evitar tais soluções e de excluir qualquer responsabilidade que surja do inadimplemento.

A garantia desses contratos deve abranger também a violação dos direitos de terceiros. Deste modo deve ser garantido ao usuário proteção contra qualquer ação empreendida por um terceiro com base na violação de sua propriedade intelectual, de sua patente ou de outros direitos.

Na hipótese em que se prove que o *software* em questão está sujeito a direitos de terceiros, o provedor deve ser obrigado a, alternativamente:

a) proporcionar ao usuário o direito de continuar usando o dito *software*;
b) reelaborar ou modificar o *software* na medida necessária para evitar a violação;
c) eliminar o dito *software* ou uma parte dele e reembolsar o usuário na parte proporcional do honorário.

Nessas duas últimas situações, deveria permitir-se contratualmente ao usuário rescindir o contrato, já que seu objeto havia sofrido alterações que podiam afetar seu interesse em manter a relação contratual.[8]

As disposições a respeito do preço do *software*, se não estão adequadamente redigidas, podem criar riscos substanciais para o usuário. Nos contratos pré-impressos dos grandes fabricantes que também subministram sistemas operativos, resultam habituais as cláusulas abertas que permitem ao provedor dispor de uma grande flexibilidade na fixação e revisão de preços, sem nenhum vínculo real com o cumprimento da obrigação.

Nos contratos de licença de uso de *software*, além do preço, deve-se considerar outros custos indiretos, principalmente de instalação, capacitação, manutenção, cópias adicionais da documentação, tempo de máquina e, eventualmente, conversão e adaptação ao cliente do *software* transferido. O contrato, portanto, deve ser o mais preciso possível sobre essa questão, incluindo, em particular, tudo aquilo relacionado com o alcance das obrigações de manutenção e do tratamento das atualizações e aperfeiçoamentos.

As restrições ao uso contidas nos contratos de *software* representam uma ferramenta comum e importante do provedor a fim de obter o máximo de ingressos a partir da comercialização de um *software*, aumentando ou fixando um novo preço conforme o número ou tipos de usos. Tais restrições podem incluir, conforme as práticas correntes dos provedores mais importantes, algumas ou todas das seguintes cláusulas:

a) uma limitação de uso para só um usuário especificado;
b) uso restrito a um lugar determinado, geralmente definido por um domicílio postal e um edifício únicos;
c) uso para apoiar exclusivamente terminais operados pelo usuário;
d) uso em uma única unidade central de processamento (CPU);
e) uso em uma CPU por vez em um lugar que dispõe de vários sistemas adequadamente configurados.

O problema do uso em mais de uma CPU do usuário pode ser resolvido obtendo-se uma tarifa reduzida para qualquer licença sucessiva de um mesmo programa. Outra solução para os grandes usuários é a negociação de uma licença matriz que pode reduzir notoriamente o preço no conceito de licença. Um

8. Correa, Carlos M. *et alli*, *op. cit.*, p. 197-9.

problema prático que deve afrontar-se neste último caso é o de se avaliar se as várias CPUs do usuário são compatíveis (se não o são, o provedor solicitará normalmente um maior honorário para cada versão do *software* que se requeira). Em uma licença matriz, também deve-se tratar a questão da centralização dos pedidos de serviço, de garantia e manutenção.[9]

2. Princípio da boa-fé objetiva

a) A boa-fé e suas distinções

Reconhecem a maioria dos autores, sobretudo após a consagração do princípio nos Códigos Civis alemão e austríaco, a importância da boa-fé como dever imposto às partes de agirem com correção e lealdade uma com a outra.

Sendo um princípio geral de Direito, a boa-fé tem natureza juscultural, fundada, dimensionada e explicada em termos históricos. Está ligada ao estágio de desenvolvimento cultural atingido por cada povo e é insuscetível de definição positiva esgotante de sua diversidade.[10]

A boa-fé assume relevância na prática jurídica a partir das transformações advindas da Revolução Industrial que estabelecem um novo padrão frenético de realização das transações civis e comerciais. Tal frenesi obriga os contraentes a se relacionarem, cada vez mais, dentro de estreitas relações de confiança e lealdade dada a multiplicidade de operações a realizar num mundo em incessante mudança.

Assim, impunha-se que além das disposições expressas do contrato, tal como disposto no Código napoleônico,[11] também fosse tutelada a confiança legítima das partes no regular cumprimento do contrato.

Essa nova mentalidade expressa-se sobretudo na Alemanha a partir da jurisprudência dos Tribunais Comerciais, e, particularmente, do *Oberappellationsgericht zu Lübeck* (OAG Lübeck), tribunal superior de apelação comercial criado em Lübeck, em 1815, por quatro cidades livres do Ocidente alemão – Lübeck,

9. Correa, Carlos M. *et alli*, *op. cit.*, p. 205-6.

10. Cordeiro, Antonio Manuel da Rocha e Menezes. *Da boa-fé no Direito Civil*. v. 1. Coimbra: Almedina, 1984, p. 18.

11. Código Civil francês. *Art. 1.134. As convenções legalmente formadas têm força de lei entre àqueles que as fizeram*. (Trad. livre)

Hamburgo, Bremen e Frankfurt – por força do incremento das necessidades comerciais e com jurisdição sobre as cidades em causa.[12]

Segundo Menezes Cordeiro, ainda que num estágio embrionário, denota-se já a presença dos vetores futuros da evolução do conceito: o exercício inadmissível de posições jurídicas, a interpretação objetiva e os deveres de comportamento no tráfego. Tudo isso traduzia a vitalidade do fator germânico da tradição romanística, o poder juscriativo das necessidades reais e um certo desapego jurisprudencial perante a doutrina, dadas as insuficiências desta.[13]

O BGB (*Bügerliches Gesetzbuch*), em vigor a partir de 1900, consagra o novo princípio ao dispor em seus §§ 242 e 157 respectivamente: – "O devedor está adstrito a realizar a prestação tal como o exija a boa-fé, com consideração pelos costumes do tráfego.[14] – Os contratos interpretam-se como o exija a boa-fé, com consideração pelos costumes do tráfego."

Segue-se o Código Civil suíço, vigente desde 1912, que estabelece em seu art. 2º: *"cada um é obrigado a exercer seus direitos e executar suas obrigações segundo as regras da boa-fé"* (tradução livre); e muitos outros que estabeleceram princípios análogos.[15]

No Brasil, o Esboço do Código Civil de Augusto Teixeira de Freitas já previa, em 1864, a interpretação dos contratos segundo a boa-fé:

---

12. Cordeiro, Antonio Manuel da Rocha e Menezes, *op. cit.*, p. 316.

13. Cordeiro, Antonio Manuel da Rocha e Menezes, *op. cit.*, p. 319.

14. Os "costumes do tráfego" [*Verkehsitte*], de natureza discutida, são mais do que meros usos, mas menos que Direito consuetudinário.

15. Codice Civile d'Italia – 1942 – art. 1.175 – "*il debitore e il creditore devono comportarsi secondo le regole della correttezza;*" art. 1.337 – "le parti, nello svolgimento delle trattative e nella formazione del contratto, devono comportarsi secondo buona fé." Código Civil Português – 1966 – art. 227/1: "*Quem negoceia com outrem para conclusão de um contrato deve, tanto nos preliminares como na formação dele, proceder segundo as regras da boa fé, sob pena de responder pelos danos que culposamente causar à outra parte*"
art. 762/2: "*No cumprimento da obrigação, assim como no exercício do direito correspondente, devem as partes proceder de boa fé.*"
Título preliminar do Código Civil Espanhol: "*los derechos deben ejercitarse conforme a los dictados de la buena fé.*"
Código Civil argentino modificado pela Lei nº 17.711 de 22/4/1968: art. 1.198 – "*Los contratos deben celebrarse, interpretarse y ejecutarse de buena fe y de acuerdo con lo que verosímilmente las partes entendieron o pudieron entender, obrando con cuidado y previsión*".

> *Art. 1.954 – Os contratos devem ser cumprido de boa-fé, pena de responsabilidade pelas faltas (arts. 844 a 847) segundo as regras do art. 881. Eles obrigam não só ao que expressamente se tiver convencionado, como a tudo que, segundo a natureza do contrato, for de lei, eqüidade, ou costume.*[16]

O Código Civil de 1916 não contemplou expressamente o princípio da boa-fé embora este possa ser desvelado em diversos dispositivos esparsos.[17]

O Código Civil de 2002 consagra diversos preceitos ao princípio da boa-fé:

> *Art. 113. Os negócios jurídicos devem ser interpretados conforme a boa-fé e os usos do lugar de sua celebração.*
> *Art. 187. Também comete ato ilícito o titular de um direito que, ao exercê-lo, excede manifestamente os limites impostos pelo seu fim econômico ou social, pela boa-fé ou pelos bons costumes.*
> *Art. 422. Os contratantes são obrigados a guardar, assim na conclusão do contrato, como em sua execução, os princípios de probidade e boa-fé.*

O Código de Defesa do Consumidor também consagra especificamente o princípio da boa-fé em seus arts. 4º, III, e 51, IV.

A expansão do princípio da boa-fé pode ser associada à falência do conceitualismo – redução do sistema a conceitos, com recurso simples à lógica formal –, ao fracasso do positivismo legalista exegético – solução de casos concretos com recurso à lei como texto – ou ainda aos óbices da subsunção – passagem mecânica, passiva, do fato à previsão normativa, de modo a integrar a premissa maior do silogismo judiciário – na busca de soluções que a realidade impõe ao Direito. Na procura de uma atividade jurídica criadora e prática, o Direito cria a partir do ordenamento "pensamentos jurídicos gerais" ou "princípios" que irão informar a própria idéia da lei. Esses princípios jurídicos não são nem "proposições jurídicas" (normas), ainda que entendidas de maneira muito ampla, nem "proposições" na acepção da lógica (proposições axiomáticas de que pudessem ser inferidas, por dedução racional, concretas proposições de dever). O princípio jurídico, ao contrário, é descoberto originariamente no caso concreto; só depois se constitui numa fórmula que sintetiza uma

16. Freitas, Augusto Teixeira de. *Esboço do Código Civil*. v. *II*. Brasília: Ministério da Justiça; Universidade de Brasília, 1983, p. 364.

17. Código Civil de 1916. *Art. 1.443. O segurado e o segurador são obrigados a guardar no contrato a mais estrita boa-fé e veracidade, assim a respeito do objeto, como das circunstâncias e declarações a ele concernentes.*

série de pontos de vista que nos casos típicos se revelam adequados. Assim, se o caso é atípico, ou se sobrevêm uma modificação, ainda que mínima, dos critérios culturais de valor que historicamente deram vida ao princípio, a solução do caso pode vir a ser precisamente a contrária. Por outro lado, mesmo depois de descoberto o princípio, o seu desenvolvimento ulterior, na jurisprudência não é simples aplicação, mas um processo de permanente conformação. Para adquirir eficácia prática, o princípio precisa ainda de uma cunhagem judicial ou legislativa, que o transforme em injunção vinculativa, visto que, em regra, o princípio não contém por si próprio essa injunção, por lhe faltar a determinabilidade dos casos de aplicação que caracteriza a proposição jurídica enquanto tal.[18]

Esse rigor jurídico associado à maleabilidade da aplicação definida em última instância em termos culturais e históricos, explica o desabrochar dessa concepção principiológica do Direito e seu desenvolvimento na moderna ciência jurídica.

A idéia de boa-fé como regra de conduta abrange assim em sua concepção totalizante os principais institutos que se desenvolveram nesse século no Direito obrigacional como a responsabilidade pré-contratual, a teoria do abuso de direito, o reconhecimento dos deveres acessórios ou laterais e a tutela da aparência jurídica.[19]

Existem duas acepções de boa-fé ou duas boas-fés no sentido jurídico. A primeira é a boa-fé subjetiva, que os alemães definem como *guter Glauben* (boa crença), e a segunda, a boa-fé objetiva, referida por *Treu und Glauben* (lealdade e crença).

A boa-fé subjetiva ou boa-fé crença, na definição de Fernando Noronha, diz respeito a dados internos, fundamentalmente psicológicos, atinentes ao sujeito. É o estado de ignorância acerca das características da situação jurídica que se apresenta suscetível de conduzir à lesão de direitos de outrem. Na situação de boa-fé subjetiva, uma pessoa acredita ser titular de um direito, que na realidade não tem, porque só existe na aparência. A situação de aparência gera um estado de confiança subjetiva, relativa à estabilidade

18. Larenz, Karl. *Metodologia da Ciência do Direito*. 2. ed. Lisboa: Calouste Gulbekian, 1989, p. 162-3.

19. Noronha, Fernando. *O direito dos contratos e seus princípios fundamentais: autonomia privada, boa-fé, justiça contratual*. São Paulo: Saraiva, 1994, p. 129.

da situação jurídica, que permite ao titular alimentar expectativas, que crê legítimas.[20]

Discute-se na doutrina os elementos que caracterizam a boa-fé subjetiva: se a simples ignorância do interessado acerca da situação jurídica que caracteriza a boa-fé psicológica ou se seria exigível um estado de ignorância desculpável no chamado entendimento ético da boa-fé.

A primeira concepção remonta ao art. 550 do Código Civil francês,[21] que não exige mais do que o simples desconhecimento do fato para a caracterização da boa-fé.

Nessa concepção psicológica, boa-fé contrapõe-se à má-fé, ou seja, a pessoa ignora os fatos, desde que sem incorrer em erro crasso, e está de boa-fé, ou se não ignora, está de má-fé.

Na concepção ética da boa-fé exige-se, para que se possa falar em boa-fé subjetiva, uma ignorância que seja desculpável da situação de lesão do direito alheio. A ignorância seria indesculpável quando a pessoa houvesse desrespeitado deveres de cuidado; ela estaria de má fé mesmo quando se pudesse atribuir-lhe um desconhecimento meramente culposo.[22]

A boa-fé objetiva, que os alemãs definem por *Treu und Glauber* (lealdade e crença), é um dever – dever de agir de acordo com determinados padrões, socialmente recomendados, de correção, lisura e honestidade para não frustrar a confiança da outra parte.

A boa-fé contratual está abrangida de certa maneira pela boa-fé objetiva. Ela traduz-se no dever de cada parte agir de forma a não lesar a confiança da outra parte. Como bem esclarece Karl Larenz, impõe-se em primeiro lugar ao devedor e ao credor mas abrange igualmente outros participantes da relação jurídica:

> [...] tal dever em primeiro lugar dirige-se ao devedor, com o mandado de cumprir a sua obrigação, atendo-se não só à letra, mas também ao espírito da relação obrigacional correspondente...e na forma que o credor possa razoavelmente es-

---

20. Noronha, Fernando, *op. cit.*, p. 132.

21. Code Civil Français art. 550 –. "*Le possesseur est de bonne foi quand il possède comme propiétaire, en vertu d'un titre translatif de propriété dont il ignore les vices. Il cesse d'être de bonne foi du moment où ces vices lui sont connus.*"

22. Noronha, Fernando, *op. cit.*, p. 134.

perar dele. Em segundo lugar dirige-se ao credor, com o mandado de exercer o direito que lhe corresponde, atuando segundo a confiança depositada pela outra parte e a consideração altruísta que essa outra parte possa pretender segundo a classe de vinculação especial existente. Em terceiro lugar dirige-se a todos os participantes da relação jurídica em questão, com o mandado de se conduzirem conforme corresponder em geral ao sentido e à finalidade desta especial vinculação e a uma consciência honrada.[23]

A tutela da confiança que fundamenta a boa-fé está ligada àquele espectro da realidade que não pode ser abarcado pela lei, que não pode a tudo prever e regular. Essa adequação, essa fina sintonia entre a realidade e a norma legislada é realizada pelos princípios gerais de Direito e, particularmente, pela boa-fé. Tal intuição já se encontra presente em Aristóteles, que bem define a idéia de conformação da lei pela eqüidade:

> O que faz surgir o problema é que o eqüitativo é justo, porém não o legalmente justo, e sim uma correção da justiça legal. A razão disto é que toda lei é universal, mas a respeito de certas coisas não é possível fazer uma afirmação universal que seja correta. Nos casos, pois, em que é necessário falar de modo universal, mas não é possível fazê-lo corretamente, a lei considera o caso mais usual, se bem que não ignore a possibilidade de erro. E nem por isso tal modo de proceder deixa de ser correto, pois o erro não está na lei, nem no legislador, mas na natureza da própria coisa, já que os assuntos práticos são dessa espécie por natureza.
>
> Portanto, quando a lei se expressa universalmente e surge um caso que não é abrangido pela declaração universal, é justo, uma vez que o legislador falhou e errou por excesso de simplicidade, corrigir a omissão – em outras palavras, dizer o que o próprio legislador teria dito se estivesse presente, e que teria incluído na lei se tivesse conhecimento do caso.
>
> Por isso o eqüitativo é justo, superior a uma espécie de justiça – não à justiça absoluta, mas ao erro proveniente do caráter absoluto da disposição legal. É essa a natureza do eqüitativo: uma correção da lei quando ela é deficiente em razão da sua universalidade.
>
> Com efeito, **quando uma coisa é indefinida, a regra também é indefinida**, como a régua de chumbo usada para ajustar as molduras lésbicas: a régua não é rígida e adapta-se à forma da pedra."[24]

---

23. Larenz, Karl. *Derecho de obligaciones*. Madri: Revista de Derecho Privado, 1958, p. 148.

24. Aristóteles. *Ética a Nicômaco*. Livro V. São Paulo: Nova Cultural, 1987, p. 336.

A boa-fé contratual definida assim como um processo desdobra-se em diferentes acepções: a função interpretativa da boa-fé, a função integrativa da boa-fé, a função de controle da boa-fé e a resolução dos contratos com fundamento na boa-fé.

b) Função interpretativa da boa-fé

A idéia de que os negócios jurídicos devem ser interpretados de acordo com a boa-fé significa que os contratos e os negócios jurídicos unilaterais devem ser interpretados conforme com o seu sentido objetivo aparente, salvo quando o destinatário conheça a vontade real do declarante, ou quando devesse conhecê-la, se agisse com razoável diligência; quando o sentido objetivo suscite dúvidas, dever-se-á preferir o significado que a boa-fé aponte como o mais razoável.

Visa tal idéia de interpretação amparar a tutela da confiança do destinatário da declaração, bem como assegurar o valor real da aparência, sendo tais elementos essenciais ao intercâmbio de bens e serviços e à segurança das transações.

A segunda acepção da função interpretativa da boa-fé é a que diz respeito à significação a atribuir ao contrato, quando contenha cláusulas ambíguas, isto é, cláusulas cujo próprio sentido objetivo seja duvidoso.

Segundo Fernando Noronha, quando em presença de cláusulas ambíguas deve-se preferir o significado que a boa-fé aponte como o mais razoável. Este autor descreve os meios pelos quais a jurisprudência vem procurando dar conta de tais hipóteses:

a) pela aplicação do princípio da conservação do contrato, pelo qual deve-se escolher sempre, entre os diversos sentidos possíveis, o que assegure a preservação do contrato;
b) pela aplicação do princípio do menor sacrifício, ou seja, pela idéia de que o contrato deve ser interpretado no sentido mais favorável à parte que assume obrigações;
c) pela aplicação do princípio da interpretação contra o predisponente, pelo qual se deve interpretar o contrato sempre no sentido menos

favorável a quem o redigiu, disposição esta particularmente relevante no que se refere aos contratos padronizados e de adesão.[25]

c) Função integrativa da boa-fé

Por função integrativa da boa-fé entende-se a idéia de que os deveres das partes não são, para cada uma, apenas o de realizar a prestação estipulada no contrato ou no negócio jurídico unilateral, eventualmente acrescido de outros deveres previstos pelas partes e ainda dos estabelecidos nas leis, mas que se impõe também a observância de muitos outros deveres de conduta, a partir da análise da obrigação de uma perspectiva sistêmica ou totalizante.[26]

O princípio da boa-fé regula não apenas a interpretação das cláusulas do contrato referida anteriormente mas ainda o reconhecimento desses deveres secundários (não diretamente pactuados) derivados diretamente do princípio, independentemente da vontade manifestada pelas partes, a serem observados durante a fase de formação e de cumprimento da obrigação. São deveres que excedem o dever de prestação. Assim são os laterais de esclarecimento (informações sobre o uso do bem alienado, capacitações e limites), de proteção (evitar situações de perigo), de conservação (coisa recebida para experiência), de lealdade (não exigir o cumprimento de contrato com insuportável perda de equivalência entre as prestações), de cooperação (prática dos atos necessários à realização dos fins plenos visados pela outra parte) etc.

Deste modo, nos contratos onde se caracterizar a superioridade intelectual, econômica ou profissional de uma parte, e principalmente nos contratos de adesão, com suas condições gerais de negócios, deve-se invocar tal idéia de boa-fé para a eventual suspensão da eficácia do primado da autonomia da vontade, a fim de rejeitar-se cláusula violadora ou imposta sem o devido esclarecimento de seus efeitos, principalmente no tocante à isenção de responsabilidade da estipulante ou à limitação de vantagens do aderente.[27]

---

25. Noronha, Fernando, *op. cit.*, p. 155-6.

26. Noronha, Fernando, *op. cit.*, p. 157.

27. Aguiar Júnior, Ruy Rosado. *Extinção dos contratos por inadimplemento do devedor*. Rio de Janeiro: Aide, 1991, p. 246.

Tal criação de deveres jurídicos não expressamente estipulados pelas partes é possível se entendemos o sistema jurídico como uma totalidade sistêmica, normativamente fechado mas cognitivamente aberto.

Gunther Teubner define esse tipo de sistema como autopoiético onde a cláusura normativa autopoiética do sistema jurídico não implica necessariamente uma espécie de autismo sistêmico do mundo jurídico, mas funciona justamente como uma condição de sua abertura aos eventos produzidos no respectivo meio evolvente. O fluxo de eventos extras-sistêmicos estimularia os respectivos processos evolutivos internos de seleção gerando o devir do próprio sistema jurídico, ainda que seu critério de relevância básico continuasse a ser definido, em última instância, pela *autopoiesis* específica de seu próprio sistema, ou seja, pela sua cláusura. Referenciando tal idéia com a noção das cláusulas gerais de Direito, vemos que estas, nessa perspectiva, convertem-se em mecanismos de resolução dos conflitos intersistêmicos. Como preleciona Teubner:

> Um direito funcional de conflitos exige, portanto, mecanismos internos de resolução dos conflitos entre os subsistemas sociais, entre as ordens quasi-jurídicas de esferas sociais semi-autônomas, e entre os vários setores internos do sistema jurídico. Um exemplo paradigmático desses mecanismos podemos encontrá-lo porventura nas conhecidas cláusulas gerais do direito privado ("boa-fé", "interesse público"). Na verdade, ainda que outra tivesse sido a sua intenção originária, o elevado grau de abertura e indeterminação dessas cláusulas torna-as particularmente apropriadas ao tratamento dos conflitos entre esferas sociais autônomas, tendo esta inflexão de função sido já considerada como um exemplo primeiro de materialização do direito privado.[28]

Assim, como interface do sistema jurídico a boa-fé permite o conhecimento de elementos externos não positivados, ou positivados para outro sentido, que se impõem à consideração, modificando a relação jurídica ou alguns de seus preceitos, que são reelaborados ou desconsiderados em função da atuação prevalente do princípio.

Esses deveres laterais de conduta, como acima considerados, podem ser definidos como deveres que, não interessando à obrigação principal, são todavia essenciais ao correto processamento da relação obrigacional em que a prestação

28. Teubner, Gunther. *O Direito como sistema autopoiético*. Lisboa: Calouste Gulbekian, 1993, p. 230.

se integra. São usualmente divididos em deveres de proteção, de esclarecimento e de lealdade. Os primeiros dizem respeito à obrigação das partes de evitar, no curso do fenômeno contratual, que sejam infringidos danos mútuos, nas suas pessoas ou nos seus patrimônios.

Os segundos obrigam as partes, na vigência do contrato, a informarem-se mutuamente de todos os aspectos atinentes ao vínculo, de ocorrências que com ele tenham relação e, ainda, de todos os efeitos que, da execução contratual, possam advir. Os deveres de lealdade obrigam as partes, na pendência contratual, a absterem-se de comportamentos que possam falsear o objetivo do negócio ou desequilibrar o jogo das prestações por elas consignado.[29]

d) Função de controle da boa-fé

A função de controle da boa-fé é limitativa: ela estabelece que o credor, no exercício do seu direito, não pode exceder os limites impostos pela boa-fé, sob pena de proceder antijuridicamente.

O exemplo mais significativo é o da proibição do exercício de resolver o contrato por inadimplemento, ou de suscitar a exceção do contrato não cumprido, quando o cumprimento é insignificante em relação ao contrato total.

Essa idéia do abuso de direito desdobrou-se, doutrinariamente, em duas concepções: a primeira, subjetivista, define que só há abuso de direito quando a pessoa age com a intenção de prejudicar outrem. A segunda, objetivista, estabelece que para que o ato seja abusivo basta que ele tenha o propósito de realizar objetivos diversos daqueles para os quais o direito subjetivo em questão foi preordenado, contrariando o fim do instituto, seu espírito ou finalidade.

A primeira concepção de abuso de direito foi consagrada inicialmente pelo BGB que dispôs em suas regras gerais:

> Exercício de direitos – Interdição da chicana:
> § 226 – Não é permitido exercer um direito quando esse exercício não tem outro fim a não ser causar um prejuízo a outrem.

---

29. Cordeiro, Antonio Manuel da Rocha e Menezes, *op. cit.*, p. 604 e s.

Essa disposição do Direito germânico, a proibição da chicana no exercício de um direito, encontra sua origem no Direito Civil prussiano (Conf. Landrecht, I.6 § 37 I.8 § 27 – art. 826),[30] tendo tido largo emprego em todas as relações contratuais civis.

Paulatinamente, porém, a jurisprudência alemã vai tomando partido pela concepção objetivista do abuso de direito, fundada na boa-fé, e assim, termina por predominar na decisão dos tribunais alemães a doutrina consagrada no § 242 do BGB: *"O devedor está adstrito a realizar a prestação tal como o exija a boa-fé, com consideração pelos costumes do tráfego."*[31]

3. A boa-fé objetiva nos contratos de licença de uso de *software*

A informática trouxe uma verdadeira revolução no que se refere ao conceito de produto para uso e as expectativas que ele gera. Normalmente quando pensamos em um produto nossa expectativa é a que ele simplesmente funcione bem, de acordo com suas especificações técnicas: de um aparelho de CD esperamos que ele reproduza sem ruídos e com alta qualidade sonora os sons previamente gravados em um disco de CD; não esperamos, contudo, que este possa reproduzir sons gravados em disco de 78 rotações ou mesmo em discos de vinil, seus antecessores na reprodução de sons, ou que seja conectável com outros aparelhos como o videocassete ou uma filmadora.

Tudo se altera contudo quando se pensa num *software*. De um *software*, um editor de textos, Microsoft Word 6.0 por exemplo, legitimamente esperamos que este primeiramente possa rodar em qualquer máquina (compatível com IBM-PC, Macintosh etc.), que seja retrooperante, ou seja, que possa reconhecer textos escritos em antigos processadores como o Wordstart 1.0 ou o velho EDIT do DOS; espera-se também que o programa seja compatível com todas as plataformas disponíveis no mercado (OS-2, *Windows*, Apple etc.); espera-se ainda que este possa operar em compatibilidade total com outros aplicativos, sejam

30. Code Civil Allemand. Traduis et annotés par O. de Meulenaere. Paris: Librarie A. Marescq, 1897, p. 62

31. Os "costumes do tráfego" [Verkehsitte], de natureza discutida, são mais do que meros usos, mas menos que Direito consuetudinário.

estes *Microsoft*, *Lotus* etc... Portanto o "passado informático" deve ser perfeitamente ajustável ao programa e sua tutela jurídica é uma expectativa legítima.

Do mesmo modo o presente aguarda tutela. Ao comprar um programa a expectativa é a de que ele não só seja compatível com os padrões de plataforma atuais do mercado mas que também rode nas modificações tecnológicas que estão surgindo. Exige-se o melhor de dois mundos. É legítimo esperar que este programa possa fazer tudo aquilo que a sua propaganda diz que ele realiza e, ao mesmo tempo, que possa conformá-lo e modificá-lo à saciedade para atender às necessidades particulares dos usuários.

Mas os *softwares* estão ficando cada vez maiores, consumindo cada vez mais memória e sobretudo ficando cada vez mais caros; assim, tendo dispendido uma soma considerável na compra de cada um deles é correto esperar que sejam eternamente compatíveis com as novas inovações tecnológicas, que sempre se possa rodar em um futuro e sofisticadíssimo computador os velhos editores de textos, tal como até hoje posso ouvir na vitrola os discos de 78 rotações ou dirigir um antigo Ford modelo T de 1929. Enfim, é legítimo esperar uma conectividade absoluta e duradoura, que o programa seja eterno enquanto dure. Mais do que isso, também é necessário ter um direito de *upgrade* indeterminado. Desde que se compre determinada marca de *software* tem que ser garantido o direito de comprar todas as novas versões, pagando apenas aquilo que constitui a justa retribuição em relação ao valor agregado ao programa (suas novas funções) e não ser obrigado a comprar novamente um produto que de certa maneira já se possui (em versão menos desenvolvida). A tutela legítima do futuro em termos de programa de computador deve abranger ainda todas as funções desempenhadas pelo velho programa que deverão estar disponíveis em sua versão *upgrade*, sendo inadmissível a retirada intempestiva de qualquer de seus atributos.

Do mesmo modo, a minha capacitação pessoal para o uso de determinado programa tem de ser respeitada, uma vez que, certamente, foi gasto muito tempo, dinheiro, e treinamento aprendendo a operar este programa. Assim, a nova versão do programa deve conservar todos os mecanismos e a lógica de funcionamento deste, como um dever lateral de cuidado, de modo a não lesar seus usuários.

Esta é, num pequeno resumo, a expectativa legítima de um usuário quando adentra numa loja de venda de *softwares*. Trata-se de uma profunda e radical revolução no entendimento do que deva ser a tutela de confiança das partes numa relação de consumo; por uma simples razão: um *software* nada mais é do que um conjunto de instruções dadas a uma máquina para a realização da minha vontade, dos meus desígnios. Como bem se expressa Bill Gates:

> Os computadores são maravilhosos porque quando você trabalha com eles obtém resultados imediatos que lhe permitem saber se seu programa funciona. Poucas coisas na vida dão um retorno desses. Foi aí que começou meu fascínio por software. O retorno dado por programas simples é particularmente desprovido de ambigüidade. Até hoje vibro ao pensar que, quando o programa dá certo, ele funciona perfeitamente bem o tempo todo, toda vez que eu uso, do jeito como eu disse para fazer.[32]

Assim, um programa de computador não é um mero objeto de consumo que realiza uma ou algumas funções bem determinadas, mas sim, dependendo do programa, um instrumental para que eu realize virtualmente o que eu quiser, dentro de sua especificidade. É, em suma, o poder da vontade instrumentado e potenciado em uma determinada direção, livre de freios ou ambigüidades.

Deste modo, dada a autonomia de cada indivíduo para regular seus próprios interesses, dentro daquela esfera permitida pelo ordenamento,[33] é legítimo esperar que um programa de computador possa efetivamente ser essa vontade ampliada, potenciada em determinada direção e regida por dada especificidade, vontade esta que não pode deixar de ser tutelada em sua atemporalidade senão quando infrinja os direitos de outrem ou os preceitos legais.

Em regra, no campo do direito privado, na disposição de seus interesses, os homens procuram regulá-los através de acordos que vinculam a relação de ambas as partes em relacionamento: os contratos. É o poder de auto-regulamentação dos próprios interesses e relações, exercidos pelos próprios titulares deles, a ser desempenhado nos limites e com as finalidades assinadas pela função social do contrato.

Porém, tal auto-regulação, dentro da esfera da autonomia privada, encontra severo obstáculo no que se refere aos contratos de licença de uso de *software*

32. Gates, Bill, *op. cit.*, p. 12.

33. *Déclaration des droits de l'homme et du citoyen – 26 août 1789 – art. 4º* – La liberté consiste à pouvoir faire tout qui ne nuit pas à autri; ainsi, l'exercise des droits naturels de chaque homme n'a de bornes que celles qui assurent aux autres membres de la société la jouissance de cês mêmes droits. Ces bornes ne peuvent être déterminées que par la loi.

pela disparidade das condições das partes que se apresentam para contratar. De um lado uma poderosa fabricante de *softwares*, detentora não só de incomensurável poder econômico e de indução do consumo por meio da propaganda, mas também de um poder intelectual sobre a outra parte na medida em que só ela conhece a tecnologia, as vicissitudes e as falhas do programa que será objeto do contrato, características essas que só poderão ser avaliadas parcialmente pelo usuário, necessariamente depois que houver ultimado o contrato. Do outro lado, a parte contratante é, muitas vezes, apenas parcial e deficientemente informada das características do contrato que está por realizar, e não pode nem ao menos comprovar se tal programa atende a suas necessidades, uma vez que estas só se manifestarão em sua inteireza com o decorrer do tempo e o uso do programa.

Está-se portanto diante da clássica situação que impõe a intervenção de normas do ordenamento jurídico de forma a reequilibrar os termos dessa equação, voltando a lei a tratar, no sentido aristotélico, os desiguais como desiguais na medida em que se desigualam, de modo a restabelecer a igualdade substancial que deve reger as relações entre contratantes.

Aqui porém principiam-se os problemas. Teoricamente é sempre possível observar certos fatos da realidade, valorá-los a partir de determinados critérios e a seguir transformá-los em lei, isto é, em norma genérica e abstrata imposta coativamente à obediência de todos. Quanto mais complexa for a situação que se quer valorar mais minudente deverá ser a legislação que a regula. Porém, o direito, ao afirmar-se enquanto realidade objetiva, ao tornar-se lei, deve assumir certas características que o tornam exigível, quais sejam, as da generalidade, abstração e perenidade. Positivado, o Direito regula determinada situação, agora jurídica, e não outra à qual não alude. Perene, tem como pressuposto a manutenção daquela situação básica no tempo.

Tudo se modifica no entanto quando se trata de situações em constante devir, em processo interminável de mutação, que existe hoje mas já se modificará. Para regular essas situações a lei, enquanto previsão de hipóteses faticamente passíveis de acontecer no cotidiano hoje, se apresenta, muitas vezes, como inútil, pois a situação jurídica que pretendeu regular já se transmudou completamente e seus dispositivos restam inoperantes.

Hegel intuiu com maestria essa permanente incapacidade do direito positivo e da ciência jurídica de, simplesmente através de deduções e silogismos, adaptarem-se à constante natureza cambiante dos fatos:

> O que o direito é em si afirma-se na sua existência objetiva, quer dizer, define-se para a consciência pelo pensamento. É conhecido como o que, com justiça, é e vale; é a lei. Tal direito é, segundo esta determinação, o direito positivo em geral.
>
> Nesta identidade do que é em si e do que é afirmado, só tem capacidade jurídica para obrigar o que for lei positiva. Como a realidade positiva constitui o aspecto de existência, nela se pode também inserir a contingência do capricho e outras realidades particulares, e pode, portanto, acontecer que a lei seja, em seu conteúdo, diferente do que é o direito em si.
>
> No direito positivo o que é legal é origem do conhecimento do que é o direito ou, para falar com propriedade, do que é de direito. Deste ponto de vista, a ciência jurídica positiva é uma ciência histórica que tem por princípio a autoridade. O mais que se lhe possa acrescentar são assuntos a tratar pelo intelecto e referem-se à ordem exterior, à coordenação, à coerência e à aplicação. Quando o intelecto se intromete na própria natureza das coisas já sabemos o que ele é capaz de fazer com o seu método de raciocínio motivado, como se pode ver, por exemplo, nas teorias de direito criminal. A ciência positiva tem não só o direito mas também o rigoroso dever de deduzir, dos dados positivos e em todas as minúcias, as formações históricas, bem como as aplicações e complicações das regras jurídicas. É assim que se mostrará a sua lógica interior. Mas não deverá espantar-se, embora se trate de uma questão que é alheia ao seu objeto, que lhe perguntem, após todos os seus raciocínios se uma regra jurídica é racional.[34]

A realidade é assim, como bem esclarece Hegel, insuscetível de ser plenamente apreendida em um regramento positivo, sendo o Direito enquanto realidade imanente, o permanente critério de validade da ordem positiva.

Tal aspecto dessa insuficiência da normatização jurídica na apreensão da realidade cambiante, e particularmente da informática, nos é demonstrado pelo próprio conceito legal de *software*, datado de 1998:

> *Lei nº 9.609/1998:*
>
> *Art 1º. Programa de computador é a expressão de um conjunto organizado de instruções em linguagem natural ou codificada, contida em suporte físico de qual-*

34. Hegel, Georg Wilhem Friedrich. *Princípios da Filosofia do Direito*. Lisboa: Guimarães, 1990, p. 195 e 197-8.

quer natureza, de emprego necessário em máquinas automáticas de tratamento da informação, dispositivos, instrumentos ou equipamentos periféricos, baseados em técnica digital ou análoga, para fazê-los funcionar de modo e para fins determinados.

Como explicamos anteriormente, a inovação tecnológica está alterando essa própria idéia de instruções fixas e determinadas criadas por alguém para que a máquina execute exatamente aquelas instruções predeterminadas. Está se pesquisando programas capazes de executar silogismos: dada a premissa maior e a premissa menor, o computador seria capaz de oferecer a conclusão lógica ao problema, de acordo com dados habitualmente inferidos da forma de utilização do computador e, conseqüentemente, de raciocínio do usuário. Trata-se de uma evidente revolução na teoria do conhecimento das máquinas, a implicar mudanças na própria idéia de propriedade intelectual exclusiva do fabricante. Portanto, em um curto espaço de tempo, de menos de 10 anos, o conceito legal já está totalmente superado pela realidade fática, gerando-se assim uma permanente inadequação da norma legal à situação que pretendia regular.

Como bem lembra Tarcísio Cerqueira:

> Não devemos nos esquecer que estamos legislando sobre uma atividade de intenso dinamismo, que se altera a cada semana e a cada dia – e quanto mais para o futuro caminhamos maior a velocidade das mudanças. Se fôssemos legislar sobre o software há dez anos atrás (quando se media a produtividade de um programador pela quantidade de linhas de programas produzidas – o que consideramos hoje um absurdo) a realidade certamente seria outra e, conseqüentemente, nossa lei estaria desatualizada. E seria mais uma lei a não ser obedecida.[35]

Logo, em se tratando de regulamentação jurídica dos negócios de informática e particularmente de contrato de licença de uso de *software*, devemos renunciar àquela procura de um conceitualismo estéril e passarmos a adotar para a regulação desses institutos cláusulas gerais capazes de dar conta da complexidade e da mutação dessas relações jurídicas.

A relação obrigacional decorrente dos contratos de licença de uso de *software* deve ser entendida, segundo os ditames da boa-fé objetiva, como um processo que possui várias fases: uma fase preliminar ou pré-contratual, de negociações preliminares e de declaração de oferta; uma fase posterior, de execução

35. Cerqueira, Tarcísio Queiroz, *op. cit.*, p. 56.

contratual e ainda uma fase pós-contratual, de deveres suscitados após o término do contrato.

Em todas essas fases os contraentes ou em expectativa de contratar devem agir com correção e lealdade em relação à contraparte, de modo a não frustrar a sua confiança.

Na fase ainda pré-contratual, das negociações preliminares, os candidatos a contraentes devem agir com lealdade recíproca, fornecendo as informações necessárias, evitando criar expectativas que sabem destinadas ao fracasso, impedindo a revelação dos dados obtidos em confiança, não realizando rupturas abruptas e inesperadas das conversações etc.[36]

São, de modo geral, escassas as negociações preliminares em tema de contratos de licença de uso de *software*, por predominarem no âmbito desses os contratos pré-impressos e por adesão. Entretanto, no que se refere aos contratos de desenvolvimento de sistemas por encomendas, incide toda a força dessas regras, particularmente no que se refere à tutela de expectativas geradas nas negociações ou do dever de não revelação de dados obtidos em confiança. Violados estes deveres, configura-se a responsabilidade extracontratual.

A fase das negociações importa também em deveres de colaboração como o de bem informar o contraente sobre o conteúdo do contrato e o de proteção, não abusando da outra parte.

O dever de informação e proteção da outra parte é particularmente significativo nas negociações para contratação de programas de computador, porque, o mais das vezes, implica uma paralisação dos investimentos do usuário ou da empresa em informática durante a escolha do *software*. Além disso, acarreta um investimento em treinamento prévio daquelas pessoas que deverão operar imediatamente o *software*.

Portanto, se a empresa fornecedora chega à conclusão que seu *software* não atende às necessidades do usuário ou ainda possui rotinas incompatíveis com a metodologia de trabalho adotada por este, deve encerrar de pronto as negociações, dada a inutilidade do prosseguimento.

Do mesmo modo o fornecedor deve ter a lealdade de informar ao usuário a existência de *bugs* (erros) que possam comprometer o desenvolvimento

36. Azevedo, Antonio Junqueira de. *Estudos e pareceres de direito privado*. São Paulo: Saraiva, 2004, p. 176-7.

de rotinas específicas do programa de interesse do usuário. Um programa de computador é um produto sofisticado, o que aumenta, pela conduta de boa-fé, a responsabilidade do fornecedor, dada a sua especialidade profissional e sua natural ascendência sobre o consumidor. Seu dever de informar deverá então abranger o esclarecimento, o aconselhamento e a advertência.

Tema relevante no direito de informação é o da publicidade, que deve conter dados fáticos, técnicos e científicos que dêem sustentação à mensagem e, principalmente, não pode ser enganosa (art. 37 do Código de Defesa do Consumidor).

As obrigações da fase contratual não se limitam à prestação principal mas abrangem toda uma série de deveres acessórios – quando a boa-fé serve para interpretar, completar ou corrigir o contrato – e mesmo na fase pós-contratual quando subsistem ainda deveres *post pactum finitum*, dentre eles o de destruir as cópias ainda porventura em poder do usuário depois de findo o contrato de licença de uso de *software*.

Os contratos de *software* assumem com freqüência a modalidade de contratos de adesão, nos quais, em geral, falta o princípio da igualdade econômica. Neste tipo de contrato uma das partes fixa todas as cláusulas e a outra pode ou não aderir sem ter oportunidade de formular uma contra-oferta e, em certas ocasiões, de rejeitá-las.

A situação de desigualdade entre as partes, característica dos contratos de adesão, se agrava nesses contratos porque o cliente, por ignorar a técnica da informática, não pode estabelecer um juízo de valor sobre o produto ou serviço que se propõe. Por outro lado, do ponto de vista econômico, sua situação não lhe permite, muitas vezes, resistir à pressão dos provedores.

Portanto, ao dever de informação pré-contratual, visto anteriormente, agrega-se na fase contratual a obrigação de fornecer informações sobre a adequação e qualidades dos produtos vendidos, assim como as possibilidades de ampliação dos mesmos.

No que se refere às garantias de funcionamento e performance outorgadas pelo provedor, as típicas cláusulas dos contratos pré-impressos a limitam a uma obrigação de levar a cabo os melhores esforços para corrigir qualquer falha identificada.

Interpretada segundo o dever de conduta reta e leal imposto pela boa-fé, esta obrigação deve ser entendida como se ajustando às especificações funcionais, de rendimento e cumprimento dos tempos declarados pelo provedor. Não cumpridos estes, o provedor é obrigado a trocar o produto ou a resolver a obrigação.

O período de garantia, se diminuto, deve ser reinterpretado elasticamente de modo a abranger um período razoável de teste por parte do usuário (em geral, 90 dias). Neste período correm por conta do fabricante todas as despesas de manutenção de operatividade do *software*, inclusive aquelas requeridas por modificações para corrigir erros que afetem as ditas operações.

No que se refere aos aperfeiçoamentos e fornecimentos gratuitos pelo fabricante de arquivos e novas configurações de programa, deve-se, igualmente, interpretar a cláusula concessiva destes como abrangendo todas as ofertas concedidas a futuros usuários, ainda que em caráter promocional especial.

A função integrativa da boa-fé é uma das mais relevantes no que diz respeito à observância de certos deveres de lealdade que, embora não expressamente previstos pelas partes no contrato, devem ser observados dentro da idéia de confiança e cooperação que impõe a prática por cada uma das partes dos atos necessários à realização plena dos fins visados pela outra parte.

Desse modo, uma conduta reta e leal segundo os ditames da boa-fé objetiva impõe ao fabricante de um *software* o dever de assegurar a compatibilidade deste com todas as antigas versões de seu produto e mesmo com as antigas versões dos principais produtos concorrentes no seu segmento de mercado, de maneira que o usuário tenha garantido, a qualquer tempo o uso de trabalhos realizados em seus antigos programas.

Da mesma forma, a função integrativa da boa-fé dita a este fabricante o dever lateral de assegurar que seu programa possa rodar em qualquer máquina e sob qualquer plataforma hoje existente no mercado, pois a compatibilidade dos programas de computador é uma necessidade para qualquer uso profissional de um *software*.

O dever de lealdade obriga também que em situações de transição entre modelos de plataformas hegemônicos no mercado, um novo *software* só seja lançado se puder se compatibilizar com ambos os modelos. É o dever que incumbe ao fabricante de não submeter desnecessariamente os clientes a "atrasos tecnológicos".

O direito ao *upgrade* do programa também se insere na modalidade de um dever lateral de conduta, mesmo que não expressamente previsto. O fabricante deve, agindo de boa-fé, assegurar a cada usuário o direito de comprar todas as novas versões do programa, pagando apenas o valor do produto novo que foi agregado a este.

Aqui o princípio da boa-fé mescla-se com a justiça contratual. O direito de comprar a nova versão pagando apenas o justo preço do seu incremento é um princípio de justiça contratual: não basta que haja uma pequena diferença de preço entre o programa *full* e o programa *upgrade,* mas sim que o segundo seja efetivamente vendido aos seus já usuários pelo justo valor do seu incremento, do contrário estes estariam adquirindo de novo um produto que já teriam comprado.

O dever lateral de conservação estabelecido pela boa-fé impõe também que o novo programa observe os mecanismos e a lógica de funcionamento do antigo, de modo a assegurar a conservação do treinamento dispendido pelo cliente para o manejo do programa.

Resultam desses fatos que, num contrato de licença de uso de *software,* os deveres acessórios possam ser mais complexos e mais cogentes que a própria prestação principal. Isso deriva da natureza especial da relação jurídica criada, uma relação de fornecimento de um produto que nada mais é que uma potencialização da vontade do usuário empregada em uma dada finalidade.

A função de controle da boa-fé é limitativa: ela estabelece que o credor, no exercício do seu direito, não pode exceder os limites impostos pela boa-fé, sob pena de proceder antijuridicamente. Essa função de controle da boa-fé tem especial relevância no que se refere à invalidade das cláusulas abusivas.

Nos contratos de licença de uso de *software* a concentração do poder de negociação em uma das partes contratantes, como sucede nos contratos de adesão leva ao abuso, especialmente quando o empresário aproveita seu domínio negocial para exonerar-se de responsabilidades ou limitar suas conseqüências, para atenuar suas obrigações ou facilitar a execução a seu encargo, ou, da perspectiva do consumidor, para agravar desmesuradamente sua carga, acentuar seus deveres, estabelecer prazos estrangulantes, inverter o ônus do encargo probatório; enfim desequilibrar o princípio da reciprocidade das estipulações, de tal sorte a acumular vantagens em seu favor e simultaneamente desvantagens nas prestações do cliente.

Entre as cláusulas abusivas mais freqüentes nos contratos de licença de uso de *software*, que a função de controle da boa-fé reputa como não escritas, estão as cláusulas limitativas da responsabilidade, os pactos de garantia e as disposições sobre a lei aplicável.

A obrigação de reparar o dano resultante do inadimplemento contratual nasce do nexo causal entre o dano e o inadimplemento do contrato. Porém, sucede muitas vezes em contratos de *software* que o fornecedor intente liberar-se antecipadamente dos danos que resultam para o co-contratante de seu inadimplemento. Estabelece-se então cláusulas que limitam antecipadamente a responsabilidade que deve assumir o inadimplente.

A limitação da responsabilidade deve ser entendida em sentido amplo: abrangendo as das causas de atribuição de responsabilidades e as de fato resultantes. Incluem-se assim a inversão do ônus da prova para o credor, a limitação do patrimônio garante da obrigação do devedor, a limitação do tempo de prescrição ou de caducidade da ação para exigir a responsabilidade etc.

Embora tais cláusulas limitativas expressas conflitem com o disposto no art. 186 do Código Civil, a função de controle da boa-fé persiste em sua aplicabilidade quando o caso de limitação de responsabilidade é mais dúbio.

Tal solução não discrepa da prevista em outros ordenamentos que também prevêem a desconsideração dessas cláusulas com base na boa-fé:

> *La excusa de culpa grave, por otra parte, significa un ataque direto al princípio de la buena fe, que es indispensable en el cumplimiento de las obligaciones: no se concilia con dicho principio, permitir que desde el comienzo se tenga por liberado al deudor de su propria responsabilidad.*[37]

Os pactos de garantia são aquelas cláusulas mediante as quais, não obstante a existência de caso fortuito ou força maior, o devedor não se exonera das conseqüências de seu inadimplemento.

A idéia de controle ínsita no cumprimento de boa-fé da obrigação impede que nestes casos o princípio da autonomia da vontade justifique a ruptura de

37. Cazeaux, Pedro N.; Represas, Félix A. Trigo. *Derecho de las obligaciones*. t. 1., Buenos Aires: Ediciones Platense, 1979, p. 285.

um dos pilares fundamentais do sistema ressarcitório: a eximição da responsabilidade quando a inexecução, por ser atribuível a um caso fortuito, não se acha juridicamente vinculada à conduta do devedor pelo nexo de causalidade adequado.

Devem ser consideradas também, à luz das proibições impostas pela função de controle da boa-fé as cláusulas que estabelecem a aplicabilidade da lei do país do contratante predisponente em contratação internacional. Deve ser aplicável a lei do país onde se dá o cumprimento substancial do contrato e não necessariamente a do país do contratante predisponente.

A função de controle da boa-fé exige ainda que no cumprimento do contrato sejam observadas as práticas reiteradas efetuadas pelos contratantes, em detrimento da forma literal pela qual se expressaram no contrato.

4. Conclusão

A globalização das economias e a interconectividade resultante do grande desenvolvimento de uma rede planetária de computadores e a mudança vertiginosa na tecnologia desses equipamentos e nas relações jurídicas dos negócios de informática trouxeram novos e prementes desafios à ciência do Direito.

Um mundo em permanente devir não se coaduna facilmente com a imposição de regras imutáveis, feitas para fixar a generalidade e perenidade das relações que interessam ao direito. A velocidade das transformações cedo deixa sem sentido os preceitos jurídicos, tornando obsoleto aquilo que ontem parecia tão revolucionário.

Como não se pode renunciar à regulação dessas relações sociais, sob pena de se aguçar os conflitos intersetoriais, deve o direito buscar em preceitos gerais, abertos o bastante para abarcar a realidade cambiante, a solução para a resolução desses novos problemas.

Assim, na disciplina dessas modernas relações de consumo de massas que são os contratos de licença de uso de *software*, mais do que procurarmos a pureza analítica das definições perpétuas, das ontológicas naturezas jurídicas, devemos procurar o regramento aberto, totalizante, que integrado a uma jurisprudência construtivista possa dar efetiva proteção e tutela às partes em conflito.

Nessa idéia global se insere a importância da noção de boa-fé objetiva para a interpretação, modificação, controle e mesmo para a resolução dos contratos de licença de uso de *software*.

A noção aberta de boa-fé, de iminente sentido historicista e juscultural, é capaz de englobar em sua simplicidade totalizadora a enorme complexidade e mutabilidade pelas quais se revestem esses contratos. Também ela pode, como ficou explicitado no texto, se devidamente trabalhada pela jurisprudência, dar conta das necessidades transtemporais de uso dos programas de computador, assegurando efetivamente a tutela das expectativas e da confiança dos usuários.

Trata-se portanto de um campo negocial novo que se abre na senda do mundo jurídico e que, por sua diversidade e mutabilidade ontológica, só pode ser devidamente regulado e equacionado com o auxílio de princípios gerais de Direito.

5. Bibliografia

Aguiar Júnior, Ruy Rosado. *Extinção dos contratos por inadimplemento do devedor*. Rio de Janeiro: Aide, 1991.

Aristóteles. *Ética a Nicômaco. Livro V. 10.* São Paulo: Nova Cultural, 1987.

Azevedo, Antonio Junqueira de. *Estudos e pareceres de direito privado*. São Paulo: Saraiva, 2004.

Cazeaux, Pedro N.; Represas, Félix A. Trigo. *Derecho de las obligaciones. t. 1.* Buenos Aires: Platense, 1979.

Cerqueira, Tarcísio Queiroz. *Software: direito autoral e contratos.* Rio de Janeiro: Fotomática; Polar, 1993.

Cordeiro, Antonio Manuel da Rocha e Menezes. *Da boa-fé no direito civil. v. I.* Coimbra: Almedina, 1984.

Correa, Carlos M. *et alii*. *Derecho informático*. Buenos Aires: Depalma, 1994.

Freitas, Augusto Teixeira de. *Esboço do Código Civil. v. II.* Brasília: Ministério da Justiça; UnB, 1983.

Gates, Bill. *A Estrada para o futuro.* São Paulo: Companhia das Letras, 1995.

Hegel, Georg Wilhem Friedrich. *Princípios da filosofia do Direito.* Lisboa: Guimarães, 1990.

Larenz, Karl. *Metodologia da Ciência do Direito*. 2. ed. Lisboa: Calouste Gulbekian, 1989.

____. *Derecho de obligaciones*. Madri: Revista de Derecho Privado, 1958.

Noronha, Fernando. *O Direito dos Contratos e seus princípios fundamentais: autonomia privada, boa-fé, justiça contratual*. São Paulo: Saraiva, 1994.

Teubner, Gunther. *O Direito como sistema autopoiético*. Lisboa: Calouste Gulbekian, 1993.

9

A boa-fé objetiva no Anteprojeto do Código Europeu de Contratos

Sumário: Introdução: O Anteprojeto do Código Europeu dos Contratos. 1. A evolução do conceito de boa-fé objetiva na Europa. 2. A boa-fé objetiva no Anteprojeto do Código Europeu dos Contratos. 3. A boa-fé objetiva nas disposições preliminares. 4. A boa-fé objetiva na formação dos contratos. 5. A boa-fé objetiva no conteúdo dos contratos. 6. A boa-fé objetiva na interpretação dos contratos. 7. A boa-fé objetiva no não cumprimento dos contratos. 8. Conclusão. 9. Bibliografia.

Introdução: O Anteprojeto do Código Europeu dos Contratos

Em 1986 os Estados-membros da Comunidade Européia decidiram, como perspectiva, estabelecer, até o final do ano de 1992, aquilo que eles denominaram "o grande mercado interno" europeu. Para dar consecução a este desiderato, decidiram adotar diversas medidas, dentre elas, iniciar a feitura de um Código Europeu de Contratos que, mediante a utilização rigorosa do método do Direito Comparado, pudesse realizar o esforço de integração dos distintos direitos nacionais, buscando sintetizar uma tradição comum que razoavelmente permitisse aplicar os dispositivos do Código a todos estes ordenamentos.

Para tanto, um importante colóquio, longamente preparado, celebrou-se em Pavia em outubro de 1990. Os participantes, na sua imensa maioria prestigiosos professores de Direito, vindos de todos os países-membros, preocupados em acompanhar a realização da vasta empresa econômico-política acima referida, propuseram-se a debater a respeito da utilidade e da viabilidade eventual de uma codificação européia dos contratos. Tendo chegado, quanto a essas duas assertivas, a respostas unanimemente afirmativas, formularam o desejo de ver criar-se um organismo estável no qual poderiam consagrar-se à necessariamente longuíssima aplicação do projeto: em 9 de novembro de 1992, nasce a Academia de Jusprivatistas Europeus de Pavia.

Os membros fundadores foram os professores Trabucchi (Pádua), Guiseppe Gandolfi (Pavia), Franz Wieacker (Göttingen), Tunc (Paris), José Luis de los Mozos (Valladolid), Stein (Cambridge) e A. Brancaccio, primeiro presidente da Corte de Cassação italiana. Contando atualmente com mais de oitenta membros ativos, universitários e magistrados, além de cidadãos de países estrangeiros à União Européia, a Academia realiza duas sessões anuais.

Inicialmente, a Academia preocupou-se com o método e com o conteúdo. Tomando como esquemas básicos dois documentos existentes: o Livro IV (Obrigações e contratos) do Código Civil italiano, e o "Contract Code" redigido pelo professor Harvey Mc Gregor, professor da Universidade de Oxford, para a *Law commission* do Parlamento britânico,[1] adotou, para o desenrolar dos trabalhos e a redação do projeto, a língua francesa, tipicamente europeu-comunitária, e o inglês, que apresenta antes um caráter intercontinental, e previu todas as traduções eventualmente exigidas pela pluralidade dos seus membros.

Seguidamente, abordando o tema principal, renunciou ao enunciado de princípios, cujo alcance, às vezes tão vasto quanto indeterminado, é realmente um obstáculo à unificação efetiva, de tal modo as deduções e aplicação revelam-se ulteriormente tributários das mentalidades e tradições nacionais, mesmo

1. O *Contract Code*, realizado após mais de seis anos de consultas de McGregor junto da *Law Commission* inglesa e escocesa e integrado num programa de codificação adoptado pela *Law Commission* como prioridade desde a sua criação em 1965 pelo Parlamento britânico, acabou por não ter continuação, e o seu autor termina por retirá-lo, quando, segundo ele, os redatores parlamentares lhe tinham modificado de tal modo a letra e o espírito, que este se tornara um desconhecido a seus olhos. O Código, para permitir o seu uso pelo grupo de Pavia, foi, assim, publicado pela primeira vez em 1993, numa coleção científica da Universidade de Pavia.

supondo-se que as próprias formulações não foram tornadas *ab ovo* impossíveis pelos pressupostos conceituais diferentes.

Atendo-se ao contrato, figura conhecida e difundida por toda a parte, a Academia preferiu, pois, perseguir um objetivo de unificação pelas soluções: propor regras portadoras de saídas práticas e homogêneas, largamente extraídas do fundo comum romanista, abertas também às sugestões anglo-saxãs, e velar para não sair da matéria concreta e delimitada, objeto estrito do seu trabalho.

Deste esforço doutrinário surge em 2003, em versão finalística, o Anteprojeto do Código Europeu dos Contratos – Livro I – versando sobre a parte geral das obrigações e contratos, com 173 artigos, tratando de temas diversos como formação, interpretação e execução do contrato, cessão do contrato, extinção do contrato e das relações que dela nascem, anomalias do contrato e seus remédios etc.

O espírito do Anteprojeto – Livro I não é o de entrar nos programas de ensino das universidades ou no Direito Positivo de cada membro da União Européia, mas sim o de servir como instrumento de realização dos interesses das partes contratantes nos negócios realizados. Observa-se, a esse respeito, a relativização de oposições tradicionais rígidas: a da validade/nulidade, transcendida por diversos métodos de regularização (validação parcial, conversão, alteração, redução à eqüidade do contrato rescindível, renegociação do contrato que se tornou excessivamente oneroso); a da execução/inexecução, pelas vias previstas para chegar à satisfação do credor (caráter excepcional da reparação de valor) tomando em consideração as dificuldades do devedor (clássica prorrogação de termo, mas também reparação ou substituição da coisa, substituição de outro *solvens*).

A intenção de garantir a eficiência do contrato explica ainda a presença, como necessidade, de definições e exemplos, ou a interpretação deduzida do sentido literal das cláusulas, salvo a retenção do sentido técnico nas relações entre profissionais. Além disso, se foram abordadas as dificuldades que serão sempre consubstanciais à matéria (citemos a anulabilidade dos atos dos incapazes, a obrigação sem causa, a desvalorização monetária, a ocorrência de acontecimentos externos imprevisíveis, a causalidade), também se deu lugar ao comércio eletrônico ou à *lettre de patronage*.

Neste sentido, o Anteprojeto acolhe modificações inovadoras que, em muito, poderão dinamizar a economia dos contratos no cenário europeu. O presente artigo propõe-se a examinar como o Anteprojeto acolhe a boa-fé e quais as percucientes soluções que este preconiza para o desenvolvimento conceitual desse fundamental instituto do Direito Privado.

1. A evolução do conceito de boa-fé objetiva na Europa

A boa-fé assume relevância na prática jurídica européia a partir das transformações advindas da Revolução Industrial, que estabelecem um novo padrão frenético de realização das transações civis e comerciais. Tal frenesi obriga os contraentes a se relacionarem, cada vez mais, dentro de estreitas relações de confiança e lealdade, dada a multiplicidade de operações a realizar num mundo em incessante mudança.

Assim, impunha-se que além das disposições expressas do contrato, tal como disposto no Código napoleônico, também fosse tutelada a confiança legítima das partes no regular cumprimento do contrato.

Essa nova mentalidade expressa-se sobretudo na Alemanha a partir da jurisprudência dos Tribunais Comerciais, e, particularmente, do *Oberappellationsgericht zu Lübeck* (OAG Lübeck), tribunal superior de apelação comercial criado em Lübeck em 1815 por quatro cidades livres do Ocidente alemão – Lübeck, Hamburgo, Bremen e Frankfurt – por força do incremento das necessidades comerciais e com jurisdição sobre as cidades em causa.

Segundo Menezes Cordeiro, ainda que num estágio embrionário, denota-se já a presença dos vetores futuros da evolução do conceito: o exercício inadmissível de posições jurídicas, a interpretação objetiva e os deveres de comportamento no tráfego. Tudo isso traduzia a vitalidade do fator germânico da tradição romanística, o poder juscriativo das necessidades reais e um certo desapego jurisprudencial perante a doutrina, dadas as insuficiências desta.

O BGB (*Bügerliches Gesetzbuch*), em vigor a partir de 1900, consagra o novo princípio em seus §§ 157 e 242.[2] O Código Civil suíço, vigente a partir de 1912, estabelece, em seu art. 2º, que todos estão obrigados a exercer seus direitos e executar suas obrigações de boa-fé. O Código Civil italiano de 1942, prevê em seu art. 1.175, que o devedor e credor devem se comportar segundo a regra da correção. E, no que pertine ao contrato (art. 1.337), dispôs que as partes, no desenvolvimento das tratativas e na formação do contrato devem se comportar segundo a boa-fé. Do mesmo modo, o Código Civil português de 1966 previu que quem negocia com outrem para conclusão de um contrato deve, tanto nas preliminares como na formação dele, proceder segundo as regras da boa-fé e que no cumprimento da obrigação, assim como no exercício do direito correspondente, devem as partes proceder de boa-fé. Igualmente o título preliminar do Código Civil espanhol, pioneiramente, preceituou que os direitos devem se exercitar conforme os ditados da boa-fé.

A esta nova noção de boa-fé objetiva passa a corresponder um novo conceito de obrigação. A obrigação jurídica, no seu sentido clássico conferido pelos autores do século XIX, pode ser concebida, no dizer de Savigny, como "a dominação sobre uma pessoa estranha, não sobre toda a pessoa (pois que isto importaria em absorção da personalidade), mas sobre atos isolados, que seriam considerados como restrição à sua liberdade sobre os mesmos e sujeição à nossa vontade."[3]

Da definição, ressalta-se o domínio sobre os atos ou a liberdade do devedor em relação a estes, de modo que não pode ele mais praticá-los de forma livre e indeterminada, mas sim, sujeitando-se à vontade do credor. A sujeição

---

2. *"§ 242 – O devedor está adstrito a realizar a prestação tal como o exija a boa fé, com consideração pelos costumes do tráfego."*
§ 157 – Os contratos interpretam-se como o exija a boa fé, com consideração pelos costumes do tráfego."

3. *"L'idée de obligation a déjà été établie ailleurs (a) de la manière suivante: Elle consiste dans la domination sur une personne étrangère; non pas, cependant, sur la personne tout entière (car elle aurait pour résultat l'absorption de la personnalité même), mais sur des actes isolés, qu'il faut considérer comme une restriction à sa liberte et un assujettissement à notre volonté. Le développement de cette idée doit porter, en partie sur les personnes qui figurent dans l'obligation, en partie sur les actes auxquels l'obligation s'applique."* Savigny, Friedrich Karl von. *Le Droit des Obligations*. t. 1. Paris: Auguste Durand Libraire-Éditeur, 1863, p. 16-7.

do devedor e o seu concreto objeto (a prática do ato), a prestação, passa a ser o cerne da relação obrigacional,[4] ao contrário do sentido romano, que previa uma obrigação de natureza compromissória e fiduciária.[5]

Sendo a prestação – de dar, de fazer ou de não fazer – a finalidade precípua da obrigação, os direitos do credor estariam previamente delimitados e seriam os que decorrem da natureza do crédito: a) o de exigir a execução forçada; b) o direito de exigir uma indenização no caso de inexecução; c) o direito de exercer medidas assecuratórias do patrimônio do devedor, considerado como garantia

---

4. *"Dans toute obligation nous trouvons deux personnes placées dans un rapport d'inegalité l'une vis à vis de l'autre. D'un côté nous voyons la liberté personnelle étendue au-delà de ses limites naturelles, comme domination sur une personne étrangère; de l'autre côté, nous voyons la liberté naturelle restreinte, comme un état d'assujettissement et de contrainte (b). Nous pouvons envisager ces états opposés des personnes, parties dans l'obligation, comme deux activités distinctes, dont l'une consiste dans la prestation du débiteur et l'autre dans la coërcition (l'action) que peut employer le créancier. Cependant dans cette conception, c'est l'activité du débiteur qui doit être considérée comme le point capital, comme l'essence propre de l'obligation, et celle du créancier comme l'accessoire. Car dans l'obligation comme dans tout rapport de droit en général, l'état normal et naturel consiste dans la reconnaîssance et l'exécution volontaire du droit, tandis que la lutte contre une résistance injuste (la coërcition, l'action) ne peut être considérée que comme le redressement d'un état anormal (c). C'est ainsi que le caractère essentiel de la propriété consiste avant tout dans la domination illimitée et exclusive de la personne sur la chose, et c'est un simple accident, lorsque cette domination se manifeste sous la forme de la revendication exercée contre un usurpateur." Savigny, Friedrich Karl von. Le Droit des Obligations. t. 1. Op. cit. 3, p. 17-18.*

5. Os juristas clássicos têm muito clara a idéia de que o simples acordo das partes, a *conventio*, não é suficiente para que surja o contrato e, por conseguinte, o vínculo obrigatório; junto com o acordo deve existir a causa, quer dizer, é preciso que a vontade acordada das partes se ordene ao ato de troca, ao qual se vinculam determinados efeitos jurídicos e conseqüências concretas.

Assim, a noção romana de *contractus* não guarda relação com a idéia moderna. Com o termo *contractus*, os juristas clássicos designam não uma situação subjetiva plúrima fundada na vontade e na liberdade de estipulação, mas sim uma realidade objetiva na qual as manifestações de vontade de dois ou mais sujeitos que tendem a um mesmo fim devem amoldar-se a um estalão fixado de forma taxativa pelo *ius civile* e encaminhado a constituir entre os manifestantes uma relação de *obligatio*.

Ao contrário, concebendo a realidade do Direito como estando *in re*, os romanos descrevem tal natureza, ou seja, o regime do *negotium*: este dependerá de cada tipo de negócio. No *mutuum*, empréstimo entre vizinhos ou amigos, deve-se restituir o mútuo excluindo o recebimento de qualquer interesse. A convenção não tem neste nenhum papel: não pode modificá-lo. É simplesmente a justiça objetiva, dita comutativa, que o estabelece assim em razão da natureza do contrato. Mesmo nos contratos "consensuais" o efeito do contrato é função da natureza de cada negócio: se o vendedor deve dar garantias contra os vícios da coisa vendida não é por que as partes assim o tenham previsto, nem porque assim convencionaram. É o justo equilíbrio nas prestações recíprocas que o impõe, aquilo que o jurista romano persegue.

do seu crédito.[6] Assim, a obrigação, segundo esta orientação clássica, apresentava uma única finalidade: a prestação, concebida como um único dever principal, seja a realização ou abstenção de um fato, seja a dação de uma coisa.[7]

Tal concepção unívoca de obrigação possuía por fontes a lei e o contrato. A primeira era concebida como um ato assecuratório da igualdade de todos, sendo, por natureza, geral e impessoal, fruto da vontade geral.[8] Uma dialética abstrato-geral, de um lado, e concreto-individual, do outro, constituía o modo

6. *"L'obligation, ou droit personnel, est un rapport juridique qui assigne, à une ou à plusieurs personnes, la position de débiteurs, vis-à-vis d'une ou de plusieurs autres, qui jouent le rôle de créanciers et envers lesquelles elles son tenues à une prestation positive (obligation de donner ou de faire) ou négative (obligation de ne pas faire): envisagée du côté du créancier, l'obligation est une créance; considérée du côté du debiteur, elle est une dette. Parfois, l'obligation est envisagée uniquement sous ce second aspect; on dira, en ce sens, que telle personne est tenue de telles obligations envers telle autre". Josserand, Louis. Cours de Droit Civil Positif Français. 3. ed. 2º v. Paris: Sirey, 1938, p. 2.*

7. *"La qualification que nous donnons aux actes, d'actes isolés, ne doit pas être entendue en ce sens littéral que, dans tous les cas, chaque obligation doive nécessairement se restreindre à un acte unique; tout au contraire, l'obligation peut porter sur plusieurs actes isolés, voire même sur un ensemble d'actes tels qu'ils représentent une activité continue et collective. Encore doivent-ils toujours, dans leur rapport avec le cercle de la liberté complète du débiteur, apparaître comme un minimum; car, c'est cette situation seule qui nous amène à concevoir l'assujettissement résultant de l'obligation, sans que la personnalité même du débiteur soit absorbée. Or cette nature des actes susceptibles de faire l'objet de l'obligaiton peut être établie par deux sortes de caractères, souvent liées l'une à l'autre: d'abord par leur étendue; car, en fait, la plupart des obligations portent sur des actes complétement isolés et transitoires, par exemple, celui de payer une somme d'argent; ensuite par leur durée, car le plus souvent l'accomplissement de l'obligation entraîne son extinction instantanée, et dans ces deux cas il est évident que l'obligation ne saurait avoir pour but final d'assujettir la personne, mais seulement d'assurer l'exécution en provoquant son activité. Et même dans le cas plus rares où l'obligation s'applique à des actes continus d'une durée indéterminée, comme dans le mandat et la societé, on a pris soin, en établissant la faculté de renonciation, de maintenir l'idée naturelle que nous nous sommes faite des actes obligatoires." Savigny, Friedrich Karl von. Le Droit des Obligations. t. 1, op. cit., 3, p. 18-19.*

8. "Quando todo o povo estatui algo para todo o povo, só considera a si mesmo e, caso se estabeleça então uma relação, será entre todo o objeto sob um certo ponto de vista e todo o objeto sob um outro ponto de vista, sem qualquer divisão do todo. Então, a matéria sobre a qual se estatui é geral como a vontade que a estatui. A esse ato dou o nome de lei. Quando digo que o objeto das leis é sempre geral, por isso entendo que a Lei considera os súditos como corpo e as ações como abstratas, e jamais um homem como indivíduo ou uma ação particular.
(...) Baseando-se nessa idéia, vê-se logo que não se deve mais perguntar a quem cabe fazer as leis, pois são atos da vontade geral, nem se o príncipe está acima das leis, visto que é membro do Estado; ou se a Lei poderá ser injusta, pois ninguém é injusto consigo mesmo, ou como se pode ser livre e estar sujeito às leis, desde que estas não passam de registros de nossas vontades." Rousseau, Jean-Jacques. *Do contrato social*. São Paulo: Abril Cultural, 1973, p. 60-1.

específico de realização e de garantia da liberdade no Estado de Direito. Era esta dialética que proporcionava segurança à liberdade ou, numa terminologia moderna, tornava a liberdade mensurável. Concebia-se que as intervenções na liberdade e na propriedade somente poderiam ser realizadas se fundadas nesse caráter legal de generalidade e abstração.

Por outro lado, a esfera de atuação dos particulares era regulada pela idéia de autonomia da vontade expressa no contrato. A concepção de vínculo contratual centrava-se na idéia de valor da vontade, como elemento principal, como fonte única, para o nascimento de direitos e obrigações oriundos da relação jurídica contratual.

Como se depreende da definição de contrato de Savigny: "Contrato é o acordo de mais de um indivíduo sobre uma manifestação comum de vontade destinada a reger suas relações jurídicas."[9]

Assim, apenas a vontade livre e real, isenta de vícios ou defeitos, dirigida a um fim específico, podia dar origem a um contrato válido, fonte de obrigações e direitos.

Essa refinada construção conceitual, fundada na absoluta clivagem entre Estado e sociedade civil, tinha como pressuposto a estabilidade das relações sociais, que foi a característica predominante daquele período até a Primeira Guerra Mundial.

Nesse mundo de estabilidade, a função da ciência do Direito era a de proteger a vontade criadora e a de assegurar a realização dos efeitos queridos pelas partes contratantes.[10] A tutela jurídica limitava-se a possibilitar a estruturação pelos indivíduos de relações sociais próprias através dos contratos, desinteressando-se totalmente pela situação econômica e social dos contraentes e pres-

---

9. Savigny, Friedrich Karl Von. *Sistema del derecho romano actual*. t. II. Madri: F. Góngora Editores, 1879, p. 354.

10. "Les actes obligatoires ont en outre été indiqués comme restreignant la liberté propre de l'une des parties. Examinée à ce point de vue, l'essence des obligations nous apparaît comme la transformation d'actes qui, jusque-là, devaient être considérés comme des événements nécessaires et certains. Même le but définitif de l'obligation est de placer le créancier dans une position telle qu'il puisse compter avec certitude sur l'arrivée de ces événements." Savigny, Friedrich Karl von. Le Droit des Obligations. t. 1, *op. cit.*, 3, p. 21

supondo a existência de igualdade e de liberdade no momento de contrair a obrigação.[11]

A esse mundo de segurança correspondia um conceito unívoco de obrigação, em que a prestação era sempre a de dar, fazer ou não fazer um determinado dever principal, perfeita e expressamente delimitado pela declaração de vontade das partes, ou, quando muito, agregava-se a este um dever secundário, também diretamente decorrente do dever principal correlato.[12]

Com o desenvolvimento da noção de boa-fé objetiva a partir da promulgação do BGB em 1900, e, sobretudo, pela nova interpretação que a doutrina e a jurisprudência alemãs passam a elaborar, fundadas no § 242 do BGB, a concepção tradicional de obrigação, em perfeita consonância com essa estabilidade das relações jurídicas, começa a se modificar.

Foi com o estudo de H. Staub, *Positive Vertragsverletzung*, publicado em 1902, no *Festschrift für das deutsche Juristentag*, sobre a quebra positiva do contrato, que começa a se modificar o conceito tradicional de obrigação. Esta passa a ser concebida como um vínculo dialético entre devedor e credor, elementos cooperativos necessários ao correto adimplemento. A relação dialética assim estabelecida é perpassada na sua inteireza pela noção de boa-fé que constitui, assim, uma fonte autônoma de direitos e obrigações. Sendo a relação obrigacional uma totalidade voltada para o adimplemento, esta não inclui apenas, como relação totalizante que é, o dever principal de prestar, ou um eventual dever secundá-

11. Silva, Clóvis do Couto e. O direito civil brasileiro em perspectiva histórica e visão de futuro. In. Fradera, Vera Maria Jacob de. *O direito privado brasileiro na visão de Clóvis do Couto e Silva*. Porto Alegre: Livraria do Advogado, 1997, p. 19.

12. "Obrigação é a relação transitoria de direito, que nos constrange a dar, fazer ou não fazer alguma coisa economicamente apreciavel, em proveito de alguem, que, por acto nosso ou de alguem comnosco juridicamente relacionado, ou em virtude da lei, adquiriu o direito de exigir de nós essa acção ou omissão. É uma definição, que deve a sua extensão á necessidade de attender a todos os elementos essenciaes, que entram no conceito de obrigação. (...) É uma relação transitoria de direito, porque o devedor, cumprindo a obrigação, della se liberta; o credor, recebendo o que lhe é devido, seja por pagamento espontaneo, seja por execução forçada, nenhum direito mais tem. (...) Que nos constrange. A obrigação é uma limitação à liberdade; é um direito contra uma pessoa. (...) A dar, fazer ou não fazer. Quaesquer que sejam as espécies e modalidades de obrigações, consistirão ellas sempre numa actuação sobre a vontade do devedor para dar alguma coisa, praticar algum acto, ou abster-se de o praticar." Bevilaqua, Clovis. *Código Civil dos Estados Unidos do Brasil Commentado*, 8. ed. Rio de Janeiro: Francisco Alves, 1950, p. 6-7.

rio correlato, mas também deveres acessórios ou implícitos, instrumentais e independentes, ao lado da obrigação principal, todos voltados para o correto adimplemento.

A obra de H. Staub, em que se manifesta no Direito germânico o conceito de quebra positiva do contrato, marca uma nova concepção de relação obrigacional, com deveres secundários vinculados à aplicação do princípio da boa-fé. Essa transformação poderia representar apenas uma ligeira modificação do conteúdo da relação obrigacional, não houvesse, simultaneamente, assumido o juiz funções criadoras do Direito bem mais amplas. Essa nova posição resultou da aplicação concomitante de outro dispositivo, o § 138 do Código Civil germânico, quando os tribunais começaram a declarar a nulidade de contratos em que se manifestasse a utilização abusiva do poder econômico de uma das partes, os "contratos-mordaça" (*Knebelungsvertrag*), por serem contrários aos bons costumes (*contra bonos mores*).

Mais tarde, nos tempos da grande inflação por volta de 1920, começou-se a falar no desaparecimento de base do negócio jurídico, outra importante criação da doutrina que se refletiu na jurisprudência.

A relação obrigacional, sob essa nova perspectiva, passou a ser encarada como uma totalidade que se encadeia e se desdobra em direção ao adimplemento, à satisfação dos interesses do credor. Como totalidade, a relação obrigacional é um sistema de processos. O vínculo obrigacional como um todo, muitas vezes, não se altera ou modifica com certas alterações ou transformações sofridas pelas partes. Por esse motivo, o adimplemento de um crédito determinado pode não extinguir ou não modificar, a relação jurídica.

Sob o ângulo da totalidade, o vínculo passa a ter sentido próprio, diverso do que assumiria se se tratasse de pura soma de suas partes, de um compósito de direitos, deveres e pretensões, obrigações, ações e exceções. Se o conjunto não fosse algo de orgânico, diverso dos elementos ou das partes que o formam, o desaparecimento de um desses direitos ou deveres, embora pudesse não modificar o sentido do vínculo, de algum modo alteraria a sua estrutura. Importa, no entanto, contrastar que, mesmo adimplindo o dever principal, ainda assim pode a relação jurídica perdurar como fundamento da aquisição (dever de garantir) ou em razão de outro dever secundário independente.

A obrigação contratual no sentido moderno pode ser entendida portanto como um dever global de agir objetivamente de boa-fé. Essa boa-fé objetiva constitui no campo contratual um processo que deve ser seguido nas várias fases das relações entre as partes. Assim, na fase pré-contratual, das negociações preliminares à declaração de oferta, os contraentes devem agir com lealdade recíproca, dando as informações necessárias, evitando criar expectativas que sabem destinadas ao fracasso, impedindo a revelação de dados obtidos em confiança, não realizando rupturas abruptas e inesperadas das conversações etc. Na fase contratual, a conduta leal implica vários deveres acessórios à obrigação principal, e, na fase pós-contratual, implica deveres posteriores ao término do contrato – deveres *post pactum finitum* –, como o de guarda de documentos, fornecimento de material de reposição ou informações a terceiros sobre os negócios realizados.

2. A boa-fé objetiva no Anteprojeto do Código Europeu dos Contratos

O Anteprojeto do Código Europeu dos Contratos constitui uma verdadeira teoria geral do contrato, aplicável aos países europeus e inteiramente informado pelo princípio da boa-fé objetiva.

O Anteprojeto tem por escopo prever soluções concretas para os problemas sobre os quais se debruça, mais do que enunciar princípios gerais. Recorrendo a uma configuração normativista o Anteprojeto procura situar-se a meio caminho entre o regramento minucioso inglês e as abrangentes definições gerais do Direito da *Civil law*. Deste modo, o juiz pode determinar com maior precisão o âmbito de aplicação das regras e superar incertezas interpretativas.

A obra compõe-se de 173 artigos, repartidos por 11 títulos: disposições preliminares; formação do contrato; conteúdo do contrato; forma; interpretação; efeitos; cumprimento; incumprimento; cessão do contrato e das relações que nascem do mesmo; extinção do contrato e das relações que daí advêm; outras anomalias do contrato.

Guiseppe Gandolfi resume assim os objetivos do Anteprojeto e sua perspectiva de aceitabilidade em decorrência da noção comum de boa-fé objetiva, a constituir uma regulação diretamente aplicada, quer se apresente como um novo *ius commune* ao lado das legislações nacionais existentes:

> [...] preparare una unificazione effetiva del diritto dei contratti dell'Unione europea, proponendo un corpo di regole che esprimano delle "soluzioni" in virtú delle quali il "contratto" costituisca uno strumento veramente efficace [(...) efficiente] per regolare i rapporti nel Mercato interno europeo, dunque per soddisfare pienamente le esigenze di coloro che operano in esso; e stendere queste disposizioni in una forma, ossia in uno stile, e con un contenuto tale che esse costituiscano delle norme accettabili e agevolmente interpretabili in tutti i Paesi dell'Unione stessa, senza che rappresentino una imposizione per i cittadini europei, ma anzi costituiscano un ausilio anche per le eventualità da essi non previste, e che inoltre non ignorino le esigenze socioeconomiche dell'Europa del terzo millennio.[13]

Procurou o Anteprojeto seguir a orientação jurisprudencial comum na matéria e tendo como principais opções: evitar noções ou categorias desconhecidas em alguns países para não lhes inflingir um corpo estranho à sua ordem jurídica (o Anteprojeto não aproveita, pois, os conceitos de *cause, consideration, Rechtsgeschäft*); propor alternativas em algumas matérias, tendo, todavia, o cuidado de precisar qual a solução a seguir em caso de dúvida; permitir que o contrato produza os seus efeitos da maneira mais eficiente possível (são previstas várias medidas de validação, sem, no entanto, penalizar excessivamente o devedor); considerar a indenização apenas em última instância; proteger os terceiros; facilitar as reclamações e as constatações de direitos; permitir a exoneração de responsabilidade apenas quando da ocorrência de uma causa estranha e imprevisível.

Ausência sentida porém no texto é aquela decorrente da *culpa post pactum finitum* ou pós-eficácia das obrigações, fundada na boa-fé objetiva. Insere-se a pós-eficácia das obrigações no âmbito da função integrativa da boa-fé objetiva como um dever lateral de lealdade. A pós-eficácia das obrigações constitui um dever lateral de conduta de lealdade, no sentido de que a boa-fé exige, segundo as circunstâncias, que os contratantes, depois do término da relação contratual, omitam toda conduta mediante a qual a outra parte se veria despojada ou essencialmente reduzidas as vantagens oferecidas pelo contrato.[14] Esses deveres laterais de lealdade se consubstancializam primordialmente em deveres de

---

13. Gandolfi, Guiseppe. Il progetto "pavese" di un codice europeo dei contratti, In: *Rivista di diritto civile*, 2001, I, p. 455-73.

14. Larenz, Karl. *Derecho de obligaciones*. v. I, *op. cit.*, p. 156.

reserva quanto ao contrato concluído, deveres de segredo dos fatos conhecidos em função da participação na relação contratual e deveres de garantia da fruição pela contraparte do resultado do contrato concluído.

Ao não prever a pós-eficácia das obrigações em seu bojo, o Anteprojeto deixou de regular um importante espectro das relações civis e comerciais que, deste modo, ainda fica sob a égide das legislações nacionais.

De todo modo o Anteprojeto é rico em soluções abragentes e inovadoras para os problemas da contratação civil e empresarial contemporânea, particularmente no que diz respeito ao domínio da boa-fé objetiva e, assim, justifica-se a análise pormenorizada de cada um dos institutos jurídicos a seguir.

3. A boa-fé objetiva nas disposições preliminares

O Anteprojeto do Código Europeu dos Contratos define em seu art. 1º[15] que o contrato é o acordo de duas ou mais partes destinado a criar, regular, modificar ou extinguir uma relação jurídica, da qual podem derivar-se obrigações e outros efeitos, mesmo que a cargo de uma só parte.

A seguir, estabelece o modo pelo qual este acordo se forma, regrando que este também se estabelece por comportamentos concludentes, positivos ou omissivos, conforme uma vontade previamente expressa, ou aos usos e costumes ou à boa-fé.[16]

Trata-se aqui de relevante aporte do Anteprojeto, reconhecendo em diploma expresso o valor jurídico dos comportamentos concludentes na integração da vontade contratual, assim também como os chamados contratos fáticos e as relações contratuais de fato.

Por comportamentos concludentes, deve-se entender aqueles de eficácia vinculante não consistentes, propriamente, em declarações de vontade. É o caso de utilização de um meio de transporte público, com tarifa autorizada oficialmente, no qual não se requeira a prévia aquisição de um bilhete. Não se configura uma declaração de vontade, senão uma conduta socialmente típica

15. *"Art. 1º 1. Le contrat est l'accord de deux ou plusieurs parties destiné à créer, régler, modifier ou éteindre un rapport juridique qui peut comporter des obligations et d'autres effets même à la charge d'une seule partie."*

16. *"Art. 1º 2. Sauf ce qui est prévu dans les dispositions qui suivent, l'accord se forme aussi à travers des actes concluants actifs ou omissifs pourvu qu'il soit conforme à une volonté précédemment exprimée, ou aux usages ou à la bonne foi."*

consistente em um ato de utilização. Nesses casos considera-se que o ato jurídico valora-se segundo suas circunstâncias negociais como ato destinado à produção de efeitos jurídicos e como atuação de uma vontade latente de aceitação e, portanto, como atuação de vontade jurídico-negocial. E existirá comportamento concludente sempre que, conforme aos usos da vida, haja quanto aos fatos de que se trata toda a probabilidade de terem sido praticados com dada significação negocial (aquele grau de possibilidade que basta na prática para as pessoas sensatas tomarem as suas decisões) – ainda que não esteja precludida a possibilidade de outra significação. Não se exigindo, sequer, para se aquilatar da concludência de um comportamento, no sentido de permitir concluir *a latere* um certo sentido negocial, a consciência subjetiva por parte do seu autor desse significado implícito, bastando que, objetivamente, de fora, numa consideração de coerência, ele possa ser deduzido do comportamento do declarante.

O comportamento concludente deve ser realizado ante quem se deve inferir que seja o destinatário da declaração. O destinatário há de ter a possibilidade de tomar conhecimento do ato e apreciá-lo devida e adequadamente. É o caso do credor, com intenção de perdoar a dívida, que rasga, à vista do devedor, o título da dívida sem nenhuma manifestação de palavra. Pode-se inferir deste ato uma remissão da dívida, mas não o é quando o mesmo credor pratica o ato na ausência do devedor.[17] O valor jurídico da conduta é aquele que a boa-fé objetiva reputa passível de criar, à vista das circunstâncias, a legítma confiança da contraparte.

Os *facta concludentia* servem para complementar a vontade negocial ou para substituí-la, de acordo com os usos e a boa-fé, e realizam, no Direito moderno a chamada função integradora da boa-fé no que concerne à vontade contratual.[18] Por função integradora da boa-fé entende-se a idéia de que os deveres das partes não são, para cada uma, apenas o de realizar a prestação estipulada no contrato ou no negócio jurídico unilateral, eventualmente acrescido de outros deveres previstos pelas partes e ainda dos estabelecidos nas leis, mas que se

17. Larenz, Karl. *Derecho Civil: Parte General*, Madri: Revista del Derecho Privado, 1978, p. 490.

18. Mozos, José Luiz de los. La buena fé en el Anteproyecto de Codigo Europeo de Contratos de Academia de Pavia. In: Cordoba, Marcos M. (Director) *Tratado de la buene fé en el derecho. Tomo II. Doctrina Estranjera.* Buenos Aires: La Ley, 2004, p. 260.

impõe também a observância de muitos outros deveres de conduta, a partir da análise da obrigação de uma perspectiva sistêmica ou totalizante.[19]

Também no que se refere à omissão podemos observar no Anteprojeto essa mesma vinculação negocial que decorre da boa-fé. Como é corrente na doutrina, o silêncio, a princípio, sem qualquer elemento qualificador, não tem valor declarativo, em regra não é, portanto, juridicamente eloqüente.

No Direito hodierno, contudo, introduz-se nessa matéria uma perspectiva relacional. O homem em sociedade tem deveres, em certos casos ele deve pronunciar-se. Se ele não o faz, comete então uma falta, pela qual deve responder e reparar e se pode considerar que há, da sua parte, uma certa vontade. É o chamado silêncio circunstanciado: de algumas relações infirmadas pelo princípio da boa-fé decorre a legítima expectativa da contraparte de que determinada conduta, necessariamente de correção e lealdade, de silenciar-se ante determinado ato no qual deveria manifestar-se, importa no consentimento de quem cala, objetivamente valorado.[20]

Assim, a relevância jurídica negocial do silêncio decorre de circunstâncias concludentes, de acordo com critérios previstos na lei, que constituem elementos qualificadores de tal valor. Somente esse silêncio circunstanciado tem valor jurídico positivo de declaração. Serpa Lopes define as características do silêncio circunstanciado, apto a ser considerado como uma declaração de vontade:

> "a) manifestação de vontade por meio de um comportamento negativo; b) deduzida de circunstâncias concludentes [de acordo com critérios previstos na lei]; c) caracterizada pelo dever e possibilidade de falar por parte do silente; d) e pela convicção da outra parte de haver, nesse comportamento negativo e nessas cir-

---

19. Noronha, Fernando. *O direito dos contratos e seus princípios fundamentais: autonomia privada, boa-fé, justiça contratual*. São Paulo: Saraiva, 1994, p. 157.

20. O silêncio pode ser manifestação de vontade, de conhecimento ou de sentimento. E preciso que algo exista que permita tirar-se do calar o que se manifestou querer, conhecer ou sentir. Calar, só, não basta. E preciso ser concludente, isto é, que a pessoa que cala tenha o dever de manifestar e se haja de ter o silêncio como uma das manifestações possíveis: *Qui tacet quum loqui potuit et debuit consentire videtur* A manifestação pelo silêncio de modo nenhum se confunde com o silêncio, que apenas estabelece presunção de vontade, conhecimento, ou sentimento, ou apenas serve de indicio. Quando se fala de silêncio manifestação de vontade, conhecimento ou sentimento, é de silêncio concludente que se cogita. As fontes romanas não se referem à discordância pelo silêncio. Miranda, Francisco Cavalcanti Pontes de. *Tratado de Direito Privado*. Tomo II. Bens. Rio de Janeiro: Editor Borsoi, 1954, § 222, 2.

cunstâncias, uma direção de vontade inequívoca e incompatível com a expressão de uma vontade oposta".[21]

São essas qualificadoras que importam no valor de anuência do silêncio: a lei, as circunstâncias (convenção ou relações negociais) e os usos do tráfego jurídico.

Os usos comerciais podem implicar em um valor declarativo para o silêncio. Usos comerciais significam as práticas prevalentes em um determinado grupo social mercantil. São assim as práticas em um determinado ramo de atividade econômica, ou aquelas de atribuição de um sentido negocial a um comportamento omissivo.

A concepção do tráfego jurídico, deste modo, pode autorizar a interpretar o silêncio como expressão de uma determinada vontade, quer dizer, como suposto de fato de uma declaração de vontade determinada. Isso ocorrerá quando o que cala, em atenção à boa-fé e tendo em conta os usos do tráfego e os hábitos e costumes prevalecentes, tiver o dever de falar para dar a conhecer sua vontade.[22]

Os usos têm de ser especificamente provados e dizer respeito ao valor da omissão. São primordiais nessa hipótese não só os usos gerais do comércio, como também os usos particulares de certa atividade econômica ou profissão, ou de certa localidade, bem como, ainda, os que se formem apenas *inter partes* ou que decorram no quadro de uma relação corrente de negócios.[23]

A autonomia contratual, por seu turno, naquilo que diz respeito à fixação do conteúdo do contrato, é delimitada na própria regra geral. As partes só podem determinar livremente o conteúdo do contrato dentro do limite das leis

---

21. Lopes, Miguel Maria de Serpa. *O silêncio como manifestação de vontade*. Rio de Janeiro: A. Coelho Branco Filho Editor, 1935, p. 162.

22. Enneccerus, Ludwig; Nipperdey, Hans Karl. *Tratado de Derecho Civil*, t. I, vol. II, 1ª parte, Barcelona: Bosch Editorial, 1981, p. 177.

23. Deste modo, por exemplo no direito brasileiro, dentro dos usos gerais do comércio, a omissão torna-se relevante pelo fato de se ter constantemente entre comerciantes seguido a prática de considerar um fornecimento aceito na falta de devolução, num certo prazo, das mercadorias enviadas. Não ressalvando o destinatário o defeito das mesmas no prazo combinado, entende-se que aquiesceu e considera-se suprido o aceite: "Ementa. Ação cautelar de sustação de protesto e ação declaratória de nulidade de títulos de crédito. Prova da entrega das mercadorias. *Suprimento do aceite*. Comprovando o réu a entrega das mercadorias e não ressalvando o autor qualquer defeito nas mesmas, ou efetivado a sua devolução, considera-se suprido o aceite, legitimando o vendedor ao protesto das cártulas e posterior execução. Apelação improvida". (TJRS, 17ª CC., Apelação Cível nº 70001176346, Rel. Des. Elaine Harzheim Macedo, 08/08/2000).

imperativas, dos bons costumes e da ordem pública e desde que não persigam com isso unicamente a prejudicar terceiro.[24]

Exemplo disso no Direito europeu é a Lei de Regulação das Condições Gerais de Contratação – *AGB-Gesetz* naquilo que concernente às disposições relativas ao processo. Nos termos do § 13, nº 2 AGBG, as associações de consumidores e os grupos que visam à promoção de interesses profissionais podem acionar um comerciante ou um organismo profissional para que se abstenha de utilizar ou de recomendar a utilização de condições gerais cujas disposições sejam nulas em virtude da aplicação dos §§ 9º a 11 da AGBG. O julgamento da questão produzirá efeitos não somente em face do estipulante mas também em relação a terceiros. Logo, este último deverá modificar suas condições gerais ou renunciar a recomendar o seu uso. De resto, qualquer dos contratantes ulteriores poderá, nos termos do § 21, AGBG,[25] invocar a nulidade constatada no julgamento da condenação. Essa regra excepcional não é válida sem uma publicidade eficaz. Deste modo, o legislador previu no § 20, AGBG, que as decisões exaradas em um processo segundo o § 13, AGBG, deverão ser inscritas em um registro de condições gerais mantido pelo Ofício Federal de Empresas e que este organismo comunicará a todos os interessados os registros que aí figuram.

Assim, os preceitos contratuais que beneficiem as partes e se destinem unicamente a fragilizar direitos ou interesses de terceiros restam, por definição, sem proteção legal.

4. A boa-fé objetiva na formação dos contratos

O Anteprojeto detalha com exatidão a fase pré-contratual do contrato, das negociações preliminares à declaração de oferta, disciplinando que nesta os contraentes devem agir com lealdade recíproca, dando as informações necessá-

24. *"Article 2. Autonomie contractuelle. 1. Les parties peuvent librement déterminer le contenu du contrat, dans les limites imposées par les règles impératives, les bonnes mœurs et l'ordre public, comme elles sont fixées dans le présent Code, dans le droit communautaire ou dans les lois nationales des États membres de l'Union européenne, pourvu que par là même les parties ne poursuivent pas uniquement le but de nuire à autrui."*

25. *Ley de regulación de las condiciones generales de la contratación – AGB-Gesetz, Artículo 21. Efectos de la sentencia. Si el predisponente condenado infringe la orden de cesación, la cláusula de las condiciones generales de la contratación será considerada ineficaz en tanto la otra parte invoque el efecto de la sentencia relativa a la cesación. Sin embargo, no podrá invocar el efecto de la sentencia relativa a la cesación cuando el predisponente condenado pueda ejercitar el recurso contra la sentencia previsto en el artículo 19.*

rias, evitando criar expectativas que sabem destinadas ao fracasso, impedindo a revelação de dados obtidos em confiança, não realizando rupturas abruptas e inesperadas das conversações etc.

São estabelecidos os parâmetros normativos de três deveres fundamentais da fase pré-contratual: o de proteção, o de informação e o de reserva.

O Anteprojeto fixa no seu art. 6º, "Dever de proteção", uma petição de princípios naquilo que importa à boa-fé objetiva nas tratativas de um contrato. Estabelece-se nessa passagem que não há responsabilidade nos tratos preliminares de um contrato, caso esse não se aperfeiçoe, exceto quando o comportamento das partes for contrário à boa-fé.

Trata-se de importante definição, levando-se em conta que a boa-fé não é um padrão de conduta nas preliminares e na formação dos contratos aceitos nos sistemas de *common law*. Nestes sistemas rejeita-se a existência de qualquer vínculo obrigacional entre aqueles que negociam com vista à conclusão de um contrato, apenas se admitindo a imputação de danos causados *in contrahendo* nos termos da responsabilidade extracontratual.

No Direito inglês a abertura de negociações para a celebração de um contrato não cria entre as partes qualquer relação jurídica integrada por deveres de conduta específicos fundados na boa-fé: cada uma delas pode, por exemplo, conduzir negociações paralelas sem informar a outra e rompê-las arbitrariamente, mesmo à beira da conclusão do contrato, bem como omitir à contraparte informações vitais para a decisão de contratar, que só ela possui. Assim a proteção conferida pelo Direito inglês contra danos sofridos por uma das partes nos preliminares e na formação dos contratos é, por isso, muito inferior à que se encontra consignada nos códigos continentais.

No Direito anglo-saxão, a preocupação dominante não é a de que o contrato aceitável não é qualquer contrato, mas tão-só aquele em conformidade com as exigências da ética e da sua função social, como no Direito alemão, italiano e português, e sim a de que a conduta contratual consiste em assegurar as condições essenciais ao funcionamento da economia de mercado: liberdade contratual e força vinculativa dos contratos. Por isso, a responsabilidade pré-contratual, que inevitavelmente envolve certa limitação da autonomia privada, tem menor acolhimento.

Com a redação do art. 6º, tal dicotomia se flexibiliza, fixando-se a boa-fé objetiva como padrão único europeu para definição da liberdade das partes nas tratativas pré-contratuais.

O dever de correção nas tratativas impõe que cada parte deve agir com lealdade, não criando expectativas que sabem destinadas ao fracasso. Se a parte não tem a intenção de concluir o contrato (por ausência de boa-fé subjetiva), a entabulação ou o prosseguimento das tratativas, suscitando a confiança da outra parte, é comportamento contrário à boa-fé e, assim, enseja a responsabilidade pelos danos causados.[26]

No que se refere ao rompimento abrupto das negociações sem motivo justificado, o Anteprojeto prevê um parâmetro de razoabilidade para aferir a legitimidade ou não desse comportamento: a confiança suscitada no outro contraente. Esta existe toda vez que, no curso das tratativas, as partes tenham já examinado os elementos essenciais do contrato, previsto uma eventual conclusão e gerado a confiança razoável quanto ao que seria estipulado nesse contrato. Era a solução já dada pela jurisprudência, inclusive a brasileira, que agora encontra parâmetro adequado para aferir a seriedade e densidade das tratativas que geram o direito à indenização.[27]

---

26. "*Art. 6º 1. Chacune des parties est libre d'entreprendre des tractations en vue de conclure un contrat sans qu'on puisse lui imputer la moindre responsabilité au cas où le contrat n'est pas stipulé, sauf si son comportement est contraire à la bonne foi.*

2. Agit à l'encontre de la bonne foi la partie qui entreprend ou poursuit les tractations sans l'intention de parvenir à la conclusion du contrat."

27. Por exemplo, no direito brasileiro: TJRS. 16ª Câmara Cível. Apelação nº 598209179. Apelante: Eunice Dias Casagrande. Apelada: Acemil Empreendimentos Imobiliários Ltda. Decisão unânime. DJ 19 de agosto de 1998. "**Responsabilidade pré-contratual ou culpa in contrahendo**. Tendo havido tratativas sérias referentes à locação de imóvel, rompidas pela requerida sem justificativa e sem observância dos deveres anexos decorrentes do princípio da boa-fé objetiva, cabe indenização. Lições doutrinárias. Apelo provido em parte. "Na hipótese, incide o princípio da boa-fé objetiva, atuando como norma de conduta entre os contraentes. Desse princípio, decorrem os chamados deveres anexos ou secundários ou acessórios, como são os de cuidado, de informação ou aviso, e de cooperação. Efetivamente, ocorreram sérias tratativas relativamente ao contrato de locação à época em que a apelada detinha poderes para administrar os imóveis e o contrato chegou a ser elaborado, mas não foi devidamente efetivado sem que ficasse evidenciada a razão da desistência da locação, não tendo a apelada se comportado com o respeito em relação à apelante, cuidado esse que deve pautar todas as relações negociais, entendeu o colegiado ser cabível a indenização por danos morais em face da frustração e incômodos causados."

A compensação prevista no caso de rompimento abrupto das negociações sem motivo justificado é o ressarcimento dos danos que o contraente sofreu em razão de ter, de boa-fé, confiado na conclusão do contrato. Esse prejuízo abrange, a princípio, às despesas em que incorreu durante o desenrolar das tratativas (o interesse negativo).

O Anteprojeto inova, porém, ao prever que essa indenização de danos pode englobar, em situações excepcionais, o que a parte obteria na hipótese do contrato ter sido estabelecido. Isso ocorreria quando a infringência dos deveres de lealdade e correção pela parte que rompe as negociações acarretar a perda da possibilidade de a outra parte realizar negócio similar com outra pessoa.[28] Nesse sentido, o diploma da Academia de Pavia incorpora o estalão de decisões do *Bundesgerichtshof* – BGH (Corte Federal de Justiça alemã) de conceder a indenização do interesse positivo nos casos de perda de oportunidade de similar contratação.[29]

A hipótese, em apreço de indenização do interesse positivo ou de cumprimento, é aquela decorrente de perda de chance, na qual uma das partes contratantes tenha, de modo inequívoco, perdido a chance de realizar negócio similar causado pelo trato pendente e injustificadamente frustrado. Nesses casos, cabe a indenização por tudo aquilo que, razoavelmente, se deixou de realizar.

A perda de chance é aquele dano do qual decorre a frustração de uma esperança, na ausência de uma oportunidade, de uma probabilidade. Neste dano coexistem um elemento de certeza e um elemento de incerteza. O elemento de certeza parte do pensamento de que por não ter se realizado o contrato a parte manteria a esperança de, no futuro, obter um lucro. De outro lado, o elemento da incerteza se impõe, porque por não se haver produzido o acerto contratual e mantido a chance (ou oportunidade), não se teria certeza da obtenção do lucro ou se a perda teria sido evitada. Concretiza-se a perda de uma chance quando determinado acontecimento não ocorreu, mas poderia ter ocorrido, por si mes-

---

28. "*Art. 6º 4. Dans les cas prévus aux alinéas précédents, la partie qui a agi à l'encontre de la bonne foi est tenue de réparer le dommage subi par l'autre partie au maximum dans la mesure des frais engagés par cette dernière au cours des tractations en vue de la stipulation du contrat, ainsi que de la perte d'occasions similaires causée par les tractations pendantes.*"

29. Pereira, Régis Fichtner. *A responsabilidade civil pré-contratual: teoria geral e responsabilidade pela ruptura das negociações contratuais*. Rio de Janeiro: Renovar, 2001, p. 384-5.

mo ou através de intervenção de terceiro. O evento teria sido possível, mas a atuação da contraparte tornou-o impossível; provocou a perda de uma chance.

A perda de uma chance é um tipo especial de dano. Não se trata de mitigação do nexo causal, mas, tão somente, do deslocamento do vínculo causal para a perda de chance, constituindo esta, em si mesma, o próprio dano. Forma-se numa zona limítrofe entre o certo e o incerto, o hipotético e o seguro, tratando-se de uma situação na qual se mede o comportamento antijurídico que interfere no curso normal dos acontecimentos, de tal forma que não mais se poderá saber se o afetado por si mesmo obteria ou não os ganhos ou se evitaria ou não certa vantagem, pois um fato de terceiro o impede de ter a oportunidade de participar na definição dessas probabilidades.

Naquilo que pertine ao *quantum debeatur*, se a chance é a possibilidade de um benefício futuro provável, integrada nas faculdades de atuação do sujeito, sua perda deve ser considerada um dano, ainda quando possa resultar dificultoso estimar seu alcance. Nesta concorrência de fatores passados e futuros, necessários e contingentes, existe uma conseqüência atual e certa, em razão do que se aconselha efetuar um balanço das perspectivas a favor e contra, e, do saldo resultante, se obterá a proporção do ressarcimento. A indenização deverá ser da chance e não dos ganhos perdidos. A obrigação de reparar é somente parcial, se comparada aos ganhos finais, por isso não se reivindica a reparação destes, mas somente se considera relevante a perda da possibilidade de serem evitados.

O dever de informação nas tratativas pré-contratuais está configurado no art. 7º e prevê que cada parte tem a obrigação de informar à outra sobre cada circunstância de fato ou de direito que ela tem ou deveria ter conhecimento e que possa influir na validade do contrato ou no interesse de concluí-lo.[30]

O dever de informar nas negociações preliminares é regido pelo princípio da boa-fé objetiva. Esta impõe às partes especiais deveres de conduta uma em relação à outra. Esses deveres são aqueles referentes ao comportamento exigível do bom cidadão, do profissional competente, enfim, de uma pessoa diligente, comportamento este expresso na noção de *bonus pater familias*. Deve-se observar também se a situação criada produziu na contraparte um estado de

30. "*Art. 7º 1. Au cours des tractations, chacune des parties a le devoir d'informer l'autre sur chaque circonstance de fait et de droit dont elle a connaissance ou dont elle doit avoir connaissance et qui permet à l'autre de se rendre compte de la validité du contrat et de l'intérêt à le conclure.*"

confiança no negócio celebrado, quando então deverá se tutelar essa expectativa. Desde que a contraparte tenha legitimamente confiado na estabilidade e segurança do negócio jurídico que celebrava impõe-se a tutela dessa confiança pelo princípio da boa-fé objetiva. Deste modo, avulta reforçado o dever de agir, de informar no preâmbulo do negócio jurídico, resultando este dos usos do tráfico e do princípio da boa-fé.

O dever de informar nas tratativas do negócio jurídico então se consubstancia na obrigação de revelar tudo aquilo que constitua circunstância determinante da realização do negócio. Este dever abrange as circunstâncias intrínsecas do negócio ou de seu conteúdo (*v.g.* os vícios redibitórios), mas também todas as condições extrínsecas que, do conhecimento da parte, influenciem decisivamente a realização do negócio. "Também há dever de informar passível de anular o negócio jurídico por omissão quando a parte conhece um valor mercantil porque só ela obtém as informações (as *insider informations*)."[31]

Deste modo, não se trata de admitir um dever geral de informar ou esclarecer a contraparte acerca da totalidade das circunstâncias de fato e de direito determinantes da decisão de contratar, mas sim que o dever de informar abrange tudo aquilo que relaciona-se com a validade do contrato e estimativa do interesse objetivo de contratação nas circunstâncias comuns do trato negocial.[32] Ao contraente cabe velar por si mesmo, esclarecidas as circunstâncias objetivas do negócio, por seu interesse específico em contratar, segundo o padrão de diligência exigível ao comum das pessoas.

Em uma perspectiva nova, também contraria a boa-fé a conduta negligente da parte que não informa à outra sobre dados fundamentais concernentes à validade ou ao interesse de conclusão do contrato que poderiam ser obtidos por simples comportamento diligente. Como se delimitam os contornos dessa presunção? Trata-se aqui de negligência ou imprudência anormal no trato geral dos negócios, falta de cumprimento ao dever normal de diligência a evidenciar culpabilidade. Sendo uma infração a um dever lateral de conduta de diligência na fase pré-contratual, deve a culpa ser presumida, salvo prova insofismável da parte em contrário. Registre-se que a aferição do dolo no Direito Civil é genérica

31. Fabian, Christoph. *O dever de informar no direito civil*. São Paulo: Revista dos Tribunais, 2002, p. 114.

32. São Paulo. Tribunal de Justiça (*JTJ 155/197-205*).

e que, em geral, no trato negocial, é de se presumir o conhecimento da parte a quem aproveita do prejuízo acarretado à contraparte.

A sanção prevista para a falta no dever de informar é a mesma do item do art. 6º, ou seja, a indenização pelo interesse negativo ou, em caso de perda de oportunidade de negócio similar, pelo próprio interesse positivo desse fato decorrente.

Essa sanção existe mesmo no caso do contrato vir a ser concluído, quando então o juiz irá fixar a indenização que julgar em conformidade com a eqüidade, salvo o direito da parte prejudicada de pedir a anulação do contrato por erro.[33]

O art. 8º trata do dever de reserva ou segredo entre as partes nas tratativas negociais. As relações negociais importam no dever de sigilo acerca das informações recebidas ou fatos conhecidos decorrentes dos vínculos de tratativas iniciados, como do exame de documentos; de equipamentos; de projetos industriais; do processo produtivo; da situação econômico-financeira da outra parte ou de terceiro. Este sigilo pode perdurar, conforme o caso, até além do vínculo pré-negocial.

A boa-fé, assim como a dignidade e solidariedade, veda a utilização de informações obtidas no âmbito das tratativas, ainda que não por causa delas, mas somente por ocasião delas. Este dever persiste mesmo que sua divulgação não atinja a reputação ou o bom nome da outra parte, pois se deve considerá-lo objetivamente. Não importam os motivos pelos quais o sigilo foi quebrado, se para prejudicar a parte ou para benefício próprio. Esses aspectos poderão influir no valor da indenização mas não são pressupostos para a responsabilidade.[34]

Hipótese de quebra do dever de reserva para benefício próprio é a do médico cirurgião plástico, que divulga o fato de artista conhecido o haver procurado ou a do advogado, que revela ter sido procurado por político que pretendia se divorciar. Em ambos os casos há ruptura da lealdade, especialmente em relação

---

33. *"Art. 7º. 2. En cas d'omission d'information ou de déclaration fausse ou réticente, si le contrat n'a pas été conclu ou s'il est frappé de nullité, celle des parties qui a agi à l'encontre de la bonne foi est tenue pour responsable devant l'autre dans la mesure prévue à l'alinéa 4 de l'article 6. Si le contrat a été conclu, elle est tenue à restituer la somme ou à verser l'indemnité que le juge estime conformes à l'équité, sauf le droit de l'autre partie d'attaquer le contrat pour erreur."*

34. Popp, Carlyle. *Responsabilidade civil pré-negocial: o rompimento das tratativas*. Curitiba: Juruá, 2001, p. 207.

ao dever de manter sigilo, dever negativo resultante da cláusula geral de boa-fé objetiva.

Nessas circunstâncias, o Anteprojeto determina que a parte que houver obtido uma vantagem indevida com a informação confidencial (que estava obrigado a guardar em segredo) deverá indenizar a contraparte na proporção do seu próprio enriquecimento com o ilícito. Medida idêntica já é referendada no ordenamento jurídico brasileiro, no que se refere no mercado de valores mobiliários, ao uso de *insider information.*[35]

Na Seção II, que trata do conteúdo do contrato, encontramos pormenorizadamente a disciplina sobre o valor jurídico do silêncio (art. 16, item 3),[36] já tratado nas disposições preliminares.

Na definição de René Demogue, "há silêncio no sentido jurídico quando uma pessoa no curso dessa atividade permanente que é a vida, não manifestou sua vontade em relação a um ato jurídico, nem por uma ação especial necessária a este efeito (vontade expressa) nem por uma ação da qual se possa deduzir sua vontade (vontade tácita)."[37]

O silêncio tradicionalmente era concebido como uma não manifestação de vontade, não podendo, em princípio ser considerado como um consentimento ou uma confissão. Ainda era a velha assertiva de Savigny que predominava: "Se,

---

35. *Uso Indevido de Informação Privilegiada:*

"Art. 27-D. Utilizar informação relevante ainda não divulgada ao mercado, de que tenha conhecimento e da qual deva manter sigilo, capaz de propiciar, para si ou para outrem, vantagem indevida, mediante negociação, em nome próprio ou de terceiro, com valores mobiliários:

Pena – reclusão, de 1 (um) a 5 (cinco) anos, e multa de até 3 (três) vezes o montante da vantagem ilícita obtida em decorrência do crime."

36. *"Article 16. Acceptation:*

1. L'acceptation est constituée par une declaration ou par un comportement qui expriment clairement la volonté de conclure le contrat de manière conforme à l'offre.

2. L'acceptation produit des effets à partir du moment où l'auteur de l'offre en prend connaissance.

3. Le silence et l'inertie valent acceptation seulement si: a) cela a été prévu par les parties, ou cela peut être déduit de l'existence de rapports intervenus entre elles, des circonstances ou de la coutume ; b) l'offre tend à conclure un contrat dont découleront des obligations uniquement pour son auteur.

4. Dans le cas prévu à la lettre b) de l'alinéa précédent, le destinataire peut refuser l'offre dans le délai exigé par la nature de l'affaire ou par la coutume. À défaut d'un tel refus, le contrat est conclu."

37. Demogue, René. *Traité des Obligations em Géneral*. t. I. Paris: Librairie Arthur Rousseau, 1923, p. 299.

pois, alguém me apresenta um contrato e manifesta que tomará meu silêncio como aquiescência, eu não me obrigo, porque ninguém tem o direito, quando eu não consinto, de forçar-me a uma contradição positiva."[38] Savigny admitia apenas duas exceções a esta regra, sem extensões analógicas: as que se fundavam numa relação especial de direito, como as de direito de família e àquelas decorrentes da relação entre o silêncio atual e as manifestações precedentes.

A vida moderna, porém, como já visto, vai impor a vinculação jurídica do chamado silêncio circunstanciado.

Assim, o silêncio "só produz efeitos jurídicos quando, devido às circunstâncias ou condições de fato que o cercam, a falta de resposta à interpelação, ato ou fatos alheios, ou seja, a abstenção, a atitude omissiva e voluntária de quem silencia induz a outra parte, como a qualquer pessoa normal induziria, à crença legítima de haver o silente revelado, desse modo, uma vontade seguramente identificada."[39]

É isso o que dispõe o Anteprojeto ao regular que o silêncio e a passividade só equivalem à aceitação quando assim haja sido previsto pelas partes ou possa se deduzir da existência de relações que estas hajam mantido, das circunstâncias ou do costume ou, ainda, quando a oferta tenda a celebrar um contrato do qual derivem obrigações apenas para o seu autor.

Desse modo o silêncio assume significativo protagonismo jurídico sempre que das circunstâncias de fato ou da conduta precedente das partes, interpretada em consonância com o princípio da boa-fé objetiva, se possa verificar que foi suscitada uma confiança legítima e está presente uma vontade plenamente justificada. Portanto, não existente essas circunstâncias especialíssimas, não há valor jurídico do silêncio.[40]

---

38. Savigny, Friedrich Karl Von. *Sistema del Derecho Romano Actual*. t. II. Madri: F. Góngora Y Compañía Editores, 1879, p. 314.

39. Ráo, Vicente. *Ato Jurídico*. 3. ed. São Paulo: Revista dos Tribunais, 1994, p. 120.

40. Assim também na jurisprudência brasileira: a manifestação de vontade não poderá ser concebida como configurada se os princípios inerentes à matéria exigirem uma declaração expressa. Como bem definiu a 1ª Turma do STJ: "Administrativo. Silêncio da Administração. Prazo Prescricional. A teoria do silêncio eloqüente é incompatível com o imperativo de motivação dos atos administrativos. Somente a manifestação expressa da Administração pode marcar o início do prazo prescricional." (STJ, 1ª t., Resp. nº 16.284/PR, Rel. Min. Humberto Gomes de Barros, RSTJ, v. 32, p. 416)

O art. 17, inciso I, trata da irrevogabilidade da oferta. A declaração de vontade no sentido da celebração de um contrato, feita com seriedade e de forma completa – dela já constando os elementos necessários à criação da relação contratual por simples ato de aceitação da outra parte vincula o policitante, impondo-lhe o dever de reparar as perdas e danos decorrentes da não celebração do contrato objeto da proposta. Nos termos do Anteprojeto, fundado na boa-fé objetiva, a oferta, ainda que não haja a aceitação do oblato, pode permanecer irrevogável durante certo lapso de tempo se, com base nas relações precedentes entre as partes, as tratativas ou os costumes, pudéssemos razoavelmente reputá-la como tal.[41] A mesma disposição de irrevogabilidade por contrariedade à boa-fé se encontra presente na regulação dos atos unilaterais,[42] da promessa ao público[43] e dos contratos constituídos mediante comportamentos concludentes.[44]

A irrevogabilidade da oferta também tem portanto na boa-fé a sua fundamentação. Consoante o dever lateral de conduta de lealdade entre as partes a publicidade de um oferecimento ao público de oportunidade contratual implica a irrevogabilidade da oferta, desde que o potencial comprador preencha os requisitos legais para negociar e sua proposta de aceite do negócio tenha atingido o preço mínimo de venda, ficando vedado ao ofertante retirar a oferta no curso da duração razoável do negócio.

---

41. "*Art. 17. 1. Une offre est irrévocable dès lors que son auteur s'est obligé expressément à la maintenir ferme pour un certain laps de temps, ou si, sur la base de précédents rapports intervenus entre les parties, des tractations, du contenu des clauses ou de la coutume, on peut raisonnablement la réputer telle. Sauf ce qui est prévu à l'article 14, alinéa 1, la déclaration de la révocation d'une offre irrévocable est sans effet.*"

42. "*Art. 20. Actes unilatéraux – Les déclarations et les actes unilatéraux réceptices produisent les effets qui peuvent en dériver en vertu de la loi, de la coutume et de la bonne foi, à partir du moment où ils parviennent à la connaissance de la personne à laquelle ils sont destinés et, même si leur émetteur les déclare irrévocables, ils peuvent être retirés jusqu'à ce moment.*"

43. "*Art. 23. 1. La promesse adressée au public, prévue à l'article 13 alinéa 2, lie celui qui la fait dès qu'elle est rendue publique et s'éteint à l'expiration du délai qui y est indiqué ou que l'on peut déduire de sa nature ou de son but, ou à compter d'un an après son émission si la situation qu'elle prévoit n'est pas survenue.*"

44. "*Art. 24. Actes concluants – Sauf ce qui est prévu dans les dispositions précédentes, le contrat est conclu par l'intermédiaire de comportements concluants quand toutes les conditions du contrat à stipuler résultent de ces comportements, compte tenu également d'accords et de rapports précédents, de l'éventuelle émission de catalogues de prix, d'offres au public, de règles législatives, de dispositions réglementaires et de coutumes.*"

Como bem explica, por exemplo, Pontes de Miranda em seu *Tratado de Direito Privado*:

> No direito comum, a manifestação ou a declaração de vontade que há nas ofertas não criava, por si, negócio jurídico (= a entrada do suporte fático no mundo jurídico só se dava quando se uniam oferta e aceitação): não vinculava, de si só. Portanto, era fato da vida, porém não fato da vida jurídica. Se ainda não havia ocorrido a aceitação, a oferta pertencia à classe dos elementos não juridicizados (classe a): extinguia-se com a morte, com a incapacidade civil superveniente; e podia ser, livremente, revogada. As relações da vida impuseram ao direito comercial e, depois, ao direito civil, que se tratasse a manifestação de vontade do oferente, desde logo, como suporte fático de negócio jurídico, portanto como vinculante. O direito austríaco, o alemão, o suíço e o brasileiro deram a solução técnica. A vinculação passou a ser a regra: "O que oferta a outrem conclusão de contrato (Código Civil alemão, § 145) é vinculado (gebunden) à oferta, salvo se excluiu a vinculação." A proposta do contrato obriga o proponente, se o contrário não resultar dos termos dela, da natureza do negócio, ou das circunstâncias do caso.[45]

No art. 24, o Anteprojeto estabelece, nas declarações unilaterais de vontade, a prevalência da confiança suscitada sobre a intenção do agente na prática do ato.[46] Deste modo, a situação geral pela qual alguém tenha feito racionalmente confiança sobre uma dada manifestação jurídica e se comportado em coerência com tal manifestação, proporciona-lhe direito de contar com ela, ainda que tal manifestação não corresponda à realidade.[47]

5. A boa-fé objetiva no conteúdo dos contratos

Quanto ao conteúdo do contrato, no art. 30, inciso 3, está previsto o instituto da lesão, na acepção subjetiva. No dispositivo em epígrafe a lesão é

45. Miranda, Francisco Cavalcanti Pontes de. *Tratado de Direito Privado*. t. I. Pessoas físicas e jurídicas. Rio de Janeiro: Borsoi, 1954, § 36, 4.

46. "*Art. 24 – Actes concluants – Sauf ce qui est prévu dans les dispositions précédentes, le contrat est conclu par l'intermédiaire de comportements concluants quand toutes les conditions du contrat à stipuler résultent de ces comportements, compte tenu également d'accords et de rapports précédents, de l'éventuelle émission de catalogues de prix, d'offres au public, de règles législatives, de dispositions réglementaires et de coutumes.*"

47. D'Amélio, Mariano. Apparenza del diritto. In: *Novissimo Digesto Italiano – v. I* – Turim: Vnione Tipografico-Editrice Torinese, 1958, p. 714.

definida como a exagerada desproporção de valor entre as prestações de um contrato bilateral, concomitante à sua formação, resultado do aproveitamento, por parte do contratante beneficiado, de uma situação de inferioridade em que então se encontrava o prejudicado.[48] Sendo os negócios jurídicos no Anteprojeto informados pela obrigação de correção e lealdade que decorre da boa-fé objetiva, não apenas naquilo que se estipulou, mas também em todos os deveres laterais de conduta que decorrem naturalmente da relação negocial, o negócio em que se aufere ganhos com a inexperiência ou a premente necessidade de contratar da contraparte, é necessariamente um negócio rescindível, na dicção do Anteprojeto. Porém, o contrato proporciona ao lesado, por meio da prestação do outro contraente, o bem que é preciso para satisfazer a sua necessidade, tem uma função socialmente útil; embora injusto, se o contrato ainda é útil, realiza um interesse que merece ser tutelado. Este se abriga, na acepção do Anteprojeto, no princípio da conservação dos contratos informados por normas protetivas: o negócio é rescindível parcialmente até a redução do preço ao nível lícito ou, uma vez já pago este, a determinação da restituição do excesso.[49, 50]

O conteúdo lícito e não abusivo do contrato submetido a condições gerais é delimitado (art. 30, inciso 4), sobretudo, tendo em conta a Lei alemã de Condições Gerais de Contratação – *AGB-Gesetz*, paticularmente o art. 10, § 11, AGBG. Assim, é interdita a exclusão da responsabilidade do estipulante e este não pode se desonerar inteiramente de sua responsabilidade para com a contraparte. Também é vedada a limitação da garantia de reparação da coisa: o estipulante não pode limitar a sua responsabilidade à colocação em conformidade ou à troca do produto. À contraparte insatisfeita deve ser garantida a possibilidade de requerer a diminuição do preço ou a resolução do contrato. Desta maneira se,

---

48. *"Art. 30, 3. Est rescindable, comme il est prévu à l'article 156, tout contrat par lequel une des parties, abusant de la situation de danger, de nécessité, d'incapacité de comprendre et de vouloir, d'inexpérience, d'assujettissement économique ou moral de l'autre partie, fait promettre ou fournir à elle-même ou à dês tiers une prestation ou d'autres avantages patrimoniaux manifestement disproportionnés par rapport à la contrepartie qu'elle a fournie ou promise."*

49. Becker, Anelise. *Teoria geral da lesão nos contratos*. São Paulo: Saraiva, 2000, p. 165-7.

50. *"Art. 156. 6. Le contrat rescindable n'est pas sujet à confirmation, mais la rescision n'advient pas si son contenu est reporté à l'équité sur la base de l'accord des parties ou, sur l'instance de l'une d'entre elles, par une décision de justice."*

por exemplo, as condições gerais do contrato de um concessionário de automóveis devem oferecer efetivamente a possibilidade de, em caso de vício da viatura vendida, demandar a resolução do contrato se a reparação falhar.

O vendedor deve também suportar os encargos da reparação, notadamente aqueles decorrentes do transporte e da expedição, do trabalho e do material. O estipulante não pode assim nem excluir nem limitar sua obrigação repassando os custos para o cliente.

Igualmente, pelo mesmo dispositivo legal, é interdito ao estipulante fixar um prazo de denúncia de vícios mais curto do que o prazo legal de garantia contra um vício oculto. Ainda o estipulante não pode validamente reduzir o prazo legal de garantia.[51]

A lesão consumerista implícita, tal qual o disposto no Direito brasileiro (arts. 6º, V, 39, V, e 51, IV, do CDC) está prevista. Ao consumidor é assegurado o desfazimento do negócio jurídico sempre que contratar em circunstâncias iníquas ou abusivas, sendo sua prestação exagerada. Não se cogita aqui de elementos subjetivos, bastando a existência de prestação exagerada por parte do consumidor.[52]

A determinação do conteúdo do contrato deve ser realizada de maneira eqüitativa, mesmo se for deferida a apenas uma das partes. É a realização no direito europeu do previsto nos Princípios dos Contratos do Comércio Internacional – UNIDROIT que estabelecem em seu art. 4.6 (Interpretação *contra proferentem*): se cláusulas do contrato propostas por uma parte não são claras, é preferível uma interpretação contrária a esta parte.[53]

---

51. *"Art. 30. 4. Dans les conditions générales du contrat, prévues à l'article 33, sont sans effet, si elles ne sont pas expressément approuvées par écrit, les clauses qui établissent en faveur de celui qui les a préparées des limitations de responsabilité, la faculté de se désister du contrat ou d'en suspendre l'exécution, ou qui prévoient à la charge de l'autre contractant des déchéances, des limitations à la faculté d'opposer des exceptions, des restrictions à la liberté contractuelle dans les rapports avec les tiers, la prorogation ou le renouvellement tacite du contrat, des clauses compromissoires ou des dérogations à la compétence de l'autorité judiciaire."*

52. *"Art. 30. 5. Dans les contrats conclus entre un professionnel et un consommateur, hormis les règles communautaires, sont sans effet les clauses qui n'ont pas été objet d'une tractation, si elles créent au détriment du consommateur un déséquilibre significatif entre les droits et les obligations des parties découlant du contrat, même si le professionnel est de bonne foi."*

53. *"Art. 31. 2. Si la détermination du contenu du contrat est déférée à l'une des parties contractantes ou à un tiers, il faut considérer, dans le doute, qu'elle doit être effectuée sur la base d'une appréciation équitable."*

Pela primeira vez também se prevê que integram o conteúdo do contrato as cláusulas implícitas que decorram do dever de boa-fé. Reconhece-se aqui o caráter juridicamente vinculante dos deveres laterais de conduta.[54]

A alínea *c* do art. 32 define que forma parte no conteúdo do contrato as cláusulas implícitas que devem considerar-se necessárias para que o contrato produza os efeitos queridos pelas partes. Trata-se da base objetiva do negócio jurídico.

Na conhecida definição de Larenz, deve-se entender por base objetiva do negócio jurídico as circunstâncias e o estado geral das coisas cuja existência ou subsistência é objetivamente necessária para que o contrato subsista, segundo o significado das intenções de ambos os contratantes, como regulação dotada de sentido.[55] Esclarece este que a finalidade do contrato é a objetividade ínsita na natureza do próprio contrato ou aquela ulterior de uma das partes, que ambos os contratantes tenham tido em conta ao determinar o conteúdo do contrato:

> La finalidad primera e inmediata de cada parte de un contrato bilateral es obtener la contaprestación. El comprador quiere disponer de las mercancías compradas; el arrendatario, usar del modo normal o convenido la cosa arrendada; el comitente, que se realice la obra contratada. Esta finalidad se desprende de la naturaleza del contrato en cuestión; es una finalidad común, puesto que cada parte quiere procurar la finalidad de la otra para así conseguir

54. O princípio da boa-fé regula não apenas a interpretação das cláusulas do contrato referida anteriormente, mas ainda o reconhecimento desses deveres secundários (não diretamente pactuados) derivados diretamente do princípio, independentemente da vontade manifestada pelas partes, a serem observados durante a fase de formação e de cumprimento da obrigação e mesmo, em alguns casos, após o adimplemento desta. São deveres que excedem o dever de prestação. Assim são os laterais de esclarecimento (informações sobre o uso do bem alienado, capacitações e limites), de proteção (evitar situações de perigo), de conservação (coisa recebida para experiência), de lealdade (não exigir o cumprimento de contrato com insuportável perda de equivalência entre as prestações), de cooperação (prática dos atos necessários à realização dos fins plenos visados pela outra parte) etc.
Esses deveres laterais de conduta, como acima considerados, podem ser definidos como deveres que, não interessando à obrigação principal, são todavia essenciais ao correto processamento da relação obrigacional em que a prestação se integra. São usualmente divididos em deveres de proteção, de esclarecimento e de lealdade.

55. Larenz, Karl. *Base del negocio juridico y cumplimiento de los contratos*. Madri: Revista de Derecho Privado, 1956, p. 170.

la suya; por tanto, es necessariamente contenido del contrato. Pero esta primera finalidad se enlaza de ordinario en las representaciones de las partes con una segunda y, aún a veces, una tercera finalidad: el comprador querrá emplear la cosa para un determinado fin (por ejemplo, consumirla, hacer con ella un regalo de boda ou enajenarla después de haberla transformado en industria); el arrendador, usar de cierto modo los locales arrendados (por ejemplo, explotar en ellos una determinada industria), etc. Estas finalidades ulteriores de una de las partes nada interesan a la otra, aun cuando las conozca e incluso se le hayan comunicado expresamente, a no ser que las haya hecho suyas de algún modo, por haber influído en su prestación, o por haber fijado la cuantía de la contraprestación en atención a ellas. No es necesario que la finalidad en cuestión se haya convertido en contenido del contrato en el sentido de que se mencione expresamente en él; pero debe haber-se tenido en cuenta por ambas partes al determinar tal contenido y manifestarse, al menos mediatamente, en el mismo.[56]

Constitui a base objetiva do negócio jurídico, por exemplo, na compra e venda de um estabelecimento, o uso regular da coisa segundo sua utilidade e a livre disposição da mesma (a finalidade insíta do contrato). Ou ainda, na compra e venda de um vestido de noiva, para ser usado na cerimônia do matrimônio (finalidade ulterior de uma das partes), o fato de que este deve ser entregue antes da referida cerimônia (uma vez que, a outra parte teve tal finalidade em conta ao determinar o conteúdo do contrato). A teoria assim assume uma base legal, suficientemente ampla e vertida numa vagueza socialmente típica que lhe permitirá desenvolver todas as suas potencialidades.

6. A boa-fé objetiva na interpretação dos contratos

Na interpretação de cláusulas ambíguas da avença deve-se verificar o comportamento efetivo dos contratantes na execução do contrato. A teoria dos atos próprios aqui abrigada (art. 39, 3 e 4), ou a proibição de *venire contra factum proprium* protege uma parte contra aquela que pretenda exercer uma posição jurídica em contradição com o comportamento assumido anteriormente. Depois de criar uma certa expectativa, em razão de conduta se-

56. Larenz, Karl. *Base del negocio juridico y cumplimiento de los contratos*, *op. cit.*, p. 166.

gurامente indicativa de determinado comportamento futuro, há quebra dos princípios de lealdade e de confiança se vier a ser praticado ato contrário ao previsto, com surpresa e prejuízo à contraparte.[57] O credor que concordou, durante a execução do contrato de prestações periódicas, com o pagamento em tempo e lugar diverso do convencionado, não pode surpreender o devedor com a exigência literal do contrato. Para o reconhecimento da proibição é preciso que haja univocidade de comportamento do credor e real consciência do devedor quanto à conduta esperada.[58]

Nesse desiderato realiza-se aqui a denominada função normativa da boa-fé, desenvolvendo as cláusulas implícitas a sua eficácia no mesmo plano em que o faz a norma dispositiva, promovendo os efeitos que são próprios da natureza do contrato.[59] Assim, como interface do sistema jurídico, a boa-fé permite o conhecimento de elementos externos não positivados, ou positivados para outro

57. Portugal. Supremo Tribunal de Justiça. Conselheiro Ferreira Ramos. Revista nº 955/98 – 1ª Secção, no Boletim nº 26, de 1998, (fonte: http: //www.cidadevirtual.pt/stj/) .
"Presunções judiciais. Provas. Abuso de direito.
I – A relação, no uso da sua competência, pode retirar ilações de factos que lhe são submetidos lançando mão das presunções a que se refere o art. 349 do Código Civil.
II – O **venire contra factum proprium** traduz uma responsabilidade pela confiança e não uma responsabilidade pelo incumprimento, ou seja, a análise das conseqüências não se situa ao nível do incumprimento do contrato-promessa, mas sim daquela responsabilidade pela confiança, o mesmo é dizer, da legítima expectativa que criou no declaratório, no sentido de agir como agiu.
III – Comprovando-se das instâncias que, por força do título constitutivo de propriedade horizontal de certo prédio registado em 22/01/1992, certas fracções se destinam a armazém e que em certa cláusula do contrato-promessa de 31/07/1992, os autores davam o seu acordo e consentimento "para que os adquirentes das lojas as destinem aos fins comerciais e/ou industriais que tiverem por convenientes (...)", sendo estas lojas instaladas naquelas fracções, uma tal declaração é adequada a criar no destinatário normal a convicção de que os autores continuariam, futuramente, a consentir num uso das fracções para fim diverso do que consta do título constitutivo de propriedade horizontal." (fonte: http: //www.cidadevirtual.pt/stj/)

58. *"Art. 39. 3. Dès lors que l'examen du texte contractuel suscite des doutes qui ne sont pas susceptibles d'être surmontés par une évaluation globale de celui-ci, fût-ce en regard de déclarations ou de comportements des parties même postérieurs à la stipulation du contrat mais d'une certaine manière compatibles avec le texte du contrat, ce dernier doit être interprété conformément à l'intention commune des contractants, que l'on fera également ressortir en recourant à des éléments extrinsèques ayant trait aux parties.*
4. En tout état de cause, l'interprétation du contrat ne doit pas aboutir à un résultat qui soit contraire à la bonne foi ou au bon sens."

59. Mozos, José Luis de los, *op. cit.*, p. 261.

sentido, que se impõem à consideração, modificando a relação jurídica ou alguns de seus preceitos, que são reelaborados ou desconsiderados em função da atuação prevalente do princípio. O mesmo fenômeno ocorre no cumprimento das obrigações devidas onde cada uma das partes deve cumprir além do pactuado, tudo aquilo que decorrer da boa-fé e da prática corrente segundo a natureza de cada contrato.[60]

Isso também é o que significa no Anteprojeto se dizer que os efeitos do contrato derivam não só dos pactos mas senão dos preceitos do Código, assim como das disposições nacionais ou comunitárias, dos usos, da boa-fé e da eqüidade.[61]

Quanto às cláusulas ambíguas dos contratos, o Anteprojeto prevê que as cláusulas que admitam mais de um sentido devem ser entendidas naquele mais adequado para a sua eficácia,[62] enquanto que as palavras que podem ser de diferentes acepções serão entendidas naquela que seja mais de acordo com à natureza e ao objeto do contrato.[63] Em ambos os preceitos, nota-se o princípio da conservação do negócio jurídico. Essa é a idéia que já pode ser encontrada em germe na terceira regra de interpretação dos contratos de Pothier: quando em um contrato os termos são suscetíveis de dois sentidos, devem ser entendidos no sentido que mais convém à natureza do contrato.[64]

60. "*Art. 75. 1. Chacune des parties est tenue à exécuter exactement et intégralement toutes les obligations dérivant du contrat qui lui sont assignées, sans que soit nécessaire une requête de la part de l'ayant droit. En exécutant les prestations dues, le débiteur doit se comporter conformément à ce qui a été convenu par les parties, à la bonne foi et à la diligence qui est exigée dans chaque cas spécifique, sur la base des accords, des circonstances et de la pratique courante.*"

61. "*Article 44. Facteurs extraconsensuels – Les effets du contrat dérivent non seulement des conventions intervenues entre les parties mais aussi des dispositions de ce Code ainsi que des dispositions nationales et communautaires, des usages, de la bonne foi et de l'équité.*"

62. Assim também o Código Civil español: "*Art. 1.284 Si alguna cláusula de los contratos admitiere diversos sentidos, deberá entenderse en el más adecuado para que produzca efecto*".

63. Assim também o Código Civil español: "*Art. 1.286. Las palabras que puedan tener distintas acepciones serán entendidas en aquella que sea más conforme a la naturaleza y objeto del contrato*".

64. Pothier, R-J. *Tratado das obrigações pessoaes e reciprocas*. t. I. Rio de Janeiro: H. Garnier, 1906, p. 62.

Nas expressões obscuras, se o contrato é a título gratuito, se interpretará no sentido menos gravoso para o obrigado e, se é a título oneroso, no sentido que produza um ajuste qualitativo ao interesse das partes.[65]

Nos efeitos produzidos por elementos acidentais, a boa-fé está presente no negócio sob condição suspensiva. Reza o preceito que enquanto a condição não se cumpra a parte que contraiu a obrigação ou constituiu ou transmitiu um direito real, deve comportar-se de boa-fé, sem prejudicar os direitos da outra parte. Define-se que a ninguém é licito *venire contra factum proprium*, isto é, exercer direito, pretensão, ou ação, ou exceção, em contradição com o que foi a sua atitude anterior, interpretada, objetivamente, de acordo com a lei. A teoria dos atos próprios, ou a proibição de *venire contra factum proprium* protege uma parte contra aquela que pretenda exercer uma posição jurídica em contradição com o comportamento assumido anteriormente. Depois de criar uma certa expectativa, em razão de conduta seguramente indicativa de determinado comportamento futuro, há quebra dos princípios de lealdade e de confiança se vier a ser praticado ato contrário ao previsto, com surpresa e prejuízo à contraparte.

No art. 54, o Anteprojeto estipula que é nulo o contrato submetido a uma condição suspensiva cuja realização depende exclusivamente de uma das partes. Trata-se aqui de condição potestativa pura. Também o Direito romano (Ulpiano, comentários a Sabino, Livro XXVIII) repudia as condições puramente potestativas que deixam ao arbítrio exclusivo de uma das partes a concretização do negócio ou de parte substancial dele: assim se a venda de uma coisa fica ao inteiro arbítrio do senhor, ou a fixação do preço, a venda é nula porque iníqua e violadora dos preceitos do comércio mercantil (D. 18, 7).

Nos contratos de execução contínua ou periódica, se as partes não fixaram um termo final, cada uma delas pode por fim ao contrato mediante uma comunicação dirigida à outra com um pré-aviso, conforme a natureza do contra-

65. "*Article 41. Expressions obscures – Lorsque, nonobstant l'application des règles contenues dans les articles précédents, le contrat demeure obscur, il doit être interprété, s'il est à titre gratuit, dans le sens le moins sévère pour l'obligé et, s'il est à titre onéreux, dans le sens qui réalise un ajustement équitable des intérêts des parties.*"

to, os costumes ou a boa-fé.[66] O dever de lealdade impõe um controle objetivo a esse término, consoante a natureza do contrato e a situação das partes. Nesses contratos, no que diz respeito aos termos não previstos especificamente, também a boa-fé está presente em sua função de controle. A função de controle da boa-fé é limitativa: ela estabelece que o credor, no exercício do seu direito não pode exceder os limites impostos pela boa-fé, sob pena de proceder antijuridicamente. Deste modo os termos inicial e final, na ausência do estabelecimento convencional, serão aqueles que puderem ser inferidos das circunstâncias ou previstos conforme a natureza do contrato, os costumes ou a boa-fé.[67]

No Anteprojeto do Código Europeu dos Contratos, a boa-fé impõe a aplicação da teoria da aparência para a perfectibilidade do contrato (art. 61).[68]

A aparência de direito somente se dá quando um fenômeno manifestante faz aparecer como real aquilo que é irreal, ou seja, quando há uma descoincidência absoluta entre o fenômeno manifestante e a realidade manifestada.

Como bem lembra Mariano D'Amélio, no mundo jurídico o estado de fato nem sempre corresponde ao Estado de Direito; mas o Estado de fato, por si, tendo em vista considerações de ordem diversa, pode receber o mesmo respeito do Estado de Direito e, em determinadas condições e em resguardo de determinadas pessoas, gera conseqüências não diferentes daquelas que derivariam do correspondente estado de direito.

Deste modo, a situação geral pela qual alguém tenha criado racionalmente confiança sobre uma dada manifestação jurídica e se comportado em coe-

---

66. "*Article 57. Début et cessation des effets en l'absence de termes conventionnels*
2. Si dans les contrats à exécution continue ou périodique les parties n'ont pas fixé de terme final, chacune d'entre elles peut mettre terme au contrat à travers une communication adressée à l'autre partie en donnant un préavis qui soit conforme à la nature du contrat ou à la coutume, ou à la bonne foi."

67. "*Article 57. Début et cessation des effets en l'absence de termes conventionnels – 1. Si les parties ne sont pas convenues d'un terme initial, le contrat prend effet au moment de sa conclusion, sauf s'il y a lieu d'inférer des circonstances ou des us et coutumes l'existence d'un terme initial différent.*
2. Si dans les contrats à exécution continue ou périodique les parties n'ont pas fixé de terme final, chacune d'entre elles peut mettre terme au contrat à travers une communication adressée à l'autre partie en donnant un préavis qui soit conforme à la nature du contrat ou à la coutume, ou à la bonne foi."

68. "*Article 61. Représentant apparent Dès lors qu'un sujet n'a pas le pouvoir d'agir au nom et dans l'intérêt d'un autre, mais que celui-ci a agi de manière à induire le tiers à contracter em lui laissant raisonnablement croire que celui-là avait un tel pouvoir, le contrat est conclu entre le represente apparent et l'autre partie contractante.*"

rência com tal manifestação, proporciona-lhe direito de contar com ela, ainda que tal manifestação não corresponda à realidade.[69] Angelo Falzea conceitua a aparência de direito como "a situação de fato que manifesta como real uma situação jurídica não real. Este aparecer sem ser coloca em jogo interesses humanos relevantes que a lei não pode ignorar".[70]

A aparência de direito se caracteriza e produz os efeitos que a lei lhe atribui, somente quando realiza determinados requisitos objetivos e subjetivos. São estes, no magistério de Vicente Ráo:

São seus requisitos essenciais objetivos: a) uma situação de fato cercada de circunstâncias tais que manifestamente a apresentem como se fora uma situação de direito; b) situação de fato que assim possa ser considerada segundo a ordem geral e normal das coisas; c) e que, nas mesmas condições acima, apresente o titular aparente como se fora titular legítimo, ou o direito como se realmente existisse.

São seus requisitos subjetivos essenciais: a) a incidência em erro de quem, de boa-fé, a mencionada situação de fato como situação de direito considera; b) a escusabilidade desse erro apreciada segundo a situação pessoal de quem nele incorreu.

Como se vê, não é apenas a boa-fé que caracteriza a proteção dispensada à aparência de direito. Não é, tampouco, o erro escusável, tão-somente. São esses dois requisitos subjetivos inseparavelmente conjugados com os objetivos referidos acima – requisitos sem os quais ou sem algum dos quais a aparência não produz os efeitos que pelo ordenamento lhe são atribuídos.[71]

Assim, na dicção do Anteprojeto, quando um sujeito que não tem poder para atuar em nome e interesse de outro, mas que este outro tenha atuado de maneira que induza o terceiro a contratar, deixando razoavelmente crer que ele tinha tal poder, o contrato resta celebrado para todos os efeitos entre o representante aparente e a outra parte contratante. É a solução já pacífica da jurisprudência, inclusive da brasileira.[72]

---

69. D'Amélio, Mariano. Apparenza del diritto. In: *Novissimo Digesto Italiano – Volume I* – Turim: Vnione Tipografico-Editrice Torinese, 1958, p. 714.

70. Falzea, Angelo. Apparenza. In: *Enciclopedia Del Diritto*. v. II. Milão: Giuffrè, 1958, p. 685.

71. Ráo, Vicente. *Ato jurídico*. São Paulo: Max Limonad, 1965, p. 243.

72. Tasp – Ac. do 1º Gr. de Câms. de 9/11/1979 – E. Infr. 254.058 – Rel. Juiz Rapahael Gentil.

Difere um pouco a situação no que se refere ao Direito Empresarial e suas práticas. O princípio da boa-fé que norteia o direito empresarial não deve ser levado aí às últimas conseqüências, como regra geral. Pois se assim fosse, o patrimônio social correria enormes riscos ante a maus administradores. Deve-se proteger o terceiro de boa-fé se este for um homem comum, já que não é hábito desta categoria a verificação de poderes dos diretores no registro de comércio, assim, não deve ser prejudicado se não houver razões concretas para presumir que tinha conhecimento da irregularidade. No entanto, não deve restar protegido o terceiro que tenha conhecimento, ou devesse ter, do objeto social e dos limites da atuação dos gerentes em razão da profissionalidade de seus atos.

O art. 68 trata do contrato consigo mesmo e da procuração em causa própria. Prevê o dispositivo que tais contratos são anuláveis, exceto se o representado o autorizou expressamente ou se o conteúdo do contrato está determinado de tal forma que exclua toda possibilidade de conflito de interesses.[73]

Estabelece a boa-fé a lealdade nas relações contratuais, assim, sendo o mandato constituído no exclusivo interesse do mandatário e não existindo conflito de interesses com o mandante é de se ter por irrevogável a procuração em causa própria.

7. A boa-fé objetiva no não cumprimento dos contratos

O art. 89 estabelece a regra geral segundo a qual se considera não cumprida a obrigação contratual se um dos contratantes, ou seus colaboradores ou encarregados, adotam um comportamento diferente do previsto no contrato ou se se verifica uma situação de direito ou de fato diferente da que se pode considerar acordada.

Reconhece-se aqui que a relação obrigacional agora deve ser pensada como uma totalidade vocacionada para o adimplemento, comportando, além do dever de prestar principal, deveres laterais de conduta de correção e lealdade no tráfego jurídico. Avulta no limiar do século XXI a consagração da boa-fé objetiva formulada como um dever global de agir de acordo

73. "*Article 68.* Contrat avec soi-même et conflit d'intérêts: 1. *Est susceptible d'être annulé le contrat que lê représentant conclut avec soi-même, soit pour son prope compte, soit comme représentant d'une autre partie contractante, à moins que le represente ne l'y ait expressément autorisé ou que lê contenu du contrat soit déterminé de manière à exclure toute possibilité de conflit d'intérêts.*"

com determinados padrões, socialmente recomendados, de correção, lisura e honestidade para não frustrar a confiança da outra parte. Do princípio da boa-fé objetiva deriva o reconhecimento de deveres secundários (não diretamente pactuados), independentes da vontade manifestada pelas partes, a serem observados durante a fase de formação e de cumprimento da obrigação e mesmo, em alguns casos, após o adimplemento desta. Tudo está relacionado a esse processo, a obrigação como um processo e, assim, aos Códigos se demanda uma fluidez de linguagem, uma vagueza socialmente típica que permita dar conta de todas a mutações de uma realidade contratual em constante transformação.

Conforme o art. 94, com relação à valoração do cumprimento da obrigação de fazer, esta se tem por inexecutada se não é realizada no prazo previsto no contrato, ou executada parcialmente, ou de maneira defeituosa, ou com a ajuda de materiais inapropriados. Reserva-se contudo, sem prejuízo das perdas e danos, a faculdade de outorga pelo credor ou pelo juiz de prazo ao devedor para correção das obras, eliminação dos defeitos ou substituição das coisas ou materiais inapropriados, com a condição que tais reparações ou substituições possam ser consideradas como razoáveis em virtude da natureza do conrato, dos usos ou da boa-fé.[74] Inspira-se esta norma no art. 10 do § 11, da Lei alemã de Condições Gerais de Contratação – *AGB-Gesetz* que prevê o termo de ineficácia da reparação, sob pena de nulidade. Desta maneira, por exemplo, as condições gerais do contrato de um concessionário de automóveis devem oferecer efetivamente a possibilidade de, em caso de vício da viatura vendida, demandar a resolução do contrato se a reparação falhar. Após duas reparações infrutíferas do mesmo vício o cliente pode se opor a uma terceira invocando o seu direito à resolução e à restituição do preço pago, segundo a prática dos tribunais.

Vigorosa previsão da boa-fé objetiva no Anteprojeto é aquela referente à *exceptio non adimpleti contractus*, exceção de contrato não cumprido. Em um

---

74. "*Art. 94 1. L'obligation de faire est à considérer comme inexécutée si l'œuvre n'a pas été achevée avant le terme prévu par le contrat, ou qu'elle a été exécutée partiellement, ou de manière défectueuse, ou à l'aide de choses ou de matériaux inappropriés, à moins que, dans les cas mentionnés, et sous reserve de dommages-intérêts, le créancier ou le juge octroie au débiteur un délai pour l'achèvement des œuvres, ou pour l'élimination des défauts, ou pour les réparations des dommages occasionnés, ou pour le remplacement des choses ou des matériaux inappropriés qui ont été employés, à condition que de telles réparations et substitutions puissent être considérées comme raisonnables en vertu du contrat, de l'usage, ou de la bonne foi.*"

contrato bilateral, se uma das partes exigir da outra o cumprimento da prestação sem ter cumprido a sua, pode esta opor em sua defesa o não cumprimento pelo reclamante, deixando de prestar a sua enquanto o outro não o fizer. Trata-se, pois, de uma causa impeditiva da exigibilidade da prestação, sendo esta exigibilidade diferida para o momento em que a prestação do reclamante for cumprida. Até esse momento dá-se uma espécie de paralisação da exigibilidade da prestação reclamada.

Pelo art. 108, inciso 1, se estabelece um reforçado limite ao direito do credor de suspender o cumprimento nos contratos bilaterais[75] no caso de acarretar conseqüências excessivamente onerosas para o devedor ou quando a inexecução seja de tal modo irrelevante que não justifique o uso da exceção.

Nessa segunda acepção, o princípio da boa-fé objetiva atua de forma a proteger o devedor perante a um credor malicioso, inflexível (boa-fé eximente ou absolutória), como causa de limitação ao exercício de um poder jurídico, no caso, do direito formativo de resolução, do qual é titular o credor de obrigação não cumprida.[76] É a chamada doutrina do adimplemento substancial: ainda que a resolução esteja prevista expressamente no contrato ou seja presumida pela lei, não será admitida, porque contrária à boa-fé, sempre que o adimplemento consistir em um resultado tão próximo do almejado, que não chega a abalar a reciprocidade, o sinalagma das prestações correspectivas.[77]

75. "*Article 108. Droit du créancier de suspendre l'exécution dans les contrats synallagmatiques*

1. Dans les contrats synallagmatiques, si l'une des parties n'exécute pas ou n'offre pas d'exécuter son obligation, quelle que soit la gravité de l'inexécution, le créancier a la faculté de suspendre la prestation par lui due simultanément ou successivement, à moins qu'un tel refus de sa part soit contraire à la bonne foi.

2. On considère comme contraire à la bonne foi lê refus:

a) qui entraîne pour l'autre partie des conséquences excessivement onéreuses;

b) qui entraîne l'extinction de l'obligation du créancier, dès lors que l'inexécution déjà avérée est de faible entité;

c) qui porte préjudice à un droit fondamental de la personne."

76. Becker, Anelise. A Doutrina do Adimplemento Substancial no Direito Brasileiro e em Perspectiva Comparativista. In: *Revista da Faculdade de Direito da UFRGS*, v. 9, nº 1, nov. de 1993. Porto Alegre: Livraria do Advogado Editora, p. 70.

77. Becker, Anelise. *A Doutrina do Adimplemento Substancial no Direito brasileiro e em Perspectiva Comparativista, op. cit.*, p. 63.

8. Conclusão

É tempo de formularmos as conclusões mais importantes desse trabalho, em sínteses dos vários assuntos abordados, de modo que possam servir de base para o estudo dogmático do Código Europeu dos Contratos da Academia dos Jusprivatistas de Pavia:

1) O Anteprojeto expressa uma arrojada tentativa de unificação do Direito Privado europeu, fundando-se em propostas de regras legais normativas (não princípios) e tendo como base precípua a noção de boa-fé subjetiva.
2) Constitui o Anteprojeto uma verdadeira teoria geral do contrato na qual se passa a pensar a relação obrigacional como uma totalidade vocacionada para o adimplemento e comportando, além do dever de prestar principal, deveres laterais de conduta de correção e lealdade no tráfego jurídico.
3) Avulta nesse trabalho a consagração da boa-fé objetiva formulada como um dever global de agir de acordo com determinados padrões, socialmente recomendados, de correção, lisura e honestidade para não frustrar a confiança da outra parte.
4) Do princípio da boa-fé objetiva deriva o reconhecimento de deveres secundários (não diretamente pactuados), independentes da vontade manifestada pelas partes, a serem observados durante a fase de formação e de cumprimento da obrigação e mesmo, em alguns casos, após o adimplemento desta.
5) São inseridos como deveres fundamentais dos contratos os de proteção, de informação e de reserva ou segredo. Esses deveres laterais de conduta inerentes à boa-fé são deveres funcionalizados ao fim do contrato e, como tal, surgem e se superam no desenvolvimento da situação contratual como uma totalidade, autonomizando-se em relação ao dever de prestação principal para assegurarem o correto implemento do escopo do contrato. Assim, atuam até ao término do adimplemento do contrato e mesmo depois em certas circunstâncias (pós-eficazes), no interesse da correta consecução deste.
6) São propostas diversas soluções jurídicas inovadoras no Anteprojeto do Código Europeu dos Contratos como a determinação do valor

jurídico do silêncio nos contratos, a irrevogabilidade da oferta, a contratação decorrente de comportamentos jurídicos concludentes, o regime jurídico das expressões implícitas e obscuras, a representação aparente, a atuação de boa-fé na pendência de condição suspensiva do contrato, a condição puramente potestativa, o regime de fixação de termo convencional de contratos de trato sucessivo, a base objetiva do negócio jurídico, a onerosidade excessiva, o adimplemento substancial dos contratos etc.

7) A fundamentação dogmática da teoria dos contratos encontra-se, assim, na boa-fé objetiva. Da boa-fé resulta deverem as partes lealdade à convenção livremente celebrada. A lealdade em causa traduzir-se-ia, nomeadamente, na necessidade jurídica de, para além da realização formal da prestação, providenciar a efetiva obtenção e manutenção do escopo contratual. Essa manutenção do escopo contratual perdura, naturalmente, nas tratativas do contrato, em sua execução e mesmo, em algumas circunstâncias, para além da extinção do contrato em si.

8) A determinação se o implemento de uma determinada conduta constitui ou não um dever acessório do contrato é dada pela noção de base do negócio jurídico. Existirá tal dever sempre que a atitude de uma das partes da relação contrariar, em infringência à boa-fé objetiva, a base objetiva do negócio.

9) A relevância jurídica do contrato negocial entre as partes no novo modelo do Código Europeu dos Contratos implica uma intensificação da responsabilidade que irá se expressar num regime mais gravoso de responsabilidade por ofensas de integridade. Configura-se, então, nesse quadro especial desenhado pelo contrato, informado pela boa-fé objetiva, a violação dos deveres laterais de conduta como uma responsabilidade agravada, totalizante dos valores em jogo no contrato.

10) Enfim, o Anteprojeto do Código Europeu dos Contratos constitui um documento extremamente relevante para o sonhado projeto de unificação do Direito Privado europeu e suas soluções jurídicas expressam contribuições de relevo para a evolução da teoria geral dos contratos.

• • • • • •

9. Bibliografia

Becker, Anelise. A Doutrina do Adimplemento Substancial no Direito Brasileiro e em Perspectiva Comparativista. In: *Revista da Faculdade de Direito da UFRGS*, v.9, nº 1, nov. 1993, Porto Alegre, Livraria do Advogado.

____. *Teoria geral da lesão nos contratos*. São Paulo: Saraiva, 2000.

Bevilaqua, Clovis. *Código Civil dos Estados Unidos do Brasil Commentado*. 8. ed. Rio de Janeiro: Francisco Alves, 1950.

D'amélio, Mariano. Apparenza del diritto. In: *Novissimo Digesto Italiano – v. I* – Torino: Vnione Tipografico-Editrice Torinese, 1958.

Demogue, René. *Traité des Obligations em Géneral*. t. I. Paris: Librairie Arthur Rousseau, 1923.

Enneccerus, Ludwig; Nipperdey, Hans Karl. *Tratado de Derecho Civil*. t. I, v. II. 1ª parte, Barcelona, Bosch Editorial, 1981.

Fabian, Christoph. *O dever de informar no Direito Civil*. São Paulo: Revista dos Tribunais, 2002.

Falzea, Angelo. Apparenza. In: *Enciclopedia Del Diritto*. v. II. Milano: Giuffrè, 1958.

Gandolfi, Guiseppe. Il progetto "pavese" di un codice europeo dei contratti. In: *Rivista di diritto civile*, 2001. t. I.

Josserand, Louis. *Cours de Droit Civil Positif Français*. 3. ed., v. 2, Paris: Sirey, 1938.

Larenz, Karl. *Base del negocio juridico y cumplimiento de los contratos*. Madri: Revista de Derecho Privado, 1956.

____. *Derecho Civil: Parte General*. Madri: Revista del Derecho Privado, 1978.

Larenz, Karl. *Derecho de obligaciones*.

Lopes, Miguel Maria de Serpa. *O silêncio como manifestação de vontade*, Rio de Janeiro: A. Coelho Branco Filho, 1935.

Miranda, Francisco Cavalcanti Pontes de. *Tratado de Direito Privado*. t. II. Bens. Rio de Janeiro: Borsoi, 1954.

____. *Tratado de Direito Privado*. t. I. Pessoas físicas e jurídicas. Rio de Janeiro: Borsoi, 1954.

Mozos, José Luiz de los. La buena fé en el Anteproyecto de Codigo Europeo de Contratos de Academia de Pavia. In: Córdoba, Marcos M. (Director) *Tratado de la buene fé en el derecho. t. II. Doctrina Estranjera.* Buenos Aires: La Ley, 2004.

Noronha, Fernando. *O direito dos contratos e seus princípios fundamentais: autonomia privada, boa-fé, justiça contratual.* São Paulo: Saraiva, 1994.

Pereira, Régis Fichtner. *A responsabilidade civil pré-contratual: teoria geral e responsabilidade pela ruptura das negociações contratuais.* Rio de Janeiro: Renovar, 2001.

Popp, Carlyle. *Responsabilidade civil pré-negocial: o rompimento das tratativas.* Curitiba: Juruá, 2001.

Pothier, R-J. *Tratado das obrigações pessoaes e recíprocas.* t. I. Rio de Janeiro: H. Garnier, 1906.

Ráo, Vicente. *Ato Jurídico.* 3. ed. São Paulo: Revista dos Tribunais, 1994.

Rousseau, Jean-Jacques. *Do contrato social.* São Paulo: Abril Cultural, 1973.

Savigny, Friedrich Karl Von. *Sistema del Derecho Romano Actual.* t. II. Madri: F. Góngora Y Compañía Editores, 1879.

_____. *Le Droit des Obligations.* t. 1. Paris: Auguste Durand Libraire-Éditeur, 1863.

Silva, Clóvis do Couto e. O direito civil brasileiro em perspectiva histórica e visão de futuro. In: Fradera, Vera Maria Jacob de. *O Direito Privado brasileiro na visão de Clóvis do Couto e Silva.* Porto Alegre: Livraria do Advogado, 1997.

IV

Responsabilidade Civil

10

Responsabilidade civil do Estado na omissão de fiscalização das operadoras de saúde

Introdução

O presente texto tem como objetivo fornecer um panorama sobre a responsabilidade civil do Estado e suas peculiaridades naquilo que pertine à responsabilidade por omissão. No texto se discute a natureza jurídica da omissão em Direito Civil, sua disciplina e os elementos configuradores da omissão juridicamente relevante apta a se constituir em causa da responsabilidade civil do Estado. Do mesmo modo se procura realizar a caracterização do que seria a imprescindibilidade do dever jurídico de agir na omissão, cerne do seu conteúdo jurídico.

O texto objetiva ainda delimitar os contornos da responsabilidade civil do Estado na omissão de fiscalização das operadoras de saúde definindo que esta consiste, substancialmente, em um adimplemento de um dever global de regulação da produção da saúde, ou seja, de regulação da saúde financeira dos mercados e das garantias assistenciais dos usuários, da fiscalização dos contratos e da relação de consumo, eixo principal da fiscalização, e, ainda, da fiscalização do produto, seja na composição da cobertura, seja no seu preço. Descumpridos esses deveres haverá a possibilidade de responsabilização do Estado.

Por fim, são examinadas algumas hipóteses de condutas globais do Estado em detrimento de interesses coletivos dos consumidores de planos de saúde que, se confirmadas, configurariam situações de responsabilidade do Estado.

1. A responsabilidade civil do Estado

A Constituição de 1988 estabeleceu a responsabilidade civil do Estado, em termos genéricos, em seu art. 37, § 6º, que dispõe:

> *Constituição da República Federativa do Brasil de 1988*
> *Art. 37 – (...)*
> *§ 6º – As pessoas jurídicas de direito público e as de direito privado prestadoras de serviços públicos responderão pelos danos que os seus agentes, nessa qualidade, causarem a terceiros, assegurado o direito de regresso contra o responsável nos casos de dolo ou culpa.*[1]

Essa responsabilidade do Estado, instituída em caráter geral, constitui uma garantia fundamental da cidadania e dos direitos dos administrados. Embora esteja inserida no Título III da Constituição (Da Organização do Estado), no Capítulo VII (Da Administração Pública), nem por isso pode ser interpretada restritivamente no sentido de limitar a obrigação de indenizar aos danos causados pela atividade administrativa. É regra hermenêutica corrente que o título, embora ajude a indicar a ordem e a correlação entre as partes de um texto jurídico, oferece critério inseguro de interpretação; o argumento *a rubrica* é de ordem subsidiária, valendo menos que os outros elementos de hermenêutica que se aplicam diretamente ao texto em sua íntegra.[2, 3]

Além disso, o Supremo Tribunal Federal ao considerar inválido dispositivo da Emenda Constitucional nº 3, de 17 de março de 1994, que excluía do princípio da anterioridade tributária (art. 150, III, *b*) o IPMF, decidiu que os direitos e garantias fundamentais não se circunscrevem aos previstos no Título II, Capítulo I da Constituição, mas abrangem todo o corpo do texto constitucional e assim asseverou que o princípio da anterioridade se constitui numa garantia

---

1. Brasil. Constituição da República Federativa do Brasil: promulgada em 5 de outubro de 1988. 16. ed. São Paulo: Saraiva, 1997, p. 35.

2. Maximiliano, Carlos. *Hermenêutica e aplicação do direito*. 11. ed. Rio de Janeiro: Forense, 1991, p. 266.

3. Silveira, Alípio. *Hermenêutica no direito brasileiro*. v. I. São Paulo: Revista dos Tribunais, 1968, p. 25.

fundamental dos cidadãos em termos de imposição tributária, protegida pelas cláusulas pétreas da Constituição.[4]

Um segundo argumento importante que pode ser aduzido para sustentar que a responsabilidade do Estado, tal como prevista no art. 37, § 6º, da Constituição, abrange todas as funções de Estado (administrativa, legislativa e judiciária) é a modificação ocorrida na redação do atual texto constitucional onde se deixou de empregar o vocábulo "funcionários" e adotou-se a fórmula ampla de "agentes" do Estado, que abarca, evidentemente, servidores públicos e "agentes políticos", encerrando assim todas as funções estatais.[5] Juary Silva, escrevendo sobre o tema na égide da Constituição de 1969, já ressaltava a impropriedade da redação constitucional, ressalvando que o constituinte havia dito menos do que pretendia e que, a correta exegese do preceito era aquela que entendia o termo funcionário como sinônimo de agente público, abrangendo todas as categorias dos que servem à Administração Pública.[6]

Esse argumento é corroborado pelo fato de que o Congresso Constituinte de 1988 expressamente rejeitou a fórmula mais restritiva prevista no Anteprojeto da Comissão Afonso Arinos, que previa implicitamente que somente seria cabível a responsabilidade do Estado quando se tratasse de dano efetuado por servidor de entidade administrativa:

> *Anteprojeto da Comissão Afonso Arinos.*
> *Art. 261 – As pessoas jurídicas de direito público responderão pelos danos que seus servidores, nessa qualidade, causarem a terceiros.*
> *Parágrafo único – O servidor será solidariamente responsável quando agir com dolo ou culpa. Nesse caso, a* ***entidade administrativa*** *que houver satisfeito a indenização proporá ação regressiva contra o servidor responsável.*[7]

4. Supremo Tribunal Federal. ADIn 939-7. Rel. Min. Sydney Sanches, DJU, J. 21/01/1994, p. 193.

5. *Constituição da República Federativa do Brasil. Emenda nº 1 de 1969.*
"Art. 107. As pessoas jurídicas de Direito Público responderão pelos danos que seus ***funcionários****, nessa qualidade, causarem a terceiros.*
Parágrafo único. Caberá ação regressiva contra o funcionário responsável, nos casos de culpa ou dolo."

6. Silva, Juary C. *A responsabilidade do Estado por atos judiciários e legislativos: a teoria da responsabilidade unitária do poder público*. São Paulo: Saraiva, 1985, p. 100.

7. Brasil. Constituição Federal; Anteprojeto da Comissão Afonso Arinos; índice analítico comparativo. Rio de Janeiro: Forense, 1987, p. 209.

Conclui-se então que o constituinte, ao acolher fórmula mais dilatada e rejeitar texto mais restritivo, expressamente optou por adotar um regime ampliado da responsabilidade civil do Estado.

Uma terceira ponderação para reforçar essa tese é a de que a própria Constituição de 1988 prevê, em paralelo com o princípio geral, outras formas de responsabilização, como a do chefe do Executivo (art. 86, § 4º) e a do Estado por erro judiciário (art. 5º, LXXV).

Assim, não procede a exegese que restringe o alcance da norma constitucional para limitá-la aos casos em que o fato danoso é praticado por agente administrativo, excluindo os danos resultantes da atuação dos órgãos políticos do Estado.

A partir da Constituição de 1946, em seu art. 194, se deu a adoção, no Direito brasileiro, do princípio da responsabilidade objetiva do Estado.

A doutrina é unânime em reconhecer que, se o elemento culpa é previsto[8] apenas para assegurar a ação regressiva das pessoas jurídicas contra os funcionários causadores do dano, quando tiver havido culpa ou dolo deles, daí resulta, por exclusão, que, omitindo-se o corpo do artigo quanto a referir-se ao elemento subjetivo, terá estabelecido que essas entidades devem reparar o dano mesmo sem culpa, em qualquer caso; assim, a interpretação que se extrai da ausência de referência ao elemento culpa do funcionário na disposição principal, só pode ser a de que prescinde desse elemento subjetivo para a obrigação de indenizar nele estabelecida.[9]

Também essa é a interpretação dominante nos Tribunais pátrios:

> A responsabilidade civil do Estado embora objetiva por força do disposto no art. 107 da EC nº 1/1969 (e, atualmente, no § 6º do art. 37 da Carta Magna), não dispensa, obviamente, o requisito, também objetivo, do nexo de causalidade entre a ação ou omissão atribuída a seus agentes e o dano causado a terceiros (STF – Primeira Turma – RE – Rel. Moreira Alves – j. 12/5/1992 – RT 688/231).
> **Responsabilidade civil – Danos produzidos por agentes públicos – Teoria do risco administrativo** – "A prova do dano causado pelo agente público e o nexo causal entre a ação do agente e os danos caracterizam a responsabilidade das pessoas jurídicas de direito público." (STJ – Primeira Turma – REsp. – Rel. Min. Garcia Vieira – j. 18/10/1993 – RSTJ nº 58/396)

8. Parágrafo único do art. 194 da CF de 1946; do art. 105 da CF de 1967 e do art. 107 da CF de 1969; segunda parte do art. 37, § 6º, da CF de 1988.

9. Cahali, Yussef Said. *Responsabilidade Civil do Estado*. 2. ed. São Paulo: Malheiros, 1996, p. 30.

A responsabilidade de que trata o art. 107 da CF é objetiva, vale dizer, independe de culpa. Não obstante, pode ser atenuada ou, mesmo, excluída se houver concorrência de culpa da vítima ou culpa exclusiva do ofendido – A culpa da vítima, total ou concorrente, deve ser provada pela Fazenda Pública. No primeiro caso, culpa exclusiva afastaria o nexo de causalidade. No segundo, revelaria que o dano não foi provocado apenas pelo funcionário. (TJSP – 5ª C – Ap. – Rel. Joaquim Francisco – j. 07/05/1981 – RT 533/1990)

A discordância doutrinária e jurisprudencial se manifesta quanto à extensão do conceito de responsabilidade objetiva e da teoria que lhe serve de fundamento.

Três são os sistemas de responsabilidade civil do Estado em Direito Público:

1º) teoria do risco integral, ou por causa do serviço público;
2º) teoria da culpa administrativa;
3º) teoria do risco administrativo.

A teoria do risco integral constitui-se numa formulação que se consubstancia na idéia da repartição social dos encargos públicos: sendo o Estado a aglutinação sóciopolítica de todos, os danos por ele causados a qualquer particular devem ser ressarcidos, de modo quase absoluto (exceto nos casos de força maior), isto é, a título de distribuição dos riscos entre todos os integrantes do corpo social. O Estado responderia integralmente em virtude de sua posição de preeminência diante dos particulares e por ser o denominador comum das pretensões assistenciais de qualquer pessoa colocada sob o seu domínio. Não logrou aceitação no país porque constituiria o Estado em segurador universal, com graves prejuízos para as finanças públicas, para o custeio das despesas ordinárias estatais e reduziria o próprio conceito de responsabilidade à insubsistência.

A responsabilidade civil do Estado sob a modalidade da culpa administrativa ocorre sempre quando há acidente imputável ao Estado, mas não se consegue apurar qual o funcionário responsável pelo fato. É o caso, por exemplo, de um funcionário qualquer do Estado que tranca a porta principal do prédio antes da hora determinada. Ocorre um incêndio no andar e as pessoas morrem por não ter acesso à saída. Ocorre a culpa anônima pelo prejuízo ocasionado ao particular. Assim, ainda se perquire a culpa, apenas torna-se desnecessário identificar o culpado, considerando-se como tal o Estado.

Outra modalidade de culpa administrativa é a denominada *faute du service public* (falta do serviço público). Nessa teoria o fundamento da responsabilidade é a falta do serviço público. Pode-se entender como a falta, o mau funcionamento, o tardio ou mesmo o não funcionamento do serviço público. Em qualquer dos casos a responsabilidade seria do Estado. Essa noção de falta do serviço não é absoluta, variando consoante aquilo que se poderia esperar do seu funcionamento. É necessário determinar uma média daquilo que poderia ser razoavelmente exigido.

Ao Estado se ressalva a prova dos fatos elisivos da responsabilidade: a culpa da vítima, caso fortuito e força maior, estado de necessidade e culpa de terceiro. Não ocorre nessa teoria, contudo, presunção de culpa da Administração, o que implicaria dispensar a prova do mau funcionamento do serviço. A imperfeição do serviço há de ser provada, pois de outro modo a responsabilidade seria puramente objetiva, em vez de repousar na noção de culpa.

A culpa administrativa, ainda que na acepção da *faute du service public*, dava lugar a grandes dificuldades no campo do Direito Processual: os juízes, com raciocínio moldado no direito privado, tenderiam a aferir a prova do mau funcionamento do serviço público a teor dos parâmetros sedimentados no campo civilístico. Deste modo, na medida em que se exigisse maior rigor probatório da ocorrência da culpa diminuiria a probabilidade da vítima obter a indenização, e vice-versa. Urgia então superar o velho conceito de culpa, analisando a questão da ótica estrita do direito público.[10]

Surge então a denominada teoria do risco administrativo que culmina a evolução das idéias nessa matéria com a noção de inversão do ônus da prova: em lugar de pretender que a vítima prove a imperfeição do serviço, dela se pede tão-só a prova do nexo causal entre o ato de serviço e o dano, facultando-se ao Poder Público a prova de algumas das excludentes da responsabilidade. O problema é visto a partir de uma ótica de direito público: como a Administração desenvolve atividades suscetíveis de ensejar danos aos particulares, destas recolhendo benefícios de várias ordens, sustenta-se que deva responder em razão dessas atividades. Aquele que aufere os cômodos, deve suportar os correlatos ônus. Não

10. Silva, Juary C., *op. cit.*, p. 85.

se cogita mais da culpa, nem da razoabilidade na prestação do serviço público, mas apenas da relação entre a causa provinda do Estado e o efeito danoso no agente privado.

A responsabilidade é dita assim objetiva porque ocorre diante dos seguintes requisitos: a) do dano; b) da ação administrativa; c) e desde que haja nexo causal entre o dano e essa ação. A consideração da licitude do atuar administrativo é irrelevante, pois o que interessa é isto: sofrendo o particular um prejuízo, em razão da atuação estatal, regular ou irregular, no interesse da coletividade, é devida a indenização, que se assenta no princípio da igualdade dos ônus e encargos sociais.

No que atine à omissão do Estado (o serviço não funcionou, funcionou tardia ou ineficientemente), os parâmetros são outros. Aplica-se a teoria da responsabilidade subjetiva em função da necessidade de imputação, ainda que genérica. Não agindo diretamente, ao Estado só cabe a responsabilização se tinha o dever legal de obstar o evento lesivo e descumpriu-o. Deste modo, trata-se de responsabilidade por comportamento ilícito que, como toda responsabilidade por ato ilícito, deve ser proveniente de dolo ou culpa (negligência, imprudência ou imperícia) e, portanto, responsabilidade subjetiva do Estado. Embora subjetiva, tal responsabilidade não decorre apenas de culpa ou dolo do agente público causador do dano; também a configura aquela culpa do serviço diluída na sua organização, assumindo feição anônima em certas circunstâncias. Desenvolve-se esta nos quadros da falta do serviço (*faute du service public*) consubstanciada no não funcionamento do serviço, em seu funcionamento tardio ou em seu funcionamento de modo incapaz de obstar a lesão.

Esta última concepção de responsabilidade objetiva do Estado por atos comissivos, baseada na teoria do risco administrativo, e de responsabilidade subjetiva (ainda que resultante da *faute du service public*) por omissões é a que granjeou maior aceitação na doutrina e na jurisprudência, consistindo, hoje, na representação dominante sobre a responsabilidade do Estado.

2. A omissão em Direito Civil e sua disciplina jurídica

A discussão sobre a omissão assumiu maior relevo no Direito Penal do que no Direito Civil e é dessa seara que devemos fazer a transposição de certos conceitos e idéias assentes na responsabilidade penal para a esfera da responsabilidade civil.

A definição de comportamento humano deve partir da noção de fato jurídico em geral. Não serão tidos como fatos jurídicos os acontecimentos juridicamente irrelevantes, sendo a relevância de um fato determinada pela aplicação de uma determinada estatuição normativa. Mas o conceito jurídico de fato é o de "acontecimento socialmente relevante", porque quando os reflexos sociais são sentidos, a atenção do Direito é despertada, quando, então, o jurista analisa tal acontecimento, para emitir o juízo de que ele é relevante para a aplicação de dada estatuição legal ou que não é. O comportamento não diz respeito somente a fatos humanos intencionais cujos resultados tenham sido de antemão representados e desejados, bastando que sejam controláveis ou domináveis pela vontade.

O comportamento humano é espécie de fato jurídico e é gênero das espécies ação e omissão, podendo ser lícito e ilícito. A expressão ação é utilizada muitas vezes como sinônimo de comportamento (como ocorre no Brasil), mas é mais adequado o termo conduta para designar atividade corporal positiva. A ação não pode ser apreciada numa perspectiva puramente mecanicista ou naturalística, como sendo "um movimento corporal (voluntário) causador de uma determinada alteração no mundo exterior", pois, além de não dar cobertura às omissões, nem todo acontecimento fático é apreciado pelo Direito. Também se demonstra insuficiente a teoria finalista da ação, que da mesma forma não explica as omissões, pois basta que a conduta seja voluntária, e não que seja voluntário o resultado da conduta, como defende esta corrente. Para os adeptos da teoria social da ação, esta seria o comportamento socialmente relevante, mas a ação só será juridicamente relevante quando afete a relação do indivíduo com o mundo a sua volta, projetando nele as suas conseqüências.

Para a definição de comportamento deve-se partir do conceito de "evento ou acontecimento socialmente relevante". Este evento não necessariamente será uma alteração física da realidade, podendo-se entendê-lo como o impacto social. Será verificando este evento, que o jurista partirá para a análise da atividade, estabelecendo o nexo entre essa duas realidades, muito embora, cronologicamente, a atividade venha na frente do resultado. A relevância social e jurídica é verificada tanto nos eventos contrários ao Direito quanto nos lícitos.

Portanto, o comportamento (também chamado de fato voluntário pela doutrina portuguesa) abrange a conduta e o evento, que pode ser danoso ou não, mas só os danosos ensejam o direito à indenização.

Paulo Pitta e Cunha Nunes de Carvalho propaga para a resolução desse problema a adoção da teoria da causalidade adequada, cuja relação de adequação e probabilidade são averiguadas com base em um critério empírico, de fundo social, e não meramente naturalístico. Esta idéia de causalidade adequada deve ser transportada para a área dos comportamentos lícitos também, como o liame entre a conduta humana e o acontecimento de relevância social, não exclusivamente danoso. Verificamos, pois, que o jurisconsulto insere o resultado no conceito de comportamento, o qual deve ser conceituado não só em função do dano:

> Conduta é a actividade física humana ou a inactividade para a hipótese de omissão. A conduta, enquanto actividade física humana, nenhum significado jurídico tem de "*per si*". [...]
> Tal nos permite concluir que é o evento que dá relevância social à conduta (actividade física), em si juridicamente neutra, pela sua vinculação, enquanto resultado, a este. [...]
> Concluindo, acção ou comportamento em sentido jurídico, será toda a conduta que causa (juridicamente) um evento socialmente e juridicamente relevante.
> A ilicitude, que é a contrariedade ao Direito, a "[...] violação injustificada de direitos e interesses juridicamente protegidos de outrem", é característica do comportamento (ou fato humano), e não uma característica do dano.[11]

Adentrando no conceito de omissão, o termo usualmente está vinculado às idéias de abstenção, oposição, oposto, contrário, contraditório e adverso. Abstenção seria a recusa voluntária de fazer algo; a negação, a ação de negar; oposição seria a posição de uma coisa em face da outra, contraste de duas idéias que se defrontam; oposto e contrário significam de diferente natureza, absolutamente diversos no aspecto.

Paulo Pitta e Cunha Nunes de Carvalho analisa as teses existentes sobre a definição de omissão. A tese mecanicista considera a omissão como uma forma de comportamento físico, pois o sujeito se esforçaria "para travar os nervos motores que o impeliam à acção". Mas, como dito, não se deve entender o com-

11. Carvalho, Paulo Pitta e Cunha Nunes de. *Omissão e dever de agir em direito civil: contributo para uma teoria geral da responsabilidade civil por omissão*. Coimbra: Almedina, 1999, p. 48-9.

portamento, como mero movimento corpóreo, estando descartada a concepção naturalística do mesmo. Mesmo que se admita a existência de tal impulso, nem toda omissão é juridicamente relevante e, para que se fale em omissão em sentido jurídico, esta haverá de ser relevante para o Direito.

A tese do *aliud facere* defende que "[...] a omissão não surge como o contrário ou negação da acção, mas como a acção efetivamente praticada, em vez daquela que não foi levada a cabo", posto que o homem nunca esteja inativo, sem nada fazer e que o indivíduo, inevitavelmente, sempre está a praticar uma ação positiva. No entanto, é legítimo falar-se em inatividade jurídica, pois nem todos os atos humanos são considerados pelo Direito como tal, em face da sua irrelevância jurídica. Além disso, interessa ao Direito o que o sujeito não praticou, e não a atividade (que nada pode ter de censurável) que ele praticou no lugar ação omitida. A ação praticada no máximo permite concluir pela existência da omissão. E, se adotarmos um conceito jurídico de causalidade, poderemos afirmar que a omissão dá origem a resultados, tendo força causal.

Já a tese valorativa, define a omissão como "mero produto mental, sem verdadeira existência no mundo exterior" e sustenta que, sendo a ação uma realidade existente no mundo, impossível seria reunir ação e omissão num mesmo conceito por serem antagônicos. Mais uma vez, há de se rejeitar a acepção naturalística de comportamento. Ademais, o homem, dada a sua natureza versátil, pode ter dois tipos de atitudes com relação ao mundo exterior: atuar positivamente, interferindo no curso natural das coisas, ou se omitindo, deixando a natureza seguir seu processo. De uma forma ou de outra há uma tomada de posição, pois é da essência humana interferir sobre a natureza.

A tese normativista nega a existência da omissão que não seja ilícita, pois é um juízo de contrariedade entre a conduta e a conduta esperada pelo ordenamento. A tese finalista defende que somente se poderá falar que a omissão causou certo resultado, quando a realização da ação tivesse evitado o resultado, desde que essa ação seja uma ação possível. Este conceito é muito amplo, pois a ação vislumbrada deve ser aquela esperada pela sociedade, dentro do juízo formulado pela coletividade de esperança, não se podendo falar em omissão em sentido jurídico partindo-se da análise de todas as ações que poderiam ter sido praticadas.[12]

Eis, finalmente, para o autor, o conceito de omissão:

> Parece-nos, enfim, possível a integração do conceito de omissão num conceito globalizante de comportamento, desde que se trate de um conceito de comportamento não puramente naturalístico, como foi o que atrás se perfilhou. E assim, acção e omissão seriam duas formas diversas de comportamento. A omissão, em sentido jurídico, consistiria então na abstenção (dominável pela vontade) de uma dada acção, desde que essa abstenção seja relevante para o Direito.[13]

Essa relevância é verificada pelo sentimento social de esperança de que o agente omitente praticasse a ação omitida. É um conceito pré-jurídico: a ação omitida deve ser esperada dentro do contexto social. A relevância jurídica de qualquer comportamento é indicada pela relevância social. Portanto, o conceito jurídico de omissão independe da violação de uma norma jurídica, como o que ocorre com a ação. A ação esperada é um conceito não exclusivamente jurídico, mas que não deixa de ser normativo, pois traz consigo nítida carga de valoração objetiva.

A omissão é pressuposto autônomo da responsabilidade civil, devendo ser compreendida, juntamente com a ação, como modalidade de comportamento humano.

Já na doutrina pátria temos a clara doutrina de Heleno Cláudio Fragoso, que, em sede de Direito Penal, enfatiza o aspecto normativo:

> Só do ponto de vista puramente formal e sem conseqüências podemos dizer que ação e omissão são formas de comportamento punível. A omissão é algo inteiramente diverso da ação. No plano ontológico existem apenas ações. Omissão não é inércia, não é não-fato, não é inatividade corpórea, não é, em suma, o simples não fazer. Mas sim não fazer algo, que o sujeito podia e devia realizar. Em conseqüência, não se pode saber, contemplando a realidade fenomênica, se alguém omite alguma coisa. Só se pode saber se há omissão referindo a atividade ou inatividade corpórea a uma norma que impõe o dever de fazer algo que não está sendo feito e que o sujeito podia realizar. A omissão é, assim, um conceito necessariamente normativo, mesmo quando se considera o comportamento ju-

12. Carvalho, Paulo Pitta e Cunha Nunes de, *op. cit.*, p. 97-114.

13. Carvalho, Paulo Pitta e Cunha Nunes de, *op. cit.*, p. 128.

ridicamente indiferente. Não se pode dizer que o operário danificou a máquina por omissão senão quando ele podia e devia praticar determinada ação que impedisse o dano. Não se pode dizer que alguém omitiu um cumprimento a uma pessoa senão quando o sujeito conhece essa outra pessoa e uma norma de civilidade lhe impõe esse cumprimento. A omissão, portanto, não é modalidade de ação e não é ação negativa, mas algo essencialmente diverso e distinto da ação. No direito penal moderno a omissão constitui forma especial de aparecimento do fato punível.[14]

Conseqüentemente, a omissão é, de um lado, não fazer, de outro, colisão entre esse comportamento e uma norma. Apresenta, assim, caráter normativo, que entretanto não exclui, mas, antes, exige um estado físico da pessoa, que é a conduta omissiva. Omitir, no campo do Direito, não é não fazer nada, mas antes não executar a ação que a norma impõe.

São exemplos no campo do Direito Administrativo de omissões: os danos sofridos por alunos de estabelecimento da rede de ensino público em virtude de atos de outros alunos ou de terceiros e, ainda, omissão de professores ou da direção, uma vez que o Estado tem o dever de garantir a incolumidade de seus alunos. Este dever também se verifica quanto aos presos, que devem ter sua integridade física e moral garantidas. Haverá omissão e falha estatal se preso sofrer acidente no trabalho ou agressão ou morte por companheiro de cela ou policiais.

Roubo em via pública é hipótese em que o Estado só poderá ser responsabilizado por omissão, devendo-se sempre verificar se houve comportamento inferior ao padrão exigível. Outra hipótese, é de danos decorrentes da ineficiente atividade fiscalizatória pelo Poder Público das atividades particulares que afetam a vida coletiva, no seu exercício do poder de polícia.

A falha do sistema penitenciário quando preso foragido causa lesão ao administrado também é hipótese de dano decorrente da omissão estatal. Neste caso, o serviço de guarda dos delinqüentes não funcionou ou funcionou mal. O Poder Público é guardião de seus presos e detentos e se estes praticam delitos como homicídios ou roubos quando foragidos haverá responsabilidade estatal.

---

14. Fragoso, Heleno Cláudio. Crimes omissivos no direito brasileiro. In: *Revista de Direito Penal e Criminologia*, nº 33. Rio de Janeiro: Forense, jan.-jun. 1982, p. 41-7.

Inundações e enchentes que seriam evitadas se a Administração tivesse executado ou conservado obras de escoamento de águas acumuladas. Se tais providências eram dever do Estado e ele se omitiu, deixando de construir barragens ou permitindo que galerias pluviais e bueiros permanecessem entupidos, devida será a indenização.

Danos decorrentes de movimentos multitudinários, quando o poder de polícia tinha meios de evitá-los. Quando a massa enfurecida se revolta e depreda a propriedade privada, não basta a ineficácia genérica do aparelhamento estatal de polícia preventiva para ensejar a responsabilização.

Elemento configurador da omissão juridicamente relevante é, assim, a imprescindibilidade do dever de agir.

Neste ponto, temos a lição de Celso Antônio Bandeira de Mello, para quem a responsabilidade é subjetiva, que, no entanto, entende que tal dever de agir deva ser legal e segundo os limites de eficiência normais:

> Não há resposta a priori quanto ao que seria o padrão normal tipificador da obrigação a que estaria legalmente adstrito. Cabe indicar, no entanto, que a normalidade da eficiência há de ser apurada em função do meio social, do estágio de desenvolvimento tecnológico, cultural, econômico e da conjuntura da época, isto é, das possibilidades reais médias dentro do ambiente em que se produziu o fato danoso.
> Como indício dessas possibilidade reais há que levar em conta o procedimento do Estado em casos análogos e o nível de expectativa comum da sociedade (não o nível de aspiração), bem como o nível de expectativa do próprio Estado em relação ao serviço increpado de omisso, insuficiente ou inadequado.
> [...] Não socorre eventual incúria em ajustar o serviço aos padrões de eficiência normais, possíveis, segundo os termos dantes apontados. Contrariamente, a impossibilidade de atuar ou de atuar de forma suficiente para obstar ao dano absolve-o de responsabilidade.
> Só o exame concreto dos casos ocorrentes poderá indicar se o serviço funcionou abaixo do padrão a que estaria adstrito por lei.[15]

O padrão de exigência deve ser averiguado na responsabilização estatal, mas tal dever de agir não é somente aquele que está expressamente previsto na lei, mas aqueles outros decorrentes de princípios norteadores da Administração

15. Mello, Celso Antonio Bandeira de. *Curso de Direito Administrativo*. São Paulo: Malheiros, 2002, p. 855.

Pública, especialmente aqueles que informam os deveres laterais de conduta da boa-fé objetiva, como a moralidade e a razoabilidade.

Em outro texto, analisando a responsabilidade civil do Estado em decorrência de balas perdidas, delimitamos quais seriam os contornos dessa imprescindibilidade de tal dever de agir, a constituir a causa da omissão:

> A quarta hipótese, o dano resultante de confronto unicamente entre marginais, em áreas de reiterada conflagração armada, com omissão específica do Estado, é uma decorrência lógica de tudo que foi exposto anteriormente. Também neste caso, como regra geral não cabe a responsabilidade do Estado por confronto entre marginais. Porém, quando tais confrontos se dão, de maneira reiterada e contínua, numa área geográfica perfeitamente delimitada, com a constante desídia do Estado em garantir a segurança de tais áreas, que se tornam verdadeiros territórios livres do crime, nestes casos surge a omissão juridicamente relevante que configura a responsabilidade do Estado. Tal comportamento omissivo da Administração é, nesse caso, deflagrador do dano praticado por terceiro e causa do mesmo.
>
> Para caracterização de tal responsabilidade do Estado por ato omissivo é necessário que a omissão seja de caráter prolongado e não fortuita. Se faz a prova de tal omissão através de testemunhas, perícias de balas alojadas nas paredes de casas e edifícios, configurações balísticas de linhas de tiro, desvalorização do preço dos imóveis situados em áreas conflagradas, juntada de reclamações reiteradas à Polícia sem que fossem tomadas providências, anotação dos apartamentos onde são colocadas placas de aço nas janelas etc.
>
> O padrão mínimo de exigibilidade de garantia da segurança pública da coletividade é atingido pela omissão reiterada do Estado, tornando-se essa omissão a causa do evento danoso (por ausência de repressão) e, assim, acarretando a responsabilidade civil do Estado.[16]

O administrador está adstrito ao dever de honestidade, de boa administração, à observância dos bons costumes, dos princípios de justiça e eqüidade, deveres estes de natureza moral. O princípio da moralidade, erigido agora a cânone constitucional, permite um controle maior dos atos discricionários pelo Poder Judiciário. A liberdade de atuação do administrador está delimitada não só pela lei, mas pela moralidade administrativa, pois não haverá liberdade de atuação, senão visando o bem comum e a boa gestão.

---

16. Mota, Mauricio. Responsabilidade civil do Estado por balas perdidas. In: Mário César Bucci. (org.). *Revista de Responsabilidade Civil*. Campinas: Mizuno, 2000, v. 2, p. 134-9.

Irrazoável será a omissão administrativa, pois a decisão do administrador de não agir jamais se adequará à finalidade do bem comum, implícita ou explícita, em qualquer norma administrativa. A dita proporcionalidade entre os fins e os meios utilizados pela Administração Pública não será percebida, pois sequer os meios pertinentes foram usados no caso concreto, ante a inatividade. A razoabilidade também funciona como limite à discricionariedade, pois a fundamentação dos atos deverá ser coerente, bastante para legitimar o ato e suficiente para alcançar seus fins. E, a ausência de fundamento do não agir ou a não adequação deste fundamento à finalidade da norma implicará a irrazoabilidade do ato omissivo.

Mesmo que o ato seja discricionário, os princípios da razoabilidade e moralidade irão nortear o administrador, impondo limites à liberdade dessa atuação e indicando quando e se deverá o Estado agir ou não. Através destes juízos de valor, poderá o Judiciário verificar o dever de agir, mesmos nestes casos em que o ato não é vinculado, poderá impor à Administração que efetivamente atue, se ainda for possível, e estabelecer o ressarcimento dos prejuízos causados ao administrado em razão dessa omissão.

3. A responsabilidade civil do Estado na omissão de fiscalização das operadoras de saúde

Definidos esses elementos primordiais, vejamos em que consiste a responsabilidade civil do Estado na omissão de fiscalização das operadoras de saúde.

A responsável pela fiscalização e controle das empresas de seguro saúde é a Agência Nacional de Saúde Suplementar – ANS, autarquia federal, incumbindo na omissão de fiscalização, em tese, sua responsabilidade.

Com efeito, assim preceitua a lei de criação da autarquia federal Agência de Saúde Suplementar, de nº 9.961, de 28 de janeiro de 2000, em seu art. 3º, *in verbis*:

> *Art. 3º – A ANS terá por finalidade institucional promover a defesa do interesse público na assistência suplementar à saúde, regulando as operadoras setoriais, inclusive quanto às suas relações com prestadores e* ***consumidores****, contribuindo para o desenvolvimento das ações de saúde no país.* (grifou-se)

É atribuição, portanto, da ANS a promoção da defesa do interesse público no campo da saúde suplementar, inclusive no que concerne à regulação das atividades das operadoras de saúde e seus consumidores, impondo-lhe a lei o dever de regular os contratos, e fiscalizar-lhes a execução, que são firmados entre as operadoras de planos de saúde e seus associados/segurados, no intuito de coibir arbitrariedades e ofensas ao Código de Defesa do Consumidor.

Haverá responsabilidade por omissão sempre que a ANS quedar-se inerte em seu dever jurídico, permitindo que as operadoras de saúde atuem sem fiscalização ou quando estas impuserem regras arbitrárias, muitas vezes não previstas em seus contratos, e quando previstas, revestidas de ilegalidade e abusividade em face do Código de Defesa do Consumidor.

Reafirmando esse dever da autarquia federal, dispõe o art. 4º, inciso II, da lei supramencionada que:

> *Art. 4º – Compete à ANS*
> *I – Omissis*
> *II – estabelecer as características gerais dos instrumentos contratuais, utilizados na atividade das operadoras.*

No mesmo diapasão o § 1º do art. 1º da Lei nº 9.656, de 3 de junho de 1998, na redação da Medida Provisória nº 1.976-29/2000, cuja dicção legal é a seguinte:

> *Art. 1º – Omissis*
> *§ 1º – Está subordinada às normas e à fiscalização da Agência Nacional de Saúde Suplementar – ANS qualquer modalidade de produto, serviço e contrato que apresente, além da garantia de cobertura financeira de riscos de assistência médica, hospitalar e odontológica, outras características que o diferencie de atividade exclusivamente financeira, tais como:*
> *e) qualquer restrição contratual, técnica ou operacional para a cobertura de procedimentos solicitados por prestador escolhido pelo* ***consumidor****; (grifo nosso)*

O setor de saúde suplementar operou praticamente fora da esfera de controle do Estado por mais de 30 anos, até a criação do mecanismo regulatório. Ele influencia a vida de aproximadamente um quarto da população brasileira e movimenta recursos anuais estimados em 23 bilhões de reais.

O setor de saúde suplementar pode ser classificado em quatro segmentos, alguns com partições cada dia mais expressivas:

a) medicina de Grupo – opera com os chamados convênios médico-hospitalares, em que podem ser identificados três diferentes tipos:

1) as operadoras que não possuem rede própria; 2) as que possuem rede própria; e 3) as associadas a hospitais filantrópicos.

b) cooperativas – além dos serviços dos próprios cooperados, operam os chamados convênios médico-hospitalares, com rede própria crescente;

c) autogestão – sistema fechado com público específico, vinculado a empresas – públicas e privadas – ou a sindicatos e associações, igualmente subdivididas entre aquelas que operam a assistência através de departamentos próprios dessas companhias e aquelas que a operam através de entidades vinculadas; e

d) seguradoras – além do seguro-saúde propriamente dito, sujeitos à regulamentação específica, operam produtos com todas as características de planos privados de assistência à saúde na forma da legislação.

A PNAD (Pesquisa Nacional por Amostra de Domicílios) de 1998 estimou que, naquele ano, 38,7 milhões de brasileiros eram beneficiários de planos privados de assistência suplementar à saúde, sendo a distribuição geográfica dessa população extremamente concentrada na zona urbana (95%).

No que diz respeito ao marco regulatório e particularmente à ANS, foram incorporadas nessa agência novas atribuições, como a de monitorar a evolução de preços de planos de assistência à saúde, seus prestadores de serviços e insumos, autorizar os processos de cisão, fusão, incorporação, alteração ou transferência do controle acionário e a articulação com os órgãos de defesa do consumidor.

A direção da ANS é exercida por uma diretoria colegiada, integrada por cinco diretores com mandatos não coincidentes, cada um deles responsável por uma das áreas de atuação definidas em Regimento Interno.

A ANS é, portanto, o órgão regulador desse mercado e, como tal, sujeito à responsabilização no caso de omissão em seus deveres jurídicos legais de regulação e fiscalização.

O dever jurídico em tela, assim, é o de implementar uma política, intervindo, quando necessário, com os meios (atos normativos, executivos e judicantes) cabíveis e proporcionais, mediante prévia ponderação entre custos e benefícios. Por óbvio, dificilmente a intervenção deixará de causar custos e, eventualmente, isso resultará em redução da lucratividade. No entanto, tal redução, por si só, não representa dano causado pela atividade regulatória, na medida em que haja, de outro lado, um proveito igual ou maior para os consumidores. Somente se a intervenção for desproporcional, trazendo custos que não se traduzam em proveitos iguais ou maiores, causará dano passível de responsabilização.[17]

Essa política pública de regulação da saúde consiste em um marco regulatório (Lei nº 9.656/1998) ampliado e abrangente. Institui premissas de regulação da "saúde financeira" do mercado e definiu os limites das coberturas, dando garantias assistenciais aos usuários. Ao instituir os tipos de segmentação e o rol de procedimentos obrigatórios definiu um padrão de cobertura e de assistência. A implementação dessa regulação pública tem se mostrado fragmentada com diferentes linhas de intervenção simultâneas e não articuladas. Três ênfases podem ser identificadas na atuação da ANS: a primeira voltada para a regulação da saúde financeira das operadoras, ou seja, da sua capacidade de se estabelecer no mercado, honrando os compromissos na prestação da assistência à saúde dos seus beneficiários; a segunda, sob a perspectiva do direito dos consumidores, focaliza os contratos e a relação de consumo, definindo como eixo principal de atuação o processo de fiscalização; a terceira tem como centro a questão dos produtos, seja na sua composição de cobertura, seja no seu preço.

Esse modelo de regulação não se articulou em torno de um único eixo que definisse claramente as perspectivas regulatórias da instituição. Nessa prática institucional fragmentada, a perspectiva de regulação do setor como produtor de saúde encontra-se incipiente. Ou seja, a questão da produção da saúde não adquiriu a centralidade necessária para nortear o processo regulatório.

Desse modo, é a omissão, nesse dever global de produção da saúde, que pode caracterizar a responsabilidade civil do Estado por insuficiência de atividade regulatória a que está obrigado por lei. O primeiro aspecto desse dever é a garantia da saúde financeira do mercado e das garantias assistenciais do usuários.

Foi o caso, por exemplo, decidido na Corte Especial do Superior Tribunal de Justiça (STJ) em 19/12/2005, que as operadoras de planos de saúde Bradesco e Sul América poderiam reajustar, respectivamente, em 25,8% e 26,1%, os contratos firmados antes de janeiro de 1999, bem como aumentar em 11,69%

17. Cunha, Paulo César Melo da. *Regulação jurídica da saúde suplementar no Brasil*. Rio de Janeiro: Lumen Juris, 2003, p. 302.

os novos contratos de planos de saúde, conforme havia sido estipulado pela aplicação dos índices determinados pela Agência Nacional de Saúde Suplementar. Caso tivesse sido provado pelo Tribunal (o que acabou não acontecendo), como alegavam a Associação de Defesa dos Usuários de Seguros, Planos e Sistemas de Saúde (Aduseps) e a Associação de Defesa da Cidadania e do Consumidor (Adecon), que o reajuste autorizado fragilizava todas as garantias assistenciais dos usuários e beneficiava unilateralmente os planos de saúde em escala nacional, em detrimento de milhões de usuários dos planos, comprometendo a saúde financeira do mercado, a Agência Nacional de Saúde Suplementar poderia, em outra ação, ser responsabilizada civilmente por omissão no dever global de regulação.

Nessa hipótese, se configurada, o padrão médio de equilíbrio do mercado, o objeto da regulação, teria sido atingido e desse modo omisso teria sido o procedimento da agência na aferição do interesse dos consumidores. A intervenção regulatória teria sido desproporcional trazendo custos que não se traduziriam em proveito de equilíbrio sistêmico, o que poderia ensejar a responsabilização.

A atividade regulatória é, deste modo, uma atividade que tem como cerne o conceito de eficiência sistêmica. Sempre que estivermos diante de situações que importem a "captura" da agência por algum dos interesses a serem regulados[18] haverá ensejo à perspectiva de responsabilização do Estado.

A normalidade da eficiência da atuação da agência há de ser apurada em função do meio a ser regulado, do estágio de desenvolvimento tecnológico dos instrumentos de regulação, do nível de simetria de informações do mercado regulado e de sua distribuição aos partícipes deste, conjuntura da época, das

18. Nos Estados Unidos, o Judiciário tem tido um papel marcante no controle das agências reguladoras. A chamada *hard-look doctrine* foi desenvolvida para permitir ao Judiciário se desincumbir das duas tarefas que lhe foram conferidas pelo Administrative Procedure Act – APA – garantir a fidelidade do processo regulatório ao direito e invalidar decisões "arbitrárias" ou "caprichosas." A doutrina *hard-look* tem servido ora para exigir das agências a demonstração de que as vantagens da regulação justificam as suas desvantagens, ora para invalidar ou devolver para a agência medidas regulatórias que não atendam aos objetivos da lei, ora para exigir melhores explicações da agência acerca de críticas ou comentários feitos por partícipes do processo de consulta pública. Assim sendo, o Judiciário tem se comportado como um verdadeiro curador da racionalidade dos processos regulatórios. Em Binenbojm, Gustavo. Agências Reguladoras, Legalidade e Direitos Fundamentais. Limites aos poderes normativo e sancionatório da Anvisa na regulação de produtos fumígenos. Disponível em: www.mundojuridico.adv.br, acesso em 11/02/2007.

perspectivas econômicas e das possibilidades reais médias dentro do ambiente em que se produziu o fato danoso.

Como indício dessas possibilidades reais há que se levar em conta o procedimento do Estado em casos análogos e o nível de expectativa comum de operadoras de saúde e consumidores-usuários dos planos de saúde.

A responsabilização das agências autoriza o direito de regresso contra os diretores da agência no caso destes terem agido com dolo ou culpa. Os atos regulatórios são praticados pelo colegiado dirigente da agência reguladora e nesse caso opera-se a regra de solidariedade entre os seus membros. Aplica-se aqui, analogamente, o previsto no § 3º do art. 51 da Lei nº 8.666/1993. Sempre que houver atuação culposa e negligente de membros de comissão que não explicitaram no tempo devido a sua discordância da maioria através de voto divergente, a todos é aplicada a responsabilização. A aplicação desse dispositivo legal é ensinada por Marçal Justen Filho, *in verbis*:

> Como a comissão delibera em conjunto, todos os seus integrantes têm o dever de cumprir a Lei e defender o interesse público. Mais ainda, cada membro da comissão tem o dever de opor-se à conduta dos demais integrantes quando viciada. O dispositivo se assemelha ao princípio consagrado no art. 158, §§ 1º e 2º, da Lei nº 6.404/1976, que disciplina as sociedades por ações.
>
> A responsabilidade solidária dos membros da comissão de licitação não independe de culpa. O sujeito pode apenas ser responsabilizável na medida em que tenha atuado pessoal e culposamente para a concretização de ato danoso ou desde que tenha omitido (ainda que culposamente) os atos necessários a evitá-lo. Se o sujeito, por negligência, manifesta sua concordância com ato viciado, torna-se responsável pelas conseqüências. Se, porém, adotou as precauções necessárias e o vício era imperceptível não obstante a diligência empregada, não há responsabilidade pessoal.
>
> Sempre que o membro da comissão discordar da conduta de seus pares, deverá expressamente manifestar sua posição. Isso servirá para impedir a responsabilização solidária do discordante. A ressalva deverá ser fundamentada, apontando-se os motivos pelos quais o sujeito discorda da conduta alheia. É óbvio que a ressalva de nada servirá se não apontar o vício ocorrente.[19]

19. Justen Filho, Marçal. *Comentários à lei de licitações e contratos administrativos*. 9. ed. São Paulo: Dialética, 2002, p. 452.

No que se refere à responsabilidade civil do Estado por omissão na fiscalização das operadoras de planos de saúde há que se verificar se havia o dever de atuar para se configurar tal responsabilidade. Na omissão genérica de fiscalizar de maneira onipresente e onisciente todos os planos de saúde não há o fato juridicamente relevante, qual seja, um comportamento inferior ao padrão legal exigível na situação em apreço. O Estado não atuou dada a impossibilidade ou a instransponível dificuldade de fazê-lo (que depende do cotejamento dos recursos disponíveis em face das outras necessidades estatais) e ainda a razoabilidade da ausência em todo o instante em que um direito do consumidor estiver sendo desrespeitado. A garantia genérica da fiscalização das operadoras de saúde é um padrão mínimo de resguardo da coletividade e não uma proteção individualizada, subjetiva, de cada particular em todas as circunstâncias.

Se, todavia, há na fiscalização das operadoras de saúde uma omissão de caráter prolongado e não fortuita, surge a omissão juridicamente relevante que configura a responsabilidade do Estado. O padrão mínimo de exigibilidade de fiscalização das atividades das operadoras de saúde em uma dada coletividade é atingido pela omissão reiterada do Estado, tornando-se essa omissão a causa do evento danoso (por ausência de repressão) e, assim, acarretando a responsabilidade civil do Estado.

Seria o caso, por exemplo, da situação denunciada pelo Instituto de Defesa do Consumidor – Idec de que estaria em curso uma política por parte das operadoras de planos de saúde de desestimular a comercialização de planos individuais.[20]

Isso porque, segundo o Idec, a preferência das operadoras de planos de saúde pelos planos coletivos decorre do fato desta modalidade sofrer menor controle governamental. O principal aspecto envolvido nessa questão diz respeito aos reajustes anuais que deveriam ser controlados pelo governo, mas não o são, com as negociações dos aumentos feitas diretamente entre a operadora e a empresa/sindicato/associação que a contrata, enquanto os planos individuais têm os aumentos monitorados pela Agência Nacional de Saúde Suplementar.

20. Ver argumentos no site do Idec: www.idec.org.br, acesso em 11 de fev. de 2007.

Outro fator que torna os planos coletivos mais interessantes às operadoras consiste no fato de que, para este tipo de contratação a Lei nº 9.656/1998 não proíbe, explicitamente, a suspensão ou rescisão unilateral por parte da operadora, embora seja essa uma conduta proibida pelo Código de Defesa do Consumidor.[21] No caso de planos individuais, não pode haver ruptura ou suspensão do atendimento, salvo os casos de fraude ou não-pagamento da mensalidade por período superior a sessenta dias, consecutivos ou não, nos últimos 12 meses de vigência do contrato.

A tendência acarreta inúmeras desvantagens para o consumidor. O acesso aos planos coletivos, num passado recente, era mais restrito já que pressupunha a contratação feita por pessoa jurídica. Entretanto, a reação do consumidor, levando ao Judiciário a problemática que envolve planos individuais e familiares, desencadeou, por conseqüência, uma reação das operadoras, razão pela qual a tendência atual é de oferta no mercado de consumo de planos coletivos por adesão, na expressiva maioria. Além disso, outro atrativo para as operadoras constitui-se no fato de estar submetido a reajustes de preço sem qualquer controle por parte da ANS e a possibilidade de rescisão do contrato a qualquer tempo, pela pessoa jurídica à qual é vinculado, ou unilateralmente pela operadora, se observar que o contrato não se demonstra mais lucrativo.

A omissão na fiscalização desses procedimentos, de modo reiterado pelo Estado, que atinge o padrão médio de cobertura da operação de saúde e que fragiliza de maneira peremptória uma das partes do sistema, quedando-a ao ar-

---

21. Foi o caso da operadora Sul América que estaria se recusando a renovar as atuais apólices coletivas da Associação Paulista de Medicina (APM), em função de desequilíbrio econômico-financeiro da carteira. Como alternativa, a operadora apresentou à associação duas empresas especializadas na gestão de benefícios para entidades de classe.

Na tentativa de garantir a prestação de serviços a seus associados, a APM rescindiu o contrato com a Sul América e enviou correspondência aos usuários da carteira propondo novo modelo contratual, ao qual o segurado poderia, voluntariamente, subscrever nova adesão. Caso contrário, ficaria sem cobertura de assistência médica a partir de 1º de outubro.

De todo modo, o consumidor sairia em extrema desvantagem, já que as opções apresentadas são bem mais onerosas do que o previsto no atual contrato, ainda que este já tenha sido objeto de reajustes abusivos.

Segundo a análise do Idec, a operadora não pode rescindir o contrato unilateralmente. Isto porque essa prática contraria o princípio da boa-fé e da equidade, o que é vedado pelo Código de Defesa do Consumidor (arts. 39, V, e 51, IV e § 1º, incisos I a III).

bítrio e à unilateralidade da atuação das operadoras de saúde. Isso pode ensejar sim a responsabilização do Estado por conduta omissiva relevante na fiscalização do mercado e autorizar a composição do dano coletivo incorrido.

Da mesma maneira, a Agência Nacional de Saúde Suplementar (ANS) ao prescrever, em 3 de abril de 2006, através da Resolução Normativa (RN) nº 124 – que regulamenta as infrações às normas regulatórias e estabelece sanções administrativas (sendo a aplicação de multa a mais conhecida delas) –, a prioridade aos Termos de Compromisso de Ajuste de Conduta (TCACs), pode estar caracterizando o início de uma situação de omissão juridicamente relevante do dever de fiscalizar.

Os TCACs são utilizados pela agência como substitutivos de penalidades por infrações cometidas: troca-se a penalidade pela assinatura de um documento no qual a empresa se compromete a não mais praticar a infração.

Na prática, a nova regulamentação e os TCACs protegem as operadoras de planos de saúde. A leitura do art. 8º, inciso II, da RN nº 124 evidencia a benevolência em prol das operadoras de planos de saúde, pois considera a dificuldade de compreensão das regras regulatórias como condição atenuante da penalidade. Nesse caso a multa terá um desconto de 10%.

Outro aspecto a ser considerado consiste no fato de que a autuação em si não garante que a multa será efetivamente paga, já que a aplicação de sanções administrativas se efetiva após longo e demorado trâmite de um procedimento.

A ANS valoriza o TCAC como elemento que equilibra as relações de mercado, apresentando estimativa de 1000 Termos que aguardam apreciação da agência. Ocorre que essa quantidade de TCACs denuncia a fragilidade da agência como órgão regulador que, ao invés de reprimir condutas lesivas, busca uma alternativa mais favorável às operadoras infratoras, flexibilizando a aplicação de penalidades sem conseguir com que, na prática, o respeito à legislação seja efetivado. Se comprovados esses processos, então estaremos diante de uma omissão reiterada da agência do seu dever de fiscalizar, a acarretar a responsabilização do Estado por ausência de regulação, como lhe é adstrita por lei.

4. Conclusão

A responsabilidade civil do Estado na omissão de fiscalização das operadoras de saúde apresenta inúmeras peculiaridades.

Inicialmente cabe ressaltar que a responsabilidade do Estado, tal como prevista no art. 37, § 6º, da Constituição, abrange todas as funções de Estado (administrativa, legislativa e judiciária).

A partir da Constituição de 1946, em seu art. 194, se deu a adoção no Direito brasileiro do princípio da responsabilidade objetiva do Estado.

A doutrina é unânime em reconhecer que, se o elemento culpa é previsto apenas para assegurar a ação regressiva das pessoas jurídicas contra os funcionários causadores do dano, quando tiver havido culpa ou dolo deles, daí resulta, por exclusão, que, omitindo-se o corpo do artigo quanto a referir-se ao elemento subjetivo, terá estabelecido que essas entidades devem reparar o dano mesmo sem culpa, em qualquer caso; assim, a interpretação que se extrai da ausência de referência ao elemento culpa do funcionário na disposição principal, só pode ser a de que prescinde desse elemento subjetivo para a obrigação de indenizar nele estabelecida.

A responsabilidade do Estado é objetiva porque ocorre diante dos seguintes requisitos: a) do dano; b) da ação administrativa; c) e desde que haja nexo causal entre o dano e essa ação. A consideração da licitude do atuar administrativo é irrelevante, pois o que interessa é isto: sofrendo o particular um prejuízo, em razão da atuação estatal, regular ou irregular, no interesse da coletividade, é devida a indenização, que se assenta no princípio da igualdade dos ônus e encargos sociais.

No que atine à omissão do Estado (o serviço não funcionou, funcionou tardia ou ineficientemente) os parâmetros são outros. Aplica-se a teoria da responsabilidade subjetiva em função da necessidade de imputação, ainda que genérica. Não agindo diretamente, ao Estado só cabe a responsabilização se tinha o dever legal de obstar o evento lesivo e descumpriu-o. Deste modo, trata-se de responsabilidade por comportamento ilícito que, como toda responsabilidade por ato ilícito, deve ser proveniente de dolo ou culpa (negligência, imprudência ou imperícia) e, portanto, responsabilidade subjetiva do Estado. Embora subjetiva, tal responsabilidade não decorre apenas de culpa ou dolo do agente público causador do dano; também a configura aquela culpa do serviço diluída na sua organização, assumindo feição anônima em certas circunstâncias. Desenvolve-se esta nos quadros da falta do serviço (*faute du service public*), consubstanciada no não-funcionamento do serviço, em seu funcionamento tardio ou em seu funcionamento de modo incapaz de obstar a lesão.

A responsabilidade objetiva do Estado por atos comissivos, baseada na teoria do risco administrativo, e de responsabilidade subjetiva (ainda que resultante da *faute du service public*) por omissões é a que granjeou maior aceitação na doutrina e na jurisprudência, consistindo, hoje, na representação dominante sobre a responsabilidade do Estado.

A omissão em Direito Civil consiste na abstenção (dominável pela vontade) de uma dada ação, desde que essa abstenção seja relevante para o direito. Essa relevância é verificada pelo sentimento social de esperança de que o agente omitente praticasse a ação omitida. É um conceito pré-jurídico: a ação omitida deve ser esperada dentro do contexto social. A relevância jurídica de qualquer comportamento é indicada pela relevância social. Portanto, o conceito jurídico de omissão independe da violação de uma norma jurídica, como o que ocorre com a ação. A ação esperada é um conceito não exclusivamente jurídico, mas que não deixa de ser normativo, pois traz consigo nítida carga de valoração objetiva.

Elemento configurador da omissão juridicamente relevante é, assim, a imprescindibilidade do dever de agir. Não há resposta a priori quanto ao que seria o padrão normal tipificador da obrigação a que estaria legalmente adstrito. Cabe indicar, no entanto, que a normalidade da eficiência há de ser apurada em função do meio social, do estágio de desenvolvimento tecnológico, cultural, econômico e da conjuntura da época, isto é, das possibilidades reais médias dentro do ambiente em que se produziu o fato danoso.

Naquilo que diz respeito à responsabilidade civil do Estado na omissão de fiscalização das operadoras de saúde, haverá responsabilidade por omissão sempre que a ANS quedar-se inerte em seu dever jurídico, permitindo que as operadoras de saúde atuem sem fiscalização ou quando estas impuserem regras arbitrárias, muitas vezes não previstas em seus contratos, e quando previstas, revestidas de ilegalidade e abusividade em face do Código de Defesa do Consumidor.

O dever global de regulação da produção da saúde a que a agência está adstrita importa na regulação da saúde financeira dos mercados e das garantias assistenciais dos usuários, da fiscalização dos contratos e da relação de consumo, eixo principal da fiscalização, e, ainda, da fiscalização do produto, seja na composição da cobertura, seja no seu preço.

Na hipótese de regulação da saúde financeira dos mercados o padrão médio de equilíbrio do mercado é o objeto da regulação e, sempre que este equilíbrio for atingido, terá sido omisso o procedimento da agência na aferição do interesse dos consumidores. A intervenção regulatória teria sido desproporcional trazendo custos que não se traduziriam em proveito de equilíbrio sistêmico, o que poderia ensejar a responsabilização.

A normalidade da eficiência da atuação da agência há de ser apurada em função do meio a ser regulado, do estágio de desenvolvimento tecnológico dos instrumentos de regulação, do nível de simetria de informações do mercado regulado e de sua distribuição aos partícipes deste, conjuntura da época, das perspectivas econômicas e das possibilidades reais médias dentro do ambiente em que se produziu o fato danoso.

A responsabilização das agências autoriza o direito de regresso contra os diretores da agência no caso destes terem agido com dolo ou culpa. Os atos regulatórios são praticados pelo colegiado dirigente da agência reguladora e nesse caso opera-se a regra de solidariedade entre os seus membros.

Na responsabilidade civil do Estado por omissão de fiscalização, sempre que estivermos diante de uma omissão de caráter prolongado e não fortuita, surge a omissão juridicamente relevante que configura a responsabilidade do Estado. O padrão mínimo de exigibilidade de fiscalização das atividades das operadoras de saúde em uma dada coletividade é atingido pela omissão reiterada do Estado, tornando-se essa omissão a causa do evento danoso (por ausência de repressão) e, assim, acarretando a responsabilidade civil do Estado. É o caso, por exemplo, quando as operadoras de saúde, em bloco, retiram do mercado planos de saúde que beneficiam o consumidor para forçá-los a migrar para outros que aumentam seus custos, diminuem seus benefícios contratuais e fragilizam as garantias de suas posições jurídicas.

5. Bibliografia

Brasil. Constituição Federal. *Anteprojeto da Comissão Afonso Arinos; índice analítico comparativo*. Rio de Janeiro: Forense, 1987.

Cahali, Yussef Said. *Responsabilidade Civil do Estado*. 2. ed. São Paulo: Malheiros, 1996.

Carvalho, Paulo Pitta e Cunha Nunes de. *Omissão e dever de agir em Direito Civil: contributo para uma teoria geral da responsabilidade civil por omissão*. Coimbra: Almedina, 1999.

Cunha, Paulo César Melo da. *Regulação jurídica da saúde suplementar no Brasil*. Rio de Janeiro: Lumen Juris, 2003.

Fragoso, Heleno Cláudio. Crimes omissivos no Direito brasileiro. In: *Revista de Direito Penal e Criminologia*, n. 33, Rio de Janeiro: Forense, jan.-jun. 1982.

Justen Filho, Marçal. *Comentários à lei de licitações e contratos administrativos*. 9. ed. São Paulo: Dialética, 2002.

Maximiliano, Carlos. *Hermenêutica e aplicação do direito*. 11. ed. Rio de Janeiro: Forense, 1991.

Mello, Celso Antonio Bandeira de. *Curso de Direito Administrativo*. São Paulo: Malheiros, 2002.

Mota, Mauricio. Responsabilidade civil do Estado por balas perdidas. In: Mário César Bucci (org.). *Revista de Responsabilidade Civil*. Campinas: Mizuno, 2000, v. 2, p. 134-9.

Silva, Juary C. *A responsabilidade do Estado por atos judiciários e legislativos: a teoria da responsabilidade unitária do poder público*. São Paulo: Saraiva, 1985.

Silveira, Alípio. *Hermenêutica no direito brasileiro*. v. I. São Paulo: Revista dos Tribunais, 1968.

11

Responsabilidade civil do Estado por balas perdidas

Sumário: Introdução. 1. A responsabilidade civil do Estado. 2. A omissão do Estado e sua responsabilidade: peculiaridades e vicissitudes. 3. A responsabilidade civil do Estado por balas perdidas. 4. Conclusão. 5. Referências.

Introdução

O recrudescimento da violência urbana nas grandes cidades brasileiras é uma característica desse alvorecer do século XXI. A expansão dos territórios informais nos principais centros urbanos brasileiros deve ser encarada como um problema de primeira grandeza. Esse recrudescimento da violência urbana no país não é somente uma expressão imediata do crescimento do desemprego e dos trabalhos precários, mas também uma conseqüência do fato de que grandes aglomerados habitacionais vêm se convertendo em territórios regulados por autoridades informais, nos quais não faltam uma ordem jurídica e uma moralidade mais ou menos autônomas. Não por acaso, nesse ambiente vicejam, de modo crescente, os negócios clandestinos, envolvendo tráfico de drogas e de armas, que importam para esses territórios mecanismos autoritários de controle social, que, em muitos casos, chegam a cancelar os direitos civis mais básicos das populações que ali vivem.

Estudo publicado em 2007 pelo Instituto de Segurança Pública do Estado do Rio de Janeiro, denominado "Relatório Temático Bala Perdida

2007",[1] de responsabilidade dos pesquisadores Mário Sérgio de Brito Duarte, Robson Rodrigues da Silva, João Batista Porto de Oliveira e Leonardo de Carvalho Silva, comprova que, de 2006 para 2007, o número de vítimas de balas perdidas no Município do Rio de Janeiro cresceu 19,4%.

Os Registros de Ocorrência (RO) de todas as Delegacias do Estado mencionaram 224 vítimas por "bala perdida" no ano de 2006. Sendo 19 fatais e 205 não fatais. Das vítimas fatais, 13 eram do sexo masculino, entre as quais, a maioria (16) constituída por jovens e adultos acima de 18 anos (inclusive). Verificou-se maior incidência de "balas perdidas" nos três primeiros meses do ano de 2006.

Os dados indicaram a capital como a região do Estado onde mais ocorreu o fenômeno. Foram 17 vítimas fatais e 169 vítimas não fatais ocorridas naquela região. A Baixada Fluminense veio logo a seguir com 2 vítimas fatais e 19 não fatais.

Evidenciou esse trabalho que a capital fluminense foi a área com maior concentração de eventos de "bala perdida", tanto em 2006 como em 2007. Durante todo o ano de 2006, 186 das vítimas estavam na capital. Este número aumentou para 222 vítimas, em 2007, representando um aumento percentual de 19,4%.

Em ambos os períodos observados, verificou-se que a maior parte das vítimas era do sexo masculino e foi atingida em "via pública". Também se observou que na maioria dos registros não havia relato de qualquer evento que envolvesse arma de fogo próximo ao local do fato (79,0% em 2006 e 76,2% em 2007).

Essa realidade cotidiana das grandes cidades e, particularmente, do Rio de Janeiro vem reacendendo a discussão jurídica sobre a responsabilidade civil do Estado decorrente de balas perdidas. A questão é complexa e deve ser esmiuçada em seus múltiplos aspectos, de modo a delimitar com rigor os limites dessa responsabilidade.

O presente texto pretende abordar a questão da responsabilidade civil do Estado, seu perfil contemporâneo, a peculiaridade da responsabilidade do

1. Duarte, Mário Sérgio de Brito; Silva, Robson Rodrigues da; Oliveira, João Batista Porto de; Silva, Leonardo de Carvalho (org.). *Bala Perdida*. Rio de Janeiro: ISP, 2007. Disponível em: www.isp.rj.gov.br.

Estado por omissão e a responsabilidade que decorre para o Estado em quatro hipóteses principais de danos a terceiros: a) quando o dano resulta da ação de marginais, em caso fortuito e imprevisível, como em assaltos nas vias públicas, com a omissão genérica do Estado; b) quando o dano resulta de ação do agente do Estado, como em troca de tiros com marginais na qual um projétil de sua arma atinge um terceiro; c) quando o dano resulta de confronto entre policiais e marginais sem que se saiba com certeza de onde partiu o disparo; d) quando o dano resulta de confronto unicamente entre marginais, em áreas de reiterada conflagração armada, com omissão específica do Estado.

1. A responsabilidade civil do Estado

A Constituição de 1988 estabeleceu a responsabilidade civil do Estado, em termos genéricos, em seu art. 37, § 6º, que dispõe que as pessoas jurídicas de direito público e as de direito privado prestadoras de serviços públicos responderão pelos danos que os seus agentes, nessa qualidade, causarem a terceiros, assegurado o direito de regresso contra o responsável nos casos de dolo ou culpa.

Essa responsabilidade do Estado, instituída em caráter geral, constitui uma garantia fundamental da cidadania e dos direitos dos administrados. Embora esteja inserida no Título III da Constituição (Da Organização do Estado), no Capítulo VII (Da Administração Pública), não pode ser interpretada restritivamente no sentido de limitar a obrigação de indenizar aos danos causados pela atividade administrativa.

Esse argumento é corroborado pelo fato de que o Congresso Constituinte de 1988 expressamente rejeitou a fórmula mais restritiva prevista no Anteprojeto da Comissão Afonso Arinos, que previa implicitamente que somente seria cabível a responsabilidade do Estado quando se tratasse de dano efetuado por servidor de entidade administrativa. Conclui-se então que o constituinte, ao acolher fórmula mais dilatada e rejeitar texto mais restritivo, expressamente optou por adotar um regime ampliado da responsabilidade civil do Estado (ver nessa matéria, p. 484-489).

No que atine à omissão do Estado, aplica-se a teoria da responsabilidade subjetiva em função da necessidade de imputação, ainda que genérica. Não agindo diretamente, ao Estado só cabe a responsabilização se tinha o dever legal de obstar o evento lesivo e o descumpriu. Deste modo, trata-se de responsabilidade por comportamento ilícito que, como toda responsabilidade por ato ilícito, deve ser proveniente de dolo ou culpa (negligência, imprudência ou imperícia) e, portanto, responsabilidade subjetiva do Estado. Embora subjetiva, tal responsabilidade não decorre apenas de culpa ou dolo do agente público causador do dano; também a configura aquela culpa do serviço diluída na sua organização, assumindo feição anônima em certas circunstâncias, quando nos encontramos diante do quadro da falta do serviço (*faute du service public*).

2. A omissão do Estado e sua responsabilidade: peculiaridades e vicissitudes

A definição de comportamento humano deve partir da noção de fato jurídico em geral. O comportamento humano é espécie de fato jurídico e é gênero das espécies ação e omissão, podendo ser lícito e ilícito. A expressão ação é utilizada muitas vezes como sinônimo de comportamento (como ocorre no Brasil), mas é mais adequado o termo conduta para designar atividade corporal positiva. A ação não pode ser apreciada numa perspectiva puramente mecanicista ou naturalística, pois, além de não dar cobertura às omissões, nem todo acontecimento fático é apreciado pelo Direito.

Para a definição de comportamento deve-se partir do conceito de "evento ou acontecimento socialmente relevante". Este evento não necessariamente será uma alteração física da realidade, podendo-se entendê-lo como o impacto social. Será verificando este evento, que o jurista partirá para a análise da atividade, estabelecendo o nexo entre essa duas realidades, muito embora cronologicamente a atividade venha na frente do resultado. A relevância social e jurídica é verificada tanto nos eventos contrários ao Direito quanto nos lícitos. Portanto, o comportamento (também chamado de fato voluntário pela doutrina portuguesa) abrange a conduta e o evento, que pode ser danoso ou não, mas só os danosos ensejam o direito à indenização.

A tese do *aliud facere* defende que "[...] a omissão não surge como o contrário ou negação da acção, mas como a acção efetivamente praticada, em vez daquela que não foi levada a cabo", posto que o homem nunca esteja inativo, sem nada fazer e que o indivíduo, inevitavelmente, sempre está a praticar uma ação positiva (ver nessa matéria p. 489-497).

Já a tese valorativa, define a omissão como "mero produto mental, sem verdadeira existência no mundo exterior" e sustenta que, sendo a ação uma realidade existente no mundo, impossível seria reunir ação e omissão num mesmo conceito por serem antagônicos.

A tese normativista nega a existência da omissão que não seja ilícita, pois é um juízo de contrariedade entre a conduta e a conduta esperada pelo ordenamento. A tese finalista defende que somente se poderá falar que a omissão causou certo resultado, quando a realização da ação tivesse evitado o resultado, desde que essa ação seja uma ação possível. Este conceito é muito amplo, pois a ação vislumbrada deve ser aquela esperada pela sociedade, dentro do juízo formulado pela coletividade de esperança, não se podendo falar em omissão em sentido jurídico partindo-se da análise de todas as ações que poderiam ter sido praticadas.[2]

Eis, finalmente, para o autor, o conceito de omissão:

> Parece-nos, enfim, possível a integração do conceito de omissão num conceito globalizante de comportamento, desde que se trate de um conceito de comportamento não puramente naturalístico, como foi o que atrás se perfilhou. E assim, acção e omissão seriam duas formas diversas de comportamento. A omissão, em sentido jurídico, consistiria então na abstenção (dominável pela vontade) de uma dada acção, desde que essa abstenção seja relevante para o Direito.[3]

Essa relevância é verificada pelo sentimento social de esperança de que o agente omitente praticasse a ação omitida. É um conceito pré-jurídico: a ação omitida deve ser esperada dentro do contexto social. A relevância jurídica de qualquer comportamento é indicada pela relevância social. Portanto, o conceito jurídico de omissão independe da violação de uma norma jurídica, como o que ocorre com a ação. A omissão é pressuposto autônomo da responsabilidade civil, devendo ser compreendida, juntamente com a ação, como modalidade de comportamento humano.

Já na doutrina pátria temos a clara doutrina de Heleno Cláudio Fragoso, que, em sede de Direito Penal, enfatiza o aspecto normativo:

> Só do ponto de vista puramente formal e sem conseqüências podemos dizer que ação e omissão são formas de comportamento punível. A omissão é algo inteiramente diverso da ação. No plano ontológico existem apenas ações. Omissão

2. Carvalho, Paulo Pitta e Carvalho, Cunha Nunes de. *Op. cit.*, p. 97-114.

3. Carvalho, Paulo Pitta e Carvalho, Cunha Nunes de. *Op. cit.*, p. 128.

não é inércia, não é não-fato, não é inatividade corpórea, não é, em suma, o simples não fazer. Mas sim não fazer algo, que o sujeito podia e devia realizar. Em conseqüência, não se pode saber, contemplando a realidade fenomênica, se alguém omite alguma coisa. Só se pode saber se há omissão referindo a atividade ou inatividade corpórea a uma norma que impõe o dever de fazer algo que não está sendo feito e que o sujeito podia realizar. A omissão é, assim, um conceito necessariamente normativo, mesmo quando se considera o comportamento juridicamente indiferente.[4]

Conseqüentemente, a omissão é de um lado, não fazer, de outro, colisão entre esse comportamento e uma norma. Apresenta, assim, caráter normativo, que entretanto não exclui, mas antes exige um estado físico da pessoa, que é a conduta omissiva. Omitir, no campo do Direito, não é não fazer nada, mas antes não executar a ação que a norma impõe.

Temos no campo do Direito Administrativo, variados exemplos de omissões estatais: roubo em via pública é hipótese em que o Estado poderá ser responsabilizado por omissão, devendo-se sempre verificar se houve comportamento inferior ao padrão exigível. Outra hipótese é de danos decorrentes da ineficiente atividade fiscalizatória pelo Poder Público das atividades particulares que afetam a vida coletiva, no seu exercício do poder de polícia.

Danos decorrentes de movimentos multitudinários, quando o poder de polícia tinha meios de evitá-los. Quando a massa enfurecida se revolta e depreda a propriedade privada, não basta a ineficácia genérica do aparelhamento estatal de polícia preventiva para ensejar a responsabilização. Elemento configurador da omissão juridicamente relevante é, assim, a imprescindibilidade do dever de agir.

Neste ponto, temos a lição de Celso Antônio Bandeira de Mello, para quem a responsabilidade é subjetiva, que, no entanto, entende que tal dever de agir deva ser legal e segundo os limites de eficiência normais.[5]

O padrão de exigência deve ser averiguado na responsabilização estatal, mas tal dever de agir não é somente aquele que está expressamente previsto na lei, mas aqueles outros decorrentes de princípios norteadores da Administração Pública,

4. Fragoso, Heleno Cláudio. Crimes omissivos no direito brasileiro. *Revista de Direito Penal e Criminologia*, Rio de Janeiro, nº 33, jan.-jun. 1982, p. 41-7.

5. Mello, Celso Antonio Bandeira de. *Curso de Direito Administrativo*. 17. ed. São Paulo: Malheiros, 2004, p. 855.

especialmente aqueles que informam os deveres laterais de conduta da boa-fé objetiva, como a moralidade e a razoabilidade, configurando uma imprescindibilidade de tal dever de agir, a constituir a causa da omissão.

Mesmo que o ato seja discricionário, os princípios da razoabilidade e moralidade irão nortear o administrador, impondo limites à liberdade dessa atuação e indicando quando e se deverá o Estado agir ou não. Através destes juízos de valor, poderá o Judiciário verificar o dever de agir, mesmos nestes casos em que o ato não é vinculado, podendo impor à Administração que efetivamente atue, se ainda for possível, e estabelecendo o ressarcimento dos prejuízos causados ao administrado em razão dessa omissão.

3. A responsabilidade civil do Estado por balas perdidas

Fixados esses pressupostos iniciais da responsabilidade civil do Estado, vejamos o tormentoso tema das balas perdidas.

A segurança pública é dever do Estado e direito de todos (art. 144, CF), incumbindo às polícias estatais a preservação da ordem pública e a incolumidade das pessoas e de seus patrimônios. Tal atividade do Estado, como qualquer atividade estatal, deve ser juridicamente exigível dentro de padrões normais e razoáveis de conduta da autoridade pública. Se a cada pequeno furto, se a cada mínimo incidente, ocorrido muitas vezes em circunstâncias de extrema rapidez e súbita violência, o Estado fosse convocado a indenizar o particular, se estaria criando uma situação insustentável, se erigindo o Estado, nas palavras de Celso Antonio Bandeira de Mello, em segurador universal:

> Quando o dano foi possível em decorrência de uma omissão do Estado (o serviço não funcionou, funcionou tardia ou ineficientemente) é de aplicar-se a teoria da responsabilidade subjetiva. Com efeito, se o Estado não agiu, não pode, logicamente, ser ele o autor do dano. E se não foi o autor, só cabe responsabilizá-lo caso esteja obrigado a impedir o dano. Isto é: só faz sentido responsabilizá-lo se descumpriu dever legal que lhe impunha obstar ao evento lesivo.
> (...) Logo, a responsabilidade estatal por ato omissivo é sempre responsabilidade por comportamento ilícito. E sendo responsabilidade por comportamento ilícito, é necessariamente responsabilidade subjetiva, pois não há conduta ilícita do Estado (embora do particular possa haver) que não seja proveniente de negligên-

> cia, imprudência ou imperícia (culpa) ou, então, deliberado propósito de violar a norma que o constituía em dada obrigação (dolo).
> (...) Ademais, solução diversa conduziria a absurdos. É que, em princípio, cumpre ao estado prover a todos os interesses da coletividade. Ante qualquer evento lesivo causado por terceiro, como um assalto em via pública, uma enchente qualquer, uma agressão sofrida em local público, o lesado poderia sempre argüir que o 'serviço não funcionou'. A admitir-se responsabilidade objetiva nessas hipóteses o Estado estaria erigido em **segurador universal**! (...) Razoável que o Estado responda por danos oriundos de uma enchente se as galerias pluviais e os bueiros de escoamento das águas estavam entupidos ou sujos, propiciando o acúmulo da água. Nestas situações, sim, terá havido descumprimento do dever legal na adoção de providências obrigatórias. Faltando, entretanto, este cunho de injuridicidade, que advém do dolo, ou da culpa, tipificada na negligência, na imprudência ou na imperícia, não há cogitar de responsabilidade pública.[6]

Não se pode, à toda evidência, atribuir tal extensão à responsabilidade do Estado. Com base unicamente na competência genérica de garantidor da segurança pública não é possível se argüir a responsabilidade estatal, sob pena de inviabilizar-se o próprio funcionamento do Poder Público.

A interpretação dos Tribunais também não destoa dessa assertiva:

> Responsabilidade Civil do Estado. Bala Perdida. Vítima atingida no interior de coletivo. A dogmática do Direito Administrativo enquadra a situação em exame na chamada omissão genérica, não geradora de responsabilidade civil, porque o aparelho de segurança do Estado não se omitiu diante da situação concreta, sendo essa a configuração da responsabilidade por omissão, por falta ou deficiência do serviço público. Entender a responsabilidade civil nos termos pretendidos pela autora reconduziria à consagração de uma espécie de responsabilidade sem nexo de causalidade entre uma conduta e o respectivo resultado lesivo, amplitude conceitual não admitida, seja em sede doutrinária, seja em sede jurisprudencial. A documentação carreada aos autos demonstra que o marido da autora teria sido atingido fatalmente por munição de arma de fogo às 10:00 horas da manhã do dia 08 de março de 2005, não havendo prova nos autos de que no momento do sinistro havia qualquer troca de tiros no local. Na verdade, o confronto entre policiais e criminosos ocorreu somente às 19:00 horas daquele mesmo dia, segundo procedimento

6. Mello, Celso Antonio Bandeira de. *Curso de Direito Administrativo*. 17. ed. São Paulo: Malheiros, 2004, p. 895-8.

instaurado pelo Comando do competente Batalhão de Policia Militar. Improvimento ao recurso.[7]

Responsabilidade Civil do Estado. Lesão em vítima causada por bala perdida. Dever de segurança do Poder Público. Omissão genérica. 1) Não se pode, com arrimo no artigo 37, § 6º, da CRFB, conferir ao Estado a qualidade de segurador universal, uma vez que o referido dispositivo constitucional não consagrou a teoria do risco integral. 2) Somente restaria caracterizado o nexo de causalidade entre o dano e a inação estatal na hipótese de omissão específica do Poder Público, a qual pressupõe ter sido este chamado a intervir, ou se o disparo tivesse ocorrido por ocasião de confronto entre agentes estatais e bandidos, o que não restou comprovado na hipótese. 3) Ainda que se perfilhasse o entendimento de que no caso de omissão a responsabilidade do Estado é subjetiva, não se tem por caracterizada a culpa, se não comprovada a ausência do serviço ou sua prestação ineficiente, vez que não se pode esperar que o Estado seja onipresente. 4) Provimento do primeiro recurso. Prejudicada a segunda apelação.[8]

Responsabilidade civil do Estado. Bala perdida. Omissão genérica do poder público. Inexistência de dolo ou culpa. Apelação Cível. Responsabilidade civil do Estado. Bala perdida. Apelante que foi atingido na porta de seu bar, sem saber de onde veio o tiro. Sentença que julgou o pedido improcedente, adotando entendimento de ser a responsabilidade subjetiva, no caso de omissão do Estado. O § 6º do art. 37 da CF/1988 estabelece a responsabilidade objetiva das pessoas jurídicas de direito público, sem distinção entre a conduta comissiva ou omissiva de seus agentes, mas não adota a teoria do risco integral, não sendo o Estado garantidor universal. No caso, não há provas de que houvesse troca de tiros entre policiais e marginais, ou de onde teria sido efetuado o disparo, afastando a conduta de algum agente estatal. Analisada a omissão quanto à segurança pública, não pode o Estado estar onipresente, pelo que não havendo prova de que foi chamado a agir e se omitiu, não é de se reconhecer a responsabilidade pela omissão genérica, por ausência de culpa e de nexo causal. Em qualquer dos entendimentos doutrinários ou jurisprudenciais, a pretensão do apelante não

7. Rio de Janeiro. Tribunal de Justiça do Estado do Rio de Janeiro. Apelação Cível nº 2008.001.05263. 17ª Câmara Cível. Relator: Desembargador Edson Vasconcelos. Julgamento em 19 de março de 2008. Responsabilidade civil do estado. Bala perdida. Vítima atingida no interior de coletivo.

8. Rio de Janeiro. Tribunal de Justiça do Estado do Rio de Janeiro. Apelação Cível nº 2007.001.63327. 2ª Câmara Cível. Relator: Juiz Desembargador Heleno Ribeiro P. Nunes. Julgamento em 19 de dezembro de 2007. Responsabilidade Civil do Estado. Lesão em vítima causada por bala perdida. Dever de segurança do Poder Público. Omissão genérica.

merece prosperar, embora se lamente e seja motivo de revolta a ocorrência de fatos como o que lesionou. Sentença de improcedência que merece ser mantida. Recurso não provido.[9]

Quando então se configuraria a responsabilidade civil do Estado em matéria de segurança pública? Tal gravame se configuraria sempre que resultasse de uma ação dos agentes estatais ou de uma omissão juridicamente relevante, nos termos anteriormente expostos. No caso de balas perdidas, são quatro as hipóteses principais de danos a terceiros: a) quando o dano resulta da ação de marginais, em caso fortuito e imprevisível, como em assaltos nas vias públicas, com a omissão genérica do Estado; b) quando o dano resulta de ação do agente do Estado, como em troca de tiros com marginais na qual um projétil de sua arma atinge um terceiro; c) quando o dano resulta de confronto entre policiais e marginais sem que se saiba com certeza de onde partiu o disparo; d) quando o dano resulta de confronto unicamente entre marginais, em áreas de reiterada conflagração armada, com omissão específica do Estado.

a) Dano resultante da ação de marginais, em caso fortuito e imprevisível, como em assaltos nas vias públicas, com a omissão genérica do Estado.

Nesse caso não se configura a responsabilidade do Estado. Na omissão genérica não há o fato juridicamente relevante, qual seja, um comportamento inferior ao padrão legal exigível na situação em apreço. O Estado não atuou dada a impossibilidade ou a instransponível dificuldade de fazê-lo (que depende do cotejamento dos recursos disponíveis em face das outras necessidades estatais) e ainda a imprevisibilidade do acontecimento. A garantia genérica da segurança pública é um padrão mínimo de resguardo da coletividade e não uma proteção individualizada, subjetiva, de cada particular em todas as circunstâncias.

Há que se entender todavia a responsabilidade civil dentro de um quadro de compreensão global. É a compreensão de toda a riqueza da doutrina da responsabilidade civil e de seus meandros que possibilita a percepção das estruturas sólidas nas quais ela se embasa e nos campos pelos quais se espraia.

---

9. Rio de Janeiro. Tribunal de Justiça do Estado do Rio de Janeiro. Apelação Cível nº 2005.001.50847. 12ª Câmara Cível. Relator: Desembargador Nanci Mahfuz. Julgamento em 19 de setembro de 2006. Responsabilidade civil do estado. Bala perdida. Omissão genérica do poder público. Inexistência de dolo ou culpa.

Hoje, muitas das atividades tornaram-se imantadas de verdadeiro caráter aleatório: atraem grande contingente de riscos para si, devendo haver uma ultracautela no tocante à evitabilidade. Assim, há que se distinguir na responsabilidade civil a natureza do fortuito, se interno ou se externo.

Agostinho Alvim define com proficiência a diferença entre o fortuito interno e o fortuito externo:

> A distinção que modernamente a doutrina vem estabelecendo, aquela que tem efeitos práticos e que já vai-se introduzindo em algumas leis, é a que vê no caso fortuito um impedimento relacionado com a pessoa do devedor ou sua empresa, enquanto que a força maior é um acontecimento externo.
> Tal distinção permite estabelecer uma diversidade de tratamento para o devedor, consoante o fundamento de sua responsabilidade.
> Se esta fundar-se na culpa, bastará o caso fortuito para exonerá-lo. Com maior razão o absorverá a força maior.
> Se a sua responsabilidade fundar-se no risco, então o simples caso fortuito não o exonerará. Será mister haja força maior, ou, como alguns dizem, caso fortuito externo.
> Nesta última hipótese, os fatos que exoneram vêm a ser: culpa da vítima, ordens de autoridades (*fait du prince*), fenômenos naturais (raio, terremoto), ou quaisquer outras impossibilidades de cumprir a obrigação, por não ser possível evitar o fato derivado de força externa invencível: guerra, revolução etc.
> Mesmo nesses casos, é preciso indagar se o fato não é devido a qualquer culpa do autor do dano, ainda que indireta ou remota.[10]

A noção de fortuito interno aplica-se ao dano causado por fato inerente ao risco que determinada atividade, pelas características que lhe são próprias, deva suportar. Desta forma, o fortuito interno surge como exceção que não exclui a responsabilidade por fugir à regra da inevitabilidade. O fortuito interno diferencia-se do externo no prisma subjetivo: o que é razoavelmente inesperado para o homem comum, o acaso, deve ser previsto por determinados agentes, pois sua ocorrência gera danos que deveriam ter sido evitados. Já o fortuito externo englobaria os casos que têm em comum a característica da inevitabilidade.

10. Alvim, Agostinho. *Da inexecução das obrigações e suas conseqüências*. São Paulo: Saraiva, 1949, p. 290-1.

No âmbito da responsabilidade civil objetiva, o agente assume os riscos inerentes à atividade, devendo por ela responder, como acentua Caio Mário da Silva Pereira:

> Ante uma perda econômica, pergunta-se qual dos patrimônios deve responder, se o da vítima ou o do causador do prejuízo. E, na resposta à indagação, deve o direito inclinar-se em favor daquela, porque dos dois é quem não tem o poder de evitá-lo, enquanto que o segundo estava em condições de tirar um proveito, sacar uma utilidade ou auferir um benefício da atividade que originou o prejuízo. O fundamento da teoria é mais humano que o da culpa, e mais profundamente ligado ao de solidariedade social. Reparte, com maior dose de eqüidade, os efeitos dos danos sofridos, atendendo a que a vida em sociedade se tornou cada vez mais complexa, e o progresso material a todo instante aumenta os riscos a que estão sujeitos os indivíduos. No campo objetivista situa-se a teoria do risco proclamando ser de melhor justiça que todo aquele que disponha de um conforto oferecido pelo progresso ou que realize um empreendimento portador de utilidade ou prazer, deve suportar os riscos a que exponha os outros. Cada um deve sofrer o risco de seus atos, sem cogitação da idéia de culpa, e, portanto, o fundamento da responsabilidade civil desloca-se da noção de culpa para a idéia de risco.[11]

Portanto, aquele que, em razão de sua atividade ou profissão, cria um perigo, está sujeito à reparação do dano que causar, salvo prova de haver adotado todas as medidas idôneas a evitá-lo. Na teoria do risco criado não é necessária a aferição de ter havido qualquer vantagem ou proveito com o exercício da atividade. Em síntese, quem se dispõe a exercer uma atividade perigosa, deve fazê-lo com segurança. Como expõe Sérgio Cavalieri Filho: "Se, de um lado, a ordem jurídica garante a liberdade de ação, a livre iniciativa, etc., de outro, garante também a plena e absoluta proteção do ser humano. Há um direito subjetivo à segurança cuja violação justifica a obrigação de reparar o dano sem nenhum exame psíquico ou mental da conduta do seu autor. Na responsabilidade objetiva, portanto, a obrigação de indenizar parte da idéia de violação do direito de segurança da vítima."[12]

No caso em tela de danos causados por marginais há que se verificar se estamos diante de um verdadeiro fortuito externo, que, pela instantaniedade

11. Pereira, Caio Mário da Silva. *Instituições de direito civil*. v. I. 20. ed. Rio de Janeiro: Forense, 2004.

12. Cavalieri Filho, Sérgio. *Programa de responsabilidade civil*. São Paulo: Malheiros, 2003, p. 148.

e imprevisibilidade não permitiriam a ação dos agentes públicos policiais. Do contrário, haverá responsabilidade, como já expunha ainda no século XIX, Rui Barbosa:

> [...] Essa responsabilidade nasce direta e essencialmente do princípio jurídico da representação, não das relações da culpa in eligendo ou da culpa in vigilando; pelo que não pode a administração pública eximir-se à responsabilidade, provando que o empregado bonos mores mutavit in malos, ou que a vigilância mais cabal dos seus superiores não poderia ter evitado o fato danoso.
> [...] E, como a violação de um direito pode resultar, não só da ação de um fato colisivo com ele, como da omissão de um ato destinado por lei a protegê-lo, a conseqüência é que as administrações públicas, no tocante ao procedimento dos seus funcionários, respondem tanto pela culpa in omittendo, quanto pela culpa in faciendo" (p. 171).
> [...] "se averigua que o Governo e o Congresso Brasileiro têm, por deliberações solenes, confessado a responsabilidade da administração pública pela – insuficiência ou negligência das autoridades policiais na defesa da propriedade particular, violada por movimentos tumultuosos..." (p. 174)
> [...] "Nem mesmo a legalidade do ato exclui em absoluto a responsabilidade civil" (p. 176).
> [...] "Princípio foi sempre que o poder, em cujas mãos se ache a autoridade policial, responda pelo dano cometido no seu território pelos ajuntamentos armados ou desarmados" (p. 179).
> [...] "Por isso já a legislação do período revolucionário em França, nos fins do século passado, estatuía para as comunas essa obrigação, em Vigor até hoje, além daquele país, em todos os outros onde a polícia é municipal, inclusive a Inglaterra e os Estados Unidos. Em São Paulo é o Estado que exerce a polícia. A este, logo, incumbe a responsabilidade pela culpa ativa ou passiva dos seus agentes" (p. 179).[13]

Em 1904, antes portanto do Código Civil de 1916, Amaro Cavalcanti já enfatizava a responsabilidade do Estado por danos decorrentes da sua omissão:

> Quando, porém, se tratar de um dever particularizado pela lei, ou pelas circunstâncias especiais do caso, por exemplo, o dever da autoridade pública competente de impedir que se realize um ataque à propriedade, tendo sido avisada ou

13. Barbosa, Rui. *A culpa civil das administrações públicas*. Obras Completas de Rui Barbosa, v. XXV. 1898, Tomo IV. Rio de Janeiro: Ministério da Educação e Saúde, 1898, p. 171-9, *passim*.

> solicitada, em tempo, para impedi-lo e, não obstante, deixado o ato consumar-se por sua negligência, culpa ou dolo; – em caso tal, entendemos que a responsabilidade civil do Estado é de rigorosa justiça; porque a omissão aludida é a causa eficiente do dano, de maneira tão manifesta e irrecusável como se ele proviesse de um ato, realmente positivo, ilegal e culposo, do representante do Estado, em relação às garantias da segurança individual e da propriedade.[14]

A questão do fortuito interno nas ações policiais deve ser analisa da em cotejo com o dever de prevenção resultante da correta ação policial, como analisa César Caldeira:

> A noção de "caso fortuito" nos casos envolvendo questões policiais precisam ser apreciados com rigor devido à missão constitucional dos órgãos de segurança pública. Um dos mais importantes recursos da polícia profissional é a inteligência – controle sobre informações que antecipem situações de risco, e dados oriundos de investigações para solucionar crimes. O contribuinte paga impostos e orçamentos vultosos são alocados à segurança pública para que as forças policiais coletem cotidianamente essas informações necessárias para intervir em situações de vulnerabilidade social. Essas exigências institucionais do trabalho policial devem ser ponderadas ao se avaliar o que é "caso fortuito", sob pena de se escusar grave ineficácia policial sob o pretexto de uma noção que só ganha efetivo significado quando aplicada criticamente a um contexto social. A excludente do nexo de causalidade do "caso fortuito" em matéria de segurança pública precisa ser avaliada, quando invocada em defesa do Estado, com enorme cautela e imparcialidade pelo magistrado, indagando-se o que seria razoável exigir-se como padrão de conduta da polícia preventiva nas circunstancias.[15]

Nas ações onde ocorre dano resultante da ação de marginais, em caso fortuito e imprevisível, como em assaltos nas vias públicas o decisivo será a instantaniedade da ação que gera a imprevisibilidade e, por isso, a inevitabilidade, esta sim, a característica do fortuito externo, a excluir a responsabilidade do Estado. Como esclarece Sérgio Cavalieri Filho:

---

14. Cavalcanti, Amaro. *Responsabilidade civil do Estado*. t. I. Nova edição atualizada por José de Aguiar Dias. Rio de Janeiro: Borsoi, 1957, p. 400.

15. Caldeira, César. Responsabilidade do Estado por omissão na área de segurança pública: o problema dos danos causados por multidões no Tribunal de Justiça do Estado do Rio de Janeiro. In: *Revista da Escola da Magistratura Regional Federal / Escola da Magistratura Regional Federal*. Tribunal Regional Federal: 2ª Região. v. 8, n. 1. p. 9-47. Rio de Janeiro: EMARF – TRF 2ª Região/RJ, 2007, p. 28.

> Em nosso entender, estaremos em face do caso fortuito quando se tratar de evento imprevisível e, por isso, inevitável. Se o evento for inevitável, ainda que previsível, por se tratar de fato superior às forças do agente como normalmente são os fatos da Natureza, como as tempestades, enchentes etc., estaremos em face da força maior, como o próprio nome o diz. É o *act of God*, no dizer dos ingleses, em relação ao qual o agente nada pode fazer para evitá-lo, ainda que previsível.
> Como se vê, não se pode estabelecer a priori um critério para caracterização do caso fortuito e da força maior. É preciso apreciar caso por caso as condições em que o evento ocorreu, verificando se nessas condições o fato era imprevisível ou inevitável.
> [...] A imprevisibilidade, portanto, é elemento indispensável para a caracterização do caso fortuito, enquanto a inevitabilidade o é da força maior.[16]

Se o evento pela sua instantaniedade é imprevisível e, por isso, se torna inevitável, não há que se falar em responsabilidade do Estado:

> Apelação Cível. Responsabilidade Civil. Marido da autora morto em assalto por três policiais militares. Pedido de pensionamento e indenização por danos morais e materiais em face do Estado. Ato ilícito executado fora do horário de trabalho dos policiais que, inclusive, estavam à paisana. Fato imprevisível. Ausência de responsabilidade do Estado. Políticas de segurança que, mesmo que fossem bem planejadas e executadas, não poderiam impedir a totalidade de delitos, conforme estatísticas mundiais. Responsabilidade que, no máximo, se comprovada a negligência do administrador público, deveria ser cobrada deste, pessoalmente, descabendo a condenação do ente Público, vez que prejudicaria toda a população, que também sofre, e muito, com a situação de violência do Estado. Denunciação da lide que restou prejudicada. Condenação dos denunciados que depende da condenação do denunciante, não se tratando de litisconsórcio no pólo passivo. Parecer do Ministério Público, em ambos os graus, nesse sentido. Desprovimento do primeiro recurso e provimento dos demais, para julgar prejudicada a denunciação da lide.[17]

---

16. Cavalieri Filho, Sergio. *Programa de responsabilidade civil*. 3. ed. São Paulo: Malheiros, 2003, p. 66-7.

17. Rio de Janeiro. Tribunal de Justiça do Estado do Rio de Janeiro. Apelação Cível nº 2005.001.23432. 16ª Câmara Cível. Rel. Des. Gilberto Dutra Moreira. J. 20/09/2005. Responsabilidade Civil. Marido da autora morto em assalto por três policiais militares. Pedido de pensionamento e indenização por danos morais e materiais em face do Estado. Ato ilícito executado fora do horário de trabalho dos policiais que, inclusive, estavam à paisana. Fato imprevisível. Ausência de responsabilidade do Estado.

Apelação Cível. Ação indenizatória. Danos morais e materiais. Bala perdida. Demanda deflagrada pela vítima em face do Estado do Rio de Janeiro. Sentença improcedente. Apelo da autora. Manutenção do *decisum*. Uma vez que a violência mostra-se presente toda e qualquer sociedade moderna, para que surja a obrigação de indenização do Estado, deve haver nexo causal entre o ato (omissivo ou comissivo) praticado pelos seus agentes e o prejuízo sofrido pelo particular, o que, *in casu*, não restou demonstrado. No mais, cumpre esclarecer que no local onde ocorreu o acidente não restou configurada uma omissão específica do Estado no que diz respeito ao seu dever de segurança pública. Ou seja, não restou caracterizada a alegada omissão ou mesmo qualquer negligência por parte do Estado, posto que a demanda não traz a notícia de reiterados incidentes envolvendo a ação de bandidos no local onde ocorreu o acidente. Assim, não há como aplicar a responsabilidade de que trata o art. 37, § 6º da Constituição Federal em desfavor do Estado, eis que não restou comprovada de que a ação danosa foi efetivamente praticada por um de seus agentes. Recurso conhecido e improvido".[18]

Se, no entanto, por qualquer evidência ficar comprovado que o Estado, através dos seus agentes, sabia do evento, podia atuar e omitiu-se na profilaxia do dano, passível é a sua responsabilização por não se tratar mais na hipótese de fortuito externo. Foi, por exemplo, o que decidiu o Tribunal de Justiça do Estado do Rio de Janeiro em situação na qual houve troca de tiros entre agentes do Poder Público e indivíduos desconhecidos, ditos traficantes que não a provocaram, em logradouro público, com transeuntes, próximo a uma viela, acarretando atingimento e paralisia de um menor, que tentou se ocultar do tiroteio. Na ação ficou comprovado que havia uma troca de tiros entre indivíduos encapuzados e bandidos. Esses indivíduos encapuzados estavam acompanhados de policiais militares. Como registrado no voto vencido do Desembargador João Nicolau Spyrides, não havia prova de que a Polícia Militar tivesse disparado qualquer arma, contudo, pelo depoimento das testemunhas, ficava claro que os policiais tiveram a oportunidade de agir para parar o curso da ação criminosa (o tiroteio) e deixaram de fazê-lo, acarretando a responsabilidade do Estado:

---

18. Rio de Janeiro. Tribunal de Justiça do Estado do Rio de Janeiro. Apelação Cível nº 2008.001.08220. 19ª Câmara Cível. Rel. Des. Ferdinando do Nascimento. 1º j. 01/04/2008. Apelação cível. Ação indenizatória. Danos morais e materiais. Bala perdida. Demanda deflagrada pela vítima em face do Estado do Rio de Janeiro. Sentença improcedente. Apelo da autora. Manutenção do *decisum*.

Inequívoco que tal prova não se tornou material, através de exames periciais no menor, o que não era de qualquer interesse da autoridade! Mas não há dúvida, pela narrativa, de que os fatos assim ocorreram, o que evidencia o atuar culposo dos policiais que, além de não propiciarem à população a paz e a segurança de que são encarregados, ainda agiram com imprudência e desídia, instalando verdadeira batalha campal, que culminou com a paralisia do infeliz Leonardo, de seis anos de idade.[19]

Quando não estiver em causa a instantaniedade da ação a gerar a inevitabilidade, como em movimentos multitudinários de violência, e o Estado se omitir no seu dever de resguardo da segurança pública, cabível se mostra a indenização. Foi, esta a decisão do Tribunal de Justiça do Rio de Janeiro no famoso caso da "Revolta das barcas", pequena revolução popular ocorrida em Niterói no dia 22 de maio de 1959. Dela resultaram seis mortos e 118 feridos, depredação de imóveis, uma intervenção militar na cidade e, finalmente, a estatização do serviço de lanchas que faz a travessia para o Rio de Janeiro. Foi destruído, durante um dia inteiro de desobediência civil e violência coletiva, tudo aquilo que fazia lembrar a existência dos concessionários desses serviços.[20]

A ação indenizatória foi movida pela IBM – Indústrias, Máquinas e Serviços Ltda. contra o Estado do Rio de Janeiro, "porque ao Estado assistia a obrigação de manter a ordem pública e de garantir o direito de propriedade". A senten-

---

19. Rio de Janeiro. Tribunal de Justiça do Estado do Rio de Janeiro. Apelação Cível nº 1997.001.00724. 10ª Câmara Cível. Rel. Des. Jorge Magalhães. J. 08/05/1997. REV. DIREITO DO T.J.E.R.J., vol. 36, p. 308. Responsabilidade civil do Estado. Teoria do risco administrativo. Disparo de arma de fogo. Danos causados a terceiro. Menor. Incapacidade definitiva. Dano moral. Dano estético. Ação Sumária. Responsabilidade civil do Estado, por lesão irreversível a menor, tornado paralítico, durante tiroteio, em favela, entre policiais e traficantes. Improcedência. 1. Cabe ao Estado, consoante a teoria do risco administrativo, insculpido no art. 37, § 6ª, da Carta Federal, responder pelos atos que seus funcionários, nessa qualidade, causarem a terceiros, dispensada a prova da culpa, que deve ser por ele afastada, e exigida do lesado apenas a prova da existência do nexo causal, entre as lesões e os atos, omissivos comissivos, imputados ao seu agente. 2. É absurda a troca de tiros entre agentes do Poder Público e indivíduos desconhecidos, ditos traficantes que não a provocaram, em logradouro público, com transeuntes, próximo a uma viela, acarretando atingimento e paralisia de um menor, que tentou se ocultar do tiroteio. 3. Em famílias de baixo poder aquisitivo é comum, e por isso indenizável, a mútua colaboração entre todos os parentes e a atividade econômica do menor, mesmo abaixo da idade legal laborativa. Apelo provido. (GAS) Vencido o Des. Joao Nicolau Spyrides.

20. Nunes, Edson. *A revolta das barcas: populismo, violência e conflito político*. Rio de Janeiro: Garamond, 2000, p. 162.

ça de primeiro grau foi favorável à empresa, condenando o Estado a ressarcir a partir do laudo pericial sobre os danos. A decisão do Tribunal de Justiça do Rio de Janeiro confirmou a sentença, da maneira seguinte:

> As manifestações de populares de protesto contra a deficiência dos serviços de transporte marítimo na Guanabara, agravada pela greve dos empregados da empresa que os explorava, e que degeneraram em depredações, incêndios e saques, não teriam chegado a tal ponto em que chegou se imediatamente o governo tomasse as medidas enérgicas que a situação exigia.
> Essa opinião da quase unanimidade da imprensa e dos que tiveram a desdita de apreciar as cenas de vandalismo de que foi palco a capital do Estado.
> Tal omissão da polícia que muitos se convenceram que a ordem partira do Governador, que teria dito que a "Polícia não poderia hostilizar o povo de maneira alguma", como noticiaram os jornais.
> Depois que os acontecimentos cresceram de modo assustador, dando a impressão de que não poderia mais ser controlado, o Governo tomou, já à noite, a providência que estava indicada desde o início do conflito: requisitou o auxílio das tropas do Exército sediadas em São Gonçalo, que de pronto estabeleceram a ordem na cidade.
> Não há como negar a responsabilidade do Estado, resultante do descaso, da negligência das autoridades que tinham por dever manter a ordem pública e garantir o direito de propriedade. Houve, evidentemente, omissão de um dever prescrito em lei, o que caracteriza a culpa in omittendo.[21]

Sendo a missão institucional das polícias pró-ativa, ou seja, é dever policial estar sempre alerta e informado através de suas fontes de inteligência próprias sobre distúrbios sociais de massa e, constatado que no caso examinado as devidas providências de prevenção dos distúrbios ou repressão dos atos predatórios não foram tomadas pelas autoridades governamentais policiais, esta inação policial constitui causa dos fatos danosos praticados pelas multidões. A questão central é o fato danoso – as depredações efetivadas por multidões, que foram comprovadas – e o seu nexo de causalidade com a omissão administrati-

21. Rio de Janeiro. Tribunal de Justiça do Rio de Janeiro. Apelação Cível nº 14.466. Rel. Des. Moacyr Braga Land. J. 17/08/1964. Decisão: unânime. Ementa: Responsabilidade civil do Estado. Danos causados pela multidão. O Estado responde civilmente pelos danos causados ao patrimônio particular pela multidão.

va. Daí, a responsabilização civil do Estado por omissão, afastando-se, no caso, a ocorrência de fortuito externo.[22]

b) Dano resultante de ação do agente do Estado, em troca de tiros com marginais, na qual um projétil de sua arma atinge um terceiro.

No caso de ação de policiais que, agindo na qualidade de agentes públicos, em troca de tiros com marginais, venham a atingir terceiros é inequívoca a responsabilidade do Estado. Há, aqui, o nexo de causalidade entre a atividade da Administração (o disparo da arma pelo policial) e o evento danoso (o ferimento ou morte de terceiro). Provado que o tiro que atingiu o particular partiu da arma do policial (ação do Estado) surge para o Poder público o dever de indenizar. São irrelevantes no caso as considerações de licitude da atividade administrativa, de legítima defesa. Sofrendo o indivíduo um prejuízo, em razão da atuação estatal, regular ou irregular, no interesse da coletividade, é devida a indenização que se assenta no princípio da igualdade de todos na repartição dos ônus e encargos sociais.

Como expressa a jurisprudência do Tribunal de Justiça do Estado do Rio de Janeiro:

> Administrativo. Responsabilidade civil do Estado. Disparo de arma de fogo. Dano material e moral. O Estado tem responsabilidade objetiva pelos danos que causa, nos termos do art. 37, § 6º, da Constituição da República da qual somente se libera se demonstrada alguma excludente de responsabilidade. Se a prova testemunhal narra que apenas os policiais militares atiraram, não resta dúvida que a vítima fatal foi atingida por projétil proveniente de arma da polícia. A excludente de responsabilidade constitui fato impeditivo do direito alegado pelo Autor, de modo que compete ao Réu o dever de comprová-la. No caso em exame, a ausência de prova de que o tiro partiu de outra arma que não a de um policial desautoriza acolher a tese de fato de terceiro. O dano moral decorre do próprio ilícito e profundo sofrimento da mãe que perde o filho em conseqüência de desastrada ação militar. Reparação arbitrada pela sentença que atende às condições do evento, suas conseqüências e ao princípio da razoabilidade. Desprovimento do recurso.[23]

---

22. Caldeira, César. Responsabilidade do Estado por omissão na área de segurança pública: o problema dos danos causados por multidões no Tribunal de Justiça do Estado do Rio de Janeiro, *op. cit.*, p. 18.

23. Rio de Janeiro. Tribunal de Justiça do Estado do Rio de Janeiro. Apelação Cível nº 2005.001.39808. 17ª Câmara Cível. Rel. Des. Henrique de Andrade Figueira. J. 08/02/2006. Administrativo. Responsabilidade civil do Estado. Disparo de arma de fogo. Dano material e moral. O Estado tem responsabilidade

Responsabilidade civil do Estado. Disparo de arma de fogo. Função policial. Morte da vitima. Dano moral. Despesas de funeral. Honorários de advogado. Isenção de custas. Responsabilidade Civil. Vítima atingida por projétil disparado por policial. Nexo causal suficientemente provado. Valor do dano moral por morte de marido e pai. Fixação de tal valor em reais, com correção monetária. Reembolso das necessárias despesas de funeral, independentemente de comprovação. Percentual relativo a honorários de advogado incidente sobre montante das parcelas vencidas mais doze das vincendas. Estado isento de custas. Recurso provido parcialmente.[24]

Questão importante nessa matéria é a de saber se o Estado só pode ser responsabilizado por danos causados por seus agentes quando estes se encontrarem no efetivo exercício de suas funções e agindo na qualidade de servidores públicos, ou se, ao revés, caberia a responsabilização do Estado pela conduta dos seus agentes policiais ainda que fora do exercício de suas funções mas agindo em virtude da condição inerente ao cargo.

O texto constitucional exige, para a configuração da responsabilidade objetiva do Estado, que a ação causadora do dano a terceiro tenha sido praticada por agente público, agindo nessa qualidade; é imprescindível que o agente esteja no desempenho do seu cargo, emprego ou função no ente ou entidade a que está vinculado, presentando-o. De modo que, *a contrario sensu*, o Estado não responde por dano causado por alguém que não seja seu agente ou que, embora o seja, não esteja por ocasião do dano, no desempenho das atribuições do seu cargo, função ou emprego público. A expressão "nessa qualidade" inserida no § 6º do art. 37 da Constituição está a definir que o Estado não pode ser responsabilizado senão quando o agente estiver a exercer o seu ofício ou função, *ou a proceder como se estivesse a exercê-la*. Se assim não for, o dano causado a terceiro não poderá ser imputado ao Estado. A responsabilidade pelos atos praticados na vida pessoal do agente público será pessoal, acomodando-se ao disposto no quadro do direito civil. Como bem expressa o Ministro Eros Grau, do Supremo Tribunal Federal:

---

objetiva pelos danos que causa, nos termos do art. 37, § 6º, da Constituição da República da qual somente se libera se demonstrada alguma excludente de responsabilidade.

24. Rio de Janeiro. Tribunal de Justiça do Estado do Rio de Janeiro. Apelação Cível nº 2001.001.06156. 12ª Câmara Cível. Rel. Des. Reginaldo de Carvalho. J. 04/09/2001. Responsabilidade civil do Estado. Disparo de arma de fogo. Função policial. Morte da vítima. Dano moral. Despesas de funeral. Honorários de advogado. Isenção de custas.

Ementa: Constitucional. Administrativo. Recurso extraordinário. Responsabilidade civil do Estado. Lesão corporal. Disparo de arma de fogo pertencente à corporação. Policial militar em período de folga. Caso em que o policial autor do disparo não se encontrava na qualidade de agente público. Nessa contextura, não há falar de responsabilidade civil do Estado. Recurso extraordinário conhecido e provido. Após o voto do Ministro Carlos Britto, Relator, conhecendo do recurso extraordinário, mas lhe negando provimento, pediu vista dos autos o Ministro Eros Grau. Presidiu o julgamento o Ministro Marco Aurélio. Não participou deste julgamento o Ministro Sepúlveda Pertence. Primeira Turma, 21/09/2004. Renovado o pedido de vista do Ministro Eros Grau, de acordo com o art. 1º, § 1º, in fine, da Resolução n. 278/2003. Primeira Turma, 19/10/2004. Continuando o julgamento, a Turma conheceu do recurso extraordinário e lhe deu provimento, após a retificação de voto do Ministro Carlos Britto, Relator. Unânime. 1ª Turma, 16/11/2004.[25]

Não discrepa desse entendimento o Tribunal de Justiça do Estado do Rio de Janeiro:

Responsabilidade civil do Estado. Ato de agente policial. Indenização. Embargos Infringentes. Ordinária. Ferimentos graves causados a pedestre, em virtude de disparo de arma de fogo, ocorrido na via pública, cometido por soldado da Policia Militar, à paisana, quando fora do serviço e sem qualquer relação com sua função. Desentendimento surgido em um bar com outro militar, agindo o policial, tão-somente, em favor do companheiro de corporação, que, também, não se encontrava no exercício de suas funções ou a pretexto de exercê-las. Inteligência do art. 37, par.6., da Constituição Federal. Ato praticado por servidor militar "na qualidade de cidadão comum". Indenização repelida. Embargos próvidos.[26]

---

25. Brasil. Supremo Tribunal Federal. Recurso Extraordinário nº 363423/SP. Primeira Turma. Rel. Min. Carlos Ayres Britto. J. 16/11/2004. EMENTA: CONSTITUCIONAL. Administrativo. Recurso extraordinário. Responsabilidade civil do Estado. Lesão corporal. Disparo de arma de fogo pertencente à corporação. Policial militar em período de folga. Caso em que o policial autor do disparo não se encontrava na qualidade de agente público. Nessa contextura, não há falar de responsabilidade civil do Estado. Recurso extraordinário conhecido e provido.

26. Rio de Janeiro. Tribunal de Justiça do Estado do Rio de Janeiro. Embargos Infringentes nº 1990.005.04169. 1º Grupo de Câmaras Cíveis. Relator: Desembargador Celso Guedes. J. 27/11/1991. Responsabilidade civil do Estado. Ato de agente policial. Indenização. Embargos Infringentes. Ordinária. Ferimentos graves causados a pedestre, em virtude de disparo de arma de fogo, ocorrido na via pública, cometido por soldado da Policia Militar, à paisana, quando fora do serviço e sem qualquer relação com sua função. Desentendimento surgido em um bar com outro militar, agindo o policial, tão-somente, em

Cabe ressaltar, todavia, que se equipara à situação do agente público agindo no exercício de suas funções, quando o agente, embora fora do serviço, age na qualidade de servidor público, ou seja, procedendo (legal ou ilegalmente) como se estivesse a exercer sua função. É o caso de policiais militares que perpetram crimes em chacinas, para "livrar a comunidade da criminalidade". Como se observa, *in verbis*:

> Responsabilidade civil do Estado. Policial militar. Disparo de arma de fogo. Morte de chefe de família. Morte de mãe de família. Dano moral. Pensão mensal. Elevação. Ação Ordinária. Pedido de indenização apresentado pelo menor que teve seus pais assassinados por policiais na chacina de Vigário Geral. Responsabilidade objetiva pelos atos praticados por seus prepostos, ainda que não estivessem a serviço, mas na qualidade de servidores públicos. Arbitramento do dano moral fixado em montante considerado adequado pela jurisprudência dominante. Elevação do pensionamento. Desprovimento da 1ª Apelação e provimento parcial da 2ª.[27]

c) Dano resultante de confronto entre policiais e marginais sem que se saiba com certeza de onde partiu o disparo.

O terceiro caso, o confronto entre policiais e marginais sem que se saiba com certeza de onde partiu o disparo, via de regra, não enseja a responsabilidade do Estado. Indeterminada a origem do disparo, não pode haver a responsabilização do Poder Público por ausência de nexo de causalidade entre sua ação em defesa da coletividade e o dano causado a terceiro. O preceito constitucional não responsabilizou a Administração por atos criminosos de terceiros que só a estes podem ser imputados:

---

favor do companheiro de corporação, que, também, não se encontrava no exercício de suas funções ou a pretexto de exercê-las. Inteligência do art. 37, § 6º, da Constituição Federal. Ato praticado por servidor militar "na qualidade de cidadão comum". Indenização repelida. Embargos providos.

27. Rio de Janeiro. Tribunal de Justiça do Estado do Rio de Janeiro. Apelação Cível nº 2000.001.00259. 1º Câmara Cível. Rel. Des. Valéria Maron. J. 06/06/2000. REV. DIREITO DO T.J.E.R.J., v. 48, p. 178. Responsabilidade civil do Estado. Policial militar. Disparo de arma de fogo. Morte de chefe de família. Morte de mãe de família. Dano moral. Pensão mensal. Elevação. Ação Ordinária. Pedido de indenização apresentado pelo menor que teve seus pais assassinados por policiais na chacina de Vigário Geral. Responsabilidade objetiva pelos atos praticados por seus prepostos, ainda que não estivessem a serviço, mas na qualidade de servidores públicos. Arbitramento do dano moral fixado em montante considerado adequado pela jurisprudência dominante. Elevação do pensionamento. Desprovimento da 1ª Apelação e provimento parcial da 2ª.

Responsabilidade civil do Estado. Nexo de causalidade. Inocorrência. Responsabilidade civil objetiva. Bala perdida. Omissão específica do estado. Ausência de nexo de causalidade. Em havendo omissão específica por parte de agentes do Estado, a responsabilidade civil exsurge objetivamente. Todavia, se para sua configuração é irrelevante o exame da culpa, nem por isso fica o demandante dispensado da prova da conduta do agente, do evento danoso e do nexo causal entre eles existente. Portanto, inexistindo nos autos comprovação de que o projétil de arma de fogo causador do ferimento sofrido pela Apelante tenha partido de uma das armas utilizadas pelos Policiais Militares que participaram do confronto narrado na exordial, não há como se imputar ao Estado a responsabilidade pelo dano a ela causado. Não restando estabelecido o nexo, impossível a cogitação acerca de eventual responsabilidade. Recurso desprovido, nos termos do voto do Desembargador Relator.[28]

Embargos infringentes. Responsabilidade civil. Ação policial. Bala perdida. Nexo causal incomprovado. Improcedência do pedido. Provimento do recurso. A responsabilidade do Estado, ainda que objetiva em razão do disposto no art. 37, § 6º da Constituição Federal, exige a comprovação do nexo de causalidade entre a ação ou a omissão atribuída a seus agentes e o dano. Não havendo nos autos prova de que o ferimento causado a vítima tenha sido provocado por disparo de uma das armas utilizada pelos Policiais Militares envolvidos no tiroteio, por improcedente se mostra o pedido indenizatório. Daí, em sem mais delongas, a razão de não existir fundamento justo para se imputar ao Estado a responsabilidade pelo evento danoso, por mais trágico que tenha sido o ocorrido na vida do autor postulante. Recurso provido.[29]

Apelação cível. Administrativo. Responsabilidade civil do Estado. Ferimentos provocados por bala perdida durante confronto entre policiais e traficantes. Ausência de nexo causal. Recurso improvido. 1. A responsabilidade do Estado, em matéria de Segurança Pública, é objetiva, desde que comprovado o nexo causal entre a ação dos agentes estatais e o dano experimentado pelas vitimas, surgindo aí, para este o dever de indenizar. 2. Na hipótese vertente, durante toda a fase

28. Rio de Janeiro. Tribunal de Justiça do Estado do Rio de Janeiro. Apelação Cível nº 2004.001.04270. 7º Câmara Cível. Rel. Des. Ricardo Rodrigues Cardozo. J. 17/08/2004. Responsabilidade civil do estado. Nexo de causalidade. Inocorrência. Responsabilidade civil objetiva. Bala perdida. Omissão específica do estado. Ausência de nexo de causalidade.

29. Rio de Janeiro. Tribunal de Justiça do Estado do Rio de Janeiro. Embargos Infringentes nº 2006.005.00292. 1ª Câmara Cível. Rel. Des. Maldonado de Carvalho. J. 30/01/2007. Embargos infringentes. Responabilidade civil. Ação policial. Bala perdida. Nexo causal Incomprovado. Improcedência do pedido. Provimento do recurso.

> probatória, não ficou esclarecida a procedência do projétil que acabou por ferir os autores no interior de sua residência. 3. Assim, por mais dramática que seja a situação vivida pelos autores, como não é possível afirmar que o tiro partiu da arma de um agente público, não tem o Estado que indenizar os danos por estes sofridos. 4. Pretensão de reforma da sentença que não pode subsistir em razão da ausência de comprovação do nexo causal. 5. Recurso que se nega provimento.[30]

Não obstante, alguns doutrinadores vão preconizar que, na ausência de um dever de cuidado do Estado na condução das ações policiais contra marginais, exsurge um dever de indenizar:

> Hipóteses há, contudo, em que o policial, no exercício regular de suas funções causa danos a terceiros, às vezes irreversíveis, como a morte. É o caso de uma perseguição policial em que os meliantes abrem fogo contra os policiais e estes são obrigados a revidar.
>
> Vem se tornando corriqueiros nefastos acontecimentos de pessoas feridas ou mortas por balas "perdidas" ou por disparos feitos por policiais que restam por atingir inocentes que passavam pelo local no momento da perseguição.
>
> São comuns hoje os confrontos entre policiais e marginais nas favelas, na via pública ou interior de estabelecimentos e residências. Nesses casos, embora os policiais possam ter com moderação e comedimento, procedido segundo as normas de conduta estabelecidas para as circunstâncias do momento, responderá o Estado, objetivamente pelos danos que essa ação legítima causar a terceiros.
>
> Para nós, nem mesmo o estado de legítima defesa ou estado de necessidade vivenciado pelo agente da autoridade retira do Estado o dever de reparar.
>
> Apenas não caberá o direito de regresso, na consideração de que os prepostos só respondem por dolo ou culpa.
>
> São acontecimentos não queridos e fruto muito mais do recrudescimento da violência dos marginais que do comportamento dos agentes policiais, mas que impõe uma resposta mais severa destes.
>
> Nem por isso, entretanto, ficará o Estado acobertado pela indenidade civil, pois vige – como regra constitucional – a teoria do risco administrativo, que obriga o Estado a indenizar, sem indagação de culpa em seu sentido amplo.[31]

---

30. Rio de Janeiro. Tribunal de Justiça do Estado do Rio de Janeiro. Apelação Cível nº 2007.001.56863. 6ª Câmara Cível. Rel. Des. Benedicto Abicair. J. 23/01/2008. Apelação cível. Administrativo. Responsabilidade civil do Estado. Ferimentos provocados por bala perdida durante confronto entre policiais e traficantes. Ausência de nexo causal. Recurso improvido.

31. Stoco, Rui. *Tratado de responsabilidade civil*. 6. ed. São Paulo: Revista dos Tribunais, 2004, p. 1.068.

Nesse diapasão, consideram algumas decisões do Tribunal de Justiça do Estado do Rio de Janeiro que o art. 5º, X, da Constituição da República positivou o princípio impositivo do dever de cuidado (*neminem laedere*) como norma de conduta, assegurando proteção à integridade patrimonial e extrapatrimonial de pessoa inocente, e estabelecendo como sanção a obrigação de reparar os danos, sem falar em culpa.

A falta de diligência e prudência do lesante em todo dano injusto resulta implícita na ação (em ato ilícito ou lícito) violadora da norma jurídica impositiva do dever de cuidado (*neminem laedere*) de forma evidente ou verossímil *ipso facto* implicando a inexorável reversão da prova em caso de excepcional existência de causa de exclusão da responsabilidade civil, sob pena de se deflagrar a obrigação de reparar os prejuízos.

Como cediço, a Constituição Federal prestigiou a teoria do risco administrativo como fundamento para a responsabilidade civil do Estado, seja por ato ilícito da Administração Pública, seja por ato lícito. Assim, no dizer desses acórdãos, a troca de disparos de arma de fogo (bala perdida) efetuada entre policiais e bandidos em via pública, conforme impõe à administração pública o dever de indenizar, sendo irrelevante a proveniência da bala. A conduta comissiva perpetrada, qual seja, a participação no evento danoso causando dano injusto às vítimas inocentes conduz à sua responsabilização, mesmo com um atuar lícito, estabelecendo-se, assim, o nexo causal necessário:

> Ação indenizatória. Morte de menor que se encontrava em um bar comprando doces, vitimado por disparos de arma de fogo de agentes públicos, durante uma operação policial (blitz), próxima a favela do Jacarezinho, nesta cidade. Sentença que julga procedente em parte o pedido, condenando o réu ao pagamento de danos morais arbitrados em R$ 50.000,00 e honorários advocatícios. Agravo retido. Alegação de suspeição da testemunha ouvida em Juízo. Rejeição. A hipótese não se enquadra nas disposições legais pertinentes ao tema (art. 405, § 3º, do CPC), posto que a testemunha em questão possui interesse apenas indireto no desfecho da lide, reconhecendo a Jurisprudência que: Não é testemunha legalmente suspeita: (...) – a pessoa arrolada por um das partes, que também demanda, em outro processo, contra a outra (JTAERGS 97/351). Estado-réu que invoca a licitude da conduta de seus agentes, baseando-se, principalmente, no dever de combate a criminalidade, o que o desobriga a qualquer indenização. Se a conduta comissiva do agente do Estado engendrou de forma direta ou concorrente o resul-

tado danoso injusto a terceiro inocente, como no fato – espécie de bala perdida, a conduta ativa de agente policial na troca de tiros com bandidos evidencia no próprio fato o nexo de causalidade necessário à imposição da responsabilidade civil objetiva do Estado (art. 37, § 6º, da CR/1988). Ora, o que o Estado pretende é que a força se sobreponha ao direito, que os fins justifiquem os meios e que as falhas nas tarefas que lhe são próprias sejam legitimadas, sob alegações de combate a criminalidade e estado de necessidade. Fatos que em si mesmos implicaram em sérios sofrimentos aptos a abalar não só o psiqué de sua mãe, pessoa pobre e humilde, vítima da desigualdade em nosso País, como também a sua honorabilidade, gerando inafastável dever de indenizar, máxime porque a Carta Federal garante a proteção da dignidade humana (art. 1º, III da CRFB/1988). Dano moral indenizável. Majoração do *quantum* a fim de adequá-lo aos Princípios da Proporcionalidade e Razoabilidade. Danos materiais. Na hipótese, além de não existir prova cabal quanto a atividade laborativa desempenhada pela autora, bem como de seus ganhos, não há como mensurar período para sua recuperação, o que acarretaria na subjetivação do dano material, colocando-o no mesmo plano do moral, o que não é possível. Inaplicabilidade da Sumula nº 491 do STF. Desprovimento do primeiro apelo e parcial provimento do segundo recurso, apenas para majorar a verba fixada a título de danos morais para R$ 100.000,00 (cem mil reais), mantida, no mais, a sentença monocrática.[32]

Diligência policial com troca de tiros. Bala perdida. Responsabilidade civil do Estado. Teoria do risco administrativo. Obrigaçâo de indenizar. Responsabilidade civil do Estado. Art. 37, § 6º, da CRFB/1988. Ato lícito da administração. Troca de disparos de arma de fogo em via pública. Bala perdida. Dever de indenizar. O art. 5º, X da Lei Maior positivou o princípio impositivo do dever de cuidado ("neminem laedere") como norma de conduta, assegurando proteção à integridade patrimonial e extrapatrimonial de pessoa inocente, e estabelece como sanção a obrigação de reparar os danos, sem falar em culpa. A CRFB/1988, em seu art. 37, § 6º, prestigiou a Teoria do Risco Administrativo como fundamento para a responsabilidade civil do Estado, seja por ato ilícito da Administração Pública, seja por ato lícito. A troca de disparos de arma de fogo efetuada entre policiais e bandidos conforme prova dos autos impõe à Administração Pública o dever de indenizar, sendo irrelevante a proveniência da bala. A conduta comissiva perpetrada, qual seja, a participação no evento danoso causando dano injusto à vítima

32. Rio de Janeiro. Tribunal de Justiça do Estado do Rio de Janeiro. Apelação Cível nº 2007.001.59401. 15ª Câmara Cível. Rel. Des. Helda Lima Meireles. J. 18/12/2007.

inocente conduz à sua responsabilização, mesmo com um atuar lícito, estabelecendo-se, assim, o nexo causal necessário. Desprovimento do recurso.[33]

A imputação dos danos por confrontos entre agentes públicos e marginais, sem determinação da origem dos disparos, passa, desse modo, pela insusceptibilidade de se tomar como causa da imputação uma causalidade naturalística, como a do dano direto e imediato.

A causalidade nessa hipótese deve ser uma causalidade jurídica ou normativa que atenda a dois requisitos básicos: primeiro, deve ser valorativamente adequado, máxime deve cumprir a finalidade de seleção dos danos a atribuir ao agente, limitando a respectiva responsabilidade; em segundo, o critério de imputação deve ser juridicamente operativo, ou seja, deve funcionar como efetivo instrumento jurídico útil na tarefa de identificação do nexo de causalidade no caso concreto.

Deve-se partir da idéia de risco, ou seja, da prevenção, de que serão normativamente imputáveis os danos derivados de um risco específico ou aumentado pelo agente. Em outras palavras, serão normativamente imputados os danos que excederem a confiança, a idéia de risco aceitável pela comunidade. Por essa teorização deve-se fazer a imputação dos danos ao agente através da demarcação de áreas de risco, de tal maneira que haveria que separar os danos que resultam do "risco geral da vida" – os quais não seriam imputáveis ao agente – e os danos derivados de um risco específico ou aumentado pelo agente – susceptíveis de lhe serem imputados.

Como decidiu o Superior Tribunal de Justiça em *leading case* da lavra do Ministro Luiz Fux em agosto de 2006 ao infirmar que, em virtude do parágrafo único do art. 927 do Código Civil, nas atividades perigosas desenvolvidas pelo Estado, como o é a ação policial, a causalidade entre a ação e o dano deriva do agravamento do risco geral da vida aumentado pelo agente do Estado. Se a sociedade pós-moderna é uma sociedade de riscos, incumbe aos agentes o controle do gerenciamento do risco. Agravado este além do limite aceitável pela comunidade a conduta se torna passível de ser atribuída como causado-

33. Rio de Janeiro. Tribunal de Justiça do Estado do Rio de Janeiro. Apelação Cível nº 2007.001.32436. 9ª Câmara Cível. Rel. Des. Roberto de Abreu e Silva. J. 04/09/2007.
Diligência policial com troca de tiros. Bala perdida. Responsabilidade civil do Estado. Teoria do risco administrativo. Obrigação de indenizar.

ra do dano pela agravação do risco. Deste modo, no dizer da decisão judicial, caracterizada a hipótese de responsabilidade objetiva do Estado, impõe-se ao lesado demonstrar a ocorrência do fato administrativo (invasão de domicílio), do dano (morte da vítima) e do nexo causal (que a morte da vítima decorreu de errôneo planejamento de ação policial). Consectariamente, os pressupostos da responsabilidade objetiva *impõem ao Estado provar a inexistência do fato administrativo, de dano ou ausência de nexo de causalidade entre o fato e o dano*, o que atenua sobremaneira o princípio de que o ônus da prova incumbe a quem alega. Na responsabilidade objetiva a imputação do dano ao Estado se dá pela prova do agravamento do risco inerente à atividade por sua conduta, em detrimento do lesado. Assim, inverte-se o ônus probatório quanto à ocorrência do agravamento ilícito do risco específico, incumbindo ao Estado provar que a procedência do tiro de arma de fogo decorreu de projéteis dos marginais e não dos seus agentes, a fim de eximir-se da responsabilidade objetiva:

> Consoante cediço, a responsabilidade objetiva do Estado em indenizar, decorrente do nexo causal entre o ato administrativo e o prejuízo causado ao particular, prescinde da apreciação dos elementos subjetivos (dolo e culpa estatal), posto que referidos vícios na manifestação da vontade dizem respeito, apenas, ao eventual direito de regresso, incabível no caso concreto.
> Destarte, as razões expendidas no voto condutor do acórdão hostilizado revelam o descompasso entre o entendimento esposado pelo Tribunal local e a jurisprudência desta Corte, no sentido de que nos casos de dano causado pelo Estado, se aplica o art. 37, § 6º, da Constituição Federal.
> Ressalte-se ainda, que nos termos do art. 927, parágrafo único, do Código Civil, haverá obrigação de reparar o dano, independentemente de culpa, nos casos especificados em lei, conceito que abrange, lato sensu, a própria Carta Magna.
> [...] Deveras, consoante doutrina José dos Santos Carvalho Filho: "A marca da responsabilidade objetiva é a desnecessidade de o lesado pela conduta estatal provar a existência da culpa do agente ou do serviço. O fator culpa, então, fica desconsiderado com pressupostos da responsabilidade objetiva (...)," sendo certo que a caracterização da responsabilidade objetiva requer, apenas, a ocorrência de três pressupostos: a) fato administrativo: assim considerado qualquer forma de conduta comissiva ou omissiva, legítima ou ilegítima, singular ou coletiva, atribuída ao Poder Público; b) ocorrência de dano: tendo em vista que a responsabilidade civil reclama a ocorrência de dano decorrente de ato estatal, *latu sensu*; c) nexo causal: também denominado nexo de causalidade entre o fato adminis-

trativo e o dano, consectariamente, incumbe ao lesado, apenas, demonstrar que o prejuízo sofrido adveio da conduta estatal, sendo despiciendo tecer considerações sobre o dolo ou a culpa.

Assim, caracterizada a hipótese de responsabilidade objetiva do Estado, impõe-se ao lesado demonstrar a ocorrência do fato administrativo (invasão de domicílio), do dano (morte da vítima) e do nexo causal (que a morte da vítima decorreu de errôneo planejamento de ação policial).

Consectariamente, os pressupostos da responsabilidade objetiva impõem ao Estado provar a inexistência do fato administrativo, de dano ou ausência de nexo de causalidade entre o fato e o dano, o que atenua sobremaneira o princípio de que o ônus da prova incumbe a quem alega.

Contudo, na hipótese vertente, o acórdão deixou entrever que os autores deixaram de produzir prova satisfatória e suficiente de que o óbito da vítima resultou de imperícia, imprudência ou negligência do policial militar que invadiu a casa da vítima, consoante se infere do voto de fls. 184/191, o que revela o provimento do recurso especial.

Nesta esteira, vale-se ressaltar mais uma vez o magistério de Luiz Guilherme Marinoni, no sentido de admitir recurso especial que verse acerca da inversão do ônus da prova, *in verbis*:

> (...) Não se diga, como já fez o STJ, que "o indeferimento do pedido de inversão do ônus da prova na origem, por não se tratar de hipossuficiência, mas, também, pela impossibilidade de se aferir da razoabilidade da verossimilhança das alegações do consumidor, conceito de índole fático-porbatório, atraia a censura da Súmula nº 7 do STJ, impedindo o conhecimento do especial, manejado sob o fundamento de maltrato ao art. 6º, VIII, do CDC". Lembre-se de que os critérios da hipossuficiência, deve considerar apenas a dificuldade de produção de prova. Portanto, a decisão a respeito de hipossuficiência não pode impedir o especial sob o argumento de impossibilidade de reexame de prova. Além disso, como dito no item anterior, não há como confundir exame de prova para a formação da convicção de verossimilhança com redução das exigências de prova para a procedência do pedido ou para a inversão do ônus da prova na sentença.
>
> Decidir sobre a inversão do ônus da prova requer a consideração do direito material e das circunstâncias do caso concreto, ao passo que a formação da convicção nada mais é que a análise da prova e dos demais argumentos.Inverter o ônus da prova não está sequer perto de formar a convicção com base nas provas. Assim, o recurso especial pode afirmar que a decisão que tratou do ônus da prova violou a lei, o que evidentemente não requer o reexame das provas." (In:

"Reexame de prova diante dos recursos especial e extraordinário", publicado na Revista Genesis – de Direito Processual Civil, Curitiba-número 35, p. 128-45).

Saliente-se ainda que, a Constituição Federal não assegura a inviolabilidade do domicílio (art. 5º, inciso XI) de modo absoluto, inserindo, no rol das exceções à garantia, o caso de flagrante delito, desastre, prestação de socorro ou determinação judicial, inocorrentes na presente hipótese.

Destarte, esta Corte, apesar de adstrita a averiguação de ofensa à legislação federal infraconstitucional dentro dos estreitos limites da indicação feita por parte do recorrente, não está com isto impedida de aplicar o direito à espécie. Esta é justamente a ratio do art. 257 do RISTJ, *in verbis*:

> Art. 257. No julgamento do recurso especial, verificar-se-á, preliminarmente, se o recurso é cabível. Decidida a preliminar pela negativa, a Turma não conhecerá do recurso; se pela afirmativa, julgará a causa, aplicando o direito à espécie.

Infere-se dos autos que o Policial Militar invadiu o domicílio da vítima, que restou assassinada por "bala perdida" no interior de sua própria residência, justamente quando procurava saber quem estava no teto da sua casa, não tendo o Estado logrado êxito em demonstrar a procedência do tiro de arma de fogo, disparado de cima para baixo no seu crânio, ônus que lhe incumbia, a fim de eximir-se da responsabilidade objetiva.

Ademais, extrai-se dos autos, que os autores às fls. requereram a exumação do cadáver da vítima para exame de balística e verificação do calibre da arma que realizou o disparo fatal, o qual não fora realizada no momento oportuno porque o raio X do INSTITUTO MÉDICO LEGAL estava "quebrado", pedido que restou indeferido pelo juízo *a quo*.

Destaque-se, por sua vez, o teor do parecer ministerial, acostado aos autos a fls. 117/120, no sentido de condenação do Estado, à luz do art. 37, § 6º, da Constituição Federal, *in verbis*:

(...) Pois bem, a vítima era pessoa que trabalhava, tinha família, e por infelicidade, morava perto de local em que havia tráfico.

Por infelicidade sua, acreditando na inviolabilidade de seu domicílio, subiu na laje, e foi atingida por disparo de arma de fogo, situação de risco criada a partir de desastrada operação policial no local onde habitava.

Pergunta-se: Será que o Estado é isento de qualquer responsabilidade, por não garantir àquela pessoa sequer o direito à inviolabilidade de seu domicílio, dizendo que foi imprudente ao subir na laje de sua própria casa?

Parece-nos que não.

(...)

Frise-se que em nenhum momento houve qualquer afirmação pelos policiais em depoimento de que teriam subido na casa da vítima porque ali se estaria praticando qualquer crime, ou porque lá havia qualquer traficante.
Ao contrário, um dos policiais ouvidos, a fls. 97, inclusive declarou que "soube pelo sargento Firmo que ele teria subido na laje da casa da vítima para vasculhar a área."
(...)
Com efeito, a ação dos agentes do Estado contribuiu de forma decisiva par ao evento ocorrido, e neste particular, independentemente da perquirição de culpa ou dolo dos agentes, para o particular que se viu lesionado por bala perdida, sem qualquer participação na perseguição, existe a possibilidade de reparação dos danos sofridos. Isto porque há a responsabilidade civil do Estado face à comprovação indiscutível de que o ato do agente policial foi concausa para os danos patrimoniais e morais de que hoje sofrem os autores da presente ação indenizatória.
Tendo em vista ser cabível a condenação de indenização a título de danos morais e materiais, ratifico o teor da parte dispositiva da sentença, fl. 125, para adotar suas razões de decidir, *in verbis*:

> (...) Ante o exposto, julgo procedente, em parte, o pedido indenizatório, para condenar o réu a pagar aos autores.[34]

O Tribunal de Justiça do Estado do Rio de Janeiro também admite, em algumas decisões, que o comportamento omissivo reiterado do Poder Público, desde que deflagrador primário do dano praticado por terceiro, é a causa do evento danoso. Consoante essa perspectiva, em cada caso deve se examinar se o evento danoso (o confronto armado) teve como causa a omissão grave do Estado; se teve, a responsabilidade subjetiva do Estado (por culpa *in omitendo*) aparece.

Há omissão reiterada, consoante o Tribunal, quando por inação do Estado se possibilitou, ao longo do tempo, o armamento sofisticado dos marginais e a formação de portentosas quadrilhas e complexos criminosos, constituídos em algumas áreas em poder paralelo ao Estado. Afetou-se desse modo o padrão médio de exigibilidade de garantia coletiva da segurança pública. A omissão ad-

34. Brasil. Superior Tribunal de Justiça. REsp 737.797/RJ. Primeira Turma. Rel. Min. Luiz Fux. J. 03/08/2006. Processual civil. Administrativo. Prequestionamento implícito. Possibilidade. Violação dos arts. 186 e 927 do Código Civil Brasileiro. Responsabilidade civil objetiva. Pleito de danos materiais e morais. Morte em decorrência de ação policial. Tiro disparado contra a vítima. Invasão de domicílio. Cabimento da indenização. Onus probandi do Estado. Correta aplicação do direito material.

ministrativa nesses locais na área de segurança pública possibilitou tal condição de surgimento de confrontos armados pois, no passado, a tônica era o marginal fugir da polícia. Atualmente o que se vê é o enfrentamento e, não raro, o encurralamento de policiais por marginais. Estabeleceu-se assim uma omissão juridicamente relevante do Estado que, hodiernamente, leva o Estado, na tentativa de retomar o controle dos espaços públicos, a cotidianamente confrontar-se com marginais, gerando o risco para as populações circunvizinhas. Tendo tal descalabro nessas localidades, no dizer do Tribunal, ocorrido em função da exclusiva omissão do Estado na sua responsabilidade de garantir um padrão mínimo de segurança para a coletividade, emerge, nessas condições, o dever de indenizar:

> Os policiais militares são agentes públicos garantidores da segurança pública, sendo esta atribuída especificamente aos mesmos e genericamente ao Estado.
> É sabido que as incursões policiais em áreas de risco ocorrem periodicamente, sendo previsível que os confrontos com traficantes, bem como o fenômeno da "bala perdida", que castiga a população que reside nessas localidades.
> Nestas áreas inexiste minimamente a atuação do poder público, sendo que quando este se faz presente, o faz através dos lamentáveis confrontos, que todos os dias são notícias nos jornais.
> Sendo assim, a omissão do poder público é flagrante tanto no que diz respeito à sonegação dos serviços básicos necessários à população, quando da despreparada atuação de seus agentes em tais locais, por meio da truculência de suas incursões.
> O cotidiano de confronto entre policiais e traficantes é inadmissível e mostra-se revelador da total incapacidade estatal de manter permanentemente a segurança de tais áreas de risco.
> Desta forma não há que se falar em excludente do nexo causal, seja pelo caso fortuito, pela força maior ou pela ação de terceiros, porquanto a inércia estatal é flagrante, bem como pela violação do princípio da eficiência, pois a ação de meliantes em tal proporção decorre exatamente da referida omissão. Desta forma, verifica-se que a omissão estatal, sobretudo em razão do dever garantidor de segurança, mostra-se inserida na cadeia causal do resultado ocorrido na presente hipótese.
> Note-se também, que não há qualquer plano de manutenção da segurança nessas comunidades, reduzindo-se a atuação do Estado a simples incursão de seus agentes mal preparados.[35]

---

35. Rio de Janeiro. Tribunal de Justiça do Estado do Rio de Janeiro. Apelação Cível nº 2007.001.35622. 18ª Câmara Cível. Rel. Des. Rogério de Oliveira Souza. J. 25/09/2007. Direito Administrativo. Responsabilidade civil objetiva do Estado. Teoria do risco administrativo. Troca de tiros entre policiais militares e traficantes. Bala perdida. Autora atingida por projétil de arma de fogo, vindo a sofrer a amputação

d) Dano resultante de confronto unicamente entre marginais em áreas de reiterada conflagração armada, com omissão específica do Estado.

A quarta hipótese é a do dano resultante de confronto unicamente entre marginais, em áreas de reiterada conflagração armada, com omissão específica do Estado. Também neste caso, como regra geral, não cabe a responsabilidade do Estado por confronto entre marginais:

> Responsabilidade civil do Estado. Lesão em vítima causada por bala perdida. Dever de segurança do poder público. Omissão genérica. 1) Não se pode, com arrimo no art. 37, § 6º, da CRFB, conferir ao Estado a qualidade de segurador universal, uma vez que o referido dispositivo constitucional não consagrou a teoria do risco integral. 2) Somente restaria caracterizado o nexo de causalidade entre o dano e a inação estatal na hipótese de omissão específica do Poder Público, a qual pressupõe ter sido este chamado a intervir, ou se o disparo tivesse ocorrido por ocasião de confronto entre agentes estatais e bandidos, o que não restou comprovado na hipótese. 3) Ainda que se perfilhasse o entendimento de que no caso de omissão a responsabilidade do Estado é subjetiva, não se tem por caracterizada a culpa, se não comprovada a ausência do serviço ou sua prestação ineficiente, vez que não se pode esperar que o Estado seja onipresente. 4) Provimento do primeiro recurso. Prejudicada a segunda apelação.[36]
>
> Responsabilidade civil do estado. Bala perdida. Omissão genérica do poder público. Inexistência de dolo ou culpa. Apelação cível. Responsabilidade civil do Estado. Bala perdida. Apelante que foi atingido na porta de seu bar, sem saber de onde veio o tiro. Sentença que julgou o pedido improcedente, adotando entendimento de ser a responsabilidade subjetiva, no caso de omissão do Estado. O § 6º do art. 37 da CF/1988 estabelece a responsabilidade objetiva das pessoas

da mão direita. Dinâmica dos fatos reveladora da inexistência de plano de segurança para a atuação dos agentes públicos. Ineficiência da conduta perpetrada pelos policiais. Patente omissão do Poder Público. Dever genérico de segurança que na hipótese mostrou-se específico. Responsabilidade objetiva do Estado. Danos materiais, morais e estéticos configurados. A taxa de juros moratórios é de 12% ao ano a partir do Novo Código Civil. Interpretação construtiva da Constituição Federal, que prima pelo indivíduo frente ao Estado. Manutenção da sentença. Desprovimento do recurso.

36. Rio de Janeiro. Tribunal de Justiça do Estado do Rio de Janeiro. Apelação Cível nº 2007.001.63327. 2ª Câmara Cível. Rel. Des. Heleno Ribeiro P. Nunes. J. 19/12/2007. Responsabilidade civil do Estado. Lesão em vítima causada por bala perdida. Dever de segurança do poder público. Omissão genérica. 1) Não se pode, com arrimo no art. 37, § 6º, da CRFB, conferir ao Estado a qualidade de segurador universal, uma vez que o referido dispositivo constitucional não consagrou a teoria do risco integral.

jurídicas de direito público, sem distinção entre a conduta comissiva ou omissiva de seus agentes, mas não adota a teoria do risco integral, não sendo o Estado garantidor universal. No caso, não há provas de que houvesse troca de tiros entre policiais e marginais, ou de onde teria sido efetuado o disparo, afastando a conduta de algum agente estatal. Analisada a omissão quanto à segurança pública, não pode o Estado estar onipresente, pelo que não havendo prova de que foi chamado a agir e se omitiu, não é de se reconhecer a responsabilidade pela omissão genérica, por ausência de culpa e de nexo causal. Em qualquer dos entendimentos doutrinários ou jurisprudenciais, a pretensão do apelante não merece prosperar, embora se lamente e seja motivo de revolta a ocorrência de fatos como o que lesionou. Sentença de improcedência que merece ser mantida. Recurso não provido.[37]

Não obstante, decisão desse Tribunal *admite em tese* que, quando tais confrontos se dão, de maneira reiterada e contínua, numa área geográfica perfeitamente delimitada, com a constante desídia do Estado em garantir a segurança de tais áreas, que se tornam verdadeiros territórios livres do crime, nestes casos surge a omissão juridicamente relevante que configura a responsabilidade do Estado. Tal comportamento omissivo da Administração é, nesse caso, deflagrador do dano praticado por terceiro e causa do mesmo:

> No mais cumpre esclarecer que no local onde ocorreu o acidente não restou configurada uma omissão específica do Estado no que diz respeito ao seu dever de segurança pública. Ou seja, não restou caracterizada a alegada omissão ou mesmo qualquer negligência por parte do Estado, posto que a demanda não traz notícia de reiterados incidentes envolvendo a ação de bandidos naquela região. Em outras palavras, não vislumbro uma ação estatal deficiente em conhecida área de risco ou mesmo eventual ação reincidente de marginais, capaz de chamar o ente público à sua responsabilidade de indenizar a cidadã que veio a ser atingida por bala perdida, não se sabe vinda de onde.[38]

---

37. Rio de Janeiro. Tribunal de Justiça do Estado do Rio de Janeiro. Apelação Cível nº 2005.001.50847. 12ª Câmara Cível. Rel. Des. Nanci Mahfuz. J. 19/09/2006. Ementário: 24/2007 – n. 15 – 28/06/2007 Rev. direito do TJERJ, v. 72, p. 247. Responsabilidade civil do Estado. Bala perdida. Omissão genérica do poder público. Inexistência de dolo ou culpa.

38. Rio de Janeiro. Tribunal de Justiça do Estado do Rio de Janeiro. Apelação Cível nº 2008.001.08220. 19ª Câmara Cível. Rel. Des. Ferdinaldo do Nascimento. Julgamento em 1º de abril de 2008. Ação indenizatória. Danos morais e materiais. Bala perdida. Demanda deflagrada pela vítima em face do Estado do Rio de Janeiro. Sentença improcedente. Apelo da autora. Manutenção do decisum. Uma vez que a violência mostra-se presente toda e qualquer sociedade moderna, para que surja a obrigação de inde-

Na hipótese em questão, apenas algumas decisões de primeira instância vem admitindo tal responsabilização e, mesmo estas, ainda sem confirmação pelo Tribunal. Para caracterização de tal responsabilidade do Estado por ato omissivo é necessário que a omissão seja de caráter prolongado e não fortuita. O padrão mínimo de exigibilidade de garantia da segurança pública da coletividade é atingido pela omissão reiterada do Estado, tornando-se essa omissão a causa do evento danoso (por ausência de repressão) e, assim, acarretando a responsabilidade civil do Estado, *in verbis*:

> No caso em julgamento, restou comprovado que o autor foi atingido por "bala perdida" oriunda de guerra entre traficantes, quando conduzia seu veículo pela Estrada Grajaú-Jacarepaguá, do que resultou a paralisia dos seus membros inferiores. Ora, é sabido que a aludida via é reputada de alta periculosidade, eis que cercada por favelas dominadas pelo tráfico de entorpecentes, sendo certo que, na ocasião do disparo, restou apurada a existência de tiroteio entre bandidos dos morros Cotios e Cachoeirinha, objetivando o controle dos pontos de venda de drogas (fls. 20).
>
> De fato, a omissão específica quanto ao policiamento na referida região é fato público e notório, tratando-se de zona de alto risco, na qual é freqüente tanto o confronto entre traficantes, como falsas blitz, revelando a insuficiência de medidas administrativas eficientes capazes de evitar danos como o sofrido pelo autor. Com efeito, tal situação somente confirma a responsabilidade do réu, pela falha no dever de prestar uma segurança pública minimamente eficiente, de forma a "preservar o ordem pública" e garantir a "incolumidade das pessoas", tal como exigido pelo art. 144, § 6º, da CF, evitando que fatos como este, envolvendo guerra de traficantes por pontos de venda de drogas, de onde surgem "balas perdidas" como a que atingiu o autor, continuem a ocorrer com a freqüência inaceitável com que ocorrem. Isso porque, admite-se que em qualquer país, mesmo de primeiro mundo, haja assaltos, mortes, roubos,

---

nização do Estado, deve haver nexo causal entre o ato (omissivo ou comissivo) praticado pelos seus agentes e o prejuízo sofrido pelo particular, o que, in casu, não restou demonstrado. No mais, cumpre esclarecer que no local onde ocorreu o acidente não restou configurada uma omissão específica do Estado no que diz respeito ao seu dever de segurança pública. Ou seja, não restou caracterizada a alegada omissão ou mesmo qualquer negligência por parte do Estado, posto que a demanda não traz a notícia de reiterados incidentes envolvendo a ação de bandidos no local onde ocorreu o acidente. Assim, não há como aplicar a responsabilidade de que trata o art. 37, § 6º, da Constituição Federal em desfavor do Estado, eis que não restou comprovada de que a ação danosa foi efetivamente praticada por um de seus agentes. Recurso conhecido e improvido.

assassinatos em série, e até, eventualmente, morte por PAF não identificado, sem que o Estado possa ser responsabilizado por isso, dado o caráter eventual e esporádico com que ocorrem.

No entanto, não se pode admitir que em um Estado de Direito, no qual haja segurança pública minimamente eficiente, pessoas sejam freqüentemente vítimas de "balas perdidas", sempre nos mesmos locais, cuja periculosidade é conhecida de todos, sejam elas oriundas do confronto entre bandidos e polícia, ou o que é pior, do confronto entre facções criminosas na busca pelo domínio de regiões dominadas pelo tráfico, nas quais o Estado se faz ausente. A freqüência com que tais fatos ocorrem na cidade, em especial no local em que o autor foi atingido, torna específica e abusiva a omissão estatal, no que pertine a prestação de segurança pública, afastando a imprevisibilidade e a inevitabilidade que, em regra, serve para justificar a ausência de responsabilidade e afastar a sua obrigação de indenizar.

Neste sentido, vale observar que, de forma análoga, a jurisprudência evoluiu, em dado momento, para admitir a responsabilização das empresas de ônibus, por assaltos ocorridos em certos trechos, cuja freqüência pressupõe a previsibilidade e evitabilidade do fato.[39]

Faz-se a prova de tal omissão específica pelos meios usuais de prova admitidos em Direito, ou seja, através de testemunhas, perícias de balas alojadas nas paredes de casas e edifícios, configurações balísticas de linhas de tiro, desvalorização do preço dos imóveis situados em áreas conflagradas, juntada de reclamações reiteradas à polícia sem que fossem tomadas providências, anotação dos apartamentos onde são colocadas placas de aço nas janelas etc.

4. Conclusão

Como mostrado nesse texto, o estudo conduzido pelo Instituto de Segurança Pública (ISP), da Secretaria de Segurança Pública do Estado do Rio de Janeiro, divulgado no fim de março de 2007, denominado "Relatório Temático Bala Perdida 2007",[40] analisou registros de ocorrência de homicídio e lesão cor-

39. Rio de Janeiro. Poder Judiciário do Estado do Rio de Janeiro. 5ª Vara de Fazenda Pública. Ação Ordinária nº 2003.001.008532-9. Autor: Otacílio Carvalho França. Réu: Estado do Rio de Janeiro. Juiz: Gustavo Bandeira. Jul. 18/03/2005.

40. Duarte, Mário Sérgio de Brito; Silva, Robson Rodrigues da; Oliveira, João Batista Porto de; Silva, Leonardo de Carvalho (org.) *Bala Perdida*. Rio de Janeiro: ISP, 2007. Arquivo disponível em: www.isp.rj.gov.br.

poral feitos em todas as delegacias do estado no ano de 2006 e identificou 224 vítimas de balas perdidas, sendo 19 fatais e 205 não fatais. Os 19 mortos representam 0,4% dos homicídios por arma de fogo no estado.

Vitimas Fatais – Ano 2006

Região	Nº de vítimas	%
Capital	17	89,5%
Baixada	2	10,5%
Grande Niterói	0	0,0%
Interior	0	100%
Total do Estado	19	100%

Vitimas Não Fatais – Ano 2006

Região	Nº de vítimas	%
Capital	169	82.4 %
Baixada	19	9.3 %
Grande Niterói	5	2.4%
Interior	12	5.9%
Total do Estado	205	100%

Vitimas Fatais – janeiro/2007

Região	Nº de vítimas	%
Capital	3	100%
Baixada	0	0,0%
Grande Niterói	0	0,0%
Interior	0	0,0%
Total do Estado	3	100%

Vitimas Não Fatais – janeiro/2007

Região	Nº de vítimas	%
Capital	23	82,1%
Baixada	1	3,6%
Grande Niterói	1	3,6%
Interior	3	10,7%
Total do Estado	28	100%

Fonte: GEPDLBL/SESEG

No mês de janeiro de 2007, foram contabilizadas 31 vítimas – três fatais e 28 não fatais – representando uma média de uma vítima por dia. Notícias de jornal ajudaram os pesquisadores a localizar os registros. A análise levantou o sexo e a idade das vítimas, o local do fato e observou se havia menção a ação policial (confronto ou operação), ação de criminosos ou outros eventos, como festas, disparos contra terceiros e roubo nas proximidades.

Das 19 vítimas fatais por bala perdida mencionadas nos registros no ano de 2006, 17 foram atingidas na capital e 2 na Baixada Fluminense. Das 205 vítimas não fatais, 169 foram atingidas na capital, 19 na Baixada Fluminense, 5 na Grande Niterói e 12 no interior do Estado.

Em 14 dos 19 registros com vítimas fatais (73%), não houve menção a ação armada de qualquer natureza, envolvendo ou não policiais, próxima ao local do fato. Em três, mencionou-se confronto policial e em uma troca de tiros sem a presença da polícia. Dos 205 registros sem vítima fatal, 161 (79%) não relacionaram evento armado próximo ao local, 18 (8,8%) mencionaram ação de criminosos, 16 (7,8%) confronto com a polícia e 4 (2%) operação policial.

O termo "operação policial" foi entendido como uma ação policial de natureza extraordinária, previamente planejada, e o termo "confronto" como o resultado da reação armada a uma ação ordinária das polícias Militar ou Civil. No caso da Polícia Militar, o "confronto" é uma reação ao policiamento ou patrulhamento ostensivo e, no caso da Polícia Civil, às ações de investigação e persecução criminal como, por exemplo, o cumprimento de mandados de busca e apreensão, e de mandados de prisão.

Evidencia-se assim o problema como uma questão de segurança pública ao qual o Direito deve fazer frente. Há, comprovadamente, pelo estudo, menos "balas perdidas" em operações planejadas do que em confrontos; menos ocorrências em locais onde a segurança pública é permanente e mais onde ela é escassa ou esporádica.

O trabalho em questão procurou, nos limites da limitação de um estudo monográfico ainda prospectivo – até porque ainda não existe conceito jurídico do que seja bala perdida – delimitar os campos em que pode validamente ser argüida a responsabilidade do Estado em matéria de balas perdidas. A correta urdidura de um Direito é essencial para o respeito e a regular observância do mesmo, e, como bem definia Ihering, a ofensa ao direito individual de cada um [seja pelo Estado, seja pelo particular] é a ofensa e negação do Direito como um todo e sua defesa pelo indivíduo é o restabelecimento do Direito em sua totalidade.

5. Bibliografia

Alvim, Agostinho. *Da inexecução das obrigações e suas conseqüências*. São Paulo: Saraiva, 1949.

Barbosa, Rui. A culpa civil das administrações públicas. In: *Obras Completas de Rui Barbosa*. v. XXV. t. IV. Rio de Janeiro: Ministério da Educação e Saúde, 1898.

Cahali, Yussef Said. *Responsabilidade civil do Estado*. 2. ed. São Paulo: Malheiros, 1996.

Caldeira, César. Responsabilidade do Estado por omissão na área de segurança pública: o problema dos danos causados por multidões no Tribunal de Justiça do Estado do Rio de Janeiro. In: *Revista da Escola da Magistratura Regional Federal / Escola da Magistratura Regional Federal*. Tribunal Regional Federal: 2ª Região. v. 8, n. 1. p. 9-47. Rio de Janeiro: EMARF – TRF 2ª Região/RJ, 2007.

Carvalho, Paulo Pitta e Cunha Nunes de. *Omissão e dever de agir em Direito Civil: contributo para uma teoria geral da responsabilidade civil por omissão*. Coimbra: Almedina, 1999, p. 48-9.

Cavalcanti, Amaro. *Responsabilidade civil do Estado*. t. I. Nova edição atualizada por José de Aguiar Dias. Rio de Janeiro: Editor Borsoi, 1957.

Cavalieri Filho, Sergio. *Programa de responsabilidade civil*. 3. ed. São Paulo: Malheiros, 2003.

Duarte, Mário Sérgio de Brito; Silva, Robson Rodrigues da; Oliveira, João Batista Porto de; Silva, Leonardo de Carvalho (orgs.). *Bala Perdida*. Rio de Janeiro: ISP, 2007. Disponível em: www.isp.rj.gov.br.

Fragoso, Heleno Cláudio. Crimes omissivos no direito brasileiro. In: *Revista de Direito Penal e Criminologia*, Rio de Janeiro, nº 33, jan.-jun. 1982, p. 41-47.

Mello, Celso Antonio Bandeira de. *Curso de Direito Administrativo*. 17. ed. São Paulo: Malheiros, 2004.

Nunes, Edson. *A revolta das barcas: populismo, violência e conflito político*. Rio de Janeiro: Garamond, 2000.

Pereira, Caio Mário da Silva. *Instituições de Direito Civil*. v. I. 20. ed. Rio de Janeiro: Forense, 2004.

Silva, Juary C. *A responsabilidade do Estado por atos judiciários e legislativos: a teoria da responsabilidade unitária do poder público*. São Paulo: Saraiva, 1985.

Stoco, Rui. *Tratado de responsabilidade civil*. 6. ed. São Paulo: Revista dos Tribunais, 2004, p. 1.068.

[illegible]

V

Direitos Reais

V

12

Fundamentos teóricos da função social da propriedade: a propriedade em Tomás de Aquino

Sumário: Introdução. 1. Um caso paradigmático: a prevalência da posse com função social sobre a propriedade sem função social na favela do Pullman, em São Paulo. 2. O ponto de partida aristotélico. 3. A propriedade em Tomás de Aquino. 4. Os fundamentos teóricos da função social da propriedade. 5. Conclusão. 6. Bibliografia.

Introdução

A função social da propriedade é um dos temas tormentosos do direito civil. Rios de tinta já foram gastos para tentar definir os contornos do que seria essa função social. Sendo o nosso um sistema jurídico de viés eminentemente voluntarista, centrado no instituto do direito subjetivo, a função social da propriedade aparece primordialmente como uma limitação externa ao direito, mais do que algo que seja inerente à estrutura do próprio direito.

O presente texto procura, a partir de um acórdão do Superior Tribunal de Justiça, já transitado em julgado, em que se reconheceu a prevalência da posse com função social sobre a propriedade sem função social na favela do Pullman, em São Paulo, discutir os fundamentos teóricos da função social da propriedade, tal como esta vem estabelecida na Constituição da República, verificando em que medida e sob que argumentos a propriedade obriga.

Para tanto, buscou-se um referencial teórico-filosófico no pensamento de Tomás de Aquino acerca da propriedade e da função social da apropriação dos bens exteriores. Intenta-se aqui responder a quatro perguntas básicas: a) existe uma função social dos bens? b) Existe um direito dos homens à apropriação em comum dos bens exteriores, sem especificação de direito de propriedade particular por parte de indivíduos, famílias ou grupos, ou seja, os bens exteriores devem se destinar a uma finalidade comum? c) Se os bens exteriores são destinados aos homens em comum, quais são os fundamentos pelos quais é lícito possuir as coisas como próprias? d) Válidas as duas afirmativas anteriores, essas assertivas se aplicam a toda sorte de bens ou somente àqueles que não fossem bem administrados, supérfluos ou que, por qualquer razão, pela extensão ou pelo mau uso, prejudicarem a outrem?

No item 1 do texto, far-se-á uma apresentação do acórdão, sua diminuta fundamentação e as perplexidades que ele encerra. No item 2, discute-se o ponto de partida da nossa reflexão, ou seja, a teoria aristotélica da propriedade e sua fundamentação na sociedade política. No item 3, far-se-á a apresentação teórica do pensamento de Tomás de Aquino acerca da propriedade e, finalmente, no item 4, serão apresentados os fundamentos teóricos a nosso ver mais relevantes para a função social da propriedade, superando-se um certo anacronismo teórico que ainda concebe o direito de propriedade como um direito meramente subjetivo.

1. Um caso paradigmático: a prevalência da posse com função social sobre a propriedade sem função social na favela do Pullman, em São Paulo

A mudança cada vez mais vertiginosa das relações sociais e dos processos produtivos acarreta a rápida obsolescência das regras fixas, a reger realidades que já se transmudaram e não se compatibilizam mais à previsão legal.

Um caso paradigmático para a fixação das balizas do que seriam os fundamentos teóricos do direito de propriedade é o ocorrido na favela do Pullman, em São Paulo, em que o Tribunal de Justiça de São Paulo considerou que, naquele caso, haveria uma prevalência da posse com função social sobre a propriedade sem função social, decisão posteriormente confirmada pelo Superior Tribunal de Justiça e transitada em julgado.[1]

Na hipótese, se propôs uma ação de reivindicação para obter a desocupação de vários lotes de terreno urbano ocupados, nos quais foram erguidas habitações e realizadas benfeitorias para fins de moradia. Eram objetos do direito de propriedade reivindicado nove lotes situados em uma favela consolidada, a chamada Favela do Pullman, cuja ocupação fora iniciada vinte anos antes. Esses terrenos estavam destinados originalmente para loteamento – Loteamento Vila Andrade – inscrito em 1955, com previsão de serviços de luz e água. Não se aplicava a esta situação jurídica a usucapião especial urbana porque, quando se instaurou a nova ordem constitucional, a ação reivindicatória já estava proposta havia três anos. No caso em questão, o juiz deveria analisar a demanda com fundamento no Código Civil de 1916, que estava em vigor à época. Não podendo excepcionar esgrimindo a futura usucapião especial, a lógica jurídica estritamente civil e exegética obrigou o juiz a emitir uma sentença para ordenar a desocupação do imóvel, somada ao pagamento relativo à indenização e sem que os destinatários tivessem o direito a transacionar as obras e melhoria que haviam realizado nos terrenos.

O Tribunal de Justiça do Estado de São Paulo, não obstante, afastando-se do esquema jurídico civilístico tradicional, reformou a sentença e deu ganho de causa aos apelantes, argumentando:

> Loteamento e lotes urbanos são fatos e realidades urbanísticas. Só existem, efetivamente, dentro do contexto urbanístico. Se são tragados por uma favela

1. Brasil. Superior Tribunal de Justiça. Recurso Especial nº 75.659-SP. Civil e Processual. Ação Reivindicatória. Terrenos de Loteamento situados em área favelizada. Perecimento do direito de propriedade. Abandono. CC, arts. 524, 589, 77 e 78. Matéria de fato. Reexame. Impossibilidade. Súmula nº 7-STJ. I. O direito de propriedade assegurado no art. 524 do Código Civil anterior não é absoluto, ocorrendo a sua perda em face do abandono de terrenos de loteamento que não chegou a ser concretamente implantado, e que foi paulatinamente favelizado ao longo do tempo, com a desfiguração das frações e arruamento originariamente previstos, consolidada, no local, uma nova realidade social e urbanística, consubstanciando a hipótese prevista nos arts. 589 c/c 77 e 78, da mesma lei substantiva. II. "A pretensão de simples reexame de prova não enseja recurso especial" – Súmula nº 7-STJ. III. Recurso especial não conhecido. Recorrente: Aldo Bartholomeu e outros. Recorrido: Odair Pires de Paula e outros. Relator: Ministro Aldir Passarinho Júnior. Brasília, 21 de junho de 2005. Disponível em: www.stj.gov.br. Acesso em: 18/05/2008.

consolidada, por força de uma certa erosão social deixam de existir como loteamento e como lotes.

A realidade concreta prepondera sobre a "pseudo realidade jurídico-cartorária".

Esta não pode subsistir, em razão da perda do objeto do direito de propriedade.

Se um cataclisma, se uma erosão física, provocada pela natureza, pelo homem ou por ambos, faz perecer o imóvel, perde-se o direito de propriedade.

É o que se vê do art. 589 do Código Civil, com remissão aos arts. 77 e 78.

Segundo o art. 77, perece o direito perecendo o seu objeto. E nos termos do art. 78, I e III, entende-se que pereceu o objeto do direito quando perde as qualidades essenciais, ou o valor econômico; e quando fica em lugar de onde não pode ser retirado.

No caso dos autos, os lotes já não apresentam suas qualidades essenciais, pouco ou nada valem no comércio; e não podem ser recuperados, como adiante se verá.

É verdade que a coisa, o terreno, ainda existe fisicamente.

Para o direito, contudo, a existência física da coisa não é o fator decisivo, consoante se verifica dos mencionados incisos I e III do art. 78 do CC. O fundamental é que a coisa seja funcionalmente dirigida a uma finalidade viável, jurídica e economicamente.

Pense-se no que ocorre com a denominada desapropriação indireta. Se o imóvel, rural ou urbano, foi ocupado ilicitamente pela Administração Pública, pode o particular defender-se logo com ações possessórias ou dominiais. Se tarda e ali é construída uma estrada, uma rua, um edifício público, o esbulhado não conseguirá reaver o terreno, o qual, entretanto, continua a ter existência física. Ao particular, só cabe ação indenizatória.

Isto acontece porque o objeto do direito transmudou-se. Já não existe mais, jurídica, econômica e socialmente, aquele fragmento de terra do fundo rústico ou urbano. Existe uma outra coisa, ou seja, uma estrada ou uma rua etc. Razões econômicas e sociais impedem a recuperação física do antigo imóvel.

Por outras palavras, o *ius reivindicandi* (art. 524, parte final, do CC) foi suprimido pelas circunstâncias acima apontadas. Essa é a doutrina e a jurisprudência consagradas há meio século no Direito brasileiro.

Prossegue o acórdão afirmando que:

No caso dos autos, a retomada física é também inviável.

O desalojamento forçado de trinta famílias, cerca de cem pessoas, todas inseridas na comunidade urbana muito maior da extensa favela, já consolidada, implica uma operação cirúrgica de natureza ético-social, sem anestesia, inteiramente incompatível com a vida e a natureza do Direito.

É uma operação socialmente impossível.

E o que é socialmente impossível é juridicamente impossível.

(...) Por aí se vê que a dimensão simplesmente normativa do Direito é inseparável do conteúdo ético-social do mesmo, deixando a certeza de que a solução que se revela impossível do ponto de vista social é igualmente impossível do ponto de vista jurídico.

9 – O atual Direito positivo brasileiro não comporta o pretendido alcance do poder de reivindicar atribuído ao proprietário pelo art. 524 do CC.

A leitura de todos os textos do CC só pode se fazer à luz dos preceitos constitucionais vigentes. Não se concebe um direito de propriedade que tenha vida em confronto com a Constituição Federal, ou que se desenvolva paralelamente a ela.

As regras legais, como se sabe, se arrumam de forma piramidal.

Ao mesmo tempo em que manteve a propriedade privada, a CF a submeteu ao princípio da função social (arts. 5º, XXII e XXIII; 170, II e III; 182, § 2º; 184; 186; etc.).

Esse princípio não significa apenas uma limitação a mais ao direito de propriedade, como, por exemplo, as restrições administrativas, que atuam por força externa àquele direito, em decorrência do poder de polícia da Administração.

O princípio da função social atua no conteúdo do direito. Entre os poderes inerentes ao domínio, previstos no art. 524 do CC (usar, fruir, dispor e reivindicar), o princípio da função social introduz um outro interesse (social) que pode não coincidir com os interesses do proprietário.

(...) Assim, o referido princípio torna o direito de propriedade, de certa forma, conflitivo consigo próprio, cabendo ao Judiciário dar-lhe a necessária e serena eficácia nos litígios graves que lhe são submetidos.

10 – No caso dos autos, o direito de propriedade foi exercitado, pelos autores e por seus antecessores, de forma anti-social. O loteamento – pelo menos no que diz respeito aos nove lotes reivindicados e suas imediações – ficou praticamente abandonado por mais de 20 (vinte) anos; não foram implantados equipamentos urbanos; em 1973, havia árvores até nas ruas; quando da aquisição dos lotes, em 1978/9, a favela já estava consolidada. Em cidade de franca expansão populacional, com problemas gravíssimos de habitação, não se pode prestigiar tal comportamento de proprietários.

O *ius reivindicandi* fica neutralizado pelo princípio constitucional da função social da propriedade. Permanece a eventual pretensão indenizatória em favor dos proprietários, contra quem de direito.

O Superior Tribunal de Justiça, referendando a decisão da segunda instância paulista, considerou que o art. 524 do Código Civil de 1916 tinha de ser interpretado em consonância com os arts. 589, 77 e 78 do mesmo Código, os quais prevêem que se perde a propriedade imóvel pelo abandono, arrecadando-se esse como bem vago, passando ao domínio do Estado em que se achar; e que perece o direito, perecendo seu objeto, entendendo-se que pereceu o objeto quando este perde suas qualidades essenciais ou o seu valor econômico.

Entendeu aquele Tribunal que, quando do ajuizamento da ação reivindicatória, era impossível reconhecer, realmente, que os lotes ainda existiam em sua configuração original, em face do abandono, desde a criação do loteamento. Deste modo, perdida a identidade do bem, o seu valor econômico, a sua confusão com outro fracionamento imposto pela favelização, resultava então a impossibilidade de sua reinstalação como bem jurídico no contexto atual, sendo o caso, indubitavelmente, de perecimento do direito de propriedade. Considerou ainda o Superior Tribunal de Justiça que, embora o art. 589, § 2º, do Código Civil de 1916, falasse em "arrecadação do bem vago" em proveito do Estado, esse procedimento formal cederia à realidade fática em proteção aos posseiros. Na prática, considerou o Tribunal que desapareceu a propriedade dos autores da reivindicatória, subsistindo tão-somente a possibilidade de, porventura, uma pretensão indenizatória contra eventuais terceiros obrigados não participantes da demanda.

Como é corrente nas decisões dos tribunais brasileiros, o importante acórdão não discorre sobre aquilo que está implícito na decisão: uma nova teoria da proteção possessória, que é o coerente desenvolvimento de uma nova teoria da posse na qual a valorização do elemento subjetivo, contribui para a teorização de uma autonomia da posse em relação à propriedade. A posse, como instituto autônomo, não dependente da propriedade (como imaginava Ihering em sua teoria "objetiva"), mas responde às novas exigências sociais, criando uma janela através da qual o fato vem reconhecido no ordenamento jurídico e valorado em relação à exigência básica, existencial do indivíduo. O acórdão, intuindo não obstante essas considerações sociais e existenciais, aferra-se ao formalismo da perda da realidade jurídica do loteamento e, por decorrência, a própria perda do objeto do direito de propriedade pelo abandono, considerando-se que perece o direito quando perecem as qualidades ou o valor econômico do objeto.

Entretanto, as perguntas que devem ser feitas, para a plena inteligibilidade do *decisum*, são aquelas relativas aos fundamentos teóricos da função social da propriedade. A primeira delas é a concernente a se saber se existe um direito dos homens à apropriação em comum dos bens exteriores, sem especificação de direito de propriedade particular por parte de indivíduos, famílias ou grupos, ou seja, se os bens exteriores devem se destinar a uma finalidade comum. O acórdão quer fazer crer que sim, ao dispor que, para o direito, a existência física da coisa não é o fator decisivo, mas sim que a coisa seja funcionalmente dirigida a uma finalidade viável, jurídica e economicamente. Exemplifica ao dizer que, na desapropriação indireta, se o imóvel é ocupado pela Administração Pública, mesmo que ilicitamente, e ali é construída uma estrada, uma rua, um edifício público, não é possível ao particular reaver mais o terreno, porque ali ele foi destinado a uma finalidade coletiva, cabendo a este tão-somente o direito à indenização. O objeto do direito transmuda-se. Não existe mais, jurídica, econômica e socialmente, aquele fragmento de terra do fundo rústico ou urbano. Existe uma outra coisa, ou seja, uma estrada ou uma rua etc. Razões econômicas e sociais impedem a recuperação física do antigo imóvel. O *ius reivindicandi* impossibilita-se.

Analogamente, se um terreno deixa de ser utilizado pelo proprietário por mais de 20 anos e é ocupado por trinta famílias que aí moram, valorizam-no pelo trabalho e realizam benfeitorias, deixa de existir como realidade jurídica:

> Loteamento e lotes urbanos são fatos e realidades urbanísticas. Só existem, efetivamente, dentro do contexto urbanístico. Se são tragados por uma favela consolidada, por força de uma certa erosão social deixam de existir como loteamento e como lotes.
> A realidade concreta prepondera sobre a "pseudo realidade jurídico-cartorária". Esta não pode subsistir, em razão da perda do objeto do direito de propriedade.

Caracterizado que a finalidade comum é ínsita ao direito de propriedade, a pergunta a ser respondida a seguir é a de que, sendo a primeira premissa verdadeira, de que os bens exteriores são destinados aos homens em comum, quais são os fundamentos pelos quais é lícito possuir as coisas como próprias? O acórdão parece indicar que determinada forma de uso não legitimaria o direito à propriedade:

> Assim, o referido princípio torna o direito de propriedade, de certa forma, conflitivo consigo próprio, cabendo ao Judiciário dar-lhe a necessária e serena eficácia nos litígios graves que lhe são submetidos.
>
> No caso dos autos, o direito de propriedade foi exercitado, pelos autores e por seus antecessores, de forma anti-social. O loteamento – pelo menos no que diz respeito aos nove lotes reivindicados e suas imediações – ficou praticamente abandonado por mais de 20 (vinte) anos; não foram implantados equipamentos urbanos.

Por outro lado, outra forma de atuação sobre a coisa legitimaria a sua apreensão como própria:

> No caso dos autos, a coisa reivindicada não é concreta, nem mesmo existente. É uma ficção.
>
> Os lotes de terreno reivindicados e o próprio loteamento não passam, há muito tempo, de mera abstração jurídica. A realidade urbana é outra. A favela já tem vida própria, está, repita-se dotada de equipamentos urbanos. Lá vivem muitas centenas, ou milhares, de pessoas. Só nos locais onde existiam os nove lotes reivindicados residem 30 famílias. Lá existe uma outra realidade urbana, com vida própria, com os direitos civis sendo exercitados com naturalidade. O comércio está presente, serviços são prestados, barracos são vendidos, comprados, alugados, tudo a mostrar que o primitivo loteamento hoje só tem vida no papel.

Respondidas essas indagações, deve-se esclarecer se tais premissas aplicar-se-iam a toda sorte de bens ou somente àqueles que não fossem bem administrados, supérfluos ou que, por qualquer razão, pela extensão ou pelo mau uso, prejudicarem a outrem.

Deste modo, resumindo o anteriormente dito, o esclarecimento acerca de quais são os fundamentos teóricos da função social da propriedade passa pela resposta a esses quatro questionamentos: a) existe uma função social dos bens? b) Existe um direito dos homens à apropriação em comum dos bens exteriores, sem especificação de direito de propriedade particular por parte de indivíduos, famílias ou grupos, ou seja, os bens exteriores devem se destinar a uma finalidade comum? c) Se os bens exteriores são destinados aos homens em comum, quais são os fundamentos pelos quais é lícito possuir as coisas como próprias? d) Válidas as duas afirmativas anteriores, essas assertivas se aplicam a toda sorte de bens ou somente àqueles que não fossem bem administrados, supérfluos ou que, por qualquer razão, pela extensão ou pelo mau uso, prejudicarem a outrem?

Para que seja possível responder a tais indagações, é necessário, quero crer, retroagir aos pensadores que também procuraram, nas condições do passado mas com a perspectiva filosófica do futuro, fazer frente a tais perplexidades e, particularmente, à filosofia de Tomás de Aquino no que concerne à matéria da propriedade.

2. O ponto de partida aristotélico

Para falar da concepção de direito e justiça em Tomás de Aquino, é mister retornar ao seu ponto de partida, a filosofia aristotélica e a concepção dos gregos acerca do direito.

Para os gregos, o direito é um objeto exterior ao homem, uma coisa, a mesma coisa justa (*ipsa iusta res*) que constitui o término do atuar justo de uma pessoa, a finalidade da virtude da justiça. A conduta justa do homem justo (*dikaios*) é a justiça em mim, subjetiva, enquanto que o direito (*dikaion*) é a justiça fora de mim, no real, a própria coisa justa, objetiva. O direito está assim fora do homem, *in re*, nas coisas justas, de acordo com uma determinada proporção, o justo meio objetivo.

O direito é, desta forma, uma relação entre substâncias, por exemplo, entre casas e somas em dinheiro que, numa cidade, repartem-se entre seus proprietários. O direito é, com efeito, uma coisa exterior que se extrai de uma natureza relacional entre duas ou mais pessoas que disputam bens, encargos e honras.

Assim, em um litígio, o direito será a justa parte que corresponde a cada uma das pessoas envolvidas nele, o que significa reconhecer que não somente resulta impossível concebê-lo à margem das relações interpessoais (por exemplo, na solidão de Robinson Crusoé em sua ilha), senão que, também, este direito é necessariamente finito, limitado (é a parte justa de uma relação concreta).[2]

Aristóteles intenta, em *Ética a Nicômaco*, formular uma definição universal de justiça (*dikaiosunê*). A justiça (*dikaiosunê*) pode ser definida em dois sentidos principais denominados: justiça geral e justiça particular. Por justiça geral, designa-se por justo toda conduta que parece conforme à lei moral; e, nesse

2. Cabanillas, Renato Rabbi-Baldi. *La filosofía jurídica de Michel Villey*. Pamplona: Universidad de Navarra, 1990, p. 158-160.

sentido, a justiça inclui todas as virtudes, é uma virtude universal. Aristóteles não rejeitou totalmente essa acepção ampla, antes mostrou a sua razão de ser por que podíamos ser levados a qualificar toda virtude, mesmo a temperança e a coragem, com a palavra justiça. O sentido geral de justiça corresponde, deste modo, à condição que os gregos chamavam *dikaios*, o homem justo. O qualificativo *dikaios* expressava a pessoa que possuía uma superioridade moral em relação à maioria das outras por ter adquirido o conjunto das virtudes morais.

Aristóteles observava que esse sentido geral de justiça não tinha uma relação direta com o direito, uma vez que não cabia aos juízes conduzir os cidadãos à perfeição moral, mas resolver os seus litígios relativos aos bens e cargas presentes na vida social. A justiça geral, nessa acepção larga, aplica-se a toda conduta conforme a lei moral; nesse sentido a justiça geral é a própria moralidade, inclui todas as virtudes, é a virtude universal.

A justiça particular, pelo contrário, é uma parte da justiça geral e, tomada nesse sentido, não se refere ao *dikaios* (o homem justo), mas ao *to dikaion* (a coisa justa). Uma pessoa teria a virtude da justiça em sentido particular se praticasse o justo, não se fosse justo: repetindo, o *dikaios* seria a justiça em mim, subjetiva; o *dikaion* é a justiça fora de mim, na realidade, objetiva. Da constatação e estudo da virtude da justiça particular à definição da tarefa judicial vai pouco espaço: analisar a justiça particular é definir a arte do direito.

O ato próprio da justiça particular é não ficar com mais, nem com menos do que lhe corresponde, de modo que seja bem realizada, numa comunidade social, a repartição dos bens e das cargas. Dizemos de um homem que ele é *justo especialmente* para significar que ele tem o hábito de não tomar mais do que a sua parte dos bens que se disputam em um grupo social ou menos que sua parte do passivo, dos encargos, do trabalho.

A definição do direito traça os três aspectos essenciais da tarefa judicial ou da arte do direito: a) a repartição, b) os bens externos, c) o grupo social. A repartição é o objetivo da arte do direito; os bens externos a sua matéria; e o grupo social o seu campo de aplicação.

O *dikaion* (direito), em grego clássico, é uma palavra de gênero neutro, que indica uma coisa e não uma pessoa. Significa, portanto, a coisa justa, e não a pessoa justa. A coisa justa é aquela que deve ser atribuída à pessoa que a merece. A conduta justa do homem justo (*dikaios*) é a justiça em mim, subjetiva, o direito (*dikaion*) é a justiça fora de mim, no real, a própria coisa justa, objetiva. O direito está assim fora do homem, *in re*, nas coisas justas, de acordo com uma determinada proporção, o justo meio objetivo.

Em um litígio, o direito será a justa parte que corresponde a cada uma das pessoas envolvidas nele. Pode ser uma vantagem ou uma desvantagem. Na visão aristotélica, a atribuição de uma sanção é um direito. Por exemplo: o direito penal não tem por função – ainda que alguns o pretendam – proibir o homicídio, o roubo ou o infanticídio; essas proibições competem à moral. Um jurado ou o Código Penal repartem as penas, a cada um a pena que lhe corresponde.

O *to dikaion* é uma proporção (reconhecida como boa) entre coisas repartidas entre pessoas; um proporcional (termo neutro), um *analagon*. O direito consiste numa igualdade, um igual (*ison*).

Aristóteles acrescenta também ao *to dikaion* o justo meio (*meson*). O justo meio é o que exige maior esforço. É mais fácil deixar completamente de beber do que ficar na medida justa. O justo meio não é uma baixada, mas um pico, o mais difícil de atingir, entre dois lados de facilidade. A virtude da justiça está no justo meio: se sou justo é porque eu não sou nem muito ávido de aumentar minha parte, nem muito desleixado para não fazer valer meus direitos. O direito é, pois, um "meio", um justo meio objetivo, nas coisas, *in re*.

Para os gregos, o *kosmos* é ordenado, implica uma ordem. O mundo não é somente constituído de causas eficientes ou por suas causas materiais, mas também por causas formais ou finais. Como o vaso do oleiro, ele é formado em função de uma finalidade. Pode-se dizer que cada ser particular tem uma natureza. E esta natureza é o que este deve ser, sua forma, seu fim, segundo o plano da Natureza. Como explica Aristóteles:

> A sociedade que se formou da reunião de várias aldeias constitui a Cidade, que tem a faculdade de se bastar a si mesma, sendo organizada não apenas para conservar a existência, mas também para buscar o bem-estar. Esta sociedade, portanto, também está nos desígnios da natureza, como todas as outras que são seus elementos. Ora, a natureza de cada coisa é precisamente seu fim. Assim, quando um ser é perfeito, de qualquer espécie que ele seja – homem, cavalo, família -, dizemos que ele está na natureza. Além disso, a coisa que, pela mesma razão, ultrapassa as outras e se aproxima mais do objetivo proposto deve ser con-

siderada a melhor. Bastar-se a si mesma é uma meta a que tende toda a produção da natureza e é também o mais perfeito estado.[3]

Num sentido próximo, a palavra natureza pode também designar esse princípio, essa força, esse instinto inato que, segundo tal filosofia, impulsiona o ser a realizar seu fim. A observação da natureza é, portanto, mais que a observação dos fatos da ciência moderna. *Não é neutra e passivamente descritiva, implica o discernimento ativo dos valores*. Isso equivale a distinguir o que é justo segundo a natureza do que é, do mesmo ponto de vista, ruim e injusto.

Aristóteles distinguia duas fontes das quais o direito poderia provir: a natureza (*physis*) e o convênio humano (*nomos*). O direito natural é a coisa justa proveniente da natureza das coisas tomadas em si mesmas e também no modo em que se encontram dispostas na vida social. O direito positivo é a coisa justa posta, estabelecida socialmente pelo convênio humano, em consonância com o que se percebe na natureza. A solução jurídica de um caso concreto deve, normalmente, ser obtida através do recurso conjunto a estas duas fontes, que não são consideradas opostas, mas complementares: por um lado, o estudo da natureza e, num segundo momento, a precisa determinação do legislador ou do juiz. Não há, portanto, oposição entre o justo natural e as leis escritas do Estado; ao contrário, as leis do Estado exprimem e completam o justo natural. O direito natural é um método experimental. O direito natural para Aristóteles é flexível, não tem conclusões rígidas, avança por posições flutuantes e mais ou menos vagas.

Aristóteles distingue as duas espécies de operações onde a justiça procura se exercer: a justiça distributiva e a justiça comutativa.

O ofício primeiro da justiça é o de proceder à distribuição dos bens, das honras e dos encargos públicos entre os membros da *polis*. Nas distribuições, o devido se determina em relação à finalidade do repartido e à relação dos sujeitos com essa finalidade. O que mede a igualdade da repartição é a proporção entre os sujeitos distintos e os bens repartidos. A igualdade no tratamento dos doentes não está em dar a todos eles os mesmos medicamentos, mas está em dar a cada um os medicamentos de que necessita. Essa é a igualdade proporcional, uma igualdade geométrica entre duas frações.

3. Aristóteles. *A Política*. São Paulo: Martins Fontes, 2002, p. 4.

Na tarefa de atribuir um determinado benefício ou uma determinada carga a uma pessoa, é preciso, em primeiro lugar, atentar para o objetivo que aquele benefício ou carga vem a cumprir na conjuntura social em que se encontra e, num segundo momento, verificar se aquela pessoa ocupa uma situação social condizente com a finalidade inscrita ao benefício ou à carga naquela conjuntura social. Deste modo, a justiça distributiva consiste em tratar os verdadeiramente iguais como iguais e os desiguais como desiguais na medida em que se desigualam.

São os seguintes os critérios da distribuição: a) a condição; b) a capacidade das pessoas em relação aos encargos; c) a aportação de bens à coletividade e d) a necessidade.

A condição terá relevância quando em uma coletividade existam diversas formas ou tipos pertencentes a ela (classes e membros). Ex: é diferente na família a condição do pai e do filho. Ao pai se deve então coisas diversas (respeito, obediência etc.). Também em relação às funções diversas ocupadas pelos distintos membros da coletividade são pertinentes coisas diversas. Corresponde a cada qual o que pertence à sua função.

A proporção de justiça, no que atine à capacidade das pessoas em relação aos encargos, consiste em impor as cargas e distribuir as funções proporcionalmente à capacidade. Ex: correção da tabela de imposto de renda, não se taxando o mínimo existencial como renda tributável.

Na aportação de bens à coletividade, é justo que quem mais aporta à coletividade deva receber mais. Ex: é justo que quem mais trabalha receba um maior salário.

Finalmente, na necessidade, é justo que receba mais quem mais o necessita. Mas só é justo esse critério quando a necessidade está em relação com a finalidade da coletividade e se combina com os restantes critérios. Quando não se dão as indicadas condições, o remédio da necessidade não é próprio da justiça, senão de outras virtudes como a solidariedade, a liberalidade ou a misericórdia.

A justiça comutativa é a outra espécie da justiça particular, a que zela pela retidão das trocas, pela igualdade aritmética em matéria de intercâmbio de bens. No intercâmbio de bens, a relação de igualdade dá-se quando a coisa que se deve dar é igual em quantidade e qualidade (ou valor) à que saiu da esfera do sujeito de atribuição. Na sanção em decorrência do intercâmbio de bens, o ofício do juiz é o de calcular uma restituição igual ao dano que foi suportado. A igualdade absoluta entre as coisas na justiça comutativa tem sua base na igualdade entre as pessoas, tal como se apresentam nessas relações de justiça. Em efeito, todas as pessoas se apresentam perante o outro em sua nuda condição, que é exatamente igual em todos. O campo de aplicação do justo é a cidade; para Aristóteles, o direito se realiza levando-se em consideração o conjunto da cidade.

O direito antigo, assim pensado, não é rigorosamente individual; não supõe para o indivíduo somente um ativo, só vantagens; meu direito, isso que me deve ser dado, isso que eu mereço, não é "subjetivo", não se refere somente a um indivíduo, implica necessariamente uma relação entre indivíduos. É o resultado de uma repartição. Na dicção de Aristóteles, o direito apenas é um atributo da minha pessoa, não é exclusivamente meu na medida em que é primordialmente o bem de outrem:

> Considera-se que a justiça, e somente ela entre todas as formas de excelência moral, é o "bem dos outros"; de fato, ela se relaciona com o próximo, pois faz o que é vantajoso para os outros, quer se trate de um governante, quer se trate de um companheiro da comunidade.[4]

O direito – o justo de cada um – emerge de uma repartição concreta, é uma proporção (justa, um igual [*ison*] ou *analagon*, termo gramaticalmente neutro). Essa igualdade expressa, consoante a matemática grega, uma cosmovisão integrada da totalidade, não a constatação de uma simples equivalência de fato entre quantidades, mas revela a harmonia, o valor do justo, uma certa ordem que se discerne no caso mesmo e que se acha em conexão, em última instância, com a ordem geral do mundo que é a matéria da justiça geral. O direito nesse contexto não é, senão, uma coisa exterior ao sujeito, uma certa igualdade que reside nas coisas, na realidade, *in re*, e que se extrai da observação da natureza:

> É uma outra passagem da Ética, que trata do conhecimento do conteúdo da justiça. Sabe-se a primeira resposta de Aristóteles: nós extraímos, de resto, o justo da observação da natureza: ele é as leis constituídas segundo a natureza. Há um justo, há um direito natural. Ao método subjetivo, que pretende deduzir a justiça dos princípios da razão interna, vem se opor um outro método, que a procura

4. Aristóteles. *Ética a Nicômaco*. 4. ed. Brasília: Universidade de Brasília, 2001, p. 93.

fora de nós mesmos, no mundo exterior. Nós estamos aqui no coração da doutrina do direito natural (trad. livre).[5]

O direito não pode ser estimado senão do processo de interrogação da natureza, de tentar reencontrar a ordem que ela acolhe; ordem esta objetiva, e, portanto, jurídica. Para o direito antigo, só a natureza é suscetível de dar às questões dos juristas respostas substanciais.

No que concerne ao direito de propriedade, Aristóteles prevê três combinações entre a propriedade e o seu uso: a) propriedade privada e uso comum; b) propriedade comum e uso privado e c) propriedade e uso comuns.[6] Ele não cogita da propriedade privada e de uso privado. Para Aristóteles, a justificação da propriedade diz respeito à perspectiva da política, ou seja, ela é encarada como um requisito para a vida virtuosa do cidadão. Três são os argumentos desenvolvidos por Aristóteles na *Política* para justificar a propriedade. Na *Política*, I.4-10, ele defende a propriedade na perspectiva da casa; depois, na *Política* II.5, é discutido o sistema de propriedade que melhor convém à cidade; e, por fim, na *Política* VII.9-10, é estabelecida uma conexão entre propriedade e cidadania.

Na perspectiva da casa, Aristóteles apresenta uma justificação instrumental da propriedade: aquele que está à frente do governo da casa necessita da propriedade para desempenhar a sua função, a qual consiste em prover o sustento desta. Três aspectos sobressaem no tratamento da propriedade nesse âmbito da casa: a propriedade é uma relação dominial, um dos poderes do senhor da casa sobre escravos, mulher e filhos; o segundo aspecto é o de que a propriedade é uma propriedade do senhor da casa, para realizar as funções desta e não do indivíduo enquanto tal; o terceiro aspecto é o de que essa aquisição da propriedade é natural em contraposição às aquisições artificiais, derivadas do comércio. Aristóteles contrasta a arte de aquisição que visa a satisfazer às necessidades da casa e o caráter ilimitado das formas de aquisição próprias do comércio.[7]

Aristóteles condena a aquisição artificial ou crematística que ele identifica com o comércio. Esclarece que as coisas possuem dois usos, um que é próprio

5. Villey, Michel. Abrégé du droit naturel classique. *Archives de Philosophie du Droit*. Paris, n. 6, p. 25-72, 1961, p. 45.

6. Aristóteles. *A Política, op. cit.*, p. 19-31.

7. Brito, Miguel Nogueira de. *A justificação da propriedade privada numa democracia constitucional*. Coimbra: Almedina, 2007, p. 69-71.

e conforme à sua destinação e outro desviado para algum outro fim. Para ele, o comércio é artificial e, assim, a propriedade deve assegurar uma vida boa e não se destina à troca ilimitada.[8]

Na *Política* II.5, Aristóteles justifica a propriedade já não no contexto da casa, mas no âmbito da cidade e intenta responder à seguinte pergunta: deve a propriedade ser tida em comum pelos cidadãos ou em privado?

Aristóteles justifica a sua preferência pela opção que consiste em combinar a propriedade privada e o uso comum com base nas seguintes razões: a) a propriedade comum dá origem a discussões e reclamações sobre o modo de distribuir as coisas; b) a propriedade comum favorece a negligência de cada um no tratamento das coisas de todos e, pelo contrário, a propriedade privada estimula que cada um se dedique ao que lhe é próprio; c) a propriedade privada estimula os prazeres naturais, em particular o amor próprio; d) a propriedade privada favorece a amizade, pelo prazer que constitui ajudar e obsequiar os amigos; e) a propriedade privada torna possível o exercício das virtudes, como a generosidade e a moderação.[9]

Deste modo, Aristóteles professa o entendimento de que a propriedade deve ser, de um modo geral, privada, mas comum quanto ao seu uso. O uso comum não altera a natureza essencialmente privada da propriedade, mas antes a pressupõe.

Assim, Aristóteles não é um defensor do caráter sagrado da propriedade privada. Impõem-lhe limites. Embora prefira, pelas razões apontadas atrás, a propriedade privada, combina-a com o uso comum e com a partilha não obrigatória do uso dos bens, assente no exercício da virtude da generosidade. Aliás, o Estado ideal de Aristóteles assegura alguns serviços públicos a todos os cidadãos, ricos ou pobres: educação, refeições, justiça e segurança. Cabe, também, aos cidadãos mais ricos a distribuição de uma parte das suas receitas pelos cidadãos mais pobres, não como uma exigência do Estado, mas como uma conseqüência dos bons costumes. Aristóteles dá o exemplo de Esparta, onde a posse da propriedade é individual, mas onde se faz o uso comum dela quando necessário. Aí, os escravos são usados em comum e, quando necessário, também os cavalos. Embora cada cidadão tenha a sua propriedade, uma parte dela é para uso dos

8. Aristóteles. *A Política*, *op. cit.*, p. 23.

9. Brito, Miguel Nogueira de, *op. cit.*, p. 73.

amigos, outra parte para uso de todos e, por fim, uma terceira parte só para uso pessoal.

Finalmente, Aristóteles aponta uma outra razão de peso para explicar sua preferência pela propriedade privada dos bens e pelo seu uso comum: além do mais, há um imenso prazer gerado pela posse da propriedade. Outra razão derivada daquela é o prazer que os amigos tiram da ajuda prestada aos amigos. Aqui, Aristóteles invoca a importância da virtude da amizade para a vida boa e a *eudaimonia*. Sem propriedade privada, os amigos ver-se-iam incapazes de acudir às necessidades dos amigos e de colocar ao serviço deles alguns dos bens: um ponto adicional é que se tira grande prazer fazendo favores aos amigos, aos estranhos e aos sócios e isto só é possível quando se tem propriedade própria. Sem propriedades privadas, os cidadãos ficariam impedidos de exercer duas virtudes essenciais à vida boa: a amizade e a liberalidade.

Por fim, Aristóteles define o âmbito subjetivo da propriedade, ou seja, quem deve ser proprietário. Para Aristóteles, a cidadania deve ser restrita, no contexto da melhor cidade, àqueles que têm a capacidade natural, a virtude e a disponibilidade de desempenhar as funções militares e judicial-deliberativas. Segundo Aristóteles, é conveniente que as propriedades estejam em mãos dessas pessoas, pois é necessário que os cidadãos tenham uma abundância de recursos e estas pessoas (os militares e os que deliberam) são os cidadãos. As classes vulgares, dos trabalhadores manuais, não participam da cidadania. Por outro lado, a felicidade da cidade, necessariamente acompanhada da virtude, deve ser extensível a todos os cidadãos e não apenas a alguns. Assim, na cidade ideal, todos os cidadãos devem ser proprietários e apenas eles o devem ser, tanto mais que os membros das classes vulgares são escravos ou estrangeiros.[10]

Para Aristóteles, a propriedade justifica-se no âmbito da política e os regimes políticos são naturais. Se a política tem como finalidade a vida justa e feliz, isto é, a vida propriamente humana digna de seres livres, então é inseparável da ética. É inconcebível para ele a ética fora da comunidade política, pois nela a natureza ou essência humana encontra sua realização mais alta. Aristóteles valoriza a praxis definindo-a como ação voluntária de um agente racional em vista de um fim considerado bom. A praxis por excelência é a política. Considerava ele na *Ética a Nicômaco*:

10. Brito, Miguel Nogueira de, *op. cit.*, p. 76-77.

> Se, em nossas ações, há algum fim que desejamos por ele mesmo e os outros são desejados só por causa dele, e se não escolhemos indefinidamente alguma coisa em vista de uma outra (pois, nesse caso, iríamos ao infinito e nosso desejo seria fútil e vão), é evidente que tal fim só pode ser o bem, o melhor dos bens. Se assim é, devemos abarcar, pelo menos em linhas gerais, a natureza do Bem e dizer de qual saber ele provém. Consideramos que ele depende da ciência suprema e arquitetônica por excelência. Ora, tal ciência é manifestamente a política, pois é ela que determina, entre os saberes, quais são os necessários para as Cidades e que tipos de saberes cada classe de cidadãos deve possuir... A política se serve das outras ciências práticas e legisla sobre o que é preciso fazer e do que é preciso abster-se; assim sendo, o fim buscado por ela deve englobar os fins de todas as outras, donde se conclui que o fim da política é o bem propriamente humano. Mesmo se houver identidade entre o bem do indivíduo e o da Cidade, é manifestamente uma tarefa muito mais importante e mais perfeita conhecer e salvaguardar o bem da Cidade, pois o bem não é seguramente amável mesmo para um indivíduo, mas é mais belo e mais divino aplicado a uma nação ou à Cidade.[11]

Assim, Aristóteles subordina o bem do indivíduo ao bem da *polis*. Esse vínculo interno entre ética e política significava que as qualidades das leis e do poder dependiam das qualidades morais dos cidadãos e vice-versa, das qualidades da Cidade dependiam as virtudes dos cidadãos. Somente na Cidade boa e justa os homens poderiam ser bons e justos; e somente homens bons e justos são capazes de instituir uma Cidade boa e justa.

Deste modo, para Aristóteles não há virtude sem propriedade, mas, ao mesmo tempo, não há propriedade sem virtude. Para Aristóteles há um caráter inconciliável entre comércio e vida política e, pelo contrário, uma conexão íntima entre a casa como unidade econômica e a cidade. A aquisição ilimitada, característica do comércio, é inconciliável com a vida política orientada para a virtude.[12]

Portanto, Aristóteles coloca limites à propriedade privada, submetendo-a ao interesse comum. Aliás, toda a ética aristotélica constitui a defesa da primazia do bem comum face aos interesses particulares. Ele distancia-se de Platão ao estabelecer os requisitos para a unidade cívica da *polis*. Esta não passaria, como para Platão, pelo estabelecimento de leis forçando o comunismo, mas por uma educação pública

---

11. Aristóteles. *Ética a Nicômaco*, *op. cit.*, p. 17.

12. Brito, Miguel Nogueira de, *op. cit.*, p. 88.

através da qual se forma o caráter dos cidadãos e, ao mesmo tempo, se permite que os mesmos atuem com independência, designadamente através do controle de sua propriedade. Uma vez que a educação ética constitui uma tarefa absolutamente necessária ao processo de aquisição das virtudes do caráter pelas novas gerações, tal empreendimento não pode ser deixado entregue apenas às famílias. Aristóteles defende que a educação deve ser uma tarefa da *polis* e que as leis devem ser um instrumento de promoção das virtudes do caráter, punindo, quando necessário, os comportamentos considerados vis e exortando as pessoas a obedecerem à retidão, impondo os necessários corretivos a quem se desviar dela.

Em conclusão, para Aristóteles a propriedade encontra-se subordinada à política, é condição necessária de existência da *polis* e, precisamente por esta razão, a cidade não pode violar as vidas privadas dos cidadãos e deve respeitar a sua propriedade, sob pena de subverter as bases de sua própria existência.[13]

3. A propriedade em Tomás de Aquino

Resgatando o pensamento grego, Tomás de Aquino considera também que a natureza humana age em direção a um fim. Esse fim, porém, não é apenas a realização do homem na *polis*, a *eudaimonia*. O finalismo de Tomás de Aquino não termina na perfeição do Estado. Para Tomás, o animal vive e o homem *vive para*. Não apenas para a *polis*, mas para um destino superior e transcendente: o novo céu e a nova terra. É o prestígio, o engrandecimento e, ao mesmo tempo, a superação da filosofia grega. Para ele, a *civitas* é um meio, não um fim:

> Sendo o fim último da vida humana a felicidade ou a beatitude (cujo objeto é o sumo bem, soberano e infinito – Q.2, art.VIII), há de por força, a lei dizer respeito, em máximo grau, à ordem da beatitude.
>
> Demais a parte ordenando-se para o todo, como o imperfeito para o perfeito; e sendo cada homem parte da comunidade perfeita, necessária e propriamente, há de a lei dizer respeito à ordem para a felicidade comum.[14]

A referida idéia do homem como parte, estar subordinado ao todo social, é expressa em termos bastante semelhantes daqueles preconizados por Aristóteles. A subordinação moral do indivíduo à sociedade, a superioridade meta-

13. Brito, Miguel Nogueira de, *op. cit.*, p. 91.

14. Aquino, Tomás de. *Suma Teológica*. I. II. v. 4. São Paulo: Loyola, 2005, p. 90, a.2.

física e moral do corpo social sobre o individual, do bem comum sobre o bem particular é perfeitamente fundamentada, eis que:

> [...] a sociedade desfruta, pois, de uma superioridade ontológica sobre o indivíduo. É graças a ela, com efeito, que o homem pode conservar-se, e expandir as fontes de sua natureza; o homem necessita do concurso da sociedade para ser plenamente homem. É graças a ela ainda que o homem pode desenvolver suas qualidades especiais e individuais como artesão, patrão, magistrado, homem político. Em uma palavra, a sociedade, na sua complexidade, realiza a perfeição máxima da espécie. Ela tem, pois, valor em si e por si; "Ela é soberanamente digna de ser amada", e seu bem, sendo o bem da espécie, a coloca acima do bem dos indivíduos.[15]

Deste modo, em Tomás de Aquino não ocorre a diluição da pessoa dentro do contexto social. A superioridade do todo social só existe na medida em que proporciona às partes condições de, em conjunto, perfazendo o próprio todo, alcançar esse fim do modo mais perfeito. Assim, à autoridade social, na qualidade de representante desse todo, não é lícito exigir das partes subordinação naquilo que contrarie a ordem natural das mesmas partes relativamente aos fins a que se destinam. Entende assim Tomás de Aquino que toda lei contrária à razão é mais uma iniqüidade que uma lei e, em tese, não obriga no foro da consciência:

> As leis injustas podem sê-lo de dois modos. Um modo, por contrariedade ao bem humano... e o podem ser: pelo fim, como quando um chefe impõe leis onerosas aos súditos...; ou também pelo autor, quando impõe leis que ultrapassam o poder que lhe foi concedido; ou ainda pela forma, p. ex., quando impõe desigualdade, ônus ao povo... E estas são, antes, violências que leis, pois como diz Santo Agostinho, não se considera lei o que não for justo.
> Por onde tais leis não obrigam no foro da consciência, salvo, talvez, para evitar escândalo ou perturbações... (naturalmente, entendemos nós, quando isso venha a constituir um mal maior). De outro modo, as leis podem ser injustas por contrariedade com o bem divino... E tais leis de modo algum devem ser observadas, porque, como diz a Escritura, importa obedecer antes a Deus que aos homens.[16]

Na questão das relações entre o todo social e as pessoas que lhe são partes, o todo ali referido é do tipo prático, que se realiza em função de um fim, em virtude da consecução de um bem. Na verdade, é um conjunto de forças

---

15. Aquino, Tomás de. *Suma Teológica*. I. II. v. 4. São Paulo: Loyola, 2005, p. 50, 4.

16. Aquino, Tomás de. *Suma Teológica*. I. II. v. 4, *op. cit.*, p. 96, 4.

individuais, particulares, que se articulam e se unem sob uma ordem comum, na perspectiva de produzir um fim transcendente, superior a todas as energias particulares das quais ela é produto. Na verdade, seria a junção das partes, que se unem sob uma direção comum, formando um todo, visando uma realização coletiva. Assim, cada pessoa, sem renunciar à procura do seu próprio bem, contribui com a sua força, fornece parte da sua energia, submetendo-se consciente e voluntariamente ao conjunto e à sua finalidade.

A discussão da propriedade em Tomás de Aquino se dá nos quadros da lei natural, na qual tem a sua referência mais expressiva.

Consoante bem gizado por Daniel Pêcego, a definição tomista de lei é essencialmente "certa regra e medida dos atos, segundo a qual alguém é levado a agir ou apartar-se da ação".[17] Como a razão é a norma suprema dos atos humanos, cabendo a ela ordená-los ao fim, patenteia-se que a lei é algo pertencente à razão.

Nesse sentido, a lei natural nada mais é do que o exercício participativo da criatura racional na lei eterna, mediante certos princípios comuns. É natural porque não procede de fatores culturais, mas da estrutura psicológico-moral do ser humano. Por isso, pode ser dita universal e imutável. Pode ser definida como o conjunto de leis racionais que expressam a ordem das tendências ou inclinações naturais aos fins próprios do ser humano, aquela ordem que é própria do homem enquanto pessoa. Por isso, Tomás poderá afirmar que os preceitos do Decálogo são os primeiros preceitos da lei, aos quais a razão natural presta imediato assentimento como aos princípios mais evidentes de todos.

O homem tem um ser objetivo e, na medida em que a ordem moral é a ordem do ser, a moralidade consiste em uma ordem objetiva e não um mero produto imanente da consciência. A lei natural expressa as exigências objetivas da natureza humana, necessidades de bem e de justiça. Essa lei natural tem papel semelhante, na razão prática, ao exercido pelos primeiros princípios indemonstráveis naturalmente conhecidos da razão teórica. A partir desses preceitos gerais da lei natural são produzidas conclusões para dispor mais particularmente das coisas. Uma das funções específicas da lei natural é de ser a base do ordena-

17. Pêcego, Daniel Nunes. A lei e a justiça na Suma Teológica. *Revista Aquinate*. Eletrônica. 2008, v. 6, p.160-178. ISSN 1808-5733. p. 165/167. Disponível em http://www.aquinate.net/p-web/Revista-Aquinate/Artigos-pdf/Artigos-6-edicao/Artigo%209-Pecego.pdf. Acesso em 25/05/2008.

mento jurídico e da ordem política. Segundo Javier Hervada, o que é a Constituição para o sistema de leis positivas – critério de validade e inspiração – o é a lei natural em relação a todo o sistema.

Por isso também, a verdadeira lei, seja ela promulgada por toda a multidão, seja por quem lhe faz as vezes, sempre se ordena para o bem comum e não ao "fim do indivíduo enquanto tal". Como ela é um ato da razão e apela à liberdade humana, demanda ser de algum modo conhecida, daí a necessidade de sua promulgação. A lei tem como efeito próprio tornar bons aqueles a quem ela é dada. Nesse sentido, é conveniente enumerar entre os atos próprios da lei o "ordenar" atos virtuosos, "proibir" atos viciados, "permitir" atos indiferentes e "punir", induzindo a que seja obedecida.

O modo pelo qual o homem chega ao conhecimento da lei natural é assemelhado àquele pelo qual alcança o conhecimento dos primeiros princípios da razão especulativa. Não é um conhecimento infuso, inato ou dado por uma graça especial, nem mesmo um conhecimento dedutivo. São princípios auto-evidentes e indemonstráveis, cuja retidão a inteligência percebe imediatamente. O entendimento humano é capaz de conhecer verdadeiramente a lei natural ao conhecer a natureza humana e suas inclinações naturais.

Os meios de captação da lei natural não são o raciocínio e a argumentação, mas o conhecimento por evidência. A razão prática apenas transforma em preceito a inclinação natural. Assim, o que provém dos primeiros princípios por via de dedução é pertencente aos ius gentium. O que provém por determinação pertencerá à lei humana. A determinação é uma opção entre as distintas possibilidades que se abrem ao homem para cumprir muitos preceitos da lei natural. A conclusão dedutiva, porém, se dá através de um juízo silogístico prático.[18]

Embora apenas uma pequena seção da *Suma Teológica* seja especialmente consagrada ao tema da propriedade, a discussão desta se espraia, em oportunidades diversas, em todo o texto do Aquinate.

Como explicado, Tomás de Aquino afirma a base para o seu tratamento da lei natural em princípios auto-evidentes da prática consoante à reta razão. O primeiro princípio da razão prática é fundado sobre a noção de bem; o bem é o que todas as coisas procuram. Portanto, o bem é para ser feito e o mal evitado

18. Pêcego, Daniel Nunes. *idem*.

(*bonum est faciendum et prosequendum, et malum vitandum*).[19] Todos os outros preceitos da razão prática fundam-se nesse princípio. Esse princípio auto-evidente, interpretado pela razão prática dos homens, corresponde às inclinações naturais da humanidade. Deste modo, o homem, assim como todas as criaturas, visa à auto-preservação do seu próprio ser, consoante a sua natureza, e este preceito se coaduna com a lei natural.

Entretanto, naquilo que é pertinente à propriedade privada, a aplicação do princípio universal de fazer o bem e evitar o mal está sujeito às condições e às circunstâncias de cada caso. Em princípio, é justo e certo agir de acordo com a razão e a isso, por exemplo, segue-se que as mercadorias confiadas a outrem devem ser restituídas ao seu proprietário. Agora, isso é verdade para a maioria dos casos, mas pode acontecer que, em um caso específico, isso seria prejudicial e, por conseguinte, irrazoável. Deve-se arrestar, por exemplo, armamentos de estrangeiros, se eles são requeridos com a finalidade de lutar contra a pátria.[20]

Assim, há uma necessidade quanto aos bens de um exercício prático da sabedoria ou prudência, uma vez que os princípios gerais do direito natural não podem ser aplicados a todos os homens da mesma forma, tendo em vista a grande variedade de assuntos humanos e, conseqüentemente, surge a diversidade das leis positivas entre os diversos povos.

A propriedade e seus regimes podem variar muito devido à pluralidade das circunstâncias e condições humanas. Para Aquino, é a inclinação conatural, não aprioristicamente a dedução racional, mas um exercício da razão prática, conatural de conhecimento, aquilo que fornece as razões humanas para a descoberta dos preceitos do direito natural e que aprende a agir de acordo com esses princípios.

Para Tomás de Aquino, a propriedade não pertence à primeira categoria, aos princípios auto-evidentes. Sendo a justiça a vontade constante e perpétua de dar a cada um o seu, a regra de justiça corresponde às relações dos homens uns com os outros. Porém, toda justiça é concernente a certas relações externas, a saber, de distribuição e de troca de bens externos, quer sejam coisas ou obras. Dadas essas características, da natureza corpórea das trocas, é impossível con-

19. Aquino, Tomás de. *Suma Teológica*. I. II. v. 4, *op. cit.*, p. 94, 2.

20. Aquino, Tomás de. *Suma Teológica*. I. II. v. 4, *op. cit.*, p. 94, 4.

ter esse "*meum*" e "*tuum*" (meu e teu) em termos puramente abstratos. Assim, a propriedade assumiu o seu lugar na ordenação humana das coisas.

Deste modo, o direito assume dois sentidos. Um absoluto primário, como o da relação dos pais para com os filhos, uma relação proporcional para a nutrição e o bem-estar das crianças, uma característica compartilhada com as outras criaturas inferiores, não racionais. Em seguida, outro sentido relativo secundário derivado do primeiro, como no caso da propriedade: uma coisa é naturalmente compatível com outra pessoa não considerada absolutamente, mas de determinada maneira em relação às outras.

Se um determinado lote de terras, considerado absolutamente, não tem nenhuma razão para pertencer a um homem mais do que a outro, considerado em relação à forma de uso da terra e à adaptabilidade à cultura agrícola, é certo que há uma certa proporção a ser de propriedade de um e não de outro homem, como Aristóteles demonstrou.

Assim, em Tomás de Aquino a instituição da propriedade deriva da lei natural, mas não se eleva a uma lei da natureza em si mesma porque não tem a qualidade de mútua imediação entre as pessoas, imediação esta que forma a base adequada para o direito natural.

Ao discutir a propriedade, Tomás de Aquino começa por indagar, na questão 66 da *Secunda secundae* da *Suma Teológica*, "se é natural ao homem possuir coisas externas".[21] Frisa ele a natureza dupla das coisas externas. Em primeiro lugar diz que o domínio principal sobre todas as coisas pertence a Deus que, em sua providência, destinou ao homem o natural domínio dos bens externos dado que este, por sua razão, é capaz de utilizá-los para sua utilidade, uma vez que os seres menos perfeitos existem para os mais perfeitos. Isso significa que o homem, colocado em uma posição superior na ordem ontológica, tem uma natural soberania das coisas externas no que diz respeito a fazer a utilização das mesmas, que se destinam ao sustento do corpo do homem.[22]

No que se refere à relação do homem com os bens exteriores, a este compete uma dupla atribuição. A primeira, o poder de gerir e dispor dos bens. Tem o homem o poder de adquirir bens e distribuí-los e, assim, é lícito este possuir alguma coisa como própria. Constitui-se em princípio fundamental à vida hu-

21. Aquino, Tomás de. *Suma Teológica*. II. II. v. 6. São Paulo: Loyola, 2005, p. 66, 1.

22. Aquino, Tomás de. *Suma Teológica*. II. II. v. 6, *op. cit.*, p. 156.

mana por três razões. Primeiro é que cada um é mais solícito em administrar o que lhe pertence, do que o comum a todos. Segundo, as coisas humanas são mais bem cuidadas quando cada um emprega o seu cuidado em administrar uma coisa determinada. Terceiro, porque cada um cuidando do que é seu de maneira mais satisfatória, reina a paz entre os homens, uma vez que as querelas surgem com mais freqüência onde não há divisão das coisas possuídas.[23]

Portanto, Aquino, seguindo Aristóteles, assegura, consoante a prudência, a legalidade e a necessidade da propriedade privada no âmbito da atual condição humana em termos de maior benefício para o bem comum e, ainda, na orientação dos bens para a ordem, eficiência, segurança e paz, não desconectada dos valores instrumentais da moderna liberdade. Assim, o estado de direito obriga à conclusão que o regime da propriedade privada provê, via de regra, o melhor meio para o florescimento da sociedade humana.

A segunda atribuição que compete ao homem em relação aos bens exteriores é quanto ao uso deles. Aqui, Tomás de Aquino reduz significativamente a extensão e o alcance do regime da propriedade privada da propriedade: "sob esse aspecto, o homem não deve ter as coisas exteriores como próprias, mas como comuns, neste sentido que, de bom grado, cada um as partilhe com os necessitados".[24] A idéia do Aquinate não é minar aquilo que foi dito antes sobre a natureza da propriedade privada, mas sim para colocá-la em um quadro equilibrado, no qual os poderes de utilização estejam em consonância com o bem-estar da comunidade, do qual o homem é parte. O tratamento da propriedade não é completo sem a direção externa e inclinação pela qual o direito de uso da propriedade está necessariamente obrigado – sua teleologia. Deste modo, a principal exigência da justiça, a de dar a cada um o que é seu, significa algo bem além de um libertário atomismo que ignora o bem comum: "os bens temporais outorgados por Deus ao homem são, certamente, de sua propriedade; o uso, ao revés, deve ser não somente seu, senão também de quantos possam sustentar-se com o supérfluo dos mesmos".[25]

Assim, Aquino acrescenta ao *dictum* aristotélico que é melhor ter a propriedade privada, mas fazer o uso dela comum. Os princípios da filantropia e

23. Aquino, Tomás de. *Suma Teológica*. II. II. v. 6, *op. cit.*, p. 158.

24. Aquino, Tomás de. *Suma Teológica*. II. II. v. 6, *op. cit.*, p. 158.

25. Aquino, Tomás de. *Suma Teológica*. II. II. v. 5. São Paulo: Loyola, 2005, p. 32, 5.

assistência de bem-estar humanitária surgem para Aquino não como uma achega a uma teoria de governo, mas sim como uma característica da propriedade privada.[26]

Portanto, o outro lado da moeda da posse privada dos bens externos era a obrigação, que Aristóteles também já tinha reconhecido, como a justificação primária da propriedade privada, de criar o espaço para o exercício das virtudes da caridade e da assistência aos desvalidos.

A legitimidade da propriedade se funda a partir da distinção entre o "poder" (*potestas*) de gerir as coisas e delas dispor e o dever moral de utilizá-las (*usus*) em proveito de todos. Ao estabelecer que é permitido e mesmo necessário que o homem possua as próprias coisas, Tomás faz da propriedade um verdadeiro "poder", um verdadeiro direito, de tal modo que o roubo será caracterizado como uma injustiça, pois atenta contra esse direito. O "uso" (*usus*) exprime a finalidade a perseguir e a maneira de realizar o exercício desse poder. É porque possui o verdadeiro poder e o verdadeiro direito de possuí-los que o

---

26. Como bem se expressa, com fundamento no Aquinate, Leão XIII em 1891 em sua Encíclica *Rerum Novarum*: "E não se apele para a providência do Estado, porque o Estado é posterior ao homem, e antes que ele pudesse formar-se, já o homem tinha recebido da natureza o direito de viver e proteger a sua existência. Não se oponha também à legitimidade da propriedade particular o facto de que Deus concedeu a terra a todo o género humano para a gozar, porque Deus não a concedeu aos homens para que a dominassem confusamente todos juntos. Tal não é o sentido dessa verdade. Ela significa, unicamente, que Deus não assinou uma parte a nenhum homem em particular, mas quis deixar a limitação das propriedades à indústria humana e às instituições dos povos. Aliás, posto que dividida em propriedades particulares, a terra não deixa de servir à utilidade comum de todos, atendendo a que não há ninguém entre os mortais que não se alimente do produto dos campos. Quem os não tem, supre-os pelo trabalho, de maneira que se pode afirmar, com toda a verdade, que o trabalho é o meio universal de prover às necessidades da vida, quer ele se exerça num terreno próprio, quer em alguma parte lucrativa cuja remuneração, sai apenas dos produtos múltiplos da terra, com os quais ela se comuta. De tudo isto resulta, mais uma vez, que a propriedade particular é plenamente conforme à natureza. A terra, sem dúvida, fornece ao homem com abundância as coisas necessárias para a conservação da sua vida e ainda para o seu aperfeiçoamento, mas não poderia fornecê-las sem a cultura e sem os cuidados do homem. Ora, que faz o homem, consumindo os recursos do seu espírito e as forças do seu corpo em procurar esses bens da natureza? Aplica, para assim dizer, a si mesmo a porção da natureza corpórea que cultiva e deixa nela como que um certo cunho da sua pessoa, a ponto que, com toda a justiça, esse bem será possuído de futuro como seu, e não será lícito a ninguém violar o seu direito de qualquer forma que seja."

homem deve utilizar os bens como "sendo comuns", numa disposição virtuosa de "compartilhá-los com os necessitados". "Poder" e "uso" formam uma espécie de dupla instância do mesmo direito-dever do qual o homem está investido, no plano ético e jurídico.[27]

Nessa explicação compatibilística da propriedade, o interesse privado individual do proprietário e o maior interesse público da sociedade ocupam uma harmônica coexistência teórica. A *summa divisio* entre privado *versus* público aparece como uma falsa dicotomia fora da orientação da virtude que assegura a prevenção do colapso em um atomístico egoísmo.

Os bens que alguns têm em superabundância são devidos assim, por direito natural, para o sustento dos pobres, como esclarece Aldo Francisco Migot:

> Os bens que o homem tem são legítimos desde que tenham a finalidade de lhe garantir o um espaço vital digno e suficiente para a vida pessoal e social. Se os bens, por direito natural, pertencem a todos, cada indivíduo tem direito à sua parte, sem o que não se cumpriria a destinação universal, ao menos se se considerar que possuir e desfrutar tudo em comum não é prescrição de direito natural, nem é possível na prática.
> Tudo o que ultrapassa a necessidade do espaço vital e tudo aquilo que não é bem administrado ou que, por qualquer razão, pela extensão ou pelo mau uso, prejudicar a outrem, deve ser submetido aos critérios da comunidade, isto é, do bem comum. Salientando que o comum e o que é direito de todos, segundo Tomás, é sempre prioritário.[28]

Assim sendo, evidentemente, grande parte do argumento tomista de compatibilidade depende da manutenção de um curso aristotélico de moderação, definido dentro de uma ordem de valor, no qual o ganho de propriedade nunca é permitido se suficiente para tornar-se um fim em si mesmo, mantendo-se a finalidade da vida virtuosa sempre claramente em vista. Provavelmente, consoante Tomás de Aquino, a capacidade de qualquer Estado para implementar em suas leis as regras morais que conduzam à excelência irá mudar amplamente segundo "a grande variedade de assuntos humanos". Mas desde que os direitos humanos sejam enquadrados tendo em vista toda a multidão de seres humanos,

27. Aquino, Tomás de. *Suma Teológica*. II. II. v. 6, *op. cit.* p. 158, nota d.

28. Migot, Aldo Francisco. *A propriedade: natureza e conflito em Tomás de Aquino*. Caxias do Sul: Educs, 2003, p. 89.

"a maioria dos quais não está em virtude perfeita", as leis atingirão os seus objetivos e a propriedade será regulada conforme a natureza das coisas.

Para Tomás de Aquino, o sistema de propriedade privada subordinado a um regime de uso comum constitui a base da ordem política, como em Aristóteles. Nesse contexto, o princípio da propriedade privada enquanto princípio moral reclama a sua articulação com outro princípio moral, o dever dos membros da comunidade política concorrerem individualmente para o uso comum das coisas.[29]

Tomás de Aquino, ao tratar na questão 32 da *Secunda secundae* do dever de privação em benefício de outrem esclarece que: 1) é dever de justiça pôr os bens supérfluos em comum com aqueles que se encontrem em extrema necessidade; 2) é dever de justiça suportar que quaisquer bens próprios sejam usados por alguém em situação de extrema necessidade; 3) é apenas ato superrogatório pôr em comum, ativa ou passivamente, o supérfluo em relação àqueles que estão em situação de necessidade, embora não extrema.[30]

Há que se atentar também em Tomás de Aquino para a singularidade do objeto, a terra. A terra é um recurso que se pode explorar com exclusividade, mas não é propriamente uma mercadoria. Ela tem conotações sociais, culturais e ideológicas que a tornam singular.[31] Deste modo, não há possibilidade de se falar em uma propriedade da terra que leve a uma completa despersonalização e autonomização como mercadoria.

---

29. Brito, Miguel Nogueira de, *op. cit.*, p. 173.

30. Brito, Miguel Nogueira de, *op. cit.*, p. 176-177.

31. Como se vê em Fustel de Coulanges: "Como o caráter de propriedade privada está manifesto em tudo isso! Os mortos são deuses que pertencem apenas a uma família, e que apenas ela tem o direito de invocar. Esses mortos tomaram posse do solo, vivem sob esse pequeno outeiro, e ninguém, que não pertença à família, pode pensar em unir-se a eles. Ninguém, aliás, tem o direito de privá-los da terra que ocupam; um túmulo, entre os antigos, jamais pode ser mudado ou destruído; as leis mais severas o proíbem. Eis, portanto, uma parte da terra que, em nome da religião, torna-se objeto de propriedade perpétua para cada família. A família apropriou-se da terra enterrando nela os mortos, e ali se fixa para sempre. O membro mais novo dessa família pode dizer legitimamente: Esta terra é minha. — E ela lhe pertence de tal modo, que lhe é inseparável, não tendo nem mesmo o direito de desfazer-se dela. O solo onde repousam seus mortos é inalienável e imprescritível. A lei romana exige que, se uma família vende o campo onde está o túmulo, continua no entanto proprietária desse túmulo, e conserva eternamente o direito de atravessar o campo para nele cumprir as cerimônias do culto." Coulanges, Fustel de. *A cidade antiga*. São Paulo: Martins Fontes, 1987, cap. VI – O direito de propriedade.

Mesmo no Ocidente, na antiga Atenas, a posse da terra e a cidadania estavam indissoluvelmente ligadas, pois apenas os cidadãos podiam possuir terras e apenas os donos de terras podiam ser cidadãos: não-cidadãos podiam se dedicar às finanças e ao comércio, arrendar terras e minas, mas não podiam possuir imóveis.[32]

Em Tomás de Aquino, portanto, o reconhecimento da propriedade privada não exonera o proprietário da responsabilidade moral por exigências de justiça, que não é assim encarada como um problema exclusivo do sistema político.[33]

4. Os fundamentos teóricos da função social da propriedade

Lançadas essas balizas conceituais, podemos agora com mais proficiência enfrentar os problemas concernentes aos fundamentos teóricos da função social da propriedade e, particularmente, esmiuçar os aspectos do acórdão paradigma antes proposto.

A propriedade, direito subjetivo por excelência na época contemporânea, é uma construção social. Construção que se expressa na vitória dos movimentos revolucionários liberais que culminaram com a Declaração de Independência dos Estados Unidos da América, de 4 de julho de 1776, e com a Declaração dos Direitos do Homem e do Cidadão, na França, em 26 de agosto do mesmo ano. Neles triunfa a idéia de propriedade como direito subjetivo, fruto maior da liberdade do homem. Mas também essa propriedade, culminante e absoluta nos Oitocentos, de características sumamente individualísticas, tem de se conformar à nova realidade social, na qual a irrupção das necessidades de uma sociedade de massas hipercomplexa torna necessárias mudanças profundas nesse direito. Não há que se falar mais em propriedade, mas sim em propriedades (cada qual com a diversidade de sua função):

> Falar em propriedades significa, como ensina o mestre Paolo Grossi, recusar a absolutização da propriedade moderna, produto histórico de uma época, e, com isso, recusar a idéia de um fluxo contínuo e ininterrupto na história jurídica. A propriedade, "modelo antropológico napoleônico-pandectista", consagração de uma visão individualista e potestativa, é apenas uma dentre as múltiplas respos-

32. Pipes, Richard. *Propriedade e liberdade*. São Paulo: Record, 2001, p. 129.

33. Brito, Miguel Nogueira de, *op. cit.*, p. 251.

tas encontradas, nas múltiplas experiências jurídicas do passado e do presente, à eterna questão dos vínculos jurídicos entre homem e coisas. O termo singular, abstrato, formal, é inadequado para descrever a complexidade das múltiplas formas de apropriação da terra, que antecedem a formulação unitária, correspondente ao período das codificações.

Clavero ilustra, sob o paradigma da "antropologia dominical", a pluralidade proprietária anterior à Revolução Francesa, e o inconveniente da projeção de nosso padrão unitário a tal realidade...

Nesta antropologia dominial são variadas as formas e as funções dos 'domínios', que não encontram correspondência no hodierno padrão da propriedade como direito subjetivo por excelência, arraigada em nossa cultura jurídica.

Não poderia ser de outro modo, num ordenamento que ainda desconhecia uma formulação unitária do direito subjetivo. O termo *jus*, matriz do direito subjetivo iluminista, aparece nos textos romanos com significados diversos, por vezes mesmo em contraposição *a dominium*. *Ius* refere-se ao objeto da justiça (às leis naturais, civis, feitos do pretor), à arte do justo, a obrigações... e, fundamentalmente, a uma noção semelhante à de mérito, *status*, condição, no sentido aristotélico de papel ocupado pela pessoa ou coisa no organismo social.

[...]

A equiparação entre *ius* (enquanto direito subjetivo) e *dominium*, ou a atribuição de caráter individualista e absoluto à propriedade romana, é fruto da construção da ciência jurídica moderna, que não guarda relação com o sentido originário da propriedade romana, tampouco com a leitura que dela faziam os juristas medievais.

[...]

Nesta mentalidade de plúrimas propriedades ou formas de apropriação dos bens, paradigmática é a figura do domínio útil, verdadeiro denominador comum da mentalidade proprietária de então. O adjetivo "útil" indica a atribuição de um conteúdo ao conceito romano, conteúdo que se vincula à efetividade da utilização do bem. Atesta o reinado da efetividade e a impossibilidade de uma fórmula abstrata, de um vínculo puro de relações entre o homem e as coisas.[34]

É o momento em que por toda parte insurge-se a idéia de função social, proclamando-a as Constituições e realçando-lhe os aspectos singulares. Como a Constituição de Weimar, cujo art. 153 dispôs: "A Constituição garante a propriedade. O seu conteúdo e os seus limites resultam de lei. (...) A propriedade

34. Varela, Laura Beck. Das propriedades à propriedade: construção de um direito. In: *A reconstrução do Direito Privado*. Org. Judith Martins-Costa. São Paulo: RT, 2002, p. 732-736.

obriga e o seu uso e exercício devem, ao mesmo tempo, representar uma função no interesse social".[35] Ou a Lei Fundamental da República Federal Alemã de 1949 que, por sua vez, dispõe no seu art. 14, 2, que a "propriedade obriga. Seu uso deve estar a serviço do bem comum".

Ou ainda o texto da Constituição da Itália:

> Art. 42. A propriedade é pública ou privada. Os bens econômicos pertencem ao Estado, ou a entidades ou a particulares. A propriedade privada é reconhecida e garantida pela lei, que determina as suas formas de aquisição, de posse e os limites, no intento de assegurar sua função social e de torná-la acessível a todos.

Não obstante todas essas proclamações, divergem os doutrinadores em conceituar quais são os fundamentos teóricos que fariam afinal com que este direito obrigasse, superando-se a noção de direito subjetivo, que, afinal, expressaria, mais do que o próprio direito em si, a liberdade do homem.

Há autores que, ainda no plano do subjetivismo, irão propor a transmutação moderna do conceito de direito subjetivo pelo de situação jurídica, como em Paul Roubier:

> [...] Chegado a esse ponto de nossa exposição, nós começamos a tomar consciência, mais claramente do que não havíamos ainda visto até agora, do entrecruzamento de direitos e deveres que caracteriza a organização jurídica. É esse entrecruzamento que conduziu, nos autores contemporâneos, a tomar por base de suas construções a noção de situação jurídica mais do que aquela do direito subjetivo. A situação jurídica se apresenta a nós como constituindo um complexo de direitos e deveres; ora, esta é uma posição infinitamente mais freqüente que aquela de direitos existentes no estado de prerrogativas desimpedidas, ou de deveres aos quais não correspondam nenhuma vantagem. (trad. livre)[36]

35. Oppenheimer, Heinrich. *The Constitution of the Federal Republic of Germany*. London: Stevens and Sons, Ltd., 1923, p. 213.

36. "Arrivés à ce point de notre exposé, nous commençons a prendre conscience, plus nettement qu'on ne l'a encore fait jusqu'ici, de l'entrecroisement des droits et des devoirs, qui caractérise l'organisation juridique. C'est cet entrecroisement qui a abouti, chez les auteurs contemporains, à prendre pour base de leurs constructions la notion de la situation juridique plutôt que celle de droit subjectif. La situation juridique se présente à nous comme constituant un complexe de droits et de devoirs; or, c'est là une position infiniment plus fréquente que celle de droits existant à l'état de prérrogatives franches, ou de devoirs auxquels ne correspondrait aucun avantage." Roubier, Paul. *Droits subjectifs et situations juridiques*. Paris: Dalloz, 1963, p. 52.

Também é o caso de Pietro Perlingieri:

> [...] no vigente ordenamento não existe um direito subjetivo – propriedade privada, crédito, usufruto – ilimitado, atribuído ao exclusivo interesse do sujeito, de modo tal que possa ser configurado como entidade pré-dada, isto é, preexistente ao ordenamento e que deva ser levada em consideração enquanto conceito, ou noção, transmitido de geração em geração. O que existe é um interesse juridicamente tutelado, uma situação jurídica que já em si mesma encerra limitações para o titular.[37]

Esse último autor classifica mesmo a propriedade como uma situação subjetiva complexa centro de interesses que enfeixa poderes, deveres, ônus e obrigações, e cujo conteúdo depende de interesses extraproprietários, apurados no caso concreto: "Em substância, portanto, a propriedade não é tão somente um poder da vontade, um direito subjetivo que compete sem mais nada a um sujeito, mas é, ainda mais, uma situação jurídica subjetiva complexa" (trad. livre).[38]

Não obstante, esta abordagem, ao não aprofundar os fundamentos teóricos do porquê a propriedade obriga, resvala em uma solidariedade definida abstratamente e funda-se, em derradeiro, na positividade constitucional:

> Em um sistema inspirado na solidariedade política, econômica e social e no pleno desenvolvimento da pessoa (art. 2º, Const.) o conteúdo da função social assume um papel do tipo promocional, no sentido de que a disciplina das formas de propriedade e as suas interpretações deveriam ser atuadas para garantir e para promover os valores sobre os quais se funda o ordenamento. E isso não se realiza somente finalizando a disciplina dos limites à função social. Esta deve ser entendida não como uma intervenção 'em ódio' à propriedade privada, mas torna-se "a própria razão pela qual o direito de propriedade foi atribuído a um determinado sujeito", um critério de ação para o legislador, e um critério de individuação da normativa a ser aplicada para o intérprete chamado a avaliar as situações conexas à realização de atos e de atividades do titular.[39]

---

37. Perlingieri, Pietro. *Perfis do direito civil: introdução ao direito civil constitucional*. 3. ed. Rio de Janeiro: Renovar, 2007, p. 121-122.

38. "In sostanza, quindi, la proprietá non è piú soltanto un potere della volontà, un diritto soggettivo che spetta tout-court ad un soggeto, ma è ancor piú di una situazione giuridica soggetiva complessa." Perlingieri, Pietro. *Introduzione alla problematica della proprietà*. Camerino: Jovene, 1971, p. 101.

39. Perlingieri, Pietro. *Perfis do direito civil: introdução ao direito civil constitucional, op. cit.*, p. 226.

> Uma coisa é o problema da conformação do estatuto proprietário, outra é aquela da expropriação. [...] Não é possível, portanto, chegar a propor um estatuto proprietário conformativo que seja substancialmente expropriativo (fala-se em conformação da propriedade privada quando os limites legais não tocam o conteúdo mínimo; de 'expropriação' no caso oposto). A conclusão pela qual é preciso falar em conteúdos mínimos da propriedade deve ser interpretada não em chave jusnaturalista, mas em relação à reserva de lei prevista na Constituição, a qual garante a propriedade, atribuindo à lei a tarefa de determinar os modos de aquisição, de gozo e os limites, com o objetivo de assegurar a função social e torná-la acessível a todos.[40]

Deste modo, cabe enfrentar o problema complexo da fundamentação teórica da função social da propriedade, tendo como elemento norteador e prático a nos impulsionar o acórdão antes referido.

Neste, cabe ressaltar que existe um conflito sobre bens e sobre os títulos de atribuição quanto ao uso destes. Como definido em Tomás de Aquino, a propriedade é propriedade segundo o uso e não segundo a substância mesma dos bens. Uma propriedade é legítima se está em conformidade com os limites impostos pelo bem comum, pela destinação universal, sempre anterior a qualquer uso particular. Deste modo, a função social existe, primeiramente, nos bens objeto do direito de propriedade, para depois se ver destacada e atingida plenamente com o exercício do direito de propriedade sobre eles, conforme o estatuto proprietário reconheça ou não a função social deste direito:

> A terra é, reconhecidamente, bem de produção; e o que a terra produz ou pode produzir está intimamente ligado à sobrevivência dos seres. A obrigação de fazê-lo e o modo de atingir este desiderato estão na base do campo de atuação do Direito Agrário e, conseqüentemente, no fenômeno agrário.
>
> Começa-se com a denominada função social da terra, por alguns equivocadamente denominada função social da propriedade, em Direito Agrário, trocando o continente pelo conteúdo, pois a função social da terra é o gênero, do qual a função social da propriedade é espécie, como o são também a função social da posse, a função social dos contratos etc.[41]

---

40. *Idem*, p. 231.

41. Lima, Getúlio Targino. *A posse agrária sobre bem imóvel*. São Paulo: Saraiva, 1992, p.42.

Cada coisa que existe na natureza tem uma função natural. A solução jurídica de um caso concreto deve, normalmente, ser obtida através do recurso conjunto a estas duas fontes, que não são consideradas opostas, mas complementares: por um lado o estudo da natureza e, num segundo momento, a precisa determinação do legislador ou do juiz. A função de cada bem expressa a ordem das tendências ou inclinações naturais aos fins próprios do ser humano, aquela ordem que é própria do homem enquanto pessoa. A terra visa a garantir ao homem um espaço vital digno e suficiente para a vida pessoal e social. Também os bens supérfluos de uma pessoa são todos tidos em comum, no sentido em que o respectivo dono tem o dever de justiça de dispor deles para o benefício daqueles em necessidade, como os pobres.[42]

A noção de função de um bem significa assim um poder, mais especificamente, o poder de dar ao objeto da propriedade destino determinado, de vinculá-lo a certo objetivo. Como explica Teori Zavascki:

> Por função social da propriedade há de se entender o princípio que diz respeito à utilização dos bens, e não à sua titularidade jurídica, a significar que sua força normativa ocorre independentemente da específica consideração de quem detenha o título jurídico de proprietário. Os bens, no seu sentido mais amplo, as propriedades, genericamente consideradas, é que estão submetidas a uma destinação social, e não o direito de propriedade em si mesmo. Bens, propriedades são fenômenos da realidade. Direito – e, portanto, direito da propriedade – é fenômeno do mundo dos pensamentos. Utilizar bens, ou não utilizá-los, darlhes ou não uma destinação que atenda aos interesses sociais, representa atuar no plano real, e não no campo puramente jurídico. A função social da propriedade (que seria melhor entendida no plural, "função social das propriedades"), realiza-se ou não, mediante atos concretos, de parte de quem efetivamente tem a disponibilidade física dos bens, ou seja, do possuidor, assim considerado no mais amplo sentido, seja ele titular do direito de propriedade ou não, seja ele detentor ou não de título jurídico a justificar sua posse.[43]

O acórdão, pois, tratou o bem terra (lotes de terrenos) como ele efetivamente era, um bem destinado à moradia. Isso estava expresso na própria in-

42. Finnis, John. *Aquinas: moral, political and legal theory*. Oxford: Oxford Universitary Press, 1998, p. 191.

43. Zavascki, Teori Albino. A tutela da posse na Constituição e no projeto do novo Código Civil. In: *A reconstrução do Direito Privado*. Org. Judith Martins-Costa. São Paulo: Revista dos Tribunais, 2002, p. 844.

tencionalidade dos autores reivindicantes pois, originariamente, intentavam construir um loteamento – Loteamento Vila Andrade – inscrito em 1955, com previsão de serviços de luz e água. Sendo o bem indissociável de sua finalidade, se a realidade urbanística que ele preconizava – o loteamento – volatilizou-se, tragada por uma favela consolidada, por força de uma certa erosão social, deixou o bem de existir como loteamento e também como lotes. Como o acórdão bem dispôs, a realidade concreta prepondera sobre a "pseudo realidade jurídico-cartorária". Esta não pode subsistir, em razão da perda do objeto do direito de propriedade. Como pontua Judith Martins-Costa, a atribuição de função social aos bens enseja, em nossa mente antropocêntrica, centrada e concentrada na idéia de "direito subjetivo", um verdadeiro giro epistemológico, para que passemos a considerar o tema a partir do bem, da *res*, e de suas *efetivas utilidades*.[44]

A segunda questão importante colocada pelo acórdão é se existe um direito dos homens a apropriação em comum dos bens exteriores, sem especificação de direito de propriedade particular por parte de indivíduos, famílias ou grupos. Por certo que sim, como salientam Aristóteles e Tomás de Aquino. A instituição da propriedade privada é do domínio do *ius gentium*, faz parte do direito comum das comunidades humanas, e está regulada pela política da cidade que pressupõe a necessidade da instituição da propriedade privada para uma vida social justa. Alguma divisão da propriedade entre grupos e indivíduos – mas ainda não uma divisão específica e detalhada a qual releva o direito positivo – é um requisito moral prévio à decisão humana.[45] Darcy Bessone bem esclarece a função social das coisas e sua destinação em comum, demonstrando que as coisas têm a função social vinculada a si mesmas e não às prerrogativas, porventura egoísticas, que alguns homens entendem destinarem-se somente a eles:

> Seria fácil intuir-se, ainda que os historiadores do direito se omitissem a respeito, que, antes de qualquer formulação jurídica, já as coisas se submetiam ao poder do homem, como condição de fato, para o uso e gozo delas.
> Convenha-se, contudo, em que, mesmo antes de qualquer experiência de direito, antes do Estado e do ordenamento jurídico, o homem já usava, gozava e dispunha materialmente das coisas.

44. Martins-Costa, Judith. *Diretrizes teóricas do novo Código Civil Brasileiro*. São Paulo: Saraiva, 2002, p. 148.

45. Finnis, John. *Aquinas: moral, political and legal theory*. Oxford: Oxford Universitary Press, 1998, p. 200.

> Então, pode-se concluir que o poder de fato sobre as coisas preexistiu ao de direito.
>
> Aconteceu, contudo, que os bens necessários ou úteis ao homem não se ofereceram, na natureza, em condições de uso e em quantidade bastante. A insuficiência engendraria lutas terríveis e destruidoras, se não se encontrassem formas de apropriação e uso, convenientemente disciplinadas. A escassez dos bens lhes conferiu sentido econômico e exigiu técnicas jurídicas que ordenassem e disciplinassem a posição do homem, em face da coisa, e as relações entre os homens, a respeito dela.
>
> O poder de fato erigiu-se, assim, em poder de direito.
>
> Surgiu, obviamente, o direito de propriedade como um produto cultural, uma criação da inteligência, considerada adequada à organização da vida em sociedade, isto é, da vida social. Seria contraditório que o direito subjetivo de propriedade fosse anterior ao direito objetivo, pois, na conhecida definição de Ihering, entende-se por direito subjetivo o interesse protegido pela lei, o que quer dizer que a sua caracterização requer, além do elemento material – o interesse, o elemento formal, que a lei, o direito objetivo, estabelece. Até porque Adolfo Merkl aponta, como condição prévia e necessária do direito subjetivo, a presença do direito objetivo, pois aquele é conteúdo deste.
>
> Se o poder de fato sobre as coisas precedeu o direito objetivo, o direito de propriedade, como direito subjetivo, é conteúdo e fruto dele, como forma técnica de ordenamento da vida social.[46]

A terceira questão é aquela que indaga que, se os bens exteriores são destinados aos homens em comum, quais são os fundamentos pelos quais é lícito possuir as coisas como próprias? Na hipótese, por quais fundamentos poderiam os proprietários reivindicar os lotes não utilizados e, ao revés, qual a qüididade do direito dos posseiros aos mesmos bens. Trata-se do confronto entre a propriedade sem função social com a posse com função social.

Via de regra, em nosso sistema jurídico, concebidos os julgamentos de maneira estritamente formal, o direito positivo sempre tratou como digno de proteção definitiva o direito de propriedade, conferindo à posse uma proteção meramente provisória, reconhecido aos possuidores tão-somente o direito ao recebimento das benfeitorias e acessões realizadas na coisa.[47]

---

46. Bessone, Darcy. *Direitos Reais*. 2. ed. São Paulo: Saraiva, 1996, p.52-53.

47. Rio de Janeiro. Tribunal de Justiça do Estado do Rio de Janeiro. Apelação Cível nº 1996.001.01195. 3ª Câmara Cível. Relator: Desembargador Antonio Eduardo F. Duarte. Julgamento em 14 de maio de

Para Tomás de Aquino, os bens são originariamente destinados a todos em comum. Assim, concorrem a estes o proprietário reivindicante e os possuidores utilizadores. Sobre a propriedade é reconhecida, como qualidade intrínseca, uma função social, fundada e justificada precisamente pelo princípio da destinação universal dos bens. O homem realiza-se através da sua inteligência e da sua liberdade e, ao fazê-lo, assume como objeto e instrumento as coisas do mundo e delas se apropria. Neste seu agir, está o fundamento do direito à iniciativa e à propriedade individual. Mediante o seu trabalho, o homem empenha-se não só para proveito próprio, mas também para dos outros. O homem trabalha para acorrer às necessidades da sua família, da comunidade de que faz parte, e, em última instância, da humanidade inteira, além disso, colabora para o trabalho dos outros, numa cadeia de solidariedade que se alarga progressivamente. A posse dos meios de produção, tanto no campo industrial como agrícola, é justa e legítima, se serve para um trabalho útil; pelo contrário, torna-se ilegítima, quando não é valorizada ou serve para impedir o trabalho dos outros, para obter um ganho que não provém da expansão global do trabalho humano e da riqueza social, mas antes da sua repressão, da ilícita exploração, da especulação, e da ruptura da solidariedade no mundo do trabalho. Semelhante propriedade não tem qualquer justificação, e não pode receber tutela jurídica.

Portanto o direito de propriedade não é um absoluto formal, mas só se justifica se a ele é dado um uso social e na medida dessa justificação, mormente naquela classe de bens que não se destina primordialmente ao mercado, como é o caso da terra.

1996. Ação reivindicatória. Cumulação com perdas e danos. Prova do domínio. Posse injusta caracterizada. Retenção por benfeitoria. Inadmissibilidade. Ausência de cerceamento de defesa e de julgamento "ultra petita". Denunciação da lide ao alienante. Descabimento. Apelos improvidos. O registro imobiliário prova o domínio e, sendo o imóvel devidamente individuado, procede a reivindicatória contra o terceiro que injustamente o detém, visto que tal ação deve ser proposta em face de quem quer que se oponha em antagonismo com o direito de propriedade, porquanto, na disputa entre a posse e a propriedade, prevalece o direito de propriedade (Código Civil, art. 524). Evidenciada a invasão e a clandestinidade, justa não pode ser a posse, o que não autoriza a alegação de ignorância de se estar praticando o ato, para pretender o reconhecimento do direito de retenção por benfeitorias, inclusive em tais hipóteses, tanto mais quando já integrantes do bem imóvel reivindicado, assim como impõe-se aos invasores a obrigação de indenizar as perdas e danos decorrentes e pleiteadas. Nessas circunstancias, afastado fica o julgamento *ultra petita*, como também, porque desnecessária a prova pericial, inocorre a alegação de cerceamento de defesa, descabendo, ademais, a denunciação da lide ao alienante, uma vez que não se acha presente a hipótese do art. 70, inciso I, do CPC.

O cumprimento da função social da propriedade, deste modo, consubstancia um requisito preliminar, uma causa para o deferimento da tutela possessória; sem causa, inexiste garantia possessória constitucional à propriedade que descumpra sua função social:

> A funcionalização da propriedade é introdução de um critério de valoração da própria titularidade, que passa a exigir atuações positivas de seu titular, a fim de adequar-se à tarefa que dele se espera na sociedade. (...) Pode-se dizer, com apoio na doutrina mais atenta, que a função social parece capaz de moldar o estatuto proprietário em sua essência, constituindo "il titolo giustificativo, la causa dell´attribuzione" dos poderes do titular, ou seja "il fondamento dell´attribuzione, essendo divenuto determinare, per la considerazione legislativa, il collegamento della posizione del singolo con la sua appartenenza ad um organismo sociale."[48]

O próprio Código Civil de 2002 estabelece que o proprietário não tem o direito de não usar o bem. Isso se infere do art. 1.276, § 2º, do Código Civil, que diz que o imóvel que o proprietário abandonar, com a intenção de não mais o conservar em seu patrimônio, e que se não encontrar na posse de outrem, poderá ser arrecadado, como bem vago, e passar, três anos depois, à propriedade do Município ou à do Distrito Federal, se se achar nas respectivas circunscrições. Presumir-se-á de modo absoluto a intenção a que se refere este artigo, quando, cessados os atos de posse, deixar o proprietário de satisfazer os ônus fiscais.

Portanto, no acórdão em referência, os proprietários, em cadeia sucessória, deixaram de utilizar os terrenos por dezenas de anos a fio; o loteamento do terreno data de 1955; os terrenos foram adquiridos em 1978/1979. Sobre esses terrenos constituiu-se uma situação possessória; trata-se de favela consolidada, com ocupação iniciada há cerca de 20 anos. Está dotada, pelo poder público, de pelo menos três equipamentos urbanos: água, iluminação pública e luz domiciliar. Nela os possuidores têm sua moradia habitual, realizaram melhorias como algumas obras de alvenaria, os postes de iluminação, um pobre ateliê de costureira etc., tudo a revelar uma vida urbana estável, no seu desconforto. O comércio está presente, serviços são prestados, barracos são vendidos, comprados, alugados, tudo a mostrar que o primitivo loteamento só tem vida no papel.

---

48. Tepedino, Gustavo; Schreiber, Anderson. Função social da propriedade e legalidade constitucional: anotações à decisão proferida pelo Tribunal de Justiça do Rio Grande do Sul (AI 598.360.402 – São Luiz Gonzaga). In: Revista *Direito, Estado e Sociedade*. v. 9, n. 17, ago/dez de 2000, p. 48-49.

Como preleciona Marcos Alcino de Azevedo Torres, o direito de propriedade é, em substância, a sua utilização, ou seja, a posse com o qual este é exercitado. O título gera o *ius possidendi* e não exercido, porque não foi transmitida a posse ou não havia posse para transmitir, ou tendo sido transmitida, não ocorreu a utilização da coisa pelo novo titular, sua posse será apenas civil, com base na espiritualização da posse que o direito civil admite. Enquanto permanecer a coisa sem utilização de terceiros, o título jurídico permitirá que o titular coloque em prática o direito à posse, transformando-o efetivamente em posse, possibilitando o cumprimento da função social da propriedade, antes descuidada. Essa posse artificial, meramente civil (normalmente posse do proprietário), em confronto com a posse real, efetiva (quando essa última for qualificada pela função social) deve ceder a esta.[49]

O ganho de propriedade nunca deve ser permitido se suficiente para tornar-se um fim em si mesmo. Deve-se manter a finalidade da vida virtuosa sempre em vista e, deste modo, à propriedade que não exerce sua função em confronto com a posse com função social não se deve dar tutela jurídica.

Por último, resta responder, para a fundamentação teórica do acórdão, se assertivas acima expostas aplicam-se a toda sorte de bens ou somente àqueles que não fossem bem administrados ou supérfluos.

Para Tomás de Aquino, desenvolvendo o direito aristotélico, o conceito de direito é prioritariamente concebido como algo que pertence ao outro. Assim, existem preceitos de justiça, cada um impondo a mim e à minha comunidade um dever a todos sem discriminação.[50] Deste modo os direitos de propriedade privada são válidos porque necessários para a prosperidade e o desenvolvimento, mas são sujeitos a um dever de distribuir, direta ou indiretamente, os *superflua* – isto é, tudo além do que alguém necessita para manter a si próprio

49. Torres, Marcos Alcino de Azevedo. *A propriedade e a posse: um confronto em torno da função social*. Rio de Janeiro: Lumen Juris, 2007, p. 373.

50. As virtudes anexas da justiça mandam pagar o que se deve a determinadas pessoas para com as quais se está obrigado por alguma razão especial. Da mesma maneira a justiça propriamente dita faz pagar a todos em geral o que lhes é devido. Após os três preceitos pertencentes à religião pelos quais se paga o que se deve a Deus; e após o quarto, que pertence à piedade, e que se faz pagar o que se deve aos pais e que inclui todas as dívidas procedentes de alguma razão especial; era necessário dar seqüência aos preceitos relativos à justiça propriamente dita, que obriga a render indistintamente a todos os homens o que lhes é devido. Aquino, Tomás de. *Suma Teológica*. II. II. v. 6, *op. cit.*, p. 710.

e sua família em um estado de vida apropriado para ele e sua vocação. Pois os recursos do mundo são, "por natureza", comuns; isto é, os princípios da razão não identificam qualquer um como tendo uma prerrogativa anterior a eles, a não ser em razão de algum plano costumeiro ou outro socialmente positivado para a divisão e apropriação de tais recursos. E tais planos não poderiam ser autorizativos moralmente, a menos que reconhecessem algum dever de que se distribuíssem os superflua.[51]

Ruy Azevedo Sodré, em sua tese de doutorado na Faculdade de Direito da USP, esclarece a distinção entre o suficiente e o superabundante dos bens apropriados:

> Todo homem tem direito absoluto à quantidade de bens necessários ao preenchimento dos deveres inerentes à sua condição social. É o que se denomina de propriedade humana. O direito à vida por parte do pobre é superior ao direito de superabundância do rico. É a única exceção ao direito de propriedade: *exceptio in rebus extremis*.
>
> Na propriedade do superabundante, distinguem-se os dois elementos: o social – *usus* – os bens exteriores devem ser detidos em proveito da comunidade, e o individual – *procuratio et dispensatio* – isto é, fazê-los produzir e distribuí-los proporcionalmente às necessidades de cada um. Esta gerência é remunerada. É a propriedade ativa.[52]

Deste modo, os lotes de terreno eram disputados pelos proprietários e pelos possuidores. Esses nada tinham além dos bens de moradia (barracos) edificados sobre os terrenos (*A favela já tem vida própria, está, repita-se, dotada de equipamentos urbanos. Lá vivem muitas centenas, ou milhares, de pessoas. Só nos locais onde existiam os nove lotes reivindicados residem 30 famílias. Lá existe uma outra realidade urbana, com vida própria, com os direitos civis sendo exercitados com naturalidade. O comércio está presente, serviços são prestados, barracos são vendidos, comprados, alugados*). Para todos os efeitos de direito estão em situação de necessidade extrema. Para os proprietários, os bens, ao revés, são evidentemente *superflua*. Não diligenciaram estes em reavê-los por anos a fio; jamais exerce-

51. Finnis, John. *Direito natural em Tomás de Aquino: sua reinserção no contexto do juspositivismo analítico*. Porto Alegre: Sérgio Fabris Editor, 2007, p. 55.

52. Sodré, Ruy Azevedo. *Função social da propriedade privada*. Tese de Doutorado em Filosofia do Direito. Faculdade de Direito da Universidade de São Paulo. São Paulo: Empresa gráfica da Revista dos Tribunais, s/d., p. 169.

ram a posse efetiva dos mesmos para qualquer finalidade útil. Têm deles apenas a posse artificial, meramente civil.

Assim, o direito à propriedade dos bens pressupõe algum uso válido para estes no decorrer do tempo e quando confrontada a propriedade sem função social de bens supérfluos com a posse com função social desses mesmos bens, a propriedade deve ceder à posse porque, como asseverava Tomás de Aquino, só será ato superrogatório pôr em comum, ativa ou passivamente, o supérfluo em relação àqueles que não estão em situação de necessidade extrema. Para todos os outros, em litígio, impõe-se o dever de justiça de distribuição dos bens.

5. Conclusão

A conclusão a ser extraída do presente trabalho é a de que, como apontou o acórdão do Superior Tribunal de Justiça concernente à prevalência da posse com função social sobre a propriedade sem função social na favela do Pullman em São Paulo, encontramo-nos em um momento importante para o direito no qual se procede à progressiva substanciação do conteúdo dos direitos.

Como demonstrado no texto, o direito de propriedade não pode mais ser concebido como um puro direito subjetivo, um poder do sujeito que expressa e realiza a sua liberdade. Não, pelo contrário, ele tem de ser estudado em sua complexidade, na sua interação com a totalidade dos membros da sociedade, proprietários e não-proprietários. A função social da propriedade só é corretamente compreendida quando se superam as insuficiências do conceito de direito subjetivo como um poder do sujeito e as aporias das categorizações abstracionistas, como a das situações jurídicas complexas, e se intenta uma reflexão teórico-filosófica que dê conta da complexidade do que significa a funcionalização de um direito, necessariamente a pressupor uma objetividade correlata com a teoria da justiça.

Para nos ajudar nesse itinerário, recorremos ao magistério de Tomás de Aquino sobre a propriedade. Tomás de Aquino, como visto, tratou a propriedade de maneira objetiva, a partir da teoria da justiça. A legitimidade da propriedade se funda a partir da distinção entre o "poder" (*potestas*) de gerir as coisas e delas dispor, e o dever moral de utilizá-las (*usus*) em proveito de todos. Ao estabelecer que é permitido e mesmo necessário que o homem possua as próprias coisas, Tomás faz da propriedade um verdadeiro "poder", um verdadeiro direito, de tal modo que o roubo será caracterizado como uma injustiça, pois atenta contra esse direito. O "uso" (*usus*) exprime a finalidade a perseguir e a maneira de realizar o exercício desse poder. É porque possui o verdadeiro poder e o verdadeiro direito de possuí-los que o homem deve utilizar os bens como "sendo comuns", numa disposição virtuosa de "compartilhá-los com os necessitados". "Poder" e "uso" formam uma espécie de dupla instância do mesmo direito-dever do qual o homem está investido, no plano ético e jurídico.

Os bens que o homem tem são legítimos desde que tenham a finalidade de lhe garantir o espaço vital digno e suficiente para a vida pessoal e social. Se os bens, por direito natural, pertencem a todos, cada indivíduo tem direito à sua parte, sem o que não se cumpriria a destinação universal, ao menos se se considerar que possuir e desfrutar tudo em comum não é prescrição de direito natural, nem é possível na prática.

Tudo o que ultrapassa a necessidade do espaço vital e tudo aquilo que não é bem administrado ou que, por qualquer razão, pela extensão ou pelo mau uso, prejudicar a outrem, deve ser submetido aos critérios da comunidade, isto é, do bem comum.

Fundado nesse sólido referencial teórico, é possível conceber, como foi explanado no acórdão citado, que, no confronto entre a propriedade sem função social com a posse com função social, o direito de propriedade é, em substância, a sua utilização, ou seja, a posse com o qual esse direito é exercitado. O título gera o *ius possidendi* e não exercido, porque não foi transmitida a posse ou não havia posse para transmitir, ou tendo sido transmitida, não ocorreu a utilização da coisa pelo novo titular, sua posse será apenas civil, com base na espiritualização da posse que o direito civil admite. Enquanto permanecer a coisa sem utilização de terceiros, o título jurídico permitirá que o titular coloque em prática o direito à posse, transformando-o efetivamente em posse, possibilitando o cumprimento da função social da propriedade, antes descuidada. Essa posse artificial, meramente civil (normalmente posse do proprietário), em confronto com a posse real, efetiva (quando essa última for qualificada pela função social) deve ceder a esta.

Deste modo, temos esboçado aqui um instrumental bastante útil para tentar definir os contornos do que seria a função social da propriedade e sua correta aplicação pelos tribunais nos litígios reivindicatórios e possessórios.

6. Bibliografia

Aquino, Tomás de. *Suma Teológica*. I. II. v. 4. São Paulo: Loyola, 2005.

Aquino, Tomás de. *Suma Teológica*. II. II. v. 5. São Paulo: Loyola, 2005.

Aquino, Tomás de. *Suma Teológica*. II. II. v. 6. São Paulo: Loyola, 2005.

Aristóteles. *A Política*. São Paulo: Martins Fontes, 2002.

Aristóteles. *Ética a Nicômacos*. 4. ed. Brasília: Universidade de Brasília, 2001.

Bessone, Darcy. *Direitos Reais*. 2. ed. São Paulo: Saraiva, 1996.

Brito, Miguel Nogueira de. *A justificação da propriedade privada numa democracia constitucional*. Coimbra: Almedina, 2007.

Cabanillas, Renato Rabbi-Baldi. *La filosofía jurídica de Michel Villey*. Pamplona: Universidad de Navarra, 1990.

Coulanges, Fustel de. *A cidade antiga*. São Paulo: Martins Fontes, 1987.

Finnis, John. *Aquinas: moral, political and legal theory*. Oxford: Oxford Universitary Press, 1998.

Finnis, John. *Direito natural em Tomás de Aquino: sua reinserção no contexto do juspositivismo analítico*. Porto Alegre: Sérgio Fabris Editor, 2007.

Lima, Getúlio Targino. *A posse agrária sobre bem imóvel*. São Paulo: Saraiva, 1992.

Martins-Costa, Judith. *Diretrizes teóricas do novo Código Civil Brasileiro*. São Paulo: Saraiva, 2002.

Migot, Aldo Francisco. *A propriedade: natureza e conflito em Tomás de Aquino*. Caxias do Sul: Educs, 2003.

Oppenheimer, Heinrich. *The Constitution of the Federal Republic of Germany*. London: Stevens and Sons, Ltd., 1923

Pêcego, Daniel Nunes. A lei e a justiça na Suma Teológica. *Revista Aquinate*. Eletrônica. 2008, v. 6, p.160-178. ISSN 1808-5733. p. 165-167. Disponível em: http://www.aquinate.net/p-web/Revista-Aquinate/Artigos-pdf/Artigos-6-edicao/Artigo%209-Pecego.pdf. Acesso em: 25/05/2008.

Perlingieri, Pietro. *Introduzione alla problematica della proprietà*. Camerino: Jovene, 1971.

Perlingieri, Pietro. *Perfis do direito civil: introdução ao direito civil constitucional*. 3. ed. Rio de Janeiro: Renovar, 2007.

Pipes, Richard. *Propriedade e liberdade*. São Paulo: Record, 2001.

Roubier, Paul. *Droits subjectifs et situations juridiques*. Paris: Dalloz, 1963.

Sodré, Ruy Azevedo. *Função social da propriedade privada*. Tese de Doutorado em Filosofia do Direito. Faculdade de Direito da Universidade de São Paulo. São Paulo: Empresa gráfica da Revista dos Tribunais, s/d.

Tepedino, Gustavo; Schreiber, Anderson. Função social da propriedade e legalidade constitucional: anotações à decisão proferida pelo Tribunal de Justiça do Rio Grande do Sul (AI 598.360.402 – São Luiz Gonzaga). In: Revista *Direito, Estado e Sociedade*. v. 9, n. 17, ago/dez de 2000.

Torres, Marcos Alcino de Azevedo. *A propriedade e a posse: um confronto em torno da função social*. Rio de Janeiro: Lumen Juris, 2007.

Varela, Laura Beck. Das propriedades à propriedade: construção de um direito. In: *A reconstrução do Direito Privado*. Org. Judith Martins-Costa. São Paulo: RT, 2002.

Villey, Michel. Abrégé du droit naturel classique. *Archives de Philosophie du Droit. Paris*, n. 6, p. 25-72, 1961.

Zavascki, Teori Albino. A tutela da posse na Constituição e no projeto do novo Código Civil. In: *A reconstrução do Direito Privado*. Org. Judith Martins-Costa. São Paulo: Revista dos Tribunais, 2002.

GRÁFICA
Universal
Impressão e acabamento
Rio de Janeiro - Brasil
(21) 3296-9302/3296-9308
atendimento@graficauniversal.com
www.graficauniversal.com